中世における理性と霊性

中世における理性と霊性

K・リーゼンフーバー著

上智大学中世思想研究所
中世研究叢書

村井則夫 訳

序　言

この半世紀あまりの中世研究においては、古代末期から初期近世までの期間について、精神史・社会史・文化史など、さまざまな分野でめざましい成果が生じており、それにともなっていまや中世研究は、ヨーロッパ文化全体に対する思想史的考察の主要な一分野となった。それによって、ヨーロッパ文化において千年に及ぶこの時期がどのような意味をもち、いかなる位置を占めるかという点に関して、個別研究の枠を越えて、根本的に考察するだけの条件が整いつつある。中世は、古典古代以上に、現在のヨーロッパの文化と社会秩序にとって直接的な基盤を成しているため、中世のもつ根本的な意義の解釈は、現代ヨーロッパの理解との相互作用の中でのみ可能であろう。中世に適した展望を求めて、本書では、理性と霊性のあいだの創造的な緊張関係という観点から中世の思想を検討し、そこに通底する一つの基本的主題を、その現象の多様な形態に即して浮彫りにすることを目的としている。

中世の思想が理性的洞察の追求であり、したがって真理と知への愛、すなわち「哲学〔愛知〕」にもとづいた努力と捉えることができるなら、この時代はヨーロッパ思想史の潮流の内へと有機的に統合されることになるだろう。というのも、前ソクラテス期の思想において知が自ら自身へと目覚めて以来、知の自ら自身への反省は変わることなく――それどころか時代が進むに連れて深まっていくかたちで――現実全体を認識しようとする営為と歩みを共にすることになったからである。その流れは、ソクラテスの自己認識からデカルトの「われ思う《コギト》」へ、あるいはプラトンにおけるイデアの観照から、例えば現象学意識論へ、さらにはアリストテレスにおける自己思惟の思惟としての存在論的神概念からヘーゲルの論理学へと一定の方向に向かっている。こうした方向性は、それを担う概念である精神と理性を、中世におけるその展開の媒介の下で考察するとき、その姿を鮮明に現すことになる。なぜなら、近代の基盤となった「理性」の概念は、アンセルムスからトマス・アクィナスを経て、オッカムやクザーヌスに至るスコラ学の思考において、徐々に精緻なものへと練り上げられていったからである。このような意味で中世の思考は、諸々の時代のあいだで交わされる思想史の対話に積極的に貢献することができる。その際、中世においては、理性が——その規定はさまざまであるが——常に超越に対する人間の関わりの内に位置づけられ、信仰と霊性との緊張と共鳴の内に置かれていたというところに、固有な特徴がある。中世において、理性と霊性は全体の二つの側面を成すのであり、そのどちらか一方の極にすべてを還元してしまうなら、中世の世界を支える現実の全体への見通しと人間の自己実現の場は大きく損なわれることになるだろう。なぜなら精神は、人間の内からは導出不可能な超越による要求に正面から向き合うことによって、初めて自らの自己理解の核心へと踏み込むものである以上、人間の存在は、自己自身を把握するものでありながら、自己自身のみにもとづいて自己を掌握することはできないからである。

本書は全十二章を通じて、理性の自己発見のこうした過程を、そのいくつかの本質的な段階に即して示そうとするものである。中世の思想家たちは、とりわけラテン教父たちの思考に見られる理性と信仰の結合へと遡って自らの思考を展開するため、まずは教父思想の特徴と基本的主題、およびラテン教父の発展を概括する（第I部）。続く主要部分（第II部から第IV部）では、十一・十二世紀の初期スコラ学（第II部）、十三世紀の盛期スコラ学（第III部）、十四・十五世紀の中世末期のスコラ学（第IV部）といった三区分に沿いながら、それぞれ三篇ずつの個別研究を通じて、各時代を代表する思想家たちとその問題設定をめぐる考察が展開される。最終部（第V部）においては、初期ルネサンス思想を代表する二人の中心的哲学者の思想を吟味することで、中世思想から近世哲学への移行が跡づけられる。全体を通して、中世哲学の初期・中期・末期という三つの時代にとっての指導的位置がすでに認められている著名な思想家――カンタベリーのアンセルムス、トマス・アクィナス、クザーヌス――が主題となるだけでなく、例えばシャルトルのティエリ、アエギディウス・ロマヌス、フライベルクのディートリヒといった、これまで陰に隠れほとんど知られていない思想家たちも、その時代の思想にとって重要で特徴的な役割を果たしている限りで取り上げられている。

個々の内容について述べるなら、初期スコラ学（第II部）において、カンタベリーのアンセルムスが、超越との本質的関係において自らを理解する思考の根本構造を反省することを通じて、信仰と知の対話を始める（二）。続く十二世紀では、さまざまな問題設定の追求によって、理性の本質とその多様な働きに関して、密度の濃い議論が繰り広げられる（三）。そうした思想家のなかでは、数学と精神の自己認識との結合、さらには自然認識と形而上学的な神認識の関係への洞察という点で、シャルトルのティエリが傑出した存在として示される（四）。盛期スコラ学（第III部）ではトマス・アクィナスが、理性を単に認識能力としてではなく、人間の倫理的活動のあらゆる側面の基盤と規範を示す人間存在の本質形態と捉え、理性の存在論的解明を展開する（五）。理性的認識の構造は、その最高の次元である神認識においてとりわけ明確に顕わになるものであるため、古代におけるディオニュシオス・アレオパギテスが提起し展開した問題群と、それをめぐる盛期スコラ学のトマス・アクィナスと近世初頭のクザーヌスのそれぞれにおける受容と発展を比較することによって、これら三つの時代を特徴づける、理性をめぐる人間の自己理解が浮彫りにされる（六）。ラテン・アヴェロエス主義によって引き起こされた危機に直面して、アエギディウス・ロマヌスにおいて、理性の実践的な機能が考慮されたうえで、社会的・政治的局面へと議論が移行していく（七）。中世末期のスコラ学（第Ⅳ部）において、これまで注目されてこなかった三人の思想家が、その多面性を考慮しながら考察される。フライベルクのディートリヒは、高度に思弁的な知性論において、精神の自己確証と至福との結びつきを分析することによって、実践に重きを置くマイスター・エックハルトの神秘思想に対して、理論的基盤を提供することになる（八）。これに対してビュリダンは、理知的な唯名論を通じて、言語に対する反省に依拠した哲学を展開し、理性そのものの働きを積極的に把握する（九）。そして、修道院霊性の伝統、とりわけ十五世紀前半のカストルのヨハネスにおいて、大学における講壇的なアリストテレス主義とは異なる仕方で自己認識の霊的な意味が解明される（十）。この同時代には初期ルネサンス思想（第Ⅴ部）を通して、クザーヌスが理性の自己探求の体系を展開しており、そこでは否定の弁証法的論理にもとづいて、神に対する知的直視に達することが試みられ、近世思想の主題と思考様式が先取りされることになる（十一）。これに対してフィチーノは、プラトン主義の精神論をアウグスティヌスの霊性と結びつけることで、哲学的思考の歴史の全体像を構築する（十二）。

本書が完成するにあたっては、翻訳・編集の協力を仰いだ村井則夫氏の尽力に、衷心より感謝したい。本論文集の出版を引き受けていただき、そのつど適切な助言をして下さった知泉書館、小山光夫氏、髙野文子氏にこの場を借りてお礼を申し上げたい。この各論考において、理性がその限界に関して見究められ、またその汲み尽くしえない豊かな可能性とともに発見されるならば、ここでの目的は達成されたということになる。

本書は、平成十九年度文部科学省科学研究費補助金「研究成果公開促進費」によって公刊の運びに至ったものである。併せて感謝の意を表したい。

二〇〇八年一月六日

K・リーゼンフーバー

目　次

第II部　初期スコラ学

目　次

中世における理性と霊性

序章　現代の中世観

一　中世への関心と現代の中世研究

今を遡ること約二〇〇年前の一七九九年に、ロマン主義者ノヴァーリスによって、「ある偉大な共通の関心によって〔……〕この広大な霊的王国の遠く離れた領域同士が結びつけられている〔……〕麗しくも輝かしい時代」と謳われたヨーロッパ中世は、一九七〇年代以降、知的関心と歴史的・文化的共感を新たに引き起こし、その傾向は今日にまで及んでいる。中世芸術の展覧会は各国でかなりの観客を動員し、中世を題材とした映画や小説は多くの議論を呼び、中世研究についての学会は引きも切らず、さらにその研究成果をまとめた公刊物に至ってはまさに汗牛充棟の趣があり、毎年発行される分厚い文献目録の助けを借りなければ、その全貌はとても把握できないほどである。ここ数十年間においては、中世研究の多様な分野からの貢献によって、六世紀から十五世紀までの千年間にわたるこの時代の精神的風景は、予想もしえなかったほどの豊かさで彩られ、研究の進展によって今もなお新たな史料が発見されている。しかしながら「中世」についての通常のイメージは、知識人にあっても、このようなさまざまな研究成果をかならずしも十分に反映しているとは限らず、相変わらず紋切り型の域を出ていない場合が多いことに鑑みるなら、ここでそのイメージの起源について若干の考察を行うのも意味あることであろう。

二　中世観の変遷

「中世」という語の始まりはすでに中世それ自体へと遡るにしても、この概念は、およそ三〇〇年の準備期間を経たのち、啓蒙主義も盛りの十八世紀末の数十年間ほどのあいだに、初めて歴史叙述における時代概念として成立した。歴史を諸々の時代へと区分するということは、自らの属する時代の精神を、宗教的・神学的伝統によってではなく歴史の経過そのものから獲得されるカテゴリーによって理解しようとする啓蒙主義の要求から生じたものである。その際に啓蒙主義は、自らを近代として、中世からの区別において理解し、さらに当の中世を、均一な文化的統一として理想化された古代と対立させた。今日においても一般的な、古代・中世・近代という三区分による歴史把握はここに由来する。ルネサンスの概念はようやく十九世紀になって創られたが、それもまた近代を、古典古代への回帰によって、したがって中世との対立によって正統化するものであった。このような歴史的な自己理解によって、近代は、合理性と学問の促進、また社会的・宗教的制約からの個人の解放、さらに無制限に開かれた未来に向かって高まる人間性の進歩という意味で、「近代《モダン》」を自称したのである。啓蒙主義は歴史を上昇運動として理解したため、そこで作り上げられた中世像は、こうした「解放」という近代の自己理解に裏側から光を当てるための対照的イメージとして提示された。そこで中世は、宗教的伝統による理性の抑圧の時代、社会的身分・国家・教会の柵《しがらみ》のために人間存在の自由な発露が妨げられた時代、制度的な権力によって進歩が封じられた時代として特徴づけられたのである。啓蒙の理念への対立という中世像にもとづいて、歴史的事実から離れて、反動的なもの、強制的なもの、非理性的で非人間的なもの、そうしたものすべてが、蔑称として「中世的」と呼ばれるようになった。

このような否定的な中世理解に対しては、すでに一八〇〇年前後のロマン主義において批判がなされている。しかしこの批判自体も、中世そのものをしっかりと見据えたうえでなされたというよりも、近代と啓蒙主義の理念に対する否定的評価にもとづいてなされたものであった。なぜなら、啓蒙主義にとって進歩と理解されたもの、つまりあらゆる制約からの理性的個人の解放は、ロマン主義にとっては一連の堕落の最終段階と捉えられたからである。そうした堕落の過程にあっては、中世における最高の政治的・精神的・宗教的統一が、中世末期における国民国家への解体と宗教改革における教会の分裂を経て、近代における人間の破壊的・革命的自己主張、および精神的故郷の喪失への道を辿るものとされる。芸術的・感情的営為、宗教的信仰、歴史的経験をも統合する人間の全体的ありようを希求するロマン主義的憧憬に促されて、自由な契約にもとづく社会に代わって、家族と民族という血族の共同体が重視され、個々人の意味がそれを包括する普遍的秩序に根差していることが強調されるところから、結果として積極的な中世像というものが産まれたのである。そしてこの中世像は、十九世紀において、ヨーロッパ近代の各々の国民国家の自己同一性《アイデンティティ》を保証するものとして用いられた。この場合に「中世」は、信頼の置ける伝統と権威を意味しており、科学と技術とのもはや歯止めの効かない急速な発展の緩和、身分の区別による安定した社会秩序、さらに芸術的な情感溢れる内面性、超越による生の意味づけを表している。

このように、今日にまで及んでいる対立し合う二つの中世像は、その淵源を辿るなら、近代の意味と正統性への問いという同じ源泉に至り着く。そのためにそのどちらにおいても、近代の人間についての自己同一性を――正反対の意味においてではあるが――解釈するために、図式的に捉えられた「中世」が利用されるという点では違いはないのである。

しかし今日、中世の生活――中世の人間の日常生活や心性《マンタリテ》、建築、写本装飾、音楽、および中世の霊性や神秘思想――が広く人を引きつけているのを見ると、ここには、啓蒙主義かロマン主義かといった二者択一的な中世観を超えて、中世についての新たな見方が現れているように思える。今日において中世は、現代とは異質の生活形態の表現として、つまり迸《ほとばし》る逞しい生命力を漲らせ、生や死、自己自身や超越との純朴で直接的な関わりを表しているものとして受け取られ、一面的な批判的意識に縛りつけられた現代の人々に対して、生きることの根源的可能性を示してくれるものと理解されるのである。もはや古典古代ではなく、中世へと向けられるようになった探究の眼差しが追求しているもの、またそれによって見出されたと思われたものは、調和ある理想などではなく、完結することのない多様性であり、しばしば不完全でありながらも表現力と造形の意欲において目を瞠《みは》らせるほどの生の形態の豊かさである。こうして中世の異質性に直面することで生じる動揺は、忘却の彼方の本来的なものや固有のものを想起する解放としての役割を果たすのである。

三　中世思想の理解

わかりやすいと同時に単純なこのような中世観に比べて、中世思想史の研究は、細部にわたる成果を一般の人々に伝えることが困難になってきている。中世思想を、例えば「永遠の哲学《フィロソフィア・ペレンニス》」といった一枚岩的な考えに還元することは、スコラ学の研究そのものから歴史的に支持しがたいものとなった。それ以降、研究は広範な領域での事実的知識の博捜に向かうことになり、これまでほとんど顧みられなかった思想家の原典を翻訳することでその思想を見直す機会を作り、社会的背景にまで目を配る学際的観点からさまざまな思想史的発展過程を解釈し、中世の著作を現代的な問いかけに照らし合わせて、その主題の現代的意義を見出すことなどを行っている。中世像の図式的理解やヘーゲル風の弁証法的歴史観による整理といったものは、問題史的・概念史的方法に道を譲り、それとともに思想の微妙な移り変わりを捉えることや、思想の発展における見掛け上の断絶をそれ以前のさまざまな契機から一貫して理解することが可能になった。このような歴史的解釈において、事実的契機と思想上の契機の影響史や発展方向が取り上げられることによって、多様な分野での中世思想の現代性が浮かび上がると同時に、中世から近代への問題意識の推移の連続性——中世と近代、あるいは中世とルネサンスという時代区分を、消去するのではないにしても乗り越えるほどの連続性——が明らかになっている。このような展望において、現代から中世までの距離が目に見えて縮まることになった。つまり中世とは、大聖堂や芸術作品といった歴史的遺物に関してだけでなく、現代に生きている諸制度や思想——政治における代議制度や人間の尊厳といった概念など——においても、現代のヨーロッパ文化やその影響を受けている世界中の文化の内に脈々と息づいているのである。そこで、理論的・実践的問題に対して中世が提出した解決を、その複雑な状況と併せて理解するなら、それは単なる歴史的関心を満たすにとどまらず、例えば現代の倫理的・哲学的対話に対しての貢献として受け止めることができるし、さらには忘れられていた問いの可能性に再び息を吹き込むことになるだろう。

第Ⅰ部　教父思想

第一章　ラテン教父の思考様式と系譜

序　教父の思考様式

教父学は、教義史のための資料集成や中世哲学への導入の役割を越えて、現代においては独立した研究領域を成すに至った。この分野での研究の進展は、古代末期の教父時代におけるキリスト教思想の歴史的完結性にもとづくだけでなく、さらに深い意味で、教父たちの思索における構造的・内容的な一体性によって根拠づけられる。確かに教父の思想は、個々の思想家の民族的また個人的な性格によってだけではなく、時代や教義上の立場によって、時には対立し合うほどの広がりと多様さを示している。しかしこの緊張は、ある意味で共通の考え方や、互いに密接な関係をもつ現実把握を背景としている。その固有の現実理解は、古典古代の伝統とも、中世のスコラ学とも異なる独自のものであり、それがまた教父研究のもつ比類なき魅力となっている。

厳密な学問の理想や論理的証明の要請、専門分野の特殊化などによってはまだ拘束されていないがゆえに、教父たち——特にギリシア教父——の思考においては、啓示と理性認識の根源的相関性、さらには信仰と思弁、神学と哲学、教義と観想の一致に対する確信がその支柱となっている。そこでは、神学的には聖書釈義と聖伝・教会の教えとの一致が保持されるばかりでなく、より広い領域では、（啓示の）歴史と知的理解、信仰と現実体験、理論と生の相即関係、そこから教義と司牧との一致が要請される。このような種々の次元は、聖書のもつ多層的な意味を読み説く釈義学が示しているように、その共通の根を、具体的に示された神の言葉の内に有している。神の言葉は生きるための指針であり、救いの言葉であると同時に、創造的行為でもあるからである。その際、聖書の言葉が唯一なる真理の究極で完全な告知であると理解されることによって、人間の理解に対して真理そのものの包括的な意味空間が開かれる。この唯一の真理には、その形態と深さの違いはあれ、すべての人間が認識と生を通してすでに本性的に関与しているのである。

さてこの神的な真理は、ロゴスの啓示に繫ぎ止められているため、人間の有限な合理性によって制限されることがない。またグノーシス主義が真理を単なる自己認識へと解消しようとするのに対して、教父思想ではナザレのイエスにおける真理の顕現の歴史的現実性が堅持される。さらに、真理を歴史的事実性に限定しようとする傾向に対しては、イエスの内に明らかになった超越の神秘を通して、汲み尽くすことのできない霊的意味へと打ち開かれる。こうして、段階的に上昇する動的な真理理解という考えは、まずその根源と核心を、神的なロゴス、あるいは真理の現存としてのイエスの内に見出し、ここから霊に導かれる観想的登攀——すなわち肯定、否定、そして沈黙の内に行われる超越への参与——を通して、神の神秘に向けて展開されるが、それは同時に、人間存在を神的原型の似像へと創り変えるべく、理性的・倫理的に下降していく過程でもある。このようにロゴスは原型的な真理として、人間に対し、イエスの内に人となった神の真理に同化するというその本質的な使命を教えると同時に、絶対的な根源的現実の自己言明として、神の秘密を解明し、その中へと導いていく。こうしてロゴス＝キリスト論は、教父の思想において、現実体験また思考様式の一体性を根拠づけるとともに、真理の認識と神理解、受肉と神化、人間の似像性と自己超越といった最も中心的な主題に対する鍵を提供してくれるのである。

このような存在論的・神学的な真理概念の力は、神論の内に確認される。つまりまず、神的精神の根源的自己遂行として神に内在し、かつ世界内的な自己言明として歴史を形成する三位一体の思想において確認されるのである。さらにこの真理理解の力は、ギリシア的思惟と聖書的経験との共鳴を通して、離在すると同時に間近に現存する神の一なる本質を捉える試みを可能にする。すなわち真理自体が、存在そのものの顕現にほかならない限り、「私はあるところの者である」（出エジプト三・一四）という、歴史を動かす自己言明は、存在そのものの不変の自己同一性をめぐるギリシア的な洞察と合致する。また、人間がただその方だけを全身全霊を込めて愛することのできる主の唯一性は（申命記六・四－五）、あらゆる多様性を根源的一者に向けて還元する新プラトン主義的思弁によって理論的に示される。そして、善を第一かつ最上の原理とするプラトン的考察は、ただその方のみが「善い」と呼ばれるに値する神（マルコ一〇・一八）の、イエスによって証しされた愛への信仰において完成する。

このような包括的な総合において、教父たちは、人間の思考力が、精神を照らす根源的一者の光に培われたものであるため、その超越的な純粋さにおいて賛美しうるのみで言表しえないこの神秘に向かって、人間の精神は自らを絶えず超え出ていくということを洞察していた。そのため彼らは、自らの思考にとって主導的な神学的・存在論的地平において、人間の理性能力が真理に与っていること、そして同時に、有限な思考と言語が自己否定と隠喩を通してのみ根源的な真理を語りうることを自覚した。主にギリシアの文化圏内に発展してきたこうした思考様式は、キリスト教に対する迫害が終息した四世紀以降、ラテン西方世界に影響を与え、元々司牧的・護教論的責任感と倫理的・修徳的関心に導かれていたラテン西方の神学と霊性にとってその思想的背景を成すに至る。そしてアウグスティヌス（Aurelius Augustinus　三五四－四三〇年）は、真理に対する理解を一人ひとりの自己認識に結びつけた。アウグスティヌスのこうした思考は、真理でありまたその教師であるキリストの受肉者としての呼びかけが、個人の心との関わりにおいてその使命を全うすることを示すものとなった。だがそれは、人間の主観性をこのようなかたちで発見することによって、それと付随して真理を存在論的客観性の次元から解き放ち、ギリシア教父たちの理解地平を凌駕して、神を愛する心の内面性の内に真理を生じさせることにもなったのである。西方教会においてラテン教父によって展開されたそうした信仰理解が、後の西方中世の文化の直接の源流となり、その基盤を与えたことに照らすなら、ここでラテン教父の歩んできた道を概略的に辿ることは、西方中世思想の背景を理解するために有意義であろう。

一　初期キリスト教時代の教父たち

（1）ラテン語への転換

初期キリスト教は、自らが「神の民」（一ペト二・一〇）ないしは「真のイスラエル」であるという自負の下に旧約聖書の遺産を受け継ぎながらも、ユダヤ教的伝統の単なる継承というよりは、基本的にはすでにパウロにおいてそうであったように、「野蛮人とギリシア人とユダヤ人」とは異なる「新たな民」（アリスティデス［Aristeides 一一七／一三八年頃活動］『弁明論』［Apologia］一六・二参照）を自任するものであった。キリスト教思想はすでにその揺籃期から、ギリシア語、それとともにまたヘレニズム文化を仲立ちとして自らを表現している。旧約聖書は、初代教会において、そのギリシア語訳である「七十人訳聖書《セプトゥアギンタ》」によって読まれ、またギリシア語の聖書の中には、ギリシア思想に強い影響を受けた「知恵の書」のような文書も含まれていた。さらに新約聖書のすべての文書はギリシア語で書かれ、とりわけ「ルカによる福音書」、「使徒言行録」、およびパウロの名の下に記された諸々の手紙には、ギリシア文芸とギリシア的宗教心の痕跡を見ることができる。福音宣教、要理教育、典礼、その他初代教会の文献は、新約聖書の時代を過ぎても、ヘレニズム文化の環境においてギリシア語で、しかも——無反省で自然な場合も、意図的な場合もあったが——ギリシア思想を同化しながら展開された。こうした経緯ゆえに、四—五世紀の四大公会議においても、キリスト論・三位一体論に関する信仰箇条もギリシア語で公布されたのであり、その信仰箇条の内容そのものも、「本質《ウーシア》」についての古典的なギリシア的問題に対して、ギリシア的存在論と聖書にもとづくキリスト教的「位格《ペルソナ》（人格）」理解を結びつけることによって解答を与えるものであった。しかしすでに大公会議の時代においても、ギリシア的特色をもつキリスト教と並んで、キリスト教のラテン的理解が存在しており、これはまさに時を同じくして、アウグスティヌスの著作において、中世と宗教改革を通じて現代にまで影響を及ぼす古典的な思想形態を取ったものである。「ローマ精神《ロマニタス》」に刻印されたキリスト教教会は、精神的・文化的波及力、および世界史的影響力の点においてギリシア的なキリスト教を凌駕するようになったが、それでもなおそこでは、ギリシア教父の思想を常に新たな仕方で吸収する努力がなされている。例えばアンブロシウス（Ambrosius Mediolanensis　三三九頃—三九七年）におけるギリシア語著作のラテン語翻案から始まって、初期中世におけるギリシア教父の文献のラテン語詞華集の作成、トマス・アクィナス（Thomas Aquinas　一二二四／二五—七四年）におけるギリシア教父の聖書註解に関する研究、初期近世の人文主義におけるギリシア教父の広範な受容、さらには現代のフランス・ドイツ・イタリアの研究によってほぼ汲み尽くされた観のあるギリシア文献の校訂および神学的研究などが挙げられる。

　ギリシア的キリスト教からラテン的キリスト教への転換は、教父時代においても、けっして翻訳の作業だけに終始するものではなく、福音の教えの理解を新たに形成する創造的活動をも含んでいる。そのような営みは、キリスト教霊性の諸形態に対してのみならず、文化的環境全般に対しても持続的な影響をもたらした。キリスト教思想のこうした最初の画期的変容は、二世紀後半のローマおよび北アフリカに見ることができる。テルトゥリアヌス（Quintus Septimius Florens Tertullianus　一六〇以前―二二〇年以降）の発言、また彼のいくつかの著作が元来ギリシア語で著されたという事実からわかるように、キリスト教信仰は、地中海世界の他の地域全体と同様に、北アフリカ西部でも、元々はギリシア語で伝えられた。ラテン的キリスト教の最初の証言、すなわち一八〇年にアフリカで著されたラテン語の『スキリウム人の殉教』（Acta Scillitanorum　一二人の殉教者を産み出した裁判の議事録）において、被告は「義しい人パウロの文書と書簡」を携えていると証言しているが、ラテン語を母語とするこれらの殉教者のあまり高くない教育程度から考えるなら、これはおそらく、パウロの書簡のラテン語訳のことを指しているのだろうと思われる。この直後には、一九三年頃にキリスト教信仰を受け容れたテルトゥリアヌスが、聖書全体のあるラテン語訳に批判的に言及しているし、二五〇年頃にはキュプリアヌス（Thascius Caecilius Cyprianus　二〇〇／一〇―二五八年）が、自ら信頼できると認めた聖書の翻訳を用いている。ヒエロニュムス（Sophronius Eusebius Hieronymus　三四七―四一九／二〇年）以前のこれらの古ラテン語訳聖書（Vetus Latina）は、かなり雑多なものであり、全体にわたって俗語の要素を多分に含み、文体的には粗削りのものである。四世紀の終わり頃まではこうしたことが、教養ある人々にとって――アウグスティヌスの例が示しているように――キリスト教への改宗の妨げとなっていたのである。

　教会においてラテン語が普及していく様子は、ローマにおいて顕著な仕方で跡づけることができる。紀元前一四六年のコリント占領と滅亡で完結したローマ人によるギリシアの征服以降、ギリシア語はローマ帝国において

「共通日常語《コイネー・ディアレクトス》」となり、それを承けてキリスト教もまた、ローマにおいて紀元後三〇年から四〇年のあいだにすでにギリシア語で布教されるようになっていた。ローマの住民の大半とキリスト教教会の大多数がギリシア語を母語とする東方世界の人々だったからである。しかし二世紀の中頃には、当時ローマでギリシア語で著された一種の黙示録『ヘルマスの牧者』(Pastor Hermae)の言語上の性格から窺えるように、ラテン語の俗語が教会においても、また一般的な日常語としてもギリシア語と交えて用いられるようになった。対立教皇にして殉教者たるヒッポリュトス(Hippolytos　一七〇以前―二三五年)などは、二三〇年頃のローマにおいていまだにギリシア語で執筆してはいるものの、二五〇年頃にはラテン語はローマ教会の公用語となった。こうして、例えば二五〇―二五一年のローマの聖職者団の公式の手紙や、教皇コルネリウス(Cornelius　在位二五一―二五三年)やステファヌス(Stephanus I　在位二五四―二五七年)のいくつかの手紙だけでなく、二四〇年頃に書かれたノウァティアヌス(Novatianus　一九〇/二一〇年頃生、対立教皇二五一年)の『三位一体論』(De Trinitate)のような教義上の著作も、ラテン語で記されるようになったのである。典礼の場でラテン語がギリシア語に取って代わるのは、それより一世紀ほど後、教皇ダマスス(Damasus I　在位三六六―三八四年)の下でのことであった。著名な「ローマ市の弁論家」マリウス・ウィクトリヌス(Caius Marius Victorinus　二八一/九一―三六五/八六年)のキリスト教改宗(三五五年頃)や、アンブロシウスの受洗および司教叙階(三七四年)に続くこの数十年間において、ラテン教父思想はその最盛期に達したのである。

(2) ニカイア公会議以前の教父たち

ギリシア語を用いていた教会のある大都市、例えばアレクサンドレイア、アンティオケイア、のちにはコンスタンティノポリスなどにおいては、さまざまな神学的傾向をもった特色あるキリスト教の学派が形成されていたが、西方キリスト教の中心地としてその威光を東方キリスト教世界にまで放っていたローマでは、神学の学派や独特の形態の神学思想などが産み出されることがなかった。むしろニカイア公会議（三二五年）以前のラテン教父の方向を定めたのは、その時々に教会が直面している苦境に照らしながらそれぞれ独自の仕方で信仰の問題を考え抜いた北アフリカの神学者たちであった。ニカイア公会議以前の四人の傑出した北アフリカの教父――テルトゥリアヌス、キュプリアヌス、シッカのアルノビウス（Arnobius　二五〇以前－三一〇年頃）、ラクタンティウス（Lucius Caelius Firmianus Lactantius　二五〇頃－三二五年頃）――のうち、司教としてその教会のために司牧の責務を担ったのはキュプリアヌスだけである。アルノビウスとラクタンティウスは平信徒にとどまり、テルトゥリアヌスに関しては、ヒエロニュムスによって彼に冠される司祭という称号が歴史的にどれほどの信憑性があるのかは疑問である。しかしながら彼らの著作には、教会の運命への積極的な関与が見られ、それとともに護教論的・司牧的傾向が、その共通の特色として見紛いようもなく現れている。こうした特色の内には、倫理的・社会的責任を考慮しながら現実に関わろうとする、ラテン世界独特の実践的関心が顕著に示されており、この点で、形而上学的かつ思弁的で、しばしば観想的特徴をもつギリシア教父の信仰理解とは際立った対照を見せている。またそこには、キリスト教信仰が急速に広まったために残虐な迫害をも受けなければならなかったアフリカの教会の状況も反映している。すでに触れた『スキリウム人の殉教』を筆頭に、いくつかの弁明書を著したテルトゥリアヌスや、迫害の際の「背教者」に対する赦しと「教会の一致」に苦慮するキュプリアヌス、さらにディオクレティアヌス帝（Gaius Aurelius Valerius Diocletianus　在位二八四－三〇五年）の迫害の只中にあって伝統的な多神教を批判したアルノビウス、そして異教徒からの非難に対してキリスト教を擁護したラクタンティウスなど、これらの著者たちは、キリスト教信仰にもとづいた教会での生活が何の妨げもなく営めるような自由の領域を獲得しようと努めたのである。

(a) テルトゥリアヌス

今挙げたなかで最初の思想家、カルタゴのテルトゥリアヌスが神学上の傑出した意義をもっているということは、彼が二〇七年頃、預言的・忘我的、終末論的・厳格主義的なモンタノス(Montanos　二世紀)主義に移っていったにもかかわらず、例えば後に非正統的との烙印を捺されたオリゲネス(Origenes　一八五頃–二五四年頃)の場合とは異なり、その膨大な著作の大部分、つまり一九六年から二一四年のあいだに書かれた三一著作が保存されていることからも容易に窺い知ることができる。のちのキリスト教の教義にとっては、神的「実体《スブスタンティア》」の一性と「位格《ペルソナ》」の三性という規定、およびキリストという一なる人格の内の二つの「状態《スタトゥス》(本性)」という理解を提示したという点で、テルトゥリアヌスは重要な意味をもっている。それというのもこうした理論においては、のちの公会議の諸規定が正確に先取りされているからである。キリスト論と三位一体論に関するこのような見解は、テルトゥリアヌスがモンタノス主義に移ってからも変わらずに保持された。しかしテルトゥリアヌスは教義上の体系を作り上げることも、聖書註解の著作を著すこともなく、もっぱら異教、およびユダヤ教と異端の教えに逆らって、「キリスト教の真理」を擁護することに全力を注いだ。彼のすべての著作の論争的で時に辛辣な調子は、キリスト教の真理に対する情熱的な確信に由来する。彼はまたこうした真理を、殉教によって一身を捧げて証しするだけの覚悟を整えており、その著作『殉教者たちへ』(Ad martyras)においては、殉教者たちに英雄的な毅然さをもって臨むように勧めている。キリスト教の真理に関しては、例えばストア学派、特に「しばしばわれわれのものであるセネカ(Lucius Annaeus Seneca　前四/後一–六五年）」（『魂について』［De anima］二〇）が行っているような、合理的な議論が有益であるのはもちろんであるが、それでもやはりキリスト教の真理は、根本的にあらゆる議論を超えている。なぜなら、キリスト教を根拠づけるのは哲学ではなく、啓示だからである。そしてその啓示は、「信仰の規範」の中に保たれ、使徒伝承を通じて「女主人にして母たる教会」（『殉教者たちへ』一）によって権威あるものとして受け継がれるのであり、聖書を個人的に解釈することによって初めて見出されるといったものではない。ところで哲学以前の「魂の証言」、すなわち自然と湧き上がる言葉において一なる神の存在と本質を証しし、死後の生を確証するものは、このような啓示と一致する。そこでテルトゥリアヌスは、哲学的な証明によってではなく、修辞学と文芸、とりわけ法律についての傑出した知識を総動員することで、論敵に抗してキリスト教を勝利に導こうとするのである。その際に彼は、論敵の議論の薄弱さと彼らの倫理的な弱点を衝き、キリスト教の教えとキリスト教にもとづく生活の至高の純粋さをこれに対置する。テルトゥリアヌスの著作における論題の選択も、このような護教論的で倫理的・修徳的な目的に対応している。つまりその著作では、偶像崇拝、兵役、観劇、婦人の宝飾が拒絶されるなど、ローマの文化・宗教・風習との批判的対決が行われ、これに対して、独身と一回限りの結婚が推奨され、人間の身体性が尊重されている。また、殉教に直面しても復活への希望が語られ、悔悛と祈りが勧められるとともに、洗礼と堅信の意味も説明されており、その点に関して彼が著した著作は、ニカイア公会議以前で秘跡を論じた唯一のものである。またテルトゥリアヌスが、部分的には聖書の最も古いラテン語訳に拠りながら創り出したラテン語の神学用語は、西方教会にとって失われることのない遺産となった。

（b）キュプリアヌス

テルトゥリアヌスの思想は、半世紀を隔てて、司教にして殉教者であるキュプリアヌスの著作に対して神学的基盤を提供することになった。ヒエロニュムスによれば、キュプリアヌスにとってテルトゥリアヌスは「師」そのものであり、「テルトゥリアヌスを読まずには、夜も日も明けない」（『著名者列伝』［De viris illustribus］五三）ほどであった。キュプリアヌスは、修辞学に関する傑出した教養を身につけてはいたが、テルトゥリアヌスほどには、思弁的深みや激烈な熱情、さらには言語上の表現力に恵まれていなかった。キュプリアヌスの著作はむしろ、魅力的な親しみやすさと誠実な率直さを具え、賢明で均整の取れた彼の人柄を表している。司教として活動したおよそ十年のあいだ（二四八／四九－二五八年）、相次いで起こる危機の渦中で、カルタゴ教会と北アフリカのすべての教会に対する責務を十分に果たし、信徒たちの多大の信頼と支援を受け、聖職者からの反対にもかかわらず巧みに自らの道を貫き通した。八一通（そのうち六五通が彼自身の手になる）の書簡集は、一世紀におけるパウロの手紙、二世紀初頭のアンティオケイアのイグナティオス（Ignatios　一一〇年頃歿）の手紙と並んで、三世紀のキリスト教徒の生活についての最も重要な史料であるだけでなく、当時の教会の運営法を現代にまで生き生きと伝える証言となっている。

キュプリアヌスの思想はもっぱら教会の司牧的指導という実践的な必要から産まれたものであるが、彼はテルトゥリアヌスとは異なって、司教の教導職がもつ教会における指導的役割という明確な考えを展開している。つまり、デキウス帝（Gaius Messius Quintus Decius　在位二四九－二五一年）による二四九－二五一年のキリスト教迫害に際して離教した多くの者が、再び教会に受け容れられることを願い出て、裁判と拷問に耐えてキリスト教信仰を守り抜いた「証聖者たち」（confessores）からの和解の手紙を望んだとき、キュプリアヌスはその著作『背教者について』（De lapsis）で、証聖者たちの霊的威光による権能を宥和の執り成しの役割だけに制限し、赦しを与える力をただ司教にのみ認めている。こうしてキュプリアヌスは、背教者をただちに再度受け容れる無節操に陥ることなく、また赦しを拒む厳格主義にも反対し、当時のローマ教会と同様に、背教者の受け容れに対してそれに見合っただけの悔悛の時間を課したのである。それと同時にキュプリアヌスは、ローマ教会およびカルタゴ教会のなかの分裂に際して、『カトリック教会の一致について』(De ecclesiae catholicae unitate)において、キリスト自身、そして使徒たちの共同体、また――信徒にとって救いに必要な――司教との一致に根差した教会の統一を掲げている。そのためキュプリアヌスは、教皇ステファヌスに反対して、聖霊はただ教会においてのみ働くという理由から、異端者によって授けられた洗礼には有効性を認めていない。このような慎重な処置と神学的思想は、彼の司牧活動と対を成している。二五二年にカルタゴで疫病が猖獗《しょうけつ》を窮めたとき、キュプリアヌスは献身的に病者の看護に当たり、キリスト教徒に対して、「善行と施し」が罪の赦しに至る道である旨を説くと同時に、約束された永遠の命を思うなら死に赴くことはなんら恐るべきことではないと励ました。キュプリアヌス個人の信仰は『主の祈りについて』(De dominica oratione)と『忍耐の賜物について』(De bono patientiae)の内に鏤《ちりば》められている。またそれらの著作において彼は、テルトゥリアヌスに拠りながら、祈りや忍耐をキリストの模範にもとづいて教えているのである。

(c) ノウァティアヌス

アフリカの教会が常にローマ教会の方針に則り、しばしばローマ教会を自らの母教会であるかのようにみなし、そこからの指示を仰いでいたのと同様に、キュプリアヌスもデキウス帝による迫害の際に身を隠した理由をローマに対して弁明し、背教者たちに対する処置を説明した。この際、二五〇年にはローマの聖職者にとって指導的存在であった司祭ノウァティアヌスが、キュプリアヌスに宛てて、その穏健な態度に同意する旨の三通の手紙を書いている。しかしノウァティアヌスはその翌年にローマ司教に選出されなかったため、自ら対立教皇となり、背教者を排除する純粋な教会を求める厳格な要請を打ち出すことによって、七世紀まで継続する分派教会を産み出すことになった。その著作『カトリック教会の一致について』を見るなら、キュプリアヌスはノウァティアヌスの神学を知っていたと思われるし、ノウァティアヌス自身はその主著『三位一体論』ではテルトゥリアヌスに依拠し、その卓抜な論考『貞操の賜物について』(De bono pudicitiae) で、テルトゥリアヌスと並んでキュプリアヌスにも拠りどころを求めている。このような依存関係ゆえに、ノウァティアヌスの若干の著作は、テルトゥリアヌスやキュプリアヌスのものとして伝えられもしたのである。ノウァティアヌスの人柄の内には、高度の知性と指導力が個人的な名誉欲と入り混じってはいるものの、それでもやはり『三位一体論』の中で展開された神学は、ラテン西方教会のキリスト論と三位一体論にとって重要な貢献となった。この『三位一体論』は、その第一部ではグノーシス主義に対抗して、父なる神と創造主との同一性を証明しており、第二部ではマルキオン (Markion　二世紀中頃) に逆らってイエスを創造主の真の御子として示し、キリスト仮現説を論駁してキリストの受肉の真理を唱え、御子養子説に抗してキリストの真の神性を、また様態論に抗してキリストと父なる神との区別を主張したうえで、最後に位格の区別における神の一性を強調している。主題の包括的で、厳密かつ体系的な取り扱いという点において、また「受肉する」、「自己無化する」、「予定」といった重要なキリスト論的術語の彫琢という点において、信仰の核心に関しても概念的理解を探求しようとするローマ的「理性《ラティオ》」の現れを見ることができる。

(d) アルノビウス、ラクタンティウス

キュプリアヌス、そして——教会史家ソクラテス・スコラスティコス (Sokrates Scholastikos　三八〇頃－四三九年以降) によれば——ノウァティアヌスもその犠牲となったデキ

ウス帝とウァレリアヌス帝（Publius Licinius Valerianus　在位二五三―二六〇年）の迫害ののちは、教会はほぼ四十年間に及ぶ小康状態を享受する。しかし三〇三年には、ディオクレティアヌス帝がローマ帝国全土にわたる最大規模の迫害に着手し、そうした行いをヒエロクレス（Hierokles　二五〇頃―三〇八年以降）のような異教の哲学者の論考によって裏づけることになった。キリスト教徒は、世の不幸と禍の元凶であるとする非難に対して、アフリカで修辞学の教鞭を執っていたシッカのアルノビウスは、神学的に徹底したというよりは雄弁な語り口を発揮した『異邦人への駁論』（Adversus nationes）をもって応え、ヒエロニュムスによれば、洗礼を志願する際にその著作を自らの信仰の証しとして提出した。『異邦人への駁論』においてアルノビウスは、キリスト教信仰を擁護するだけでなく、ローマの伝統的な多神教を真の宗教心と倫理に悖《もと》るものとして糾弾し、皇帝の宗教政策を非難する一方で、プラトンの権威にもとづいて、新プラトン主義、とりわけポルフュリオス（Porphyrios　二三四頃―三〇四年頃）の混淆主義を批判している。

その文体の典雅さに関しては、アルノビウスの弟子のラクタンティウス――イタリア・ルネサンス時代の言葉によれば「キリスト教のキケロ（Marcus Tullius Cicero　前一〇六―四三年）」（十五世紀において彼の著作集の一四の刊本が公刊される）――はその師を凌駕することになった。しかしラクタンティウスの著作もまた、キリスト教的宗教論『神的教理』（Divinae institutiones）においてさえも、キリスト教の信仰の教えの積極的解明よりも、批判者に対する論駁にその価値があるという点では変わらない。『神的教理』は多神教の「誤謬」への反駁から一なる神の洞察、および「真なる賢者の模範」であるキリストにおける啓示の認識という「知恵」を経て、そこから真なる敬虔・正義・徳に向かい、最後は至福なる不死性という終末論的展望を開く。ラクタンティウスは、論敵の思想上および文体上の要求に対して、表現面でも内容面でもキケロに依拠しつつ対応しようとしているため、彼は聖書そのものよりも非キリスト教的な古典古代の著者に多くを負っている。それでもラクタンティウスにあっては、テルトゥリアヌスと同様に、神の（プラトン流の）超越と不可捉性にもとづいて、キリストにおいて与えられる神的啓示のみが真なる宗教の源泉として認められている。ラクタンティウスはキリスト論に関して新たな貢献を果たすことは少なく、また三位一体論を論じていないが、このことはおそらく、論敵が理解できる合理的議論の範囲内に自らの論議をとどめようとした努力のゆえであろう。その著作『神の怒りについて』（De ira Dei）では、感情をもたない神という合理主義的・エピクロス（Epikouros　前三四一－二七〇年）的な考えや、善であることに尽きるストア学派的な神理解が拒絶され、聖書における神の理解を元に、歴史を動かす神の人格性が強調されている。つまり彼によれば、神は怒りも愛しもするものであり、それゆえに、救いをもたらす神への畏怖を通してこそ、人間は最高の段階としての宗教的尊厳にまで導かれるのである。

二　四世紀の教父たち

（1）　大公会議時代の教父たち

ラクタンティウスその人の生涯の内には、迫害の時代のローマ帝国から、帝国とキリスト教界の共生の時代に至る展開が反映している。ディオクレティアヌス帝の迫害が始まったとき、ラクタンティウスは、ニコメディアの宮廷におけるラテン修辞学の教授職を断念することを余儀なくされたが、その約一〇年後（三一六年頃）には、コンスタンティヌス帝（Constantinus I; Flavius Valerius Constantinus　在位三〇六－三三七年）によって、その息子クリスプス（Flavius Julius Crispus　三〇五頃－三二六年）のキリスト教教育の役目を託されている。ローマ帝国における宗教政策の突然の変更のために、キリスト教はローマ帝国全土で発展し、古代において最大規模の広がりを見せた。ローマ帝国は四世紀に統一されはしたものの、コンスタンティヌス帝による東方の領土の獲得（三二四年）、および東方の首都コンスタンティノポリスの完成（三三〇年頃）以来、ラテン世界とギリシア世界の双方の中心地をめぐって発展し始め、テオドシウス帝（Theodosius I 在位三七九―三九五年）の息子たちの代において二領域に分裂することになった。それと並行して、カトリック教会もまた、アレイオス（Areios 二五〇頃―三三六年）主義との論争においては統一を保ちはしたものの、ガリアやヒスパニアへの普及にともなって、伝統的なギリシア的系統と並んでラテン的な伝統をも形成し、五世紀以降、その二つの系統のあいだには大きな溝が生じることになる。ローマ皇帝は教会の発展を促進し、その運営のみならず教義上の問題にまで積極的に関わるようになった。このような協力は教会の側からは歓迎されると同時に、教会の自由のために――例えばアンブロシウスの場合のように――制限が設けられた。また司教区、小教区といった教会組織の形成や、四―五世紀の教会会議とともに、ローマと教皇の優位が強められ、法律や社会生活のキリスト教化が推し進められた。典礼は発展し、式文も定まり、すでにコンスタンティヌス帝の下では、日曜日が安息日にして休日となり（三二一年）、降誕祭や聖人の記念日が祝日として民衆の心を捉え、教会聖堂――とりわけ巡礼地のそれ――の広々とした空間は、聖書の物語を表すフレスコ画やモザイクで飾られた。

四―五世紀の西方キリスト教の思想家たちは、多くは名門出身の司教であり、優れた古典的・修辞学的教養を身につけていた。彼らの努力は、キリスト教に入信した多くの民衆に教会の基礎的教えを授けるために、受洗準備教育や講話を通じて、言葉と書物によってキリスト教信仰を伝えるところにあった。実際、三二五年から四五一年の大公会議の時代のものとしては、三千以上の講話が残されている。真なる信仰をめぐる論争は、四世紀においては、アレイオス主義を論破するに当たってギリシア神学を後ろ楯とするものであった。アレイオス主義は、ギリシア的・思弁的な問題設定にもとづく異端であったが、四世紀末には異端論争は、もっぱらキリスト教の実践に関わるラテン的な異端――例えば、プリスキリアヌス（Priscillianus 三四〇頃－三八六年）派の厳格主義、ペラギウス（Pelagius 三五四頃－四二〇／二七年頃）主義における自由と恩寵の問題、ドナトゥス（Donatus 三五五年歿）派における秘跡の正当な授け手の問題――に向けられるようになった。ラテン教父は、その著作において、古典古代の文学・哲学、またクインティリアヌス（Marcus Fabius Quintilianus 三五頃－一〇〇年頃）の修辞学など多くの要素を取り込んでおり、その際には、ナジアンゾスのグレゴリオス（Gregorios 三二五／三〇－三九〇年頃）などのギリシア教父よりも、古典古代の文化とキリスト教的完成への追求とのあいだの緊張をより痛切に意識していた。しかし古代の学校教育、とりわけ文法学や修辞学といった形式に関する諸学科の価値はあまりにも明白であったため、キリスト教の学校の創設が真摯に企てられるということはなかった。聖職者の教育に関してさえ、神学の一貫した養成の試みがその形を整える歩みもきわめて緩慢なものであった。ウェルギリウス（Publius Vergilius Maro 前七〇－前一九年）に範を採った六歩格詩の叙事詩でキリストの生涯を著したユウェンクス（Gaius Vettius Aquilinus Juvencus 三三〇年頃活動）の『福音』（Evangeliorum libri quattuor）や、五世紀初頭のスペインの司祭キュプリアヌス（Cyprianus Gallus 四－五世紀）による旧約聖書の歴史的諸書の韻文による改作のように、道徳的に疑わしい古典古代の文芸を同じ形態のキリスト教的題材によって置き換えようとする試みも単発的になされたのみであり、大きな流れを形作ることはなかった。そのためラテン教父の思考は、古典古代の文化の受容の努力よりも、キリスト教的教養の新たな中心である聖書とその釈義によって大きく規定されている。その聖書解釈は、旧約聖書を予型論的な仕方で新約聖書に結びつけ、寓意的・霊的な意味解釈によってキリスト中心的な信仰理解を目指すものであるが、そうした聖書的信仰理解は――教義に関する論考において試みられたように――神の三一的本質への洞察と無理なく調和するものであった。四世紀のラテン教父は、実践的指針に関わる思想と、信仰の核心に向かう理論的思考との二極のあいだを動きながら、ついにはアウグスティヌスにおいて霊的にも哲学的にも最高の成果に達することになる。

(2) アレイオス主義との論争とニカイア信条

四―五世紀のラテン教父は、その独自の性格が徐々に明らかになってきたにもかかわらず、アレイオス主義との論争をきっかけとして、東方ギリシア世界の高度に発展した聖書釈義や教義学と結びつくことを必要としていた。それというのも、キリストを神の神性と同一本質的なものとして説くニカイア信条に対して、キリストを神の第一にして最高の被造物にすぎないとするアレイオス主義は、この主張に好意的なコンスタンティウス二世(Flavius Julius Constantius II 在位三三七―三六一年)の宗教政策によって西方世界でも、北イタリアやガリアで広まっていたからである。東方ギリシア世界においては、アタナシオス(Athanasios 二九五頃―三七三年)が、度重なる追放にも屈することなく、最終的にはその思想がニカイア信条の承認に寄与するに至った。西方世界においてはとりわけポワティエのヒラリウス(Hilarius Pictaviensis 三一五頃―三六七年)の功績によって、ニカイア信条がアレイオス主義に対して勝利を収めることになった。

(a) ポワティエのヒラリウス

ヒラリウスは、真理と神認識の探求を通じてキリスト教に向かったのであり、しかもその際のキリスト教とは、彼にとって、また四世紀の教父にとっては、聖書とその研究を意味していた。彼の初期の『マタイ福音書註解』(『Commentarius』 in Mattheum　三五三／五五年)は、テルトゥリアヌス、キュプリアヌス、ノウァティアヌスといったラテン教父に完全に依拠しており、アレイオス主義との論争に見られる神学的議論の精妙さを具えたものとは言いがたい。これに対して、「詩編」を五〇編ずつ三部に分けて、それらを「回心・道徳的上昇・照明」という段階的図式によって整理した後期の『詩編講解』(Tractatus super Psalmos　三六五年頃)は、常にアレイオス主義との論争を念頭に置き、またとりわけオリゲネスの霊的・寓意的解釈に立脚したものである。この二つの著作のあいだに挟まれる時期、ヒラリウスは四年間(三五六―三六〇年)のあいだ、アレイオス主義の一派による東方キリスト教世界(小アジアのフリュギア)への追放処分を受けており、その地で彼はギリシア神学を学び取り、そのギリシア神学を、ニカイア公会議以降の教会会議の決議や諸信条とともに西方世界に伝えている。その際ヒラリウスは、アタナシオスが頑強にニカイア信条に従ったのに対して、より柔軟な神学を展開した。つまりヒラリウスが示そうとしたのは、御子キリストと父たる神の同一本質を一面的に主張するあまり、サベリオス(Sabellios　二六〇年頃歿)派のように両者を同一視してしまう危険を孕んでいるニカイア信条の立場と、父と子の相違を守るために両者のあいだにはただ相似性のみがあるとするアンキュラのバシレイオス(Basileios　三六四年頃歿)のような相似本質派の見解とは、正しく理解するなら和解が可能であるということであり、それによって彼は、後に見られる両派の融合に道を開いたのである。アレイオス主義者と、彼らを擁護した皇帝コンスタンティウス二世――ヒラリウスは彼をキリスト教を弾圧したネロ帝(Nero Claudius Caesar　在位五四―六八年)やデキウス帝よりも大きな害を及ぼす者と考えた――に抗して、ヒラリウスはその『詩編講解』や『讃歌』(Hymni)――ラテン教父のなかで最初の、そして実際に典礼で用いられた讃歌――においてと同様に、主著『三位一体論』(De Trinitate　三五六―三六〇年)において、キリストの神性に対する、聖書にもとづく信仰を擁護している。

(b) マリウス・ウィクトリヌス　アフリカ生まれでローマの最も著名な修辞学者であったマリウス・ウィクトリヌスもまた、大きな反響を巻き起こしたそのキリスト教改宗（三五五年頃）の後は、その著作においてアレイオス論争を中心的な主題としている。しかしながらその著作は、「弁証論的なスタイルで、きわめて難解な文体によって記され、教養ある者にしか理解できない」（ヒエロニュムス『著名者列伝』一〇一）ものであったため、ヒラリウスの簡潔な聖書解釈とは異なり、さほど大きな影響を与えることはなかった。そのキリスト教改宗以前にウィクトリヌスは、七自由学芸の三学についての著作を表し、アリストテレス、キケロ、ポルフュリオス、おそらくはプロティノス（Plotinos 二〇五頃―二七〇年）をも翻訳し註解している。三五九年以降は、三篇の『讃歌』（Hymni）を含む一二の著作において、御子キリストと父たる神との同一本質を唱えるニカイア信条を擁護している。その際ウィクトリヌスは、ギリシア・ラテン教父よりも、ポルフュリオスの新プラトン主義的神理解により多くを負っている。つまり、プロティノスは、それ自身として無区別の一者からそれに従属するかたちで多なる基体が流出すると考えるのに対して、ポルフュリオスはこの一者を存在と同一視し、発出と還帰によってそれ自身の内で差異化されるものと考えるのであり、この考え方にウィクトリヌスも従っているのである。こうして、ウィクトリヌスは、絶対的に超越的な神を、御子の発出においては一者の自己表現および生命の下降的な実現形態として、また聖霊の上昇的還帰においては知恵として、自らの内で差異化と同時に統一を遂行するものと理解している。それゆえにウィクトリヌスにおいては、聖霊が発出する源泉を神の内的本質の内に求め、諸位格が互いに区別されながらも同等であることを示す哲学的な三位一体論が初めて明確な形を取るに至ったのである。しかしながらパウロの手紙についての後期の註解では、文法学者としてのウィクトリヌスが、信仰にもとづく人間の義化という主題を平明な言葉で論じている。

(3) 聖書研究と修徳思想

(a) アンブロシウス

マリウス・ウィクトリヌスと同様に、ミラノのアンブロシウスもまた、その改宗に際しては、十分な神学的素養を身につけていたわけではないため、「学ぶことより早く教えること」(『教役者の職務について』[De officiis ministrorum] 一・一・四)を余儀なくされた。しかしながら彼は、シンプリキアヌス(Simplicianus 四〇〇年歿)——ウィクトリヌスに信仰を教え、後にアウグスティヌスの改宗に際しても一役買ったミラノの司祭——の指導の下で、ギリシア的伝統を修得しようと努め、ヒラリウスとともに、この伝統を西方のキリスト教思想の内にもたらしたのである。求めるところの少ない勤勉な生活や、身分の高さにもかかわらず親しみやすい人柄、さらに貧者・病者・囚人に対する慈愛に満ちた献身ゆえに、アンブロシウスの休むことのない司牧活動は民衆のあいだで豊かな実りを結んだのであり、そのことは彼が皇帝の権力と渉り合う際に大きな助けとなった。またアンブロシウスは高い見識を有し、西方の神学の語彙を慎重に保持しつつギリシア神学を翻案したために、その聴衆のなかでも優れた教養をもつ人々に訴えかけることができた。説教を母体として産み出されたアンブロシウスの神学的著作の大部分は、旧約聖書、例えば「創世記」の記述を、フィロン(Philon 前二五/二〇頃―後四五/五〇年頃)、オリゲネス、大バシレイオス(Basileios 三三〇頃―三七九年)にならった仕方で解釈するものであるが、これに対してキリスト教において初の包括的な倫理的著作『教役者の職務について』(三八八/八九年)では、キケロに拠りながら、四枢要徳というギリシアの考えが、聖職者にとっての生き方の指針にまで展開されている。アンブロシウスは、自らの個人的な信仰心にもとづいて、純潔の身分についての五つの著作を表しており、これは西方のマリア論にも大きな貢献を果たすことになった。

(b) ヒエロニュムス

アンブロシウスの魅力的な人柄、またギリシア的要素とラテン西方的要素を結び合わせ、古典古代の遺産とキリスト教とを融合させようとするその調和の取れた総合と比べるなら、禁欲的思想家ヒエロニュムスは、論争に傾くその情熱や、ラテン文化についての最高の素養と聖書の素朴な信仰とのあいだの内面的緊張という点で、アンブロシウスとはまったく対照的に映る。実際、ヒエロニュムスが行った数多くの論難のうちの一つは、アンブロシウスがオリゲネスや盲目のディデュモス(Didymos 三一三頃―三九八年頃)といったギリシア思想を断りなく借用しているというところに向けられていた。またアウグスティヌスや、オリゲネスの翻訳者ルフィヌス(Rufinus Tyrannius 三四五頃―四一〇/一一年)との論争においても、翻訳技法の問題が俎上に載せられた。ヒエロニュムス自身、文法学・修辞学・文学についての自らの傑出した知識を十分に活用してキリスト教文献の翻訳活動に当たっており、翻訳の意味や技術についての理論的考察をも行っている(『書簡集』[Epistulae]五七参照)。ヒエロニュムスによって翻訳されたギリシアの著者としては、カイサレイアのエウセビオス(Eusebios 二六三/六五頃―三三九/四〇年)、ディデュモス、パコミオス(Pachomios 二九〇頃―三四六年)、そしてとりわけオリゲネスが挙げられる。オリゲネス論争(四〇〇年頃)の際には、ヒエロニュムスは釈義家としてのオリゲネスを誉め讃えたが、その教義の点では距離を取ることになった。何よりも、ヒエロニュムスが四〇六年までに行った聖書全体のラテン語翻訳――十三世紀以来「ウルガタ」版と呼ばれ、ごく最近まで用いられていた翻訳――は、それまでの翻訳に比べて文体面ではるかに受け容れられやすく内容的にも信頼の置ける原典として、西方キリスト教世界の基礎となった。さらにヒエロニュムスによる詳細な聖書註解、とりわけ「詩編」、預言書、「マタイによる福音書」への註解では、神学的思弁に入り込むことなく、歴史的・自然学的事実に関する広範な知識と霊的解釈とが結び合わされている。スエトニウス（Gaius Suetonius Tranquillus　七〇頃－一三〇年頃）の『著名者列伝』（De viris illustribus）にならって名づけられた同名の著作では、キリスト教の思想家一三五名を挙げた一覧の最後に自らの名前を挙げているところから、ヒエロニュムスは自らの学問的業績に相当の自負をもっていたものと思われる。しかし、そのような学問的な功名心を抱いてはいたものの、彼の心はそれ以上に修道的禁欲の理想に向けられていた。このような理想を彼は、（おそらく創作にもとづく）三人の修道士についての伝記――アタナシオスの『アントニオス伝』（Vita Antonii）と肩を並べる著作――で描き出すのみならず、自らそれを実践し、ローマにおける女性の信奉者たちをその理想に馴染ませようと努めた。

三　五世紀の教父たち

（1）　キリスト教文学と聖人伝

アウグスティヌスの死によって終わる五世紀初めの三〇年間においては、ラテン教父の思想は聖書釈義にとどまらず、散文と詩文において豊かに花開いた。すでに新約聖書の時代においても、旧約聖書の詩編の伝統はキリスト教的詩文によってさらに展開させられていたが、アレクサンドレイアのクレメンス（Titus Flavius Clemens　一五〇頃－二一五年以前）やオリュンポスのメトディオス（Methodios　三一一年歿）はいくつかのギリシア語の讃歌を著している。ラテン語の世界では、テルトゥリアヌスがキリスト教的歌謡の存在を伝えている。ラテン語によるキリスト教的詩人として知られている最古の人コンモディアヌス（Commodianus 二五一／六〇年頃活動）は、その『弁明の詩』（Carmen apologeticum）において異教の神々を揶揄し、迫害の際の背教者たちに対して、改悛のうえで教会に戻るように忠告し、神・キリストの受肉・最後の審判に対するキリスト教的信仰を書き記している。このような個別の先行的功績に続いて、ヒラリウスと、とりわけアンブロシウスの讃歌は、五世紀前半におけるラテン語によるキリスト教的詩文芸の最盛期の礎石を築いた。この時代のものとしては、十五人あまりの詩人、それに加えて作者不詳の若干の詩と歌《ケント》（古典古代の詩人からの引用の組み合わせによる作詩）が知られている。これらのキリスト教的詩人たちは、古代末期の一般的な詩論に倣って、古典古代、特にウェルギリウス、そしてホラティウス（Quintus Horatius Flaccus 前六五―前八年）、オウィディウス（Publius Ovidius Naso 前四三―後一七年）、ルクレティウス（Titus Lucretius Carus 前九四―五五年頃）、テレンティウス（Publius Terentius Afer 前一九五頃―一五九年）の詩作規則と韻律法に範を採ってはいたが、そうした形式を通じて、讃歌や教訓などのキリスト教的な内容を表現していた。平信徒の神学者プルデンティウス（Aurelius Prudentius Clemens 三四八―四〇五年以降）は、国家の要職から離れてからは、詩作によって「主を歌い、異端と戦い、公同《カトリカ》の信仰を宣べ伝える」（『プラエファティオ（序言）』[Praefatio] 三八―三九行）ことを自らの課題とした。そこで彼は、キリストを真なる光にして、あらゆる光の授け手として讃え、殉教者の揺るぐことのない信仰を讃美し、徳と悪徳の戦いを描いた寓意的作品『プシュコマキア（魂の争い）』（Psychomachia）では、人間の魂をめぐって、偶像崇拝に対して信仰を、情欲に対して純潔を、怒りに対して忍耐を、傲慢に対して謙遜を、快楽に対して節度を、貧欲に対して慈善を、争いないし異端に対して和合を戦わせ、『アポテオシス（キリスト頌歌）』（Liber Apotheosis）においてキリスト教的な三位一体とキリストについての正統的な教えを異端に対して擁護している。プルデンティウスの詩作は、韻律と詩的形象の豊富さと、純粋な抒情的・劇的な感情を特徴としている。

ノラのパウリヌス（Paulinus Nolanus; Meropius Pontius Anicius Paulinus　三五三／五四－四三一年）もまた、国家の要職から修道生活へと転じた人物である。彼は熱烈に崇敬していた聖人ノラのフェリクス（Felix Nolanus　三一一年以前頃歿）の墓所に引き籠り、巡礼者の修養のために、洗礼者ヨハネなどの聖書の人物、そしてとりわけフェリクスの生涯と奇跡を讃える歌を作った。その修道生活の時代においても、友情に満ちた交友を求める深い希求から、パウリヌスはアンブロシウスや、トゥールのマルティヌス（Martinus Turonensis　三三六頃－三九七年）とその伝記作者スルピキウス・セウェルス（Sulpicius Severus　三六〇頃－四二〇年頃）と友誼を結び、さらには正反対の性格で時には対立もしたヒエロニュムスとルフィヌス、アウグスティヌスとペラギウスとも親密な交流をもった。パウリヌスの早い時期の修辞学の師で著名な詩人でもあったアウソニウス（Decimus Magnus Ausonius　三一〇頃－三九三／九四年）はパウリヌスが世俗を棄てたことに落胆したが、パウリヌス自身はこの歩みを、自らの詩的創作活動と同様に、「われわれの全存在、われわれの心、われわれの口、われわれの時を要求する」（『歌謡』［Carmina］一〇・六三－六四行）キリストへの完全なる帰依にもとづくものと弁明している。

ヒエロニュムスの修道者伝と、プルデンティウスやパウリヌスの詩歌からもすでに明らかなように、四世紀の半ば以降は、聖人崇敬が徐々に高まり、そのために聖人伝という文学類型が好まれるようになっていった。三世紀頃までは、ただ殉教者のみが聖人として崇敬されるにとどまった。そうした崇敬に応える文献としては、殉教録――歴史的に信頼できるものもあれば、単に修徳を目的として書かれたものもある――や殉教物語、また殉教者の記念日に行われる説教などが挙げられる。しかし三世紀初頭以降は、「殉教者」という言葉も、殉教することはなくとも信仰に命を捧げた「証聖者」や、禁欲的生活を送る修徳修行者にまで拡げられるようになる。アタナシオスの『アントニオス伝』（三五七年頃）は、隠修的・修道的生活の模範的姿を描き出したものであるため、この著作は東方でも西方でも感動をもって迎えられ（ラテン語への翻訳は三七五年以前になされている）、のちのあらゆる聖人伝の典型となった。修道士たちと並んで、ほぼ同じ頃には、その修徳によって傑出した司教たちが聖人として崇敬され、その伝記が書かれることになる。例えば、スルピキウス・セウェルスによる『聖マルティヌス伝』（Vita sancti Martini 三九六年）、ミラノのパウリヌス（Paulinus Mediolanensis 四一七年以降歿）による『アンブロシウス伝』（Vita sancti Ambrosii 四一二年）、ポッシディウス（Possidius 四三七年以降歿）による『アウグスティヌス伝』（Vita Augustini 四三二／三九年）などがそれである。西方世界における後の聖人伝の基盤となる『聖マルティヌス伝』は大部分がマルティヌスの生前に記され、後に三通の手紙（三九七／九八年）と『対話録』（Dialogi 四〇三／〇四年）によって補われた。その際にスルピキウスは文学的にはスエトニウスの『皇帝列伝』（De vita Caesarum）から着想を得て、マルティヌスの偉大さを表すために、民衆の嗜好に従って文学的創作を駆使し、さまざまな奇跡物語を歴史的事実と混ぜ合わせている。スルピキウスは『アントニオス伝』からの影響を受けはしたものの、『対話録』では、西方の修徳修行者はその徳と禁欲に関して東方の先駆者に劣るものではないことを示そうとしている。

修徳的・修道的理想が大きな魅力をもったことは、修道制が速やかに発展していったことや、『アントニオス伝』や『聖マルティヌス伝』が多大の反響を呼んだところからも明らかである。その魅力はとりわけ、都市において多くの人々がこぞってキリスト教に改宗したところから生じた倫理的荒廃への反撥にもとづくものであった。

（2）ペラギウス論争

倫理的・宗教的生活のこのような堕落に抗して、ブリタニア出身で、倫理的に非の打ちどころのない厳格さを具えていたペラギウスは、三八〇年代の初頭から、同じ頃ヒエロニュムスが行っていたのと同様に、自らの周辺に敬虔な信徒を集め、その人々を純粋なキリスト教的生活へと導く努力を始めていた。そのためにペラギウスは人間本性の自由に訴えかけている。つまり人間本性は、創造の恵みによって、神の似姿として作られ、神に対する信仰を決断し掟に従うことができる。またアダムの罪は後の世代にまで伝わるものではなく、単に罪の原型ないし罪への唆しにすぎないのであり、人間はその倫理的自由ゆえに、キリストの模範に従って、罪への誘惑に抗うことができるとされるのである。ペラギウスによれば、人間が神の恵みに達するのは、このような倫理的功徳によるのであり、洗礼によってではない。恵みは善なる行いを可能にするものではなく、ただそれを助けるのみであるとみなされる。このような教えは、『デメトリアスへの手紙』（Epistula ad Demetriadem　三一三／一四年）――ペラギウスの名の下に伝えられる多くの著作のうち、パウロの手紙の註解と並んで、確実に真作と言える唯一の著作――において萌芽的に現れている。教義的というよりも倫理的に構想されたペラギウスの思想の背景としては、ストア学派の通俗哲学とともに、神が自由な人間を救いに導く教育の歴史として救済を理解するオリゲネスの思想からの影響を認めることができる。ペラギウスの教えは、ローマでは取り立てて嫌疑を招くことはなかったが、ペラギウスがその弟子カエレスティウス（Caelestius　四－五世紀）とともに四一〇年頃、西ゴート族のアラリック（Alaric　在位三九五－四一〇年）のローマ侵攻に先立って北アフリカに逃れてのち、四一一／一二年以降アウグスティヌスによって初めて、人間の自己救済を主張する試みとして理解された。つまりその教えは、幼児洗礼を含むすべての秘跡だけでなく、贖いとしてのキリストの受難すらが、人間の救いにとっては本質的に必要でないものと捉えられたのである。このようにして口火が切られた論争は、アウグスティヌスの死後、エフェソス公会議（四三一年）によってペラギウス主義が断罪されるに至るまで継続した。その論争においてアウグスティヌスは、人間本性はアダム以来継受される原罪によって損なわれ、それゆえ神と掟の遵守へと向かうためには、先行する無償の恩寵が必要であると考え、そうした理解に則って、掟と恩寵の関係、および自然と恩寵の関係を説明している。自然本性と区別されるこのような意味での恩寵は、キリストの模範のみならず、その受苦にもとづくのであり、人間に対しては洗礼によって分かち与えられるものとされるのである。

(3) アウグスティヌス

四一三年にはヒエロニュムスも加わったこのペラギウス論争においてアウグスティヌスは、それ以前のマニ教の二元論との論争や、アフリカのドナトゥス派――聖職制よりも霊的賜物にもとづく純粋な教会という思想――との論争、さらに、アレイオス主義を信奉したゲルマン人の諸部族がイタリアとアフリカに侵入することによって息を吹き返したアレイオス主義との論争と同じく、教会にとって指導的な神学者としての役割を果たした。アフリカ生まれの古代最後の大神学者アウグスティヌスの百点を越える著作の大部分、さらには現存する二七〇通の手紙とおよそ六百の説教は、具体的な状況をきっかけとして成立したものであり、彼が常に気にかけ積極的に関わろうとしていた教会内部の問題や議論への応答なのである。修辞学と弁証論を通じて鍛え抜かれたアウグスティヌスの知性は、神の奥義を愛し探求する熱意と分かちがたく結ばれたものであったし、また彼はその奥義を教会の伝える信仰と彼自身の内的経験から学び取った。アウグスティヌスの思索においては、「信じるために知解し、知解するために信じる」（『説教』［Sermones］四三・九）という彼の言葉にあるように、信仰と理性、聖書におけるキリストの言葉と新プラトン主義的な精神論・神理解とが互いに絡み合いながら、哲学的であると同時に聖書的な神学へと創造的な仕方で高められている。最も好んで読まれた（『再考録』［Retractationes］二・六）と彼自身が語っている著作である『告白』（Confessiones）において魅力的な仕方で神を讃美しているように、アウグスティヌスはキケロによって目覚めさせられた真理への探究から出発して、マニ教と懐疑主義を経て、精神の光に対するプロティノス的な洞察、および聖書の霊的意味に辿り着いた。回心の後の彼の内面の歩みは、ほぼ完全に哲学的な信仰解釈――しかしここで今やキリストの名前は重大な位置を占めている――から、パウロの書簡の註解（三九四／九五年）と「ヨハネによる福音書」の註解（四一四－一七年）へ、そしてついには後年のキリスト中心的な恩寵論へと進む。それと並行して、司教への叙階（三九五／九六年）以降は司牧活動に身を捧げ、四一〇年におけるローマの陥落などの目前の状況や、異端によって惹き起こされた教義や聖書釈義の難題、ないし歴史神学的・倫理的・人間論的問題を神学的に解明することに精力的に携わっている。このように多様な課題に直面していたにもかかわらず、アウグスティヌスはエルサレムの原始キリスト教会の方向に沿った修道生活の理念に忠実であり続けた。その点に関しては、『（聖アウグスティヌス）修道規則』（Regula［sancti Augustini］）として歴史的に大きな影響を及ぼした著作が証ししている。多くの論争を経ながらも、アウグスティヌスは精神の自由を保ち、『三位一体論』（De Trinitate）に見られるような神の三一性という中心的信仰箇条――しかも単に救済史的な意味のみならず、神に内在する三一性の理解――を提示し、記憶・知解・意志の三肢的構造を有する人間精神の自己遂行を神の三一性の似姿として哲学的に解明することによって、ギリシア神学とは根本的に異なる三位一体論の教えを展開したのである。

アウグスティヌスの同時代の思想家たちは、アウグスティヌスの存在によって影の薄いものになりがちだが、彼に続く時代の思想家たちは、ほとんどアウグスティヌスの影響の下にある。すでにアウグスティヌスの存命中の四一八年から、北アフリカのハドルメトゥム（現スース）の修道者たちの下では、神により自由な予定において与えられるというアウグスティヌス的な意味での恩寵は、倫理的・修徳的努力や修道者同士の道徳的な励まし合いを余計なものとしてしまうのではないかという懸念が生まれ、アウグスティヌスの恩寵論・予定論に対して疑惑が抱かれた。これに対して、恩寵は人間の自由な決断を可能にしてそれを担い、堕罪ののちは人間同士の勧告を通して働くというアウグスティヌスの回答は、北アフリカの修道者たちを満足させはしたものの、レランスやマルセイユといった南ガリアの修道者たちの下では、四二六年以降、これが激しい反論を引き起こす元となった。十六世紀以降「半ペラギウス主義」――あまり適切ではないが――と呼ばれたその反論に対して、アウグスティヌスは二つの著作（四二九／三〇年）において、人間の自由な決断なしには神の予知と予定は人間の運命を自由に操ることはないと応答したが、その反論を論破するには至らなかった。アウグスティヌスの歿後も、高い教養をもつ平信徒の修道士で後にレオ一世（Leo I　在位四四〇－四六一年）の協力者となったアクイタニアのプロスペル（Prosper Tiro Aquitanus　三九〇頃－四五五年以降）と、修道院の創設者で五世紀のガリアにおいて最も著名であった霊的著述家ヨハネス・カッシアヌス（Johannes Cassianus　三六〇頃－四三〇／三五年頃）とのあいだで、数年間この論争が続けられた。カッシアヌスは、その『霊的談話集』（Conlationes）の第一三談話（四二七年）においては確かにペラギウス主義からは明確に距離を取ってはいるが、形而上学的・教義的観点というよりは心理学的・経験的立場から、一面的な予定説には反対し、人間が信仰へと向かうその最初の発心においても、神の恩寵だけでなく人間の自由な活動が必要とされると主張している。それに対しプロスペルの関心はもっぱらアウグスティヌスの思想の擁護と普及にあったため、彼はカッシアヌス、次いでレランスのウィンケンティウス（Vincentius Lirinensis　四五〇年以前歿）を批判し、まず厳格な予定説、つまり神の救いの意志はかならずしもすべての人に及ぶわけではないという考えを擁護した。しかし四三二年以降、『全民族への招きについて』（De vocatione omnium gentium）においてプロスペルは自らの主張を和らげ、神はあらゆる人間に恩寵を差し出すだけでなく、すべての人間を救いへと呼び出し、しかも神の恩寵と人間の自由意志とは排除し合うものではなく、共に働き合うものであるという考えに至っている。

（4）修道制の成立

予定論と恩寵論をめぐるこの論争は、十六世紀の宗教改革の時代において再び取り上げられるまでは、古代キリスト教世界ではこれ以上に波及することはほとんどなかった。それに対して、エジプトの独居隠修士についてのカッシアヌスの記録は、西方修道制の霊的形成という点で、中世末期まで基本的な役割を担い続けた。カッシアヌスはスキュティア（現ハンガリー）の教養あるキリスト教の一家に生まれ、ベツレヘムでの最初の修道生活（三八〇年頃）ののち、ほぼ二十年間（三九九年頃まで）エジプトの独居隠修士たちの下で暮らした。そのためにカッシアヌスはその『共住修道制規約および罪源の八つの矯正について』（De institutis coenobiorum et de octo principalium vitiorum remediis　四一九－四二六年）において、修道士たちの生活と祈りの形態を描き出すとともに、彼らの神学上の指導者エウアグリオス・ポンティコス（Euagrios Pontikos　三四五頃－三九九年）に従って、彼らの徳・悪徳論を伝えることができ、さらには二四巻から成る『霊的談話集』では彼らの霊的教えを幾分自由なかたちで描写することができたのである。修道士の霊的道程において、共住修道制と独居隠修制とに共通する「活動的知」という最初の段階では、悪徳とそれを克服する方法についての知によって心の平安と純粋さが得られるが、独居隠修士にのみ可能な第二の段階では、不断の観想的「燃える祈り」において愛を通じて神と内的に一致することが目指される。西方教会での修道院の建設者たち、つまりトゥールのマルティヌス（三六一年修道院建設）、アンブロシウス（三八六年修道院建設）、アウグスティヌス（三八八年修道院建設）、レランスのホノラトゥス（Honoratus　四二九／三〇年歿。四〇〇年頃修道院建設）、またアイルランドにおいてパトリキウス（Patricius; Patrick　四世紀末／五世紀－四六〇／九〇年頃）は、独居隠修制よりも共住修道制のほうを高く評価したが、アルルのカエサリウス（Caesarius　Arelatensis　四六九／七〇－五四二年）やヌルシアのベネディクトゥス（Benedictus de Nursia; Benedictus Casinensis　四八〇頃－五四七／六〇年頃）などは、その修道規則においてはカッシアヌスからの影響を受け、カッシアヌスの著作の繙読を勧めている。

南ガリアの修道制における霊的教えとアウグスティヌスの恩寵論とのあいだの緊張は、六世紀における最も重要な司教で、社会的活動にも携わった民衆説教家アルルのカエサリウスにおいて再び前面に現れる。カエサリウスは、アウグスティヌスの恩寵論を（半ペラギウス的な意味で）批判する陣営の中心であったレランスで修道士としての養成を受けたが、のちにはアウグスティヌスの神学の支持者へと転向していった。そこでカエサリウスは自らの著した『修道女のための戒律』（Statuta sanctarum virginum）において『（聖アウグスティヌス）修道規則』に依拠するのみならず、五二九年の第二回オランジュ教会会議によって、自由と恩寵についてリエのファウストゥス（Faustus Reiensis　四一〇頃－五〇〇年以前）によって主張された南ガリア的な教えを、司教としての立場をもって断罪した。

四－五世紀のラテン教父がいかに西方教会の将来に対して多くの具体的指針を与えたにせよ、霊的教えと教義の両面に関して、東方から西方への影響が一方的に及んでいることを見逃すことはできない。なぜなら、修道制の禁欲的な教えがエジプトや小アジアからもたらされただけでなく、西方教会は、キリスト論と三位一体論に関する教義も、ギリシア的東方において開催された四大公会議（ニカイア公会議、コンスタンティノポリス公会議、エフェソス公会議、カルケドン公会議）から受け取っているからである。逆に西方世界からギリシア的東方世界へと影響が及んだおそらく唯一の例外としては、教皇レオ一世の場合がある。コンスタンティノポリスの学識乏しい修道者エウテュケス（Eutyches　三七八頃–四五四年頃）の極端な単性論がキリスト論の問題を新たに再燃させたのち、レオ一世は、荘重な『コンスタンティノポリスのフラウィアヌスへの手紙（レオのトムス）』（Epistula 28 ad Flavianum Constantinopolitanum［Tomus Leonis］）において、キリストにおける二つの本性についての西方的教えを優れたかたちでまとめ上げ、それによってカルケドン公会議におけるキリスト論の決定に大きな貢献を果たしたのである。大部分はキリストの存在と業に関する古典的な典雅さを具えた一四三通の手紙と九七の説教において書き記されたレオ一世の思想もまた、アウグスティヌスの恩寵論からの深い影響の痕をとどめている。しかしレオ一世はアウグスティヌスの寓意的・霊的聖書解釈を受け容れることがなく、キリストの受肉の思想に導かれて、教会における秘跡の行いの内に救いが現存するという教えを強調している。そうすることでレオ一世は、ローマ的精神に則りながら、受肉に見られる世界との積極的関わりを尊重し、典礼を重視するという特色を、中世から近代に至るまでの西欧のキリスト教に対して付与することになった。そしてこれはまさに、ギリシア的遺産とアウグスティヌスの精神とを独自の仕方で変容させるものであったのである。

第II部　初期スコラ学

第二章　信仰と理性

――カンタベリーのアンセルムスにおける神認識の構造――

序　現代における問題関心

たとえ哲学が神を「純粋理性の限界内」に制限したり（カント［Immanuel Kant 一七二四―一八〇四年］）、神を世界との弁証法的関係の内に置き入れたりしようとも（ヘーゲル［Georg Wilhelm Friedrich Hegel 一七七〇―一八三一年］）、また神をプラトン主義によって捏造された「背後世界」として暴きたてたり（ニーチェ［Friedrich Nietzsche 一八四四―一九〇〇年］）、単なる言語上の問題として排除しようとしても（分析哲学）、「神」という語は、思考を世界内部の相対的な繋がりから、凌駕不可能な次元へと向けて解き放ち、それとともに必然的に、この語によって表されている事柄に関する思考・信仰・認識の可能性への問いを呼び覚ますものである。しかしながら、神に関する考察は、人間の世界理解と自己解釈を出発点とする以上、かならず思想史的に制約された観点の下で展開され、理解可能性の条件に即して行われるため、この考察の理解に際しては、歴史的・解釈学的な反省が必要となる。世界規模のコミュニケーションが拡がるなか、今日の宗教の多元性や文化の複数性といった状況においては、無数の理解地平が解きほぐしがたく絡み合っているのは確かである。とはいうものの、現代の思考を導く傾向の底流には、中心となるいくつかの要請が存するのであり、神への問いといえども――それが今日説得力をもとうとするなら――そうした要請を無視することはできない。このような条件は、異なった立場のあいだでの対話に関してはもとより、信仰理解といった神学内部の議論においても――その信仰理解が、事実的に生きられた真理と現実との関係の基底に触れようとするものであるならば――当然にその基盤になるものなのである。

自由な理性使用によって人間存在の自己根拠づけを図る近代的思考によれば、超越についていかなる主張をしようとも、それはその妥当根拠にまで遡って理性的・批判的に問われなければならないし、それ自身が理性的に洞察可能な内部構造を展開するものでなければならない。もとより一面的な合理性に対しては、ポストモダンの議論を通じて疑念が提示されているが、そうした批判といえども、啓蒙の遺産を乗り越えるものではなく、せいぜいのところ、近代的合理性の狭さを暴露するものにとどまる。しかし他方で、信仰をグノーシス的神話へと転化したり、また逆に、合理的解明を拒絶して単なる歴史的な啓示に依拠することで信仰の正当化を行うような試みは、イデオロギーの嫌疑を逃れることはできない。それゆえに、現代における真理への問いは、おそらくキリスト教が主張する普遍性の結果としても、妥当性に対する要求を理性的に吟味する権利や義務と切り離すことができないのである。

理性の使用は、自由で全き人間存在を保持するという要求を、理性自らによって果たすことによって、その正統性を根拠づける。「人間性」(humanum)を確保するというこの要請は、最近の数十年のあいだに、合理主義とフランス革命における抽象的・個人主義的な権利要求から、多様な脅威に対して人間の尊厳を守ろうとする意識へと深まってきた。こうした関心は当然のことながら、神に対する問いの内にも響いている。それというのも、宗教、そして超越が、真の人間存在を制限するものではなく、むしろそれを可能にし促進するということが期待されているからにほかならない。宗教のもつ救いの意義は、現代においては、人生の個々の困難を克服する助けという面に集約され、同時に矮小化されてもいる。超越は、人間存在を癒す身近なものとして、つまり、幸福への希求や懊悩、孤独や徒労感といった人間にとっての根本的問題に対して、できうる限り具体的・経験的な答えと支えとを与え、さらには一個人の苦しみを越えて、同朋との連帯や社会的共同性を根拠づけるものとして、求められるのである。こうして超越は、人間存在の意味と全体性への追求と再び繋がってくるがゆえに、超越についての思索は、人間の人間としてのありように超越がいかなる意味をもつかという問いを引き受けて、自らの正当性を示すことが期待されるのである。

人間存在を癒す神が希求される一方で、現代では、神を何ものかに投影して対象化したり、それを利用したりすることに対しては、反撥する意識も鋭くなっている。神的なるものは、人間をその理性的能力に関して凌駕する解き明かしえない神秘としてのみ、また人間が予見することのできない未来の根源としてのみ信じられるのである。超越を人間中心的に切り詰めてしまうのではなく、むしろ計りがたいものに向けて人間存在を開放していくことこそ、人間の理性と人間存在の遂行とを、目的追求に縛られ機械論的に決定された膠着状態から救い出すことになるだろう。

一　アンセルムスの問題提起

上述の思想的関心を背景として、中世スコラ学を基礎づけた思想家、カンタベリーのアンセルムス（Anselmus Cantuariensis 一〇三三／三四－一一〇九年）の思想を、その神理解という問題に関して論じることにしたい。

思想史的に見ると、アンセルムスは、都市文化が勃興して世俗化の傾向を促し、アリストテレスの論理学とともに批判的理性が誕生した時代に位置しており、その思想は、自由な交流と討論によって展開される合理性と、教父に範を取った観想的な修道院的霊性とのあいだの緊張関係の中で育まれた。

アンセルムスの初期の二大著作『モノロギオン』（Monologion〔一〇七六年〕＝M）と『プロスロギオン』（Proslogion〔一〇七七／七八年〕＝P）では、神認識の問い――つまり神の存在、本質、属性、働きをめぐる認識という主題――が取り扱われている。しかしながら『モノロギオン』においては、「神」（deus）という語が、序文を除くと、最初の章と最後の第八〇章以外では用いられていない。つまり「神」の語が使われているのは、出発点となる信仰から思索を始める場面においてと、思索が理性的思考を通じてこの出発点を取り戻す終局の地点においてのみなのである。信じられた神から出発して、内容的にそれと等しい知解された神にまで至るこうした道を辿ることで、アンセルムスは、「神性の本質」（divinitatis essentia: M 序）を、聖書の権威に拠らず、「平易な文体で、かつ一般向けの立証を用いて」（plano stilo et vulgaribus argumentis: ibid.）、ただ「理拠の必然性」（rationis necessitas: ibid.）と「真理の明晰さ」（veritatis claritas: ibid.）のみに依拠しながら叙述するという、ベック修道院の修道士たちに依頼された「知解を求める信仰」（fides quaerens intellectum: P 序）の課題を果たすことになる。

理性を手立てとして信仰内容を洞察するという目標は、まずは信仰そのものを起源としている。なぜなら、信仰はあるものを、そのものが真であることとそのものにおいて理解する以前に、真なるものとして承認するものであり、それと同時に、事象の真理を認識することを踏まえて、愛による観想によって事象そのものを享受するように努め、ついにはそれを直接に直観しようとするからである。「私の心が信じまた愛している真理を、いくらかでも知解することを私は望む」[1]。こうして真理認識は、それ固有の根本経験を具えた単なる信仰と、情感的な観想において先取りされる純粋な直視のあいだに位置する。「私は、この世において私たちが把握する知解を、信仰と直視のあいだにあるものと理解する」[2]。しかし、真理認識そのものは、理性によって把握可能で、そのために信仰をもたない者にとっても近づきうるものでなければならないがゆえに、ここから副次的に、信仰をもたない者に対して信仰の真理と理解可能性を納得させるという護教論的課題が生じることになる。「私たちが神とその被造物について必然的に信じていることを、〔……〕聴いていないか信じていないかのために知らない者がいるとしても、彼がごく普通の能力の持ち主でありさえすれば、その大部分については少なくともただ理性〔推論、理拠［ratio］〕によってのみ納得することができる」[3]。

二　出発点としての神概念

信仰にとっての中心的な——根本的には唯一の——主題は神そのものであり、神をその一性と三性、創造における働き、人間の救済と永遠の完成における現存という点において認識することである。神が概念的に認識されるべきであるならば、そこにおいては、目的および地平としてその探求の方向を指し示すような、神に関する理解可能な予備概念が必要となる。『モノロギオン』においてアンセルムスは神概念を段階的に辿り、「存在するもののすべてのうちで最善、最大、最高のもの」（quiddam optimum et maximum et summum omnium quae sunt: M 1）という基本的な規定から始まり、「本質ないし実体ないし本性と呼ばれる」（essentia sive substantia sive natura dicatur: M 3）「事象」（res: ibid.）や「何ものか」（aliquid: ibid.）としての、「それ自体で存在する一なるものそのもの」（ipsum unum est per se ipsum: ibid.）の概念を経て、次いで「個体的霊」（individuus spiritus: M 27）、さらに

「父」（pater）と「子」（filius: M 42）の概念に至り、最後にこの「最高の本質」（summae essentiae: M 80）に対して「神」（deus: ibid.）という名称が与えられるのである。その後アンセルムスは、このような証明過程が「多くの論拠が絡み合った連鎖から成り立っている」(4)ということを欠陥とみなして、『プロスロギオン』では、神存在の証明においてだけでなく、神の本質と属性を展開するにあたっても、「自らを証明するために、それ自身よりほかのものを必要としない一なる論拠」(5)、すなわち「それよりも偉大なものは何も考えられえない何ものか」（aliquid quo nihil maius cogitari possit: P 2）という神概念にのみ立脚している。

三　方法としての理性

『モノロギオン』と『プロスロギオン』――そして同様に、後期の著作『神はなぜ人となったか』（Cur deus homo〔一〇九八年完成〕）――は、信仰を信仰者自身にとって、また他の人々にとって理解可能なものにするその意図において共通している。「それというのも、私は、信じるために知解することを求めるのではなく、知解するために信じるからである」(6)。しかしながら、「真理を知解すること」（intelligere veritatem: P 1）は「理拠」（rationes）を理解することにもとづいているため、『プロスロギオン』と『モノロギオン』の元々の標題が示しているように、「信仰の理拠に関する考察の一例」（Exemplum meditandi de ratione fidei: P 序）となっている。ところで、「真理の理拠はかくも広く深遠であるので、死すべき者によっては、汲み尽くされえない」(7)が、「聖書は私たちを理拠の探求へと招き」(8)、「明らかに、探求の狙いを知解にまで拡張するように私たちを促す」(9)。そして「理拠を洞察するところにまで〔……〕上昇する」(10)追求が、「理性」（ratio）の本質そのものを成すため、信仰内容を、その理拠の理性的証明を通じてその真理に関して理解可能にするという課題が生じる。理性的推論が思考を「強要する」（cogeret: M序）「必然性」（necessitas: ibid.）として「証明する」（probandum: P序）ものは、次に「真理の明晰な光によって知解を照らし出す」(11)。それゆえ、証明の内でしばしば用いられる「必然である」（necesse）という表現、またはそれとは逆に「考えられえない」（quod cogitari non potuit: P 4）といった言い方には、推論の過程の中では、「真にある」（vere est: P 3; cf. P 2）が対応している。したがって、真理の知解を厳密に伝えるために、探求は「ただ理性によってのみ」（sola ratione: M 1）推し進められなければならない。そこで読者には、「必然的な理拠によって」（necessariis rationibus:『御言葉の受肉についての書簡』[Epistola de incarnatione verbi　一〇九四年］＝Inc. 6）、「理性の指導の下で〔……〕不条理にも知らずにいることへと、理性的に進む(12)」ことが求められる。

純粋に理性的な議論を説得力をもって展開するために、アンセルムスは『モノロギオン』と『プロスロギオン』における理性的・論証的部分を、（二人称での）祈りのかたちで記される観想的な部分から切り離し、論証的な部分においては、聖書や教父からの引用にもとづく権威による議論を避けている。このような論究のやり方に関して、アンセルムスは、読者たる修道士たちによって、「そこ〔この考察〕においては、どのようなことも聖書の権威によってまったく何ものも説得されることがないかのような仕方で(13)」展開することが求められていた。アンセルムス自身はこの方法の実現を、『モノロギオン』と『プロスロギオン』で目指された主要目標とみなしている。「それらは主に、神的本性とその諸位格——受肉を除いて——に関して私たちが信仰によって主張していることが、聖書の権威によらずに、必然的な理拠によって証明可能になるために執筆された(14)」。キリストの受肉の問題はこの二つの著作では取り扱われていないため、アンセルムスは『神はなぜ人となったか』において、受肉の必然性を方法論的に同じ原則に従って、つまり「あたかもキリストに関しては何事も知られていないかのように」[15]という原則に則って導出している。それによってアンセルムスは、証明においては、神学的伝統に依拠しないばかりか、歴史上の事実を引き合いに出すこともない。「キリストを度外視し、あたかもキリストに関しては何事もなかったかのように必然的な理拠によって、いかなる人間もキリストなくしては救われえないということを証明する」[16]。その代わりにアンセルムスは、『プロスロギオン』では想定された論敵（「愚かな者」insipiens: P 2）に神の実在を疑問視する言葉を語らせ、また『神はなぜ人となったか』では、そこで扱われる信仰箇条の合理性を疑う反論を取り上げることで、その是非に関しては中立的で、信仰をもつ者ももたない者も同一の問題をめぐる論議に関して対話できるような、純粋に理性的な場面を設定しているのである。「私たちの信仰の理拠を究めようとするに際して、理拠がなければ私たちと同じ信仰をけっして受け容れようとしない人々の反論を、私がまず提示するのが妥当だろう。それというのも、その人々は信じないがゆえに理拠を求め、私たちは信じるがゆえにそれを求めるのであるが、いずれにしても私たちは一にして同じものを求めているからである」[17]。こうして前提とされた信仰内容をその理性的な基盤に関して究明することは、推論によって一貫して行われるため、それはまた信仰の護教論、または信仰への導入としての役割をも果たしうるのである。

アンセルムスは、信仰からは独立したかたちで拘束力をもつこのような明証性を、信仰の真理の理性的な再構成、とりわけカントにより不適切にも「存在論的」と名づけられた神の存在証明に関しても要求している。「以前はあなた〔神〕によって与えられて信じていたことを、いまあなたの光に照らされて知解し、そのために、たとえあなたが存在することを信じることを望まなくても、〔あなたが存在することを〕知解しないことができない」[18]。こうした神証明は、『プロスロギオン』において、二重の意味で中心的位置を占めている。まず第一に、ここで「自らを証明するために、それ自身以外にほかのものを必要としない一なる論拠」[19]として導入される神概念は、この著作において神の本質的特性や働きに関する、それ以降のすべての議論の証明根拠となっている。第二に、この神概念は、定義の内にそのまま表現されているように、「思考」(cogitare) の必然的構造にのみ依拠しており、そのために理性そのものにもとづいているのであり、それは討論の参加者が、そもそも思考している限りは、その遂行の中であらかじめ認めているものにほかならない。そのためにその証明の核心はまさに、その「思考能力」(cogitari potest) にとって根本的で、それゆえに最高の中心点であるところ――すなわち、あらかじめ思考活動を導き、それゆえに一切の思考の根底においてすでにその無制約的な現実性において肯定されている「何ものか」(aliquid) ――をめぐって、理性が自己自身を反省するというところにある。[20] なぜなら、思考そのものが「何ものか」へと関わる限りで、思考には、超越論的・本質的に、現実ないし存在との関係が具わっているからである。しかし存在は、思考において、思考そのものや、その産物、つまり単に思考されただけのものからは区別される。それはあたかも画家が、精神の内で思い描かれた絵を、現実の絵から区別するのと同様である。それゆえに個々の思考内容の一切に関しては、思考そのものが、それらを存在それ自体という、無制約的で分割不可能な現実との関係で考察する限りでのみ、思考そのものはそれらの内容を思考し、その現実的妥当性に関して肯定したり否定したりすることができる。「そこにおいて思考は、始めや終わりや諸部分の結合を見出すことなく、また端的にいつでもどこでも全体としてしか見出すことができない何ものか」[21]を考察する。このような無制約的な現実を否定することはできない。なぜなら、否定とは、ある何らかの主語に対して、その現実を拒絶することである以上、それは現実そのものを了解し、ゆえに現実を現実として肯定することの内でしか成立しえないからである。

したがって、「それよりも偉大なものは何も考えられえない何ものか」とは、思考の限界として、現実に対する思考の関わりを可能にする超越論的な条件であり、また――確かに対象的に与えられるものではないにしても――あらかじめ肯定されている認識目標である。しかしこのような一なるものは、それが理解されるということそのものによって、例えば思考の対象面での相関物として思考の内に解消されるのではなく、反省によっても乗り越えられえない仕方で、端的に思考に先立ち、思考を凌駕するものとして認められるものなのである。「それゆえ、主よ、あなたはそれよりも偉大なものは何も考えられえない何ものかであるだけでなく、考えられうるよりも偉大な何ものかである。このような何ものかが存在することは考えられうることであるから。もしあなたがそのものでないならば、あなたよりも偉大な何ものかが考えられうることになる。しかしそれは起こりえないことである」[22]。このような凌駕不可能なもの、ないし神への問いにおいて、根拠を探求する理性は、自らの根源であると同時に目標でもあるところへと達する。この問いは、精神がその根源的な自発性という点に関して自分自身を振り返ることによって答えられうるものであり、「したがって最も的確には、それ〔理性的精神〕は言わばそれ自身にとって〈鏡〉のようなものであると言うことができるのであり、その鏡の内に精神は、〔……〕〈顔と顔を合わせて〉見ることができない方の似像を見るのである」[23]。

四　神認識と自己認識

理性は「人間の内にある一切のものの支配者にして審判者でなければならない」[24]ため、人間の本質は、無制約的なものへの直接的な方向づけとしての理性の内に集約される。超越論的反省によるこのような神認識において、人間の存在全体はその根底から、神認識と神への関わりの内へと取り込まれる。そのために、理性はそれに対しては——『プロスロギオン』での「愚かな者」は自己認識の不十分さゆえにそう考えてしまうが——他の否定可能な対象の場合と同じような仕方で、中立的に距離を取るなどということはできない。むしろ神への問いは人間を、「創造主の像」(imaginem creatoris: M 67; cf. P 1) としての自己を認識することを通じて、自らの精神の発見へと導いていく。なぜなら、このような問いにおいて、人間が「黙して自分と対話を」(secum tacitus dicat: M 1) 行い、「あなたの精神の個室の中に入りなさい」(Intra in cubiculum mentis tuae: P 1) という呼びかけに耳を傾ける場所があるからである。アンセルムス自身も自らの論考を、「以前気づいていなかったことを、思考によってのみ自分自身と論じ探求する者として[25]」展開している。

こうして自己との対話と自己認識の内面性において、精神は自らの根源へ向けて開かれ、認識と意志においては、現実そのものとの一致が求められ、「正しさ」(rectitudo) が要請されていることが分かる。それというのも、理性は思考する能力である以上、真理を実現する、すなわち、規範としての現実に自らを合致させていくというその本質に内在する課題を有しているからである。「なぜなら、あるものが存在すること、また存在しないことを考えることができることが私たちには与えられているのは、私たちは、存在するものを存在するものとして、存在しないものを存在しないものとして考えるためにあるからである。したがって、存在するものを存在するとみなす者は、みなすべきものをそうみなし、そしてそれゆえに思考は正しいのである[26]」。したがって真理は、「精神のみによって知覚されうる正しさ」(rectitudo mente sola perceptibilis: V 11) にほかならない。この正しさを実現する行為において精神は、真理との合致を通じて自ら自身の本質と一致することを自覚していると同時に、その本質に具わる志向性に従うことによって現実そのものに向かって開かれており、真理を実現しているのである。

現実との合致、そして真理との合致の規範性（「すべき」［debet］）は、認識を超えて、意志（V 4）と行為（V 5）にも拡張される。「すなわち、真理をなすことは善くなすことであり、善くなすことは正しさをなすことであるということは確かである」[27]。こうして意志は、自らの本質的傾向と一致して規範となる真理との、それ自体のために行われる合致において、「正しさ」を実現し、内的な正義（聖書的な意味での無制約的な義［iustitia］）を獲得する。「なぜなら、正義とは、それ自体のために維持される意志の正しさであるということが周知だからである」[28]。自らの意志を規範となる真理、つまり現実そのものの要求と合致させたままに保持しうるということが、偶然的な制約に縛られない自由としての意志の本質と完全性であるため、「かの自由意思は、意志の正しさを正しさそのもののために保持するという能力である」[29]。

このように、認識、意志、そして自由と行為は、理性や精神に対して課せられる「正しさ」という課題によって本質的に刻印され、内的な真理、ないし自己自身との合致を通じて、存在の呼びかけに応答することへと招かれる。それゆえに理性は、アンセルムスが親しんでいたベネディクトゥス（Benedictus de Nursia; Benedictus Casinensis 四八〇頃－五四七／六〇年頃）の『戒律』（Regula）の最初の言葉「耳を傾けよ」（Audi）に示されているように、傾聴によって意味を観取する能力として規定されうる。『プロスロギオン』における「愚かな者」ですら、聴くことを通じて、神概念の理解にまで至るのである。「愚かな者は〔……〕聴くときに聴いているものを知解する。そして彼が知解したものは、彼の知解〔知性〕の内にある」[30]。それゆえに「正しさ」の概念においては、神への問いに「ただ理性のみによって」着手するという課題が、方法論的な要請や護教論的な動機にとどまらず、理性と存在、「正しさ」と規範との本質的な連関に対する洞察によって根拠づけられているものであるということが示唆されるのである。

五　理性と善

なるほど理性は、創造主の似像としてその原像へと差し向けられ、必当然的・超越論的に現実ないし存在そのものに結びついており、そのため、存在の無制約的な広がりの可能条件が、最高の存在者ないし神の内に見出される。しかしそれ以上に、理性はそれ自身の内から、対象との関わりのすべてにおいて、根本的かつ直接的に「最大のもの」、「最高のもの」そのもの、そして最高善を追求する。「私の言っているのは、物体のように空間的に大なるもののことではなく、偉大であればあるほど善で尊厳あるもののことである。〔……〕最高に善であるものでなければ、最大ではありえない」[31]。認識の対象そのものはただ「それよりも大きなもの」に対する先取りによってのみ、それ固有の限定性において対象化され、他の対象に対して区別されたものとして規定され包含されうるのである以上、善に対するこのような先取りは、いかなる対象の把握においても露わになっている。それゆえに、それ自体として肯定も否定も可能な、思考されたいかなる対象も、理性を、この対象よりも大きなもの、したがっていかなる対象にも勝るものを目指す能力として示すのである。なぜなら理性は、自らによって規定され判定されうるようなものだけでは満足せず、自らによっては規定不可能な凌駕するもの（「それよりも偉大なものは何も〔……〕ないもの」［quo nihil maius］p 2）を求めており、この凌駕するものは、あらゆる存在者の根源としては、ただ存在として、そして存在者の「偉大さ」の根源と尺度としては、善と名指されるほかはない。

比較を絶した最高にして最大のものである一なる善へと差し向けられることによって、理性は単なる思考という自らの内在的な固有の領域を、現実へと向けて突破していく。なぜなら善とは、ただ現実のものとしてのみ善だからである。こうした善に対する理性の方向づけが、現実全体に向かうこのような開放性において、理性そのものの認識能力を成している。「そして理性的な本性にとって理性的であるということは、義なるものと不義なるもの、真なるものと真でないもの、善いものと善くないもの、より大いなる善とより小なる善を区別できることにほかならない」[32]。こうして、人間が洞察するものは何であれ、その実現に関して根本的に、善という観点において認識されるのであり、それはまた、「一なる何ものかであって、その一なるものによってあらゆる善なるものが善であるところのもの」[33]に対する超越論的な先取りにおいてすでに把握されているものなのである。一切の善において共に認識される善性の源泉（「泉」〔fons: P 9〕）は、それ自体において、それ自体によって成立する善性でなければならず、それゆえに最高善である。「すべての善がそれによってあるのだから、このものはそれ自体で善である。〔……〕ゆえに、それ自体で善であるもののみが最高に善である」[34]。

善に関わる理性的な判断能力も、「真の判断をする判断に従って、その判断したものを愛しまたは斥けるのでなければ、まったく無益で〔……〕無用」[35]であろう。神認識はそうした善の認識すべての源泉として、その本質において実践的な意味をもち、また逆に、「すべての人は、善であるとみなすもののみを享受することを欲するため」[36]、人間の一切の追求は、善に対する認識の関係、すなわち最高なるものとの関係によって養われている。神の存在をめぐる自覚的な問いかけは、あらゆる認識において共に遂行されている、善に対するこのような方向づけから発するものである。「やがて彼は、善であると判断するからこそ欲するようなものが、それによって善であるところの源を探求することへと、精神の眼を向けるのは容易なことである」[37]。

善に対する理性のこのような関わりは――神それ自身のみに関する単なる存在論的な規定ではなく――規範的な「正しさ」の概念の基盤となっているものである。その善との関係は、『モノロギオン』と『プロスロギオン』

における もろもろの証明にとって共通の地平を成しており、そのことは、「最善で最大で最高のもの」（quiddam optimum et maximum et summum: M 1 標題）や「それよりも偉大なものは何も〔……〕ないもの」（quo nihil maius: P 2）という、証明において中心的な役割を果たす語句が示している通りである。このような証明根拠は、外部から思考の内に持ち込まれたものではなく、思考そのものの内から汲まれたものである。善性は神の本質として設定されるため、善性に対しては、例えば神の名称としての存在に先立つような論理的優先が認められるわけではないにしても、そこにはある種の存在論的な根源性が帰せられることになる。こうした意味で、『プロスロギオン』においては、神の存在証明（P 2-4）に続いて、神の善性という原理から神の本質的特性を導出することが、「それよりも偉大なものは何も考えられえない何ものか」（aliquid quo nihil maius cogitari possit: P 2）という神の基本的な定義に従い、「神はそれがないよりもそれがあるほうが善い何ものかでもある」[38]という基準によって根拠づけられる。「それによってすべての善が存在するところの最高善に、いかなる善が欠けていることがあるでしょうか。あなたは〔……〕それがないよりもそれがあるほうが善い何ものかでもある」[39]。こうして最高の善性は、それを超えては何ものも考えられえないような限界であるが、それと同時に、一切の善を認識可能にする光として、思惟行為において常に前提されている「神秘」（secretum: M 64）としての神に対する認識を開くものでもある。このような神秘については、それが「人間の知性の才知全体を超えている」（transcendere omnem intellectus aciem humani: ibid.）ことは明らかである。「もし精神があなたよりもより善い何ものかを考えることができるとするならば、被造物が創造主の上に立ち、創造主を判定することになるが、これははなはだ不条理なことである」[40]。

善性の概念の内には、同時に世界および人間に対する神の関係が含まれている。『モノロギオン』においては、創造論（M 7以降）が、「すべてのもののなかで最高のもの」（summum omnium: M 3）が「それ自体を通じてそれ自体においてある」（esse per se et ex se: M 6）という神存在の証明の直後、そして神の特性の解明の前に置かれているのは、そのためであろう。神は「全能の善性によって」（per omnipotentem bonitatem: M 1）「無から成ったもの」（ea quae facta sunt de nihilo: M 9 標題）を根拠づけるのであるが、この考えによって全能は善性へと還元されるとともに、人間にとっては、純粋な善性にもとづく自己理解が可能となる。「主よ、あなたの善性が私を創造しました」[41]。人間の完成もまた、それ自らを伝える最高善にもとづいているものとされる。「最高善は、自らを愛し希求する者に対する報いとして、それ自身以外の何を与えるだろうか」[42]。こうして最高善を根底に据えることによって、すべての証明が最終的にその真理において理解可能なものとなるのであり、そのことはすでに神の存在証明に関しても言えることである。なぜなら、それ自体において自存する最高善のみが、存在をそれ自身において、「その内にすべての善がある一なる必然的なもの」（unum necessarium, in quo est omne bonum: P 23）たらしめると同時に、神が「存在しないことは考えられえない」（non possit cogitari non esse: P 3 標題）というほどにまで、肯定と否定に対する思考の中立性を克服するからである。この善性の領域において、精神にとっては、希望・愛・至福なる愉悦における自らの「救い」（salus: P 24）として、神に対する全人格的で情感を通じての肯定が可能になる（cf. P 24–26; M 68–80）。こうして、神の自己根拠づけそのもの、および神と人間の完全な相互関係、さらに真理と正義における人間の自己完成を存在論的に担い、同時にこうした全体をその根底に照らして認識可能にするような、一なる原理としての善性が明らかになる。ここにおいては、探求の内容と方法とが、その隠れた根源において分かちがたく一体を成しているのである。

六　信仰における理性的認識の根拠づけ

純粋理性の基盤の上で展開されるアンセルムスの神認識に関する理論は、すでにその当時から、修道士ガウニロ（Gaunilo 九九四－一〇八三年以降）の反論（『ある人は愚かな者に代わってこれに対して何を代弁するか』[Quid ad haec respondeat quidam pro insipiente]）のような内容的な批判を受け、その議論に対しては、アンセルムスは再反論を行っている（『本書の編者はこれに対して何と答えるか』Quid ad haec respondeat editor ipsius libelli）。そればかりか、アンセルムスの以前の指導者であったランフランクス（Lanfrancus Cantuariensis 一〇一〇頃－八九年）によって、その合理的方法に関して疑念を呈されることにもなった。つまり、『モノロギオン』で展開されたことは、「理拠が不十分なところは、神的な権威によって補われるべきである」[43]というのである。

アンセルムスの思想は、そこで理解された合理性が、最高のものを純粋理性の限界内に制限するものではなく、むしろ逆に理性をその本性と根源の側からそれ自身を超えさせ、「考えられうるよりも大きな何ものか」（quidam maius quam cogitari possit: P 15）へ向けて突破させるものであるという点で、例えば啓蒙主義ないしカントの意味での合理主義的な宗教理論からは区別される。さらにアンセルムスは、信仰が理性的洞察に対して、決定的な仕方で積極的な役割をもつということを理解していた。「私はまた、〈信じていなかったら理解しないであろう〉〔イザヤ書七・九（ウルガタ訳）〕ということも信じているからである」[44]。そこで信仰はまずは、理性に対して考察すべき主題を与え、それによって問題意識を呼び覚ます。そのために『プロスロギオン』では、基本的な神概念が信仰に発するものとして導入されるが、その際にはもちろん、信仰の中でなされている神の存在に関する主張が証明の内で前提されることはない。「それゆえに、信仰に知解をもたす主よ、あなたが私たちの信じているように存在し、またあなたが私たちの信じている通りのものであることを、〔……〕私が知解するように取り計らってください。そして確かにあなたが、それよりも偉大なものは何も考えられえない何ものかであることを、私たちは信じています」[45]。それゆえに理性は信仰の光の下で、「私は知解するために信じる」(credo ut intelligam: P 1) というモットーに従って、その理性的な根拠を探求する。さらに信仰の内には、将来の神の直視を先取ろうとするかたちで、超越経験の端緒が含まれ、これが再び知解を生育させる。「信じることのない者は、知解することがない。なぜなら、信じることのない者は、経験することがないし、経験したことのない者は、認識することもないからである」[46]。

さらにアンセルムスが自分自身について、「腰が曲がり足元しか見ることができない」[47]と述べているように、人間はその罪と弱さゆえ、理性を「正しく」活動させて「上を仰ぐことができるように」[48]なるためには、神の助けを必要とする。したがって、『プロスロギオン』などの中に差し挟まれる祈りの部分は、議論の枠を定める修辞的な機能をもつだけでなく、解釈学的な必然性に対応するものである (cf. P 2)。「あなたは求めることを与えて、私が見出すようにしてください」[49]。なぜなら、もろもろの推論は内容的な必然性を主張するものであるとはいえ、アンセルムスはやはり、そのようにして考えられる限りでの議論にはその必然性に関して、誤謬の余地があるということを自覚しているからである。「さて、この点に関して、より大いなる権威が示していないことを私が語ったならば、それらは私に明白と思える諸根拠からあたかも必然的であるかのように結論づけられても、そのためにまったく必然的だというのではなく、差し当たりそう思われうることだと言っているものと受け取って欲しい」[50]。

こうして、哲学的思弁を誤った歩みから守るものとしては、前提となった信仰だけでなく、神学的伝統に関する広範な知識がその背景として存している。そのためにアンセルムスは、権威に依拠するようにというランフランクスの勧告に対して、「正典や聖アウグスティヌス（Aurelius Augustinus 三五四－四三〇年）が語ったことによってただちに擁護されうると思われるもの以外には、私はまったく何も述べるつもりはない」[51]という意図を示しながら、自らの説を擁護している。しかしながらアンセルムスはまた、「他のところで読んだことのないもの、あるいは読んだ覚えのないものを〔……〕述べたことがあるとしても」[52]、規範として承認された教会の信仰とそれが一致することを確信していた。

とはいえ、信仰の役割に関するこうした解釈学的な諸考察は、「ただ理性によってのみ」可能なものの限界にまで完遂され、対話に対して開かれた神論と宗教論の根拠づけという試みを妨げるものではないばかりか、むしろそれを可能にする。そのためにアンセルムスは、ランフランクスの勧告にもかかわらず、その理性的考察を、権威からの引用によって裏づけることを拒んでいるのである。

第三章　初期スコラ学における「理性」の問題
——諸類型と諸論争——

序　問題設定

哲学とは思想を自由に展開するだけのものではなく、存在者を存在そのものに関して理解しようとするものであり、その際に哲学的思索は、過去の思想を常に踏まえながら、その内で十分に考え尽くされないままに前提されていた事柄をも問い直そうとするものである。それゆえに、思索を進める中で哲学史に目を向け、その歴史を必然的に単線的な経過を辿るものとしてではなく、思索の伝統によって培われた存在理解をめぐる対話という仕方で把握しようとする試みも、十分に意味のあることであろう。思索が存在に属し、また存在は思索において認識されるものである以上、哲学的思索の歴史は、理解における存在の意味の解明であると同時に、存在による理解自身の自己解明でもあるだろう。歴史的に見るならば、理解そのものの歴史的変遷を反省するという後者の課題は、存在者をその存在に即して理解するという前者の問題設定の陰に隠れてしまいがちである。しかし、それぞれの存在理解には、認識や知性そのものの本質についての解釈が対応しているのは明らかである。ギリシアにおけるヌースやロゴスの理論を出発点として、教父における神的ロゴスや後のアラブ哲学における能動知性・可能知性の理論からの影響をも取り入れた、古代末期から中世にかけての「知性」と「理性」の理解、次いで近世における個的自我《エゴ》の理論や、超越論的意識と絶対知の思想にまで及ぶその展開、さらには二十世紀における解釈学・現象学・言語哲学においてなされたような、ドイツ観念論的な思弁的理性の前提を問い直す運動に至るまで、その歴史の底流を成すのは、思索の自己理解とその哲学的営為をめぐる考察なのである。

これまでの中世哲学史の研究は、知性的認識という問題に関しては、もっぱら盛期スコラ学、とりわけラテン・アヴェロエス主義をめぐる論争に関心を集中してきたため、初期スコラ学における「理性」の理解については、まとまった考察がほとんどなされていない。しかしながら、理性と啓示、哲学と神学、抽象と直観の対立という、アリストテレス受容に端を発する十三世紀後半以来の緊張関係に先立って、すでに初期スコラ学においては、人間理性の本質や働きに関する諸々の基本的思想が展開されており、それらのもつ可能性はその後の歴史においても十分に汲み尽くされることもなければ、凌駕されることもなかったのである。本稿では、「初期スコラ学」という語を特定の思考形態に限定することなく、十一世紀後半から十二世紀末までの神学的・哲学的思想全体を表す包括的な時代概念として理解し、同時代の修道院神学をも含めて考察する。初期スコラ学においては、そこで用いられる術語はまだかならずしも厳密に定着してはいないため、本稿では、「理性」(ratio) という術語の概念史的考察に議論を絞り込むことをせずに、むしろ広くその問題史的展開を追うことにしたい。

初期スコラ学、とりわけ十二世紀前半の多様な思想において、「理性」をめぐる思索をそれらに共通する中心的主題とみなす試みは、それがこの時代の多岐にわたる思想的活動を理解し、しかもその各々の基本的意図を互いに際立たせることに寄与しうるという利点をもつ。十二世紀の思想を理解するためにこれまで用いられてきた図式としては、例えば、観想的な修道院神学と論証的なスコラ学の理論形成のあいだの緊張、プラトン主義の復興、普遍論争、自然の発見、個人の重視、スコラ学的方法の発展、アリストテレス受容の準備、象徴的な世界解釈、合理性の導入などを挙げることができる。これらの基本的主題は、その各々がそれなりの意義をもっていることに疑問の余地はないが、そのうちの若干のものは、時代的によりのちの発展を投影するかたちで初期スコラ学を解釈しているきらいがある。そこで、この時代を学問的合理性の発見として特徴づけようと思うなら、その合理性なるもの、すなわち「理性」（ratio）ないし「合理性」（rationabilitas）が当時の思想家にとってどのような意味をもっていたかをまず考察しなければならない。さらに、「理性」についての理解が得られることによって、そこから、「哲学」（philosophia）と呼ばれていたものの意味も明らかになるだろう。例えば、ペトルス・アベラルドゥス（Petrus Abaelardus　一〇七九－一一四二年）の『哲学者・ユダヤ教徒・キリスト教徒の対話』（Dialogus inter Philosophum, Iudaeum et Christianum）に登場する「哲学者」も、自らの課題を「理性」との関係において規定している。「哲学者は応えて言う。〈この仕事は私の努力によって始まった。なぜなら、理性に従って真理を探究し、すべての事柄において臆見にではなく、理性の指導に従うことは、哲学者たちにふさわしいからである〉」[1]。

一　「理性」の主題化の歴史的背景

カロリング期以来、アリストテレスの「（旧）論理学」（logica［vetus］）の研究が徐々に進展するとともに、認識の理性的構造に対する反省的意識が先鋭化され、合理的・自立的な証明を尊ぶ感受性が呼び覚まされることになった。十一世紀半ばから後半にかけての弁証論者と反弁証論者との論争、例えばベサーテのアンセルムス（Anselmus de Besate; Anselmus Peripateticus　十一世紀中葉活動）やペトルス・ダミアニ（Petrus Damiani　一〇〇七－七二年）、またラウテンバハのマネゴルト（Manegold von Lautenbach; Manegardus Lautenbacensis 一〇三〇頃－一一〇三年以降）の対立においては、まさにそのような論証的論理の正当性と射程とが問われたのである。勢力の伸張甚だしい諸都市で世俗化が進行する環境にあっては、信仰の明確な基礎づけと、理性的に納得のいく司牧活動が求められることになった。そのような課題に対しては、大聖堂附属学校での司祭養成や、「使徒的生活」（vita apostolica）という新たな理念の下での律修参事会による宣教が、積極的な応答を行っていた。ベネディクト会の「定住」（stabilitas loci）とは対照的に、都市の住民は流動的に移住するために、活発な知的交流がなされるとともに、諸学派同士の論争が生じ、それによって合理的な調停が必要となった。知識欲に燃えた都市の若者たちは、全人的な教養に比べ、純粋に理知的な活動に、より多くの関心を寄せていた。概念的に厳密で、それゆえに伝達が容易なうえに、議論において擁護可能な知識への希求が強まることによって、伝統との断絶が生じることになったが、他方では、教父神学などに関しても歴史的知識が増大することで、十一世紀後半の「復興」（restauratio）や「革新」（reformatio）という理念に見られるように、こうした伝統を批判的かつ反省的に吸収しようという意識も芽生えてきていたのである。それにともなって、法学や神学など、学問の規範的伝統において、数々の字義上の矛盾が発見されるに及んで、「諸命題」（sententiae）や「権威」（auctoritas）を理性的に識別する要求が生じ、例えばアベラルドゥスの『然りと否』（Sic et non）などがそうした傾向を明確に具体化することになった。神学において合理的方法が適用される一方で、組織としての教会が強化され、グレゴリウス（Gregorius Ⅶ 在位一〇七三－八五年）改革以来の教会の法的保護が維持されるという状況において、「理性」と「権威」との関係をめぐる原理的問題が提起された。それと同時に、ボエティウス的・アリストテレス的論理学の研究を通じて、「三学」の一分野としての論理学という枠組みを越えて、とりわけ「普遍概念」の本質への問いのような、ボエティウス（Boethius　四八〇頃－五二四年頃）においては未解決のままになっていた射程の広い問題が、「理性」にとっての課題となる。そのために「理性」は、もはや中立的・機能的な性格から解き放たれ、思考と現実との関係を両者の相違と連関に即して根源的に考察するといった、基本的な権利を要求するに至ったのである。

二　「権威」の支配からの「理性」の解放

「権威」と「理性」との乖離は、初期スコラ学において、カンタベリーのランフランクス（Lanfrancus Cantuariensis　一〇一〇頃－八九年）とトゥールのベレンガリウス（Berengarius Turonensis　一〇〇五頃－八八年）のあいだで交わされた聖体論争に関し、初期スコラ学において初めて白日の下に晒された。ランフランクスはベレンガリウスを、権威から離れ論理学に逃げ込んだとして糾弾する。「あなたは権威を見捨てて弁証論へと逃避しておられる(2)」。これに対してベレンガリウスは、「到達されねばならない事物の明証性(3)」を目指すという理由をもって、自らを弁護している。「止むをえず権威を引き合いに出すよりは、理性（ratio）によって真理の把握を貫徹するほうが、比べものにならないほど立派である。なぜならその場合にこそ、事柄は明証的に捉えられるからである(4)」。それというのも、権威による根拠づけと理性による根拠づけのどちらかを選べるとしたら、理性による根拠づけのほうが、人間同士の合意よりも優先されるべきだからである(5)」。権威は人間によるものであり、理性的に把握された事象そのものの明証性とは対立するため、合理性の実現としての弁証論〔論理学〕は、最高の意味で人間の尊厳にふさわしいものである。「あらゆるものにおいて弁証論〔論理学〕へと逃避するというのは、明らかに最大の精神の行うことである。なぜなら、弁証論への逃避は理性への逃避であり、〔理性へと〕逃避することのない者は、自らの尊厳を放棄して〔6〕しまうからである。このように理性独自の権利が導入されることによって、「権威」と「理性」、信仰と知、啓示と知解、歴史と合理性のあいだの均整の取れた関係を規定することが、初期スコラ学のあらゆる思想家に共通する課題となる。しかしここには、本来自らに固有の権限と限界に関しての理性の自己理解という課題が含まれており、それに応じて、自らの範囲を越えている信仰へ向けての理性の開放性が強調されている。そのためにすでにカンタベリーのアンセルムス（Anselmus Cantuariensis 一〇三三／三四－一一〇九年）は、「ただ理性のみによって」[7]（sola ratione）という自らの方法を堅持し、その行使にあたっては聖書や伝統の「権威」に依拠することなく、ただひたすら「必然的な理拠によって」[8]（necessariis rationibus）、信徒にも非信徒にも同様に[9]、信仰の真理を理解させようとしている。「われわれはわずかであっても不都合なものはいかなるものも神に帰してはならないのと同様に、より重大な論拠によって反駁されない以上、わずかであってもいかなる論拠も棄てられてはならない」[10]。アンセルムスはまた、理性の必然性において示されるような「真理の明晰さ」に対して、聖書の権威よりも方法論的に高い価値を認めている。「そこにおいては、聖書の権威によって説かれるものは一切なく、〔……〕理拠の必然性が端的に強要し、真理の明晰さが明らかに示す」[11]。そのためキリスト論や救済論ですら、必然的な理拠にもとづいて、事実的な救済史の考察に先立って構想されるのである。「キリストを度外視し、あたかもキリストに関しては何事もなかったかのように、必然的な理拠によって、いかなる人間もキリストなくしては救われえないということを証明する。第二巻においても同様に、あたかもキリストに関しては何事も知られていないかのように、〔……〕必然性によって、われわれがキリストに関して信じているすべてが実現されなければならないということが示される」[12]。しかしながら、アンセルムスは「知解を求める信仰」(fides quaerens intellectum) というモットーに従って、考察されるべき主題を信仰から取り出しているだけでなく、理性的洞察にとっては信仰の根本的経験が必要である点をも指摘している。「信じることのない者は、経験することがないし、経験したことのない者は、認識することもない[13]」。それゆえ、理性的洞察は信仰において始まるとともに、神の光によって支えられるという自覚をともなっている。「私は、信じるために知解することを求めるのではなく、理解するために信じるからである。私はまた、信じていなかったら理解しないであろうということをも信じているからである。〔……〕それゆえに、信仰に知解をもたらす主よ、あなたが私たちの信じているように存在し、またあなたが私たちが信じている通りのものであることを、それが有益であるとお思いになる限り、私が知解するように取り計らって下さい[14]」。このように知解は信仰を、自らの論理的前提ではないにしても、その超越論的・解釈学的条件としているわけだが、それにもかかわらず、理性的洞察そのものは、信仰意識とは独立に、それ自体として成立している。「以前はあなたによって与えられて信じていたことを、いまあなたの光に照らされて知解し、そのために、たとえあなたが存在するということを信じることを望まなくても、知解しないことができない、そのようなことを、神よ、あなたに感謝いたします[15]」。

このようにアンセルムスは初期スコラ学の思想状況を一変させたため、それに続く思想家たちはこぞって、「権威」に精通することよりも、自分で理解することのほうを原理的に優先させることになった。権威による証明は、そのつどの意図に応じた意味で展開されうるからである。アラヌス・アブ・インスリス (Alanus ab Insulis; Alain de Lille　一一二五／三〇頃－一二〇三年) が語っているように、「権威とは蠟でできた鼻をもっているようなもので、どちらの方向にも向けることができるのだから、それは諸々の理拠によって固める必要がある[16]」とされるのである。いずれにしても、アベラルドゥスの『哲学者・ユダヤ教徒・キリスト教徒の対話』における哲学者が言うように、過去の思想家たちは、彼らが理性によって著述を行ったというまさにそのゆえに、自ずと権威を獲得したのである。「理性にもとづいて以外には書かなかった人々――彼らの諸命題には理性が溢れているように思えるのだが――は、権威、すなわち信じるに値する資格を速やかに獲得した[17]」。議論においては、理性的な論証は、権威に訴えるよりも強い証明力をもっている。「文章によるものであれ、発話によるものであれ、どんな学科でももちろん論争というのは起こるものであるが、議論のどのような衝突においても、理性的に証明された真理のほうが、提示された権威よりも強固なものである[18]」。哲学者の強みは、彼が純粋に理性的な論証にのみ立脚し、そうした論証に精通しているというところにある[19]。

バースのアデラルドゥス（Adelardus Bathensis　一〇七〇頃－一一四六年以降）などの自然哲学者においては、「権威」を否定するに至るほどにまで「理性」を重んじる姿勢が示されている。「私はあることをアラブ人の師たちから理性に導かれて学んだが、それに対してあなたは、それとは別のことを学び、権威の七光に囚われて、その手綱に従っていく[20]」。なぜなら、権威に頼ることは、家畜を手綱に繋ぐように、人間の自由を奪うことであり[21]、ただ個々人の理性こそが「普遍的な審判者」たりうるからである。「もし理性が普遍的な審判者であるべきでないなら、理性が一人一人に与えられているのは無駄ということになろう[22]」。コンシュのギヨーム（Guillaume de Conches; Guillelmus de Conchis　一〇八〇／九〇－一一五四／六〇年）は「権威」が妥当する領域をより厳密に規定している。「カトリック信仰や倫理の教育に関わるものについては、ベーダ（Beda Venerabilis　六七三／七四－七三五年）やその他の聖なる教父たちに逆らうことがあってはならない。しかし自然学に関わるものについては、彼らがある点で誤っているならば、別なことを主張しても差し支えない。彼らは私たちよりも偉大ではあるが、それにしても人間であったからである[23]」。しかし、クレルヴォーのベルナルドゥス（Bernardus

Claraevallensis 一〇九〇－一一五三年）のような伝統に忠実な神学者でさえも、この点ではカンタベリーのアンセルムスと同様に、明確な洞察を、同様に真ではあるがその真理性がまだ認識されていない信仰に優るものとみなしている。「〔信仰は〕知解とどれほどの違いがあるだろうか。確かにそれは知解と同様に、不確実さをもつことはないにしても、また知性がもたない覆いをもっている。要するに、あなたが知解したことに関しては、それ以上にあなたが問うようなものはない」[24]。

信仰によって動機づけられている場合でも、または自然学におけるように、信仰をなんら前提することがなくても、「理性」はその力を十全に展開することができ、またそうでなければならないとみなされるが、理性的認識であると思われるいかなる命題でも、実際に十分な洞察にもとづいたものであるとは限らない。そのためアンセルムスは、聖書を包括的な規範として受け容れ、その点で従来の伝統を継承してもいる。「そこで、聖書は理性が帰結するあらゆる真理の権威を含んでいる。それは、聖書は明らかに真理を肯定しているか、あるいはけっして否定することがないという仕方においてである」[25]。信仰の問題に関する議論においては、哲学者の優位は形式的で見掛けだけのものであると批判もしているアベラルドゥス[26]も、信仰上の個々の問題を具体的に論究することによって、弁証論的理性に対してそれ自身の限界を自覚させ、卓絶した神秘へ向けて知の自己超越を促し、キリスト教の教えを受け容れる態度を理性の内に目覚めさせようとしているのである。「逍遥《ペリパトス》学派の権威によって私を論駁しようとしている、抜け目ない弁証家ないし校滑な詭弁家たるあなたよ、神の内なる諸位格の相違について、私に答えなさい。あなたはいかにあなたの教師たちを無罪として許すのだろうか。彼らの伝統に従えば、私たちがいま示したように、神は実体でも他の何ものでもないと言わざるをえなくなるというのに。ところで、あなたが、彼らがあえて到達しようとしなかったところへと上昇しようと欲し、言語を絶するかの最高の善について論証し語ろうとするなら、神の受肉した知恵と聖なる教父たちから伝えられた語り方を学びなさい。その教父たちは、彼らの生涯や奇跡によって、聖霊の道具であることが証しされるのである」[27]。

三　理性的認識の形式的本質

これまでの考察から明らかなように、初期スコラ学の大半の思想家は、伝統的「権威」からの「理性」の自立という点に関してはほぼ一致するが、そのような一致は、「理性」および理性的認識についての共通にして明確な理解によるものと考えられる。異なった学派に属する思想家のあれこれの発言を見るなら、「理性」(ratio)という語そのものとその関連語彙(rationalis, rationabilis, ratiocinari など)の用いられている意味領域には大きな幅があるものの[28]、多くの場合その形式的な特徴は共通している。「理性」の語は、用いられる文脈に応じて、理性的能力、合理性、現実の構造、存在論的必然性、観点、本質、理拠、説明、命題、概念、定義、意味、理念、議論、公理、推論、論理的連関、方法、あり方など、多様な意味をもちうる。しかしながら、それぞれに微妙に異なるこれらの意味は、理性的思考能力と諸事象の本質的根拠との繋がりということでその大枠を描くことができるような中心的な意味を取り巻いている。アベラルドゥスの定義によれば、「そこでわれわれは、事物の本性を洞見し、真に判別するに十分な、識別力に富む精神の能力そのものないし力能を理性と呼ぶ[29]」。

ここでアベラルドゥスが諸事象の本質についての「洞見」と「判別」と呼んでいるものを、サン＝ヴィクトルのフーゴー(Hugo de Sancto Victore　一〇九六頃―一一四一年)は、ボエティウスにならってさらに詳しく規定している。それに従えば、現存する事象の確実な「解明」、不在の事物の「洞察」、未知なる事象の「探求」といったことが、「理性」の働きに属している[30]。また、理性は、表象能力を通じて与えられた事象の「把握」・「究明」・「確証」を行い、感覚的印象の根底にあるものを「理解し」、それに「名称を与える[31]」ことができる。理性による未知なるものの探求においては、理性は、「何かがあるのかどうか、それは何であるか、それはいかにあるか、それはなぜあるか[32]」という四つの問いによって導かれる。理性のこれらの根源的諸活動は、理論的知、および実践的・道徳的知という二つの基本的領域に関わる。「推論する魂の力が及んでいるすべての活動は二つの領域に関わる。一つは諸事物の自然本性を探求する理性によって認識することであり、もう一つは、のちには道徳の高貴な行為によって実践されることを、それに先立って確実な仕方で知るということである[33]」。多くの著者において、「区別[34]」（dividere）ないし「識別[35]」（discernere）という働きは、理拠の「探求[36]」と同様に、「理性」の基本的活動とされている。ただし、理拠の「探求」が優先的になされるのは、事象の本質に関する理論的領域においてであり、これに対して実践的領域での「識別」は、有益なものと有害なもの、善と悪、しかもまた真と偽に関してなされる。「ここに〔神は〕われわれの土塊《つちくれ》に尊厳を加え、それに対して、人間にあるように、理性的力を付与するが、その人間は、〔……〕快適なものと不快なもの、善と悪、真と偽とを区別するのである[37]」。識別は、実践的領域において、事実や欲求によって左右されることはなく、むしろそれらに対して規範として先立つものであるため、サン＝ヴィクトルのフーゴーやビンゲンのヒルデガルト[38]（Hildegard von Bingen　一〇九八－一一七九年）が強調しているように、「理性」は人間存在の道徳的性格を形作る。「たとえ、理性の判断によってはけっして支配されない粗野な動物の自然本性が、ただ感覚的情念だけによってその動きを拡げ、また欲求したり避けたりする際に知性の判別を用いずに、身体の盲目的な情動に動かされるにしても、それでもやはり理性的魂の活動は盲目的欲望によって奪い去られてしまうことはなく、知恵が導き手として常に先導するのである[39]」。

「理性」の種々の活動に共通するのは、事象の明証性を根拠として、真理そのものの認識を遂行するということである。「もとより正しい知解は、ただ確実な真理をもつだけでなく、真理の認識をもつのである」[40]。それゆえ理性の諸々の活動は、その内容と根拠に関しては必然的であり[41]、ただそのような必然性からのみ派生的なかたちで導出された限りで、一定の確からしさが成立する。このような必然性が「哲学的理性・理拠」[42](philosophica ratio)の特徴である。「証明とは必然的論証において成り立つものであり、哲学者のものである」[43]。このような必然性は理性的論証と理性的洞察を「堅固」[44]にして「確実」[45]なものたらしめる。こうした必然性および確実性はとりわけ数学的認識の性質であるとされる。そこでシャルトルのティエリ(Thierry de Chartres; Theodoricus Carnotensis 一一五六年以降歿)は、ボエティウスによって――自然学的にではなく――純粋に数学的に理解された四科を、理性的認識の第一の場所とみなし、神認識をその最高の地点と考えている[46]。「それゆえ人間を創造主の認識へと導く論証には、算術、音楽、幾何学、天文学という、理拠の四種類がある」[47]。フーゴーもまた、数学的明晰さの内に、合理性の特徴を見ている。「ところで数学に固有のこととは、混沌たる行為を整然とした仕方で理性によって整理することである」[48]。これに対して、シャルトルのティエリによれば、自然学に関しては、「臆見」という仕方でしか語ることができない。なぜなら質料的事物そのものは、プラトンの『ティマイオス』(Timaeus)に述べられているように、単にイデアの写し(imago)にすぎないからである。「自然界の事柄、つまり自然学においては、理性的〔合理的〕に、すなわち臆見に従って探求し、推論しなければならない。というのは、形象が把握されるのであって、真理が把握されるのではないところでは、臆見が働くのであるが、自然学において考察されるのは、形象であって、真理すなわち質料化された形相ではないからである。それゆえそこでは理性、すなわち臆見を用いなければならない」[49]。その際、純粋な数学は、理性の典型的な活動として、自らの下位にある自然学と、自らの上位にある神学の中間に位置し、しかもその両者に関わるものとみなされる。

　理性的認識の必然性・明晰さ・確実性は、理性的認識が本質と理拠を問い[50]、そしてただこれらの本質と根拠からのみ裏づけられるということに掛かっている[51]。それゆえ理性的操作の必然性は、すでにプラトンが『ティマイオス』で示したような、宇宙《コスモス》の理性的構造にもとづいている。アベラルドゥスが述べているように、「しかし実際、理性によって何ものかが、何らかの自然本性あるいは何らかの固有性に関して注目されることがなければ、知解は成立しえない[52]」。バースのアデラルドゥスは、因果論的な自然認識に関して、理性と自然のこのような対応関係を主張している。「したがって諸事物の諸々の原因は、理性と合致する[53]」。そこで自然的なものは同時に理性的であり、その逆も成り立つということになる。アンセルムスが言うように、「実際、いかなる被造物も、言わば自らに定められた自らの秩序を自然本性的に、ないし理性に従って守っているとき、被造物は、神に従い、神に栄光を帰するものと言われる[54]」。現実の理性的秩序そのものの美は、それが創造主の叡知から発したということを示している[55]。なぜなら理性的構造そのものは、精神をその成立の場としているからである。アンセルムスによれば、一切の理性的構造をもったものは、その担い手としての最高善によって常に根拠づけられていなければならないのである[56]。

　そのため、「理性」にとって中心的である理拠に対する問いの内には、現実に対する理性の関わりが含まれているが、それは究極的には、人間の理性が第一原因たる理性へと関わることであるとともに、理性によって世界の現象の多様性を神的存在の一性へと還元するということでもある。「理性」がそのつどより根源的な根拠へと向かい、それによって明晰さの度合いを上げていくというこの動的な過程こそが、理性的認識の自発性（「理性の敏捷性[57]」［vivacitas rationis］）を表すものであり、そのことはしばしば「理性の指導の下で[58]」（ratione ducente)

や「理性の要請に従って」[59]（prout ratio postulat）といった表現によって示されている。このような自発性によって、理性は、ギルベルトゥス・ポレタヌス（Gilbertus Porretanus　一〇八〇頃－一一五四年）の言葉を借りれば、「諸々の理拠の道」[60]（rationum via）に沿って、感覚的事象から数学的事象を経て神学的認識にまで高まっていくのである。

四　認識の諸段階における「理性」の位置づけ

知的認識の能力という意味での広義の「理性《ラティオ》」がもつ独自の活動性は、さまざまな存在領域と認識仕方を人間に対して開示するが、その諸段階の内には、推論の能力としての狭義の「理性」が組み込まれている。その諸段階の区分に関しては、それぞれの著者によって少なからぬ相違が見られるにしても、おおむね三段階の図式が用いられている点では共通している。ランのアンセルムス（Anselmus Laudunensis　一一一七年歿）の学派、および彼に影響を受けたと思われるアベラルドゥスにおいては、「感覚－理性－知力[61]および知性」[62]（sensus-ratio-intelligentia/intellectus）が、認識の上昇運動の段階とされている。さらに「理性」は、必然性をもつという点で、十分な基礎を欠き単に蓋然的であるだけの「臆見」（opinio）から区別され[63]、知的洞察力としての知性、および非質料的な事象に対する洞察力としての知力からも、さまざまな意味で区別される。[64]そこで例えばアベラルドゥスは、「理性」ないし「定立」（thesis）以上の段階として、精神と魂についての思考能力である知力を、神認識と三位一体に関する認識能力である知性から区別し[65]、また人間がこの世における存在仕方に即して自己自身を認識する能力としての「理性」を「脱自」（extasis）から区別しているが、この「脱自」においても、下方へと降る「下位の脱自」と上方へと高まる「上位の脱自」の二種類がある。(66)「理性」に関する議論全体にとってはボエティウスが権威として仰がれており、シャルトルのティエリとアラスのクラレンバルドゥス（Clarenbaldus Atrebatensis　一一八七年頃歿）はボエティウスに従って、「感覚－想像－理性および知力」という段階を区別しているが、さらにそこには、神的事柄についての洞察の能力である「叡知」（intellectibilitas）が最高段階として付け加えられている。(67)同様にサン＝ティエリのギヨーム（Guillaume de Saint-Thierry; Guillelmus de Sancto Theodorico　一〇八五頃－一一四八年）は、第一義的には自然的事物に関わる「理性」（ratio）、（数学的）学芸、とりわけ四科に関わる「学知」（disciplina）、知性的存在者を理解できる「知力」（intelligentia）という図式を用いている。サン＝ヴィクトル学派の思想家たちは、観想の各々の段階の認識論的・精神形而上学的な解明に努めている。そこでサン＝ヴィクトルのリカルドゥス（Richardus de Sancto Victore　一一七三年歿）においては、「思考」の迷いながらの「跛行」が、「省察」の速やかに進む「滑走」や「観想」の敏捷で「自在な飛翔」から区別され、(68)物体的事物についての表象の領域である「想像の天〔圏域〕」と、諸根拠の探求の場である「理性の天」を超えて、不可視の事象への洞察と直視とが獲得される第三の「知性の天」へ上昇することが求められている。(69)こうした段階的図式は、その内容面で互いに完全に一致するわけではないが、それらに共通しているのは、知性的認識のなかでは「理性」が最下層の段階に置かれ、それに固有の認識領域が、可視的事物ないしは世界内の事物と具体的に関係する限りでの人間精神に限定されているという点である。またそこにおいては、高次の認識様態と対象領域がごく一握りの人間にのみ認められるといった場合もあれば、その単なる萌芽のみがあらゆる人間に認められるといった場合もある。

五　神の似像としての「理性」の尊厳

叡知的宇宙《コスモス》全体においては人間の「理性」は低次の位置を占めるものと理解されているにもかかわらず、多くの思想家において、人間は「理性」をもつがゆえに動物に優るものとみなされ[70]、アンセルムスが言うように、「理性」は「人間の中にあるすべてのものの指導者にして審判者でなければならない」[71]ものと考えられている。「理性」のこのような主導的役割は、善と悪との識別において示され、またそれによって最高の存在者と最高善への愛へと人間を向かわせる際に発揮される[72]。それというのも、「理性」は人間のあらゆる能力を自らの道具として用いるためである[73]。クレルヴォーのベルナルドゥスによれば、人間は「理性」という「一なる最高のもの」[74]によって、「真理の受容の場」[75]また「至福の受容の場」[76]となるのである。

「理性」をもつという点に人間の尊厳があるというのは、「理性」が人間存在の本質にとって構成的であり、しかもその理性は同時に、真理と至福に向かう能力として、有限的・可変的事物の領域を乗り超えていくという理由にもとづいている。そのために、とりわけ修道院神学においては、人間は「理性」を有することによって神の「似像」(imago) ないし「類似」(similitudo) なのだとする理解が基本となっている。すでにトゥールのベレンガリウスは、論理的「理性」へと向かうことの内に、このような似像としてのあり方を見て取っている。「理性に従って神の似像として創られている以上、〔理性へと〕逃避することのない者は、自らの尊厳を放棄して、神の似像へと日々新たにされるということができない」[77]。同様にカンタベリーのアンセルムスも、自然本性的に与えられた似像としてのあり方を、自由な道徳的行為において実現することこそが、理性的存在者としての人間にとって最も高貴な課題であるとしている。「そこで、理性的被造物は、その自然本性的能力を通じて自らの内に刻み込まれているこの似像を、意志による結果によって表現することに何よりも努めるべきだということになるように思われる」[78]。クレルヴォーのベルナルドゥス[79]、ビンゲンのヒルデガルト[80]、ランのアンセルムス学派[81]、サン＝ヴィクトルのフーゴー[82]などの思想家たちも同じく、神の似像としての「理性」を単なる事実としてではなく、絶えず課せられる課題としても理解している。

もとより、「理性」が神の似像であると言っても、それは、外部の視点から、神と理性の両者の類似が認められるというようなことに尽きるものではない。むしろ「理性」そのもの、それどころかただ「理性」のみが、似像としてのあり方そのものを実現し、それによって理性が自身を、存在そのものと善そのものに対する開かれた志向性として構成するのである。なぜなら「理性」は、純粋で根源的なあり方における存在と善、したがって神に向けての自己超越を自らの本質としているからである。そして理性はそのような自己超越によってのみ、理性それ自身ではない存在と善そのものの理解を、自らの内に形成しうるのである。理性は、自らの本質に即した活動である理性的思考と認識そのものにおいて、神の純粋な完全性へと受容的に呼応し、そのような神への開きによってのみ自己自身を把握し、そうすることで、神自身の純粋な完全性の像にして表現であるということが自らの本質であるということを洞察する。アンセルムスは理性について、「最も的確には、それ〔理性的精神〕は言わばそれ自身にとって〈鏡〉のようなものであると言うことができるのであり、その鏡の内に精神は〔……〕、〈顔と顔を合わせて〉は見ることができない方の似像を見る」[83]と語っている。「似像」としての「理性」という、このような精神形而上学的な理性解釈が、『プロスロギオン』(Proslogion)における神の存在証明の背景を成しており[84]、そのことをアンセルムス自身は、証明の直前の個所で明確に語っている。「あなたは、あなたを想起し、あなたを考え、あなたを愛するように、そのあなたの似像を私の内に創られた」[85]。理性が神の似像であるという思想は、合理性と認識可能性そのものの哲学的理解を支えている基盤である。人間の「理性」における存在と神に対する必然的で恒常的な肯定において[86]、理性がまさに理性として構成されるわけだが、このことをビンゲンのヒルデガルトは、永遠の御言葉における神的合理性の表出の受肉として解釈し、それによってアンセルムスの超越論的分析を、その基底を成す三位一体論へと向けて深めている[87]。同様にアベラルドゥスも、初期ギリシア教父のロゴス＝キリスト論を刷新する中で、「論理学」(logica)を、神的ロゴスを分有し、その名を借りているものとし[88]、論理学を学ぶ者はその学習を通じて神的ロゴスたるキリストの弟子となるということを強調し[89]、それによって合理的思考に対して、キリスト論的な基盤を与えているのである。

六　理性の本質に関する諸論争

すでに見たように「理性」に対する評価、また「理性」と「権威」との関係の捉え直しは、初期スコラ学の思想の基本的主題の一つである。しかし初期スコラ学の思想家たちは、「理性」ないし「合理性」に関する広く受け容れられた形式的な理解を枠組みとして、「理性」、ないし理性の活動としての哲学についてのそれぞれの解釈を展開していた。「理性」理解の大枠は、明証性・必然性・確実性・論証可能性といった概念によって規定されている。そこにおけるさまざまな理解の相違は、「理性」が第一義的に関わる領域をどこに定めるかということに掛かっており、それによって「理性」そのものの本質も異なった仕方で捉えられてくるのである。そこで次に、「理性」を把握する際の五種の基本類型を、その代表的な思想家の何人かに即して簡単に概観しておきたい。すなわち（一）経験的・自然学的理解、（二）実存的・修徳的・人間論的理解、（三）超越論的・存在論的理解、（四）数論的・思弁的理解、（五）推論的・形式的理解の五類型である。

（1）経験的・自然学的理解――コンシュのギヨーム

コンシュのギヨームは、その著作『(宇宙の）哲学』（Philosophia［mundi］）において、あらゆる自然現象をその原因にまで遡り、最終的には四元素とそれに具わる「自然力」（vires naturae）へと還元し、それによって自然界の多様性を根本的で単純な要素から理解しようとしている。「自然学」の方法にもとづくこのような知見は、プラトンの『ティマイオス』においてもすでに指摘されていたように、あくまでも単なる「臆見」であり、暫定的な説明にすぎないため、学問論的に言えばその性格は、哲学的命題のもつ必然性とは一線を画すものである。[90] ギヨームはこの自然学的方法を「理性」そのものによるものとして明確に特徴づけている。「物体的事物についてのこのような判断が、賢者たちの承認によってか、あるいは必然的な推論によって確証されるなら、それが理拠《ラティオ》である。それというのも理拠とは、物体的事物についての確実で確証された判断のことだからである」[91]。ここで、人間の理性が関わる第一の領域として物体的事物が挙げられているのは、人間の認識が感覚から始まるためである。「非物体的なものはわれわれの感覚から離れているため、それらを確実に知る人はわずかである」[92]。だが、感覚的認識は蓋然性の領域を越えることがないのに対して、理性は――哲学においてそうであるように――本質的に必然性と関わるものであるため、感覚的認識は理性の把握力のすべてを汲み尽くしているわけではない。もとより、人間の理性が感覚に制約されたものである限り、感覚的領域は理性にとってふさわしい活動の場となっている。しかしながらこのような領域の内部において、理性は経験論的な意味で受容的なわけではなく、積極的に理拠を探求するものである。「他方でわれわれは、それが見出されうる限り、すべてにおいて理拠が探求されるべきであると言う」[93]。「理性」そのものにとって本質的である、「理拠」に対する問いは、感覚的所与の領域に適応される際には、自然学的な作用因に対する問いという形を取る。理拠を探求する問いにおいて遂行されるこのような超越論的な自発性ゆえに、理性は、感覚的事象において、それ自体は感覚的には現象せずに、「ただ理性と思惟のみによって」[94]、つまり「分析」(divisio) を通じて認識可能になるような事柄を発見する。このような自然学の探求によって、人間の知識は、信仰と古典的文献を介して知られる領域を越えて拡張するのである。しかしこうした知の自立的な拡大は、神の力を軽視するどころか、むしろそれを讃えるものである。なぜなら、知の拡張は信仰に矛盾するものではなく、聖書の中で起きると記されていることが現実に「いかに」(qualiter) 起きるかを示すものだからである。[95] それゆえ自然学的探求の意味は、「知識のない人々」(rustici) が陥っている無知を克服するというところにあるのは確かだが、アウグスティヌス (Aurelius Augustinus 三五四－四三〇年) の場合とは異なり、もはや危険な好奇心として一蹴されるようなことはないのである。[96]

コンシュのギヨームに見られる自然学的知についての考え方は、カント (Immanuel Kant 一七二四－一八〇四年) における感性と悟性のあいだの関係の規定を思い起こさせる。カントの場合でも、感性と理性〔悟性〕は共働することで認識を成り立たせるのであり、しかもその際、感覚的認識に関して理性の能動的・構成的機能が否定されたり、感覚的認識を超えた理性そのものの活動の可能性が疑われたりするということはないからである。ところでコンシュのギヨームに代表される認識理解は、一方では、感覚的知覚は知性による秩序づけの下で初めて確実な認識になるとする、すでにヨハネス・〔スコトゥス・〕エリウゲナ (Johannes Eriugena; Johannes Scottus 八一〇頃－八七七年以降) に見られる見解を考慮に入れているものである。しかし他方でこれは、経験の意義を強調することによって、ア・プリオリな認識を重視するサン＝ヴィクトルのフーゴーのような立場とは区別される。フーゴーにおいては、経験の誤りやすさが指摘されたうえで、純粋に理性的な認識にもとづいて、すなわち「不動の真理が保たれている理性のみによって」認識を完遂し、次いで「先行する理性自体でもって、諸事物の経験へと降る」[97]ということが求められるのである。

（2）実存的・修徳的・人間論的理解――サン＝ティエリのギヨーム、ベルナルドゥス、フーゴー

コンシュのギヨームの論敵であり、クレルヴォーのベルナルドゥスの友人であったサン＝ティエリのギヨームは、コンシュのギヨームを論難するために記した著作において、神論・三位一体論、および最初の人間の創造、そしてアダムの脇腹からの女性の創造といった問題においてもコンシュのギヨームが理性に依拠している点を批判している。サン＝ティエリのギヨームにとって「真に神的な哲学」とは――とりわけ強く際立たせられているように――「宇宙の哲学」などではなく、神への愛であり、神を認識する源泉は自然的な理性ではなく、教父たちの教えと、「信仰の規範」（ratio fidei）、つまり教会による信仰の教えなのである。神への上昇は「理性」や「議論」によって行われるのではなく、恩寵にもとづいて愛の跳躍を通してなされるのである[98]。知性的認識は愛に並ぶ第二の眼として認められるにしても、その認識は、神が何でないかを知るだけであり、神がそれ本来のあり方において経験されうるのは、ただ愛を通じてのみなのである[99]。クレルヴォーのベルナルドゥスの場合、サン＝ティエリのギヨームにおいて明確に示された神秘経験の理論の根底には、狭義の「理性」ではないにしても、人間の知性的認識そのものについての人間論的・哲学的理解が置かれており、これはコンシュのギヨームの理性理解とは真っ向から対立するものである。人間の知識欲を散々に批判しながらも、ベルナルドゥスは、学問のもつ

教養としての価値と並んで、真なる認識の意義をも肯定している。[100] しかし知性の根源的眼差しは、自らの外部の感覚的対象へと直線的・志向的に向かうものではなく、循環的・反省的に認識者の自己自身へと向かうものであるとされる。なぜなら、感覚的世界ではなく、認識者の自己こそが認識者自身にとって最も近く、第一に与えられるものだからである。「われわれがそれであるところのものが、われわれにとって第一のことだからである」[101]。個的なものから特殊なものを経て普遍的なものへと高まっていく自然認識とは異なり、自己認識は、内向の過程を歩みつつ、人間の本質という普遍的なところ(私は何であるのか)から出発し、個人の人格性(私は誰であるのか)を経て、実存的な自己の経験(私は――私の自由意志の姿勢に関して――いかにあるのか)へと向かい[102]、さらに自己自身の悲惨についての認識を通って、魂の救いたるキリストの認識にまで達するのである。「私のこのより精妙でより内的な哲学は、イエスを知ること、そして十字架につけられた彼を知ることである」[103]。それゆえ認識の遂行の目的は、コンシュのギヨームが考えたように、創造主を認識することだけではなく、救い主を経験することなのであり、そのような経験に近づくには、意志における神との合一ないし神化にまで至るほどのへりくだりと愛によるほかはないのである。

このような自己認識の理論によって、ベルナルドゥスは意識的に、古代および教父における自己認識の理論と実践、とりわけ修道制の歴史において培われたその伝統に棹さしている。カンタベリーのアンセルムスにおいても精神は、「言わばそれ自身にとって〈鏡〉のようなもの」[104]とされていた。そしてベルナルドゥスは、肖像(ないし自画像)・自伝・書簡文学に結実している個人の人格の発見という十二世紀特有の主題を取り入れると同時に、反省的自己同一性としての精神という新プラトン主義的知見、および魂の回心(conversio)と内向への呼び掛けというキリスト教的・修道的思想によって、その主題に精神形而上学的かつ修徳的・神秘的深みを与えたのである。

認識についてのベルナルドゥスの反省的・実存的理論は、さらにその友人であるサン＝ヴィクトルのフーゴーによって、「理性」についての人間論的・神学的理論として展開された。フーゴーにおいては、修道的修徳と学問の育成とを結びつけるサン＝ヴィクトル修道院の理念にふさわしく、人間の完成は、「学知と徳」[105]の内に求められる。しかし学知と哲学は自然を対象とするものではなく（フーゴーは自然学を中心とする立場を批判し、それとは一線を画している）、人間をその生の領域全体にわたって論じるべきであり、しかもそれは、神との観想的・実践的関係という明確な目的を要としてなされなければならないものとされる。「哲学とは、〔「自然的」ではなく〕人間的・神的なあらゆる事象の理拠を徹底して探求する学科である」[106]。人間存在の意味と構造を解明することによって、同時に世界のあらゆる次元が明らかになる。なぜなら、「われわれは哲学を人間のすべての活動領域へと拡げるように促されている」からである。[107]しかしここでは、純粋に知識を自己目的としたような自然認識は考慮の対象にならない。確かにフーゴーは「機械学」（artes mechanicae）を初めて学問分類の中に組み込んだ思想家ではあるが、それは自然および自然学そのものに対する肯定を意味するわけではない。むしろ機械学の導入は、「理性」にとって本質的な活動の一つである自然認識を、人間の身体的快適さのために活用するという意図の下になされているのである。

このように、「理性」は「自然の事物」の探求としてではなく、人間の完成に貢献するその意味の豊かさという点から、人間論的・神学的に解釈される。そのため聖書解釈と実証的神学においては、「理性の要請に従って」[108]歴史と寓意が結びつけられる。このような「知恵」ないし「第一のものたる理性」[109]というアウグスティヌス的な教養の理念においては、自然学的知識とともに、世俗的教養も、知の体系の周辺へと押し遣られる。このことは、フーゴーの『ディダスカリコン（学習論）――読解の研究について』(Didascalicon de studio legendi) の中では、それが学習の手引書であるにもかかわらず、推奨される著作としては、古典古代の世俗的著作は何一つ挙げられていないというところからも明らかである。

（3） 超越論的・存在論的理解――カンタベリーのアンセルムス

自然認識を重視する自然学的・経験的知の能力という理性の理解、および魂を重視した実存的・人間論的知の能力としての理性の理解という、これまで考察した二つの方向は、互いに対立するものでありながら、そのどちらもやはり一面的たることを免れない。そうした一面性を克服するのが、カンタベリーのアンセルムスによって打ち建てられた、思弁的で存在‐神論的な、より正確には存在論的・修徳的な「理性」理解であろう。アンセルムスは、「それより偉大なものは何も考えられえない何ものか」[110] を理性にとっての課題とし、さらに神自身を「最高の知恵にして最高の理性」[111] として捉えることによって、「理性」をその最も高次の可能性へ高め、最も包括的な地平へと解き放った。この定義においては、「理性」の能力と目的は比較と否定（「それより偉大なものは何も考えられえない」）によって規定されてはいるものの、それは理性にとってなんら外的な制限ではなく、あくまでも理性に対して存在ないし神への方向づけを保たせるためのものである。自立的ではあるが空虚な意味を投影する活動としての「思考」(cogitare) と、存在への洞察である「知解」(intelligere) におけるその充実を通じて、理性の自由な主体は、自然をも含む存在者すべてを包括しながらも、それらを客観として限定してしまうことのない地平へと関わるが、そうした地平はあくまでも理性に先行するのであって、理性それのみによって構成されるものではない。

このような地平の存在論的妥当性は、まず恣意を免れた知性の開放性を成す「正しさ」(rectitudo) によって、次いで個別的な思考活動についての理解――つまり、それらが始まりも終わりもなく継続し、制限や否定を介さずに遂行される精神の根源的活動ないし根源的力能の部分的実現であるという理解――によって、超越論的に基礎づけられる。(112) 存在の普遍的地平におけるこのような洞察の根源的遂行は、主観・客観図式、あるいは人間と自然との対立などに先立っているため、その遂行においては、自己超越的な存在肯定と神肯定が、知性そのものにおける自己反省と一致する。

さらに理性は、その理性的な自己運動にもとづいて、いかなる対象の下にも留まることはなく、純粋にして無限の完全性に向けて不断に自己を乗り超えていく。それゆえに理性は、その第一にして究極の目的である「他のあらゆる自然本性に優り、それの外部にある最高の本質」(113) という、言語によっては表しえないところを、議論あるいは「討論」(114) を通じて、理性的に確証するのである。理性が「かのものは把握不可能であるということを理性的に把握する」なら、理性は自らの理性的活動の無制約的な遂行を通じて、「朧《おぼ》ろな像」(aenigma)、「類似」(similitudo)、「像」(imago) になるのである。(115)

(4)　数論的・思弁的理解

理性と知性に関するアンセルムスの超越論的・存在論的な理解は、初期スコラ学においては、その思弁的深みと広がりのままにそれを受け継ぐ者は現れなかった。純粋な理性そのものに対する反省というその基本的着想は、異なったかたちにおいてではあるが、シャルトルのティエリ――三〇〇年のち(一四四九年)にクザーヌス (Nicolaus Cusanus　一四〇一―六四年) によって「私が読んだ人々のなかで群を抜いて最も天才的な才知」(116) として讃えられた人物——において継承されることになる。ティエリは、その創世記註解において、コンシュのギヨームと類似した仕方で、自然現象と聖書の「創世記」物語に関する「自然学に従い字義に則った[117]」解釈を自在に繰り広げている。しかしティエリが最も関心を寄せたのは、基本的には自然学的な知識そのものではなく、神学的・聖書解釈的な問題を哲学的に論じることであった。それゆえに彼はモーセを「哲学者のなかで最も賢明な者」と呼び[118]、神学者とはみなしていない（彼にとって代表的な神学者とは、ディオニュシオス・アレオパギテス〔Dionysios Areopagites　五〇〇年頃〕であった）。「四科」についてのボエティウスの数学的理解を学び取ることで、ティエリは「理性的－学知的－知性的[119]」という段階を進んでいく。その際にはまず四科の諸学科の順序に従い、「算術[120]」によって、多様な有限的事物の総体が純粋にして単純なる一性へと還元される。この一性は、存在の形相、ないし純粋存在すなわち神として、あらゆる多様な存在者に内在しそれらと一致しているが、一性はその成立のためには質料を必要とせず、そのため多様な存在者に対して絶対的に自立し、それらから超越するという仕方でそれらに先行している[121]。

ピュタゴラス（Pythagoras　前五七〇年頃生）的・ボエティウス的な意味での一者の形而上学にもとづいて、ティエリはまず一性を、三性として展開する。なぜなら一性は自らを自らの内に映すような自己同一性であり、つまり一（単一性）にして自らと等しい（相等性）ものであり、さらに単一性と相等性との結合だからである。このように理解された三位一体は、作用因・形相因・目的因という三重の原因性——それらは三位一体の中の三契機ないし三位格に対応する——によって、自然界の質料的諸元素の四性を基礎づけるが、それらの四元素は、純粋に自然法則的な相互作用を介して、人間を含む全世界を産み出すものなのである。「絶対的必然性（神）」(absoluta necessitas) とその反映である「絶対的可能性（第一質料）」(absoluta possibilitas; materia primordialis）を支柱として、諸々のイデアの「複合的必然性」（necessitas complexionis）と特定の諸事物の「規定された可能性」（determinata possibilitas）がそれらのあいだないしそれらの内から生じるというかたちで、現実全体の体系が数学的な実在的論理に従って展開されるが、それはすなわち、世界へ向けての神的一性の「展開」（explicatio）、および神へ向けての多性の「包含」（conplicatio）という二重の過程にほかならない[122]。原因性による説明とは、多様に異なった事物を一つの原理に還元し、それと同時にその原理から事物の多様性を導出することであるため、ティエリにおいて、自然学における世界内的な諸原因の連関の解明は、それ自体が目的であるのではなく、存在者全体を包括するこの体系の一契機として捉えられるのである。

ここにおいて哲学は、エリウゲナの精神に従い、全能の根源的現実としての一者の認識であり、世界を多なる存在者の一者への分有として構成し理解する営みである。しかもこのような認識は、それ自体が第一原理としての一者への分有として構成される推論的理性の働きなのである。「神について推論することによってその認識にまで至るためには、多くの努力をしなければならない。神についての認識は人間の精神の高貴さである。なぜなら神の認識から、神への愛が生じるからである[123]」。

(5) 推論的・形式的理解——ギルベルトゥス・ポレタヌス

理性についての、以上のような先天的あるいは演繹的な存在論的理解の力に比べるなら、ギルベルトゥス・ポレタヌスにおける理性に関する学問論的考察は、影の薄いものに見えるかもしれない。ペトルス・アベラルドゥスが、言語内部の意味の次元を対象に対するその適応から区別し、論理学の形式的で方法論的な性格を明らかにしたため、論理的構造を存在論的次元へと無反省に投影する概念実在論（実念論）の考え方が後退することになり、それによって、理性それ自体を先天的・論理的体系として反省し、その構造を解明することが可能になった。ギルベルトゥスにとって哲学とは、まずは学問論ないし言語論理であり、それは、自然学・数学・神学という三大認識領域において、学問全体に共通な方法と各学問固有の方法とが適切に使用されているかどうかを監督する役割を担う。「自然的諸事象ないし数学的諸事象に関して知られることのすべてが、神学的諸事象に関して受け容れられるべきだとは思わないし、それらがまったく受け容れられるべきでないとも思わない。それゆえ、両者に共通の理拠と各々に固有の理拠を明確にすることが、最も精妙にして熟練を要する哲学の仕事であるとわれわれには思われる」[124]。各々の学科は「理拠」にもとづくが、これはギルベルトゥスの場合、判明な公理や基本的な論証を指すのであり、単に漠然と「論拠」といったことを指すのではない。これらの公理が学問における諸問題に適用されることによって、諸々の結論、すなわち当の学問の諸命題が、演繹的・論証的な仕方で獲得される。こうしてそれぞれの学問は、それに固有の一群の「理拠」によって定義される。各々の学問によって異なるこれらの「固有の理拠」(rationes propriae) に先立って、あらゆる学問ないし知そのものに共通する「共通の理拠」(rationes communes) が存在する。そのうえ、特定の学問に固有の理拠は、知の領域同士の「比例」ないし類比にもとづいて、他の学問に対しても転用されうる。例えば、自然学における公理が神学の領域に移され、そこから「転用的理拠」(rationes translatae) が成立するといった場合がそれである[125]。このようにしてそれぞれの学問の特質と全学知の統一とが理解可能となる。

以上のような学問論によってギルベルトゥスは――アラスのクラレンバルドゥスやアミアンのニコラウス (Nicolaus Ambianensis 一一四七―一二〇三年以降)、またアラヌス・アブ・インスリスなどと同様に――ボエティウスを範として、人間の知的理解、とりわけ神学を、人間の「理性」に本質的に内在する諸原理から導出される推論的な演繹体系として捉えている。ここにおいて理性は、推論上の規則の総体を統括する能力として自己完結し、厳密な論証の言語論理的な体系となる。その体系において言表される意味は現実を表すものであるにしても、その論理的構造における区別には、現実における区別が対応するというわけではないのである。そのために、クレルヴォーのベルナルドゥスによる誤解と批判に抗して、例えば、「それによってあるところ」(quo est) ないし述語の抽象的原理としての「神性」(deitas) と、「それがあるところ」(quod est) の具体的主体たる「神」(deus) とを分けるような区別が言語論理的には成り立つにしても、神において神性が存在論的に先立ち、その原理であるというわけではないと主張されるのである。

これまで示してきたような「理性」および「合理性」の諸類型にとっては、その形式的な根本規定、つまり必然性ないし論証可能性などは共通している。しかし、このような形式的には共通した理解の背後には、理性および哲学をめぐる異なった考えが潜んでいるということもすでに明らかであろう。そしてまたそこでは論理的・存在論的・人間論的な態度決定が、「理性」をめぐる論争を大きく左右するということも、同時に示唆されたことであろう。

第四章　十二世紀における自然哲学と神学
――シャルトルのティエリにおける一性の算術と形而上学――

序　十二世紀思想における自然理解の諸傾向

十一世紀後半以来の哲学的思索の覚醒にともない、理論的考察は教父の権威にもとづく既成のあり方を踏み越え、理性独自の主題を取り上げ、それ固有の認識の仕方を考察するに至った。(1) 理性のこのような自己発見は、カロリング期以降、自由学芸の育成によって準備され、十一世紀の前半において、ボエティウス（Boethius 四八〇頃–五二四年頃）のアリストテレス的・新プラトン主義的論理学を範として理性の構造が反省的に究明されることによって緒に就いたのである。このような思索は、信仰において与えられる真理を理性そのものの光の下で解明することを主要な課題とみなすものであり、ペトルス・ダミアニ（Petrus Damiani 一〇〇七–七二年）がこのような新たな趨勢に抵抗していたずらに要求したのとは異なり、もはや理性を「神学の婢《はしため》」の位置に留め置こうとするようなことはなく、「諸事物の総体」(2)（rerum uniuersitas）、つまり可知的な領域全体を自覚的に探究しようとするものである。そこで理性的思索は、創造する神の知恵の似姿であるというその本質にふさわしく、世界全体を合理的に再構成することを自らの課題とする。そうした点においてこそ理性的存在としての人間の尊厳が露わになるため、理性は自らに最もふさわしい対象領域を、一方で神――その三一的本質が理性それ自身をも含む世界全体の根拠と原理として示される——の内に、他方で自然の世界——それを合理的に究明することで理性の自立性と優位性が確証される——の内に認めるのである。こうした理性の新たな自己理解は神学的権威による証明を断念することにおいて現れる。この点ではすでにカンタベリーのアンセルムス（Anselmus Cantuariensis 一〇三三／三四―一一〇九年）が際立っていた。[3]それにとどまらず、利用可能な文献であるなら、キリスト教以外のギリシア・ローマないしイスラーム世界に由来するものをも自由に活用するという姿勢によって、理性的思考独自の展開が促された。

十二世紀における自然の発見[4]はけっして一義的に規定できるものではなく、例えば近代の自然科学の萌芽的形態として、あるいは十三世紀初頭以降のアリストテレス的自然学の受容の前史として単純に整理することができないほど、その試みの傾向と思考法は多彩な広がりをもっている。その出発点となったのは、まずは世界創造という教義上の命題であり、次いで、二世紀の護教論家たち以降プラトンの『ティマイオス』（Timaeus）との有機的な結びつきにおいて解釈されてきた[5]聖書の「創世記」の記述である。

すでにカンタベリーのアンセルムスは、根拠への問い、および「或るもの」（aliquid）と「無」（nihil）との存在論的対立にもとづいて創造の形而上学を演繹的に展開し、諸々の本質を創設する神の精神の働きを強調していた。[6]しかしながらアンセルムスは、「自然」（natura）の概念を形而上学的な「本質」（essentia）の概念と明らかに同一視しており、[7]経験的認識についての言及を行うことはなく、人間と区別された世界の特定の領域である自然そのものに対して関心を寄せることもなかった。

クレルヴォーのベルナルドゥス（Bernardus Claraevallensis 一〇九〇―一一五三年）を領袖とするシトー会に代表される十二世紀の観想的修道院神学においては、存在を客観化する形而上学や自立した学科としての自然学そのものの考察は差し控えられ、「自然」(natura) は人間の「自然本性」(natura) として捉えられ、罪と恵みとの救済史的連関における神学的人間論の一契機として考察されるにとどまっていた。「汝〔人間〕の自然本性によっては不可能であるものが、恵みによって可能となるばかりか、容易になされるであろう」[8]。人間の自然本性は乗り越えられなければならず[9]、外的な自然は、ただ神の不可捉の本質を具体的に例示することに役立つのみであるとされる。「教父の権威から、また聖書における表現の慣用から、既知の事物のうち、適切なもの、類似像を利用することが可能であることが証しされている」[10]。同様にサン＝ヴィクトルのフーゴー (Hugo de Sancto Victore 一〇九六頃－一一四一年) も、自然を「創設の業」(opus conditionis) と「復興の業」(opus restaurationis)、つまり創造と救いという救済史的・秘跡的な枠組みの内で捉えている[11]。

アウグスティヌス (Aurelius Augustinus 三五四－四三〇年) に依拠した、往々にして悲観的な色合いを帯びるこうした自然概念とは対照的に、ペトルス・アベラルドゥス (Petrus Abaelardus 一〇七九－一一四二年) は、創造に対する信仰を通して見られたストア哲学の精神にもとづき、知性によってその本性に即して認識されるような意味で、形而上学的自然本性に規範的な役割を与えた。「法、つまり成文化された法をもたない異邦人は、自然にそれを行い、つまり自然の法によって教えられている。これは神の認識と理性の分別によるものであり、彼らはそうしたものを自然に、つまりその創造にもとづいてもっているのである。〔……〕彼らは自分自身にとって法なのである」[12]。このような積極的な自然理解に即応して、被造的世界は神の本質を、その三位格的な構造に関してまで認識させるものとされる。「〔パウロは〕こうした三位一体の神秘全体を見分け、しかも〔人々は〕ただ神の一性だけでなく、三位一体を諸々のその業から見抜くことができる」[13]。こうして神の力・知恵・善性は、神的三位格の特徴として、世界の秩序に照り映える。そのためこの世界は、プラトンに従って可能な限り最上のものと見られる。「それゆえに、世の創られたものの総体そのものから、かくも美しく創られたもの、かくも巧みに飾られたものによって最大の仕方で、その造り主――それほど膨大でそれほど立派な業を無からなすことができ、またそうすることを欲し、一つ一つがそれがあるべきあり様より多くも少なくもなく現実に存在するように、かくも巧みにかつ合理的に全体を取りまとめた造り主――はいかなる力、いかなる知恵、いかなる善性をもつことであろうかは明らかである。プラトン自身、世の被造物に関して論じるとき、神は〔現に〕創ったよりもより良い世界を創ることはできないとするほどに、多くのものについて神の力と知恵の善性を称えている」[14]。

形而上学や神学および倫理学から区別される学科としての自然学は、具体的な自然現象が合理的探究の対象となったときに初めて成立可能となる。そこでバースのアデラルドゥス（Adelardus Bathensis; Adelard of Bath 一〇七〇頃―一一四六年以降）は、観察された自然の推移の原因を問い、自然の秩序の合理性を発見した。「諸事物の諸々の原因は理性と適合している」[15]。同時にシャルトル学派の思想家たちは、『ティマイオス』または聖書の「創世記」の記述に対する註解において、あるいは彼ら自身の独立した論考において自然を中心的主題として取り上げている。とりわけコンシュのギヨーム（Guillaume de Conches; Guillelmus de Conchis 一〇八〇／九〇―一一五四／六〇年）は、自然現象の包括的な概観を試み、近接原因への問いをその探究の方法として推し進めている。「ところでわれわれはすべてにおいて根拠が探究されるべきであると言う」[16]。このように自然が、法則に適った合理的秩序の独自の原理として理解されたところから、シャルトル学派の周辺のベルナルドゥス・シルウェストリス[17]（Bernardus Silvestris 十二世紀）が十二世紀のほぼ半ば頃、またアラヌス・アブ・インスリス[18]（Alanus ab Insulis; Alain de Lille 一一二〇頃―一二〇三年）が『自然の嘆き』（De planctu naturae 一一六〇／七〇年）や『アンティクラウディアヌス』（Anticlaudianus 一一八三年頃）において自然を擬人的に寓意化し、その創造的役割を物語風に叙述している。さらにソールズベリのジョン（John of Salisbury; Johannes Saresberiensis 一一一五／二〇－八〇年）は、キケロ（Marcus Tullius Cicero 前一〇六－四三年）やプラトンに依拠しながら、具体的な自然の内に道徳的秩序の模範、すなわち「最も勤勉な母」[19]そして「生きることの最良の導き手」[20]を見ているが、その際にも自然は絶対視されることはなく、恩寵と対立させられることもない。「私は、自然が自ら受け取ったのでない何らかの善きものをもっているかのように、腐敗した自然の裳裾を恩寵に対立させて称えたり、その胸飾りを賛美するのではない」[21]。しかし自然は、個々人の生活のみならず、公の生活や国家のあり方に関しても模範とされるべきだとされる。「市民生活は自然を模倣するように」[22]。「国家を自然に類似するものとして整えるべきであり、秩序を蜜蜂に倣ったものとすべきである」[23]。このように自然概念を詩的に、あるいは倫理的・社会哲学的に活用するにあたっては、自然それ自体の本質と存在はいかにして、その推移を合理的に把握可能な法則性から根拠づけるか、つまりいかにして自然は諸原理にもとづいて理解可能になるかということが問題となる。このような問題は、ヨハネス〔・スコトゥス〕・エリウゲナ（Johannes [Scottus] Eriugena 八一〇頃－八七七年以降）が『自然について〔自然区分論〕』（Periphyseon; De divisione naturae 八六四－八六六年）において提示したような、現実全体をその第一原理とさまざまな段階に関して解明する形而上学的体系、およびそれにふさわしい認識の仕方を要求する。シャルトル学派において、エリウゲナの著作を熟知していたシャルトルのティエリはこのような思弁的な課題を自らに課したのである。一性と多性に関するその形而上学の哲学的意義は、科学的な自然認識という問題群を含むものではあるが、もとよりそうした問題圏には収まり切らない広がりをもっている。

一　シャルトルのティエリの生涯と著作

（1）生涯

シャルトルのティエリ（Thierry de Chartres; Theodoricus Carnotensis　一一五六年以降歿）の生涯とその活動については、確実に言えることはごくわずかである。[24] フランス西部のブルターニュ地方に生まれた彼は、おそらくシャルトルのベルナルドゥス（Bernardus Carnotensis　一一二四／三〇年歿）の弟であろうと言われているが、そのベルナルドゥスは司教座聖堂附属学校で一一一四年以前から教師として活動し、のちに一一二四年まで学院長を務めた。一一二一年のソワッソン教会会議で大胆にもペトルス・アベラルドゥスを擁護したのがシャルトルのティエリであると推測されるので、この時点ではすでにシャルトルで教鞭を執っていたのであろう。三〇年代の初頭からおよそ一一四二年まで、ティエリは——事情は不明だが——パリで教えており、しかもこの同じ時期にシャルトルで助祭長および教師として活動している。シャルトル司教座聖堂附属学校の学院長ギルベルトゥス・ポレタヌス（Gilbertus Porretanus　一〇八〇頃―一一五四年）が一一四二年にポワティエ司教に任命されシャルトルを去ったところから、ティエリがギルベルトゥスの後任の地位に就いた。学院長時代のティエリは、シャルトル大聖堂に関して、まさに四〇年代の初頭にその建造が始まったその西正面——七自由学芸の寓意像で飾られている——の全体的計画を主導したようである。[25] 五〇年代の始め、ティエリはシャルトルでの自らの地位を辞退し、おそらくシトー会と思われる修道院に身を寄せ、その地で一一五六年以降世を去った。

「雄弁家かつ修辞学者、文法学や論理学の学芸愛好家」[26] と評されたティエリは、プラトン主義者として知られ[27]、アリストテレスの論理学全体（もしかすると『分析論後書』［Analytica posteriora］を除いて）を中世で初めて講じ、同時にまた——パリにおいてよりもシャルトルにおいてのことであろうが——四科の諸学科を教授した。その弟子たちからは最大級のさまざまな賛辞を受けている。「最も学識に富み、哲学的思索を最も愛好する者[28]」、「アリストテレスの継承者にふさわしき者[29]」、「諸学芸の最も熱意ある探究者[30]」、「ヨーロッパすべての哲学者のなかで最も優れた者[31]」、「諸学の真の称号たる最も有名な博士[32]」などである。「あなたは、今の時代において哲学の第一にして最高の地位を占めており、そして流動的な諸学問の多様な時局に対して変わることなく確固たる錨を降ろしているということ、それは十分確かで、また私自身知っているように、それを認めます。〔……〕あなたは、プラトンの魂が天から再び死せる人々の内に降りてきた人であるということを私はまったく疑いません。〔……〕あなたを、ラテンの学問の父、天文学の最も進んだ者に値するとみなします[33]」。このような同時代の学者からの溢れんばかりの賛辞は、三〇〇年後の一四四九年、ニコラウス・クザーヌス（Nicolaus Cusanus　一四〇一－六四年）において再び確かめられる。「私が読んだ人々のなかで群を抜いて最も天才的な才知である[34]」。実際クザーヌスのいくつかの命題には、その用語に至るまでティエリのテクストとの対応が見られるのである。

（２）著　作

ティエリの著作としては、「創世記」における創造の記述に対する未完の註解『六日間の業について』（『創世記註解[35]』）（Tractatus de sex dierum operibus）が、その哲学的内容の点で傑出したものである。ボエティウスの神学的論考[36]、とりわけ『三位一体論』（De Trinitate; Quomodo Trinitas unus Deus ac non tres Dii）についての註解はさまざまな版によって伝承されたが、そこではティエリ自身が著したもの、講義の筆記録、およびその弟子たちの著作が明確に区別されないままになっている。しかしながら、思想上の基本的特徴に関しては、その表現に至るまで一貫したものが強く窺えるため、そこに自由な加筆や補足が行われたことはありうるにしても、それらの著作はやはり間違いなく一人の思想家に由来するものと言いうるであろう。[37] 修辞学に関する二つの註解、つまりキケロの『構想論』(De inventione) の註解と偽キケロの『ヘレンニウス修辞書』(Ad Herennium) についての註解[38]は今日までほとんど研究されていない。七自由学芸についての浩瀚な(二欄組みで一一七〇頁、元々は約一四〇〇頁であった)文献集『ヘプタテウコン』(Heptateuchon) の中では、序文、および五〇のテクストのあいだに挟まれた註記がティエリ自身のものである。ここには哲学研究のための基盤として、三学のためにドナトゥス(Aurelius Donatus 四世紀中頃)、プリスキアヌス (Priscianus 六世紀初頭)、キケロ、『ヘレンニウス修辞書』、ユリウス・セウェリアヌス (Julius Severianus 二世紀または五世紀)、マルティアヌス・カペラ (Martianus Capella 五世紀)、ポルフュリオス (Porphyrios 二三二／三三一三〇六年頃)、アリストテレス、ボエティウスらの文献、および四科に関しては、算術のためにボエティウスとマルティアヌス・カペラ、音楽のためにボエティウス、幾何学のためにセビリャのイシドルス (Isidorus Hispalensis 五六〇頃―六三六年) とオーリヤックのゲルベルトゥス (Gerbertus de Aurillac 九四五頃―一〇〇三年、Silvester II 在位九九九―歿年) とボエティウス、天文学のためにプトレマイオス (Klaudios Ptolemaios 二世紀) といった著者の文章が収められており、[39] ここからティエリの学問的教養の背景が窺える。『ヘプタテウコン』と並んで、ティエリは大聖堂附属図書室に、法学の文献を集めた三巻と、さまざまな内容をもつ四五巻もの摘要を残している。[40]

以下の記述では、ティエリの論じた諸々の基本的主題をその連関において、つまり第一原理にもとづいて現実全体を一貫して完結した仕方で理解する思想として叙述していきたい。もとよりここでは、さまざまなボエティウス註解のあいだにある副次的な相違や、ティエリの自然哲学の個々の細目すべてに立ち入ることはできない。本節ではまずティエリの『創世記註解』の構造を分析することを通じて、彼の考察の意図を究明することにする（二）。次いで人間論的な基礎をもつティエリの認識論・学問論を叙述することで、彼の体系の構図を描こうと試みる（三）。そののち、ティエリの思想の中核を成す存在論・神論・三位一体論の概括を行い（四）、ここから世界の構造の導出を見て取ることになる。さらにこれは、諸事物の総体の諸段階における構成要素に至るまで具体化される（五）。そして最後に、この体系の言語論理上の可能性と限界についてティエリ自身が行っている反省を跡づけたい（六）。

二　ティエリの自然哲学――『創世記註解』の構造

（1）「創世記」解釈の意図

導入の一節、つまり「著者への手引き」[41]（accessus ad auctorem）の冒頭で、ティエリは自らの解釈方法を明らかにしている。「自然学に従い、字義に即して解釈しようとする私は、まず著者の意図とこの書物の有益さを前もって述べることにする。次いで、文字の歴史的な意味を解釈することに進むが、その際には聖なる註解者たちが明らかに練り上げてきた寓意的そして道徳的読解は、全面的に省略するつもりである」[42]。ここに見られるようにティエリは、伝統的な三重の意味解釈の枠組みの内で歴史的・事実的な意味に自らを制限し、道徳的あるいは霊的解釈を――それ自体として否定しはしないものの――自らの註解からは排除している。こうしてティエリは「自然学に従った」解釈の次元、つまり自然学的・自然哲学的解明を目指しているのである。その際、歴史的・

事実的意味と自然学的・自然哲学的意味が密接に関連づけられることになるが、それでもその両者が単純に同一視されているわけではない。むしろ自然学的な意図が先行し、テクストの字義通りの意味の内には自然学的な解釈のための素材が求められるという趣がある。それゆえ第一の意図は現実の解明を行うことであり、その際「創世記」に記された「事実」が手がかりとされる。このような解明は、「創世記」の記述の「字義通りの」解釈によって二次的に補われる。それに応じてこの註解は事実に関わる部分（SD 2-17）と解釈を旨とする部分（SD 18-29）とに分かれ、この後者の部分は「創世記」の最初の章の第三節（「光あれ」）までを註解の対象としながらも、内容的には自然学上の多くの素材をも扱っている。さらにテクスト解釈に対する現実認識の優位は、註解の主要部分が純粋に「理性的（rationabiliter: SD 2）な」思考の歩みを辿り、「あまり理解のない人々にとっても明瞭である」（SD 2）考えによって始まることからも窺える。そしてその成果は続く節（SD 3）において、そこで初めて導入される聖書個所に対して適用される。[43] しかしながらティエリを、もっぱら自然認識にのみ専念する関心の持ち主とするなら、それは言いすぎとなるだろう。[44] なぜならティエリによれば、「創世記」の著者の「意図」は、「ただ一なる神——彼のみが崇拝と崇敬に値する神——からの諸事物の創造と人間たちの創出が行われたことを示すこと」[45] だけではなく、読者にとっての「有益さ」は「それに対してのみ尊崇が示される神をその被造物を通じて認識すること」[46] にあるからである。ティエリ、およびシャルトル学派全体にとって、[47] 自然認識は神認識を目的としている。それゆえティエリの『創世記註解』も思弁的な神論（SD 30-47）をその頂点としており、ここからは再び自然認識へ下降する道が辿られることはないのである。

このような意図は、「自然学に従って」展開される最初の部分（SD 2-17）の下位区分に如実に現れている。それというのも、「初めに、神は天地を創造された」という「創世記」の最初の文章を元にティエリは、第二・三節で扱われる「創造された」ということの原因についての問いと、第四－一七節で論じられる世界の成立の時間的順序（「初めに」）についての問いとを区別しているからである。内容的に明らかなように、このような区分においては、神が世界の根拠として認識される形而上学的部分と、六日間の業において世界内の原因によって世界秩序が根拠づけられる事態についての自然学的考察とが区別されることになる。

（２）創造の思想

形而上学的部分においてティエリは、まずさしあたりの予備考察のかたちで、プラトン主義的に理解されたアリストテレスの四原因説を神と世界との関係に適用することによって、直接に神の認識へと向かう。すなわち、「世界内の諸実体」（mundane substantie: SD 2）の作用因は神であり、プラトン的範型因の意味での形相因は神の知恵であり、目的因が神の善であり、質料因が、それ自身無から創造された四元素である（cf. SD 2）。作用因・形相因・目的因から神の三性へと遡る推論はシャルトル学派固有の思考様式であり[48]、ペトルス・アベラルドゥスもそれを受け容れている[49]。しかしながらティエリはこの三性を漠然と示唆するだけで、その証明そのものを個々の点にわたって展開することはない。神の三位格性は、次の節（SD 3）に入って初めて、聖書の創造の記述にもとづいて主張される。そしてこの論考の最終部になってようやく、神の三位格性が形而上学的に証明されるが、その証明は被造的世界の構造にもとづいてではなく、神の本質の一性にもとづいてなされている。他の個所においてティエリは、「重さや長さや数」（知一一・二一）の三性を物質的領域における三位一体の似姿とするアウグスティヌスの理解に言及しているとはいえ[50]、結局のところティエリにとって諸原因の三肢的構造は、神の三一性を暗示するものにとどまり、その証明とみなされているわけではないと言えるだろう。

『創世記註解』において、四原因と、創造の記述においてそれらに対応するものを論じた短い節に続いて、その約五倍ほどの長さの部分で、創造の時間的順序の叙述、つまり世界秩序の成立の再構成がなされる。それによれば、神は初めに質料、すなわち火・空気・水・地の四元素のみを作り出し、それらの自然法則的な因果性のみから――ティエリが個々に証明しようとしているように――神のそれ以上の介在なしに六日間を通じて、生物をも含む世界全体が成立した。「その〔生物の〕数のうち人間は神の似姿かつ類似に従って作られた」[51]。人間の魂の特別な創造ということは問題にされていない。神は直接にはただ諸元素のみを作り出すのである以上、ティエリにとって、聖書が六日間としての記述を行っているにもかかわらず、「同時的創造」の思想を固守するのは容易であった。ティエリは、創造以降の新たなもの、例えば怪物の成立を、自然な原因性と「種子的原因」(ex causis seminalibus)とに帰する(SD 16)ことによって、同時的創造の思想を補強している。註解の自然学的部分においてティエリは、象徴的・形而上学的・神学的説明を一切用いることなく、自らが手中にしていた当時の自然学上の知見を駆使しているのであり、ここから彼が、世界の純粋に自然学的な考察に――これまであまり知られていなかったが――関心を寄せていたことがわかるのである。続く「創世記」の「解釈」の部分(SD 18-29)では、「自然学者たちの原理に従って」(SD 18)、つまり「理性が探究する」(SD 18)がままに、物質性、重さ、運動の関係を「吟味する」(SD 18)試みを行い、「古代の哲学者」(SD 24)の「質料《ヒュレー》」(yle)や「混沌」(cahos)を示唆しながら質料の未定形性を考察し、「創世記」の記述における「主の霊」(spiritus domini)を「ヘルメス文書」(Corpus Hermeticum;『トリスメギストゥス』〔Trismegistus〕SD 26)のメルクリウス(Mercurius; Hermes Trismegistos)になぞらえて、あるいは『ティマイオス』における「世界霊魂」[52](mundi anima: SD 27)との関係で、しかもそれをキリスト教の聖霊と同一視しながら解釈しようとしている。「創世記」の思想を純粋に哲学的な次元において捉えようとする努力に応じて、「創世記」の著者は「哲学者たちのなかで最も思慮深いモーセ」[53]と呼ばれている。

創造の記述が神の語り（「神は言われた。〈光あれ〉」［SD 29］）と「主の霊」による業に言及していることを手がかりに、ティエリは註解の最後の部分（SD 30-47）――自然学的部分および解釈の部分のほぼ同じ程度の長さ――で、「神性についてわずかなことを」（SD 29）語っている。その際ティエリは、それ以下の論述が神学に由来するものであるという注意を述べて、起こりうる疑念を撥ねつけている。「われわれがこのことについて語ることは何であれ、真にして聖なる神学から受け容れられたものであるのを誰も疑わないであろう」[54]。実際、神の一性と三位格性についてのこの思弁的部分は、自由学芸の四科のそれぞれの学芸による神認識と、神学におけるそれらの学知の活用についての考察で始まるが、この註解全体は第二位格の存在を演繹したあと、第三位格の演繹の導入部分で中断している。「それゆえ人間を造り主の認識へと導く論証には、算術、音楽、幾何学、天文学の四種類がある。この神学において、諸々の事物において神の作品が露わになり、われわれが主張することが合理的に示されるようにこれらの手段が容易に用いられるべきである」[55]。それゆえ自由学芸の四科のそれぞれは、神の証明をもたらすものとされるのであり、ティエリは以下の部分では算術に依拠した神認識を展開するのである。こうした思弁的な論述を理解するために、まずティエリの認識論・方法論・学問論を見ておかなければならない。

三　ティエリの認識論と学問論

(1)　学問と認識諸能力

一にして全なる存在者の総体の認識、ないし哲学(cf. G II, 23)は、ストア学派の学問理解に従って、実践的部門、理論的ないし存在論的部門、論理的部門に分かたれる。「哲学には三つの部門がある。つまり習慣と行いについてのものである倫理学、諸事物の原因と自然についてのものである理論学、論拠から成り立ち、定義し区別し総合することを教えることで推論を教える論理的学である[56]」。存在者の本質と諸原因を扱う理論的哲学は、ボエティウスにおける抽象段階の理論に従って、さらに自然学、数学、神学に分割される。「理論的学には三つの部門がある。つまり、至高の神、三位一体を原理として、そこから天使的なる霊、魂へと下降し、物体の外にある非物体的なものを扱う神学、数を原理としてそこから比例や大きさに下降し、いわば表面上の線やこの世のその他の事柄といった物体に関する非物体的なものを扱う数学、物体そのものを扱い四元素を原理としてもつ自然学である[57]」。

あらゆる認識は、何らかの形相をその内容としてもつため、三種の理論的学問分野は、それらによって把握される形相の存在様態に従って区別される。自然学は物質的事物そのもの、すなわち質料と結びついた形相をその認識対象とする。それゆえ自然学は物質的事物の本質とともに、その可能性や運動ないし変化を取り扱う。なぜなら運動は形相のみ、あるいは質料のみから生じることはなく、その両者の結合によって可能になるからである(cf. C II, 11)。また数学もやはり物質的事物の形相を考察するが、その際には、純粋に形相または本質そのもの、およびその必然的な関係を把握するために、その質料性および運動が捨象される（cf. AM Trin. II, 18）。そして神学はさらに、あらゆる区別されたもの、すなわち形相による限定を捨象し、単一性そのものに到達する。その単一性そのものは、「第一の形相」（prima forma）ないし「存在そのもの」（ipsum esse）として、まさに神そのものであるが、この神はまた、あらゆる形相の原理であるという意味で「諸形相の形相」[58]（forma formarum: L II, 43; II, 48）と呼ばれうる。

人間の認識能力の諸段階は、以上のような諸形相の存在論的段階に対応している。「したがって魂は以下の諸能力から成り立つ。すなわち感覚、想像力、理性、知性、および叡知的能力である」[59]。五官は、色、音、匂い、味、硬さによって物体を捉える。想像力は、物質において実現された形相と形態を、こうした物質が存在しない場合に――例えばユリウス・カエサルの姿を思い描く場合に（cf. G II, 5）――把握する。「理性」（ratio）はその敏捷な活動によって、いくつかの物質的事物から、その事物が分有している種的ないし類的形相を――例えば「人間」という概念に見られるように（G II, 8）――まだその内に可変性が含まれるような仕方で抽象して取り出す。これに対して「学知」（disciplina）とも呼ばれる「知性」（intelligentia）は、固有性ないし純粋形相を――例えば「人間性」あるいは「円」の概念のように――その相互の区別においてではあるが、その真のあり方において（「あるがままに」［ut uere sunt］）把握する。ここで理解される意味内容は、もやは可変性を含むことはなく、その純粋性を損なうことなしに物質において実現されるということはありえない（cf. G II, 7; L II, 20）。そして「叡知的能力」（intelligibilitas）、またはティエリの新たな造語として[60]「叡知的把握力」（intellectibilitas）と呼ばれるものは、魂の最高次の能力として、あらゆる加算的な多性と区別とを純粋な一性（unitas）と「単一的単一性」（simplex simplicitas）に向けて突破し、それによってもはや関係によらない、絶対的必然性と「単一の総体」(simplex uniuersitas) へ向けて超出することで神を認識するものである (cf. AM Trin. II, 27; G II, 8; II, 20)。このように本来神のみに具わる最高次の認識段階は、ごくわずかな人だけが到達しうるものである (cf. G II, 9; IV, 8)。しかしただこうした認識においてのみ、物質とのいかなる関係をも介さずに存在そのものが開示され、すべての存在者そのものの根源が顕現するため、その認識は、人間に可能な限りで追い求められなければならないのである (cf. G II, 28)。

(2) 自然についての学知

自然学の領域においては、感覚的認識と想像力と理性とは互いに関連し合っているために (cf. L II, 30)、学問的認識にとっては——ボエティウスにならって——三種の様態ないし方法が存在することになる。「したがって、自然の事柄には合理的に、数学には学知的に、神学には叡知的に携わらなければならない」[61]。合理的方法は原因にもとづく証明を行うが、純粋な形式からではなく感覚的認識から出発するものであるため、可能的なるもの、「形象」(imago)、「臆見」(opinio) の領域にとどまり、真理に到達することはないとされる (cf. L II, 28)。これに対して学知的方法は、形相と本質を、真理におけるそれらの必然的な関係のままに認識するものであり、それゆえに推論によって概念的で判明かつ教示可能な知へと到達する (cf. ibid.)。四科の数学的学芸がこの方法を用いる。神学的方法は単一の洞察を目指し、それゆえ一性の本質と単一の必然性から議論を展開するものではあるが、このような洞察に達するのは学知的な方法を用いてなされうるのであり (「包含」complicatio; conplicatio)、さらに存在についてのこの洞察は学知的な方法の援けを借りて解明されることになる (「展開」explicatio: L II, 4; cf. G II, 12)。なぜなら、純粋な諸形相は分有を通してその形相性を存在そのものに負っているため、学知的な方法はその洞察可能性に関して、存在についての――いまだ明瞭なものではないにせよ――（神学的な）洞察にもとづいているからである。こうして神学もまた一貫して方法的に遂行されるのであり、存在に対する無媒介的な直観を前提するものではない。またティエリが三位一体と存在の諸段階を導出しているところから窺えるように、神学は無差別的な存在の直視にとどまるものではない[62]。認識の諸段階や諸々の方法は単純にさまざまな能力に分割され、互いに分離されるだけではない。むしろそれらの段階や方法は、他の方法からの転用や借用を行うことで自らに固有の論証方式を補強しうるのである[63]。認識様態のこのような相互交流は、諸能力のそれぞれの遂行においで魂そのものが活動しているということによって可能になっている。単に感覚的な認識と表象に向かうなら、魂は低められ身を屈し、動物的なものとなってしまう（cf. G II, 9–10）。理性的認識において魂は均衡と中庸を得て、人間的なものにとどまる（cf. ibid.）。これに対して、魂が自らを用いることによって自身を純粋形相ないし理念へと自らを高め、学知的認識様態においてそれらの真理に従うなら、魂はある意味で人間であることを超えていく（cf. ibid.）。さらに神学的思考において一切を包括する神の単一性へと魂が自らを拡張していくなら、魂は自らを超えて自らを用い、純粋な洞察可能性に向けて精神を高次の仕方で伸ばしたまま保ち（「叡知的能力に向かって身を起こした魂を伸ばしたまま保ち[64]」）、魂はいわば神となるのである（cf. G II, 10）。魂は「それ自身事実の総体の自然本性に即して作られている[65]」ため、「魂はその多様な能力に従って、総体のあらゆる様態に自らを適合させる[66]」。それゆえ魂は、感覚的なものへ向かう下降の運動においては狭まり、神を目指し霊的なものへ向かって自らを超えていく上昇においては拡張されるのである（cf. G II, 11）。

四　根源としての一性

(1) 神の一性

すでに述べたように、ティエリは自由学芸の四科のどの学芸の認識方法によっても神認識に達することが可能であると考えている (cf. SD 30)。しかしながらティエリ自身が実際に行っているのは、算術——もとよりそれは音楽・幾何学・天文学の基盤でもあるのだが——による証明のみであり、それ以外は幾何学がほんの時折参照されるにとどまっている (cf. SD 37)。

算術の根源は「一」という数であり、この「一」は「一性」(unitas) への洞察の内に根拠づけられている。一性と唯一肩を並べるのは他性であるが、この他性はそれ自身一性へと差し戻される。「一性は、一切の〈他性〉(alteritas) の原理である二性に対して先立つがゆえに、あらゆる他性に対して先立つ。〔二性が他性の原理であるというのは〕他なるものは常に二なるものについて言われるからである。あらゆる可変性はその内実を二であることから得ているため、一性はそれゆえあらゆる可変性に対して先立つ。なぜなら、最初に一つの、続いて他の仕方で自らをもつというような性質でないならば、いかなるものも変化し動くというような性質をもつことはないからである。それゆえ一性は、諸々の様態のこの他性に対して、それゆえ可変性に対して先立つのである」[67]。このように、他性は変化の可能条件であるため、他性とともにあらゆる可変的なものは一性の内にその根拠をもつということになる。「しかしもとより、すべての被造物は可変性に従属している」[68]。「一性のみが他性に対して先立つ」[69]という原理に従って、世界内の、したがって可変的な存在者すべては、それに先行する原理としての一性の内に根拠づけられる。あらゆるものに先行するこの一性は、可変性を意味する時間性そのものに先立ってい る。「もとより他性は可変性から、また時間が惹き起こした可変性は他性から〔成る〕」[70]。そして時間に先立って あるものは永遠である。「したがって一性はあらゆる被造物に対して先立つがゆえに、永遠でなければならない。 ところで神のほかに永遠であるものはない。それゆえ一性は神性そのものである」[71]。こうして、他性も可変性も 含まない永遠の一性である神性こそ、あらゆる世界内的・時間内的存在者の可能根拠であり根源であるというこ とが、根拠づけられるべき当の存在者の側から証明されたことになる。

神性または単一なる一性と複数的な被造的存在者との関係は、存在に対する存在者の依存と分有の関係である。 「なぜなら存在するということは一性に対する参与にもとづくからである。〔あるものは〕一つであり、一つの仕 方で自らをもつ限りで、自らそれであるところのものである」[72]。それゆえ一性への参与は、神の存在への参与で ある。「あるものがあたかも光にもとづいて明るく、熱にもとづいて暖かいのと同じく、個々の事物はその存在 を神性にもとづいて得る。〔……〕それゆえ一性は個々の事物にとって存在の形相なのである」[73]。神はそれゆえ 「あらゆる事物の真の形相にして存在性」[74]であり、したがって「あらゆる事物の一致」[75]である。そのためいかな る存在者も、神の存在がその存在形式あるいはそれぞれ独自の形相の形相的原理（「諸形相の形相」）として当の 存在者の内に現存していることによってのみ、存在することが可能となっている。それゆえ「神は全体として本 質的に至る所に存在すると、正しくも言われている」[76]。ティエリが自ら断っているように、このことは汎神論的 に神を世界内の存在者と同一視することではけっしてない。なぜなら神は、例えば「三角形」などの形相とは異 なり、事物の成立のための基盤として質料に依存するような形相ではないからである（cf. SD 32）。「神性の現存 が、個々の被造物にとって全にして唯一なる存在であり、さらに質料そのものも神性の現存にもとづいて〔その」実在することを有している。しかし神性そのものは、それ〔質料〕からでもなければ、その中にでもない」[77]。なぜなら質料もまた可変的なものである以上、ピュタゴラス（Pythagoras　前五八〇―五〇〇年頃）やプラトンに倣って、二性が単一の一性に還元されるように、やはり神へと差し戻されるからである（cf. C II, 28）。

このような考えにもとづいて、神の本質はさらに段階的に演繹され、さまざまな名称を与えられる。すなわち、「存在性そのもの」（ipsa entia: C II, 17）ないし「言表不可能な存在性」（entia ineffabilis: C II, 17）、「存在するもの」（essens: L II, 37）、「存在」（esse: L II, 35）あるいは「存在そのもの」（ipsum esse: L II, 38）、「存在することの完全性」（perfectio essendi: L II, 40）、「可能態なき現実態」（actus sine possibilitate: C II, 29）、「質料なき形相」（forma sine materia: L II, 41）、「絶対的必然性」（absoluta necessitas: L II, 40; C II, 29）、「真理および不可変性そのもの」（ipsa ueritas et immutabilitas: L II, 38）、「神的精神」（mens diuina: L II, 43）、「全能」（omnipotens: SD 36）などである。これらすべての規定は、「単一的一性」という根本規定の内にすでに含まれているものを展開しているものである。

「神にとってはより良いものは何一つないのは確か」なのであり、「それゆえ神は善性、充足、至福である。すなわち、神は、自ら自身によってそれであるところのものであり、そのことは、彼が神〔そのもの〕であるところのものであるという仕方であるということである。しかもそれは、彼がそのことやまた他のことを自分自身に付与するという仕方によるのではないという仕方においてである。神はそれ自身が正しきもの、恵み深きもの、力強きものであるため、それ自体が力強さ、恵み深さ、正しさ〔そのもの〕である」[78]。こうして神は、抽象的な形相と自存する存在者との統合、ないしそれ自身で自存する形相である。しかしながらティエリは、言語的論理にもとづいて、神は善性「によって」善であると言うようなことは拒否しており、その点でクレルヴォーのベルナルドゥスに同調して、ギルベルトゥス・ポレタヌスには反対している。(79) なぜならそのような場合は、神がそれ自らに先立つものによって根拠づけられるということになってしまうからである。「ところでこの場合、神は神性によって神であると言うような何人かの無知な人々の害には気をつけなければならない。そのようなことはまったく異端である。なぜなら神は何からも由来せず、何にも与えることはないからである。逆に神はすべてのものの存在である」(80)。

(2) 神の三性

次いでティエリは、一性としての神の本質にもとづいて、三性、とりわけ神における第二の位格たる御子の起源の基礎づけを試みており、その際にティエリはアウグスティヌスを拠りどころとしている。「一性が父の内にあり、この同じ一性の相等性が子の内に、さらにその一性と相等性の結合と愛が聖霊の内にあるということを示し、それによってこの事柄に関して数学的な教えを付け加えるのはアウグスティヌスのみである」(81)。まず、乗法〔掛け算〕によって新たなより大きな数が生じるが、それはある数それ自身との乗法か、または他の数との乗法である(cf. SD 57)。ところですべての数は一、つまり一性に由来する。「一性はすべての数を作り出す」(82)。しかし一性はそれ自身と掛け合わせると――1×1=1であるため――再び一を生じる。「〔一は〕それ自身から、またはその実体〔一性〕から、相等性以外のものを産み出すことはできない」(83)。この際、乗法によって生じた「一」それ自体は、乗法の元となった最初の「一」それ自体からは区別されるにしても、その一性としての本質と存在に関しては元の「一」と一つのものである。「なぜなら一性は一回の一性である」(84)。それゆえ、存在者をその存在に関して成立させる自己同一性は、自らの内に一性と相等性を含んでいる。「一性はそれゆえ、同じものが一性および一性の相等性であるというふうに、一性の相等性を生むのである」[85]。

続いてこのような事態が三位一体における父と子の関係に対応させられる。それというのも、子は父のみから発し、父からは区別されるにもかかわらずその本質において相等であり、神性という実体に関しては父と一なるものだからである。「それゆえ一性は、作り出すという点では父であり、作り出されるという点では子である。それゆえ、同じ一つのものが父であり子である。しかし父は子ではないし、子も父ではない。それは、一性は産み出すものであるという点で産み出されるものではないし、産み出されるものであるという点で産み出すものではないからである」[86]。しかしながらここでさらに、一性の二重化がいかなる必然性にもとづいて想定されるのかが考察されなければならない。

まず最初に、すべての数は、それがそれ自体として一であり、それゆえ一との乗法によって自己同一性を得ているということを本質とする。「一性」は他の数との乗法によって、すべての数を産み出す[87]」。それゆえ「一」もそれ自体およびその本質からはただ一なるものにすぎないが、その内にはすでに自己との乗法がなされ、自己自身へと差し向けられており、そうして初めて自己と等しいものとなっているのである。「なぜなら一性は、同じ一性の相等性のほかには、それ自身からなんら他のものを産み出すことはできないからである」[88]。

同じ考え方に従って、「二」は、他の数との乗法を通じて、一性としての自己自身とは異なったものを産み出すということが帰結される。この非相等性は、質料的存在者の内のみならず必然的な形相の内にもすでに見出されるとはいえ、それは否定ないし欠如であり、その限りで自らの規範および根源として相等性を前提としている。「相等性は非相等性に対して先立つがゆえに、相等性の生成は必然的に〔非相等性の成立に対して〕先立っている」[89]。相等性が非相等性に先立つように、一性も他の数に先立つ。ここから、一性は、他のあらゆる数の産出に先立って、純粋にそれ自身によって、自己自身との相等性を産み出すということになる。「それゆえ一性は両方〔相等性と非相等性〕を産み出す。そして数のうちのいかなるものによっても、乗法を施された場合に非相等性をしか産み出すことはできないため、すべての数に先立つところによって相等性を産み出すことが必然的である。そしてこれが一性である」[90]。

このような、ピュタゴラスとプラトンの思考法に則った考え[91]を理解するためには、ここにおいてなされているのは、元々は区別された二つの存在者を外部から比較したうえで、その相等性を後から二次的に確証するというようなことではなく、まさに本質的な相等性を考察することなのだということに留意しなければならない。ところでそうした本質的な相等性が成立するのは、一なるものとしての存在者が、それ自身の内から自らの相等性を、まさに自らと等しい、いわば第二の自己として産み出すときであり、また他方で、この相等性がそれ自身の内で本質的に相等性であり、それゆえ自らをその原像にして根源である一性へと遡行的に関連づけるときである。このような意味でティエリは、ここでの演繹の成果を要約しながら、「一性に実体的に具わる相等性」ということを語っている。

「したがって、ここで述べられたところから明らかになったのは、相等性が本質的にあらゆる数に先立つということ、その相等性を一性はそれ自体から、そしてその実体の内から産み出すということである。この相等性の生成は一性にとって実体的〔本質的〕であり、しかも一性はあらゆる数に先立つため、また必然的に相等性の生成はあらゆる数に先立っている」[92]。

相等性そのものは完全な合致であり、「それ以上」でも「それ以下」でもなく（cf. C II, 35）、それゆえ定まった「形相、限度、尺度」（forma modus mensura: SD 43）である。ところで一性は存在者の存在根拠であるため、相等性は、それがそれ自身において、つまり一性に対しての合致と規範性である限り、同時に「一性そのものが諸事物において働く際に従う限度」(SD 41) である。それゆえ、一性が「存在することの形相」または「諸形相の形相」であるように、「一性の相等性とは、それを越えてもそれに欠けても、もはやいかなるものも成り立ちえないようなある種の限度である」[93]。しかし相等性自身は一性の内にその根源と規範を有するため、相等性は、一性に対しての相等性である限りで、つまり一性の「像にして輝き」(SD 41; cf. C II, 32)、すなわち一性の現出と現前化 (representat: C II, 33) である限りで、諸事物の相等性の根源と規範なのである。

神的相等性は一性との本質的な対応、または諸形相と質料におけるその実現の規範的根源であるため、それは精神的原理、つまり「第一にして永遠の知恵」(SD 42; cf. C II, 31) または、「諸々のイデアの起源である神的精神そのもの」(L II, 43) と言われる。また認識とは相等性そのものの遂行であるため、諸事物の形相の尺度または規範、あるいはプラトン的意味での「形相因」としての相等性ないし知恵は、概念や諸事物の知識の生じるところでもある。「このところにおいて諸事物の概念が含まれる。それというのも、事物を知ることは常に相等性そのものの内に含まれるからである。しかし、限度を越えたり、それに至らずにとどまるなら、それは知ではなく誤った想念と言われるべきものである」[94]。認識の規範と根源として、相等性はまさに真理そのものにほかならない[95]。「同じ相等性が事物の真理そのものであることは明白である」[96]。規範と真理としての相等性は、諸事物をその存在と本質に関して規定する限り、神の創造的言葉と呼ばれうる。「なぜなら神の言葉であることは、すべての事物についての造り主の永遠なる予示にほかならないからである」[97]。

さらに、一性からの相等性そのものの発出、すなわち父からの御子の誕生の内には、すでに第三の神的位格である聖霊の発出が含まれている。すでに見たように、相等性はそれ自身として、一性への関わりにおける相等性であり、また一性はそれ自身の内から相等性を発現させるため、「相等性は一性を、一性は相等性を愛する。これは何らかの愛であり、また相等性の一性への結合、一性の存在の相等性への結合である[98]」。したがって一性と相等性のあいだには、愛ないし希求（appetit: L VII, 7）と呼ばれうるような相互の帰属が成立している。ここにおいては、一性と相等性という二極は相互の区別を保ったまま合一するのであり、この相互帰属あるいは愛が、第三の契機たる「両者の結合」（conexio amborum: VII, 7）、すなわち両者の相互関係である。「この両者のものは私が相等性および一性と呼んだ特性に関係するものである[99]」。その際、一性に対する相等性の関係は、相等性に対する一性の関係の響きないし応答である。「一性からそれ自身の相等性へ向かって〔……〕繋がりと何らかの愛が存在し、その愛は一性の相等性から一性に対して応答される[100]」。同一性そのものの内における関係づけ（「結合が比例性を成す[101]」）は、それを欠いてはその両契機のどちらも存在することはありえない人格的な相互関係であることが露わになる。「なぜなら一性は、存在の相等性を深く重んじるからである。そうでなくもしそれを軽蔑するなら自らが存在することはない。同様に一性の相等性は確かに、一性をあたかも存在性のように深く抱いている。なぜなら分割〔複数性〕に至るとそれは消滅するだろうからである[102]」。

したがって神における第二、第三の位格は、いわばあとから第一の位格に付け加わるのではなく、第一の位格とともにそれと地位を等しくしながらも発出の序列のあるものであり、それらは神がそれによってその一性とその存在において自らを保持する三契機なのである。「神はそれ自らによってこの繋がりにおいて保つものであるが、それは愛と繋がりだからである[103]」。ここにおいて神論は、あらかじめ三位一体を前提することのないまま、それ自身として三位一体論となる。しかもこのような考えの内には、聖書の記述に相当に近い意味で、キリストを父との対応と父への帰属関係から理解し、同時にキリストを創造の原理として、また世界における神の顕現および被造物の規範として捉えるようなキリスト論が萌芽的なかたちで素描されているのである。さらにティエリにおいては、三位一体の三契機を名詞として男性形（父［Pater］、息子［Filius］、聖霊［Spiritus sanctus］といったラテン語男性名詞）によって捉えることはなんら本質的なことではないという点にも触れておいてよいだろう。「これらの諸位格は、男性形として表示されうるが、しかしそれらは母、娘、賜物（mater, filia, donatio すべて女性名詞）という名詞で表示されうるものである。それというのも、それらのものを全能、知恵、慈愛（omnipotentia, sapientia, benignitas すべて女性名詞）が暗示している（innuere）からである」[104]。さらにこの神的な三性はまず自然学の領域で、被造的存在者の「重さ、長さ、数、すなわち個々のものにおける三性」という区分に反映し、また倫理学の領域でもその現れが示される。「倫理学的省察は、信仰・希望・愛を三位一体として注視するものである」[105]。また数学も、これまで展開された一性・相等性・結合の三性において三位一体の構造に即して分節され、そして神学は三位一体をそれ本来の主題とする。こうして哲学のすべての領域は三位一体によって刻印されるのである以上、三位一体性は、存在そのものの基本的構造として示されることになる。それというのも神の存在の仕方はあらゆる被造的存在の原像であるからである[106]。

五　諸事物の総体性の諸様態

（1）　可能態と現実態

哲学的認識の対象は第一義的には個々の存在者——たとえそれが最高の存在者であっても——ではなく、さまざまな存在の仕方と諸様態における現実全体である。「したがって、哲学とはこの総体性をその多様な様態において考察するものである」[107]。それゆえ、神の本質についてのこれまでの考察は、存在者の全体あるいは「総体性」（uniuersitas）への問いの枠内で展開されていたのであり、そこにおいては最高の存在者、またはあらゆる存在者の原理についての究明だけでなく、存在者そのものの総体の根源的様態が見て取られなければならない。「神は確かにすべてであり、しかしそのうちの個々のものではないという仕方においてそうなのである。なぜなら、もし彼〔神〕が個々のもののうちのある何ものかであるなら、彼はただちに諸事物の総体ではありえなくなるからである。彼が諸事物の総体であるということを、ヨハネは〈創られたものは、彼において命である〉〔ヨハネ一・三―四参照〕と言うことで証ししている」[108]。存在者の全体、ないし「諸事物の総体」が存在する仕方ないし様態は、それらのあいだの連関において考察されなければならない。

ティエリは存在の仕方に関して五つの様態を区別している。「事物の総体は五様態に従って考えられる。それというのも諸事物の総体は、神においてあり、被造的な精神においてあり、数においてあり、質料においてあり、さらに諸事物の総体は現実態においてあるのだが、それはつまり、神が全体であり、被造的精神が全体であり、自然もまた全体であり、質料も全体であり、また現実存在も全体であるということであり、このことは誰も疑わない」[109]。諸事物を認識する人間の有限な精神における全体の把握を除けば、残る四つの様態のうち、「自然」、「質料」、「現実存在」が諸事物の総体の第一の存在の仕方である神から発するものとして理解される。そこで神とは「絶対的必然性がその内で何らかの単一性へと包含される総体性である」[110]とされている。

神の一性に根差す絶対的必然性にもとづいて、神は単なる可能態や未規定性が混入することのない活動的現実態である。「なぜならこれ〔神である形相〕は現実態の完全性だからである」[111]。そこで、神から区別される存在の仕方は、純粋な現実態から分かたれ、そのために可能態を内に含むことになる。「それゆえこれらの二者、現実態と可能態が存在するが、それらは諸事物の二つの原理であると知られなければならない。一方は他方の原因であっても、他方なしにもありうる。それは現実態、つまり可能態なき不可変性、つまり可変性なき不可変性である。それらは、これを欠いてはいかなる事物も存在しえないものであるため、諸事物の原理なのである」[112]。したがってまず可能態そのもの、それゆえ純粋な可能態が構成されなければならない。しかし可能態は現実態としての存在に帰着するのであり、それゆえ純粋な現実態に由来する。「しかし現実態は存在することの不可変性および完全性であり、哲学者たちによって絶対的必然性と呼ばれる。ところで可変性は不可変性から生じてくる。それゆえ現実態から可能態が生じてくる。それというのも、現実態は不可変性だからである。これに対して可能態は可変性である。それはすなわち、一つの状態から他の状態への、また非存在から存在への移行の適性と可能性である」[113]。それゆえ純粋な可能態は神から区別される存在者すべてを包括する。現実態が自らと区別されるもの、あらゆる可能的なものを根拠づけうる限り、純粋な可能態の実在的原理は現実態そのものの内にある。したがって純粋な現実態は、他のものを産み出す能力として、あらゆる存在者の可能態を、そうした存在者の可能条件として自らの下で成立させる。「しかし、全体をそれ自体の内に包含しているのはただ可能態のみである。それというのも、それは絶対的な可能態における総体だからである。なぜなら神的精神の単一性の内に包含されているものが現実態に引き出されることは可能的であったのであり、それゆえそれらは可能なものである」[114]。

絶対的可能態の原理とは、一切を包括し、いかなる形相によっても規定されていない限りでの「質料」である。「それゆえこれ〈絶対的可能態〉は、第一質料であり、これをある者たちは〈質料〉と、ある者たちは〈材料〉と、ある者たちは〈下界〉と、ある人々は〈傾向性〉また〈欠乏〉と呼んだ」[115]。それゆえ質料は、神以外の領域において、神の現実態性をその全能に即していわば反映ないし反響している。なぜなら質料は、神の純粋な現実態性から区別される一切の存在者を可能にするとはいえ、それは神に対して二元的ないし自立的に対立するわけではなく、純粋な可能態と多性の原理として純粋な現実態と一性である神自身から生じるからである。そしてこれこそがまたプラトンの真の意図であったはずであるとされる。「質料はそれが存在するためには単一性を必要とする。なぜなら単一性は不可変性だからである。ところで不可変性から可変性が生じてくる。ただし質料は可変的である。〔……〕実際これ〔質料〕は神から生じてくるのであり、神がそれを創造し、つまりそのものの原因と原理である」(116)。

こうして、質料なしには、神から区別されるいかなる存在者も存在しえない。「仮定として、質料が存在しないもの——そうしたことは起こりえないが——と想定してみると、実のところ、諸事物のすべての形相が一なる形相〔神〕に向けて滑り戻る。〔そうすると〕一にして単一なる形相しか存在しないことになる。すなわち、真に一なる形相である神的〔形相〕である」(117)。神の存在のみが質料に先行し、質料に依存することがない。「それゆえに、神である永遠なる単一性は質料なしに存在しうる」(118)。なるほど純粋な諸形相ないしイデア、つまり数学的思考の対象は、それ自体において質料をもたないが、神の精神の中では、質料におけるその実現に向けて構想され、その意味では——質料から実在的に構成されるわけではないにせよ——やはり質料を前提としている。「〔神の精神は〕それら〔イデア〕を把握し、自らの内に保つのであり、それらは、第一形相と第一質料そのもの、すなわち可能態から存在を得る、つまりそれらによって存在をもつというかたちで、可能態の内へとやってくる。なぜなら〔イデアは〕質料なしには存在しえないし、質料に向けてでないなら神によって作られるということがありえないからである」(119)。

それゆえ神それ自身以外のあらゆる形相と事物とは、神の現実態と質料の可能態という、二つの「いわば対極的に設定された」(C II, 28) 原理から生じる。「それゆえわれわれが言うように、また実際のところ、現実態と可能態がすべての事物の原理であり、そのうちの一方は他方から、つまり現実態から可能態が生じてくる。なぜなら不可変性から可変性が生じてくるからである」[120]。このような中間領域は、二つの段階から、つまり形相そのものないしイデアと、実在的・質料的事物とから成る。「またいわば両極のあいだであるように、これら〔神と質料〕のあいだには諸事物の形相と現実態がある」[121]。

(2) 存在者の四様態

神の精神はまず、神の単一性をその分有のさまざまな可能なあり方に向けて展開することによって、諸本質の総体を構想する (cf. L II, 6)。「したがってここで、絶対的必然性が何らかの単一性の内へ自らにおいて包含された総体は、われわれがイデアと呼ぶ諸形相および諸々の形象の諸真理へと展開される」[122]。この領域において、「ある種の秩序において」(L II, 10; cf. G II, 20) 叡知的必然性の連関的構造が構成される。「これをある人々は〈自然法〉と、ある者たちは〈自然〉と、ある者たちは〈世界霊魂〉と、ある者たちは〈自然的正義〉と、ある者たちは〈命運〉と呼んできた。そしてまたある者たちはこれを〈運命〉と、ある者たちは〈運命の女神〉と、ある者たちは〈神の叡知〉と言う」[123]。この本質的必然性は諸々の実在的事物の因果的連鎖を規定する。「ここでそれは、その何らかの質料に関わる場合、他の諸原因の連鎖的系列をわれわれが避けることができないという事態から、限定的必然性または包含の必然性と呼ばれる」[124]。それゆえ世界内の自然因果性の系列はまさに、質料的なものにおける必然的な本質連関の実現なのであり、それゆえに、多様な事物からそれらの総体が構成されるそのあり方にほかならないのである。「実際〔神である形相は〕イデアを構想し、それらを質料に結びつけ、現実存在にもたらすことによって、可能態を規定し、諸原因の何らかの系列においてイデアを現実態へと導く」[125]。こうして「限定された必然性」の領域は、絶対的単一性に照らして見ると「展開」(explicatio) であり、諸事物の世界に照らして見ると、諸々の本質的構造の「包含」(complicatio) なのである (cf. L II, 14)。「実際、一性が多数性に先立っているように、包含は常に展開に先立っているのである」[126]。

イデア的な限定された必然性と、単なる質料という絶対的可能態のあいだには、実在的事物の総体があるが、それは神が自由に創造したものである。なぜなら、あらゆる多数性は単一性に由来するのであり、その際その多数性の実現は、必然的なものの領域ではなく、可能的なものの領域にあるにすぎないからである。「しかし、一性がすべての数を作り出すのに応じて〔……〕、必然的に一性は、自らの能力に限界をもたない。〔……〕ただし数の創造とは、諸々の事物の創造である」[127]。それゆえ世界内の諸事物は、プラトンにならって言えば質料化されたイデアであり、現実態と可能態の結合から成り立っている。それらの諸事物においては、質料という「絶対的可能態」が特定の諸形相に向けて現実態化され、限定されているため、自然学のこの領域は、「限定された可能態」(possibilitas determinata) と呼ばれうる。ところで、諸々の形相は質料においては純粋なかたちで実現されることがない以上、その叡知的真理は可視的な諸々の形象へと変移する。「この必然性のこのような質料化された諸々の形相ないしイデアは〔……〕、質料の流動を限定するに際して自らの真理を放棄し、自らの形象へと変移することになる。そして〔ここでは〕諸事物の同じ総体が、限定された可能態、つまり叡知と質料との合一から最善の現実態へともたらされた可能態である。実際、限定された可能態であるこの世界における諸事物の総体を、ある者たちは現実存在と、またある者たちは存在および感覚的事物と呼んでいる」[128]。自然学はこうした諸事物をその現実的な事実性において考察するのに対して、数学的思考は、実在の諸事物の世界から本質的な諸形相と、本質上必然的な諸連関をその純粋な真理に向けて抽象して取り出すのである。

全体としての存在者、ないし存在者の総体は、ティエリが自らの体系を要約して言うように、本質的に四つの様態から成り立つのであり、次にそれらの存在論的関係の導出が試みられる。「すでに述べられたように、さまざまな考察に従って、諸事物の総体は神学・数学・自然学の主題であり、諸事物の総体は、四つの様態をもっている。一にして同じ総体が、絶対的必然性においてあり、包含的必然性においてあり、絶対的可能態においてあり、限定された可能態においてある。そしてこれらは、あらゆる事物の総体が存する四つの様態なのである」[129]。こうした諸段階の構造原理は、必然性と可能性との関係、実在的には形相ないし現実態と質料との内に、最終的には一性と多数性との内に存する。「そして、なるほど総体は、絶対的必然性においては、神がそれである諸事物すべての単一性と何らかの一性という仕方においてある。また包含の必然性においては、何らかの秩序と発展においてあるが、ただし不可変的な仕方においてである。そして絶対的可能態においては、あらゆるものの現実態を欠いた可能態においてある。さらに限定された可能態においては、可能的かつ現実的にある」[130]。これらの諸段階はもとより等価のものではないが、その諸段階のそれぞれにおいては、存在者の同じ総体が――もちろんそれぞれ異なった様態においてであるが――現存している。「一にして同じ総体が、現実態において、単一性において、限定された可能態において、絶対的可能態においてある。しかしそれぞれ異なった仕方においてである」[131]。これらの四種の存在の仕方ないし様態は、理論的哲学の三種の認識様態の構造に対応している。それというのも、質料ないし絶対的可能態の認識は、質料的かつ事実的な存在者の認識に組み込まれているからであり、事実性に対する洞察は、可能態に対する洞察を構成的なものとして自らの内に含むからである。それゆえ認識の諸様態は、同一的必然性、関係的必然性、可能態と結びついた事実性である。「実際のところ神学は、一性にして単一性である必然性を考察する。数学は、単一性の展開である複合的必然性を考察する。なぜなら数学は、諸事物の形相をその真理において考察するからである。さらに自然学は、限定された可能態および絶対的可能態を考察する」[132]。哲学的認識のこのように存在論的に種別化された諸様式は、人間のそれぞれの認識の仕方に対応しているため、四重の様態における魂は、始めに素描したように、存在者全体に適合する能力として、または存在者の総体が現存する場として明らかになる。「このように、魂は、能力と把握内容の多様さに従って、総体の四重の様態に自らを同調させる。それというのも、魂は総体の四重の様態から成り立っているからである。すなわち、プラトンからわかるように、これら四重の様態を把握する諸能力から成り立っているからである」[133]。

補　説――ティエリの様態論の思想史的意義

ティエリの様態論は、外見上は目立たないにもかかわらず、哲学的に根本的な問題に触れており、カント (Immanuel Kant　一七二四―一八〇四年) やドイツ観念論における同種の問題の取り扱いと比較することも意味があるように思える。周知のようにカントは、『純粋理性批判』(Kritik der reinen Vernunft) の範疇表 (A 70-83; B 95-116) において、「蓋然的」(problematisch) 判断、「実然的」(assertorisch) 判断、「必当然的」(apodiktisch) 判断といった判断形式の区別に対応させて、「可能性」(Möglichkeit)、「現実存在性」(Dasein)、「必然性」(Notwendigkeit) といった認識の基本的あり方、つまり「様態」(Modalität) の三つの範疇を挙げた。ティエリは、フィヒテ (Johann Gottlieb Fichte　一七六二―一八一四年) にも共通するある洞察にもとづいて、純粋な一性あるいは現実態――唯一それ自身から理解でき、それ自身によって成立するもの――から、無制限な多数性という非限定的な可能性の領域のみ、つまり派生的現実と感覚的可視性の原理としての質料性のみが直接に生じ、一性とは別なるものとして成立可能になることを示した最初の思想家であろう。ここで現れる、現実態と可能態のあいだの、つまり一性と非限定的な多数性とのあいだの緊張関係において初めて、限定された必然的なものないし諸形相の総体が構成される。しかしこれらの諸形相は、可能的な現実化の領域である質料との本質的関係を有するため、限定された諸形相と非限定的な質料とのこのような二次的緊張の中において、偶存的な「現実存在」(actualia)、すなわち可能な事実性の領域が開かれ、したがって現実存在の自由な創造の場が生じることになる。ところがこの事実性そのものは、それ自らの条件として非限定的な可能態を含み、また可能態は現実的なるものそのものの可能態であるため、事実性と可能態の両者は、存在論的および認識論的に区別されるにもかかわらず、やはり同じ次元に属するのであり、これをティエリは「自然学」の領域と呼んでいるのである。可能的なものと事実的なものには必然性の領域が対立するが、この必然性はさらに関係的必然性と絶対的必然性へと区別される。関係的必然性は、それを欠いては理性的認識が成り立たないものであるが、この必然性は必然性という自らの本質を絶対的必然性ないし単一的必然性に負っている。それというのも必然性そのものは分割不可能な同一性に根差し、ただそのようにして洞察されうるものであるのに対して、関係的必然性は多数性を内に含んでいるため、単一的一性に帰属するからである。しかしながらティエリは、関係性を同一性に帰するこのような還元にとどまらず、単一的一性ないし絶対的必然性の内に、関係的必然性の発現の積極的な端緒を見ている。つまり、単一的一性は同一性として相等性を含み、それによって関係性をも含み込んでおり、さらにこの相等性は、一性と同一なる絶対的必然性として、関係的必然性の原像ないし可能根拠なのである。このようにして、必然性の領域においてニつの様態が、その区別と導出の順序に関して示される。これに対してカントの場合は、存在論的ないし絶対的必然性を提示することなく、それゆえに知的直観をも認めないため、関係的必然性を必然性というその本質に関して顕わにすることがなく、関係的必然性をただ主観に対する不可避的な関係として、つまり有限的認識の可能の制約として理解している。カントにおいて、有限的認識はそれ以上その根拠に関して問われることがないところから、こうした超越論的必然性の存在論的身分は不明瞭なままであり、その限り超越論的不可避性は単に事実的なものにとどまっている。これとは対照的にティエリは、カント的な超越論的問題設定と存在論的な問題設定との相互関係を見抜いているように思われる。なぜなら、ティエリにおいては、それ自体で自明な存在論的諸様態は、人間の有限的認識にとって構成的な洞察の諸段階――いわば超越論的な次元――に対応するものとされているからである。すなわち、純粋な可能態を含む事実性の領域には、感性的直観および表象に関わる理性的認識（「合理的に」扱われる領域、つまり「自然学」）が対応し、関係的必然性の領域には、純粋でありながら超越論的・存在論的には単なる可能態、ないし質料に関わる推論的な悟性認識（「学知的に」扱われる領域、つまり「数学」）が対応し、絶対的必然性の領域には、純粋に叡知的な洞察（「叡知的に」扱われる領域、つまり「神学」）――これはカントの後継者たちにおける「知的直観」とほぼ一致する――が対応するものとされる。その際にティエリは、最高の段階としての知的直観の根本的可能性を主張するとともに、人間の可能性の臨界としてのその性格を力説し、ただ類比的言表によってのみ語られるその内容的な汲み尽くしがたさを強調するのである。

六　認識と言語の限界

（1）言語と概念の構造

全体ないし世界を再構成するティエリの大胆な体系においては、自然学と神学を媒介するものとして数学的思考が中心的位置を占めている。[134] それに応じて、その体系全体は、神認識の理論と三位一体論に至るまで、最高度に思弁的な合理的精神の下で展開されている。ティエリは神論を詳述したのちに再び「合理的に」(AM Trin. IV, 29) その思考の言語的制約を反省的に考察し、それまで展開したことを打ち消すわけではけっしてないにしても、人間の認識そのもののもつ限界を強調している。[135]

認識は言語の内で遂行される。もちろん、言語においては、「概念」(notio) と洞察された「意味内容」(intellectus) が「語彙」(uocabulum) から区別されるのは確かではある。それでも言葉の内で初めて、形相が完結した一つの全体および一なるもの、すなわち存在者として構成されるのである以上、言葉それ自体は認識に対して貢献していることになる。それゆえ「表示体」(significatio) は、事象に対する語彙の関係、両者の結合 (copulatio: AM Trin. IV, 20) ないし統合 (unio: AM Trin. IV, 21) を内に含んでいる。「表示体は、意味内容と語彙とを包摂する。実際われわれは、物だけあるいは語彙だけを表示体と呼んでいるのではない」[136]。この文脈で「言葉」と言われるものは、個別的な各国語へと区別される以前の、基底的な、超越論的・存在論的な文法構造の次元である[137] (cf. AM Trin. IV, 41)。

ティエリは、言葉と事象とのこのような一致の原型が「創世記」の記述において表明されているものと見ている。「哲学者たちのなかで最も精通した者であるモーセは、「創世記」の内で以下のように述べる際に、このような一致に触れている。〈[神は] 光を日と、闇を夜と、水の集まりを海と呼んだ〉[創一・五参照][138]」。創造の言葉において諸事物は、存在者としての成立と存立の内にもたらされた。「実際、存在者はいかなるものであれ、それがそう呼ばれているところのものである」[139]。それゆえ言葉は、形相が存在者へと具体化されることにとって本質的である。「実際、形相は名称なしにはありえない。ところで事物は、それがそこから形相をもっているところからまた名称をもつ。そうでなければ存在はありえない。名称は確かに事物を存在せしめるのである。人間は人間と呼ばれるがゆえ、そのために人間である。動物は動物と呼ばれるがゆえ、そのために動物である」(140)。したがって「存在」(esse) そのものは本質的に言語の存在論的・神学的生起であり、言葉において諸事物にとって構成的なものとしてそれらの事物に帰せられる。しかし言葉が神の精神の内に根拠づけられることによって、言語の機能を単に主観的なものとみなす見解が根本的に斥けられる。「神の精神の内では、事物には言葉が統合されている。それゆえ神の知恵は〈言葉〉と呼ばれるのである」(141)。諸事物に対して人間が付した名称は、存在を創設する神の根源語を、存在者の志向的な追構成というかたちでなぞったものにすぎないが、存在者の把握はこの追構成によって初めて可能になる。「諸々の言葉は、人間による実際の設定に先立つ永遠の昔から、神の精神の内で〔諸事物と〕統合されていた。そののち人間がそれらの言葉を、それらが神の精神の内では合致していた当の諸事物の上に設定するのである」(142)。

人間の認識においては、認識を通しての諸事物との接触において、理性の自発的活動によって言葉が成立する。「ここではまた諸々の語彙は〔……〕理性の運動に従って設定される」(143)。理性はあらゆる人間において同じ仕方で働くため、そこから生じる意味内容や言葉――例えばアリストテレスの範疇表のような――は、すべての人間に共通している。「なぜなら理性は、自然本性上、あらゆる精神のあり方である魂の力であるため、理性的把握においてまた自らを遂行する。しかるに、この遂行において理性は動く。精神が事物について把握する意味内容はまた、理性の運動なのである。したがってこれらの運動はすべての人間に共通である。それゆえ意味内容も共通である。アリストテレスが『命題論』(De interpretatione) で示している通り、この意味内容を表示するのが語彙なのである」(144)。それゆえ言語には本質的に、普遍的で間主観的な理解可能性が属しており、その理解可能性は、認識という理性的活動に根差していることによって保証されているのである。

(2) 言語表現の限界

人間の認識はこのような言語的な構造をもつところから、神を言表することに関して限界をもつことになる。この点についてティエリは、ヘルメス・トリスメギストスとディオニュシオス・アレオパギテス(Dionysios Areopagites 五〇〇年頃)、次いでポワティエのヒラリウス(Hilarius Pictaviensis 三一五頃–三六七年)、マリウス・ヴィクトリヌス(Caius Marius Victorinus 二八一/九一–三六五年以降)、アウグスティヌスといった教父たちに依拠している(cf. G IV, 9-14; AM Trin. IV, 28)。「実際それ自身〔神〕は存在者ではない。なぜなら、すでに言われたように、存在者は存在の受け取った形相によって存在するからである。〔存在者は〕そのことを言葉によってもっている。なぜなら名称は、それが表示するものに対して形相のようなものと質料のようなものを付与するからである。それというのもこれは基体のようなもの〔質料〕と自存のようなもの〔形相〕を表示するからである。実際に名称は事物を存在せしめる」[145]。つまり語りと思考はそれ本来個的な実体やその諸規定へと関わるのであり、そのため神はこうした言語的把握からは逃れ去ってしまう。「彼〔神〕は存在者ではなく、あらゆる事物の存在性である。あらゆる物の意味内容は存在者に関して述べられ、あらゆる語彙は存在者、すなわち実体ないし偶有性を表示する。したがって、神は存在者ではない以上、存在者のうちの何ものかではないし、意味内容によって把握されうるものでも、語彙によって表示されうるものでもない」[146]。つまり存在者は名詞によって表され、名詞は形相とその担い手との結合を表現しているため、こうした言語構造は、質料的な存在者が形相を分有している限りで、その本質に対応している。「存在者は、存在することの形相を受け取ることによって自存しているもの、すなわち形相を分有しているものである。これに対して神はそれ自身によって、それがあるところのものであるため、何ものをも分有することがない。それゆえ神は存在者ではなく、そこからあらゆる存在者性が流れ出る存在性そのものである」[147]。それゆえ神は、世界内の現実存在のような何らかの存在者ではない。存在者であるなら、理性はその直接的な志向性によってそれへと関わり、自らの認識作用の普遍的形式を通じてそれを包括し規定することが可能なはずなのである。「また神は、あらゆる人にとって把握可能であるような存在者ではない。それゆえ神は理性の動きには服従しない。それゆえ神はいかなる語彙によっても表示されない」[148]。また神の諸位格に対してはいかなる数も適用されえないのと同様に（cf. L II, 59; cf. C III, 14）、神の本質は言表不可能である。「神は名前をもつこともありえない」[149]。さらに、神に先立ち、神に対して外部から付加することができるような規定があらかじめ存在するかのように、神を述定の対象とすることもできない。「したがって神は規定を受けることも、述語づけられることもない。そのうえまた、神はすべてであるため、個々の神と異なる何ものも、いかなる仕方でも神について述定されえないし、〔否定的述定によって〕神から取り去られることもできない」[150]。

それゆえ神についてのいかなる言明においても、述定の様式の非妥当性と述語づけられた内容の不適切さが同時に理解されていなければならない。「しかしながら、神すなわち絶対的必然性に対してはかくも多くの名が与えられる。それは神が表示されえず、知解されえないということによるのである。しかもそれほど多くの名称が与えられるということは、トリメギステル〔トリスメギストス〕が認めているように、少なくとも、彼が何であるかよりも何でないかを把握することにおいて、彼を知らないままに知るためである」[151]。しかしながらこのような無知は、無意味なものの空虚さに終始するわけではない。なぜなら、神についての語りは、それが自らの無知を自覚している限り、認識に対して「何らかの目配せを与える」（innuere〔暗示する〕: AM Trin. IV, 13–18; IV, 40, etc.）からである。「表示しているものから何らかの類似、または何らかの近親性によって、神の命名へと転移させられ、同時に理解されたことによって、神が何であるかについての目配せを与えつつ、当のものの表示を通して当のものの理解を構成する」[152]。

自らの無知についての認識を通じて、「類似ないし欠如によって、神は何であるかについて目配せが与えられる。つまりあらゆる実体を超えた実体である」[153]。神についてのこのような認識様式、および発言様式において、第一質料についての認識および語りとの類似が現れる。「私はある仕方で、すなわち類似ないし欠如によって〔神を認識する〕と言う。神と同様に、言葉によって表示されえず、意味内容によっても把握されえない第一質料は、他のいかなる仕方によるよりも、欠如によってより多くの目配せが与えられ、よりよく知解されるのと同様である」[154]。しかし神について積極的な認識内容を否定するこの認識は、無知と単純に一致するのではなく、概念を超えた理解に導くことができる。「神もまた、他の仕方によるよりも欠如によって知解される」[155]。しかしながらティエリは、概念が転移された意味における類似関係にもとづいて使用される限り、神についての肯定的言表をも可能とみなしている。そのような類比は、実在的存在者が「諸形相の形相」としての神に与る存在論的分有関係を認識論的次元で表現したものであるため、そうした類比は是認されるのである。「類似によって時には〔神について〕目配せが与えられ、知解される」[156]。こうしてティエリは、いかなる範疇が転移された意味で神へと関係づけられうるのかを究明し（cf. AM Trin. IV, 24–26）、すでに述べられた諸原則にもとづいて、詳細に神学的言語およびその指示機能に関する包括的な文法を展開するのである（cf. AM Trin. IV–VIII）。

第III部　盛期スコラ学

第五章　人格の理性的自己形成

――トマス・アクィナスの倫理学の存在論的・人間論的構造――

序　問題設定

トマス・アクィナスに先立つ時代、教父と中世の思想においては、アンブロシウス（Ambrosius Mediolanensis 三三九頃―三九七年）の『教役者の職務について』（De officiis ministrorum）やペトルス・アベラルドゥス（Petrus Abaelardus 一〇七九―一一四二年）の『倫理学、あるいは汝自身を知れ』（Ethica sive Scito te ipsum）以外には、倫理学についての独立の著作はごくわずかしか存在しない。『神学大全』（Summa theologiae）第二部はこの二著を凌駕し、哲学・神学的倫理学として後にも先にも類例を見ないものであるが、それは分量に関してのみならず、主題の広がりと叙述の徹底さに関しても言えることである。この「一つの倫理神学、および倫理神学の最初の学問的体系の〔……〕構想」[(1)] は近年のトマス研究においてますます注目を集めているとはいえ、大方の研究はこの全体の中から特定の部分的考察を切り離してそこに関心を集中する傾向にある。ただドイツのトマス研究においては、『神学大全』第二部の基本的意図と全体としての性格、とりわけトマスによって考察された自然法の意味をめぐって立ち入った議論が展開されている。[(2)] 本稿でも同様にまず『神学大全』第二部においてトマス自身が意図した問題設定を取り上げ、次いでその行論の根底に働いている人格としての人間理解を論じ、こうした議論を元に、倫理学の諸問題におけるトマスの思想の若干の本質的特徴を、とりわけ第二部の個別的論考との関係で取り出すことに努めたい。しかしここでは、トマスの倫理思想をその全体的文脈において捉えたり、トマスの思想史上の源泉を解明することが試みられるわけではない。そのため特に、アリストテレスの『ニコマコス倫理学』(Ethica Nicomachea) がトマスの思想にいかなる影響を与えたか、またトマスがどのような点において、アラブ人たちによる註解からは独立して、(3) アリストテレスを解釈し直しているのかといった問題には——それ自体として重要な論点ではあるが——ここでは立ち入らないことにする。(4) 本稿ではトマス自身の倫理学的思考を問題とするが、それはつまり、伝統全体と深く関わりながらも根本的に新しい試みをなし、包括的な哲学的・神学的倫理学を展開することを目指していたトマス自身の意図に即したものとなるはずである。トマスの伝記作者トッコのグイレルムス (Guillelmus de Tocco 一三二三年以降歿) がトマスの教授活動全体についてその新しさを強調していることは、その倫理学に関してもよく当てはまっていると言えるだろう。「彼はその講義において、新たな主題を展開し、問題解決の新たで明確な方法を見出し、その問題解決において新たな証明を挙げた。そのため、彼が新たなものを教えるのを聴き、問題点を新たな証明をもって解決するのを聴いた者は誰一人として、神が彼を新たな光の照明によって照らしているのを疑うことはなかった」。(5)

一　倫理学の存在論的基礎

(1)　似姿としての人間

トマスは、『神学大全』の第二部、とりわけその前半(第二部の一)においてなされるべきことについて、第二部の一の序文において原理的な予備理解を述べている。[6] これは重要なものであるため、ここでその全文を引用し、個々の点について解釈を加えておきたい。「人間は神の似姿にかたどって創られたとあるが、この場合の〔神の〕似姿とは、ダマスケヌス〔Johannes Damascenus; ダマスコスのヨアンネス［Ioannes Damaskenos］六五〇頃－七五〇年頃〕の言うように、それが知性的であり、自由意思をもち、自己活動が可能であるということである。われわれはこれまでのところにおいて、範型たる神について、ならびに、神の意志にもとづき神の力に発する諸般の物事について考察してきたのであるが、なお残された仕事として、以下においては、神の似姿としての人間、つまりやはり自由意思をもち、自らの行いを司る力をもつという意味において、自らが自らの諸々の行いの根源である人間について考察することにしよう」。[7]

この文章によれば、人間こそが『神学大全』第二部の主題なのであり、そのために倫理学は自立した学科ではなく、人間論を構成する一部門と理解されている。それゆえトマスの倫理学は、定言命法や道徳法則という形式の事実を扱うものでも、またはそれ自体として成り立つ実質的価値の体系的構造を考察するものでもなく、自ら善くあろうとする限りでの人間を主題とするものなのである。「徳とは人間の善さである」。[8] 倫理学が人間論にその根をもつということは、存在の超範疇的規定の体系に照らすなら、[9] 存在と善との一致をその存在論的根拠としている。「善と存在とは事柄としては同一である。その意味内容に関して異なっているのである」。[10] 存在と善との概念的区別は、「究極的に完成されたもの」、[11] つまり「究極の現実態」[12] あるいは「付加される現実態に従って、知や徳が付け加えられる」[13] といった善の意味にもとづいている。それゆえ、存在論的に善いものという概念の内に含まれているものは、倫理学が人間的行為を対象とする限りで、倫理学の内に明瞭に現れることになる。「ところで、あるものは可能態においてあるところのものにもとづいてではなく、現実態においてあるところのものに即して、端的な意味で存在であるとか善であるとか言われるのであり、それゆえ人はこのような〔道徳的〕習慣からして、端的な意味で善をなすとか、善い人であるとか言われる」[14]。

人間そのものの道徳的善性は、人間がその本質において、またその本質が神に由来するものとしていわば存在論的な「発生論的明証」（フィヒテ〔Johann Gottlieb Fichte　一七六二－一八一四年〕）を通じて理解されるときにこそ、初めてそのものとして認識されうる。そのためトマスは『神学大全』第二部（および第三部）において、自覚的に第一部の人間論と創造論を取り上げているのである。「人間について考察しなければならない。〔……〕その第一は人間の本性についてであり、第二は、人間の産出についてである」[15]。なぜなら人間の起源にもとづいて、その究極目的もまた規定されうるからである。『神学大全』第二部の一の序文において、倫理学と創造の神学とのこうした関係、および――トマスの思想体系においては――超範疇的規定の一般存在論との関係が、人間を「創られたもの」と規定することによって述べられている。その際人間の被造性は、単に近世哲学的な作用因の意味で事実的存在の産出として問題になるわけではなく、人間の本質に具わる内的規定として理解されているということは、人間の起源ないし被造性が、神の似姿というあり方において考察されているところから窺える。「人間は神の似姿にかたどって創られた」[16]。人間が被造的なものと見られるなら、人間において神はその存在と本質の起源として露わになる。こうして人間の倫理学的考察は、神学というより包括的な枠組みの内に据えられる。それというのも、神学は神を、そのあるがままのあり方において、そしてそれが被造物の起源にして目的であるという点に関して、自らの観点および形相的対象とするからである。「ところで聖なる学においては、すべての事柄が神という観点の下で論じられる。すなわちそれが神そのものであること、あるいは原理ないし目的としての神に秩序づけられているという観点の下に論じられる」[17]。

神は創造と摂理において第一かつ本質的に精神的存在を目指している。なぜならただ精神的存在のみが神の善に直接に与ることができ、自ら自身のために存在するからである。「すでに言われたことから確かなように、世界の究極目的は神であり、ただ知性的被造物のみが、神を認識し愛することによって、この神へそれ自身において到達する。〔……〕それゆえ、世界の中でただ知性的本性をもったもののみがそれ自身のために求められ、他のすべてのものは知性的本性をもったもののために求められる」[18]。そこで神学そのものは、神をまたその働きにおいて、それゆえ被造物の根源と目的として考察するため、神の働きが必然的に精神的存在に向かい、本質的に人間に――それも人間の目的たる神との関係において――関わる限り、倫理学は神学それ自体の本質的契機なのである。「この聖なる学の主要なる意図は、神についての認識を伝えることであるが、しかも単にそれ自体としてある限りの神についてのみならず、諸事物、とりわけ理性的被造物の原理にして目的である限りでの神についてである」[19]。

『神学大全』第二部におけるトマスの倫理学が、人間についてのその理論を人間の究極目的との関係で繰り広げ、それゆえ人間の被造性から出発しているため、この実践的意図における人間論は神学の枠組みの内で展開される。こうした神との志向的な関係は、『神学大全』第二部の一の第一問から第三問までにおいて、神の直視における人間の至福という主題の下で明確に示されており、さらにはこの倫理学論考全体を規定している。それというのも、この至福こそが倫理的存在としての人間の目的であり、あらゆる倫理的行為はこの目的から発するからである。そこでトマスの倫理学は、例えば、理性の倫理的あり方を理性自身または絶対的当為から演繹するようなカント（Immanuel Kant　一七二四―一八〇四年）の言う意味での実践理性の体系でもなければ、倫理的義務の要覧のようなものでもなく、人間存在の本質についての理論的洞察にもとづきながら[20]、実践的帰結を十分に考え抜くものなのである。これは、神学を第一に理論的学、第二に実践的学でもあるとするトマスの神学理解に完全に対応している。「それゆえ確かに哲学的諸学においては、あるものは思弁的で、あるものは実践的であるが、聖なる学はこの両者を自らの下に包括する。〔……〕しかしそれは実践的よりは思弁的である。なぜならそれは、人間的行為より、主に神的事柄を扱うからである」[21]。同様に、トマスの人間論も、まずは理論的学であり、それが次いで「実践的に意義をもつ」[22]ことになるのである。

第二部の一の序文においては、すでに述べたように、人間の本質を神の似姿としてのそのあり方の規定を通じて[23]、倫理学的人間論が神学的背景の内に置かれている。しかしここで人間は、端的に似姿とされるのではなく、より正確に「神の似姿にかたどって創られた」ものとされている。そうすることによってトマスは、「創世記」(一・二六)の表現を繰り返すだけでなく、人間が神のいまだ不完全な似姿として、希求をもって目的たる神を追求するその力動性を際立たせているのである。人間はその有限性ゆえに、常に神とのより高次の類似への途上にある。「ところで、人間においては、範型たる神に由来する何らかの意味での神の類似が見出されるのは明らかである。しかしそれは、相等という意味での類似ではない。なぜなら、この範型は、それを範型とするところから無限に卓越しているからである。それゆえ、人間の内に神の姿があると言われるにしても、それはやはり完全なそれではなく、不完全なそれにとどまる。聖書で、人間は神の似姿にかたどって創られたと言われるのは、このことを表しているのである。すなわち、この〈〜にかたどって〉(ad ……へ向けて)という前置詞は一種の接近を表すが、接近とは隔たったものについてこそふさわしいのである」[24]。こうして似姿としてのあり方は、創造とともに与えられた賜物ではあるが、それ以上にまた、倫理的行為(第二部)と救い(第三部)を通じて実現されるべき模範なのである。「そうしてわれわれは、神の像と類似へ向けて創られたと言われる限りでの人間について、その人間の産出の目的ないしは終極について考察しなければならない」[25]。しかし「似姿」とはその本来の意味においては、原像への類似における相等性を言うのである以上、ただキリストのみが神の完全な似姿である。『註解《グロッサ》』に従えば、キリストは神の最も完全な似姿であるということが明らかである。つまり、何ものかが完全に何ものかの似姿であるためには、三つのものが必要であるが、この三つはキリストに完全に具わっているのである。第一に類似、第二に起源、第三に完全な相等性である」[26]。それゆえ似姿の概念によって、キリストの姿が倫理学的考察の背景において規範として示されるのであるが、より普遍的な問題を先に位置づけるべきであるという方法論的な理由から、キリスト論は主題的には第三部において初めて取り扱われることになる。

似姿としての人間のあり方はその有限性ゆえに不完全なものであり、それにもかかわらず神自身とその完全性へと自らを関係づけるものであるため、似姿としてのそのあり方の内には、倫理的自己完成に向かう不断の努力を鼓舞するものがある。「あるものの似姿があるものの内に見出されるには二通りの仕方がある。一つにそれは、種において本性を同じくするものの内に見出されるのであって、例えば王の姿がその息子の内に見出されるようなものである。いま一つにそれは、異なった本性のものの内に見出されるのであり、例えば王の姿がデナリオ貨幣の内に見出されるようなものである。ところで御子が御父の似姿であるのは第一の仕方によるものであるが、人間が神の似姿と言われるのは第二の仕方による。そこで、人間の内にある似姿の不完全性を示すために、人間は単に似姿と言われるのではなく、似姿にかたどってと言われる。これによって完全性を志向する者のもつ何らかの動きが示されているのである」[27]。こうして、倫理学は「神へと向かう動き」ないし神への「道」であるということが明らかになることで、倫理学がもつ追求としての性格は、諸徳の習態の獲得において人格が自らを形成していく時間的過程として、考察の中心的位置を占めるに至る。「この〔聖なる〕学を解明する意図をもつわれわれは、まず第一に神について、第二に理性的被造物が神に向かう運動について、第三にキリストについて論じることにしよう。キリストは、人間である限りにおいては、われわれにとって神に向かうための道なのである[28]。

神の似姿としての人間のあり方は、あらゆる存在者に対する魂の開きにもとづくが、この開きは感覚的認識に始まり、精神的認識において完成される。「すなわち感覚はすべての可感的なものの形象を受け取り、知性はすべての可知的なものの形象を受け取る。こうして人間の魂は、感覚と知性によってある仕方ですべてであり、このことによって、およそ認識を有するものはいずれもある意味で神の似姿に接近する。神においては、ディオニュシウス〔ディオニュシオス・アレオパギテス（Dionysios Areopagites 五〇〇年頃）〕の言うように、〈すべてのものがそこに先在している〉からである[29]」。このような無制約的な開放性は、神への開きの内にその可能根拠と目的とを有している。そこで人間の――個別的な能力ではなく――自然本性そのものは、認識と意志におけるこうした開きの遂行を通じて徐々に神の似姿へと形成され、神との一致に向かうのである。「似姿の類似は人間本性の内に認められるが、それは人間本性が認識と愛という自らに固有の働きによって神に触れるという仕方で、神を受け容れる力を有しているからである[30]」。こうして似姿としてのあり方は第一に、神が自らを認識し自らを愛するがままの神への方向づけにもとづくのであり、つまりは神の認識と神への愛に根差すのである。「知性的本性が最高度に神を模倣するのは、神が自らを知解し、神が自らを愛することに関する限りにおいてである[31]」。

原像としての神のあり方は、人間においては、人間自身の自己超出（「……にかたどって」、「……へ向けて」[ad]）、つまり神との類同化を促すものであるため、似姿という主題の下に理解された倫理学は、被造物の神への「還帰」（reditus）を意味する[32]。こうした考えは新プラトン主義の思想に即してはいるものの、トマスはこれに時間性と歴史的生成を導入することにより、発出と還帰の存在論的関係をキリスト教的に解釈し直しているのである。[33]

ところで神へと向かう関係は、対象にして目的である神によって人間の認識と意志とが志向的に種別化されるという点のみならず、そうした追求そのものの遂行の内に、似姿に固有のあり方を有している。それというのも、人間はその外部から受動的に規定されるのではなく、自由においてその目的に照らして自ら自身を規定するものだからである。「あらゆる事物は、その活動を通じて究極目的に達するが、その活動は、事物がそれによって活動する諸原理を事物に付与する者によって、目的へと向けて操られなければならない。〔……〕神は若干のものを、知性を具えたものとして、神との類似をもち、その似姿を表すものとして創り出した。それゆえこれらのものは、ただ操られるだけでなく、自らを自らの固有の活動に従って、なされるべき目的にまで操るものである」[34]。そのため、精神的本性をもったものは神が自らを認識し愛するというまさにその点において神を模倣するという先の主張は、アウグスティヌス（Aurelius Augustinus　三五四―四三〇年）的な精神論の意味で理解するなら、人間はその自己認識と自己愛において神に類似しているという意味で読み解くこともできる。この二様の解釈を組み合わせることによって初めて、模像性の十全なる意味が明らかになる。同様に、人間が自己を認識し自己を愛するということによって、人間には神認識と神への愛が可能になるのであり、さらに神への認識と愛においてそこから逆に、人間の自己認識と自己愛が完成され、つまり愛を通じての神の直視における人間の至福が成就する。このように自己関係と自己超越、自律と神中心性の相互性ないし段階的統一は[35]、トマスにとって、有限的精神の働きの本質的構造を成し、それゆえにその倫理学の根本構造となっているのである。その際にトマスは、内容的には神との関係を重視し、それに応じて人間が神の似姿であることの第一義的・神学的意味に力点を置いている一方で[36]、方法論的には、『神学大全』全体の構造と同様に、一般的かつ比較的容易に理解できるところ、つまり倫理学の場合では哲学的人間論、あるいは有限的精神の自己遂行という点から論を起こしている。

人間論を出発点とするこうした論の組み立ては、序文を読み進めるとはっきりと見て取ることができる。それというのもそこではトマスはまず、似姿の概念を「知性的で、自由意思をもち、自己活動が可能である」という人間論上の三つの規定によって書き換え、それによって「本質・力・働き」[37]という、人間論を区分する三つの根本次元を取り出し、次いで人間を──神へと向かう人間の超越的志向によってではなく──神の働きと人間自身の働きとの平行関係によって規定しているからである。『神学大全』第一部の神論が「神について、ならびに、神の意志にもとづき神の力に発する諸般の物事について」[38]論じるのに対して、続く第二部は、「自由意思をもち、自らの行いを司る力をもつという意味において、自己自身が自らの諸々の行いの根源である人間について」[39]論じるものである。神学的考察から人間論的考察へのこのような移行にとって重要なのは、人間がもはや「神の似姿にかたどって創られた」という超越との脱自的な関係によって規定されるのではなく、端的に「その〔神の〕似姿、すなわち人間」[40]と語られ、それによって似姿が人間の本質と働きに属する規定として理解されるようになっているという点である。人間が似姿として神に類似しているのは、三一的な仕方においてである。すなわち人間はまず「自己自身」であり、つまりは認識を通じて自己自身を所有し、第二に自由意思において自己自身を自らの活動に関して規定することができ、第三に自らの働きの「起源」(principium)にして「自己活動が可能である」(habens ... potestatem)というそのあり方においてである。こうして人間の倫理的本質は、自己保持・自由・権能というかたちでその尊厳において規定される。

これまで論じてきた序文は、第二部の一の導入であるが、より広い意味では、その内容は第二部全体とも関係している。第二部の一が「諸々の徳と悪徳、および倫理的領域に属するその他の事柄についての全般的考察」[41]を展開するのに対して、第二部の二は——その序文が詳述しているように——特殊倫理学を主題とし、個々の徳・悪徳、さまざまな生活状態における倫理を扱う。そのため第二部の一から第二部の二に移るに従って、考察の視点もまた、前半における人間の実践全般についての原理的理論から、後半における実質的に多様な徳論（ただし近世スコラ学におけるような決疑論ではない）へと移行するのである。それゆえに第二部の二では、実践的便宜や論の簡便さのために、区分のための理論的諸原理は一時的に棚上げされ、倫理学の領域全体をできるだけ限なく解明することに力が注がれる。「倫理学の何ものも見過ごされることがないだろう」。(42)(43)(44)

トマスはそこで、第二部の一で徳論として倫理学全体を展開したうえで、第二部の二では、主題となる内容を対神徳および枢要徳に従って分類し、そうすることによって倫理学全般の基本構想を一貫して人間の完全性についての理論として論じている。それゆえ人間の完全性は、まずは神へ向かう人間の超越（信仰・希望・愛）の内に、さらに目的となるこのような（キリスト教的）次元にもとづいて（アリストテレス的）基本的徳目（賢慮・正義・勇気・節度）の内に求められ、これらの徳目の共属によって人間に倫理的調和が具わるものとされる。「したがって道徳の全領域を諸々の徳の考察へと還元したうえで、これら徳のすべてをさらに七つに還元しなければならない。それらのうちの三つは対神徳であって、まずそれらについて論じなければならない。これに対して、他の四つは枢要徳であり、それらについてはのちに論じられる」。ここにおいてトマスは、諸徳と賜物という区分原理に依拠することなく、また諸徳のなかでも「獲得された徳」と「注賜された徳」とを区別することがほとんどない。このことは単に重複を避けるためというよりは、哲学的・人間論的観点と神学的観点とを統合し、実際の救いの秩序において人間はいかに自らの本性に即した善性を実現しうるかということに応じて人間理解を獲得しようとするトマスの基本的努力の現れなのである。(45)(46)(47)

（2） 人格としての人間

トマスは倫理的行為そのもの——それが善いものであろうとも悪いものであろうとも——を規定するにあたっては、行為に先行する善という規範と行為そのものとの関係からではなく、行為の遂行形態にもとづいてその規定を行っている。「ところで人間は、各自が自らの行動の主権をもつという、まさにこの点において、他の諸々の非理性的な被造物とは異なる。したがって、人間がその主権をもつような行為のみが厳密な意味で人間的行為であると言えるのである」(48)。それゆえ倫理的行為は「人間的行為」(actus humanus) にほかならず、主体としての人間によってその理性的本性に即して、知と自由において遂行されるものとされるのである。「ところで人間が自らの行動の主であるのは、理性と意志とによるのであって、そのため自由意思が意志と理性の能力であるとも言われる」(49)。こうして人間的行為は、人間によってなされはするものの、人間が自らの人格的能力を自己所有したかたちで行うのではないような行為（「人間の行為」[actus hominis]）とは区別される。「このような行為は固有な意味における人間的行為ではない。すなわちそれらは、諸々の人間的行為の固有の根源たる理性の思量に由来するものではないからである」(50)。

しかしながら倫理的行為は知性と意志というそれぞれ独立した遂行が後から組み合わせられるものではなく、人間が自らを人間として遂行するような根源的全体である。それゆえにこそ、倫理的行為においては、人間そのものの善性、つまり人間の内的自己完成が実現される。そのため、人間の諸能力が知性と意志に区別される以前に、存在論的には人間の一なる本質が存在する。人間の行為は本質的に自由であり、そのため個々に異なったものであるため、行為に際しては人間の普遍的本性そのものがその行為をなすのではなく、人間の本質がその一性と全体性において個々人に具わっている限りで、当の個々人こそが行為をなすのである。こうして倫理的・人間的行為は、本質的に普遍的な人間本性の個別的実現を、存在論的統一体として前提している。しかしそれは、普遍的本性とその法則性の下に個別性を任意の事例として機能的かつ必然的に服属させるということではなく、個体そのものはここで、普遍的人間本性を自ら自身の部分として、それゆえに自由に用いるということを意味している。さらに人間本性における個体そのものの根源的な存在論的統一体を、トマスは人間の「人格」という概念[51]によって語っている。そして人間本性はその知性的、あるいは——同じことだが[52]——その理性的性格から固有の規定を受けている以上、人格概念そのものは倫理的行為の基盤として理解される。ここにおいて人格の存在は、行為主義的（シェーラー〔Max Scheler 一八七四－一九二八年〕）や人格主義的（ムニエ〔Emmanuel Mounier 一九〇五－五〇年〕）におけるのとは異なり、その行為遂行そのものの内で措定されるのではなく、人格の本質と存在は人間的行為の根源として発見されることになる。「存在と働きは、人格にはその本性によって具わるが、しかしそれぞれの異なった仕方においてである。なぜなら存在は人格の構成そのものに属しており、〔……〕しかし行為は、何らかの形相ないし本性に従った、人格のある種の結果だからである[53]」。

倫理的行為においてはその存在論的基盤、すなわち理性的本性における個体そのものが遂行され、それによって現象にもたらされるため、そこにおいては人格の本質がそれ自身の働きから認識可能である。存在者の普遍的本質のみを表すいかなる本質規定とも異なり、人格概念にはそれ固有のものとして、その概念自体は個体性そのもの、つまり自由な行為の可能の制約を含むということが属している。そこでトマスは、行為の分析を通じて人格概念を獲得しているのであるが、その場合も人間という種の内における個体としての人間だけを人格として念頭に置いているのではなく、神にも当てはまる無制約的な意味において、個体そのものの概念の段階的な徹底化にもとづいて人格概念そのものが練り上げられているのであり、そこにおいては個体性が深まれば深まるほど人格の完全性の度合いも高まる（perfectior）ことになる。「さらにしかし、理性的な諸実体にあっては、個別的・個体的なものが、なお一層、特殊かつ完全な仕方で見出されるのであって、これらの諸実体はすなわち、自らの行為に対する自主性を有し、他のもののように単に行為させられるだけでなく、自らによって働く。しかるに、諸々の働きを行うものは個々の単一者である。それゆえに諸々の実体のなかでも、理性的本性を有する単一者はさらに特別な名称を有している。その名称がまさに人格《ペルソナ》である」(54)。そこで問題となるのは、存在者はやはりその普遍的な本質形相によって自らの存在を受容するのだとするなら、そうした個体性は、普遍的本質に対する優位をもつものとして、存在論的にはいかに構成されるのかという問いである。しかし倫理的行為を存在論的に人格の本質の内に基礎づけるこうした本稿での問題設定は、トマスが人格概念を理性的・人間的働きの分析によって獲得しているところから、正当なものであることが証しされる。人格そのものの諸特性は、人格的・倫理的行為の本質をも規定するのである。

トマスは、「人格《ペルソナ》」（persona）という語を「それを通して話す《ペル・ソナレ》」（per-sonare）、つまり役者が仮面を通して声を出すことに由来するものとすることで、そこに特別の威厳が現れているものとみなしている(55)。「喜劇や悲劇において表現されている人物はいずれも著名な人物であったがゆえに、人格《ペルソナ》なる名称は、尊厳をもつある人々を表示すべく付せられるに至った」(56)。このような（信憑性の低い）語源学とは別に、この語についての同時代の定義として、「人格《ペルソナ》は尊厳ということに属する固有性において区別された実体《ヒュポスタシス》である」(57)という規定が挙げられている。このような存在論的尊厳は、社会的地位から独立し、倫理的善に対しても先行している。またその尊厳は、世界の中での人格の位置に由来するのでも、倫理的価値の実現を可能にするその機能から発するのでもなく、それ自身の自存的存在そのものにもとづく。それというのも、「理性的本性において自存するということは際立った尊厳であるため[58]」である。こうして存在そのものの、他のものに還元不可能な尊厳は、それ自身において自存する精神としての人格において現実的に現存する。それゆえこの尊厳は無制約的で、端的に凌駕不可能なものなのである。「人格《ペルソナ》とは全自然本性における最も完全なものを表している[59]」。その尊厳は純粋な完全性であるため、神自身にも帰せられる。「およそ完全であることはすべて神に帰せられるため〔……〕、当然ペルソナという名称も神について適切に語られるのである[60]」。人格《ペルソナ》概念はそれゆえ類比的なものなのであり[61]、元は人間の側から採られたにせよ、より根源的で高次の意味では――神の三位格《ペルソナ》性の教えを別にしても――人間よりもむしろ神に当てはまるのである。「表示されたものに関しては第一義的には被造物よりも神の内にあるが、表示様態に関しては逆である[62]」。神と被造物のあいだの区別は、本質的かつ第一義的には人格性そのものにおけるものではなく、その意味基体のさまざまな本性に関わるものである。「人格《ペルソナ》が神と人間とでは異なったことを意味するということは、意味内容の多様性よりも、意味基体の多様性に関わる[63]」。

こうして人間は、個々の人格として無制約的完全性を自らの内に統合することができる限り、有限的な包括的全体としての世界の完全性を凌駕する。「外延的そして拡散的には、宇宙は知性的被造物よりも、善性においてより完全である。しかしながら、内包的そして集約的には、神の完全性の似姿は、最高善に与りうるものたる知性的被造物の内にこそ、より多く見出されるのである[64]」。それゆえ人格は、自らを包摂する自然の秩序の内に組み入れられるのではなく、むしろ自然のほうが人格において、その最高にして本来的な存在仕方に達するのであり、それゆえに人格は、「自然の意図全体が〔……〕そこに至り着く理性的本性の個体[65]」と言われる。神に対しても有限的人格が――そしてただこれのみが――それ自体として目的なのである。「それゆえそこで、神的摂理によって、知性的被造物に関してはそれ自身のために、その他の被造物に関してはその〔知性的被造物の〕ために配慮される」[66]。確かに有限的な人格は、宇宙《コスモス》の完全性に寄与し、その内的な意味の完全性ないし尊厳を神の善性との関わりにおいて有するものである限りで、多様な意味連関の内に属してはいる。しかしながら人格はこうした関係性によって手段として位置づけられるどころか、超越との関係にもとづく人格自身の尊厳によって、人格をもたないあらゆる有限的存在者の目的となるのである。「こうして、知性的諸実体はそれ自身のために神的摂理によって統率されているとわれわれは言うが、このことは、知性的諸実体が、神や宇宙の完全性にそれ以上に関わりをもたないということを意味しているのではない。したがって、知性的諸実体はそれ自体のために配慮され、他のものに関してはその〔知性的諸実体の〕ために配慮されると言われるのは、それらが神的摂理によって獲得する善は、他のもののために与えられるのではないが、これに対して他のものに与えられるものは、神的統率に従ってそれら自体〔知性的諸実体〕の使用のためになるからである」[67]。こうして、存在者全体の内での人格の無制約的な尊厳は二重の仕方で主張される。それというのも、諸々の人格は第一に、世界の内部で、人格を有さない存在者を正当にも——つまり両者の存在論的関係性にもとづいて——意味の中心としての人格自身へと惹きつけるからであり、さらに同時に、神との関係において「最高善に与りうる」[68]者として、「神との類似へと上昇する」[69]からである。有限的人格もこのような二重の関係において存在者全体を自らの下へと集約するため、人格はそれ自身において、存在をその完全性において表し、同時にその精神性にもとづいて、存在のこのような包括的全体性を自らの行為において包含することができる。「ところで知性的本性をもったものは他の本性をもったものよりも、全体に対して親和性をもっている。なぜなら各々の知性的実体は、その知性において存在者全体を包括しうる限り、ある仕方ですべてだからである」[70]。

このように、人格の無制約的な尊厳は、存在者の全体性との関係において確証される。この全体性の概念はトマスにとって、人格の内的構造を特徴づける際の基本的着想となっており、そのため人格はまさに「完結した全体」[71]と規定される。「人格は、完結性と全体性という内容をもつ」[72]。また人格は、「部分の内容は人格の内容と相反するがゆえに」[73]、人間存在の全体における部分的契機としては考えられない。それどころか、「最高の完結性を意味する人格の内容」[74]には、具体的な人間の本質的要素すべてを統合する「全体性」[75]が属している。ところで全体性とはまた一性でもあるため、「人格《ペルソナ》」はさらに、アラヌス・アブ・インスリス（Alanus ab Insulis; Alain de Lille 一一二五／三〇－一二〇三年）を通じて[76]広く受け容れられていたもう一つの語源理解によれば、「自らによって一」[77]（per se una）に由来するものともされるのである。

（3）人格の存在仕方

人格の「完結した全体」が、認識を通じてあらゆる存在者と関係を結ぶことによってその知性的本質を展開するということは、すでに論じたところである。しかしこのような規定においては、人格の普遍的な本性が指摘されたにとどまり、この本性がまさに人格であるためにいかに実現されるかという点については触れられていない。つまり人格そのものは個体性を含むため、人格概念を適切に規定するには、その本性を超えてその存在仕方が述べられなければならないのである。「人格とは、ある存在の仕方をともなうある本性を意味する。ところで、人格がその意味の内に含んでいる本性は、あらゆる本性のうち最も尊厳あるものであり、すなわちその類においては知性的本性である。同様に、人格が意味する存在の仕方も、あるものがそれ自身で実在するという、最も尊厳あるものである」[78]。確かに人格概念は普遍概念であり、「ソクラテス」などの特定の個人の名前とは異なり、多くのそれぞれの者に関して語られうる。しかし人格概念は、その内容そのものにおいて個的な存在を――個々の特定のものではないにせよ——表現しているため、「人間」などの単なる本質概念とも区別される。またそれ以上規定されないこのような個体という概念は、例えば「ある人間」という表現におけるように、具体的な規定として普遍概念に付け加えられるということはない。すでに見たように、人格の個的自存は普遍的本質に対して優位をもつため、人格概念は第一義的には、その理性的本性において、またそれにもとづいてそのものとしてあるような、個的に実在する存在者を意味するのである。「この〈人格《ペルソナ》〉という名称は、意味内容の共通性によって共通の名称なのであるが、ただしそれは類や種のようにではなく、むしろ未規定な個として共通である。それというのも、〈人間〉や〈動物〉のような、類や種の名称は、共通本性そのものを表示するために付与されているのである。〔……〕〈ある人間〉のような場合の〈未規定の個〉は、共通的本性を意味すると同時に、個体に具わるある一定の存在の仕方、すなわち他からは区別されて独立に自存するという存在の仕方を併せて含むものである。〔……〕相違しているのは、〈ある人間〉という名称は、本性または個体を、個物に具わる存在の仕方を併せ含みつつ、その本性の側面から表示するのに対して、〈人格《ペルソナ》〉という名称は、個体を、本性の側面から意味するのではなく、むしろ、このような本性において自存するところのものを意味すべく付与されているということである」[79]。

人格性は個体性を含んでいる限り、実体においてのみ実現される。「個体は、何らか特別の仕方によって実体の類において見出される。実体はそれ自体において個体化されるからである」[80]。このような意味でトマスは、「人《ペル》格《ソナ》とは理性的本性をもった個的実体である」[81]というボエティウス（Boethius 四八〇頃―五二四年頃）の一般的に用いられる定義[82]を受け容れている。ここで実体概念が引き合いに出されているのは、「それ自身によって、またそれ自身において自存することは、実体に固有なこと」[83]だからである。このような自存性は人格の尊厳から要請されるものである。「その尊厳と完全性の内には、それがそれ自身で自存するということが属する。このことは人格という名称の内に理解される」(84)。まさにこのように自ら自身に依拠する存在、つまり自存性は、人格の自由な自立性を可能にする。「〔実体は〕それ自身で自存し、他のものによって存在するのではないということに従って、自存性と呼ばれる」(85)。さらにこうした存在者の諸規定の総体をそれ自体において完結した全体の内に集約しているもののみが、人格と呼ばれうるのである。「それゆえ人格の内容は、区別され、事物の内に存するすべてを包括する自存者である」(86)。そこで人格の自己完結性は、実体が全体ないし主体（suppositum）であることを要請する。「主体は全体として意味される」(87)。それゆえ、魂は肉体とともに初めて完結した全体を成すのであり、「そのため離存する魂は人格とは言われない」(88)。さらに人格性は、部分性、またはより大きな全体への統合とは相容れないため、サン＝ヴィクトルのリカルドゥス（Richardus a Sancto Victore　一一二三頃－七三年）にならって(89)、人格自身の共属不可能性によって定義されることができる。「三重の共属不可能性が人格概念の内に含まれている。第一には部分のそれであり、それは人格が完結しているということによる。第二に普遍性のそれであり、それは人格が自存するということによる。そして〔第三に〕受容可能性のそれであり、それは受容されるものは他の人格のものとなり、固有の人格性をもたないということによる」(90)。

こうして人格が「知性的本性において自存ないし実在する完結したもの」(91)として構成されたが、そこからまた、人格そのものの最高の原理は何であるかということが問題となる。それというのも、人格性は「本質的なものと個体および複合体の固有のものすべてを包含する」(92)のであり、人間の場合では「これらの肉、これらの骨、この魂」(93)を含むため、人格性は最高度に複雑な全体であるが、その統一性のためにある単一の原理を根拠としなければならないからである。「人格とは、知性的本性において実在する完結したものを言うが、人間本性においては完結させるものは、最高度に複合したかたち以外では見出されることがない」[94]。

しかしながら人格は、その統一性のためには、単一なる原理にもとづかなければならないところから、人格固有の現実存在のみがその原理たりうる。つまり人格を有さない存在者は、概念と本質に関して、ただその本性によってのみ構成されるのに対して、人格そのものは、それが個的実在ないし自存性を意味するところから、本質的にそれ自体の内に存在を含んでいるのである。「存在は、人格の構成そのものの内に属している」[95]。その際この存在は、本質の部分ではありえないがゆえに、アヴィセンナ（Avicenna; イブン・シーナー［Ibn Sīnā］九七三／八〇－一〇三七年）の言うように単なる偶有性ではなく[96]、「なんであれ実在する形相の現実態」[97]であり、それゆえに「最終的なものとしてある」[98]ものである。存在は、存在者に関して、最高の仕方で現実性を有し、それゆえに形相的に規定するものを成す最も完全な原理である。それというのも、存在者の本質形相は可能態として、存在を受容することによってその現実性と完全性において構成されるからである。「諸々の事物の本質はその存在によって最終的に規定されるが、その存在は、事物の内にあって最も形相的なものである」[99]。このような究極的な規定をもたらす現実態性は、それ自身よりも高次のものによって現実態化されたり完成されることのありえない存在そのものの本性にもとづいている。「存在の外にあるという仕方で、何ものも存在に付け加わることはない」[100]。

それゆえ存在は、存在者の本質内容には関与しない事実性などではなく、それぞれの本質の完全性の実現として、「あらゆる現実的なるものの現実態性であり、それによってあらゆる完全なるものの完全性である」[101]。このような完全性の性格は、存在そのものが活動ないし現実態として実在性そのものを成す以上は、まさにこの存在の特性にほかならない。「存在そのものは、あらゆるもののうち最も完全なものである。それは、存在があらゆるものに対して現実態としての役割を果たすということにもとづいている。それというのも、いかなるものも、それが存在している限りでなければ現実態をもたないからである。そこで存在はあらゆるものの現実態性にほかならず、諸々の形相にとってすらそうなのである[102]」。

完全性をもたらす現実態化という意味で、「存在はあらゆるものにとって完結させるものである[103]」。しかしながらここにおいて、現実態化は事後的に、いわば外部から存在者に付け加わるのではなく、存在は形相をそれ固有の本質根拠から展開させるものとして形相に内在することによって、存在者の存在論的内奥となるのである。「存在はいかなるものにおいても、そのもののより内奥にあり、あらゆるものの内にそのより深いところに内在している。なぜなら存在は、事物の内に含まれるあらゆるものに関して形相的なものとしてあるからである[104]」。このように現実存在は、その単一性において、存在者をそのものとしてまとめ上げる根源であると同時に、存在者のあらゆる本質諸規定を再び一性へと集約する中心でもある。「存在は、その内に、主体となるものの統一性がもとづいているところである[105]」。したがって、この現実存在はまた、形相を媒介として質料によって個体化されはするが、人格はまさにその現実存在そのものによって、個的にそれ自身として存在する。なぜなら形相と同様に質料は、根本的かつ内的な原理としての存在によってそれら自身が現実態化されることを通じてのみ、存在者の存在を規定するものだからである。「それゆえこの〔実体的〕存在は、存在という類において事実を構成することに関して、以下のものよりもより形相的である。つまり、この存在自体を与える事物の形相自体、ないしそれに存在が与えられる質料――この両者からこの存在が属する存在者としての合成物が生じるのであるが――よりも形相的なのである[106]」。

確かに有限的存在者そのものの現実存在は限定されたものであるが、こうした限定は存在と遂行そのものに由来するものではなく、ある特定の形相において受容され、それによって限定されるかたちで付加されるのである。

「それゆえ存在は、可能態が現実態によって規定されるように、他のものによって規定されるのではなく、むしろ現実態が可能態によって規定されるように規定されるのである」[107]。存在はこのようなある形相に向けての限定においても、存在としての自らの性格を保持する限り、それぞれの有限的な現実存在は、根源的に無制約的なところである存在そのものへと開かれ、さらにまさに存在そのものへのこのような分有によってこそ、有限的存在者を現実的な完全性によって満たすことができる。「それゆえどんなものであれ、存在に与るというそのことによって、完結性を受容する」[108]。

このように存在者をそれにとって内奥にある固有の現実存在から構成することによって、人格の本質と働きの解明にとって最も重要な論点が得られた。なぜなら、すでに示したように、人格そのものの本質と概念には、その個的実在、それ固有の存在遂行が属しているからである。人格のこの概念の内には、存在に関して中立的な本性が、その事実存在と単に外的に組み合わせられているわけではない。むしろ理性的本性をもったものの内的本質の内には、それが人格という存在論的なあり方を取ることによってのみ現実的に存在しうるということ、つまり現実存在によって規定された人格というより深い全体と統一体の内の部分的契機としてのみ現実的に存在しうるということが含まれているのである。存在を本質に対して、また形相と質料に対して根拠として先行するものであることによって、人格においてただ形而上学的所与性が示されるだけでなく、人格的、そして倫理的行為の構造が規定される。それというのも、まずは一般的に、行為の構造は存在者の存在構造に従うと言えるからである。「個的実体は、それ自身によって実在するということを自らに固有のものとしてもつのと同様に、それ自身によって行為することを自らに固有のものとしてもつ。なぜなら現実態における存在者でないなら、何も行為するものはないからである」[109]。しかしながら人格は、その精神的本性にもとづいて、分散することなく自らにおいて一致し、その行為において自己として自らを遂行しかつ規定するため、人格は個体性そのもののこの遂行において、それ固有の実体的存在を――それが普遍的本質に対して根拠として優位をもつという仕方で――実現する。このようなことを根拠として、まさに個体的なものとしての人格と人格的行為には、その有限的形相には還元し尽くせない完全性と尊厳が具わっているのである。「人格性は尊厳と関わる」(110)。人格は、形相に先立つ無制約的な存在との関係において個的な自己を遂行するために、個々の人格のこうした尊厳は無制約的なものである。こうして人格はただその本質においてのみならず、その活動においても、自己関係の遂行であると同時に、存在との関係に向かって開かれてもいる。存在者の存在――その有限的な本質形態の内に完結している限りでの存在者そのものではなく――は存在そのものに向かって開かれており、そのために人間もまたそれ自身で、自らの本質を凌駕する超越との関係においてのみ自らに達するのである。こうして人格的行為は、存在との関わりという仕方での自己遂行であり、それとともに、全体としておよびそれ自体としての存在との関係へと歩み入ることである。

このように、いかなる人間的行為も存在そのものの尊厳を分有しており、同時に存在の尊厳（善）に向かって存在そのものという目的への分有関係に関して自らの自己を決定する。「意志の対象は普遍的な意味における目的と善である」(111)。「人間は、自ら自身によって目的のために行為するとき、目的を認識している」(112)ために、この行為は自覚的で、認識によって導かれている。目的ないし存在との自覚的関わりは、人間の能動的な自己規定に由来する。「自らを目的へと動かしまた導くという仕方で目的に向かうというのは、理性的本性に固有のことである」(113)。そこで人間の活動全体は、目的ないし存在との関係を基盤とする。「ところで行為に関わることにおける第一の原理は、〔……〕究極目的である」(114)。人間は目的に向かう自らの関係を人格的に設定することによって、人間としての自らの活動全体を方向づけうる。「目的に向けて秩序づけることは、自らを目的に向かわせる者に属していることである」[115]。このようにして、包括的な全体性と最高の個体性との統一という人格の存在論的構造にもとづいて、『神学大全』第二部全体の序言で示唆されていた人間の倫理的根本構造、すなわち「自由意思をもち、自らの行いを司る力をもつという意味において、自らが自らの諸々の行いの根源である」[116]という構造が提示される。

人格概念は、人間的・倫理的行為の根本構造を予備的に素描するものである。以下の議論では、人格概念の三つの存在論的次元——(一)個的な自己存在、(二)全体性、(三)尊厳——という、トマスにとって中心的な論点を、それらが人間の行為において具体化される場面に即して論じていきたい。

二　倫理学の人間論的構造

(1) 人間の個的な自己存在

(a) 自己認識と自己規定

人間的行為に単に事実的にではなく本質的に具わっている個体性は、この行為が人間の反省的な自己所有と自己統率に関与している限り、この行為に帰せられる。このような自己認識と自己規定において人間は、「共有不可能な事実存在」[117]である自らの存在を、そのつど固有の仕方で形成する。「しかしながら、各人がその魂についてもっている認識は、その認識がその者に固有である限り、それがその個体において存在するということに従っての、魂についての認識である」[118]。人間的行為が人格全体の再帰的自己遂行においてその人間的行為という性格を獲得するのと同様に、人間はただ再帰性の遂行を通じてそれ固有の人格存在そのものを遂行する。そこで再帰性は、人格的存在と活動の基本的特質である。再帰的性格は、自由な活動においてその完全な形態に達するのであり、それは自由の諸規定が、例えば「自己規定」(determinatio sui)、「自己原因」(causa sui) ないし「自己遂行」(se agere) などとして示される通りである。

ところで再帰的構造ないし自己遂行は、活動に関してそれ自身に発する単に可能態にある実体に帰せられるものではありえないし、また人格性は、その個々の行為とその対象関係から構成されるということもありえない。人格的行為の可能条件はむしろ、志向性に先行する、精神（トマスはこれを魂ないし知性とも言い換えている）における自己との根源的な一致の内に求められなければならない。このような自己関係はまず、真理の認識にとって根本的である。なぜなら「知性は、自らへと反省するということによって、〔……〕真理を認識する」[119]からである。次いで人間の実践は、自己愛から発する限り、その再帰的構造を自らの基盤とする。「精神は自らを自らによって認識する。〔……〕事実、自己は自己自らを愛するがゆえに、認識されているのは自己自身なのである」[120]。トマスは、人格的自己関係の根源を、初期の『命題集註解』(Scriptum super libros Sententiarum) から後年に至るまで、自己認識の問いとして論じている。もとより、そのつど依拠する文献や、直面している論敵に応じてその力点が移動することはあるにしても、その基本姿勢は一貫している[121]。

人間は再帰性の遂行において、自己自身を任意の客体としてではなく、自己自身として、つまり認識を遂行しているこの者として理解するために、そこでは認識するものと認識されるものとは一致している。「それというのも知性は自己自身を反省し、その同じ反省によって自らの知解することを知解するからである」[122]。したがって認識を行う者は、自己認識の遂行において、自己自身の本質は認識を行うところにあるということを把握する。自らの本質のこのような認識においては、確かに概念的把握に先立った遂行的な仕方でではあるが、認識活動は対象世界との関わりから転じて、自らの遂行の根源へと向かい、それによって自らの本質そのものへと還帰する。

「〔真理は〕知性が自らの行為について反省するに応じて、知性から認識される。それは、知性が自らの活動について知ることによってだけでなく、その行為の事物への関係を知ることによってである。ところで、この関係が知られるには行為自体の本性が知られなければならず、また活動の本性が知られるには能動的原理の本性が知られなければならない。そしてこの能動的原理が、事物との合致を本性とする知性そのものなのである」[123]。

このような反省の可能根拠の解明のために、トマスは繰り返し、『原因論』(Liber de causis) の第一五命題に言及している。「すべて、知るものが自らの本質を知る場合、これは完全な還帰において自らの本質に還っていく」[124]。この「完全な還帰」とはなんら物理的な運動ではなく、「ある種の推論によって、また魂が自己自身を知るときには、われわれの魂からの発出とそこへの還帰に従って」[125]その内在的な根拠へと立ち還ることによる認識の進展である。自らの本質根拠への深まりは、知性にとっては、質料によって分散させられることのないその実体的な自己所持によって可能となっている。「〈自らの本質へと還っていく〉とは、事物が自己自身において自存するという以外の何ものでもない。それというのも形相は、〔……〕自己自身の内に存在を有する限り自らの内に還帰するからである」[126]。自己認識においては自ら固有の存在と認識遂行が重なり合い、相互に浸透し合うが、それは自らの本質をその本質そのものによって無媒介的に直視するということではない。「したがって、われわれの知性が自らを認識するのは、その本質によるのではなく、その行為によるのである」[127]。トマスは本質による直視という知性理解を繰り返し斥けている。「それゆえ魂は自分について、自らが何であるかということを自らによって知ることはない」[128]。さらにトマスは、自己認識に関する直観主義的な解釈に対して、アウグスティヌス[129]とアリストテレス[130]を擁護している。「〔アリストテレスの〕『霊魂論』(De anima) 第二巻で言われている通り、知性は自分自身を反省し、他の事物を知るのと同様に、自らを知るのである」[131]。むしろ人間の知性は、現世における存在の限界ゆえに、まず最初に人間の知性にふさわしい対象として与えられる感覚的所与の認識を介しての み、自己自身についての現実的な認識に至るのである。「現在の生の状態にあってわれわれの本性にとっては、質料的・可感的なものに目を向けるのが、その本性に適ったことである。〔……〕そこから当然、われわれの知性が自己自身を認識するのは、知性が能動知性の光によって可感的なものから抽象された形象でもって、現実的なものとされている限りでなければならない。この光は、可知的なもの自体の現実態であり、それらを媒介とした可能知性の現実態である」[132]。しかしながら知性は、このように自己以外のところに向かうに際しても、けっして自己認識の可能根拠である自己所持性を失うわけではない。「諸々の自ら自存する形相は他の事物に向かうが、それは自ら自身によって自らにおいて内在するという仕方においてである」[133]。

ところで精神は、自らの存在と本質の認識を超えて、さらに実践にとって規範となる自己認識、つまり人間存在の理想像についての洞察へと達する。それというのも精神は、その本質を遂行するに際しては、模像としてのその本質によって原像たる真理へと衝き動かされ、そうした規範の側から自らの事実的自己を判定するからである。「アウグスティヌスが『三位一体論』（De Trinitate）第九巻で述べているように、〈われわれは不可侵の真理を観取するが、その真理からできる限り完全に〉、〈各々の人間の精神がどのようなものであるかではなく、永遠の規範によっていかなるものでなければならないかを〉規定するのであり、その限りで魂についての認識がなされるのである。われわれはこの不可侵の真理を、われわれが何らかのものをそれ自体で知られるものとして知る限り、われわれの精神の刻印であるその類似において観取するのである。それを規範として、あらゆる他のものを検討し、それに従ってすべてのものを判断する」[134]。規範の認識と同様に、自己の実践的な方向づけも、自己自身についての認識から始まる。「分別を有する人間に生じる第一のことは、自ら自身について考えるということであり、目的としてそれへと他のものを秩序づけるということである」[135]。しかし自己認識は実践的意図においては、目的についての何らかの認識を含むため、その自己認識の内には人間の意志が共に把握されている。「知解する何らかのものにおいて可知的な仕方であるものは、当然のことながら、そのものによって知解されるのである。したがって意志の行為は、知性によって認識される」[136]。そこで実践的な自己認識は、究極的には魂の能力全体にまで及ぶことになるのである。「実際、知性は、自己自身、意志、魂の本質、そして人間の魂のすべての力を認識する」[137]。

こうして自己認識は、行為と本質、対象関係と超越への関係、知性と意志、理論と実践といった両項に共通する中心となる結節点なのである。そして、アリストテレス主義からアウグスティヌス主義、そしてアラブの哲学といった諸々の伝統的思潮もまた、この問題群の内に統合される。「われわれの精神は自己自身を知るが、それはアウグスティヌスが言うように、自らの本質によるという仕方においてであり、また哲学者〔アリストテレス〕と註解者〔アヴェロエス（Averroes; イブン・ルシュド［Ibn Rushd］一一二六－九八年）〕が言うように、志向ないし形象による仕方においてであり、また同じくアウグスティヌスが言うように、不可侵の真理を観取するという仕方においてである」[138]。ここにおいて、（アリストテレス的な）形相的対象にもとづく魂とその諸能力についての認識と、（アウグスティヌス的な）自らの存在の自覚とが相互に浸透し合う。「魂は、知解し感覚するということによって、自らが存在することについての現実的知覚に達する」[139]。このような認識は、諸対象から行為を経て本質へと至る学的反省の次元においてだけでなく、すでにあらかじめ内的経験として遂行されている。「自らの本質によって魂の内にあるものは、行為を通じて内的諸原理を経験する限りにおいて、経験的認識をもって認識されるのである」[140]。

対象関係によって媒介された遂行的な自己認識は、先行的で習態的な自覚の内に、自らを可能にする根拠を有している。「そこで習態的認識に関して、魂は自らをその本質を通して見ると私は言う。つまり魂は、その本質が自らに現前しているということにもとづいて、自ら自身の遂行的な認識に入ることができる」[141]。なぜなら遂行的な自己認識は、外的対象からの何らかの影響の結果ではなく、本質的に、自ら固有の行為としての精神そのものに由来するからである。しかし精神が自己認識そのものを行う際には、精神の根源的に遂行的な――そうした意味で習態的な――自覚が前提とされる。「精神は自らを自分自身によって知る。それというのも、自らが存在することを知覚することによって、自らを遂行的に認識するという行為に入ることができるような存在が、精神にはそれ自身から具わるためである」[142]。こうした習態的な自覚的自己内在は、対象とのいかなる関係にも先行し、それゆえに常に遂行されているものである。「魂は常に自己自身を知解し愛するが、それは現実態的にではなく、習態としてである」[143]。まさにこうした自覚の前対象的性格によって、精神は、述定的内容や概念的内実のみならず、自らの存在そのものをも把握することができる。「精神は、表象像から抽象を行う以前に、自ら存在するということを知覚することができる習態的な認識を有している」[144]。精神は、自己自身の存在の自己透徹において、同時に、自らの存在の原像にして根源である神を観取する。「精神は〔神の〕似姿にかたどられたものであり、とりわけ神と自己自身へと向かう限りにおいてそうである。なぜなら精神は、感覚的事物から形象を獲得するに先立って、自己自身に対して現前し、神も似たように〔精神に対して現前〕しているからである」[145]。こうしてトマスは、アウグスティヌスの記憶論を取り入れ[146]、それを存在論的に、自らの内に自存する精神的形相――または人格概念に含まれる理性的本性――の自己同一性によって基礎づけている。「精神が常に現実的に知解されている必要はない。精神の本質はわれわれの知性に対して現前していることによって、それについての認識はわれわれの内に習態的に内在しているのである」[147]。こうした自己認識が習態的と呼ばれることで、「習態《ハビトウス》」とは、精神の本質に付加される存在論的規定としてではなく、その遂行としての性格に照らして、単なる可能態と顕在的な行為との中間に位置するものとして理解されることになる。「習態はある意味で、純粋な可能態と純粋な現実態との中間にある」[148]。そこでトマスは、自覚を何らかの特殊な習態から根拠づけることを斥けている。「ところで、魂が自ら存在するということを知覚し、また自らの内に何が起こるかに注目するために、何らかの習態が必要とされるということはない。そのため、精神に対して現前している魂の本質だけで十分である。それというのも、それ自体〔魂〕が遂行的に知覚される行為はその本質から発するからである」[149]。認識と愛を通じてのこのような自己自身の根源的自己遂行は非対象的かつ前概念的であり、また萌芽的な意味でのみ遂行的であるという事態の内には、人間の有限な存在の仕方——すなわち、自らの本質的な自己現前において、このような実体的な自己遂行が現実的にではあるがただ原初的な仕方で与えられるという人間のあり方——が現れているのである。「したがって、神が自らを自らによって知るように、あるものが自己自身によって知られることには何の障害もない。そのように魂は、何らかの仕方で、自己自身をその本質によって知るのである」[150]。

人間の意志の自由および倫理的行為はこのような自己認識にもとづいている。すでに示したように、自己認識は対象からの喚起によって惹き起こされる反省的活動であるだけでなく、精神の実体的な自己遂行にもとづいており、その自己遂行ゆえに精神は自己自身にもとづいて自らの行為を行うことができる。なぜなら行為の能力は実体的な存在に発するものだからである。「ところで、現実的に何事かをなすことは、現実的に存在するというところに由来する」[151]。自らを根源とするといった、自己認識に具わるような性格は、自由な行為の本質を成している。それというのも、行為の自由は、第一義的には対象に関する中立性の内にあるのではなく、人間が自己自身に関して自己自らによって遂行する活動の内に求められるからである。トマスは人格的存在と自由な行為との統一性を、より高次の段階へと高まる自己活動を遂行するものとしての生の概念の内に見ている。「他のものによって動かされたものとしてではなく、それ自身で活動することにもとづいて、あるものが生きていると言われる。〔……〕このような動物の上には、自らに対して定立する目的に関しても自己自身を動かすものがある。〔……〕したがって、生きることのより完全なあり方は、知性をもったものに具わっている。それというのも、これらこそが自己自身をより完全な仕方で動かすからである[152]」。

(c)　行為と自由

次いでトマスは、人間の自由な行為の構成において知性と意志が存在論的にいかなる関係にあるかをより詳細に分析している。このような具体的な自由論は、自由についての前もっての根本的理解を展開し敷衍しているものである。「人間がその主権をもつような行為のみが固有の意味で人間的行為と呼ばれる。ところで、人間が自らの行為の主権をもつものであるのは、理性と意志によるのであって、自由意思が意志と理性の能力であると言われるのもこのためである[153]」。それゆえ自由という根本概念は、自己支配を意味している。「自らの行為の主権をもつものが、行為することにおいて自由である[154]」。自己の活動に対するこのような自己支配は、人間の再帰的自己関係にもとづいており、しかもそれは自己目的と自己原因という二重の意味においてであるが、こうした理解をトマスは、「すなわち、自己にとって原因であるものこそが自由である[155]」というアリストテレスによる「自己原因」の規定の内に見出している。自由は、根源的な自己認識において与えられるような自己自身との関係に由来するとは言えるが、自己認識とは自らの存在に対する受容的な関係であり、これに対して自由とは自己自身への能動的関係を意味している限り、そのような受容的関係を凌駕している。神に帰せられる完全な自由においては、「意志は〔……〕、それに対しては必然的でない関わりをもつ意志対象に関しては、自己自身を決定する」[156]。しかし人間においては、このような自己規定の自由は、人間がただ対象ないし外的行為を対象との関係で規定するばかりでなく、自らの意志そのもののあり方を選択する限りでのみ与えられる。「人間は諸々の行為に関して自由と言われるのではなく、選択に関して自由と言われる」[157]。そこで人間は自らの行為を、それが自らの傾向性に内的に由来するというところから規定する。動物は、「行為するのではなく、むしろ行為させられる。〔……〕理性的本性をもったものは、〔……〕その傾向性自体に対して権能を有するが、それは把捉された欲求対象へと必然的に向かうのではなく、それに向かうことも向かわないこともできる。こうして傾向性は、他のものによってではなく、それ自身によって規定される」[158]。ところで傾向性は目的の善性によって呼び覚まされるものであるため、自らの傾向性を規定することの内には、人間が自己自身に対して目的を設定するということが含まれる。「意志によって行為するものは、それに従って行為する目的を自らに対して定立する」[159]。それゆえ自由な行為の本質は、人間が自らの行為能力をその傾向性の根源から把握し規定するかたちで、その能力を自らの選択した目的へと差し向けるところに求められるのである。

自由な行為を知性と意志という両原理によって説明するという点において、主知主義的な傾向をもったテクスト——とりわけ『真理論』(De veritate)、および『神学大全』第一部——は、一二七〇年以降のテクスト『悪について』(De malo) 第六問、および『神学大全』第二部冒頭——とは異なるが、この点はここでは簡単に示唆するだけにとどめよう[160]。『真理論』においては、知性のみが目的を認識できるという理由から、目的の規定は知性による判断の内に求められる。「ところであるものが目的への傾向性を自らに対して規定するには、目的を知り、目的へと導くものに対して目的との関係を知るのでなければありえない。そしてこれは理性のみに具わる」[161]。知性は自らの判断を反省することができる。「ところで自らの判断について判断することは、自らの活動について反省する理性にのみ具わる」[162]。それゆえ選択とは、「前もって熟慮されたことについての判決のようなものである」[163]。そのためあらゆる根源的な能動性は、「あらゆる自由の根源」[164]である理性の内に存する。「目的への能動的方向づけは、理性に属し、受動的なそれは意志に属しうる」[165]。またこれに従えば、理性的な追求の能力である意志は「受動的能力」[166]であり、それゆえ善そのものによって動かされたものである。「意志は善と有用性という点で必然性をもっている。実際、人間は必然的に善を意志する」[167]。そして目的は知性によって認識されるため、知性は「目的が動かすと言われるその仕方で、意志を動かす」[168]のである。

一二七〇年にパリ司教エティエンヌ・タンピエ（Étienne Tempier　一二七九年歿。在位一二六八－歿年）によって断罪されたラテン・アヴェロエス主義の一三命題のうちに、「人間の意志は必然的に意志し、あるいは選択する」[169]（第三命題）や「自由意思は受動的能力であって能動的能力ではない。自由意思は欲求されうるものによって必然的に動かされる」[170]（第九命題）が含まれており、トマスの自由論もそれに抵触するものであったため、トマスは、意志に能動的な自己規定を帰することによって自らの理論をより正確に発展させることになった。そこでもやはり自由は知性によって可能になるとはされるものの、それは善のさまざまな理解によって自由のための活動空間が開かれるという意味であり、本質的には自由は意志の内に求められることになる。「自由の根源は、担い手（subiectum）という意味では意志であるが、原因という意味では理性である。意志が自由にさまざまなものに赴きうるということは、理性が善のさまざまな理解をもつことができるということにもとづくからである」[171]。知性は意志に対して単に可能な対象を与えるだけであり、もはや意志を目的論的に規定するものではなく、ただ「形相的原理という仕方で[172]」規定するのみであるとされる。こうして意志は認識を通じて媒介された、対象世界による目的論的規定からは自由である。「意志はいかなる対象からも、必然性をもって動かされるということがない[173]」。能動性そのものと、その源泉としての目的との関係は、本来的には意志そのものの内に存する。「この運動の原理は目的に発する。〔……〕ところで善一般は、それこそが目的という性格をもつものであるが、これがまさに意志の対象である[174]」。目的との関係にもとづいて、意志は自己自身を手段へと向けて規定し、知性によって提供された対象のなかから選択を行う。「意志が知性によって動かされるのと、自らによって動かされるのとは、同じ仕方によるのではない。それが知性によって動かされるのは、対象という観点に関してなのであり、自らによって動かされるのは、活動の遂行ということについて、目的という観点に関してのことなのである[175]」。遂行に関するこのような反省的な自己規定[176]において、意志は「目的を意志することによって、目的へと導くものを意志するように自らを差し向ける限り、自己自身を動かすものである[177]」。こうして主観の反省的性格は、知性と意志にそれぞれの仕方で具わる。「理性が自ら命令するのは、意志が自らを動かすものであるのと同じ仕方においてである。〔……〕どちらの能力も自らの活動へと反省するものであり、両者いずれも互いに一方から他方へと向かうものだからである[178]」。

自由意志の自己活動性を保証する上述の存在論的諸規定は、後期の著作になって初めて見出されるとはいえ、そうした諸規定においては、自らの行為についての自己原因性と自己支配という自由の根本概念が、初期の著作よりもさらに明瞭な仕方で貫徹されている。「自由意思は自己運動の原因である。すなわち人間は、自由意思によって自らを活動にまでもたらすのである[179]」。それゆえ、後期において自由の分析に変更が見られはするものの、そこにおいては、主観性という根本理念――その自由に関してはただ自らの内側からのみ、また自己自身によってのみ規定される主観性というトマスの根本理念――が徹底化されていると言えるのである。「意志された活動を遂行する固有の原因は、内側から働くもののみであるということになる(180)」。

(2) 全体性としての倫理的行為

(a) 人格概念にもとづく行為論

これまで見てきたような、自己完結的な自立性、自己目的性、自覚および自己原因性を本質とする人格理解を核として、トマスは自らの倫理学を構築するが、その際に目指されるのは、人間の自然的および超自然的なあり方、そして人間の本質と事実性とを、人間の世界との関係をも含めて、人間そのものの倫理的意味や目的性にもとづいて解釈することである。それゆえ人格概念に含まれる「全体(181)」と「究極的完結性によって最も完結したもの(182)」の理念は、人間存在そのもののあらゆる行為を有徳な生活へと関係づけることに向かう。しかし人間の行為は倫理的に中立的なものではありえないため(183)、人間存在の全体は、善そのものの場、善の遂行と現象として人間存在全体の使命の内に現れる。善そのものは全体的な実現を求め、そのために自らによって人間存在をそのあらゆる次元にわたって構造化する。「あらゆる善性が協動するのでないなら、行為は端的に善いというわけではない。いかなる個々の欠陥も悪を惹き起こすが、善が惹き起こされるのは十全的原因によるからである(184)」。

まず人間の外的行為は内的行為とともに一つの活動の全体を成している。「命じることと命じられる行為は一つの人間的行為なのであり、それはある全体が一であるのと同様である(185)」。それゆえ外的行為は究極的な倫理的性格に関してそれ自身のみで特徴づけられるのではなく、内的行為の倫理的善性に与るものなのである。「外的行為は、それが意志によるものでない限りは、道徳的内容をもたない(186)」。それゆえ意志の対象である目的にもとづく規定は、対象による外的行為の種別化を統帥している。「人間の行為の種は、形相的には目的に即して観取されるのに対して、質料的には外的行為の対象に即して観取される」[187]。したがって外的行為は、目的つまり「要となるところ」（「そのために」[188]）との関係という、知性において把握された関係性を通じて、意志の対象たる善そのものへと開かれ、当の行為の内に働いている意向によって人格的なものとなる。「外的行為は、理性によって把握され秩序づけられた何らかの善として理性によって意志に対して呈示される限りで、意志の対象となる」[189]。ところで外的行為はその諸連関の複合的な構造において実現されるため、トマスの行為論[190]においては最終的に、人間の行為のさらに広範な状況が取り上げられ[191]、内世界的な状況が「善あるいは悪における理性の秩序づけ」[192]に従って、その人間的な意味に照らして構造化される。

さらに人間の行為の全体性の内には、情念と感情の動きの領域全体が――それらが理性と意志によって導かれ、それらの影響下にある限り――包含される。「欲情的、および怒情的など、人間本性のいかなる部分に属するものであろうと、こうした傾向性はすべて、それが理性によって統率される限りにおいて自然法に属するのである」[193]。そのため、人間の感情は、ストア主義におけるように単に軽視されるのでも、カント的倫理学におけるように道徳法則への抵抗として位置づけられるのでもなく、意志の主導に服するものとして、人間の本質の構成要素とされ、積極的に倫理的善の全体的実現の内に統合される。「道徳的善の完成には、人間がただ意志によってのみならず、感情的欲求によっても動かされているということが含まれている」[194]。このことは、意志が自らの働きを感覚的活動にまで拡張するという人間全体の構造に対応している。「感覚的欲求は理性的欲求である意志に対して、後者によって動かされるものという関係にある。それゆえに、欲求力の働きは感覚的欲求において成就されるのである」[195]。トマスによる「情念」の体系的理解は、人間の感覚の動きをその精妙な分化形態に至るまで追求し、それらを愛にもとづくものとして把握することによって、感情の領域全体を愛の対象たる善との関係にもとづいて人格的なものとして捉えるという、倫理的課題と人間存在の可能性とを開いた。善を究極目的とする感覚はさらに、本性の共有にもとづく（親和性による）全人間的な認識[196]によって、倫理的善についてのより深くより適切な認識を得ることに寄与する。それというのも、アリストテレスとともに、「その人がどのようであるかに従って、彼に目的が見えてくる[197]」からである。

（b）徳論

トマスの倫理学の核心である徳論はさらに、習態の概念を通じて、人間の自然本性的な存在と追求の全体を、自由な倫理性の完成段階にまで高めることを目指したものである[198]。その際に徳とは、「それによって人が善い行いをする習態[199]」として理解される。そして、その目的との関係において自らの自然本性と合致する行為こそが善い行為と呼ばれるのである[200]。そこで人間の自然本性そのものは、それが自ら善における完成を目的とする限り、諸徳の獲得を目指している。「われわれは徳をもつように生まれついている[201]」。ところで人間の徳は自由な行為において成就される。「それというのも、徳の行為は自由意思の善い使用以外の何ものでもないからである[202]」。「徳へと向かう自然的傾向性[203]」によって、人間の自然本性は、主観の自由な行為を目指し、この行為は逆に、善い行為のいわば自然本性的習態を築き上げることになる。「慣習は何らかの仕方で自然本性へと転じ、自然本性的傾向性に類似した傾向性を生じさせる[204]」。それゆえ徳はまずは、人間の自然本性に関わる。しかしこの自然本性はそれ自身、人間的行為において実現される人格の倫理的善に関わるものであるため[205]、人間は習得を繰り返すことで自由に獲得される諸徳において[206]、その自然本性的追求を通じて目指されている意味を可能な限り最善の仕方で人格的に実現することができるようになるのである。「諸々の徳は、自然法に属する自然本性的な傾向性をふさわしい仕方で追求することへ向けて、われわれを完成させる」[207]。しかしこのような意味は最終的に、自らの自然本性に従って秩序づけられた愛において成立する。それというのも愛は善そのものを目的ないし対象とするからである。「徳が愛の秩序ないし秩序づけと呼ばれるのは、徳がそれのためにあるところのものという意味である。それというのも、われわれにおいて愛は徳を通じて秩序づけられるからである」[208]。

（3）神的理性への分有と自己立法

（a）法にもとづく人間の自己実現

自己関係性と全体性という人格の特徴は、人間の行為の構造の内に確認されるが、これだけではまだ、人格の尊厳が現れる倫理性そのものを解明したことにはならない。なるほどトマスは人間の倫理的行為を、自己完成と至福を希求する人間の自発的追求にもとづいて、すなわち「神的善性である究極目的への〔……〕秩序づけ」[209]から導出しはするものの、トマスはこの倫理的な目的秩序を、その議論の始めの段階、つまり『神学大全』第二部の冒頭からしてすでに、「拘束する力」[210]を有する「規則〔……〕ないし規範」[211]として念頭に置いていたのである。[212]そこで倫理的事象は、それ自身何らかの法の下に服し、その諸段階と諸契機が『神学大全』の法論において展開されることになる。[213]法は「行為を目的へと導くある種の理念を含んでいる」[214]ため、それは倫理的目的によって「服従する者たちが自らに固有の徳を身につけるように」[215]導かれることに寄与する。つまりこれは、外的秩序をもたらすものではなく、人間固有の自己実現を促すものなのである。「そのため、法に固有の効果とは、それを受ける人々を善い者たらしめることであるという結論に至る」[216]。

倫理的なものの本質は法の概念の内に集約されているため、ここにおいてもまた、これまで展開されてきた人格の特徴、つまり自己関係における自己原因性、および全体性が見出せる。全体性との関係は、法の定義——

「共同体の配慮を司る者によって制定され発布された、理性による共通善への何らかの秩序づけ[217]」——の内に、共通善の概念というかたちで直接に表現されている。なぜなら人間は自らの完成を、共同体全体の内で実現しなければならないからである。「いかなる人間も社会的共同体の一部である以上、誰であれ、共通善に正しく適合するのでなければ、善い者たることはできない。また全体に対して適合的であるような部分から構成されるのでなければ、善い者たることはありえない[218]」。共同体の善と個々人の善は、「共通善とは共通の目的と言われるというところから、目的因を共にするという意味で共通[219]」にして一である。

これに対して、法の概念は、強制としての法の性格が立法者と服従する者との実在的な区別を含むために、一見するところ、自己原因性や自立的な自己関係という人格の特徴に反するように思えるかもしれない。しかしトマスの人格理解および倫理的行為についての考え方は、人間的行為のあらゆる構成要素の場合と同様に、規範である法による被規定性も人格の自己原因性と自己関係性によって媒介されたものとし、それによってその被規定性を本来的意味での倫理的・人格的尊厳にまで高めるというところに、最も顕著な仕方で現れているのである。

法に固有の義務としての無制約的な拘束力は、それが神に由来することを示すばかりか、神が世界の進行を司るものである限り、神の摂理〔配慮〕——「目的へ秩序づけられるものの〔……〕理念[220]」——をも示唆している。「世界が神的摂理によって統率されているということを認めるなら、〔……〕この宇宙全体の共同体すべてが神的理性によって統治されていることは明らかである。それゆえ、宇宙全体の君主としての神の内に存する、事物のこの統治理念そのものは、法の本質を満たす[221]」。すでに見たように、人格は、それ自体において目的であるために、神の摂理の内で際立った地位を占める。「知性的実体のためにあらゆるものが神によって配慮される[222]」。しかし自己目的性と反省的性格は目的へと関わる自発的活動性を前提とするため、摂理はまさにこのような能動的な自己関係を可能にするものである。「他の諸々のもののあいだにあって、理性的被造物は自らも摂理の分担者となって自己および他のもののために配慮する限りにおいて、何らかのより卓越した仕方で神の摂理に服している」[223]。人間の人格の行為のこのような自立性はなんら例外などではなく、第一の原因と第二の原因との普遍的関係を表す最高の事例である。「自由意思の働きそのものは神を原因としてこれに還元されるものであるため、自由意思から生じるものもやはり必然的に神の摂理の下に服する。つまり人間の配慮は、普遍的原因の下における個別原因として、神の摂理の下に含まれるものである」[224]。それゆえ神は——トマスが繰り返し「シラ書〔集会の書〕」第一五章第一四節、およびその個所についての『行間註解』(Glossa interlinearis)を引用しながら語っているように——人間をその自由へと委ねたのである。「「集会の書」(Ecclesiasticus〔シラ書〕第一五章第一四節には、〈神は始めより、人間を創って彼を自らの裁量のままに委ねた〉とあり、『註解《グロッサ》』はこれについて、〈すなわち意思の自由のままに〉と記している」[225]。このような自由という賜物を通して、人間にはまた、神の摂理の計画を独自に遂行するという倫理的課題が与えられている。「神が人間を自らの裁量のままに委ねたのは、人間にはその欲するすべてをなすことが許されているからではなく、むしろ人間は、なすべきことへと、非理性的被造物のように自然本性の必然性によって仕向けられるのではなく、自らの裁量(思慮)にもとづく自由な選択をもって向かうものだからである」[226]。しかしこのような人間の自由裁量と独自の計画といえども、第一原因たる神によって包括され、担われている。「神は人間を自らの裁量のままに委ねた。それは、神が人間を、自らの行為を配慮するものとして創り上げたという仕方においてである。しかし自らの行為に対する人間の配慮は、それらに対する神による配慮を排除するものではない。それは、被造物の能動的力が神の能動的力を排除しないのと同様である」[227]。

(b) 永遠法と自然法

神ないし「永遠法」(lex aeterna) による配慮と人間の自己規定との合致は、人間理性 (ratio) の本質、すなわち「人間的および道徳的行為の根源[228]」の内に存する。「ところで人間の理性が、それによって人間の意志の善性が測られる、人間の意志の規範であるということは、神の理性たる永遠法にもとづく[229]」。神的理性と人間理性、および永遠法と自然法とのこのような関係の内にこそ、神の摂理と人間の自律性とが合致する根拠がある。自然法という名称は、この法が、「われわれの行為を目的へと向かわせる発端[230]」として、「われわれにおいては、自然本性にもとづくものから[231]」発するということを意味している。しかし自然法と永遠法は二つ別々のものではない。なぜなら「自然法とは、理性的被造物における永遠法の分有にほかならない[232]」からである。

自然法は、すべての存在者に対してと同様に、人間をその目的へと方向づけるものである限り、それは人間にとって、その自然的傾向性によって自然本性的・超越論的に組み込まれているものである。「それぞれの理性的被造物の内には、永遠法と調和するものへと向かう自然本性的な傾向性が内在する[233]」。このような傾向性は「刻印[234]」であり、それゆえその担い手の自己原因性に由来するのではなく、「規範づけられた者、規制された者において[235]」受動的に呼び起こされるのであり、その限り、「本質的な意味においてではないが、いわば分有的な意味で法と呼ばれることが可能である[236]」。しかし自然本性的な傾向性は、二次的・派生的な意味での自然法である。なぜなら「法」とは、理性によってのみ洞察されうるのであり、事実的な傾向性そのものにおいて現れることのない規範性を示しているからである。「理性的被造物はそれ〔永遠の理念〕を知性的ないし理性的に分有するために、理性的被造物における永遠法の分有は固有の意味で法と呼ばれるのである。それというのも、法とは理性に属する何ものかだからである[237]」。法そのものは、指定ないし能動的な規範づけという性格をもち、受動的に規範づけられるという性格をもたないため、自然法は「本質的に[238]」、「ただ理性のみにおいて[239]」、「規制し規範づけるものにおけるような仕方で[240]」見出される。

法そのものは、認識されることによってのみ規範として働く以上、それが指定としての性格をもつためには、理性において受動的な認識内容として受容されるというだけでは不十分である。むしろ法が人間において規範ないし命令として働くためには、人間の理性によって能動的に認識されなければならず、つまりは無制約的で、自らを自らによって自明なかたちで根拠づける自発性としての精神的生によって満たされなければならない。「自然法の公布は、神がそれを自然本性的に認識されるような仕方で人々の心に植えつけたということによってなされている[241]」。こうして法においては、精神の能動性が究極的かつ無制約的な目的との関わりにおいて、あるいは究極目的たる善との関係において、その内的真理と理性的性格――つまり人間によって洞察される絶対的な理性――において自らを表現することによって初めて、法そのものは、法として人間に対するその要求において理解可能となる。こうしたことはまず、人間の理性が自然法を構成するという側面を表しており[242]、次いで理性によるこうした構成という能動的活動が、神の永遠にして無制約的な理性にもとづいているということをも含んでいる。

そこで自然法は、トマスにとって、理性に対して前もって与えられた対象ではなく、他の命題と同じような仕方で「理性の何らかの産物[243]」である。それは「行為へと秩序づけられた実践理性の普遍的命題は法の本質を有する[244]」という一節にも語られている通りである。精神が自らの思考内容を自らの思考の産物として、端的に妥当するものとして措定するという意味では、「自然法は、理性によって作り出されたものである[245]」。それゆえ自然法においては、洞察の遂行が内的言葉[246]として客観化される。「理性の働きにおいて、知解および推論などの理性の行為そのものと、こうした行為によって作り出されるものとが区別できる[247]」。自然法において表現されている洞察は、実践的意図をもって第一義的に善そのものに関わる。「善は、行為に秩序づけられている実践理性によって把握される第一のものである」[248]。こうして「善はなすべき、追求すべきであり、悪は避けるべきである」[249]という原理に導かれ、さらにそこから、人間の自然本性に即して、内容的により詳細な区分がなされることになる。「人間がそれに対して自然本性的な傾向性を有するものすべてを、理性は自然本性的な仕方で善いものとして捉え、したがってまた働きを通じて追求すべきものとして捉える。これとは反対のことについては、それらを悪いもの、避けるべきものとして捉えるのである。それゆえに、自然本性的な傾向性の秩序に従って、自然法の諸々の規定が秩序づけられる」[250]。自然法を構成するという実践的次元での根源的遂行は精神において自発的になされるのであり、それゆえに自由選択に先立ったものである。そこにおいて提示される規範的な根本洞察は、「あるときは現実に考慮され、またあるときは習態として理性によって把持される」[251]。

自然法のこのような構成において、理性そのものは「人間に属するすべて」[252]に照らし、自由意志に対して権威として命令を下す。このような自己立法性を示すためにトマスは、異教徒——それゆえ自然本性における人間——は自分自身にとって法であるというパウロの言葉（ローマ人への手紙二・一四）を繰り返し引き合いに出している。「『ローマ人への手紙』第二章の〈律法を有しない異邦人たちが自然本性的に律法に属する事柄をなすとき〉という個所について、『註解《グロッサ》』はこう述べている。〈彼らは書かれた法は有さないにしても、自然法は有しているのであって、それによって誰でもが、何が善であり、何が悪であるかを理解し、自覚しているのである〉」[253]。人間は、自らの存在の本質と意味を人間自身に対して示す理性をもつことによって、自らに対して単に作用因的な意味での支配力をもつだけでなく、自らの規範として自らに対して権能を有する。「誰であれ、規範を与える者の秩序づけを分有する限りにおいて、自らにとって法なのである。したがって同じ個所で、〈彼らは自分たちの心の内に書き記された法の働きを示す〉と述べられているのである」[254]。

理性が「命令」[255] (praeceptum) を遵守すること、したがって、刑罰への恐れによってではなく、理性そのものを堅持するということが、意志的行為の倫理的善を成す。「人が法を遵守するのは、常に徳の完全な善性にもとづいてのことではなく、あるときは刑罰を恐れるため、しかしあるときはただ理性が命じるがゆえにであるが、この後者こそが徳のある根源である」[256]。それゆえ人間の倫理的な尊厳とは、理性との一致の内に存するということになる。そこでディオニュシオス・アレオパギテスにならって、「人間の善は理性に即しているということであり、これに対して悪とは理性に背いているということである」[257]と言われる。

(c) 理性による永遠法の分有

「理性的魂こそが人間に固有な形相である」[258]ため、人間にとっては理性に従うことが本性に適ったことである。しかし自然法の無制約的な規範性は、それが永遠法、すなわち神の理性、その本性および意志[259]を第一の根源とするというところから理解されなければならない。ところで人間の理性は認識された対象から自然法を読み取るのではなく、それを自ら固有の本性にもとづいて根源的に構成するのであり[260]、そこには人間の理性の根源が神的理性の分有にあるということが示されている。「理性的被造物におけるこのような永遠法の分有が自然法と呼ばれる。〔……〕詩編作者は〔……〕言っている。〈主よ、あなたの顔の光がわれわれの上に刻み込まれた印である〉。つまり言ってみれば、われわれがそこに照らして、何が善であり何が悪であるかを判別する自然的理性の光――この判別は自然法に属することであるが――は、われわれの内における神的光の刻印にほかならない」[261]。この「詩編」(四・七) の一節をトマスは次のように解説している。「神の顔――人間が彼の顔によって知られるのと同様に、それによって神が認識されるところのもの――は神の真理である。

この神の光からその光の類似がわれわれの魂の内に照り輝く。そしてこれは光のようなものであり、われわれの上に刻み込まれた印である。それというのも、それはわれわれの内にあってわれわれに優るものであり、われわれの顔に刻み込まれた何らかの印のようなものだからであり、この光によってわれわれは善を認識できるのである」[262]。こうした神的光の「輝き〔照らし込み〕」[263]は――単に存在の受容だけでなく、認識をもたらす――人間精神ないし理性的魂による神の精神ないし本質の分有である。しかしながら人間の精神は、神的理性を「認識される対象として」[264]、つまり対面する志向的な仕方で――ただ至福なる人々における神の直視にのみ見られる仕方で――永遠法を分有するわけではない。むしろ人間の精神は、倫理的規範についての自らの認識、つまり自然法を、自らの精神の根底において内的に働いている超越的・神的理性の現前にもとづいて遂行するのである。したがって人間の精神は、神的理性を「認識の根源として」[265]自然法を認識する。そして「われわれの内に存する知性的光そのものは永遠の理性がそこに含まれている創られざる光の一種の分有された類似にほかならない」[266]以上、自然法を認識する精神の活動は、自然法を自らにとっての規範として設定することになる。理性そのものはこうした分有によって、真理を遂行する能力というその本質において構成されるため、分有はいかなる人間にも与えられることになる。「あるものが知られるのには二つの仕方がある。その一つは、それ自体において知られる場合であり、もう一つは、例えば太陽をその実体において直視することはなくても太陽をその輝きにおいて知る場合のように、あるものをそれの何らかの類似を帯びている結果において知るという場合である。〔……〕しかしすべての理性的被造物はそれ〔神の本質〕を、その何らかの輝き――それが大きいものであるにせよ、幽かなものであるにせよ――にもとづいて知るのである。まさにアウグスティヌスが『真の宗教について』(De vera religione) で述べているように、真理の認識はすべて、不可変の真理である永遠法の照らし込みと分有である。

ところであらゆる人が何らかの仕方で真理を認識しているのであり、少なくとも自然法の一般的な原理はあらゆる人に知られている」[267]。こうした分有によって精神は本質的に神の似姿として形作られる。「それというのも人間は、その内に神の似姿が具わる理性あるいは精神によって神に結ばれているからである」[268]。このような存在論的・認識構成的な分有にもとづいて、つまり「われわれの内の神的理性の刻印そのものによって」[269]、人間の倫理的性格は人間理性を通して内的かつ超越論的に、また同時に神的理性によって超越的に構成される。「人間の意志の基準は二つあり、その一つは近接的・同質的基準、すなわち人間理性そのものであり、もう一つは第一の基準、つまり永遠法であり、いわば神の理性そのものである」[270]。すでに見たように、このような分有関係において、アウグスティヌスにならって、理性の自覚が人間の存在と能力の理念に対する認識へと深められることになる」[271]。

ところで、諸々の自然本性的傾向性は、神の直視における至福[272]という、それ自体としては超自然本性的であるが人間の自然本性の側から求められた目的をただ遠くから目指すものとされていたのと同様に、永遠法に対する人間理性の分有もいまだ不完全なものである。啓示された神的法、とりわけ「新しい法」[273](lex nova)、つまり「愛徳の法であるから完成の法である」[274]新約聖書の法によって自然法を高めること、自然本性的傾向性を恩寵によって癒し、注賜の徳、超自然的な徳、霊的賜物へと深めること、そして恩寵論全体は、人間精神の自然本性的な分有によって開かれた究極目的たる神そのものとの隔たりを橋渡しすることになるだろう。「あるものが永遠法を遵守するには二通りある。〔……〕その一つは、永遠法が認識という仕方で分有される場合である。もう一つは、〔……〕運動原理〔を与えられる〕という場合である。〔……〕理性的本性をもつ者は、この両方の仕方に従って永遠法に服従する。なぜならそれは、何らかの仕方で永遠法についての観念をもつからである。〔……〕さらにまた、それぞれの理性的被造物には、永遠法と調和するものへと向かう自然本性的傾向性が具わっている。

〔……〕しかしこの両方のあり方は、悪い者たちにおいては不完全であり、何らかの仕方で損なわれている。〔……〕善い者たちにおいてこの両方のあり方は完全なかたちで見出せる。なぜなら彼らにあっては、善についての自然本性的認識に対して、信仰および知恵による認識が付加され、また善への自然本性的傾向性に対して恩寵および徳という内的動機が付加されているからである(275)」。このように自然本性的能力を超えて高められることによって、人間の人格的行為は、理性をその神的真理および善性の光への透徹というそのありさまにおいて実現することになるのである。「人間的行為において、美とは言葉ないし行いのあるべき割合にもとづいて言われ、そこにおいて理性の光が輝き出るのである(276)」。

第六章　否定神学・類比・弁証法

――ディオニュシオス、トマス、クザーヌスにおける言語の限界と超越の言表可能性――

序

中世の思想は、古代の諸文献の註解を基盤として、それらを創造的に解釈することによって展開されている。聖書註解と並んで、プラトンの『ティマイオス』（Timaeus）に対する註解やボエティウス（Boethius　四八〇頃－五二四年頃）の著作の註解、アリストテレスの著作――まずはその論理学から始まって、十三世紀には彼の他の著作――に対する註解がなされ、またとりわけペトルス・ロンバルドゥス（Petrus Lombardus　一〇九五／一一〇〇－六〇年）の『命題集』（Sententiae）を通じて、アウグスティヌスに対する註解が盛んに行われている。本稿では、従来あまり注目されてはいないが、近世初頭に至るまで強い影響を及ぼした、中世のある思想とその影響史、つまりディオニュシオス・アレオパギテス（Dionysios Areopagites　五〇〇年頃）の著作、およびトマス・アクィナス（Thomas Aquinas　一二二四／二五－七四年）とニコラウス・クザーヌス（Nicolaus Cusanus　一四〇一－六四年）におけるその受容を、哲学的な基本構造に即して考察することにしたい。

哲学史における時代区分は、常々問題となるものではあるが、ここに挙げられた三人の思想家を一瞥して分かるように、彼らの名前は、西洋の思想史の中で、決定的な転回点と頂点を表している。その著作年代が五〇〇年頃とみなされるディオニュシオスは、古代の終焉において、教父思想を締め括る頂点を成す。古代のプラトン主義的伝統は、プロティノス（Plotinos 二〇五頃－二七〇年）とプロクロス（Proklos 四一〇／一二－四八五年）によって集約されたものであるが、この流れはアテナイのアカデメイアの閉鎖（五二九年）によって、制度的に終止符が打たれることになった。トマス・アクィナスの思想においては、盛期スコラ学の神学、および十三世紀のアリストテレス哲学の受容は頂点を迎えている。また初期ルネサンスのクザーヌスは、新プラトン主義の影響の下で、中世末期の唯名論を精神形而上学へと展開したが、これは近世的な反省哲学の幕開けとみなしうるものである。ディオニュシオスの哲学的神学は、トマスとクザーヌスの双方により、彼ら自身の思想にとって決定的な意味をもつものとして受容され、その際にまた変容をも被っている。そのため、ディオニュシオスの著作とその影響史を考察することは、三つの根本的な思想形態の特徴を明確にすると同時に、時代転回におけるその意義を解明することに通じるだろう。

一般的な思想史的概括に陥ることなく、哲学的な思考法に即した考察を行い、それによって事柄そのものに対する洞察を深めるために、ここでは、超越についての思考可能性および言表可能性という問題、すなわち「神の名称」という主題に焦点を絞ることにする。その問題はつまり、ディオニュシオスの哲学的追求の中心点を成し、同様にトマスとクザーヌスにとっても彼らの思想全体にとって根本的な意味をもつものである。ここで扱う資料としては、概括が容易な小論考に限定したいと思う。一切の現実と認識の単純にして一なる第一原因への問いは、初期ギリシアの思想家たちによる「根源《アルケー》」論から始まって、ソクラテスの神信仰、すべての存在者とその理解可能性の先行的原理であるプラトンの善のイデアの概念、またアリストテレスにおける、人間論的・哲学的根本問題への究極的解答としての神的なるものの規定、そしてプロティノスにおける一者への上昇の理論に至るまで、思想史の展開を駆り立ててきたものである。したがってここでの考察は、限られた問題設定ではあっても、形而上学的思考の根幹に触れるものであると言うことができる。それというのも、有限的存在者の本質と根拠づけへの問い、および有限的存在者の認識と、言語的・超越論的なその遂行形式によるその制約をめぐる問題などがそこに収斂してくるからである。

一　ディオニュシオス・アレオパギテスと否定神学

（1）ディオニュシオスの歴史的同定

アテナイの「アレオパゴスのディオニュシオス」の名の下で伝えられているのは、『神名論』（De divinis nominibus）、『天上位階論』（De caelesti hierarchia）、『教会位階論』（De ecclesiastica hierarchia）、『神秘神学』（De mystica theologia［＝*MTh*］）の四著作から成る著作集成《コルプス》、および、厳粛で荘重なギリシア語で書かれた一〇通の手紙である。これらの文献の中で著者自身が触れている他の著作――『神学的梗概集』や『象徴神学』――は、その痕跡も見当たらないため、おそらくそれらは書かれなかったものと思われる。著者の本名、出自、伝記的事実、教育過程や生活環境などについては、歴史的に確かなことはまったく知られていない。[1] この著者は、現在に至るまで自分の本当の姿を巧みに隠し、ただ一度のみ（書簡七・三）自らを「ディオニュシオス」と呼ぶことで、パウロの説教によってキリスト教に回心したと「使徒言行録」（一七・三四）に記されている「アレオパゴスの議員」ディオニュシオスを装っている。その書簡によれば、彼はキリストの死の際の日食を経験し（書簡七・二）、パトモス島に追放された使徒ヨハネと手紙を交わしている（書簡一〇）。中世において、ディオニュシオスの著作群は五三三年のコンスタンティノポリスの宗教対話以来知られており、ベーダ・ウェネラビリス[2]（Beda Venerabilis　六七三／七四－七三五年）やペトルス・アベラルドゥス[3]（Petrus Abaelardus　一〇七九－一一四二年）、さらにはクザーヌスによって、ディオニュシオスが実際に誰であるかに関しては時折疑念が呈されはしたものの、その著作は、使徒の弟子の著作として、聖書に次ぐほど重視され続けた。

ディオニュシオスは、アテナイの最初の司教ディオニュシオスとみなされたこともあれば、エウセビオス（Eusebios　二六三／六五－三三九／四〇年）によって[4]、二世紀後半のコリントの司教と結びつけられたこともある。また七五〇年頃からは、トゥールのグレゴリウス（Gregorius Turonensis　五三八／三九－五九三／九四年）の記述[5]によれば三世紀の半ばにパリでデキウス帝（Decius　在位二四九－二五一年）の下で殉教した人物と同一視され、とりわけ九世紀のパリではサン＝ドニ（聖ディオニュシオス修道院）のヒルドゥイヌス（Hilduinus　八五五／六一年歿）以降、フランスの教会の創設者として尊敬を集めた。人文主義者ロレンツォ・ヴァッラ（Lorenzo Valla　一四〇五／〇七－五七年）が最初に（一四五七年）、次いでヴァッラの写本にもとづいてエラスムス（Desiderius Erasmus　一四六六／六九－一五三六年）が聖書註解（一五〇五、一六年）においてディオニュシオスについての疑問を公にし、史実にあるパウロの弟子ディオニュシオスが、この同じ著者名で流布している著作を実際に著したということはきわめて疑わしいとする見解を表明した[6]。十九世紀末（一八九五年）になると（H・コッホとJ・シュティグルマイアーによってほぼ同時に）、この著作においては、プロクロスからの言葉通りの借用が見られることが証明された。これに続いて、五・六世紀の既知の著者を、このディオニュシオスとみなす多くの試みがなされたが、それらは証明を欠いた仮説にとどまっている。

典礼に関する言及などの、言語的・内容的な目安から考えると、その起源としては（西）シリア周辺が想定できる。その著者はプロクロスの著作を十分に知悉していたのみならず、アテナイのアカデメイアの最後の学園長であった新プラトン主義者ダマスキオス（Damaskios　五三三年以降歿）の著作にも親しんでいたようである。それに加えて、ディオニュシオスの著作からの最初の引用が、シリア人のセウェロス（Severos　アンティオケイア総主教在位五一二―五一八年）が五一八年から五二八年のあいだに著した著作の中に見られるところから、当初より――遅くとも五四三／五五三年以降――まとまった集成として伝承された「ディオニュシオス文書」は、その成立年代が五〇〇年頃に確定される。

（2）『神秘神学』

本稿でまず検討しようとしている『神秘神学』（*Περὶ μυστικῆς θεολογίας* より正しくは『神についての隠れたる語り』）は、現代の印刷本で七頁ばかりのものではあるが、ディオニュシオスの思想の中核を集約して表現したものとみなされ、それゆえに他の三著作への導入、あるいはむしろそれらの最高の頂点および要約として位置づけられている。[7] ディオニュシオスの著作全体には、内容的な齟齬があるのは事実であり、それらを思想そのものの矛盾や飛躍や緊張とみなすことは不可能ではない。その齟齬はとりわけ、神との合一をめぐる二つのあり方のあいだに見られる。すなわち、天上の位階と教会の位階を仲立ちとして、プロクロス的な諸知性と教会職の序列といった図式に従って進む「公然たる」神学と、『神秘神学』に見られるような、肯定と否定によって個々人が直接に上昇の道を辿る「秘密の」神学とのあいだの緊張である。しかしながら、この二つの側面は相互に属し合い絡み合っていると解釈するほうが、ディオニュシオスの意図には即しているものと思われる。それというのもディオニュシオスは、そのすべての著作が、ある有機的な全体を成すものとして理解されなければならないと主張しているからである（『神秘神学』三参照。以下章節のみを指示）。

『神秘神学』という標題は、今日の言葉遣いからすると、二通りの誤解を生みがちである。ディオニュシオスは、自らの思弁的思索を聖書の引用と教義を表す文章によって補強しており、それによって、キリスト教の啓示を解釈するという意図を強調している。そのためにディオニュシオスは、例えば「神秘なる言葉」（τῶν μυστικῶν λογίων 一、一）という語によって、大抵は聖書の言葉、つまり神自身の言葉のことを指しているのであり、人間が神について語る言葉を意味することは稀である。このような啓示としての性格は、『神秘神学』という標題の内にも響いている。なぜなら、「神秘神学」は、精神が上昇し、人間のあらゆる能力と努力を超えたところにまで高まることによって（一、一）完成するものだからである。とはいうものの、「神学」という語は実際のところ、まずは神について語ることを意味する。しかもそれは、哲学的思索と区別されることはなく、プラトンとアリストテレスからプロクロスに至る古代の伝統にならって、人間にとって可能な限り第一原理――あるいは最高の観照《テオリア》の対象――についてロゴスに即して語ることを指している。このような神学は、感覚とその対象から離れることができない人間にとっては隠れたものであり（一、二）、その意味で「神秘的」（μυστικός）である。しかしながらこれは、中世末期以来「神秘的」という語と結びつくことになった、非日常的な意識状態といった情動的な神秘体験とは関わりがない（「超脱《エクスタシス》」〔ἐκστάσει 一、一〕という語が用いられているが、事情は変わらない）。むしろこの著作でのディオニュシオスの狙いは、新プラトン主義の存在論をおおまかな下図としながら、人間の精神による知解の最高の可能性をめぐって、理性的な述定の理論と認識形而上学とを樹立するところにあった。ディオニュシオスが古代の模範――例えばプラトンの『ティマイオス』（二七C、二八D、九〇C）やプロクロス、さらにはオリゲネス（Origenes 一八五頃－二五三／五四年）――にならって、理論的な探求を祈りで始めている

（一、一）ことも、そうした意図となんら矛盾するものではないのである。
「神」という語によって語られるものは、「一切を超える原因」（τὴν πάντων ὑπερκειμένην αἰτίαν 一、二）といった表現によって繰り返し言い換えられている。したがって、神の基本的理解は、信仰から借りてこられたものでもなければ、内的経験にもとづいて前提されたものでもなく、経験可能な有限的存在者の根拠づけにもとづく、神の理性的な認識可能性がその元になっている。とはいうもののディオニュシオスは、例えば感覚的に与えられた事実に因果律を適用し、第一原因の実在を結論づけるような神の存在証明をまったく行っていない。ディオニュシオスの目的は、神に関する命題的な真理ではなく、あらゆる概念を超えて卓越した非知の中で、直視的認識を通じて第一原因と合致するということであった。このような合一に至る道は、有限的存在者から取られた諸述語を神に適用するという仕方で進まざるをえない。そのような意味での「神の名称」は、神的なものが有限的存在者の領域の中で、世界に関係する人間の認識能力を通して、自らを言語的に主題化する道なのである。

存在者は認識に対して、まずもって何らかの完全性――例えば、生あるもの、善なるもの、美なるものなど――の大小に即して露わになる。なぜなら、完全性の段階の把握こそが、人間の認識と言語の根本的な主題だからである。そこで精神による認識は、存在者との関連において、ある肯定的内容ないし完全性を探求し、そうした内容に対する同意ないし措定、つまりは肯定として実現される。しかしながら、完全性に向かう精神の探索が不首尾に終わったとき、根本的には措定と肯定に向かうはずの精神的活動は、廃止ないしは否定という形を取る。精神による認識の二面性、すなわち対立するものに向かう能力――肯定と否定、措定と廃止、同意（κατάφασις）と棄却（ἀπόφασις 一、二参照）といった合理的な根源的遂行――は、肯定可能な内容ないし完全性の自己呈示、およびその欠如にもとづいているのである。

こうして肯定と否定は存在論的に基礎づけられるのであり、単に任意の対象に関する論理的で同等の中立的選択項などではない。理性内の操作体系としての論理学の理念は、精神による認識が現実を根本的に完全性の段階として把握し、したがってその認識は根源的な肯定と否定にもとづくということを見落としてしまう。それゆえ精神の根源的遂行は、主観が外的対象に関係することに存するのではない。むしろ主観と客観、認識するものと認識されるものは、認識された内容の導きの下で根源的に共属し合うのであり、精神の活動は、肯定と否定において、存在者の完全性にもとづいて存在者の内に包括されるような、存在論的運動を存在者そのものに即して、その存在者と共に遂行するのである。存在者の本質を成す完全性の段階は、それが程度の差として区別される限り、その段階づけを可能にする無制約的で欠損のない完全性、あるいは善そのもの、すなわち「神的にして善なる本性」（ἡ θεία καὶ ἀγαθὴ φύσις 三）という根源的規範を指し示している。こうして、認識された内容は、その認識可能性を支え、無制約的な善という光と規範の下で、その善の現われとして実現されるのである以上、いかなる肯定と否定も、認識を通じて存在者をその完全性において遂行するのであり、溢れ出る善としての第一原因を――それ自体として認識されることはないにしても――前提するのである。

神の名称は、有限的な存在者の完全性――例えば存在、一性、生命――から出発して、第一原因をその完全性に即して主題化しようとするものである。ところで、有限的存在者の完全性が第一原因について肯定的に述定されるのは、原因そのものは、それによって根拠づけられたさまざまな完全性を、より高次の仕方でそれ自身の内に先立って保持していなければならないからである。しかしながらそのような肯定的な述語は、第一原因そのものの存在仕方を本来の仕方で再現することはできない。それというのも、第一原因の完全性は、それによって根拠づけられたすべてのものを無限に凌駕しているからである。したがって、有限的な完全性の肯定的述語は、厳密な意味ではただ、有限な諸完全性が神に由来することをのみ意味しているのであり、それゆえ神をこれらの完全性の根拠として示しているにすぎない。つまりそのような述語では、第一原因そのものをそれ自体において規定することはできないのである。それゆえ同一の内容は、それが有限な存在者の内にあり、認識において遂行される限り、第一原因そのものに当てはまるものではないため、第一原因そのものに関しては否定されうるし、否定されなければならない。こうした否定は、確かに第一原因の完全性を肯定的に表現しているわけではないが、それが第一原理に対して有限的なあり方を一切認めず、むしろそれをただ拒絶するという点では、本来的な意味で第一原因にふさわしい。とはいうものの、そうした否定の否定性そのものは、第一原因の内に拠りどころがあるわけではないので、あくまでも第一原因に対して外的なものにとどまっている。

否定ないし否定的述定は、神理解から有限的な内容を取り去り、すべての有限的表象から神自身を際立たせることを可能にする。(8) それは、プラトン以来慣用となっている彫刻家のイメージで語られているように、「自然物の彫刻を造る人が、そこに隠れているもの〔形相〕の純粋な観想を覆い隠している障害物をすべて取り除くことによって、そのように除去するだけでその彫像〔質料〕の内に隠れている美をそれ自身で輝き出させる」(9) ようなものなのである。こうして否定性は、欠如（τὰς στερήσεις 一、二）の表現としての普遍的な論理的機能を超えて、積極的な意味において超越的で、卓越した存在仕方を——「単に〔……〕だけではなく」といった意味で——目指す働きを獲得する。なぜならその否定性は、まさに先行する原因がその卓越した偉大さゆえに有限的存在者と隔絶しているといった洞察にもとづいて、一切の有限的なものを原因から取り去るからである。こうした第一にして、その無限性において超越的な原因を考慮するなら、同一内容の肯定と否定はけっして矛盾せず、むしろそれぞれがそれ自身において自立し、有意味で自体的でありながら必然的に互いに要請し合い、補完し合うのである。神認識においてこのように肯定と否定とが共属するというのは、有限的存在者が原因によって根拠づけられているというあり方にもとづいており、それによって可能になっている。なぜなら、根拠づけられているという事態は類似を意味しており、それゆえに未分化の一性の内にあるような一致と不一致を同時に意味しているからである。

精神による認識は、存在者の完全性の段階に即して方向づけられているため、肯定は完全性そのものの内にその本質的な起源を有し、否定はその欠如そのものを起源とする。諸完全性を表す述語が神に適用された場合、神に対しては、低次の完全性よりも高次の完全性が帰せられる。それに応じて、諸完全性を表す述語は、神によりふさわしいより完全なところから出発し、徐々に肯定的な内容を減らしながら、より不完全なところへと降っていく。そのため諸完全性の述定は、第一原因から諸存在者へ向かい、存在論的秩序を構成する流出の運動に従っているのである。これに対して、より高次の完全性を表す述語に比べて、より低次の完全性を表す述語は、それだけ神に帰せられるにはふさわしくないということになる。したがって神に関して有限な完全性を否定する述語の順序は、純粋な善から掛け離れているところ、すなわちより不完全なところから始まって、否定性の段階を低めながら、神にふさわしくない度合いがより少ないところ、すなわちより高次の完全性へと向かって上昇していく。

このような上昇の過程に即して、否定の運動は、有限的存在者における存在論的な上昇過程を辿る。それというのも、有限的存在者は、第一原因への帰還において、第一原因との距離を自覚しつつも、第一原因と合致しようと願う希求の運動を遂行するからである。肯定的述語の順序が、より完全なところからより不完全なところへと降っていくのに応じて、深さが失われると同時に、完全性の減少と多様性の増加に従って、外延的な広がりを獲得し、それゆえに言葉も多くなっていく。それとは逆に、否定的述語の順序は、第一原因に関してはより強い意味で否定されなければならないため、内実が乏しいながら多様であるような内容が削ぎ落とされるにつれて、より高次でより単純な内容へと至り、言葉はかえって少なくなっていく(10)。

(3)　肯定の道と否定の道

第一原因の完全性は有限的存在者においては十分に反映することがないため、必然的に有限的存在者から出発せざるをえない肯定と否定によっては、第一原因にそれ自体のありようにおいては到達することはできない。同じ完全性を肯定すると同時に否定するなら、それは形式的には矛盾に見えるにしても、肯定と否定という相反する運動は、第一原因に関してはそれ自体として有意味で不可避のものである。しかしこれもまた、第一原因そのものを把握することにはならないし、有限者の領域にとどまることに変わりはない。なぜなら、「存在する」ということは、認識との対応関係そのものによって規定される限り、神はいかなる意味でも存在者ではないからである。それゆえに精神は、第一原因を語ることにおいて、肯定(「肯定神学」)から始めて、否定(「否定神学」)(三)を介して、最終的に肯定的述語と否定的述語との連言的もしくは選言的結合を否定するところまで進んでいく。「それは存在しないもののひとつでもなければ、存在するもののひとつでもなく、〔……〕闇でも光でもなく、誤謬でも真理でもない(11)」。

第一原因に接近しようとする精神は、先行する規範的根拠に対しては、いかなる述語や述定可能性も不適切であることを洞察し、認識可能な存在者の内容すべてと、対象に関わる認識作用の一切を停止し、そうした自己放棄と世界放棄、すなわち「神秘神学」の「沈黙」(σιγῆς 一・一)と「無知の暗闇」(τὸν γνόφον τῆς ἀγνωσίας 一・三)を通じて、ただ認識にならない認識によってのみ直接に、第一原因それ自体へと向かうのである。真理・存在・善・美の概念といった、認識にとって純粋な完全性と思われる諸内容もまた、それらが複数存在し、その内容に関して互いに区別される以上、また不十分なものとみなされる。「可視的で思考可能なものにおいては、最も神的なものと最高のものでさえ、一切を卓越するものによって発せられた表現のなかでは一種の仮の表現にすぎないことを意味しているように思われる。その表現によって、その最も聖なる場に立脚している、あらゆる概念把握を超えたその現存は、知性によって捉えられる最高点で示される」[12]。

肯定の道と否定の道を通って、認識が超越へと上昇する過程を、ディオニュシオスはニュッサのグレゴリオス（Gregorios 三三五頃－三九四年）にならって三重の構造によって図式化し、シナイ山へのモーセの登攀に従って解説している。一切の不純なものと感覚的なものを取り除き浄化される第一の段階、つまり山の麓《ふもと》から始まり、山の中腹である精神的洞察の照明の第二段階が続くが、ここからさらに山頂の闇を目指して登攀がなされる。そこにおいて「彼はまったく把握不可能なもの、まったく見えないものの中に立ち入り、すべての彼方にあるものに属すのであり、誰のものにも、また自らにも他の者にも属さず、至高のもの、認識を完全に絶したものと一体となり、一切の認識の停止によって、彼は何ものをも認識しないことによって超精神的に認識を得るのである」[13]。

次いでディオニュシオスは、超越に向かう上昇において超えていかなければならない二つの実質的な段階を区別している。すなわち、空間・時間的規定、変化や複合（四）をともなった感覚的諸事物と、数や関係規定、ないしは生・存在・永遠といった諸完全性のみならず、一性・神性・善性といった――「われわれがそれを知っているように」（ὡς ἡμᾶς εἰδέναι 五）――精神的に思考可能なものの区別である。感覚的領域に関しては、『象徴神学』において述べられているとされるが、これは彼自身がそう語っているだけで、確証はない。これに対して、精神的・知的領域については、彼自身の包括的な著作『神名論』が当てられている。また、「空気や石」（三）といった感覚的存在、あるいは「悲しみと怒り」（三）といった感情の動きは、精神的諸完全性よりは劣るにしても、象徴的な述語としては神に帰することが可能であるとされる。そこで、感覚的なものを観察する者は、これらの感覚的なものを通して思考へと高められ、それとともに、「存在者」（ὤν）、「命と知恵と力」（ζωὴ καὶ σοφία καὶ δύναμις 三）というような神的な名称——神というその積極的な実質に従い、神について肯定されるとともに否定され、さらによりいっそう否定される名称——へと向かっていく。あらゆる述定が限定的であることを洞察することによって、ここで再び否定が否定され、把握を絶したものの卓越的な現前に直面して、人間の一切の見解が自らを廃棄する。「それについては、いかなる言葉も、いかなる名称も、いかなる知識も存在しない。〔……〕なぜなら、一切のものの十全にして単一の原因は、およそいかなる言明をも超えており、すべてから解き放たれたもの、すべての存在者の彼方にあるものの卓越性は、一切の否定を超えているからである」[14]。それゆえに、神に関して認識されるのは、神から産出された諸完全性、そしてそれらが有限的存在者において感覚と知性を通して認識されるそのかたちのみである。しかしながら、神の本質そのものはこのような産出ないし光り輝くエネルギーに先立ち、神の本質そのものは未知のままにとどまる。まさにこうした神の認識不可能性、あるいは自らの無知に対する洞察を通じて、精神は自由になり、認識を凌駕するこの暗闇において神と合一しうるのである。

（4）ディオニュシオス思想の受容

ディオニュシオスの『神秘神学』は、東方ギリシア世界では、すでに六世紀に、スキュトポリスのヨアンネス（Ioannes; Ioannes Scholastikos　五三六－五五〇年に活動確認）によって註解が書かれ、それ以降、この註解書とともに伝承された。次いで、否定による述定というディオニュシオスの理論は、ダマスコスのヨアンネス（Ioannes Damaskenos; Johannes Damascenus 六五〇頃―七五〇年頃）によって活用されている。ディオニュシオスの著作は俗語に翻訳され、まずはビザンツにおいて、のちにロシアで盛んに読まれはしたものの、その思想はさほど発展させられることもなく、特に目立った影響を与えることはなかった。ラテン西方世界では[15]、ディオニュシオスの著作は九世紀以降、サン＝ドニ修道院の院長ヒルドゥイヌスによるラテン語訳の試み（八三二年頃）が大きな反響を見出すことがなかったのに対して、そののちヨハネス・エリウゲナ（Johannes [Scottus] Eriugena 八一〇頃―八七七年以降）によって翻訳され、積極的に受容された。十二世紀パリのサン＝ヴィクトル修道院において、サン＝ヴィクトルのフーゴー（Hugo de Sancto Victore 一〇九六頃―一一四一年）とトマス・ガルス（Thomas Gallus 一二四六年歿）以来、きわめて豊かな註解が着手され、これが十三世紀から十五世紀に至るまで、神認識の理論と神秘思想とを強く規定し、さらにはサン＝ドニのスジェ（Suger de Saint-Denis 一〇八〇頃―一一五一年）においては、光の神学を通じてゴシック建築の美学にまでも影響を与えることになった。ディオニュシオスの『神秘神学』では、精神の活動そのものを超える超出と神との合一はより高次の認識とみなされたが、サン＝ヴィクトル学派の思想家たちは、クレルヴォーのベルナルドゥス（Bernardus Claraevallensis 一〇九〇―一一五三年）の精神に従い、そうした合一を「雅歌」の愛の神秘思想に引きつけて、認識に対する愛の優位にもとづいて解釈している。このサン＝ヴィクトル学派の思想家たちと同様に、ボナヴェントゥラ（Bonaventura 一二一七／二一―七四年）は、神認識における否定の段階を情感的な愛と解釈し、さらに一歩進めて、ディオニュシオスの「暗闇」をキリストの磔刑、およびそれに続く神における復活と結びつけて考えている。こうして、ディオニュシオスにおいてはごく簡単に触れられただけの愛の優位性、およびキリストの中心的位置づけは、アウグスティヌス的・フランシスコ会的霊性の基本的思想でもあったため、善の形而上学の基盤のうえで、ディオニュシオス解釈の中へと導入されることになったのである。しかし、ディオニュシオスの全著作に註解を著したアルベルトゥス・マグヌス（Albertus Magnus　一一九三／一二〇〇—八〇年）は、トマス・アクィナスと同様に、このような二重の補完を行うことを断念し、厳密にディオニュシオスの知性論的な問題設定を保持した。この点でのちにマイスター・エックハルト（Meister Eckhart　一二六〇頃—一三二七／二八年）もアルベルトゥスに従うことになる。神秘思想の本質をめぐる十五世紀の神学論争にあって、中庸を旨とするジャン・ジェルソン（Jean Gerson　一三六三—一四二九年）の思想は、神秘神学を「観想」の段階に位置づけはするものの、やはりサン＝ヴィクトル学派的な情感の神秘思想の系列に属するが、これに対してクザーヌスは、無知を通しての神との合一の場をあくまでも知性の内に求めている。

二　トマス・アクィナスと類比の思想

（1）神についての述定の諸説の検討

自らの師アルベルトゥスや、そしてまたロバート・グロステスト（Robert Grosseteste　一一七〇頃—一二五三年）と同様に、トマス・アクィナスにおいても、アリストテレス受容とディオニュシオス解釈は、相互に緊張を保ったまま並列している。ディオニュシオスの著作のうち、トマスが註解を著したのはただ『神名論』に関してのみであるが、これは詳細な註解であり（一二六八年頃完成）、対象となる著作に即して共感をもって解釈が進められている。[16] しかしトマスは、神秘的な無知を強調するディオニュシオスの姿勢から一定の距離を取ろうとしており、そのことは、ボナヴェントゥラと異なり、トマスが「知ある無知」（docta ignorantia）や「神秘神学」という語を（『神秘神学』という書名以外では）どこにも用いていないというところからも窺い知ることができる。神認識をめぐるディオニュシオスの理論との体系的な対話は、『神学大全』(Summa theologiae) 第一部第一三問「神の名称について」（一二六七／六八年頃）の中で、その個所に先だって展開された神証明に対する言語論的・認識形而上学的反省という仕方で行われていた。この第一三問でトマスはディオニュシオスの理論を批判的に弁別しながら訂正していくのだが、その際にディオニュシオスの名を論敵として名指すようなことはしていない。この点で、使徒の弟子とされていたディオニュシオスに対して、トマスは格別の敬意を払っているようだが、それでもやはり、問の始めに挙げられる批判的に解明すべき反対意見の内で、九回ディオニュシオスを引き合いに出している。この場合トマスがディオニュシオスの思想の内から取り上げているのが、神の本質は認識不可能であるとする思想、否定的言表の優越の主張、肯定的言表の意味の理論、第一原理の名称としての善の優位といった考え、つまり『神秘神学』において展開された形而上学・言語論・認識論の全体である。『神名論註解』(Expositio in librum beati Dionysii De divinis nominibus) は、ディオニュシオスの思想を掘り下げて解釈したものと思えるのに対して、『神学大全』第一部第一三問は、ディオニュシオスの思想に逆らう試みと思われる。すなわち『神学大全』での議論は、人間の知性に対する神の超越と優越を認めながらも、流出と還帰、否定の優越、善という名称の優位などの理論を取り入れることなく、存在と分有の形而上学によって、神に関する積極的な認識と肯定的な言表を根拠づけようとするものなのである。

ディオニュシオスと同じく、トマスが主張するところによれば、人間は感覚的認識から出発することによってのみ、神を第一原因として把握する。なるほど啓示によって「人間の認識は助けられる」(17) が、それは、客観の側に「多くの優れた結果」(18) が前もって与えられ、主観の側で「知性の自然の光が恩寵の光の注賜によって強められ」[19]、したがって「より完全な認識」[20]が達成されている場合に限られるが、それでもその場合、感覚的認識による束縛は解消されてはいない。すなわち神は、感覚的認識にもとづいて、ただ感覚的に与えられた存在者の原因として認識されるにとどまるのであり、第一原因としての神の認識は、ただ神の存在と「すべてのものの第一原因として神に帰せられなければならないもの」[21]にしか及ばないのである。

そこで問題となるのは、そうした認識から、どのような仕方で神そのものに関する絶対的な肯定的言明が獲得されるのかという点である。そのような肯定的言明は否定的言明と関係的言明から区別される。否定的言明とは、神そのものにいかなる実質的内容をも想定せず[22]、ただ有限的内容を否定する言明（例えば「物質的でない」）であり、また関係的言明とは、有限的存在者に対する神の原因性（例えば「創造者」）を内容とし、神の本質そのものについてそれ自体としては何も語らない言明である。トマスは、肯定的言明をこのように否定的言明に解消し、欠如的な反対規定の否定へと還元すること――例えば、ユダヤ人哲学者モーセス・マイモニデス（Moses Maimonides　一一三五―一二〇四年）が彼の否定神学において提案するような、「神は生きている」を「神は生をもたないものではない」と理解する試み――を拒絶している。また同様にトマスは、その見解の代表者を名指してはいないが、肯定的言明を関係的言明へと還元すること――つまり、「神は善い」を「神は」事物における「善性の原因である」[23]と理解する試み――をも否定している。しかし実際のところ、この見解は、ディオニュシオス自身の説明と一致するものであった。この二つの説明は、肯定的に主張される内容を有限的領域に限定するという点では共通している。しかしトマスが詳説するところによれば、両方の解釈はいずれも、三つの理由から説明になっていない。

まず第一にこれらの説明では、どの述語に関してもそれに対応する欠如的な反対が存在するし、さらに神は一切の有限的内容の起源でもある。それにもかかわらず、神に関して語られるのは、なぜ任意のあらゆる肯定的述語——例えば「身体」——ではなく、ただ特定の完全性のみであるかという点が説明されない。このような反対理由から、肯定的な理性的述語の内では、有限者に制限されるものと無限者に適応可能なものとを区別する必要が生じるが、ディオニュシオスにはそうした区別が欠けているというのである。

第二に、それらの説明によれば、神の理解はそのあらゆる点において、有限者に対する理解に対して「派生的」(per posterius　あとからのもの)となり、その結果、有限者に対する神の卓越した存在の充実と存在論的優越性は考えられえないし、言表されえないことになってしまう。それゆえに、有限者に「先立って」(per prius)神に帰せられ、それ自体として有限的存在者にもとづいて認識されうるような述語が問われるべきである。

最後に第三として、それらの説明は、言語使用には当てはまらず、神についての述定の狙いを捉え損なっている。なぜなら、例えば神について「生きている」といった形容は、神が有限的命の根源であり、あるいは命をもたない物体とは異なるということとは別のことを意味しているからである。[24] したがって神の本質それ自体を表し、[25] しかも「実体的」[26] かつ「本質的に」[27] 意味する肯定的述語を言語論的・認識形而上学的に確証することこそ、ここでトマスによって展開される神認識の理論が目指すところなのである。その際、比喩的表現は、その内容そのもの——例えば「獅子」や「岩」——が有限性を含み、それゆえに神には本来の意味では当てはまらないため、考察の対象外となる。[28]

(2)　原因たる神とその表現

神は原因として認識される限り、その認識の中で三重の契機を区別することができる。すなわち、神が原因である限りでの、有限者と無限者の積極的な関係、また神によって根拠づけられたものと神とは質的に区別されるという意味での否定的な規定、さらに、区別ないし否定を神の卓越性と優越性という意味で理解する規定である。「われわれは彼〔神〕に関して、それが万物の原因であるという点で、彼と被造物との関係を、また神は神によって創造されたもののうちの何ものかではないという点で、被造物と神自身との区別を、さらにそれが彼の欠如によってではなく、卓越しているがゆえに別のものであるということを認識する」[29]。積極的な根拠づけの関係、否定的な差異、そして卓越的な超越という三種の契機の系列は、トマスにおいては、例えば「原理の関係に従って、卓越と排除の様態によって」[30]、または「卓越と原因性と否定の様態によって」[31]など、さまざまに言い換えられるが、その真意は常に変わることがない。トマスはこうした三要素の組み合わせをディオニュシオス自身に由来するものとしているが、正確に見るなら、ディオニュシオスは確かに『神秘神学』のなかで、神への上昇過程を「浄化・照明・合一」という三段階で述べてはいるものの、神の述定に関して、ただ肯定と否定の二つの契機を、対立するが相互に帰属し合う二つの道として認めているのみである。トマスはこれらを、唯一の道の諸段階として理解しようとしている。

除去ないし否定についてのディオニュシオスの理解を、トマスが二つの要素に分割し、つまり単なる否定と、計り知れないものへの超克である卓越とに区別した際、些細に見えるこの区別は、形而上学的思考の上でのより深い相違を指し示している。ディオニュシオスにとって肯定と否定は、その存在論的・超越論的な意味の起源にもとづいて、彼方の根源による、またその根源へと向かう運動として、精神の運動の枠内で展開される。超越への関わりは、ディオニュシオスにおいては肯定・否定と並ぶ精神の単独の活動ではなく、第一原因との関係における否定、ないし有限者の自己超越という帰還運動そのものなのである。これに対してトマスは、有限的存在者をその本質内容に関して対象的・存在論的に考察するところから出発する。この場合、有限的存在者の形相ないし完全性は、それ自体において、その固有の内容に即して、その原因への依存性、つまり「彼〔神〕の他のものへの関係、あるいはむしろ他のものの彼〔神〕への関係」[32]を露わにする。有限的存在者がいかにその原因と関わり、その根源を露わにするかという、より立ち入った規定の内に、トマスの神名論の独自性と、ディオニュシオスの理解との根本的な相違（「別様に言わなければならない」[33]）が明らかになるだろう。

まず神の名称は、直接には有限的存在者に固有な存在仕方と、その原因への依存性に還元されるものではなく、「われわれの知性が彼を認識する限り、神」[34]を意味する。なぜなら「名称は、名指した事柄を、知性の認識を介して指し示す」[35]からである。それらの名称は、精神の内でのみ明らかになる有限的存在者の存在論的構造を遡って、その根源へと関係する。「ところでわれわれの知性は、それら〔諸完全性〕が被造物にある仕方に応じて、それらを把握する。そして把握する仕方に応じて、名称によって指示する」[36]。

ところで、神の名称の三要素――肯定、否定、無限者への超出――は、「表現」（repraesentatio）ないし「類似」（similitudo）の概念において根源的に共属し合っている。すなわち有限的存在者は、認識されたものとして、第一原因ないし神の認識へと導く限り、それは必然的に神の完全性の「表出」ないし「表現」[37]であるが、そのために有限的存在者は、それ固有の完全性において、原因に類似したものとして認識されているはずである。「ところでわれわれの知性は、神を被造物から認識するときに、被造物が神を表現する仕方のままに認識するのと同様である。〔……〕なぜなら、いかなる被造物も、それがいくらかの完全性をもつ限りで、神を表現し、神に類似したものだからである」[38]。それゆえ知性は、それが有限的存在者をその固有性において把握するときには、それを始めから「表現」ないし「類似」（「それらは類似によっていくらかの神的なものを分有する」[39]）として認識していることになる。なぜなら、第一にして普遍的な原因は、その多様な有限的な結果において、必然的に「自らの類似(40)」を創造するからである。このような類似は、被造物の完全性と神の完全性を比較して外部から確定されるものではなく、被造物としての有限的存在者の根源的で内的な存在仕方として把握されるのである。認識する者に対して現前するのは、そのつどの有限的存在者のみだからである。類似したものはそれ自体として、自らの根源――すなわち自らに先行し、その完全性において自らを凌駕するもの、また類似したもの（有限的存在者）に帰せられる同一の完全性をより高次の仕方で有するもの――へと関係する。有限的存在者は、こうした仕方でのみ、他なるものを自らに固有の根源として示し、それとの関係において自らをその根源に類似したものとして構成することができる。これによって有限者は、自身が自らの根源と原型に対して二次的で派生的なもの、すなわち根拠づけられたものであることを、自らの類似性にもとづいて明らかにするのである。その際、第一にして普遍的な原因そのものの作用因性の内には、類似の可能根拠として範型因性が含まれている。

原因づけられたものと原因そのものとのあいだの類似関係において、有限者は自らとは区別されるもの、すなわち自らの根源として自らに先行しているものへと帰還し、それに応じて、有限者から出発してこの他なるものを表す「表現」を通じて、この有限者は自らを他なるものの根拠として示すのではなく、他なるものこそを自らの根拠として示す。それというのも、有限者は自ら固有の存在内容、ないしは自ら固有の完全性を、完全性それ自体の有限で限定された欠如的様態として露わにし、それゆえに、それ自体において存立する完全性の形態を、他を必要としないままそれ自体の内で自らに先行するものとして不可避的に前提することになるからである。限定は、自らに先行する無限定なるものとの対比によって、初めてそのものとして特徴づけられる。それゆえに、有限的存在者に固有の完全性が、派生的なものとして表現され、原因の完全性の積極的な呈示がなされる際には、それと同時に表現の限定性と不完全性が示され、卓越した超越である根拠が隠蔽されることも示唆される。なぜなら、有限者は自らに内在する完全性を単に有限的・派生的なものとして示すだけでなく、純粋な完全性の有限な似姿として自ら自身とともにその完全性それ自体を示すことになるが、この先行する純粋な完全性は、有限者の限定された形相がそれ固有の完全性によって完全性それ自体を開示する程度に応じてのみ示されるからである。

有限的存在者はその限定された完全性、つまりその完全性の程度に応じて、根拠の完全性との「比例」[41]を自らの内に有し、そのためにこの完全性は、比例に応じて、すなわち無限者に対する有限者の緊張関係にもとづいて「類比的に」把握される。「このようにして、名称は神と被造物について類比に従って、すなわち比例に従って語られる[42]」。したがって、神のさまざまな名称の根底には、第一原因のもつ――その先行性においては到達しえない――完全性の充実に対する、有限者にとって構成的な関係が働いている。「神と被造物に関して語られることは何であれ、それが神――したがって原理にして原因であり、そこにおいて事物のすべての完全性が卓越的に先在するところ――に対する被造物の関係が存することに従って語られる[43]」。

(3) 完全性と神の名称

第一にして普遍的な根拠についての有限的存在者による表現には、有限的存在者は、その完全性が限定されているがゆえに、先行するより高次の純粋な完全性へと向けて自己自身を本質的に相対化し、それゆえに自らの根源である純粋な完全性から自身を事後的に共に構成するということが含まれている。したがって純粋な完全性の原因としての存在論的な先行性[44]は、すでに第一根拠の卓越性と内容的優越性、および一切の有限者とその依存性とを「超える」ことを意味している。「神は自身の内に被造物のすべての完全性を、あたかも端的にかつ普遍的に完全であるもののように有している。それゆえいかなる被造物も、〔……〕結果があのものの形相に対して弱まり、しかしその何らかの類似を得る卓越した原理のようなものとして、神を表現しているのである」[45]。

こうした実在的な類似関係――「被造物は実在的に、神自身に関連する」[46]――は、有限的存在者の「表現」としての内的本質を成すため、有限者そのものの形相ないし完全性に関して、表出されてはいるがそれ自体として有限者に限定されない完全性それ自体の純粋な形態[47]と、この有限者におけるその実現の様式（「被造物が神的完全性を分有する不完全な様態[48]」）のあいだには明らかに相違が存在する。完全性の有限の実現の様式が、完全性の概念の内に含まれ、共に言表されているかどうかという点に応じて、ある概念（例えば「石」あるいは「物質的力」）は、有限的領域に制限され、せいぜいのところ比喩的・転義的に神に当てはめられるだけであるのに対して、ある概念（例えば「存在者」「善」「命あるもの」）は神そのものに帰せられることになる[49]。それゆえに、純粋な完全性に対する洞察は、有限的存在者の認識ののちに、有限性と無限性に関して中立的な完全性概念を有限的存在者から際立たせる概念的抽象によって獲得されたものではなく、有限的存在者に対する認識そのものの内にすでに含まれているのである。なぜなら有限的存在者は、純粋な完全性――それにもとづいて有限的存在者自身が存在し、そのものとして可能になっているところ――に対する洞見を、それ自体の限定された完全性の内に開示しているからである。有限者は根本的に、根拠の分有、および根拠自身の他なるもの〔有限者〕におけるその現存として自らを示すため、人間の認識は、有限者から出発してその第一の根拠へと遡行することができる。そのため、神認識の推論的な道としての因果性は、ディオニュシオスの神概念においてもまた「第一原因」というかたちで前提となっているが、その因果性は、ただ有限者の本質にとって構成的な分有構造に即してのみ明らかとなるのである。「何ものかが、分有という仕方で何ものかの内に見出される場合、それはかならず、それ自身において、本質的に適合しているものによって原因づけられているのでなければならない」[50]。こうして純粋な完全性は、第一にそして本質的に根拠に帰せられるのであり、まさに根拠と同一なのである。なぜなら根拠は、それ自体が再びこの完全性を分有するということがなく、なんの制限もなくその完全性を有している以上、それ自体において自存するこの完全性そのもの（例えば、それ自体で自存する命、存在、善）である以外はありえないからである。

それ自体において自存するものとして、この完全性は実在する有限的存在者からの因果性による推論によって確証されるにしても、その完全性は、神の名称の内実を成しうる純粋な完全性として、すでに有限的存在者において、すなわちそこに現存しながら無限に先行する、有限者の完全性の根拠として、この有限的存在者の完全性というかたちで精神によって観取されている。それというのも、精神によって認識されるのは根源的には、――ディオニュシオスの場合がそうであるように[51]――依存関係、ないしそれ自体は認識されない本質的に純粋な完全性からの有限的な完全性の流出などではなく、たとえ不完全な仕方ではあっても[52]、無制約的で純粋な完全性そのものなのである。「〔われわれの知性は〕名称を、その発出を表示するように設定するのではない。例えば、〈神は生きている〉と言われるとき、その意味は、〈生命は神から発する〉ということではない。それは、事物の原理そのものを表示するためである。それは生命が、もとより知解されたり表示される仕方よりは卓越したかたちではあるが、神において先在している限りのことである」[53]。こうして、神の名称において意味される完全性は、その最初の担い手である有限者から神へと転義されたものではなく、根源的かつ本来的に、被造物に先立って第一の根源に属するものとして認識されるものである。「このようなあり方の名称が表示するものに関する限りは、固有の仕方で神に適合するものであり、被造物そのものよりも固有の仕方で神にこそ適合しており、神についてより先行するかたちで語られる」[54]。

第一の根源の純粋で単純な完全性は、ただ有限者から出発して、有限者の完全性の存在論的な次元の高さと透徹性の度合いに応じて認識されうるため、そこでは同時に、「そのものの本質が、われわれが神に関して知解すること、および神の名称によって意味表示するところを超えている」[55]ことが洞察される。なぜなら「理性は、それが何であるかを知るほど、単純な形相へと突き進むことはできない」[56]のであり、つまりはその本質をその固有性において把握することはできないからである。人間の精神が神秘神学において「完全に」（παντελῶς; penitus, omnino）[57]未知なるものとしての神に合致するとみなすディオニュシオスの不可知論はここで、認識の不可能性を、完全に適切な本質認識の不可能性へと制限することによって、「いわば知られていないものとの結合」[58]である類比的認識の主張へと緩和される。こうした解釈によってトマスは、神の認識は確かに有限的存在者から出発する点では、ディオニュシオスと歩みを共にしながら、こうした認識の出発点ないし範例は、その出発点そのものを超出する本質的内容へと知性を導くことができるという理解を提示するのである。「名称による表示に関して、表示のために名称がそれにもとづいて設定されているものと、それを表示するために名称が設定されているものは別物である」[59]。しかしながら、有限者における出発点は、そのものに内容的に依存しない洞察、例えば生得観念の想起の切っ掛けとなるだけでなく、そこに洞察された内容の根源的根拠である。そのことは、神に帰せられる純粋で無制約な完全性は、精神にとってはただ有限的な仕方で、すなわちそれが感覚的存在者において現象する仕方に応じて主題化されるというかたちで、神の名称において示されている。「名称の設定に関する限り、〔名称は〕われわれが先立って認識する諸々の被造物に対して、より先なる仕方でわれわれによって設定される。それゆえに、被造物に適合する表示様態を有する」[60]。

（4） 表示内容と表示様態の区別

神の名称における認識と表示の内容の有限的なあり方は、精神によってその意味された内容そのものから明確に区別される。つまりそれらの有限的なあり方は、主観の側から制限されているがゆえに、それによって意味される完全性にとっては非本質的なものとして、そのものの理解から切り離されることになるのである。「したがってわれわれが神に帰する名称においては、二つのものが考えられる。すなわち、表示されている完全性そのもの、例えば善、命、それに類するもの、そして表示様態である。したがって、このようなあり方の名称が表示するものに関しては、神にこそ固有の仕方で適合する。〔……〕これに対して、表示様態に関する限り、それらは神に対して固有の仕方で語られているわけではない。それというのも〔それらの名称は〕、被造物に適合する表示様態を有するからである」[61]。したがって神の名称は、「物体的な状態を、名称の意味そのものにおいてではなく、それが意味する仕方に関して」[62]包摂する。ここで「意味する仕方」と言われるのは、単に文法的な形式のことではなく[63]、認識の有限的な出発点に依存している限りは、例えば純粋な完全性相互の概念的な区別のようなものをも指している。なぜなら、純粋な諸完全性は、複数的であるにもかかわらず、その同一性において同一の第一根拠に属しているものとして認識されるからである。「われわれの知性の多種多様な観念には、こうした観念に従って不完全な仕方で知解されるあらゆる意味において単純な一なるものが対応している」[64]。こうして「そのすべての概念には、一にして同一の単純なるものが対応することを認識している」[65]。

思考と表示の有限的なあり方と名指された内容との区別は、精神による真理認識にとって本質的な「完全な帰還」[66]――すなわち自らの活動、自ら固有の認識能力の本質、そして第一の所与である感覚的対象による制約への帰還――にもとづいて、精神によって可能となり、精神のすべての認識において自発的に遂行される。「われわれわれは被造物から始めて神の認識に到達し、そのものから始めて神を名づける以上、われわれが神に帰する諸々の名称に関しても、その表示様態は、その認識がわれわれと本性を共にする質料的な被造物に適合するところに対応したものである」[67]。トマスの解釈によれば、意味された内容と表示の仕方についてのこうした区別は、ディオニュシオスにおいてはなされていないために、ディオニュシオスは、肯定的な述語を神について否定し、超越そのもの（「超……」）の表現をもってその代わりとしているのである。しかしそこではやはり、表示のあり方だけが否定されるべきであり、表示された内容までが否定されるべきだとは言えないのである。「ディオニュシオスが、このような諸々の名称は神に対しては否定されると語っている。それというのも、名称によって表示されるものが、その名称が表示している様態においてではなく、それを超えてさらに卓越した様態において神に適合するからである。したがって、同じ個所でディオニュシオスは、神が〈あらゆる実体と命を超える〉と語っているのである」[68]。

こうしてトマスにとっては、否定は――ディオニュシオスの場合とは異なり――有限者の内容全体を第一根拠から区別し際立たせることに第一義的に関わるのではなく、存在・思考・表示の有限的な仕方を純粋な完全性から分離し、このようにして初めて神からも切り離す役割を果たすため、すでに言及したように、有限者における完全性を根拠づけられたものとして肯定しながら、その有限的様態を否定しなければならないし、さらには、純粋な完全性を第一根拠の存在仕方として認識可能にする卓越が第三の活動要素として必要となる。そこで、言葉としては同じ完全性の内実は、認識に対して与えられる有限的存在者そのものに関する述定においては、その完全性をその有限的で正確に規定された実現の仕方とともに表示し、そのために一義的に使用される。しかしその完全性の内実は、有限的なものとしてのそのあり方を否定し卓越することによって、第一根拠へと関連づけられるところから、本質的には同一の、しかし類比によって深められた完全性を人間の精神によってはそれ以上詳細には規定しえないその根源的な存在仕方において意味するのである。「〈知恵ある〉という名称が人間に関して語られる場合、表示されているものにある仕方で境界を画し、それを把握することになる。これに対して、神について語られる場合はそうではなく、表示されているものを、把握されないがままに、そして名称による表示を超えるがままに残すのである」[69]。こうして人間の精神は、有限的存在者の認識された内容から、その核および基盤として、純粋な完全性を露わにする。その純粋な完全性は、その根源的で無制約的な意味と本質において、本来的かつ実体的、また第一義的・先行的な仕方で第一根拠に帰せられるのである。

このような単純で純粋な完全性の内容は、ただ単に存在論的・認識形而上学的な意味で、有限的存在者とその認識の基盤となるだけではなく、意味内容として、同一の完全性の各々の特殊化された概念——すなわち、有限的存在者自体において現実化される、完全性の有限的な実現を表現する概念——の中に構成的な仕方で含まれる。これらの有限的で特殊化されたものの完全性はそれゆえ、純粋な完全性そのものの概念に対して類比関係にあるのである。「いくつかのものについて類比的に語られるすべての名称に関しては、すべてが一なるところへの関係において語られるのでなければならない。この一つのものが、すべての定義の内に措定されなければならない。〔……〕こうした名称は、他のものの定義の内に措定されるものについてはより先なる仕方で語られ、その他のものについては、この最初のものに、より多くあるいはより少なく近づく序列に従って、あとなる仕方において語られるのでなければならない」[70]。したがって認識は、それ自体として、すなわち存在論的に二次的なもの、つまりわれわれにとって先なるものとしての有限的存在者から始まり、ただそこからのみ開かれるにしても、根本的には、存在論的・因果論的に第一のものは、人間による認識と命名においても、第一に思念されるものである。

認識はその第一のものから出発し、有限者へ向けて下降しながら、認識形而上学的かつ論理的・意味論的秩序と存在論的・因果論的秩序とが並行するかたちで実現される。「〔それらの名称は〕神に関しては、被造物に関してより先なる仕方で語られる。それというのも、このような完全性は神から被造物に流れ入るからである」[71]。存在者をその規定された本質に関して把握する有限的完全性の命名は、根源的な無限の完全性に対する洞察の深淵——すなわち、類比によって開かれはするが、完全には見通すことができず、十分に反省したり規定することのできない深み——の内に根拠づけられているのである。「述定において、すべての一義的なものは根源的な一へ還元されるが、それは一義的な一ではなく、類比的な一である」[72]。

さまざまな有限的諸完全性から獲得された神の多様な名称は、同一の第一根拠に対して、その単純な完全性において関係する。「これらのすべて〔名称のこれらの概念〕には、すべての名称によって多様で不完全な仕方で表現される、単純な一なるものが対応する」[73]。こうして第一根拠は、トマスがこれまでの考察で示したように、ディオニュシオスの場合とは異なり、ただ超越の内に隠された認識不可能な無底ということではなく[74]、有限者を通してただ類比的で不完全な仕方ではあっても、本来的にかつ「本質的に」認識される。「こうした名称は神に対してただ因果論的に語られるだけでなく、本質的に語られる」[75]。それゆえ同時に、神学の内に見られるように[76]、神に対して肯定的な陳述を行うことも可能になる[77]。そのような陳述が「不適切」であるのは、その内容に関してではなく、その「表示様態に従って[78]」のことなのである。

(5)　神の第一の名称

第一原因がそれ自体として露わとなるなら、それはどのような完全性の下で根源的かつ第一に認識されるのかという点が問題になる。形而上学的思考の全体構造にとって決定的なこの問いに関しても、論駁すべき議論としてディオニュシオスの主張に対決しなければならないことを、トマスは自覚していた。「ディオニュシオスは『神名論』第三章において、〈善という呼び名こそは、神のあらゆる発出を開示するに足るものである〉と述べている。ただ諸々の事物の普遍的な根源であるということこそ、神に最も適合するものである。それゆえにこの〈善〉という名称こそ、神に最もふさわしい[79]」。これに対してトマスはまず、「善い」という名称は、ディオニュシオスにおいてそうであるように、神をただ「被造物の善性の原因[80]」として意味するのではないという点を指摘する。なぜならば、この前提では、「神について語られた〈善〉という名称は、その概念の内に被造物の善を含むことになってしまうからである[81]」。それゆえ「善い」という名称は、実際のところ、神そのものの内的な存在仕方としての善性を意味している。「〈神が善い〉という場合、その意味は〈神が善性の原因である〉ということではなく、〔……〕〈われわれが被造物において善と言うところのものが、神の内に先在している〉、しかもより高い仕方で先在しているという意味である。そこから、〔……〕むしろ逆に、〔神は〕善であるがゆえに、事物に対して善を注ぐということが帰結する[82]」。さらに――これは決定的なことだが――「善」というのは、人間のすべての理解の基盤となり、神認識が第一義的に可能になる場なのではなく、むしろ「存在する」こそが人間の認識の基盤なのである。「述定において、一切のものは、〔……〕一なる第一のもの〔……〕、すなわち、それが存在するものであるというところに還元される[83]」。「善」という概念は、それが原因をその善性にもとづいて根拠づけている限りは、すべての根拠づけの根源を意味してはいるものの、またそのことによってこそ、その概念の内に前提されている根源それ自体の存在を遡及的に指示している。「〈善〉という名称は、原因である限りにおいての神に関しては、その根源的な名称ではあるが、端的な意味ではそうではない。なぜなら、絶対的な意味での存在こそが、原因に先立って理解されるものだからである」[84]。

「存在」（esse）がすべての認識と名称付与の基盤である以上、「〈あるところの者〉というこの名称が〔……〕最もふさわしい神の名称である」[85]。なぜなら、聖書に記される神のこの名称（出エジプト記三・一四）は、単に「何らかの形相を表示しているのではなく、存在そのものを表示している」[86]からであり、しかも、存在そのものの根源的な開示性を曇らせ歪めるようなそれ以上の規定をなんら含んでいないからである。「〔われわれの知性は、〕神に関してどのような仕方で規定しようとも、神がそれ自体においてあるあり方には及ばない。そこで、ある名称は、その規定が少なければ少ないほど、また一般的で無条件的であればあるほど、われわれによって神は適切に表されることになる」[87]。したがって、「あるところの者」という神の名称は、第一義的には存在そのものを、人間の側からは損なわれていない現存において、その第一根拠における現実そのものの根源的規定として語っているのである。しかもここで「存在（ある）」が動詞として、しかも現在形で語られている限り、それは同時に副次的には、神の存在のあり方としての無制限の現在に言及していることになる。「それ〔あるところの者〕は、現在における存在を意味している。そしてこのことは、神に関して最も固有の仕方で語られる。神の存在は過去や未来を知らないのである」[88]。しかし、この名称においても、神はその本質に関して観取されることはなく、それ自体としてではあるが、被造物の側から名指されている。なぜなら、被造物において分有された諸完全性のなかでは、「存在そのものが第一のもの」[89]だからである。このように詳細に展開された究明においてトマスは、隠れた根源である善を何よりも否定神学的に考察するディオニュシオスを意図的に修正し、その代わりに、積極的な神認識を語る肯定神学を対置する。それは、人間の精神に対する存在の根源的な開示性と分有の形而上学の内にその根拠を有する。そしてこの分有の形而上学とは、完全性としての形相および因果性というアリストテレス的な概念と、第一原理への本質の類似というプラトン的理解とを結び合わせたものである。

三　ニコラウス・クザーヌスにおける「知ある無知」と弁証法的思惟

(1)　クザーヌスとディオニュシオス

盛期スコラ学の神学者たちによるディオニュシオス註解——つまりロバート・グロステスト(一一三五—四四年)、トマス・ガルスによる註解(一二四一—四四年)、ペトルス・ヒスパヌス(Petrus Hispanus 一二〇五以前—七七年。ヨハネス二一世[Johannes XXI]在位一二七六—歿年)によるもの(一二四六—五〇年)、アルベルトゥス・マグヌスの註解(一二四八年以降)、トマス・アクィナスによる註解(一二六八年)——、およびボナヴェントゥラによるフランシスコ会神学が、ディオニュシオスの神認識の理論をスコラ学的思考の主流へと導入したのち、ディオニュシオスに関する註解は、十四世紀にも繰り返し行われた。その否定神学・神秘神学は、後世の神秘神学の思想——すなわちバルマのフーゴー(Hugo de Balma 一二八九—一三〇四年活動)からマイスター・エックハルトとその学派を経て、ヤン・ファン・ルースブルーク(Jan van Ruusbroec 一二九三—一三八一年)、『不可知の雲』の逸名著者(一三五〇頃—八五年頃活動)、そしてジャン・ジェルソンらの思想——を根本的に規定することになった。ディオニュシオスの著作は、ルネサンスにおいて、ニコラウス・クザーヌスから十字架のヨハネ(Juan de la Cruz 一五四二—九一年)に至るまで、さらに大きな影響を与えている。その頃までに存在していた四種のラテン語翻訳〔ヒルドゥイヌス〔八三二年頃〕、ヨハネス・エリウゲナ〔八六七年頃〕、ヨハネス・サラケヌス〔Johannes Sarracenus 十二世紀〕〔一一六七年頃〕、ロバート・グロステスト〔一二三五年頃〕〕に加えて、十六世紀中葉までにさらに五種類の翻訳が現れた。つまり、クザーヌスが主に用いたカマルドリ会総長アンブロージョ・トラヴェルサーリ（Ambrogio Traversari　一三八六－一四三九年）の優れた翻訳（一四三六年）、またその後もしばしば再刊されたフィチーノ（Marsilio Ficino　一四三三－九九年）の翻訳（一四九二年）、さらに十六世紀にはベネディクト会士ヨアキム・ペリオン（Joachim Périon　一四九九－一五五九／六一年）のもの（一五三六年）、カルトゥジア会のゴデフリドゥス・ティルマン（Godefridus Tilman　一五六一年歿）の翻訳（一五四六年）、そしてベネディクト会士バシリウス・ミラニウス（Basilius Millanius）のもの（一五五四年）である。一世紀のあいだに、およそ八〇点のラテン語刊本、九点のギリシア語刊本が、おおむねアルプスの北で公刊された。しかも、人文主義者による二〇〇以上の手稿の中にディオニュシオスの文章が見出される。このようなディオニュシオス・ルネサンスの只中で、フィチーノのディオニュシオス註解（一四九〇－九二年）などは広範な影響を与えている。もっとも、ロレンツォ・ヴァッラがディオニュシオスの歴史的同一性に疑義を呈したため、十六世紀には、とりわけプロテスタントの学者のあいだでディオニュシオスの権威は弱まり始めることになった。

ルネサンスの思想家のなかでもクザーヌスは、ディオニュシオスの神秘神学に最も深い影響を受け、その思想を最も創造的に展開した人物である。[90]その晩年（一四六二年）に、クザーヌス自ら、ディオニュシオスの研究家を自称しているほどである。[91]クザーヌスにとってディオニュシオスは、「大いなる」[92]者、あるいは「神学者のなかで最高の者」[93]、あるいは「すべてに比してより賢明」[94]な者と呼ばれる。クザーヌスはディオニュシオスの内にプラトン主義者を認めており、そのために「プラトンとディオニュシオスは互いに相反しておらず、また対立もしていない」[95]と述べ、対話篇『非他なるもの』（Discretio speculantis seu de non aliud）では対話者のひとりに、プロクロスの『プラトン神学』（In Platonis Theologiam）にも「その言葉と同じことが、同じ表現、同じ仕方で見出した」[96]ことに、驚きを表明させている。「使徒パウロが同じくディオニュシオスの師である」[97]ところから、「プロクロスが〔……〕ディオニュシオス・アレオパギテスよりも時代的に後の人であるのは確かである」[98]。しかしながらクザーヌスは、「アンブロシウス（Ambrosius Mediolanensis 三三九頃－三九七年）、アウグスティヌス（Aurelius Augustinus 三五四－四三〇年）、ヒエロニュムス（Sophronius Eusebius Hieronymus 三四七－四一九／二〇年）がディオニュシオスその人を知らなかった」[99]ことに対する驚きを隠そうとはしていない。クザーヌスは、『神秘神学』の註解者たち、すなわち「マクシムス・モナクス（Maximus Confessor 五八〇－六六二年）、サン＝ヴィクトルのフーゴー、リンカンのロベルトゥス〔ロバート・グロステスト〕、ヨハネス・スコトゥス〔・エリウゲナ〕、修道院長ヴェルケレンシス〔トマス・ガルス〕と、その著作の最近の註解者たち」[100]を知っており、トマス・アクィナスの『神名論註解』を読んでおり[101]、またアルベルトゥス・マグヌスの註解に、「〔クザーヌス〕自身の手によるおびただしい数の欄外註記」[102]が見られるように、それを徹底して読み込んでいる。その一方でクザーヌスは、直接にディオニュシオスのテクストに当たっている。そのテクストは、「註記を必要としない。そのテクスト自身が自らを種々の仕方で解き明かしているのである」[103]。おそらく、一四三八年にクザーヌスはコンスタンティノポリスからディオニュシオスのギリシア語文献を持ち帰っており、また一四三六年に完成したトラヴェルサーリのラテン語翻訳に関しては、その一部を入手したのは一四四三年になってからのことではあるが、それを一四四〇年以前にはすでに知っていた[104]。一四三一年以降のクザーヌスの最初期の著作では早くもディオニュシオスからの引用がなされている。その数はコンスタンティノポリスへの派遣（一四三八年）以降ますます増加している。『知ある無知』（一四四〇年）以来、クザーヌスはディオニュシオスのすべての著作を知っていたことは確実である。

一四五三年から最後の著作に至るまで、クザーヌスはディオニュシオスを頻繁に、しかも中心的な問題に関して参照している。とはいえクザーヌスは、自らの根本的洞察を、コンスタンティノポリスからの帰路、地中海の船上で得た啓示の賜物とみなしている。「ギリシアからの帰路の船上で、〔……〕――光の父からの天上の賜物によって導かれてと、私は信じる――、人間の仕方で知られうる消滅しない諸真理を超越することによって、把握されえないものを、知ある無知において、把握されえない仕方で抱懐するに至りました[105]」。この文章の中で、クザーヌスは認識の目的であるところ、すなわち把握されえないものについての「知ある無知」とともに、そこに至る道、つまり人間にとっての可知的領域を超えた領域への上昇を集約して語っている。

クザーヌスは、このような自身の根本的洞察は、ディオニュシオスによって確証されたにしても、けっしてディオニュシオスから得られたものでないと考えていた。「友よ、私は告白するが、このような考えを受け容れるに至った際、ディオニュシオスも他の真なる神学者をも知らなかった[106]」。にもかかわらず、これらの学識者たちの著作の説くところに素早く向かい、ただ啓示されたものがさまざまに展開されていることをしか見なかった。同様に、個々の洞察――例えば神の名称である「非他なるもの」――に関しても、それはあくまでもクザーヌス自身の独自の洞察にもとづくと主張するのであって、かろうじてディオニュシオスのテクストにその暗示を認めるにとどまっている。「私は〔それを〕いかなるところでも読んだことはないにしても、ディオニュシオスが他の誰よりも近いように思える[107]」。これらの事情を加味するなら、なるほどクザーヌスはディオニュシオスに共感して、その神論全体を吸収し、程度ははるか劣るがその位階論などにも関心を示している。しかしディオニュシオスの神論が、クザーヌスの認識の理念やその精神論の下でどのような変容と展開を遂げたかという点は、なおも立ち入った吟味が必要なのである。

(2) 精神の上昇

クザーヌスは、ディオニュシオスによって強調された神の超越と不可捉性とを最も根本的な仕方で堅持しながら、この不可捉なるものそのものを再び人間精神の働きによって主題化し、思考と言語によって接近しようとする。そこでクザーヌスは、神との合一への道を、知的領域から情感的領域へと移行させるような措置に断固として反対する。つまりクザーヌスは、カルトゥジア会士アッグスバハのヴィンケンティウス(Vincentius de Aggsbach 一三八九―一四六四年)が、神秘神学を「観想」(contemplatio)の段階に位置づけるジェルソンの思想に対抗し、しかもサン=ヴィクトル学派とフランシスコ会学派を踏まえながら展開したような解釈を頑として斥けるのである。「学知と無知というものは、知性に関わるのであって、意志に関わるのではない」(108)。こうしてクザーヌスにおいては、神の不可捉性を単に認識の限界として設定するにとどまらず、それを知性的に媒介するという課題が生じるため、知性の自発的な自立的活動は、体系的な意味を獲得することになる。これに対して、トマス学派の神学者ヨハネス・ヴェンク(Johannes Wenck 一四六〇年歿)は、クザーヌスの「知ある無知」の概念を攻撃する際(一四四二―四三年)、知性がアリストテレス的な意味で感覚的認識に常に拘束されている点を強調している。

クザーヌスもまた、知的活動は感覚的認識によって触発されなければならないという理由で、直接的な知的直観を斥けている。「精神の力は、〔……〕感覚的なものによって刺激されなければ、それ自体として働くことはできないし、感覚的表象像の媒介がなければ刺激されえない」(109)。感覚的事物においては、「すべてを生み出した一なる創造的原因」(110)が「形相因、そしてもちろん作用因、目的因」(111)として現れており、その「類似」(similitudo)は、すべてのものにおいて分有されている」(112)。しかしクザーヌスにおいて精神は、トマスの場合と異なり、感覚的存在者の本質から因果性にもとづく推論を通して、純粋な完全性である第一原因へと上昇していくようなことはない。なぜなら、クザーヌスは唯名論の影響の下で本質認識の限界を狭く見積もっているため、「存在者の本質である事物の何性はそれゆえ、その純粋性においては到達されえない」[113]と考えるからである。人間が事物の本質として捉えるものは、「偶有性から、また、行為や形象の多様性から生じるのであり、それらに対しては、区別するにあたって多様な名称を与える。つまり運動が、判別的悟性において名称を付与する」[114]。

しかしながら、感覚的・合理的認識の唯名論的・憶測的性格は、精神が感覚的現象を精神的内容の比喩や形象と受け取ることをなんら妨げるものではない。「〔ディオニュシオスは〕可感的なものを、知解可能なものの類似ないし像と呼んでいる」[115]。そこで精神は、感覚的現象の美から、絶対的美の観照へと上昇していくことができる。「われわれは、工芸品から制作者に向かうように、諸形象の偉大さや被造物の美から、無限で把握不可能な美へと向かっていく」[116]。とりわけ光と焔は、その不変の本質そのものは不可視で、ただ他なるものにおいてのみ可視的となり、すべての他なるものを同化するところから、第一原因を比喩的に表現するのにふさわしいことがわかる。「それゆえに熱は、すべての可燃的なもの、熱がその原因であるところの燃焼しているものに先立っており、一切の感覚的な熱に先立って、まったく見ることもできなければ知ることもできない。それゆえにそれは第一原因の類似である」[117]。

こうして精神は、このような「象徴神学」への反省において、自ら固有の――憶測的で名称付与的で、美的・価値評価的な――自発性へと立ち還るため、上昇は数学的・幾何学的比喩を借りてさらに先へと進む。すなわち、数は精神から発するものであるため、その法則性は厳密に精神によって観取可能なのである。「数は展開された悟性にほかならない」[118]。例えば、多角形を円に変換するように、有限な図形を無限な図形へと外挿的に変換していくことによって、精神は自らの原像に迫る力を発見する。「したがって数の本質は、精神の第一の範型である[119]」。数学的認識の段階は、ディオニュシオスにとってもトマスにとっても、神への上昇において本質的な役割を果たすことはないが、神認識についてのクザーヌスの理論にとってはその手引きとなる。そのため、不可捉なるものの認識に至るには、精神の自己認識を経由していくことになる。なぜなら数学は、人間の精神をその本質において遂行し、表現するものだからである。このような反省的自己把握という主題は、確かにディオニュシオスの新プラトン主義的な精神理解にとってもけっして無縁のものではないが、神の神秘へといわば自己忘却的・脱我的に向かう直線的上昇[120]においては顧みられることがない。しかしながらクザーヌスにとっては、精神が自らの可能性の根拠をめぐる無知と自身の認識能力の限界を反省的に洞察すること、つまり「知ある無知」は、決定的な課題と転換点になる。精神はこれを転機として、理性的認識を超えて、知的直視にまで超出することが可能になるのである。「師〔クザーヌス〕は〔……〕知ある無知がこうして、高い塔のように人を眺望へと高めることに注目するように喚起した[121]」。

(3) 「知ある無知」と否定神学

クザーヌスは「知ある無知」という表現を、ボナヴェントゥラに拠りながら[122]ディオニュシオスの内に求めているが、興味深いことに、その表現はディオニュシオスにおいてはそのままのかたちでは見られず、アウグスティヌスが、神認識を自己認識の内に根拠づける際にこの語を初めて用いている[123]。なぜならディオニュシオスにとって、第一根拠の認識は無知を通じて[124]、無知という仕方で遂行されるのであり、クザーヌスの場合のように、「無知の知[125]」[126]、ないし無知に対する反省によって遂行されるわけではないからである。「このこと〔神はすべての存在の存在であり、すべてのもののうちの何ものかではないこと〕を知るのは、知ある無知におけるほかはないと私は確信する」[127]。知ある無知とは、精神がそれによって自己自身へと向き直り、自らを知と無知とが遂行される場所として把握する形式なのである。「したがって精神が観取するものは何でも、精神は自らの内に観取する」[128]。自己自身を注視することによって、無知そのものが、認識不可能なものをめぐる知の一種の形態として露わになるのである。「彼は、自分自身へと注意を向けなくてはならない〔……〕と言っている。そこで〔……〕無知のままに昇る混乱が確実性であり、また暗闇が光であり、さらに無知が学知であることを見出すであろう」[129]。精神が自らの無知そのものを反省することによって初めて、精神から脱去し隠蔽されるものが、精神を超えたものとして現れる。そしてこのことを通じて、この無知は、対象的な知の欠如様態ではなく、むしろ精神が自らに先行し自らを無限に凌駕する根拠を解明しつつ、そこへと遡行することであるのが明らかになる。このような反省的無知において、第一根拠そのものが、認識不可能なものとして認識され、それによってこの無知が知の高次の形態として理解されるのである。「無知であるがゆえにこそ、崇め祈るのである」[130]。

第一根拠はその卓越性において認識不可能なものの仕方で精神に対して自らを示すため、その第一根拠は精神を精神自身に対する真理と洞察へと導く。すなわち第一根拠は、けっして認識の対象としては判定されないが、それでもやはり認識されている以上、認識に先立つ根源と規範として認識されるその限りにおいて、それ自身としては把握不可能なものであると認められるのである。「それゆえ彼〔ディオニュシオス〕は、そのもの〔神〕について、〔……〕それは一切の知解に先立っているということのみが知られうると確信している」[131]。「知ある無知」における精神の自己反省は、それゆえ自己自身の意識論的な内観にとどまるものではなく、精神そのものの根拠へと立ち還り、それによって第一根拠を、精神にとってそのすべての認識に関して根拠と導きになる一なる真理として理解する。「自らが無知であることを知る者こそが、知者とみなされるべきである。また真理なくしては、自らは何ものをも把握できないことを知る者こそが、真理を敬うのである」[132]。したがって第一根拠に向かう精神の転向は、精神の自己確証に媒介されることで、精神による認識の可能根拠に対する超越論的反省を含んでいる。このような反省の運動において、精神は自らを有限な主観として把握し、かつ強化すると同時に、それが自らを自らの根拠に対して無知という仕方で認識する限り、自己自身を第一根拠から開示された真理の先超越論的＝超越的空間へと超出していくのである。そこで第一根拠は、精神の運動全体を担う「真理の内にある〔……〕という憧憬」[133]を引き起こす。

それ自体として認識不可能で言表不可能な第一原因に対する超越論的な見通しにおいて、精神はその第一原因へと認識によって接近することを試みる。なぜなら熱望される根拠との一致は、ただ認識という仕方でのみ遂行されうるからである。「汝を知るということが、〔……〕汝と合致することである」[134]。クザーヌスの初期の著作では、おそらくトマスの影響の下で、「ディオニュシオスに従って、われわれは三重の道で神へと上昇する。〔……〕すなわちまず原因によって、〔……〕第二に卓越を通じて、〔……〕第三に除去によってである」[135]と語られている。しかしながら後の著作では、ディオニュシオス自身と同じく、ただ肯定と否定の二つの道のみが語られている[136]。この場合も、クザーヌスによれば、神は、神によって造られた諸完全性の産出において認識されるのであり、その固有の本質に関して認識されるわけではない。「ディオニュシオスが証言するには、神的なものはただ分有を通して知られる」[137]。神についての肯定的な諸述語、つまり神の「讃美」[138]は、これらの有限的な結果にもとづいているため、「たとえ肯定的に求められても、模倣を通じて、ないし覆われたままでしか認識されえないし、けっして露わに認識されることはない」[139]。しかしながら、「いかなる宗教もその礼拝において、肯定神学によって上昇することが必要である」[140]ため、こうした肯定的述定は有意味なものではある。とはいえ、肯定神学は有限者の諸完全性から出発するものであるため、「否定の神学は、他方の肯定神学を補う必要があり、前者を欠くなら神は無限な神として礼拝されないことになる」[141]。クザーヌスが正しく理解していたように、「欠如ではなく卓越性であり、意味深い肯定である否定が、肯定よりもいっそう真であると〔ディオニュシオスは〕言っている」[142]。クザーヌスにとっても否定は、善の形而上学において、根源的原理の超越と隠蔽の表現として、神にふさわしい無知へと導いていく。この無知において、「無限な善性の〔……〕最大の神に〔……〕接近できるということを、われわれは説明した」[143]。したがってこの上昇の目的は、端的に善と呼ぶことができる。「神のみが善である。なぜなら善より大なるものは何もないからである」[144]。しかしながら、超越を遂行する否定がすでに示すように、上昇は――トマスにおけるように――最も普遍的な述語への論理的な遡行ではなく、存在論的に第一にして普遍的な原理への接近である。「善は、そこから一切のものが、その存在に従って普遍的に隔絶しているものであり、知性が固有なものを一般的なるものへと解消することによって達するところではない」[145]。

神への上昇が否定において極まるのだとするなら、その上昇は空虚へと導くようにも見える。「無限なる神へと上昇する者は、何ものかへ向かうというよりも、むしろ無へ向かっていくように思える」[146]。それというのも、否定はそれ自体としては超越への積極的な示唆ではなく、クザーヌスにとって、否認という厳密に論理的な意味をもっているからである。「否定〔神学〕は除去を行い、何ものをも定立することがないため、それによって神が露わに見られることはない。というのも〔そこで〕、神が存在であることよりも、神が存在でないことが見出されるからである」[147]。それゆえ、否定がもつ純粋に否定的な機能からは、それが超越への道を開くことはないということが帰結する。「私の意見によれば、否定神学をめぐるだけの人々は、かの闇に正しい仕方で歩み入ることではない」[148]。しかしクザーヌスは、否定がそのただ欠如的な機能にもとづいて、神を命名する最高の道であることが斥けられるという点に、「まったく言表不可能なもの」[149]の積極的認識の可能性を探っている。「この闇こそが、神における光なのである」[150]。

精神がただ否定と肯定の操作のみを自在に操りながら、両者の各々が不十分であることが証しされるなら、そこにはただ両者を結びつけるという道しか残されていない。まさにこの両者の結合の道こそ、クザーヌスがディオニュシオスの『神秘神学』において、またディオニュシオスの著作の中でもそこにおいてのみ、展開されているとみなしているものである。「実際ディオニュシオスは多くの個所で、区別を通じて、すなわちわれわれが神に近づくのは肯定的な仕方によってであるか、否定的な仕方によってであるか、そうした区別を通じて神学を教えている。しかし、神秘にして秘義なる神学を可能な限り明らかにしようとしているこの著作において、彼は区別を超えて、結合や合致へ、ないしは、あらゆる剝奪と措定を一面的にでなく直接に超えた最も単純な合一へと飛躍している。そこにおいては、剝奪は措定と、否定は肯定と合致するのである」[151]。こうして、否定と肯定は超越との関係において流出と還帰をそれぞれ異なった意味でなぞる役割を果たすため、ディオニュシオスは、「否定を肯定に対立したものとみなすことはない」[152]と考えるのである。これに対してクザーヌスにとっては、肯定と否定のあいだの矛盾こそ、不可避的で思考を不可能にするかたちで知性を挫折させることによって、精神に対して、知ある無知へと向かう道を拓くものである。「私は、そこにおいてあなた〔神〕が露わに見出される場所、そして対立物の一致によって取り囲まれている場所を見出した。そしてその場所は、あなたが住まう楽園の壁であり、その門は悟性の最高の精神が見守っており、それに打ち克つことなくしては、入ることのできないものである」[153]。そのためクザーヌスは、アルベルトゥスの『神名論註解』への欄外註記において、アルベルトゥスが肯定と否定とを分離している点に異議を唱えている。「アルベルトゥスや、ほとんどの人々は、矛盾を承認することにおいて成り立つ闇に踏み入ることを常に怖れているという点で欠陥がある。それというのも、このような悟性は、〔闇に〕入り込むことを避け、怖れ、これに反して闇を遠ざけることによって、不可視の仕方で見るところにまで達することがないのである」[154]。否認そのものや、また流出と還帰の対立構造ではなく、論理的矛盾こそが意図的に目標とされるなら、ただ神学者のみが第一根拠の自己開示によって迫ることのできるような闇を構成するのである。これに対して、アリストテレスから[155]、その追随者であるヨハネス・ヴェンクに至るまでの哲学者たちは、対立物そのものを合理的に分離することによって、直視に至る道を塞いでいるのである。「かのものこそ、最も神秘なる神学であり、いかなる哲学者もそこへ達することなく、また哲学すべてに共通する原理――すなわち二つの矛盾するものはけっして合致することがないという原理――をもってしては、いかにしても達することのできない、最も神秘なる神学である。そこで神秘神学者にとっては、一切の論拠と知解を超え、のみならず自己を離れつつ、自らを暗闇へと投げ込むことが必要である。そして、悟性が不可能であると判断すること、すなわち存在することと同時に存在しないことが、いかにして必然そのものであるかを納得するのであろう」[156]。

ディオニュシオスは、第一根拠においては例えば「長い」と「短い」といった規定が――両者を分かつ中間項が存在しないために――一致するという意味で、「対立するもの同士の共同」[157]という表現を用いている。しかしクザーヌスは、このような対立する諸規定を「矛盾するもの」(contradictoria) とみなし、その対立を論理的に融和しえないところにまで先鋭化し、それが不可避である限り、それを対象関係と超越関係のあいだの人間的悟性の緊張に根差すものとみなしている。しかしながら対立は、異なったものを同一平面において分離し、互いに対抗させ、こうした対象化へと神をも関係づけるという悟性の根本的機能ゆえに不可避的である。ところが超越は、それが有限者の根源であるがゆえに、有限者と一致するものではないにしても、他なるものでもない――つまり「非他なるもの」である――という点で有限者から区別される。「いま明らかなように、神学者たちは正しくも、神は一切のなかのいかなるものでもないにしても、一切において一切であると主張した」[158]。こうして神の諸属性の論理的矛盾は現実的に基礎づけられるが、それは有限者のあいだの関係に固定されているということの点で、ただ「一面的な」[159]悟性の思考様態を通じてのことである。

理性によって分離されたものが、精神によって「結合や合致、あるいは最も単純な合一」[160]を通じて根源的な一性として把握されることにより、精神は有限的な対象性による拘束を突破し、それとともに判別的な処理を行う悟性の規範性を神認識に関して排除していく。矛盾における諸対立項の合致は、それゆえに単に避けがたいものとして受け容れられるのではなく、ただそれのみが精神を多面的な有限性や反省的な領域からそれに先立つ唯一の根拠にむけて超出させうる方法として、積極的に主張される。「われわれの緑柱石〔眼鏡〕がよりはっきりと見せてくれるところによれば、われわれは対立物を二性に先立って、すなわちそれらが二つの反対物である以前に、その結合的根源において見ているのである」[161]。

（4）言表不可能性と神の名称の構造

知性が神に帰せられると考える諸属性が互いに対立するところから、知性は有限的な概念内容に固定された静態的状態から解き放たれ、設定されたそれぞれの内容を否定によって乗り越え、対立の対を形成する。そして、神そのもの、すなわち諸々の対立以前の一なるところについては対立が言表しえないがゆえに、知性はさらにその対立を再び廃棄したうえで、自らにとっては神についての適切な述定が不可能であることを洞察し、自らに先行し自らより偉大である神へ向けて自己自身を止揚することになる。「私が知るものは、いかなるものであっても神ではない」[162]という洞察はこうして、「すべて」と「無」の弁証法によって、「何ものか」を経て「何ものでもなく」へと進み、また「言表可能」から、「言表不可能」と「言表可能とともに言表不可能」を経て、「すべての根底に先立つ単純さそのもの」へ、あるいは「存在」から「無」を経て、「無でもなければ、存在しないのでもなく、存在すると同時に存在しないのでもなく、存在と非存在のすべての原理の源泉にして起源」[163]という言表へ導き、さらにこの言表自体を今一度否定され超克されるべきものとして示すのである。

プロクロスの場合のように、理解を言葉を欠いた沈黙の内に終わらせないようにするために、クザーヌスは神の本質的な言表不可能性にもかかわらず、神の名称の形成のための試みを遂行する。そのような名称は、「人間の視覚を、人間にとって許容される仕方で、言表不可能な神性へと方向づける」[164]。こうして、クザーヌスによって巧妙に考案された神の名称は、「存在」、「命」、「善性」、「美」など、ディオニュシオスによって挙げられた存在論的な特性からは、類として本質的に区別される。ディオニュシオスによれば、完全性を名指すそれらの名称は、有限者がその原因に類似すると同時に類似していない以上、神について肯定されると同時に否定されなければならない。こうした名称においてはディオニュシオスの場合、肯定と否定の併存の可能性はそれ自体として言表されていないため、人間の精神におけるそれらの位置づけと機能は明確にされていない。

クザーヌスもまた、純粋な諸完全性を表すこれらの名称を用いはするものの、その際には、「一」[165]といった形式的な名称――例えば「一であるような、一そのものに先立つ一」[166]――を優先している。クザーヌスの根本的洞察によりふさわしいのが、「可能存在」[167](possest)といった名称である。この名称は、内世界的な区別――ここでは、「存在」(esse)と「可能」(posse)――の先行的・超越的一致を言い表すものであり、また「非他なるもの」

のように、神と世界の一性と差異、あるいは肯定に対立するのではない否定が[168]、一語の下に語られている。こうしたすべてに先行し、「諸矛盾の一致[169]」というすでに言及した概念が、単純な一者――すなわち、「なんであれ、存在している存在すべての包含[170]」として、一切の多性から無限に離れ、それに先立つものとして多性を自らの内から発出させながらも、他に対して、他なるものとして区別されるものではないところ（「非他なるもの」）――へと精神の眼差しを導くのである。この名称は、ヴェンクによる批判とは異なり、矛盾律を否定し、一切の知からその地盤を取り去るようなものではない。「このような対立物の一致から〔……〕知の種子、第一原理の破壊が生じるわけではない。〔……〕なぜなら、かの原理は、討議的悟性にとっては第一のものであるが、観取する理性にとってはそうでないからである[171]」。判別的悟性を超出するこうした超越は、第一原因としての神が現実的なものと可能的なものすべて、したがって一切の対立をも自らの内に包含しながら、それ自身が矛盾的ではないことによって正当化される。

いかなる有限者にもその反対物が存在するのに対して、神は「非他なるもの」として、何ものとも対立することがない。それゆえに、神に対しては、神のみに帰せられる無限性に照らして、「対立物の一致」ないし「非他なるもの」の名称が付される。「合致の闇、すなわち無限の内にでなければ、誰も神を神秘なる仕方で見ることはできない[172]」。ところで、クザーヌスが強調し、トマス・アクィナスも承認するように[173]、神の本質はその無限性にある。この無限性は、まずは否定によって、限界の廃棄として目指される。「否定を通じて、無限に即しての神についての考察がある[174]」。考えられうる内容すべてを否定することによって、無限者に対しては、有限者からの何らかの合理的に査定しうる比例は存在しないということが明示される。「無限者から有限者への比例が成り立たないのはおのずと明らかである[175]」。そこですべての有限者は、それぞれ特定の存在仕方において、そうした存在仕方すべての規範を前提する一方で、こうした規範そのものは不可捉で程度と様態を欠き、無限なものである。「というのも、すべての様態の様態である様態は、すべての様態を超えることなしには達成されないからである」[176]。

こうして精神は、有限者すべてを通じて無限者を、一切の対立において、対立に先立ちそれを可能にする一性を、またすべての様態の内での様態のないものを思考するように強いられ、神の名称においてそれを自らにとっての課題とすることによって、二者択一的な操作的思考、すなわち対立を前提として働く悟性を廃棄し、合理的把握なしに、その把握を超出して、思考不可能なもの、名づけ不可能なものへと、認識をもって向かっていくことができる。こうして、クザーヌスによって定式化された一見すると逆説的な神の名称は、悟性と理性、多なるものの概念と一なるものの直視という境目に立っていることになる。その名称は、クザーヌスの比喩によれば、神が住まい、精神に「露わに」[177]される楽園の門[178]を開くが、その精神自身が門の中に入ることはない。精神の眼差しが、その名称によって指し示された方向に従うことによって、精神は神秘神学、ないし無限なるものの暗闇の中での精神的直視へと歩み入るのである。「私には、この神秘神学全体が、絶対的無限そのものに歩み入ることであるように思える。というのは、無限は諸矛盾の一致、すなわち境界なき境界のことを言っているからである」[179]。その際精神は、ディオニュシオスにおけるように「引き上げられる」[180]のではなく、むしろ「最も単純な統一〔……〕へと向けて、分裂を跳び越える」[181]。

すべての認識可能なものを可視的にする光そのものを直視しようとする希求によって、精神は不可捉なるものの闇へと跳び込み、そうすることにおいて精神は、自らがその眼差しによって、光あるいはその直視によってすべてを照らし出す方の顔の前に跳び込んでいることを知る。「〔われわれの目は〕見ることのできない光を見ようと求めるがゆえに、それが何ものかを見る限り、それは求めているものではないと知り、それゆえにそれはすべての可知的な光を超えていなければならないことを知るのである。ところでいかなる光をも超えていかなければならない者が立ち入るところのものは、もはやいかなる可視的な光をもその内に宿していないことが必然である。そしてこれはいわば、目にとって闇なのである。そして目がこの闇である暗黒の内にいるとき、自らが闇の内にいることを知るならば、太陽の観取に近づいたことを知るのである」[182]。

こうしてクザーヌスは、ディオニュシオスの神秘神学を、無限者に対する、概念把握を欠いた知的直視として理解する。「知性の把握によってではなく、それを超えた直視において」[183]。精神そのものは、感覚的直観から始まり、肯定と否定の弁証法的な道を経て、逃げ道のない矛盾に至ると同時にそれを超える、そうした認識能力の遡行的な上昇において、「知ある無知」を手引きに究極的な知的直観へと向かっていく。「聖なる無知は、理性にとっては何ものでもないように見えるものが、不可捉な最大のものであることを私に示してくれる」[184]。こうしてディオニュシオスの神秘神学は、精神の超越論的・弁証法的な自己貫徹として、その悟性的・理性的二重構造において、その乗り越えることのできない根底へと向けて構成される。このような反省的・知性論的転回によって、続く近代の基本的主題、すなわち、理性自身の論理にもとづく理性の自己探求という主題が明確になり始めたと言えるであろう。

第七章　アエギディウス・ロマヌスの社会・政治思想

——『王制論』を中心として——

序

哲学的な社会論・国家論は、社会的存在としての人間の根本的本質を認識することを目指すと同時に、人間の社会的・政治的行為に対して明確な規範を示そうとするものである。このような実践的関心に導かれているため、社会論および国家論は、個人を主題とする倫理学の場合以上に、その問題設定や取り扱う範囲という点で、自らが働きかけようとする歴史的状況によって左右されることになる。そのため、十三世紀末から十四世紀初頭にかけての社会・政治思想を正確に理解するには、中世末期の始めに起こった社会的緊張と政治的激変という背景を考慮に入れなければならない。しかしながら中世思想にとっては、こうした時代的制約よりも、連綿と受け継がれている哲学的・神学的伝統との繋がりのほうがより大きな意味をもっており、その伝統はそれぞれの時代において独自の仕方で展開されている。実際、中世末期の理論家たちが拠って立っていた思想的伝統の内には、政治・社会思想が二つの形態で見出せる。すなわち、キリスト教的君主の理想像を描く「君主の鑑」と、教会の本質および職務を定め、教会と世俗的権力との関係を論じる神学的・教会法的論考である。「君主の鑑」とは、倫理的・教育的な目的をもつ私的な勧告の文書であり、世俗的権力の行使についてその正しい道を示そうとするものであるのに対して、神学的・教会法的考察は、組織としての教会の自己理解を、内外に対する要求を含めて提示しようとするものである。教会と世俗的権力の関係のその後の発展を定めることになる中世末期の転換期において、この二つの思想的潮流は、アエギディウス・ロマヌス(Aegidius Romanus; Gilles de Rome 一二四二/四七－一三一六年)(1)の著作、すなわち哲学的な君主の鑑である『王制論』(De regimine principum)と神学論考『教会の権能について』(De ecclesiastica potestate)において、内容的には頂点に達し、同時代の他の著者による類書をはるかに凌ぐ影響を及ぼした。

一 生涯と著作

アウグスティヌス隠修士会のクヴェドリンブルクのヨルダヌス(Jordanus; ザクセンのヨルダヌス[Jordanus de Saxonia] 一三〇〇頃－八〇年)が修道会の初期の歴史を綴った『修道者伝』(Liber Vitasfratrum)で記している報告によれば、アエギディウス――同時代の人々からは「ロマヌス」(ローマの人)という簡単なあだ名で親しまれていた――は、政治的に権勢を誇ったローマの名家コロンナ家の出身とされ(2)、そのために今日に至るまで「コロンナ」(Colonna)という添え名が与えられていた。しかしながらこの名称は、古い資料の好意的な誤解によるものと思われる。なぜなら、アウグスティヌス隠修士会総長、コリのアンブロシウス(Ambrosius Coriolanus 一四八五年歿)は一四八一年に、アエギディウスを「柱《コロンナ》の地域のローマ人」(3)(romanum de regione columne)と呼び、その出身に関して、コロンナ家ではなく、ローマの(アントニヌス帝(4)、またはトラヤヌス帝の)(5)「柱の地域」を挙げているからである。いずれにせよアエギディウスはごく普通の家系に属していたと思われる。

アエギディウスは、一四ないし一五歳という若年の頃、いくつかの隠修士共同体を元に一二五六年に組織されたアウグスティヌス隠修士会に入会し、そこで最初の神学的修養を積んだ。そしてアウグスティヌス隠修士会が一二五九年にパリに入って以来、アエギディウスはパリで勉学を続け、その地で一二六九年から七二年のあいだトマス・アクィナス（Thomas Aquinas　一二二四／二五−七四年）の講筵に連なったことは確かであろう。アエギディウスは、自らの属する修道会が支えとする中世アウグスティヌス主義とトマス・アクィナスの思想の強力な影響とを総合したという点で、トマス・アクィナスの傑出した弟子と言われる。[6] なるほどアエギディウスはトマスの思想を受容する一方で、紛れもなく独自の考察を行っているとはいうものの、その思想は全体として折衷的な傾向をもつだけでなく、重要な問題の扱いに際してはトマスから離れる場合もある。[7]

パリ司教エティエンヌ・タンピエ（Étienne Tempier　一二七九年歿、在位一二六八−歿年）によるラテン・アヴェロエス主義に対する禁令（一二七七年三月七日）と、司教ロバート・キルウォードビ（Robert Kilwardby　一二七九年歿）によるオックスフォードでの断罪（一二七七年三月一八日）のために、各存在者における実体的形相の単一性を主張するトマスの命題が非難された同じ年に、若き学士アエギディウスは、論争書『形相の諸段階および多数性に対する論駁書』[8]（Liber contra gradus et pluralitatem formarum）を著し、自らの師の説を擁護した。そのためにアエギディウスは、レシーヌのアエギディウス（Aegidius a Letinis　一二三〇／四〇−一三〇四年以降）による『形相の単一性について』[9]（De unitate formae　一二七八年）に一年先立って、トマスの形而上学をめぐる一連の論争の口火を切ることになった。アエギディウス・ロマヌスは、自らの考察を、「主張することなく、ただ説得し論証するかたちで」[10] 慎重に述べたが、その著作はパリ司教エティエンヌ・タンピエとの対立を招くことになり、その結果アエギディウスはパリ大学での学究生活を断念せざるをえなかった。その後自らの初期の著作の思想を撤回する文書と教皇ホノリウス四世（Honorius IV　在位一二八五―八七年）の執り成しによって、ようやく一二八六年一〇月になってアウグスティヌス隠修士会最初の神学者としてパリ大学の神学教授に推挙されたのである。(11)

そのあいだの時期、アエギディウスは一二七九年からイタリアで活動し、一二八一年以降は指導的神学者として、アウグスティヌス隠修士会のあらゆる総会やローマ管区会議に出席している。このイタリア滞在を考慮するなら、フランス王フィリップ三世剛勇王（Philippe III le Hardi　在位一二七〇―八五年）が自らの息子（のちのフィリップ四世美王（Philippe IV le Bel　一二六八―一三一四年、在位一二八五―歿年））の教育をアエギディウスに託したという、古い伝記や多くの現代の研究者が語る主張は――アエギディウスとフランス王家との個人的な関係には疑いの余地がないにしても――信憑性が低い。(12)

アエギディウスは、アリストテレスのほとんどの著作についての註解、アヴェロエス（Averroes; イブン・ルシュド［Ibn Rushd］　一一二六―九八年）ないしアヴェロエス主義を反駁する諸論考、聖書註解、神の予定・原罪・世の終末についての神学的著作、(13)さらには胎生学についての論考に至るまで、(14)膨大な数の著作を著しており、(15)それによって彼の修道会において全面的とも言える信頼を獲得した。そのために、一二八七年のフィレンツェでの総会では、アウグスティヌス隠修士会の教授と学生は、アエギディウスのそれまでの全著作だけでなくそれ以降著されるものをもすべて研究し、その主張を擁護しなければならないという決定が下されたのである。(16)一二九〇年にレーゲンスブルクでの総会において、学士を抜擢しパリへ召喚する権利がアエギディウスに委ねられることによって、(17)アウグスティヌス隠修士会という哲学的・神学的学派の成立にとって最良の条件が整うことになった。(18)こうして、ヴィテルボのヤコブス(19)（Jacobus de Viterbio　一二五〇以降―一三〇七／〇八年）、シエナのゲラルドゥス（Gerardus　一三三六年歿）、アンコナのアウグスティヌス[20]（Augustinus; アウグスティヌス・トリウンフス［Augustinus Triumphus］　一二四三－一三二八年）、シュトラスブルクのトマス（Thomas　一三五七年歿）、パドヴァのアルベルトゥス（Albertus　一三二八年歿）、サン・エルピディオのアレクサンデル（Alexander　一三二六年歿）などのアウグスティヌス隠修士会の神学者たちは、アエギディウスの教えを受け、その神学的理論だけでなく、しばしばその政治論・社会論の代弁者をも務めることにもなった。

一二九二年のローマでの総会において、アエギディウスは全員一致でアウグスティヌス隠修士会総長に選出され、一二九五年四月に教皇ボニファティウス八世（Bonifatius VIII　在位一二九四－一三〇三年）によってブールジュ大司教に任命されるまでの三年間その職務に当たった。ブールジュ大司教への着任ののち、アエギディウスは教皇の求めに応じて、一二九六年から九九年、および一三〇二年から翌年のあいだ教皇庁に滞在した。その間、ケレスティヌス五世（Coelestinus V　在位一二九四年七月五日－一二月一三日）の教皇辞任の正当性が疑われ、ボニファティウス八世の即位も疑問視されたことに対して、アエギディウスは一二九七年の『教皇辞任について』[21]（De renuntiatione papae）において、教皇の辞任権を擁護することを通じて、自らの支援者であるボニファティウス八世の教皇位の正当性を裏づけようとした。それ以降のことに関してはごくわずかのことしかわかっていない。[22]一三〇一／〇二年には、フィリップ四世に対する優位を求めるボニファティウス八世の要求を神学的に擁護するための論争書『教会の権能について』を公にし、これが教皇至上権を主張する回勅『一にして聖なる』[23]（Unam Sanctam）（一三〇二年）の元となった。

ボニファティウス八世の死後、アエギディウスはまず、フランス国王を支えとしていた教皇クレメンス五世（Clemens V　在位一三〇五－一四年）との軋轢を乗り越えなければならなかったが、その後一三一一年から一二年のヴィエンヌ公会議では、異端の嫌疑を掛けられたペトルス・ヨハンニス・オリヴィ（Petrus Johannis Olivi 一二四八／四九―九八年）の説について所見を示し、[24] またテンプル騎士団を解散する際にもクレメンス五世に協力し、『免属者たちに対して』（Contra exemptos）において、テンプル騎士団を解散するのではなく、教皇の直属下に置くことを提案した。[25] そして一三一六年一二月二二日、アエギディウスはアヴィニョンの地で歿した。[26]

「堅牢博士」（doctor fundatissimus）と呼ばれたアエギディウスの中世末期における影響は何よりも、一二七七年から七九年のあいだに書かれた「君主の鑑」、つまり『王制論』によるものである。この論考はダンテ（Dante Alighieri 一二六五―一三二一年）の『饗宴』（Convivio）の内に引用され、[27] すでに一二八二年にはアンリ・ド・ゴーシ（Henri de Gauchi）によってフランス語へ、[28] そこからさらに中低ドイツ語、[29] イタリア語へと翻訳された。[30] そしてこの著作は、十四・十五世紀の多くの哲学的社会論、例えばクリスティーヌ・ド・ピザン[31]（Christine de Pisan 一三五六―一四三〇年）、ジャン・ド・テル・ルージュ（Jean de Terre Rouge 一四〇〇年頃活動）、ジャン・ジュヴナル・デジュルジーヌ（Jean Juvenal des Ursines 一三八八―一四七三年）によって活用された。[32] 現存する少なくとも二八四点のラテン語写本、[33] またフランス語・イタリア語・カスティーリャ語・カタルーニャ語・ポルトガル語・中高ドイツ語・中低ドイツ語、さらに英語（ジョン・オヴ・トレヴィサ〔John of Trevisa 一三二六―一四一二年〕による）・スウェーデン語[34]・ヘブライ語といった中世の各言語への翻訳の七八点の写本という圧倒的な数、また十五世紀後半のラテン語テクストの少なくとも三点の印刷本が示しているように、[35] この著作は、「西欧において最も広範に流布した君主の鑑であり、中世末期において最もよく読まれた著作の一つ」[36] であったと言えよう。またこの著作は、神学者と同様法学者にとって、さらに現役の政治家たちにとっても、政治理論の権威ある手引書であった。[37] アエギディウスののちの政治論の著作『教会の権能について』は中世においてさほど読まれることがなかった（わずか七点の写本が現存するのみである）[38]にもかかわらず、その批判的校訂版[39]と二点の現代語訳[40]が公刊され、多くの研究書によって扱われているのに比して[41]、中世から近世初頭にかけてははるかによく知られていた（一四七三年から一六一七年のあいだに一一の印刷本が出版されている）[42]『王制論』については、批判的校訂版も現代語訳も公刊されていない[43]。本稿の議論は、アエギディウスの社会論を典型的なかたちで表しているこの『王制論』を中心として進められる。

二　『王制論』

（１）　著作全体の意図と方法

『王制論』の序言によれば、この著作はフランスの王位継承者フィリップ（のちのフィリップ四世美王）の求めに応じて著され、フィリップ自身に献呈された[44]。それゆえにこの著作はフランス王家のために書かれており、王の課題とその教育、および君主制国家の基礎づけという主題にその議論が絞られており、社会共同体における他の身分――貴族・市民・農民など――の個々の特性に立ち入った論及はなされていない。教会や聖職者の役割あるいは修道会における「観想的生活[45]」（vita contemplativa）の意味さえも、若干の註記を除いては考慮されることがなく、ただ「活動的生活」（vita activa）とその諸々の徳のみが扱われているのである。このように主題を限定するところからは、社会ないし国家全体をその頂点である君主へと還元するというこの著作の傾向が見て取れる。その意味で『王制論』は、約二五年のちの著作『教会の権能について』で展開される教会中心主義とは根本的に異なっているのである。しかしながら、共同体を上下の垂直的な関係によって一枚岩的に捉えるという図式は、この二つの著作に共通して見られるものである。

このように『王制論』では、政治的・社会的主題が君主制国家のみに限定されるとはいえ、そこにおいてアリストテレス的意味での哲学的倫理学の全体が扱われることにはなんら支障はない。それゆえ一五五六年のローマ版の『王制論』の扉には、「この〔三巻の〕内には倫理哲学全体が含まれている」と記されている。倫理学をそのすべての領域にわたって記述しようとする試みはトマス・アクィナスに由来する着想と考えられるが[46]、君主の理想像を倫理学全体の総括または集大成という意味で理解するのはアエギディウス独自の解釈である。このような理解の内にはすでに『王制論』の根本思想が含まれている。つまりそれは、真に倫理的に完成された人間存在そのものの特徴が統治であり、そこから逆に、倫理的に正しい真の君主は完成された人間の具体的現れであるとする思想である。そのため『王制論』は君主に向けて書かれていることによって、あらゆる人間にも適用されることになる。「それゆえ民衆全体がある意味でこの学の聴衆なのである」(I, 1, 1)。実際アエギディウスは、この著作では人間としての人間を扱うと、倦むことなく繰り返している。「ここでは人間である限りの人間の生について論じるのである」(III, 1, 2)。

こうしてアエギディウスは『王制論』を個々の身分についての個別の倫理学から区別するのではなく(それが特定の身分についての倫理学であれば、他の身分についての倫理学によって補われる必要があったであろう)、純粋に哲学的な基礎に立脚してその実践的思索を展開しているのは明らかである。アエギディウスが、自ら最も頻繁に引用するアリストテレスの『ニコマコス倫理学』(Ethica Nicomachea)や『政治学』(Politica)、『修辞学』(Rhetorica)の内に自らの『王制論』の基盤を見ていたところからも、そのことは窺える[47]。また『王制論』では、宗教的・キリスト教的意図を排除するということはないにしても、方法論上の抽象のために聖書や教会の教義にもとづく論証が行われることはなく、人間や君主に具わる宗教的次元は人間論的・形而上学的基盤の側からのみ把握される。そこでアエギディウスは、自ら描く人間像ないし君主像、そして君主制国家の形態を、人間そのものの自然本性的なあり方、またはそこに根ざした自然法によって根拠づけるのである。「行いうることの規則が、人間は存在することを自然本性的に欲するということにもとづくなら、人間の自然本性が何らかの存在であり、あらゆる存在者と合致することに応じて、それらの諸規則は自然法に属しうる」（III, 2, 25）。そこでアエギディウスは、キケロ（Cicero　前一〇六－四三年）、ヘシオドス（Hesiodos　前七〇〇年頃）、ホメロス（Homeros　前八世紀頃）、マクロビウス（Macrobius　四〇〇年頃活躍）、ウェゲティウス（Vegetius　四世紀頃）などの古典古代の著者、とりわけアリストテレスを引用し、他方で、プラトン、カルケドンのファレアス（Phaleas　前四世紀初頭）、ミレトスのヒッポダモス（Hippodamos　前五世紀）などの政治理論を批判的に取り扱っている。一二六〇年頃ムールベケのグイレルムス（Guillelmus de Moerbeka　一二一五／三五－八六年頃）がアリストテレスの『政治学』をラテン語に翻訳し[48]、トマス・アクィナスが『神学大全』（Summa theologiae）第二部の実践的・キリスト教的人間理解の彫琢のためにアリストテレスの倫理学を活用したことを承けて、アエギディウスは『王制論』において初めてアリストテレス的・キリスト教的倫理学を政治学として展開し、それとともに、国家および社会についてのアリストテレス的・自然法的理解の伝統をキリスト教の文脈の中で基礎づけたのである。そしてこのアリストテレス的・自然法的な国家・社会論は、原罪と救済史という図式を要とするアウグスティヌス（Aurelius Augustinus　三五四－四三〇年）的な国家論の伝統に徐々に取って代わることになる[49]。

『王制論』の冒頭の考察に従えば、実践的学としての倫理学は数学とは対照的に、その推論に絶対的確実性や普遍性を求めることはできず、個別の事例を手引きとしながら類型化を通じて、必然性をもたない多様で個々の行為を扱うものである。[50] その学の目的は、真理の精妙な演繹的証明ではなく、概括的に単純化した叙述と真理への説得を通じて意志を善へ向けて促すことである。[51] しかし実際の論述においては、確かに具体例は示されはするものの、大抵は原理から出発する議論がなされている。

『王制論』の論述全体は「統治」（regimen）という基本概念を中心に進められる。[52]「統治」は君主においてこそ典型的な仕方で現れるがゆえに、その考察は君主を主題とし、しかもそれを通して統治者としての人間の真の存在を示そうとするものであるが、また逆に、真の君主のあり方は、明白なところや身近なもの、つまり人間の個人的ないし社会的経験を手掛かりとすることを通して展開されている。なぜなら、自然な発展と理性的認識そのものの進歩の構造に応じて、子供から成人への成長と同じように、まず不完全なところから徐々に完全なところへと進むのがふさわしいからである。[53] こうして統治の形態の段階に従って、『王制論』は三部に分けられている。「これらの第一巻では、偉大なる王、したがってそもそも人間は自らをいかに統治すべきであるかが示される。第二巻では、君主はいかに自らの家族を治めるべきかが明らかにされる。さらに第三巻では、君主は市・町（civitas）と王国（regnum）をいかに統率すべきかが説かれる」（I, 1, 2）。個人についての倫理学（monastica）、家政学および家族についての倫理学（oeconomica）、国家論および政治的倫理学（politica）は、統治の形態がより普遍的でより高次の形を取る段階に対応している。このような探究の目的は最高の価値（bona maxima）、あるいは人間の完全な自己実現の内にある。「すなわち倫理的な課題とは、〔……〕われわれが善い者になることである。善い者は自らを所有し、これに対し悪い者は自らを見失っている」（I, 1, 3）。

真の統治の規範は、人間の自分自身に対する統率というその基本的形態の内に露わになる。なぜなら、自分自身を統治しうる者のみが、他の人々をも統治できるからである。「他人に関わる者は、元来自分自身に関わる者をその起源としているのである。というのも、自分自身に対して取るのと同じ態度で、親しく付き合う友人に接する者が、友人であると思われるからである。〔……〕それゆえ他人を統治するのに熱心であろうとする者は、自分を統率することに熱心でなければならない」(I, 1, 2)。個々の人間において、あらゆる能力と営みが理性の指導という一つの規範に従ったときに初めて、真の統率や全体の秩序ある構成が実現される。それと類比的に、国家においてはあらゆる市民は君主に従わなければならない。なぜなら、人間の最高で自足的な共同体の中では君主の内でこそ理性ないし真理の認識が主導的な働きをするからである。

ここで注目に値するのは、アエギディウスは『王制論』においては、大方の予想に反して、最高の支配形態を、端的に総体的な統治——すなわち帝国、あるいはのちの著作でのようにより包括的に教会——の内に求めることをせずに、[54] アリストテレスにならって、市・町 (civitas) の内に、そこから同時代の状況に応じてより広く王国 (regnum) の内に求めているという点である。「市と国において、多くの人々は一人の支配者または一人の王に服するのと同様に、一人の同一の人間においては、分有によって理性的である諸能力は、本質によって理性的である知性に服すると考えなければならない。〔……〕同様に、もし欲求が理性と一致しなかったり、分有によって理性的であるものが本質によって理性的であるものに服さない場合は、いかなる人間も、自分自身を所有しているとは言えない。人間とは（哲学者〔アリストテレス〕の『倫理学』九巻によれば）主として知性または理性であるからである。それゆえ理性が人間の内にあるものを統轄しないときは、人間は自らを統轄せず、自らを統治せず、本来的に自らを所有することがない」(I, 1, 3)。そのため序言においては、「情念や意志によるのではなく、法と知性によって公平この上ない王国の規則に従うことを熱望している」という点でフィリップを称讃しながら、彼に勧告が与えられているのである (I, prologus)。

（2）個人倫理

このような基盤に立ってアエギディウスは、『王制論』の第一巻で、「目的、習態、情念、習慣」(I, 1, 2)という人間の行為の四要素に従って、個人を主題とする倫理学を四段階に分けて展開している。第一部では、トマス・アクィナスを範に取り、(55) 至福という目的から論を起こしている。この目的を認識し、それにふさわしい生き方(modus vivendi)(I, 1, 4)ないし生活様態(forma vivendi)(III, 2, 30)を取ることによって、倫理的な行為が可能になり、至福へと到達することができるとされるのである。至福は、感覚的な享受(I, 1, 6)、富(I, 1, 7)、名声(I, 1, 8)、名誉(I, 1, 9)、権力(I, 1, 10)、あるいは――おそらくフィリップ「美王」を特に念頭に置いて――身体の壮健さや美しさ(I, 1, 11)の内にではなく、ただ「神への愛と賢明さの実現」(I, 1, 12)の内に求められる。

君主が神の内に至福を希求しなければならないということには三点の理由が挙げられる。第一の理由は、「理性の善は普遍的で叡知的な善である」(ibid.)という人間のあり方に由来する。それゆえ至福は、「最も普遍的、最も叡知的な善の内に存する。そしてこれこそが神である。〔……〕なぜなら神はあらゆる善の善だからである」(ibid.)。第二の理由は、君主が支配そのものないし神の支配へと参与し、それによって自らが「神の道具または神の僕《しもべ》」(ibid.)となる、というものである。第三の理由は、「大衆を統治する者は共通善を目指さなければならない」(ibid.)という必要にもとづくものである。そして神こそが、「最高にして共通の善である」(ibid.)。しかし神との合致は、ディオニュシオス・アレオパギテス(Dionysios Areopagites 五〇〇年頃)に従って、「統一する〔……〕力」(ibid.)としての愛を通じて遂行される。君主の至福のためにはさらに賢明さが要求される。なぜなら、「もし君主が神を愛することによって幸福であるなら、彼は神が欲することを行うがゆえに幸福なのだと思わなければならない」(ibid.) のであり、神は、賢明で法に則った民衆の指導を望んでいるからである。その際に賢明さとは、「個的で必然性はないが行いうることに関して、意志の正しさを基盤として、普遍的な原則に即して発見され判断されたことに従って命令し、倫理的徳を導く知性的な徳」(I, 2, 6) として定義される。

第一巻第二部では、アリストテレスとトマス・アクィナスにもとづいて、個々の徳の位置づけがなされ、それらが人間の能力の区分に応じて知性的徳と倫理的徳に分けられ (I, 2, 2)、それらが両極端のあいだの中間として特徴づけられる。基本的に賢明さは知性の内に (I, 2, 6-9)、そして正義は意志の内に (I, 2, 10-12) 位置づけられるが、さらに気概と欲求という二つの感覚的能力に即して、勇敢さ (I, 2, 13-14) と節制 (I, 2, 15-16) が挙げられる。これらの四枢要徳に続いて、アリストテレスの『ニコマコス倫理学』にならって、[56] 心の広さ (I, 2, 17-18)、豪気 (I, 2, 19-21)、高邁 (I, 2, 22-23)、功名心 (I, 2, 24)、そして——聖書の引用はなされないまでも——キリスト教的な徳目である謙遜 (I, 2, 25-26)、さらに温和 (I, 2, 27)、情愛 (I, 2, 28)、真実 (I, 2, 29)、機知 (I, 2, 30) が論じられ、次いでそれらが程度に応じて (I, 2, 33) ないしは従属する下位の諸徳へと (I, 2, 34) 細分化されうるとされる。

第一巻第三部では、一二の徳目に対応して (I, 3, 1) 一二の情念ないし気分の理論が、それぞれの対立項の組——憎悪と愛 (I, 3, 3)、親愛と嫌悪 (I, 3, 4)、希望と絶望 (I, 3, 5)、大胆さと恐れ (I, 3, 6)、怒りと柔和さ (I, 3, 7)、歓喜と悲哀 (I, 3, 8) ——に即して展開され、それらに対して倫理的態度が提示される (I, 3, 11)。

個人を主題とする倫理学は、第一巻最後の短い第四部において、青年 (I, 4, 1-2)、老年 (I, 4, 3-4)、貴族 (I, 4, 5)、富者 (I, 4, 6)、権力者 (I, 4, 7) の倫理的傾向〔習慣 [mores]〕についての社会学的とも言える考察、さらにそれらの習慣に対する君主の正しい態度についての論述で締め括られている。

(3) 人間の社会性の原理と家族倫理

個人に関する倫理学を扱う第一部から、社会の倫理を論じる第二部、さらに政治的倫理を考察する第三部への移行は、例えばプラトンの『国家』(Respublica)とは異なり、個々の人間といわば大きな人間としての社会のあいだの類比的関係にもとづいているわけではなく、むしろさまざまな意味での欠如的存在としての人間の本性によって要求されているのである。食料・衣服、防備のための武器など、手という「道具の道具」[57](organum organorum [II, 1, 1])によってなされるこれらすべて、そして何よりも言語を通じての意思疎通のために、人間は共同体を必要とする。「かくして人間は、自然の本能によるだけでは、自らにとって必要な業に不十分な仕方でしか向いていないため、自然は人間に対して言葉と語りを与え、語りを通して人間たちが互いに教え合い、一人の者が他の者に教えを授けるようにしなければならなかったのである」(ibid.)。つまり、人間はその本能のみでは自らが本性上必要とするものを満たしえないのであり、そのような本能の欠如は相互扶助と共同生活によって克服されるところから、社会的生活そのものは人間にとって自然本性的なものなのである。[58]「ところで生きることは人間にとって自然本性的であるため、善い生に寄与するもの、そしてそれなくしては人間にとって十分に生きることのできないものはすべて、人間にとって自然本性的なものである。そして人間の十分な生活のために作られたもののなかに、社会も含まれている。それゆえ人間は自然本性的に社交的(sociabile)動物なのである」(ibid.)。

こうしてアエギディウスにとっては、本能によって決定された行動だけでなく、知性の自由な使用によって導かれた生もまた、それが自然本性的な必要を満たす限り自然本性的である。アエギディウスはこのことがすでにアリストテレス自身によって語られているものとみなし、それを示すために『政治学』の中から、人間の自然本性的な社会性を言語から根拠づけるアリストテレスの議論を引用しているのである[59]。自然本性的な「欠如的存在」としての人間、またはそこにおいて露わになる社会的存在としての人間という理解に関しては、トマス・アクィナスの（のちにルッカのトロメオ〔Tolomeo; Bartholomaeus 一二三六頃－一三二六／二七年〕によって完成された）同名の著作『王制論』（De regimine principum ad Regem Cypri）の冒頭の考察が下敷きとなっている。「他のすべての動物にもまして、集合して暮らす社会的かつ政治的動物であるというのが、人間にとっては自然本性的なことであり、このことは自然の必要性が示す通りである。というのも自然は他の動物に対しては、食糧、体毛という覆い、牙・角・爪といった防備の手段、あるいは少なくとも〔敵から〕逃れるための敏捷さを与えた。ところが人間は、これらの自然の贈り物のうちどれ一つも自ら具えていない。その代わりに人間には理性が授けられており、この理性のおかげで人間は手を用いる作業によってそれらすべてをなすことができる。しかしそのすべて〔の実現〕のために一人の人間では不十分である。〔……〕したがって、集合して暮らすことによって、ある者が他の者によって助けられ、こうして異なった人々が理性を通して異なった発明を手に入れようと努めることが人間にとっては必要である。〔……〕言葉を使うというのは人間の特性であり、言葉を通じてある人間は別の人間に自らの考えを余すところなく伝えることができる。〔……〕それゆえ人間は、群れを成すと思われる他のいかなる動物にもまして、他の者と意思疎通をするのである」[60]。

「交流をもち社会的であること」（esse communicativum et sociale）（II, 1, 1）という理解によって、アエギディウスは自然本性的な社会性の次元を示すが、ここには家族や村から市もまた自然本性にもとづくものとして含まれている。「自然は人間に生きることを与えたため、自然は人間に対して、生活を人間にとって十分にするだけのものを制作するような自然本性的な衝動を授けた。このことはしかし主に〔……〕市民たちのあいだの交流によって達成される。それによって市は生活に必要なものすべてを含まなければならない。それゆえ人間の内には、政治的に生き、市を作ろうという自然の衝動が存在するのであろう」(II, 1, 4)。またただ一つの市によっては、物質的・身体的な要求を満たすことや、悪い者を封じ込め、徳のある生活を可能にすること、さらに敵から自らを守ることのためには十分ではないため、ここに国家が必要となる。「多くの政治的共同体から王国という一つの共同体を作ることは有益であった」(III, 1, 5)。王国ないし国家は、それこそが初めて人間の物質的要求と道徳的課題を満足させるという意味で、自足的で完全な自然本性的な社会なのである。「ところで村はわれわれの日々の働きのために作られた共同体である。これに対して市は生活全般を充足させるための共同体である。さらに王国はただ生活の欠乏を補うためだけでなく、腐敗を招く障害を取り除くための共同体である」(II, 1, 4)。

家族における統治を扱う第二巻は、君主の妻への関係(第一部)、君主の子供たちへの関係(第二部)、君主の臣下たちへの関係(第三部)に分かれる。この第二巻に関しては、近年詳細な研究がなされたため[61]、ここではアエギディウスの考察の要点を取り出すにとどめたい。

結婚をめぐる個所の冒頭は、「人間は自然本性的に結婚をする動物であるということ、また結婚を望まない人々は、人間のようにでなく、野獣のようにか、あるいはまた神々のように生きるということ」(II, 1, 7) と題された章である。家族という共同体、そのなかでも夫婦の組み合わせは、第一にして基本的な共同体 (II, 1, 3) である(ただし、観想的〔神的〕生活を考慮して、独身生活の可能性もまた残されている)。解かれることのない一夫一婦制の婚姻における互いの忠誠もまた統治の一つのあり方として理解される。しかし妻に対する統治は、子供たちや臣下・奴隷に対する統治とは異なり、妻が「純潔、正直で、節度あり思慮深く、寡黙にして沈着」(II, 1, 19) であることを目的としており、同時に夫は細やかな情愛を込めた交際によって、妻に対して「当然示されるべき愛の証しを表す」(II, 1, 20) はずである。

「愛を起源とする」(II, 2, 3) 子供たちに対する父親の統治は、細心の教育において表される (II, 2, 5ss.)。アリストテレスに従って[62]、その教育は、成長段階に応じて区分され、誕生から七歳までの時期は身体と記憶の鍛練に重点を置き (II, 2, 15)、その後一四歳までは性格形成のために (II, 2, 16)、さらに一四歳以降は知性の修練に当てられる (II, 2, 17)。このような教育は、価値の序列に従って、まず信仰 (II, 2, 5)、次いで良い習慣 (II, 2, 6)、さらに知識と学問 (II, 2, 8) を植えつけることを目標とする。学問の体系は、下位から順に、七自由学芸 (「文法学・弁証論・修辞学・音楽・算術、幾何学・天文学」[ibid.])、次いで自然哲学・形而上学・神学というより高次の諸学問、さらにこれらを補う倫理学・家政学・政治学から成る。さらにこれとは別に、他の学の下に属するものとして、光学 (幾何学に属す)・医学 (自然哲学に属す)・法学 (政治学に属す) が存在する。法学者[63] (legistae) ――「政治学の素人」(idiotae politici) (ibid.) の蔑称で呼ばれる――は、政治・道徳哲学の専門家のように倫理的行為の根拠を探究することがないため、その威厳においては一段劣るものとされる。王子は、「いわば半神のようでなければならないため」(II, 2, 8)、神学と道徳的諸学を修めるべきだが、他の学問に関してはただ表面的に学ぶか、道徳的課題に有益な学科――例えば文法学 (ラテン語)・修辞学・弁証論または音楽――を習得すればよいとされる (ibid.)。王子の教育に際しては、諸々の学問に次いで、言語能力・視覚・聴覚という感覚的能力の育成 (II, 2, 10)、飲食 (II, 2, 11-12)、性生活 (II, 2, 12)、衣服 (ibid.)、遊戯やスポーツ (II, 2, 13) に関しての教育が考慮に入れられている。アエギディウスの提示する教育計画においては、学問的陶冶が高い位置を占めている点と、身体の育成に関しては、アリストテレスやトマス・アクィナスの場合に比べてその役割が制限されている (II, 2, 18) のが特徴的であり、その点ではアリストテレスの理想を賢明にも当時の状況に応じて変更しているのである。

女子教育についての三章においては（II, 2, 19–21）、家庭での静かな暮らしや、純潔や温和（verecundia）（II, 2, 19）、家事に勤しむ熱心さと器用さ、読書の興味をかきたてるための文学の学習（II, 2, 20）、そして会話における寡黙さと賢明さ（II, 2, 21）が勧められる。

第二巻第三部は、家や仕事場の建物（II, 3, 3）、または健康に良い水の供給（II, 3, 4）についての詳論から始まって、財産（II, 3, 5–6）とその使用（II, 3, 7）、商売（II, 3, 9）、貨幣経済の必要性（II, 3, 9–10）、不当な利子（II, 3, 11）、金銭の正当な獲得（II, 3, 12）についての考察など、経済学、および経済についての倫理学が含まれる。その際、物質的な事柄との関係もまた、人間にとって自然本性的な統治という観点の下で考察されている。「それゆえ外的な事物に対して支配権をもつということは、人間にとってある意味で自然本性的なことである。なぜなら自然は人間のためにこれらの感覚的な事物を産み出すからである。というのも、『自然学』（Physica）第二巻で語られるように、われわれはある意味で一切のものの目的だからである」（II, 3, 5）。

同じく第三部の臣下に関する考察においてアエギディウスは、アウグスティヌスとは異なり、奴隷状態を罪の結果とみなすことはなく、むしろ、実定（戦時）法にもとづいて奴隷である者とともに（II, 3, 14）、生まれつき奴隷であるものが存在すると考えるアリストテレスの立場をそのまま受け入れている[64]（II, 3, 13）。アエギディウスもまた戦いに敗れた者を殺すよりは、戦士の命を保護したほうがよいとするのである（servus〔奴隷〕という単語は、生命の servare〔保護〕に由来するとされる［II, 3, 14］）。

(4) 国家論

第三巻は人間の社会の二つの最高形態、すなわち市・町と王国を扱い、それゆえそこにはアエギディウスの政治理論が含まれている。第一部は古代の諸々の国家論、第二部は国家の統治全般、第三部はウェゲティウスの『軍事の手引き(軍事論概略)』(Rei militaris instituta [Epitome rei militaris]) に範を取りながら、戦争の指揮の個別的問題が論じられる。

すでに示されたように、「人間の内には、政治的に生き、市を作ろうという自然の衝動が存在する」(II, 1, 4)。こうして、「人間が社会的動物であるというのは自然なことである」(II, 1, 1) ため、人間はただ「社会的動物」(animal sociale) として家族や村 (vicus) の一員であるだけでなく、言語の能力にもとづいて「市民的動物」(animal civile) なのである。「われわれはこの節で、市がなぜ自然本性的なものであるか、また人間はなぜ自然本性的に市民的動物であるかを示す理由を挙げるつもりである」(II, 1, 4)。人間の自然本性的な社会性の範囲は、その言語能力の及ぶ範囲と重なる。しかもその言語による会話の内容は、有益なもの・有害なもの、正しいもの・不正なものに関係する。「それゆえ家という共同体は、有益なものを追求して害になるものを避けることに向かうが、市の共同体はそれを超えて正当なものを追求し、不正なものを避けることに向かうため、家または市という共同体はもとより自然本性的なものでなければならない。それというのも、自然は人間に語りを与えたため、元来語りによって表現される性質をもったものに向かっている共同体は、自然本性的なものだからである」(III, 1, 4)。それゆえ町・市ないし国家は本質的に、身体上の要求にとってだけでなく、人間の倫理的・文化的課題にとっても有益なのである。「市の成立にもとづいて、われわれは、有徳に生きるということを獲得する。立法者および市の設立者の意図は、ただ市の中の市民が生活上必要なものに満たされるというだけでなく、法に従って善く、有徳に生きるということでなければならない」(II, 1, 2)。法に適った生活、つまり「何らかの法、または何らかの讃嘆に値する秩序に従う政治的生活」(ibid.) というのは、人間の政治的側面を表すことになる。それゆえ「人間は自然本性的に政治的かつ市民的動物なのである」(ibid. Cf. II, 1, 3: animal politicum et civile)。しかしながら「政治的生活」自身は自然本性的に規制されうるものではなく、賢慮 (prudentia) という徳を必要とする。「ところで人間は〔……〕自然本性的に社会的動物であるがゆえに市民的・政治的であるが、ここから帰結するのは、人間は賢慮に従って規制され、政治的生活を送るということである」(III, 1, 4)。

第三巻第一部で、古代の国家論、特に「ソクラテス」・プラトン的な理想国家論を批判したのち (III, 1, 7–15)、第二部でアエギディウスはまず、君主制という体制が、唯一可能なものではないにしても最良の国家形態であるということを論証しようとしている。ただ一人の支配者による統治である君主制に関してはまず、それ自身において一であるもののほうが国家における平和と調和をもたらすのが容易であるということが語られる。「より大きな統一と調和を産み出すことができるのは、それ自身において一であるものである」(III, 2, 3)。さらにプロクロス (Proklos 四一〇／一二―四八五年) および『原因論』[65] (Liber de causis) に従って、ある力は一つにまとまればそれだけ強くなり、さらにまた自然における秩序も一つの原理――身体における心臓、人間における魂、宇宙における神――から生じていると述べられる。「自然の王国があるところはどこであろうと、この王国全体は何らかの一なる原理に遡る」(II, 2, 3)。最後に君主制によって統治されていない国家は (III, 2, 7; III, 1, 6) ――北イタリアの自治都市《コムーネ》を念頭に置いて――貧困と不和、そして戦争の温床となると語っている (III, 2, 3)。そこでアエギディウスは、統治者自身が法律や条約によって拘束されるような「政治的ないし市民的統治」(regimen …

politicum vel civile）よりも、統治者が自らの判断にもとづいて臣民たちの福利を考慮する「王制的統治」（regimen ... regale）のほうが望ましいとして[66]（ibid.）、絶対君主制を推奨する議論を展開する。しかしながらその際、支配者は有能な側近を周囲に配さなければならないとされている（III, 2, 18-20）。しかもアエギディウスはこの「王制的統治」を、「公共の福利」（bonum commune）ではなく支配者個人の利益のみを目指す「独裁的あるいは専制的統治」（regimen despoticum vel dominativum）（ibid.）から区別する豊かな分析をも行っている（III, 2, 6-14）。

最後にアエギディウスは、人間の欲求の脆さを考慮して主に心理学的・経験的な理由を示しながら、選挙による王の選出――それ自体だけとして見ればより良いものではあるが――に対して、王位の世襲制を擁護している。その理由としてはまず第一に、自らの息子が後継者であることを考えるなら、王自身がより責任をもって統治に当たるであろうということ、第二に、世襲制によって決定された王位継承者は、新規に選出される者に比べて、自らの課題によりふさわしい教育を受けるであろうということ、そして最後に、民衆もまた、新たな王より慣れ親しんだ王家のほうにより進んで従うであろうということが挙げられる（III, 2, 5）。王位継承者に能力が欠けている場合は賢明な助言者がその埋め合わせをすることができる（ibid.）。

その助言の対象は、立法を中心とするものである。なぜなら「法こそが市の命（salus）」（III, 2, 19）だからである。また裁判が恣意的になされることがないように、「可能な限りすべては法によって規定されるべき」（III, 2, 20）である。さらに裁判官に対しては、冷徹さよりも親身な配慮と温情を勧めた（III, 2, 23）のちに、アエギディウスは、「われわれが行いにおいて、それに従って規制される法的規定」（III, 2, 24）としての法（ius）および法規（lex）の理論を展開する。[67]そこでアエギディウスは、五種の法分類を示している。すなわちアリストテレスによる三種の法制区分[68]（成文法・不文律、一般的法［commune］・特殊的法［proprium］、自然法・実定法）と、自然法（ius naturale）・万民法（ius gentium）・市民法（ius civile）という法律家による分類、さらに自然法・動物法（ius animalium）・万民法・市民法というアエギディウス自身による法区分である。これに従ってアエギディウスは、法およびそれに平行する法規をまず、自然的と実定的（市民的）とに分類する。自然法は、物事の自然本性にもとづき、事情が変わらない限り不可変で普遍的、それ自体として自明であり、「われわれの心の内に書き込まれている」（ibid.）のに対して、実定法はそれぞれの市によって異なるがゆえに特殊で、人間の手によって「付け加えられたもの」（adinventum）（ibid.）であり、文書によって書き留められることが必要である。こうしてアリストテレスの諸区分は、自然法と実定法とに還元される（III, 2, 4）。「自然的に正当であると言われるものは、それぞれの自然本性によって適切であり適合しているようなもの、また自然的理性がそうであると断定するもの、われわれがそれに向かう自然本性的な衝動と傾向性をもっているようなものである」（III, 2, 24）。これに対して実定法は、「民衆の規約、市の協定、統治者の教令」（ibid.）から成る。実定法は、自然法が及ばないところにおいて、自然法を法の基盤として前提しながらも、それをさらに詳しく規定していくものである。それは、自然の模倣としての人間の技芸（ars）一般が、自然において与えられたものを前提とするのと同じである。「実定法は、それが正しいものである限り、自然法を基礎として、人間の個別の行いを規定しなければならない」（III, 2, 31）。

自然法が「自然」であるという理解は、個別的・可変的・不明瞭なものよりも、普遍的・不可変的・自明なもののほうが、その程度に応じてより「自然」であるという考え方に即している。なるほど法は人間にのみ属するものとされるが、人間存在においてもこの三種一組の基準に従って法の基盤が三段階に区別され、それとともに

〔第一義的・包括的・広義の〕自然法内部でも三種の区別が設けられる。「それゆえ自然的傾向性は、人間である限りの人間の自然本性、または人間が他の動物と共通する自然本性、またはすべての事物と共通する自然本性から生じうる。それというのも人間は、丁度すべての他の存在者が欲すると同様に、存在において保持されることを欲し、また丁度他の動物が欲するのと同様に、自然本性的に子供を作り、子孫を教育することを望むのであり、さらに従うべき協定と慣習を守って社会の中で生きるのであるが、この〔最後の〕ことは、動物のなかでも人間のみに固有のことである」(III, 2, 25)。狭義の自然法は、人間と他のあらゆる存在者とに共通のあり方に基礎をもつような法、すなわちとりわけ自己保存の権利を含む。動物法とは、子供の養育のための権利など、人間の動物としての本性から帰結する法である。万民法は、人間に特有の性質から帰結する法である。「それゆえこの法によって、売買・貸借その他諸々のほとんどの契約が導入されたのであり、それなくしては人間社会は、生活が十分に営まれるということがない」(ibid.)。このようにアエギディウスは、法をその存在論的基礎にもとづいて区別することによって、ローマ時代の法概念である万民法の自然法的性格を明瞭に根拠づけ、そこにさらに、自由で実定的な契約の余地を残すことに初めて成功したのである。

王と立法者、そして法の種類についての詳述に続いて、アリストテレスや彼に従う中世の大学の政治理論家と同様に、アエギディウスは、王が法に従うのかあるいは法が王に従うのかという問い、つまり国家の統治は法による場合と統治者の自由な判断に委ねられる場合とのどちらが良いかという問題について論じている(69)。アエギディウスが個々に論及しているように、アリストテレスは王を法の番人ないし道具と理解し、上述の問題を考察するに際しては、人間の性格の堕落しやすさを指摘し、王に関してもそうした弱点が認められている。これに対してアエギディウスは、王を自然法と実定法の中間に位置づけている。なぜなら王の統治は、「正しい理性」

てその拘束力を有するからである。「またある実定法が君主を凌駕すると言われる場合、それは実定的であるためではなく、自然法の効力がその内に保たれているからなのである」(III, 2, 29)。「硬直した規則」(regula inflexibilis)(ibid.) としての実定法は、個別のあらゆる行為の状況に関してその変化に対応できるほど柔軟に作られてはいないため (ibid.)、王は、実定法の適用の厳密さを適切に差配し、時には法を踏み越えることができるように、法の上に位置づけられる必要がある。それゆえ王が自らの情念から解き放たれ、神によって「正しい理性」(recta ratio) の述べること、つまり自然法に従う限り正当なものであり、他方実定法は、王の権威と地位によっの内に組み込まれた自然法に従うとき、「実定法について語るなら、最高の法によって統治されるより最高の王によって統治されるほうがよい」(ibid.)。その意味でまさに王自身が「生きた法」(lex animata) とみなされる。「ところで王または君主はいわば法である。また法はいわば王または君主である。法とはいわば命のない君主である。他方君主とはいわば生きた法である。生きているものは命のないものよりも優れているため、それに応じて王または君主は法より優れているはずである」[70](I, 2, 12)。

アエギディウスの法学理論は自然(自然法)と理性(正しい理性)の概念に立脚しているが、最後に彼は、人間の生活全体が自然法の上に立つとする自らの主張が、あらゆる啓示と神学を排斥する自然主義と誤解されることを避けるために、自然法に関する論究の締め括りとして、「人間の法と自然法以外に、福音的・神的法が存在するはずであるということ」(III, 2, 30) についての考察を行っている。こうしてアエギディウスは明らかに、同時代のラテン・アヴェロエス主義者の見解[71]、すなわち「われわれはすべての存在についての規定がその内でなされる自然学という学科を有するがゆえに、神学は無用のものであり、またわれわれは人間の法と自然法を有するがゆえに、福音の法と神的法は無用のものである」(ibid.) とする立場に抵抗しているのである。アエギディウスによれば啓示によって与えられる神的な法は必要である。それは第一に、神的法によってのみ人間の内的な状態、つまり善悪の根源的な場が正しく裁かれるからであり、第二に、さまざまな民族ごとにその解釈が互いに異なることが示しているように、自然法についての人間の認識は不確実で誤謬を孕むからであり、最後に、人間が目指す究極的な善は自然を超えており、自然法のみでは、自然を超えた善へと人間を導くのには不十分だからである（ibid.）。

このように自然法・実定法・神的法は概念上厳密に区別されるが、その区別は人間が生活を営むことによって統括的な全体の内で結びつくのであり、君主はその全体的調和を自らの人格の内で模範的な仕方で表現しなければならないとされる。「それゆえ王または君主たる者は、あたかも半神として、また欲求のない知性として、また生活の模範として、また行いうることの規範として生活すべきであり、権能と威厳によって他の者を凌駕するほど、良さと徳によって他の者を凌ぐように、神的法・自然法・人定法に対して振舞うのがふさわしい」(III, 2, 30)。心臓（または脳）が身体に命を与えるのと同様に[72]、君主もまた、調和ある秩序をもった有機体[73]としての国家に命を与えるのである。

三　『ローマ書註解』

アエギディウスは、このように威風堂々たる君主像を描く一方で、かならずしも理想的とは言えない、あるいは悪い君主の場合には、治める者と治められる者との関係はどのようなものとなるかという問いに直面することになった。もとより「君主の鑑」という設定と、フランスの王位継承者に献呈するという事情のために、『王制論』においては、悪支配または不正な統治がもたらす結果を論じることはできなかった。しかしながら、不正な支配者に従うべきか否かという問題は、統治一般の正当化と限界という問いを内に含んでいる。自然法にもとづいて統治権を根拠づけていた『王制論』と、キリスト中心的ないし位階的・教皇中心的理論を提示した『教会の権能について』とは、この問題に関しては和解の余地のない対立関係にある。(74) しかしこれら両著作における思想展開はそれぞれ異なった受け取り手とその利益によって影響されているため、アエギディウス本来の見解を把握するには、そのような利害関係に捕われない中立的な見地からの発言を検討する必要がある。そのためにここでは、アエギディウスのこれまでほとんど研究されていない著作『ローマ書註解』(In epistolam Pauli Apostoli ad Romanos commentarii)(ローマ版一五五五年)を取り上げることにする。なぜなら「ローマの信徒への手紙」第一三章(一三・一―七、『ローマ書註解』第四二講)(75) は、国家統治への従順という主題を扱っているため、そのテクストに対する註解は、国家統治の権利と限界を信仰の立場から論じるための恰好の機会となるからである。

アエギディウスは註解の対象となる短いテクストを一節に分け、まず語義と文章の意味の解明、およびそれらをパウロの表現に即して根拠づけるという手続きを踏んでいる。アエギディウスによれば、当該個所におけるパウロの思想は、さまざまな(八つの)理由づけを行いながら、ただ一つの主張、すなわち「われわれは上に立つ権威に従うべきである」ということに尽きる。しかもこの従順は、罰に対する怖れという外的理由にもとづくだけでなく、「心から、そして自発的に」、「われわれの良心そのもの、そしてわれわれの精神そのものから」行われる。そしてアエギディウスは、「註解《グロッサ》」(『標準的註解』[Glossa ordinaria])の解説――パウロはここで、あらゆるキリスト教徒の平等にもとづいてキリスト教徒である君主に対する従順を否定する人々を斥け、従順をただキリスト教徒の君主ないしは善い君主のみに限るような人々に反対しているとする解釈――に言及している。それによってアエギディウスは、従順という義務はいかなる支配者の下でも果たされなければならないことを示そうとしているのである。ここにおいては――教皇の任意の指示によって統治権が授与されるという、『教会の権能について』での主張とは異なり(76)――非キリスト教徒の君主によるキリスト教徒に対する統治という、「ローマの信徒への手紙」の前提となっていた状況に対してもまた正当性が認められている。そしてそこには、統治一般の正当性を自然法にもとづいて根拠づけるという思想が前提となっているのである。しかしそれに続く部分においては、キリスト教徒でない統治者に対する従順という問題にはそれ以上立ち入ることなく、悪い君主に対しての従順という問題のみを扱っている。

「われわれの君主が善い者であろうと悪い者であろうと、神に背くのでない事柄に関しては、われわれは従わなければならない」というのが、アエギディウスの根本的な主張である。従順はそれ自体として称讃に値する徳であり、善い統治者に対する従順は、われわれ自らの行いの指導をそこから受け取るという意味で「われわれの統率者かつ養育者」としての君主にふさわしいものであるのに対して、悪い支配者は「誘惑者」として、「誘惑に耐えることによってわれわれが〔王〕自身において是認される」という機会を与えるものである。

神に背くのでない事柄である限り従わなければならないというすでに見た限定は、上位の規範に対する従順は派生的な規範に対する従順よりも優先されなければならないという理由による。そこから従順の義務は、国家の統治者と神との関係にもとづくことになる。あらゆる完全性（善）は神に由来する以上、神の内に基礎をもつのでないいかなる統治権も存在しない。これは「いわば自明な」存在論的「命題」である。神は「知恵と知性という仕方で働く」ため、神に由来するものは理性的秩序をもち、それゆえ従順に受け容れるに値するのである。特に、「権力の内にはこうして神の善さと神の正義が輝き出るため、神の秩序に逆らうことなしに彼〔君主〕に逆らうことはありえない」。それゆえ、アエギディウスがパウロに従ってここでしばしば繰り返すように（また

『王制論』でも述べていた通り[77]、君主とは「神の僕」(minister Dei)である。支配の権力が神に基礎をもつことは明白でしかも善いことであるため、「正しい良心は、われわれが上に立つ者たちに従うようにと命じるのである」。

支配の権力はただ事実上のその存在にもとづいて存在論的に容認されているだけでなく、「権能の秩序は必要な秩序である」と言われるように、それ自身意味をもち必然的なものとして示されている。アリストテレスにならってアエギディウスが述べるところによれば、君主の課題とは、「物質的なものについての配慮」だけでなく、立法および法に従った裁判を通じて「市民を徳へ導き悪徳から遠ざけること」である。「このことは、霊的な秘跡を執り行う者に属すほどの魂への配慮ではないが、剣を携え裁判上の権能を有することは、ある種の魂への配慮である」。それゆえ国家は、教会によってではなくそれ自体として[78]、「剣」すなわち法的な権能をもち、さらにそれ自体において何らかの「魂への配慮(司牧)」(cura animarum)の働きを有する。君主は、犯罪者を罰して悪行を防ぐことによって、徳のある生活を可能にするからである。ところで、「誰でも自らが奉仕するものによって生きなければならない。〔……〕そのように、共通善に奉仕する君主は、税と公費によって生きるのにふさわしい」。公共の福利のために個々の職務を果たすことにもとづいて、君主は、アエギディウスによって具体的に挙げられたさまざまな税を徴収する権利をもつのである。

興味深いことにアエギディウスは、国家論と君主論の概略を含むこの註解に続いて、立論と反論というスコラ学の「問」(quaestio)の形式に従いながら、自由と統治の関係、および悪い支配の可能性、さらに従順の限界という三つの主題をさらに簡潔に考察している。

従順に対する反論としては、福音(ヨハネによる福音書八・三二)にもとづきながら、「キリストによって解放された者は、真に自由であり、したがって何者にも従属するように定められていない」とも述べられている。統治の正当性を否定するこの反論は、中世末期の「自由精神の兄弟」の考え方に則って表現されているが、これに対しては、パウロ（ローマの信徒への手紙八・二）に依拠しながら、ここで語られているのは「霊的自由」、すなわち罪と死の法則からの解放なのであるとの回答が与えられている。「肉、そして肉の内にある罪を引き起こすもの（fomes peccati 罪の火口《ほくち》）は、洗礼によって弱められることはあるにしても、完全に取り去られることはない。それゆえわれわれは奴隷状態に属したままなのであり、その〔罪の〕火口のためにわれわれは君主を必要とする」。ここにおいて統治は、『王制論』のように支配者と人間の本性の側からではなく、アウグスティヌスにおけるのと同じように、統治される側から考察されており、罪から生じる結果を克服するために避けがたいものとして、その必然性が承認されている。それゆえ洗礼は、のちの『教会の権能について』とは異なり、統治権の獲得のために必要な資格を与えるものではなく、(79)統治される必要性を不完全ながら廃棄するものと捉えられているように思える。なぜなら洗礼を受けた者の内にもなお、弱められているとはいえ、やはり「情念の戦い」と「知性における無知（または盲目）」が存続するからである。人間の真のあり方に反するこのような罪という欠如（『王制論』では人間の自然本性が欠如的存在と言われていた）は、統治による指導を受け容れることによってのみ矯正されうる。それゆえ支配に服することは、人間が悪や、善に対する無知から解放されるのを助けるのである。しかし支配は、完全な自由に至るための中間段階であるため、終末論的な展望においては、最終的には解消されるべく定められたものである。そこで「コリントの信徒への手紙一」（一五・二四）によれば、終末の時においてキリストは、「すべての支配、すべての権威や勢力を滅ぼす」。そして「現在あるがままの」支配は消滅し、「被造物は滅びへの隷属から解放されて、神の子供たちの栄光に輝く自由に与る」（ローマの信徒への手紙八・二一参照）のである。こうして、自然法による統治の根拠づけはある一つの層として救済史の内に包含され、無制約的な自由という理念へと向かって相対化されるため、救済史の次元は自然法の次元よりも包括的であるということが示される。

さらに、悪い支配の可能性という主題、およびその支配が支配一般の正当性の根拠である神といかに関わるかという問題に関しては、「ローマの信徒への手紙」（一三・一）の言葉（「権威はすべて神によって立てられたものである」）を「ホセア書」（八・四）の言葉と対比して、議論に一石を投じている。なぜなら、「彼らは王を立てた。しかし、それは私から出たことではない。彼らは高官を立てた。しかし、私は関知しない」という「ホセア書」の一節には、神にもとづかず、神によって承認されていない支配について語られているからである。しかし、例えば言語のように、善にも悪にも用いることが可能でありながらも、それ自体としては善である能力と同じく、「君主制もまた同様に善であり、君主制の権力は神に由来する。たとえ、人は君主であることによって、君主でない場合にはできないような多くのことをなしうるとしても」。

支配の権力それ自体はその（善いあるいは悪い）使用からは区別されるように、権力の獲得は正当である場合も不当である場合もある。「もしわれわれが権力をそのものとして考えるなら、それは善である。しかるに、それ（権力）の獲得のあり方とその使用は、善くも悪くもありうる」。権力そのものをその獲得ないし使用と区別することによって、『王制論』におけるのと同様に、君主の権力は、神の支配の現れとして積極的に評価されうるようになる。また権力とその支配とのこのような区別は、『教会の権能について』における区別、すなわち（世俗の権力にまで及ぶ、教皇に帰せられる普遍的な）権力の所有と、（教皇によって世俗の君主に委ねられる）権力の行使ないし使用との区別を準備するものなのである。[80]

権力そのものと、場合によっては不正でありうるその使用とを区別することによって、権力は本来的かつ本質的に理性的に秩序づけられているため、その使用もまた最終的に、神というその根源に即して整えられるべきであるし、少なくとも神の意志に反するべきでないという洞察が得られる。権力の使用が「秩序に従ってではなく、特に神に反して行われるなら、彼〔君主〕に反抗する者は、劫罰ではなく救いが得られる」。このことは、国家によるキリスト教迫害の時代における殉教者を例に取って示される。世俗的権力の栄光を称える『王制論』の傾向とは異なり、真の従順の限界を見定めるこの考察によって、権力は――たとえそのものとしてではないにせよ――個々の事例における権力の使用とそれに対する服従義務に関しては、かならずしも神の権威にもとづいて神聖とされることなく、その正当性を判断することは個々人の良心に委ねられることになる。このような思想が、『教会の権能について』において喧伝された教皇の「充全権力」(plenitudo potestatis) についても適用されていたら、論旨は首尾一貫していたことであろう。しかしながら『教会の権能について』では、確かに教皇の職務の悪い行使の可能性が認められはするものの、それについての判断はただ神のみに帰せられている。[81]

この問題の展開に関してここでは、ケレスティヌス五世の教皇位の辞退とそれに続くボニファティウス八世の教皇就任を正当化するために一二九七年に著されたアエギディウスの『教皇辞任について』に触れておこう。この著作によれば、なるほどあらゆる権力は神に由来するが、その権力は人間を通して委譲されるものである。そして権力を委譲する者は、正当で重大な理由があるなら、それを剝奪することもできる。[82] ここでもまた、権力の使用の正当性を判断するために、個人的なものではないにせよ、何らかの裁定機関が想定されているのである。

『ローマ書註解』における議論の際には、アリストテレスが幾度か引用されているものの、それは付随的なものにとどまり、議論の核心部は、聖書、そして救済史とキリスト教的伝統にもとづいて展開されている。そのためここには、自然法の見地からのみ記された『王制論』におけるよりも、支配の権力に対してより批判的で、より解釈の幅のある見解が現れている。時期的には『王制論』と『教会の権能について』のあいだに書かれたと思われるこの『ローマ書註解』はアウグスティヌス的な傾向をもっているとはいえ、統治を罪そのものの結果としてではなく、罪を克服するために必要な手段とみなしており、またいくつかの形式的な概念区分に関しては、『教会の権能について』を思わせる。しかしながらこの著作は、教会の権威に訴えることなく世俗的権力を積極的に認めているという点では、やはり『王制論』の思想に連なるものなのである。

結語

アエギディウスの『王制論』は、精妙な筆の運びで豊かな内容を盛り込んだ「君主の鑑」として、アリストテレス受容とその思想に対する創造的な改変を窺わせる哲学的方法論を用いながら、その意図においては明らかにキリスト教を基盤とする君主像・国家像を描いている。『王制論』においては、方法論上の理由と説得力を増すという狙いから、考察は純粋に哲学的・自然的な目標と論証に限定されているために[83]、教会と国家の関係という問題が完全に等閑に付されており、それゆえここでは、アリストテレスにもとづいて、あらゆる権力を所有する絶対君主[84]と純粋に自然的な国家が推奨されているように思える。後年の著作『教会の権能について』に関しては、このことがまったく逆の意味で当てはまる。すなわちこの著作では、アウグスティヌス、さらに中世アウグスティヌス主義[85]の代表者クレルヴォーのベルナルドゥス[86]（Bernardus Claraevallensis　一〇九〇－一一五三年）およびサン＝ヴィクトルのフーゴー[87]（Hugo de Sancto Victore　一〇九六頃－一一四一年）に依拠して、充全権力を有する教皇と、最終的には国家の自立を自らの内に吸収するほどの教会の絶対的支配が主張されるのである。哲学と神学、自然の共同体と霊的共同体、国家と教会とのこのような未整理の対立は[88]、著者の意図に反して、ラテン・アヴェロエス主義が引き起こした状況による影響を被っている。アエギディウスが自らの「君主の鑑」を捧げたフィリップ四世美王と『教会の権能について』によって仕えたボニファティウス八世とのあいだで動揺しているさまが見て取れるように、この状況にあっては、先の思想は著作の異なった目的と受け取り手に応じて、反教権的な国家理解と教会至上的な教会理解のどちらも取られうるだけの動揺の幅があったのである。アエギディウスの国家論そのものの内においても、王国の「魂」[89]、「頭」[90]、または神の「似像」[91]（imago）ないし「半神」[92]としての王を戴く理想的な絶対的君主制国家を求める自覚的な意図は、君主と国家の理想を人間そのものの本質から、つまりあらゆる人間に平等に具わる人間性から根拠づけようとする、方法的には潜在的だが、それゆえに一層根源的な人間中心的な志向とは相容れない[93]。そのため、フランス絶対王制の発展の折にも、また民主主義運動の際にも――それぞれ異なった仕方ではあるが――この著作が拠り所とされえたのである。このような両義性にもかかわらず、アエギディウスは、（ディオニュシオス・アレオパギテスの意味で）位階的に秩序づけられると同時に、人間の基本的諸徳によって導かれた、人間にふさわしい共同体・社会・国家を思い描いていたのであり、この理念によってこそこの著作は、中世末期において広範な影響を及ぼしえたのである[94]。

第Ⅳ部　後期スコラ学

第八章　フライベルクのディートリヒの知性論

一　時代的背景

(1)　ドイツ・ドミニコ会学派

一二七七年にパリ大学とオックスフォード大学でラテン・アヴェロエス（Averroes; イブン・ルシュド〔Ibn Rushd〕一一二六―九八年）主義に対する禁令が公布されてからマイスター・エックハルト（Meister Eckhart 一二六〇頃―一三二七／二八年）が歿するまでの期間、つまり、アルベルトゥス・マグヌス（Albertus Magnus 一一九三／一二〇〇―八〇年）の死からウィリアム・オッカム（William Ockham 一二八五頃―一三四七年）がバイエルン公ルートヴィヒ四世（Ludwig IV 神聖ローマ皇帝在位一三一四―四七年）のミュンヘンの宮廷に赴く（一三三〇年）頃までの半世紀のあいだには、中世末期への移行を特徴づける変化が起こっている。すなわち、盛期スコラ学の「大全」は徐々に後期スコラ学の専門的論考に取って代わられ、アリストテレス思想は単なる受容の対象から批判的論議の主題となり、神学的形而上学・人間論は中世末期の論理学・自然哲学・神秘思想へと転じていったのである。引き続き強い影響力をもっていたパリ大学・オックスフォード大学・ケンブリッジ大学などの学問界の総本山と並んで、ドイツ語圏ではケルンが頭角を現し、成立期のドイツ思想界に大きな力を及ぼし始めていた。ケルンにおけるこのような知的発展は、すでに十三世紀前半から準備されたものであり、さまざまな修道会の、相継いで設立された支部がその発展を支えることになった。一二一九年にはドイツ騎士団（Deutscher Ritterorden）が、一二二一年にドミニコ会（Ordo Fratrum Praedicatorum）、一二二二年にはフランシスコ会（Ordo Fratrum Minorum）、一二三七年にヨハネ騎士団（Ordo equitum sancti Johannis）、一二五二年にカルメル会（Ordo Fratrum beatae Mariae Virginis de Monte Carmelo）、一二五七年に女子ドミニコ会、一二六四年にアウグスティヌス隠修士会（Ordo Fratrum Eremitarum sancti Augustini）、一三〇六年に女子フランシスコ会、一三〇七年に聖十字架修道会（Ordo Fratrum sanctae crucis）、一三三四年にカルトゥジア会（Ordo Cartusiensis）の修道院が創設されている。一三三三年の記録によればベギン（Beguines）も、ケルンに「家」をもっており、一三〇〇年にはその数はおよそ五〇にのぼっている。(1)

哲学と神学の研究は、重要な托鉢修道会――ドミニコ会・フランシスコ会・カルメル会・アウグスティヌス隠修士会――の「高等学院」（studia generalia）（ドイツを管轄する管区のための修道院高等教育機関）によって推進されていた。フランシスコ会の高等学院では、ヨハネス・ドゥンス・スコトゥス（Johannes Duns Scotus 一二六五／六六―一三〇八年）が晩年の一年間（一三〇七―〇八年）教授活動に当たっている。アルベルトゥス・マグヌスがパリ大学を模範として、一二四八年に創設したドミニコ会の高等学院は、はるかに大きな影響力をもっていた。それというのもドミニコ会は、一三〇三年にはドイツで九三の修道院――そのうち四七の修道院は北・中部ドイツのサクソニア管区(2)――を擁しており、修道女たちに対する霊的指導や一般信徒への説教活動を通じて、(3)神学思想の富を民衆の思考と信仰心の内へと浸透させていたからである。ケルンのドミニコ会学派に関しては、(4)トマス・アクィナス（Thomas Aquinas 一二二四／二五―七四年）とともにアルベルトゥス・マグヌスの直弟子であったシュトラスブルクのウルリヒ[5]（Ulrich von Straßburg; Ulricus de Argentina　一二二五頃－七七年頃）、ドイツ神秘思想の神学者マイスター・エックハルト、ハインリヒ・ゾイゼ（Heinrich Seuse　一二九五／一三〇〇－六六年）、ヨハネス・タウラー（Johannes Tauler　一三〇〇頃－六一年）が夙《つと》に有名である。

近年の哲学史研究では、学派にとって重要であったそれ以外の神学者に関しても、その著作の研究と校訂版編集の作業が緒についている。[6]新たに注目された思想家として、例えばシュトラスブルクのフーゴー[7]（Hugo von Straßburg; Hugo Ripelin　一二一〇頃－七〇年頃）は、神学の教科書『神学的真理の綱要』（Compendium theologicae veritatis　一二六七－七〇年）を著しており、これは近世初頭に至るまできわめて広く普及し、さまざまな言語に翻訳されている。またシュトラスブルクのニコラウス[8]（Nikolaus von Straßburg　一三一八－二七年活動）は、トマス・アクィナスおよびアルベルトゥス・マグヌスの思想の忠実な後継者であり、一三二六／二七年のケルンでの審理にあたってマイスター・エックハルトを擁護した人物である。リヒテンベルクのヨハネス（Johannes von Lichtenberg; Johannes Picardi　一三〇三－一三年活動）は、同様にトマス思想の継承者にして、パリとケルンの教授、および皇帝ハインリヒ七世（Heinrich VII　在位一三〇八－一三年）の顧問であった。フライブルクのヨハネス（Johannes von Freiburg; Johannes Rumsik　一二五〇頃－一三一四年）は、ドイツ語訳によって広く読まれた『告白大全』（Summa Confessorum）において、トマスの倫理学を司牧の実践活動へと応用した思想家である。さらにシュテルンガッセンのゲルハルト[9]（Gerhard von Sterngassen; Gerhard Korngin　一三一〇－二五年活動）は、『病める魂の治療』（Medela anime languentis; 別名 Pratum animarum〔『魂たちの牧場』〕）において、トマスの倫理学を、神秘的経験を含んだ理論的・実践的な徳論へと深めている。このゲルハルトの兄弟であるシュテルンガッセンのヨハネス[10]（Johannes von Sterngassen; Johannes Korngin　一二八五以前－一三二〇または一三三六年以降）は、その説教においてトマス思想に則った神秘思想を一般向けの仕方で展開した。リューベックのハインリヒ（Heinrich von Lübeck　一二八〇頃－一三三六年以降）は、『任意討論集』（Questiones quodlibetales）において、トマス・アクィナスとフライベルクのディートリヒ（Dietrich von Freiberg　一二四〇／五〇－一三一八／二〇年）のあいだの中庸の道を模索しているようである。ダンバハのヨハネス[11]（Johannes von Dambach　一二八八－一三七二年）は、マイスター・エックハルトの弟子であり、その『神学の慰めについて』（De consolatione theologiae）では、中世末期の「宗教的慰め」という文学ジャンルの基礎を据え、その影響はトマス・ア・ケンピス（Thomas a Kempis　一三七九／八〇－一四七一年）の『キリストにならいて』（Imitatio Christi）にまで及んでいる。ヘルフォルトのハインリヒ[12]（Heinrich von Herford　一三七〇年歿）の哲学的・自然科学的百科全書『諸存在者の黄金の鎖』（Catena aurea entium）は、十三・十四世紀の最も重要なドミニコ会士たちの文書を編纂した著作である。同名の二人の――判別困難な――思想家、ハルバーシュタットのコンラート（Konrad von Halberstadt）（若年の方のコンラートは一三四二－五五年に活動。長年のコンラートは一三二一－二七年に活動）の著作のうちには、とりわけ司牧と説教のための百科全書と綱要が含まれている。モースブルクのベルトルト[13]（Berthold von Moosburg　一三〇〇以前－六一年以降）はプロクロス（Proklos　四一〇／一一－四八五年）の一性の形而上学をアルベルトゥス学派の思想と融合させている。しかしながら本論の主題となるフライベルク（ザクセン地方）のディートリヒは、そうした彼らすべてにも優る重要な思想家である。しかも、ドミニコ会における盛期スコラ学のアリストテレス受容とドイツ神秘主義とのあいだ、つまりアルベルトゥスとマイスター・エックハルトとのあいだにあって鍵となる位置を占める彼の著作は、その全著作の校訂版が刊行されることで[14]、近年になってようやく日の目を浴びたものなのである[15]。

（2）　フライベルクのディートリヒの生涯と著作、およびその影響

中世の史料のうちで、ディートリヒの生涯と活動について触れているものはきわめてわずかしか存在しない(16)。一二七四年にはディートリヒはすでに読習講師であり、パリで神学を研究している。通常の修養過程から推定するなら、ディートリヒの誕生年は一二四〇年代初めと考えられる。一二八〇年にはドイツのドミニコ会修道院で読習講師として記録されている。フォンテーヌのゴドフロワ(17)（Godefroy de Fontaines; Godefridus de Fontibus　一二五〇以前－一三〇六年以降）の著作における引用から、彼が一二八五年以前に論考『範疇的諸事象の起源についての論考』（Tractatus de origine rerum praedicamentalium）を著していたことがわかる。一二九三－九六年には、ドイツのドミニコ会管区（テウトニア）で管区長として活動し、一二九四－九六年にはドミニコ会総長代理を勤めている。この時代のディートリヒの現存する五通の手紙は純粋に職務上のものであり、その思想については何も伝えてくれない。一二九六／九七年に、ディートリヒはパリ大学神学部で神学博士となり、そこでおそらくは二年間、フランス人以外のドミニコ会士のために割り当てられていた講座で、講座担当教授（magister［actu regens］）として講義と討論を受けもった。ディートリヒのいくつかの『討論』はこの時代のものと考えられる。神学部での他の同僚との学問上の関係については何も知られていない(18)。

一三〇三年、ディートリヒはコブレンツの管区監督官の一人に任命されている。新たに選出されたドミニコ会総長ピアチェンツァのアイメリクス（Aymericus de Piacenza　在任一三〇四－一一年）から、虹の成立についての理論を公にするように奨められた(19)。一三一〇年にディートリヒは、ピアチェンツァのドミニコ会総会で、テウトニア管区長代理に任じられている。しかしその在任期間は、その年の晩秋までの数か月間で終わっている。彼の歿年についての報告は存在しないが、おそらく一三一八年から二〇年までのあいだに置くのが妥当であろう。こ

のようにきわめてわずかな情報しか残されていないのだが、ここからあれこれ憶測を逞《たくま》しくして、ディートリヒの人物像を、「ドイツ固有の独自の哲学的文化の形成に際して決定的役割」を果たした「偉大な個性」という印象的な姿に作り上げようという試みもないわけではない。[20] しかし推定にもとづくそのような憶測は、ディートリヒを、その著作が「数世紀に及ぶ閑却」を被った「中世の学問の歴史におけるはぐれ者《アウトサイダー》」とする判断[21]とは両立することはなさそうである。

ディートリヒの人となりが摑みがたいものであるのに対して、その著作はほぼ完全なかたちで残されている。中世の著作目録にディートリヒのものとして挙げられている三三の著作のうち、これまでに発見されていないのはわずか八著作である。その著作——八編のおおむね比較的短い『討論』以外には、もっぱら個別的主題を扱った体系的論考であり、註解は存在しない——の大半は、哲学的な議論のみに終始している。もっともディートリヒ自身は、「純粋に端的に神学と呼ばれるわれわれの学問は、哲学者たちの神的な学問からは区別される」(Fragmentum de subiecto theologiae〔『神学の主題についての断章』〕[= Subi.] 3. (8) [III, 281]) と言っているように、自らキリスト教神学者を自任してはいるのだが。

全著作のうち、自然学に関する五編——質料的物体の構造、重力、光、色彩、虹についての著作——は、明確に独立した一群を成している。なぜならそれらにおいては、形而上学的前提を引き合いに出すことなく、自然現象、とりわけ光学的現象を観察と実験による純粋に経験的な方法によってその原因から解明しようとしているからである。十九世紀初頭からつい最近に至るまでは、虹の成立についてのディートリヒの論考『虹と光線の現れについて』(De iride et de radialibus impressionibus) は、アリストテレス主義・スコラ学の基盤に立ちながらも、近代の自然科学、とりわけデカルト (René Descartes 一五九六—一六五〇年) による虹に関する説明を先取りする傑作とみなされてきた(22)(もっとも、最新の解釈においては、この著作の限界、および近代科学による理解との相違が明らかにされている(23))。しかしディートリヒによる虹の説明は、中世の他の著作においては言及すらされていない。

ディートリヒの著作の大半は形而上学に関するものである。そこにおいては、存在者と本質との関係(24)、実体に対する付帯性の不可分性(25)、矛盾、または度合いの段階性といった一般形而上学の基本概念を論じたもの、および、知性体による天体の運動(26)、時間の連続性(27)、物事の嵩《かさ》、諸範疇の起源などについての自然学的(自然科学的ではない)問題を主題とするもの、そしてまた、彼の哲学的思索の要として、知性認識の本質を形而上学的に解明しようとする試みが含まれる。

若干の神学的論考では、キリストの遺骸や、至福者たちの身体の特性をめぐる周辺的問題が、形而上学的方法によって論じられている(28)。論理学・倫理学関係の著作(29)、および修徳についての著作は書かれていない。聖書引用(およそ二〇〇句)が鏤められているのも、その著作の約半数においてのことにすぎない。ディートリヒは霊的指導者としても尊敬を集めたと思われるが(30)、その説教は伝えられていない。

ディートリヒが依拠した文献は、まず彼が引用している著作から推し量ることができる(31)。アリストテレス、とりわけその『形而上学』(Metaphysica)と『霊魂論』(De anima)がほとんどすべての著作において引用され、総数が八〇〇回にも及ぶところから、アリストテレスが彼にとって規範となる権威であったことは疑いを容れない。アリストテレス理解、さらには体系的問題の解明に際しては、アヴェロエスの著作がかなり自由に用いられており(二〇〇回以上)、その多くの場合ディートリヒはアヴェロエスに賛意を示しているが(32)、例えば能動知性の単一性といった問題に関しては、思い切った反論を行っていることも珍しくない。ここから推察されるように、フランスとイギリスでは大々的になされたアヴェロエスに対する断罪も、ドイツにあってはむしろ一地方の事情として受け取られ、冷静に距離を置いて捉えられていたようである。しかもディートリヒの場合は、批判的に判別しながらではあるが、アヴェロエスに対して基本的には否定的ではないところから窺えるように、名指しで引用こそしていないものの、アルベルトゥス・マグヌスの姿勢と解釈を継承しているのである。[33]

ディートリヒがアリストテレスおよびアヴェロエスに次いで頻繁に依拠しているのが、アウグスティヌス(Aurelius Augustinus 三五四―四三〇年)、特にその『三位一体論』(De Trinitate)および『創世記逐語註解』(De Genesi ad litteram)であるところから(およそ四〇〇回引用されている)、ディートリヒはとりわけ自らの知性論においてアリストテレスとアウグスティヌスを統合しようとしていたものと考えられる。ディートリヒの思想の第三の源泉が新プラトン主義であることは、プロクロスからの引用[34](約六〇回)、およびプロクロスの著作の抜粋である『原因論』(Liber de causis)からの引用(約一五〇回)から明らかである。ディートリヒはプロクロスの『神学綱要』(Elementatio theologica)を十四世紀の哲学的論議の内に導入しているとも言える。それ以外の、キリスト教の著作からの引用――ディオニュシオス・アレオパギテス(Dionysios Areopagites 五〇〇年頃)、ボエティウス(Boethius 四八〇頃―五二四年頃)、ダマスコスのヨアンネス(Ioannes Damaskenos; Johannes Damascenus 六五〇頃―七五〇年頃)、ベーダ・ウェネラビリス(Beda Venerabilis 六七三/七四―七三五年)、カンタベリーのアンセルムス(Anselmus Cantuariensis 一〇三三/三四―一一〇九年)、サン=ヴィクトルのフーゴー(Hugo de Sancto Victore 一〇九六頃―一一四一年)、『標準的註解』(Glossa ordinaria)などの引照――はディートリヒの神学博士としての豊かな教養を窺わせる。

トマス・アクィナスに対するディートリヒの態度は、なおも問題の残るところである。[35] ディートリヒはトマスの著作に通じており、時には名指しで引用しているとはいえ、知性論に関する著作においては、名前を挙げないまでも、トマスの理論を「粗雑である」として厳しく批判しているからである。そうすることによってディートリヒは、すでに一三〇九年にはトマスの理論をドミニコ会神学者にとって厳密な規範として義務づけようとしていた当時のドミニコ会の主流に逆らっていたことになる。しかしディートリヒの構想をその狙いに即して理解するには、単純に反トマス主義者の烙印を捺すのではなく、むしろアルベルトゥス学派の継承という点から、つまりアウグスティヌス・新プラトン主義およびイスラーム哲学の知性理解という、より広い文脈においてその思想を捉えなければならない。そうすることでディートリヒの哲学は、トマスにおいては後退している問題群をその体系的意義に即して展開し、それによってトマスの枠組みを突破しようとしていたものと理解されることになるだろう。(36)

ディートリヒの哲学は、直接にはケルンのドミニコ会学派によって受容されたのみであるが、そこにおいてはマイスター・エックハルトに対する影響(37)にとどまらず、さらに持続的で深い効果を及ぼしている。ディートリヒの思想は、グリュンディヒのエックハルト（Eckhart von Gründig　一三三七年頃歿）の『能動知性・可能知性に関する論考(38)』（Ler von der selikeyt; Von der wirkenden und der vermögenden Vernunft　推定一三〇二／〇三年）を通じてドイツ語圏に広まり、十四世紀中葉にはモースブルクのベルトルトによるプロクロス『神学綱要』に対する註解の基盤となり、さらにこの註解はニコラウス・クザーヌス(39)（Nicolaus Cusanus　一四〇一－六四年）の『知ある無知の弁明(40)』（Apologia doctae ignorantiae　一四四九年）においても言及されている。クザーヌスの同時代においては、その思想はケルン学派を通して、ケルンのアルベルトゥス学派の継承者たるカンポのヘイメリクス(41)（Heymericus de Campo; Heymeric van den Velde　一三九五－一四六〇年）に影響を及ぼし、トマス主義者であるゲルハルドゥス・テル・ステーヘン（Gerhardus ter Steghen 一四八〇年歿）との論争において活かされ、また同じくケルンで学んだカルトゥジア会士（レイケルの）ディオニュシウス（Dionysius Cartusianus; Dionysius Ryckelensis; van Rijkel 一四〇二―七一年）の神秘神学の内にも流れ込んでいる。[42]

ディートリヒの著作群にあっては自然科学的著作は本筋の議論ではないため、ここではそれらには立ち入ることはせずに、彼の哲学的思想の体系的中心である知性論[43]――とりわけ互いに補完し合う関係にある二つの主著、すなわち『至福直観について』（De visione beatifica [= Vis.]）と『知性と知性認識されるもの』（De intellectu et intelligibili [= Int.]）に展開されている思想――に主題を絞ることにする。

二 知性論

（1） 至福への問いと知の諸段階

ディートリヒの著作は、純粋に理論的・形而上学的な諸問題を本領とするものではあるが、それらの哲学的思索は、聖書にもとづいた神学的問題設定、および人生の究極的意味の探求という基本的枠組みと意図に即して展開されている。ディートリヒにとっては、「真理の書〔聖書〕によってわれわれに約束されている至福直観」（Vis. 4. 3. 2. 2. (1) [I, 119]; cf. Vis. 4. 3. (1) [I, 111]）への問いが根本的なものであった。この問いは、アリストテレスのようにこの世の生の次元に限って論じられるわけではなく、彼岸の生との関係において、すなわち「この世の知恵者の神的知識が廃《すた》れてしまう（一コリ一三〔一コリ一三・八。一コリ一・一九参照〕）この世の終わりののちも、永遠の至福の獲得、そして善か悪におけるさらなる究極的な終わりへの到達」（Subi. 3. (9) [III, 282]）に対する問いとして、徹底して終末論的に論じられる。ここからこの議論がキリスト教的信仰にその基盤をもつことが窺えるのであり、まさにそのような出発点ゆえに、ディートリヒの思想は人間論の領域にとどまることなく、厳密な意味で形而上学的な仕方で展開されるのである。なぜなら、その本質からするなら、完全な至福はただ「直接的で至福に満ちた観想を通じての、われわれと神との合致によって」（Int. II 31. (8) [I, 170]）のみ達成されるからであり、「それによってわれわれは神をその本質に即して観取する」（ibid.）のであり、「それによって神は顔と顔を見合わせるかたちで観取されるのである」（Vis. 1. 2. 2. 4. 3. (1) [I, 52]）。しかし神とのそのような直接的な合致は人間の自然本性の能力を超えているため、その実在は「理性のみによって帰結することはできない」（Vis. 4. 3. (1) [I, 111]）。そのような合致の考えられるあり方に関してすら、「全面的な確実性をもって論じることは難《むずか》しい。たとえそれをめぐって理性によって憶測的に推論することはできるにしても」（Vis. 4. 1. (6) [I, 106]）。もとより至福についての問いは人間にとって普遍的である以上、至福についての問いや、少なくともそれに類する問いは、哲学的にも解明可能なものであり、そのためには神学は哲学的考察を活用することができるが、その際には、神学に固有の認識の追求が自立的な理性の活動に還元されるということはない。「それゆえ、これほど困難な事柄を論じるための神の助けに対する信頼を第一に前提として、そうした同じ問題、あるいは少なくとも似た問題を論じてきた哲学者たちの研究の熱意も、ある程度の貢献として役に立つものである」（Vis. 4. 2. 1. (1) [I, 106]）。この点でディートリヒはアヴェロエスの『霊魂論第三巻註解』（Commentator Super III De anima [Comm. 36]）を参照している（Vis. 4. 2. 1. (2) [I, 106]）。

至福の本質に対する問いは、すでにテミスティオス（Themistios　四世紀）などの古代アリストテレス註解者においても、アリストテレスの知性論《ヌース》解釈の争点となっていたのであり、それはアラブ人哲学者やラテン・アヴエロエス主義者たちによっても、とりわけブラバンティア〔ブラバン〕のシゲルス(44)(Sigerus de Brabantia; Siger de Brabant 一二四〇頃–八四年以前)やダキアのボエティウス(45)(Boethius de Dacia 一二八四年以前歿)によっても、諸々の知性体や神に対する至福に満ちた直観についての自然的理性による理論という同様の方向でさらに展開された。同時代のトマス・アクィナスもまた、『神学大全』(Summa theologiae)第二部において、「至福〔幸福〕」への問いの下で自らの倫理学を構築したが(第二部-一第一–五問)、至福の精神形而上学の可能性が論及されるということはなかった。しかしこの問いが、十四世紀初頭のキリスト教思想全般にどれほどの意義をもっていたかは、当時の教皇文書とそれに対する反動から理解できる。教皇クレメンス五世(Clemens V 在位一三〇五–一四年)は、主にベギンとベガルド〔男子ベギン〕に見られる、理性を授けられた者にはその自然本性によって至福が具わるという主張(46)をヴィエンヌ公会議(一三一一年)で断罪し、教皇ヨハネス二二世(Johannes XXII 在位一三一六–三四年)は神に対する至福直観がいつ始まるのか(死後であるのか最後の審判のあとであるのか)という問題についての宣言を行い、ベネディクトゥス一二世(Benedictus XII 在位一三三四–四二年)は一三三六年にこの問題に決着をつけている(47)。

至福についての問いにおける哲学的次元と神学的次元のあいだの区別と連関は、ディートリヒの場合、自然と超自然のあいだの関係についての見解にもとづいている(cf. Int. II 22. (2) [I, 162])。この点に関してディートリヒは、神の「自然の摂理」(providentia naturalis)と「意志による摂理」(voluntaria providentia)というアウグスティヌスの区別を引き合いに出している(48)。この区別には、学問論上は、哲学的な「神的な学、ないし形而上学と呼ばれる神学」(Subi. 3. (8) [III, 281])と「われわれが純粋に端的に神学と呼ぶ」(ibid.)「聖人たちによるわれわれの神的な学」(Subi. 3. (9) [III, 282])との区別が対応している。

神学そのもの、ないし一般的な意味での神学は、「存在者の全総体を、神からの存在者の発出に従って、そして神に向かう秩序に従い、また諸々の存在者の性状、および神からそれらの諸々の存在者に与えられた固有のあり方に従って」（Subi. 3. (5) [III, 281]）論じる。このような存在者の神に対する関係が、ただ「自然の摂理において見て取られる秩序の必要に従って」（Vis. 4. 3. 2. (4) [I, 114]）のみ考察されるとき、「哲学者たちの神的な学」（Subi. 3. (8) [III, 281]）、ないし形而上学が生じる。アリストテレスによれば、神的学は「第一に根本的には、その神的の本質に従って神的であるような神的存在者を考察し、さらに次いで他の諸々の存在者を考察するが、その神的学は、〔『形而上学』〕第一二巻で言われているように、他の諸々の存在者がいわば総体の主に向かうという仕方で神的存在者へ向かって秩序づけられているということを示すのである」（Subi. 3. (8) [III, 281]）。これに対して本来のキリスト教的神学は、これと同じ対象領域の考察に由来するが、それはそれらの存在者が「意志による摂理の秩序の下に配されており、そこにおいては功徳と報いの役割が重要である」限りにおいてなのであり、それゆえにそこでは神と人間の自由意志が考察されるのである（Subi. 3. (9) [III, 282]）。このような本来の意味での神学の対象領域は、具体的に「キリスト全体、頭と体ないし四肢、また物としるし、創造の業と復興の業、または神自身」（Subi. 3. (3) [III, 280]）と規定されるが、ここには順に、カッシオドルス（Cassiodorus　四八五頃―五八〇年頃）、アウグスティヌス、サン＝ヴィクトルのフーゴー、そして再びアウグスティヌスの用語が用いられている。しかし他方でトマス・アクィナスにならって、「恩寵も栄光も自然および自然の秩序を破壊するどころか、むしろそれを完成し完結する」（Vis. 2. 2. (2) [I, 65]）と言われるところからわかるように、神の自由は形而上学的な本質秩序に対して優位をもち、それゆえキリスト教神学は哲学的神学に優っているとはいっても、それによって哲学的神学とその真理や妥当性、またその自立性は少しも損なわれることはないのである。こうして意志による摂理の秩序が「自然による摂理の秩序の完成にして完結」(Vis. 4. 3. 2. (4) [I, 114]) であるため、知と信仰、哲学と信仰は、アヴェロエス主義におけるように互いに対立するものとはなっていない。それどころかキリスト教神学は哲学的認識を下支えないし洞察の補助的手段として自らの内に組み込むことができるのであり、しかもその際、神学的認識を「一般の自然の経過」(Int. II 22. (2) [I, 162]) ——「一般的法則と恒久的状態に従う」(Vis. 4. 3. 2. 2. (2) [I, 119]) 諸事物の過程——へと制限することがない。そのためにディートリヒは、自らが範と仰いだ新プラトン主義およびイスラームの代表的思想家たちの基本的前提である、諸々の純粋知性体の位階的秩序の存在ということに関しては、繰り返し疑念を表明しているのである。「離存的知性体——そのようなものがあるならば——の秩序においては、能動知性が、秩序の中でわれわれに対する最も下位のものである」(Vis. 4. 3. 2. (5) [I, 114])。「そのような諸々の知性体が諸事物の総体のうちに見出されるとするなら〔……〕」(Int. III 30. (2) [I, 202]. Cf. Quaestio utrum in Deo sit aliqua vis cognitiva inferior intellectu [= In Deo] 1. 1. (4) [III, 294]) といった留保がなされているように、諸知性体の存在は全面的に承認されているわけではない。

自然本性的な知性的認識のなかでは、形而上学的神学が最高の認識様態であるが、それでもやはりこの形而上学的神学は、一般形而上学と不可分の関係にある。この一般形而上学は、「存在者である限りでの存在者を考察するのであり、この考察は、事物に関して、そのものの作用因または目的因とは区別されるそのものの何性という根拠に従い、本質を通じて存在者に関わる。そのため、その考察が自らに固有のこととしては、形相因による規定のみを行うのである」(Tractatus de origine rerum praedicamentalium〔『範疇的諸事象の起源についての論考』[= Or.] 5. (61) [III, 199]; cf. ibid. (66) [III, 201])。この定義に現れるディートリヒの思想の特徴は、存在者を「何性」(quiditas) たる本質(49)へと差し戻し、形相因へと還元するために、厳密な意味での形而上学的探求からは、作用因と目的因が排除されるという点である（もっとも彼自身はそれを一貫して堅持してはいないが）。ここにおいては、存在を活動《アクトゥス》として理解し、形而上学を存在者の諸原因についての学として捉えたトマス・アクィナスの見解があからさまに斥けられ、存在を「本質」へと還元し、それとともに存在理解を主知主義化していくという、十四世紀初頭に始まった哲学の動向をはっきりと窺い知ることができる。ディートリヒの場合、本来の意味での作用因と目的因の探求は、自然学ないし自然哲学に割り当てられる。自然学ないし自然哲学は、何性を探求するのではなく、そこにおいては「実体に関しては、作用者を通じて基体に内在するはずの何らかの自然的事物が証明される。ところで作用者は、何らかの目的に向かう秩序においてでなければ、そのような事物を実体に関して創り出すことがない」（Or. 5. (62) [III, 199]）。作用因は質料において働くため、質料もまた――それが実体形相の定義から生じるものであり、「全体」の中で実体形相に従う「部分」として実体形相によって要求されるもの（「全体部分がそうであるような、全体のあとにくるもの」Or. 5. (62) [III, 200]）である限り――自然哲学的な探求の対象となる。

さらに数学的認識は、まずは自然学的認識から区別される。「なぜなら〔数学的認識は〕運動や質料からの抽象だからであり、そのためにそれは、定義する際に、質料にも作用因にも目的にも関わることがない。それというのもそれは、形相の概念に従って内在するもののみを考察するからである」（Or. 5. (63) [III, 200]）。しかし数学的認識は、同じく形相因を問題とする形而上学からも区別される。なぜなら形而上学は「存在者である限りの存在者」（Or. 5. (66) [III, 201]）を考察するのに対して、数学は存在者の部分的領域を対象とし、しかもその部分的領域をも、存在者としての存在者といった普遍的観点の下に扱うのではないからである。そのために数学はその対象を「あらゆる自然本性および自然本性の諸原理からの抽象というかたちでの形相の概念に従って」（Or. 5.

(67) [III, 201]）論じるのに対して、形而上学は形相を、現実的ないし広い意味で自然的な存在者――それが質料的であろうが精神的であろうが――との関係で考察するのである（cf. ibid.）。

こうした諸々の区別によって、まずは感覚的認識を出発点とする学問的認識の諸段階の特徴が示されたが、ここではまだ、知性的認識そのものの本質、およびその可能根拠が問題とされてはいない。

（2）知性的認識の本質と根拠

ディートリヒの知性論の根底には、認識活動とは人間が世界内の感覚的存在者に関わる際の機能的な役割を果たすだけでなく、それ自体の内に根拠をもち、それ自身のみにもとづいて把握しうる存在様態を成しているものとする洞察がある。そのような意味での認識を論じる知性論は、感覚および理性に具わる多様な認識能力同士の相互作用の機構を分析することに尽きるものではない。むしろディートリヒの知性論は、第一段階としての個別対象に関する感覚的・理性的認識を通じて、認識諸能力の受容的諸作用と能動的諸作用が認識にまで高まり、本質・根源・原理に対する洞察となる際の原理にまで遡ろうとするものなのである。そのために認識の構成についての問いは、いかなる認識の根底にも働いているはずの、知性的洞察そのものの根源的様態を考察の目的とするのである。

自然の随伴現象としての認識という考えを乗り越えるために、まずは自然的存在と知性的存在（ディートリヒ独自の用語では「概念的存在者」[50] ens conceptionale）が、二つの等根源的な領域として区別される。[51]「ところで存在者は、一方で、自然において見出される実在的存在者――すなわち実体と、範疇の他の九つの類――と、魂におけるないし概念的存在者とに区別される」（Vis. 3. 2. 9. 1. (6) [I, 86]）。この概念的存在者は「すなわち知的ないし知識的〔……〕存在者、すなわちそれは認識や概念においてある限りで」（Vis. 3. 2. 9. 6. (1) [I, 96]）そうとも呼ばれるが、それは認識内容に限定されているわけではなく、存在論的な概念として、あらゆる知性的存在者を包括している。「概念的存在者とは、そのようなものとしては、知性的に〔知性的に理解するという仕方で〕存在するあらゆるものである。それは、概念的・知性的に把握されているという限りでの概念的に把握されたものに関して当てはまるだけでなく、そのもの自体によって概念的存在者であるような、知性的活動ないし概念的把握それ自体に関しても当てはまる。そのためそうしたことは、いかなる知性にも共通のものであり、知性にそれ自体によって具わるのである」（Vis. 4. 3. 4. (5) [I, 123]）。本来の厳密な意味での諸範疇は自然的存在者を種別化するものであるため、そうした区別を超える知性的存在は、諸範疇による限定的な類によっては十分に捉えることができない。「ところでここから、それが範疇による類の外部にあり、範疇による何らかの類の内部にはないということが、あらゆる知性に具わるのである」（Vis. 4. 3. 4. (6) [I, 123]）。のちに示すように、この二つの存在仕方の区別は、知性的存在そのものを構成する仕方にすら関わるものである。なぜなら、知性的存在は、構成される側が単に受動に被る能動的作用因の働きによっては産出されることがないためである。「実際このような知性は、それ自身の原理である神から、神から産出された（productae）他の諸々のものよりも、何らかより高くより高貴なる仕方で流出する。他の諸々の事物の産出においては、神が命じる被造物が存在するのだが、それは、神の全能の作用力に従って、存在へと導かれたのである」（Vis. 1. 2. 1. 1. 7. (2) [I, 43]）。そのためディートリヒは、知性的存在者がその原理から生じることを言う際には、「産出」（productio）ではなく「湧出」（ebullitio: Int. 8. (2) [I, 142]）、「放流」（defluxio: Vis. 1. 2. 1. 1. 7. (2) [I, 43]）、「流出」（emanatio: ibid.）、「発出」（processio: Int. II 34. (3) [I, 172]）または「自らの本質の受容」（acceptio suae essentiae: ibid.）などと語るのである。

知性的存在そのもの、あるいは知性的存在全般に帰せられる広い意味での知性的認識は、内官および外官を通じて個々の事物に関わる感覚的認識からは区別される。「実際のところ、われわれは感覚・想像・記憶・思惟をもち、それらすべてに優る仕方で知性をもつ」(Int. III 31. (1) [I, 202])。なぜなら諸々の感覚は「個体的である限りでの個的個別者」(In Deo 1. 1. (6) [III, 294])に関わるのに対して、知性的認識は、自らの対象の本質と根拠(ratio)についての洞察へと突き進むものだからである。「その根拠において知性的に認識されているのでなければ、いかなるものも知性的に認識されているとは言えない。それというのも、それ〔根拠における知解〕こそが知性的認識(intelligere)、すなわち〈内的に読む〉(intus legere)ということだからである。これは、その名称自体が示しているように、知性(intellectus)に固有のことである」(Int. III 35. (2) [I, 202]; cf. Int. III 26. (5) [I, 200])。ところで、広い意味で知性的と言われる知性的認識は、理性的な仕方によるか、狭義の意味で知性的な仕方によって遂行される。理性的認識の対象は、「形相に従って諸部分を有する普遍的なものであり、〔……〕これは、〈動物〉や〈理性的〉などの定義(ratio)の諸部分ないし諸原理を概念に従って有し、それ自身によって普遍的である」(In Deo 1.1. (7) [III, 294]; cf. Int. III 33. (1) [I, 204])。普遍的な認識形態を基盤として、理性的思考は概念、判断、そして推論へと進む(cf. In Deo 1. (3) [III, 293])分析と総合を行う抽象的な理性的思考に対して、狭義の意味での知性的認識は、「単純な知解〔……〕、すなわち自らに付加される何らかの形相によってではなく、自らの本質によって、つまり、それによって知解する形相と知性自体とが同一であるような仕方で」(In Deo 1.1. (4) [III, 293])遂行される。狭義の知性的認識の対象は、特定の存在者(例えば「人間」という本質)に関して、概念的定義において先行的な本質的原理(この場合「動物」と「理性的」)を通じて把握された形相ではない。狭義の知性的認識の対象は、「それ自体の内に全体の存在を包含する単純な本質である。すなわち、その本質は、それ自体の内にすべての存在者とその諸属性を、単純な仕方で、そしてそれがそれ自身においてあるよりも高貴な仕方であらかじめ有している限りのことである」(In Deo 1. 1. (8) [III, 294])。したがって、このような厳密な意味での知性的認識は、あらゆる普遍的認識を少なくとも潜在的に含む、存在そのものに対する包括的な洞察にほかならない。そのような洞察は抽象によってあとから獲得されるものではなく、定義を成す概念的諸形相に対する認識において、その遂行面と内容面の両方に関して前提されているものである。

このような知性的認識がそれ自体として、特に人間において事実として与えられているということは、直接的な経験によって確証されるものとはまず思えないが、そうした事実は、理性的認識の可能根拠ないし理性的認識を構成する原理を問うことを通じて窺い知ることができる（cf. Int. II 7. (2); (3) [I, 150–151]）。なぜなら理性的な認識活動は、普遍的な諸形相とその諸原理を、存在者そのものの何性ないし本質規定として把握することであり、それゆえにその根底において存在者そのものに対する洞察、ひいては存在それ自体に対する洞察を手中にしていることになるからである。「知性は、知性認識の遂行にあたって、あれこれのものに限定されないという、自らの知性的本質の固有性に従って、一般的で普遍的な本性である。そのことは、知性の対象から明らかである。すなわちその対象とは、あれこれの何性ではなく、普遍的な仕方であらゆる何性、および存在者としての存在者、つまり存在者という内容をもっているいかなるものでもある。そこで知性の本質は、知性的な〈知性的に理解するという〉仕方でそれがあるところのものであるため、知性自体がその本質によって、全存在の類似を自らの内に知性的な仕方で、しかも単純な仕方で、すなわちその単純な本性の属性に従って遂行すること、そして知性が知性的に何らかの仕方で全存在であるということが必然である」（Vis. 1. 1. 4. (2) [I, 28–29]）。

それゆえ、感覚的認識は個別的存在者を「今ここのものとして」（In Deo 1. 1. (9) [III, 294]）認識し、理性的認識は普遍的形相を、形相に先立つ普遍的諸規定から構成するのに対して、「理性的知識能力は自らを認識するという点で、これら二つの認識様態とは区別される。〔……〕それは単純な知性的性格によって、自らの対象、つまりその単純な本質に携わる。そしてこれは、全体のあとに位置する部分をもつこともなければ（そうなれば、それは個体的なものになる）、全体に先立つ概念的に先行する部分をもつこともない（そうなれば、それは普遍的なものになる）」（In Deo 1. 1. (9) [III, 294]）。それに応じて、この三種の認識段階のそれぞれにおいて、その対象の与えられ方も異なってくる。(52)「感覚的能力の対象は〔……〕、その類似に従い、感覚的能力によって把握される。しかし理性的能力の対象は、その概念によって理性の内にある。しかし知性的能力の対象は、その本質を通じて知性的能力の内にある」（In Deo 1. 1. (10) [III, 294-295]）。

知性に関する二つの認識段階、つまり理性的認識と本来の意味での知性的認識には、理性ないし知性の二つの認識能力が対応している。つまり、存在者についての最も普遍的な概念がその固有性（proprietas）ないし存在様態（modus entis）に従って、現実態と可能態とに区別されるのと同様に（cf. Vis. 3. 2. 9. 1. (2) [I, 86]; ibid. (19) [I, 87]）、「働きにも二種類ある。一つは、何らかの能動を、もう一つは何らかの受動を本質とするものである。両者のいずれも、物体的存在者と知性的存在者との内に見出される」（Int. 1. 2. (1) [I, 137]）。知性的存在者の領域においては、認識は一方では受動という仕方で——アリストテレスによれば「そこにおいて一切のものが生じる可能知性において」——か、また他方では「一切のものをなす能動知性において」（Vis. 1. 1. 4. (3) [I, 29]）遂行される。この際、成立の順序に関して、またその本質と順位に関して、能動知性は可能知性に先立っている。なぜなら「現実態は可能態よりも、形相的に優り、原理的に先立ち、より高貴で、本性と定義に従ってより先なるもの」（Vis. 3. 2. 9. 1. (9) [I, 87]）だからである。

(3)　能動知性

能動知性の可能知性に対するこのような優位性ゆえに（cf. Vis., Prooemium (6) [I, 14]）、知性そのものの本来の本質は、能動知性においてこそ露わになるため、ディートリヒの中心的関心は能動知性の解明にあると言ってよい。その議論の展開においては、アリストテレスの知性論《ヌース》が多重的に変更されて用いられているが、そうした改変の仕組みと狙いは、ディートリヒが用いた原典を考察することで明らかになるだろう。まずディートリヒは、アリストテレスに携わった著者たちをはっきりと名指しで挙げながら、アリストテレス解釈の一連の流れを受け容れようとしている。すなわち、アフロディシアスのアレクサンドロス（Alexandros　二五〇頃－三二八年）やテミスティオスといった古代のアリストテレス註解者から始まって、ファーラービー（al-Fārābī　八七〇頃－九五〇年）やアヴィセンナ（Avicenna; イブン・シーナー［Ibn Sīnā］　九八〇－一〇三七年）、そして「註解者」アヴェロエスなどのイスラームの思想家を経て、最終的にアルベルトゥス・マグヌスにまで至る系譜である(53)。確かにディートリヒは、アルベルトゥスやトマスにならって、能動知性および可能知性の唯一性という主張を断固として斥けてはいるが、少なくとも仮説としては、この知性が諸々の知性体の本質的段階の内に位置づけられるという考えは受け容れている。

能動知性を有限ではあるが純粋な知性体とするこうした解釈は、ディートリヒにおいては、イスラームの思想家たちとは異なり、もはや宇宙論的意味をもっているわけではなく、「勤勉な探究者」（Int. I 4. (1) [I, 138]）たるプロクロスおよび『原因論』におけるのと同様に、純粋知性ないし精神そのものの本質の表現として、その存在論的意味のみが強調されているのである。それゆえ、ディートリヒにとって新プラトン主義的な知性論は、アリストテレスの能動知性論――つまり、感覚的認識に対する知性による働きかけの可能条件として、いかなる受動性もなしに常に働く活動性という理解——をさらに展開したものにすぎなかった（cf. Int. I 8. (3) [I, 142]）。

アリストテレスの認識形而上学とプロクロスの流出論を総合するこうした知性理解は、古代末期以来すでに伝統的なものとなっていたが、ディートリヒ、および彼に影響を受けた思想家たちの特徴として、さらにそこにアウグスティヌスの心理学的な意識分析が結びつけられることになる。(54) このように人間論的な方向性が与えられることによって、「神的」（cf. Int. I 7. (1) [I, 140]）で宇宙論的な力と存在論的・超越論的な可能条件は、人間の自己認識の根底へと据えられ、個々人に内在する魂の根底とみなされる。そのため人間の主観性は、ただ超越に対して開かれている場というだけでなく、超越の現前によって直接に充たされている無限定な内面性の次元として捉えられるようになる。これほどにまで徹底して知性論を展開したディートリヒを衝き動かしていた動機は霊的なものである。つまりそこには、神認識は精神に対して直接的かつ霊的体験を通じて与えられ、したがって神認識と人間の中心的本質とは不可分であるという、まさにこのような洞察が働いていたのである。

アウグスティヌスの精神論と、二重の知性を主張するアリストテレスの理論とが対応するものであることを示すために、ディートリヒは、対象に制約された外的思惟と、内的な隠された精神の根底とを区別するアウグスティヌスの見解（cf. De Trinitate XIV 7, n. 9–10; ibid. XV 21, n. 40）を引き合いに出している。「われわれにおける知性的なものは〔……〕二種類に分けられる。一つは、思惟の外的形相化によって知性的なものに関して知性的な〈知性的に理解する〉仕方で関わるものであり、もう一つは、——彼〔アウグスティヌス〕の言葉では——隠れたところと〈精神の秘所〉において知性的に輝くものである。この後者からまさに、本源的で根源的な原理にもとづくように、われわれが外的思惟によって知性的に行うということが生まれてくるのである」（Vis., Prooemium (4) [I, 14]）。ここでディートリヒは、知性の二重の機能に関するこの同じ区別を、能動知性と可能知性の理論においても指摘している。「これ〔精神の秘所〕は、われわれが、言葉遣いは異なるにしても内容に関しては違わないものとして見出すものである。彼らは、われわれの知性において能動知性と可能知性を区別しているが、結果としては、哲学者たちにおける能動知性とアウグスティヌスにおける精神の秘所、哲学者たちにおける可能知性とアウグスティヌスによる外的思惟能力とは同じである。それは、哲学者〔アリストテレス〕が能動知性と可能知性について論じたことは何であれ、すべてアウグスティヌスが精神の秘所と外的思惟の力に関しても確かめられ、その逆も成り立つというところから明らかである」（Vis., Prooemium (5) [I, 14]）。

また、アウグスティヌスによる記憶・知解・意志の三段階において「常に同時に」（Vis. 1. 1. 2. 3. (3) [I, 25]）遂行される根底的な知は、自覚的な意識活動によることなく、つまり「外的思惟において考えられても考えられなくても」（Vis. 1. 1. 2. 3. (3) [I, 25]）成立している。しかしそのような根源的知は、外的認識が習態的記憶において沈潜することで成り立つものではない。実際アウグスティヌスは、ここで問題になっている根源的知――つまりあらゆる経験と個別的な認識の追求に先立つ、真理全体についての根源的知――と習態的記憶とを区別している。ディートリヒも、アウグスティヌスがそのように語っている点に注意を促している。アウグスティヌスは別の個所（Confessiones X 10, n. 7）で、「習態的記憶について語っている。習態的記憶は外的思惟能力に仕え、外的知識にもとづいて生じるものであり、これをアウグスティヌスは、『三位一体論』第一五巻第六三章（XV 21, n. 40）において、記憶の中に隠されたかの深淵――そこにおいて諸真理の総体が輝くところ、また『三位一体論』第一四巻（7, n. 9）では〈精神の秘所〉と呼ばれているところ――から区別している。後者こそが能動知性であり、その秘められたところにおいて人間は、真なるものを何であれ、それを推論によって自分自身の下で見て取るものであれ、あるいは他人から巧みに問われ応えることであれ、見出すのである。ここで〈見出す〉と私は言うのであって、作り出したり、生み出したりするとは言わない」(Int. II 37. (6) [I, 175–176])。

能動知性はその本性上、常に純粋な活動であり、「その本質によって活動する」(Vis. 3. 2. 9. 4. (7) [I, 92]) ため、「その働きはその本質である」(Vis. 2. 3. (10) [I, 67])。したがってこの能動知性は、「本質によって知性であり、知性的であるということをその本質とする」(Vis. 1. 1. 2. 1. (2) [I, 23])。知性的性格の純粋な遂行として、そこには成長も減衰もありえないため、「この知性は、いかなる仕方でも偶有性を受容しえない実体である」(Int. I 7. (1) [I, 140])。もし能動知性が何らかの偶有性であったなら、それは一方では自らの属している基体に関わり、また他方では、自身がその形相を表している客体にも関わることになるが、すでにアリストテレスが言っているように、自己および他のものへと同様の仕方で関わることはできないということになる。それゆえ、「本質によって知性たるものに具わる、固有の基体を超出するあり方」(Vis. 1. 1. 7. (3) [I, 32]) は、それ自身において実体であるような活動性においてのみ可能である。知性的認識は、実体的遂行としてのみ、認識主観に固有の視点拘束性を免れており、そのために普遍的な広がりをもつ。「それというのも、それ固有の基体を超出することは〔……〕固有の基体に関わるような仕方で、他のものと関わることだからである」(Vis. 1. 1. 7. (2) [I, 32])。

知性的存在ないし知性的実体のあるもの、すなわち「本質によって常に活動している知性」(Vis. 1. 1. 8. (3) [I, 33]) として、能動知性は、外部からの影響に関わりなく、自らの認識活動の自己遂行の内面性をその本質としている。「このように離存し、このように混合されえず、またいかなる部分にも、何らかの外的本性にも依存しないような存在者は、その本質の内在性において、必然的に知性的な仕方で実在する」(Vis. 1. 1. 2. 1. (2) [I, 23])。実体的な知性は「自らの外に何ものをも知性認識することはない」(Int. II 40. (3) [I, 177]) 以上、実体的知性にとってては外部というものは存在しないため、実体的知性の第一にして基本的な認識対象となるのは、それ自らの本質である。なぜなら、『原因論』によれば、実体的知性は、「知性的認識の働きによって、全き還帰というあり方で自らの本質へと還帰することで」（Int. II 40. (1) [I, 177]）知性認識を遂行するのであり、その際には、あらかじめ何らかの外的対象によって活動へと仕向けられることはない。実体的知性は「このように、直接に、かつそれ自身によって、そして無媒介的に自ら固有の本質そのものを通じて、自らの本質を知性的に認識する」（ibid.）。まさにこのような「本質と実体の内面性」（Vis. 3. 2. 9. 5. (4) [I, 94]）にもとづいて、純粋に知性的な認識の完全性が生じる。「本質による、いやむしろ、活動するものの本質である知性的活動は、他なるものにおける形相を通じてであるような、活動するものの本質の外部にある知性的活動よりも、より内部で、より完全で、より高貴であり、結果として、知性認識された事物にとってより近しくより自らに浸透するものである」（Vis. 2. 3. (11) [I, 67]）。

こうして、能動知性の自己認識において、純粋な知性は自らの自己実現の基本的あり方を有することになる。「知性的性格は、自らにふさわしい仕方で、すなわち知性的な仕方で、知性の本質に関して、形相的根源の意味内容と関係をもっている。そしてこのことは、知性自身が知性的に自己自身へと関わり、そのことによってその実体が構成され、本質によって自己自身を知性的に認識するのでなければありえないことである」（Vis. 1. 1. 3. (2) [I, 26]）。このような知性的自己構成において、能動知性は認識一般の領域全体に開かれる。(55)「〔知性は〕自らの本質と自らの原理、あるいは自らに最も深く内在する原因のみを知性認識するのであり、そして、何であれ他のものを知性認識するなら、それを自らの本質によって、そして自らの本質の固有の仕方に従って、あるいはそれを自らの原理において、そしてその原理のあり方に従って、知性認識するのである」（Int. II 40. (3) [I, 177]）。知性はまず最初に、その内的構造に応じて自己自身へと沈潜し、自らの自己存在の最内奥にして同時に超越的な中心であるところ、つまり自らの本質の根底ないし根源へと還帰する。知性の諸々の対象のなかで「第一にして主要なものは自らの原理であり、そこから〔知性が〕知性認識しながら発出し、そのことにおいて自らの本質の受容が成り立つのである」(Int. II 37. (2) [I, 175])。

自らの本質、あるいは——それと不可分のこととして——自らの存在を神からそのように受容することによって、知性は自らの原理に対する認識において、またその同じ遂行において、自己自身へと還帰し、つまり自己自身をこうした関係そのものの内に把握するに至る。ゆえに第二の対象は、「自らが知性的に認識する自らの本質であり、それは知性が自らの原理を知性的に認識するその仕方に即した順序においてなされる。しかもそれは二つの知性的認識ということではなく、まさに数にして一つの知性的認識なのである」(Int. II 37. (3) [I, 175])。次いで知性は、自らの全体的根源にもとづき、自己自身を通じて、存在者一般の認識領域全体を構成する。「第三は存在者総体であり、その全体を自らの範囲において、自らの認識と関わる限りで、包括するのである」(Int. II 37. (4) [I, 175])。知性は第一原理へと上昇すると同時に、自らの存在を構成する運動に即して神から下降して、自らへと還帰する限り、「われわれは能動知性の内に、それが自らの本質を知性的に認識する二つのあり方を見て取る。一つは、直接にそれ自身によって、そして無媒介に自らの本質によって、自らの本質に固有のあり方に従ってなされるものである。もう一つは、〔知性が〕自らの根源と自己、および他のすべてのものをその根源において、根源の固有のあり方に従って知性的に認識する際の、その原理に関する知性的認識によるものである」(Int. II 42. (1) [I, 178])。その際、自らの原理に対する知性的認識は、知性の直接的な自己認識よりもさらに内密で、それゆえにより重要でより親密なものである。「ところで、そこからその実体が知性的に流れ出る原理は、そのような知性そのものが自分自身に対してそうであるよりも、〔知性に対して〕より内密である。このように自らの根源を知性的に認識する際には、自らの外にある何ものかを知性的に認識するというのではなく、むしろ自らの本質を知性的に認識する場合よりも、さらに自らの内奥にあるものを知性的に認識するのである」（Vis. 1. 2. 1. 1. 7. (3) [I, 43]）。

神から能動知性が発出するというこのディートリヒの理論は、彼の知性論の中でも、その思弁的思考の極まった頂点とも言えるだろう。しかしディートリヒはそこにおいて、人間的知性に関しては、その本質の諸条件を展開しているにすぎない。つまり人間の知性は一方で、人間の意識における真理の生起であり、存在全体を包含する洞察を通じて、真理そのものを自らのものとして遂行するが、他方でその知性は、個々の人間に具わるものとしては、有限で派生的なものであるというのである。こうした二つの契機の統一を、ディートリヒは「似像」（imago）の概念の内に見て取っている。(56) なぜなら似像の概念は、自然的因果性のモデルとは異なった発出の関係を表現しているからである。「知性は常に本質によって現実態的にあるのである以上、それは他の自然物とは異なった仕方で存在に至るということになる」（Int. II 32. (1) [I, 170]）。そのため能動知性は、「それが神の似像に即したものであるように、神が理性的被造物を特徴づけた、神と同形相的なかのものである」（Int. II 31. (7) [I, 170]）。似像の成立とは、原像が似像の構成において、自己自身を他のものの内に表現することであるため、似像は、「自らの原像を顕現させる」（Vis. 1. 2. 1. 1. 6. (6) [I, 42]）ということをその本質とする。そこで原像は、「自身から自らの像を表出することによって、自己自身を他のものにおいて表出することになる。〔……〕それは、別の存在に従ってということであるが、それは、自らの似像においてあることが、他の自己自身においてあるという仕方によるものである」（ibid.）。似像とは、「原像として映された当のものに対する、その完全にして全き同形相性にして、代理表現的な類似であり、それ以上のものが見出されない」（Vis. 1. 2. 1. 1. 7. (1) [I, 43]）ものでであるため、似像の構成のためには、「理念的な範型」（Vis. 1. 2. 1. 1. 5. (2) [I, 41]）との合致、また神におけるある程度の観念（ratio）との合致だけでは不十分であり、その構成のためには、「神的本質、ないしそれ自身によってそれに属したものとの類似と同形相性」（ibid.）が必要なのである。

こうして、似像は原像から発する以上、原像に対して本質的な依存関係の内にあるが、そうした関係にもとづく本質上の完全な一致は、父と子のあいだに見られるようなかたちでの、他における自己表現である。それは、建築家と建造物のあいだに見られるような、内容面に関して自由に構想される製作品における自己表現に汲み尽くされるようなものではない。「原像は、いわば他における自分自身のような仕方で、その似像を表出するものである。それゆえこのような表現においては、それは自然本性の固有性、ないしは像化されたものの本質に従って成立するということに注意が向けられなければならない」（Vis. 1. 2. 1. 1. 6. (2) [I, 41]）。このような意味で、似像の成立は、手仕事による製作のような仕方で、神的理性から（「理性に従って」secundum rationem: Int. II 35. (2) [I, 173]; cf. Int. II 36. (1)–(3) [I, 174–175]）導き出されるだけではない。似像は、神的理性そのものの中から[57]（「理性から」a ratione: Int. I 9. (1) [I, 142]）、それの横溢する豊かさにもとづいて成立するのである（「その豊かさによって流れ出る」sua fecunditate redundet: ibid.）。「それというのも、理性から生じるということは、厳密に語るなら、理性自身が、何ものかを産出する力であり、能力であるということなのだが、しかもそれは、産出者において、効果的に産出の遂行を惹き起こす他の力はなんら必要としないという仕方においてなのである」（ibid.）。このようにして産出されたものは、「産出者の実体ないしは本質との類似となり、産出者における理念的形相、またはそれにおける範型との類似に至るというだけではない」（Int. II 35. (3) [I, 173]）。

こうして、神的理性からの発出という仕方で、活動を自らの本質とする実体にある能動知性が生じるため、この能動知性は、その発出の関係に関して単に受動的に規定されるものではない。もしそうでないならば、そこで生じるものは、それ自身としての活動をもたない、非生産的な客体ということになってしまっただろう。これに対して、能動知性の構成が受動的と言われるのは、ただ次のような意味においてでしかありえない。それは、「そのような諸知性がその本質をより高次の諸々の根源から受容し、しかもそれを受け身としてではなく、活動として受容するということを〈受動的〉と言う場合のことである。このような事実ゆえに、そこに成立するものは何であれ、全体は他のものに向けて活動的に溢れ出ていく。そしてこのことは、その知性によってなされるのである」(Int. I 3. (1) [I, 138])。このように能動知性は、自らの存在を自発的活動として受け取るため、その成り立ちそのものにおいて能動的かつ活動的なのである。この点に関してディートリヒは、天使の創造についてアウグスティヌスが語った言葉を引き合いに出している。つまり、アウグスティヌスが言うように、「天使たちは、神を認識するという仕方で神から発出する。〔……〕〈そのため、それによってそのもの〔天使〕が創られる神の言葉を認識することが、そのものにとって「成る」ということなのである〉」(Int. II 34. (3) [I, 172]; cf. Augustinus, Super Genesim ad litteram III 20, n. 31)。したがって能動知性の発出そのものは、本質的に「知性的に行われる。すなわちそれは、原因は原因づけることにおいて原因づけられたものを知性認識し、また原因づけられたものは、原因から発出するということにおいて、自らの原因を知性認識するということである」(Int. III 23. (3) [I, 195])。その際このような認識は、前もって与えられた存在にあとから従うわけではない。「像である限り発出することは、自らの起源であるところを認識するという仕方で発出することである。しかもそれは、そのような認識そのものは、その発出そのものであり、自らの本質の受容であるという仕方においてである」(Int. II 34. (3) [I, 172])。

このような受容的・能動的認識は、「〔知性〕自身と神との最も近接的で無媒介的な合致である。なぜならそのような接近は、事物の内的な実体的なものに従って認められるのであり、それゆえにそれは本来の意味で似像と言われるものだからである」(Int. II 32. (3) [I, 171])。その受容的・能動的認識は、同時に自らに固有な本質の受容でもある。それというのも知性の本質は、知性の自己認識において、まさに神認識に由来するものとして能動的に自らを構成するからである。「さらにこのような知性は、〔……〕かの最高にして最も形相的な本質――すなわち神――から、自らの本質の一種の形相的な流出に従って存在に至った。それは神から知性的な仕方で発出するという仕方においてであり、それによって、かの最高の本質を知性認識することを通じて自らの本質を把握するという仕方においてである。そしてこのようにして、それは実体において本質的に、自ら自身に対する知性認識によって、自らの本質を通じて自己自身を知性認識するものそのものである。このことは、自らの原理を知性認識することにもとづいて、根源的かつ原理的にそうなのである。そしてこのようにして、それは、その実体が何らかの概念以外のものではないという仕方で知性認識的にそこから流出する。その理念把握によって、かの根源なくしては自ら固有の本質をも知性認識することのできない自らのその根源を把握し知性認識するのである」(Vis. 1. 2. 1. 1. 7. (2) [I, 43])。

こうした神からの発出は、能動知性における神への還帰という新プラトン主義的原理に対応している。「そして実際、以下のことは、それ自身によって、何らかの原理から下降してくるあらゆる本性に普遍的に固有なことである。すなわち、その原理自体へと転向し、自らの流出の源であるところへと向かうことであり、いわばある種の円環を描きつつその同じ原理との交わりを目指すことである」(Vis. 1. 5. (2) [I, 62])。能動知性において、神から自らの原理としての神を認識することでもあるため、能動知性はすでに、その発出そのものの遂行において、

「彼〔神〕との交わり、および彼自身との結合を有するために」（ibid.）、能動的に神に関わる。「自らの実体とは異なった固有の作用によって」（Vis. 1. 5. (6) [I, 63]）その成立ののちに初めて神へと立ち還る他の存在者とは異なり、能動知性は、「その本質によって」「常に神へと転向している」（Vis. 4. 3. 2. 2. (1) [I, 119]）。そしてそうした神への転向は、「本質によって自らの原理から知性的な仕方で流れ出るその流出は、自身が自身の原理へと向かう知性的転換であるという仕方において」（Vis. 1. 5. (6) [I, 63]）なされるのである。

能動知性が認識において自らの本質を受容し実現することは、それ自体においてすでに神への向き直りであるため、能動知性は、まさにこのような転向において、またこのような転換として自らの本質を有する。「ところで知性は自らの転向によって自らの本質を獲得する。なぜなら知性は、その本質的原因が働くことによって、それがその本質のあり方に応じて、成立すると同時にそのものの内に転向しているからである」（Int. III 25. (13) [I, 199]）。しかし人間は能動知性によって「神との同形相性、および神とのある種の直接性」（Vis., Prooemium (4) [I, 147]）へと達するため、人間は単に比例的類比の意味で「似像」であるだけでなく、帰属的類比の意味で、神への生ける指示なのである。「〔人間が〕神の似姿であるというのは、自らを想起し自らを知性認識し自らを好むがゆえにではなく、自身を創った方を想起し知性認識し愛することができるがゆえにである」（Vis. 1. 4. (2) [I, 61]）。神へと開かれた還帰であるこのような似像としてのあり方によって、人間はその本質において、「神に対する受容能力」（ibid.）なのである。ところで、人間は神を直視することにおいてこそ完成に至る以上、「人間は、このような知性に固有なこのような働きそのものによって、最大にしかも直接に、至福直観において神との合致を得る」（Vis. 2. 3. (12) [I, 67–68]）。

能動知性の理性としての本質が、神から発出するとともに、それと同一的なかたちで神へと還帰することによって構成されることにおいて、能動知性は存在者全体の認識まで自らを形成する。なぜなら理性の本質に従えば、理性にとっての本来の対象は「あれこれの何性ではなく、一般的な何性であり、存在者としての存在者である、つまり、存在者のあり方を有するいかなるものでもある。そこで、その本質は、それがいかなるものであっても、知性的な仕方であるがゆえに、知性自体は必然的に、その本質によって自らの内にすべての存在者の類似を知性的な仕方で遂行することになる。しかもそれは、単純な仕方において、すなわち、単純本質の固有性に従ってなされるのである」(Vis. 1. 1. 4. (2) [I, 28-29])。このように知性的な認識を遂行する範型因性によって、つまり「存在者全体の存在者である限りにおいての類似にして範型」として、能動知性は、「自分自身と同様に、他のあらゆるものをもその本質を通じて知性認識し、しかも自ら自身を知性認識するのと同じ仕方で、すなわち同様の単純な知性認識によって認識する」(Vis. 1. 1. 1. 3. 6. (2) [I, 22]) のである。

ところで理性としての能動知性には、すべての存在者を認識において原像として構成する働きが属しているのは、能動知性は神的理性によって(「理性に従って」)だけではなく、神の理性から(「神的理性にもとづいて」)発出するため、神的理性の認識を自らの内に受容するからである。「それゆえこのような知性は、存在者である限りでの存在者全体の類似へと、神から発出し、その広がりにおいて、自らの発出の源と同様に、存在者の総体へと関わる。なぜなら知性は、存在者全体の根拠である限りの神的理性から発出するからである」(Int. II 36. (3) [I, 174-175])。それゆえ能動知性の能産的な存在認識は根本的に、「不変の真理が精神に現前することによって生じるが、この不変の真理は神であり、また現世においても観取されるのである」(Vis. 1. 1. 4. (9) [I, 30])。それ自体としては必要ではないが、理性における存在者全体の認識にとってある種の確証となる事態を、ディートリヒは、魂のある「聖ベネディクトゥス(Benedictus de Nursia; Benedictus Casinensis 四八〇頃-五四七/六〇年頃)が、種の高揚において宇宙全体を見た」(Vis. 1. 1. 4. (5) [I, 29]; cf. Gregorius Magnus, Dialogi II, 35) という、大グレゴリウス (Gregorius Magnus　五四〇頃－六〇四年、教皇在位五九〇－歿年) の記述の内に見出している。

(4) 魂の根底としての能動知性

ここまでの考察において、ディートリヒは能動知性を、純粋知性体としてのそのあり方に照らして、「本質によっての、また常に活動態にある知性」として解明しており、その際には、能動知性と個々の人間との関わり、および能動知性と人間の内世界的・感覚的認識との関係は考慮されることがなかった。このような意味での能動知性は――アウグスティヌスにおいては、「精神の秘所」(abditum mentis) という言葉によって、魂の不死性を証明する際の前提とされているように――それ自体で自存する実体である。「精神の秘所に関する限りで、魂それ自体は実体であることが帰結される」(Vis. 1. 1. 8. (5) [I, 34]; cf. Vis. 1. (1) [I, 15])。それゆえ能動知性は魂の単なる偶有的な能力ではありえないため、この能動知性は、個々の人間の魂とどのような関係にあるのかという問いが生じる。個々の人間は知性的な生を自ら固有のものとしてそれ自身の内に有している以上、能動知性は――アヴェロエスや、ある時期のブラバンティアのシゲルスもそう考えていたように――単なる外的な原理として作用因的な影響を通して (「その知性的活動に関してのみ」Int. II 12. (1) [I, 155]) 魂の内で働くわけでなく、「単なる作用者と形相の中間に位置して、それによって両者の特性をともに分有している」(ibid.) のである。このような関係を示すためにディートリヒは、作用因性と本質的な作用を受けたものの内属性を結び合わせる事態を表すものとして、「本質原因」[58] (causa essentialis) の概念を用いている。この「本質原因」の概念において、新プラトン主義的な流出論とアリストテレス的な原因論が融合し、形相因と作用因とが結び合わされるのである。

能動知性は、その実体的自存性と純粋な知性的性格ゆえに魂に先行するため、魂に依存するということはなく、むしろ逆に、魂のほうが能動知性にもとづいている。そうでなければ、能動知性は魂にとって外的なものとなってしまい、魂に固有の知性的生命の原理たりえなくなることだろう。それゆえ能動知性は魂の根源および原因であり、しかも「作用の規定に従って」(Int. II 8. (5) [I, 152]) そうなのである。このような根源である能動知性は、それ自身の内から、魂を成立させる。しかも能動知性は、それ自身から産出されるがゆえにそれ自身とは区別される魂へと自己自身を伝え、その内に内属する。それは「あたかも、心臓が動物の中に命として存在するのと同様である」(Vis. 1. 1. 8. (5) [I, 34])。しかしディートリヒが注意を喚起しているように、能動知性を内的な生命原理としての心臓と比較することはすべての面で妥当するわけではないにしても (cf. Int. II 9.–11. [I, 152–154])、そのような比較は、先行する原理と、根拠づけられたものにおけるその内在とが一致する事態を的確に表現している。「したがってさらに次のように言うことができる。すなわち、われわれの能動知性は、魂の本質の原因たる原理であり、しかも、動物においては心臓がそうであるように、原因という仕方で魂そのものと同一で、魂に内属している原理なのである」(Int. II 8. (6) [I, 152]; cf. Int. II 31. (1) [I, 161])。

「本質を成り立たせる原因、ないし魂の実体そのもの」(Int. II 2. (1) [I, 147]) の原因として、能動知性はそれゆえ、魂に対して分け与える完全性をそれ自身の内に有している。「能動知性は潜在的に自らの内に、魂の実体全体の他の部分のすべてを含んでおり、そこにおいて心臓と一致する」(Int. II 9. (4) [I, 153])。しかしながら能動知性は、物体同士のあいだに働く作用における原因として、質料に働きかけることで変化を起こすというだけではなく、自らの本質から直接に魂の本質を構成する。こうしたことは、能動知性が根拠づけられるものの本質を――神と能動知性との関係がそうであるように――自らの本質そのものの内により高次の仕方で含み、その本質によって働きかけるということによってのみ可能となる。本質に対するこのような原因づけは、「本質原因の特徴である。この本質原因は、それによって原因づけられたものを、その原因づけられたもの自体がそれ自身の内にあるよりも、本質的でより内密に、したがってより高貴な仕方で自らの内にあらかじめ有している。それゆえこの本質原因は、その本質によって、それが原因づけるものの原因なのである」(De animatione caeli〔『天体論』〕[= De an.] 8. (2) [III, 19])。

そのような本質の移転は、「個々のものである限りでの諸々の存在者に具わるものではない。そうではなくそれは、ただ、諸々の存在者が自らの類ないし種のあり方に従って端的に存在する限りで〔諸々の存在者に関わる〕のである」(De an. 8. (4) [III, 20])。個体性よりも、その原因と結果においてより深くかつより先行的に根拠づけられたこのような本質関係[59]にもとづいて、「このような原因は、他であるという仕方で、本質的に、それによって原因づけられたものである」(De an. 8. (3) [III, 20])。このようなけっして一義的でなく (cf. Int. II 7. (4) [I, 151])、原因性による活動的な同一性において、単にその能力としてのみならずその本質によって、能動知性は、「他であるというあり方において、その知性的性格という理由によって、本質原因の仕方を通じて、魂の本質全体であり、そのようにして、原因という仕方で、魂の本質と同一である」(Int. II 10. (4) [I, 153])。

ところで能動知性は「その自然本性の必然性によって、魂の本質の根源的原理であり」(Int. II 9. (2) [I, 154])、また逆に魂は能動知性に依存しているため、能動知性と魂の両者のあいだには、「同時性」、すなわち「本質にもとづく、これらのものの共存性」(Int. II 2. (3) [I, 148]) が成り立つ。能動知性と魂の両者は、「その両者が本質によって根拠としている一つの秩序の下に服しており、結果的に、互いに依存し合っている」(Int. II 10. (2) [I, 154])。それゆえ能動知性が、魂の知性的生の内的原理として魂に内在しているなら、「内在性は両者の相互的な関係をもたらしており」、しかもそれは単に偶有的な仕方においてではなく、「実体ないし実体の本質」に従って、すなわち相互的な本質的内在性という仕方においてなのである。「そのように互いに内在しているもの、つまり一方が本質に従って他のものの内にあるものは、本質より一なのである」(Int. II 7. (3) [I, 151])。このような本質原因的な関係の意味で、「能動知性は、魂の本質と本質的に同一である」(ibid.)。能動知性が魂に向けて自らを能動的に伝えるこのような事態は、それらが互いに、あらゆる二次的原因の内に第一原因として働く神の秩序の下に、すなわち「原理的な作用者の秩序の下に」(Int. II 9. (4) [I, 153]) 属し合っていることにもとづいている。

能動知性と魂の相互の帰属関係から、能動知性の個体化が生じる[60]。能動知性の単一性を主張するアヴェロエス主義に対抗して、ディートリヒは次のような論拠を挙げている。「〔能動知性が〕多くの個体に共通であるなら、それは運動の内在的な原理ではないし、したがって本来的な運動原理でもないだろう。なぜなら、そうなると能動知性は、実体に従ってではなく、結果に従ってのみ内在的ということになろうし、そのようなことは、あるものが生命原理と呼ばれ実際にもそうであるためには不十分だからである」(Int. II 13. (3) [I, 155])。そこでディートリヒは、能動知性の個体化を、拡散の原理としての第一資料からではなく、「全体のあとなる諸部分[61]」(Int. II 17. (4) [I, 158]) という事態によって基礎づけている。なぜなら、個体そのものの特性は、同一の種的本質の「全体」が、さまざまな担い手によってそれ自身のものとして所有されるというところにあるからである。「個体である限りの個体は、本質に対する付加にもとづいているが、それは本質が種という観点の下で捉えられ、それにもかかわらず本質全体をもたらすといった場合のことである」(Int. II 27. (2) [I, 165])。しかしこのことは、個々の担い手同士のあいだに、本質より「あと」にある諸々の相違を前提している。「その本質によって一であり、全体より〈あと〉である諸部分を有する存在者すべては、まさに個体である」(Int. II 18. (2) [I, 158])。類や種的差異の概念は、本質や種の定義に「先立ち」、それらを構成するものであるのに対して、個体化を引き起こす差異は種以下のところ、より正確には種以外のところにあり、種の下に位置づけられる。「個体化の規定根拠とは、事物の定義の内には入ってこない、全体の〈あと〉なる諸部分をもつというところにある。全体に先立つ諸部分のみが定義の内に入ってくるのである」(Int. III 26. (3) [I, 165])。

ところで、純粋知性体としての能動知性には、それ自体としては、自ら個体化を引き起こす部分をもたないが、自然本性的かつ現実に魂に対する本質原因性を含み、それによって魂そのものに関わる。「このようにして現実的・自然本性的関係は、いずれの能動知性にも、その本性に従って具わっている。そうした本性により能動知性は、精神的実体と一つになりうる。〔……〕そして、能動知性においては個体的実体への秩序づけという点に見て取られるそのような関係にもとづいて、知性は個体化されるのである」(Int. II 27. (3) [I, 166])。

能動知性が魂へと関係するということは、能動知性の個体化を生じさせる基本的な可能条件ではあるが、いまだ個体化の全面的な説明とはならない。神や――「哲学者たちが考えた」(Int. II 19. (2) [I, 159])――宇宙論的な知性体のような本質原因が、それによって引き起こされるものから「まったく切り離されている」(ibid.) のと異なり、「能動知性および魂の実体からは、その本質によって一であるような、一なる存在者が生じる」(Int. II 18. (2) [I, 158])。そのため能動知性は、「それが原因となるところに結びついている原因」(Int. II 19. (3) [I, 159]) の一つなのである。ところで身体の本質形相としての魂は、いずれにせよ、種たる人間それ自体の本質にとって「あと」なる諸部分を、その性向において (Int. II 19. (3) [I, 159]) もつため、能動知性と魂の実体から成る「全体そのものは実際に個体であり、人間の多数性に従って、一人の人に一つのものとして教えられている」(Int. II 18. (2) [I, 158])。なぜなら、自らの結果と結びついている本質原因には、「本質にもとづくそのような結合によって、原因づけられたものの条件を獲得するからである。〔……〕そしてそのようにして、能動知性は魂と関わるが、それはすなわち、個体化の特性が能動知性においては萌芽としてあり、魂の本質においては性向的にあり、結合の全体においては全きかたちであるという仕方によってである」(Int. II 19. (3) [I, 159])。個体として数の点では無限に増大可能な諸知性は、「個体である限りでの個体としては、それが他の内に見出されない仕方では、具体的な完全性を自らと自らの実体の一性へと集約するということがない」限り、互いに本質的に同等のものでありうる。しかし、「高貴さと自然本性的完全性の段階の相違に関して」(Int. II 21. (3) [I, 161])、あるいは「超自然的目的へと向かわせる特別な賜物によって」(Int. II 22. (2) [I, 162])、諸々の知性は、キリストとその母がそうであるように、異なった位置をもつこともありうるのである。

純粋な能動知性が質的制約に従って個体化するというこの理論によって、ディートリヒは、トマス・アクィナスを出発点としながらもトマスを超えたところにまで進み、あらゆる人間において能動知性も可能知性も単一であるとするアヴェロエス主義を克服し、精神そのものの個体性を明瞭に示した。このような意味での個体化は天使についても認められている。つまりディートリヒは天使を、魂と同様に、純粋な知性体とみなすことをせず、純粋な知的存在として能動知性をもったものと考えたのである[62]。「物体から離存したすべてのものが、かならずしもその本質によって知性的というわけではないし、それが知性であるわけでもない。このことは、ある種の離存的精神、例えば天使や理性的魂に関して明らかである」(Int. II 6. (2) [I, 150])。

(5) 可能知性に対する能動知性の働きかけ

反省可能で言語的に把握される対象的で自覚的な認識の場は、能動知性ではなく可能知性にある。この意味でディートリヒは可能知性を「外的思惟力」(Vis. 1. 1. 1. 3. 1. (3) [I, 19])、あるいは「顕在的思惟力」(Vis. 2. 3. (4) [I, 66])と呼んでいる。「その本質に従って知性であり、常に活動している知性である」能動知性は、その内容を自ら自身の内から汲み取り、その意味で「あらゆる知解可能性の根源にして源泉であり、いわば知解可能性の大洋」(ibid.)なのであり、一切のものを自ら自身の本質に従って、自ら自身において、自らのものとして認識する。それに対して可能知性は、それ自身としては純粋な受容可能性であり、それゆえにその受容可能性を実現する認識遂行のためには何らかの対象を必要とし、その対象を自らとは区別された外的な客体として、その客体へと関わる。そこで、知性的認識とは、それが存在者そのものの何性ないし本質とを把握するものとしては、ただ二つの種類のみがあるということになる。つまり第一に、その内になんら可能態性を含むことがなく、自ら自身によって、しかもその超越的根源にもとづいて「すべての存在者」を手中に収め、「あらゆることをなす」ことのできる純粋な知性的活動である能動知性によって遂行される知性的認識である。第二には、それ自身の内からそれ自身においてはいかなる内容も規定されることはなく、それゆえいかなる知性的内容をも受容することができる——アリストテレスによって「すべてのものになる」(De anima III 5, 430a14-15)ことができると言われる(Int. II 1. (1) [I, 146])——純粋な知性的受容可能性である可能知性による知性的認識である。

このような二種類の認識様式は、経験的認識をその可能根拠に関して分析することによって得られるだけでなく、存在者を存在者としてその全体において把握することのできる知性的認識の本質から、形而上学的な必然性をもって直接に導出される。したがって可能知性は、さまざまな反論に対してディートリヒが強調しているように、端的にそれ自身において「一切の内容的な本性を欠いた純粋な可能性」(Int. II 2. (2) [I, 147])である。なぜなら、もし可能知性が「存在者の秩序の中で特定の本性をもつ」なら、その本性に関しては受容的な可能性の状態にはないことになり、そのためにその本性と異なる対象を知性認識することができなくなる（cf. Vis. 3. 2. 4. (10) [I, 75]）と同様に、「自分自身を知性認識する可能態にあることはない」（Vis. 3. 2. 4. (9) [I, 75]）ということになるからである。「ところで、何ものかを知性認識する可能態にあるものは、それによって知性認識されうるものから自由である。しかし事物は、それ自身から自由であるということはない」（ibid.）。

ア・ポステリオリで経験的な知性認識の能力である可能知性は、認識の可知的形象（species intelligibilis）を受容し、つまり偶有的な形相に媒介されることによって（cf. Int. II 2. (2) [I, 147]）初めて認識という本質を実際に実現するものである以上、可能知性それ自身は実体ではありえない（cf. Vis. 1. 1. 1. 3. 3. (2) [I, 20]）。それゆえ可能知性は自存するものではなく、その担い手である魂という基体（subiectum: cf. Int. II 2. (3) [I, 147–148]）の属性である。すなわち可能知性は、「他のもの、つまり人間において分有された形相である。なぜなら、このような知性が知性認識を行うのではなく、人間が、その知性を通じて、いわば自らの形相を通じて知性認識するのだからである」（Vis. 2. 3. (10) [I, 67]）。そのために、認識遂行においては、可能知性と認識の可知的形象とは、質料と形相のようなかたちで一つの合成された全体を作り成すのではなく（cf. Int. III 26. (2) [I, 199]）、ディートリヒがたびたび言っているように、可能知性は単なる可能態に尽きるのであり、したがってただ可知的形象そのもののみが、可能知性によって受容されそれを現実態化するものとして、可能知性固有の現実態的本質ないしその実体を成すのである。「可知的形象が知性になる」（Vis. 1. 1. 1. 3. 5. (2) [I, 21]）。「われわれにおける可知的形象は、現実化された可能知性と同一である」（Vis. 4. 2. 1. (8) [I, 108]）。「可知的形相は可能知性の本質全体である」（Int. II 2. (2) [I, 147]）。このような意味で、「可能知性は、純粋に知性的な何ものかである限りは、それがある種の可能性であり、可能態における可知的形相ないし可知的形象にほかならない」（Vis. 3. 2. 5. (1) [I, 76]）。また「哲学者の『霊魂論』第三巻（De anima III 4, 429a24）によれば、〔可能知性は〕知性認識を遂行する以前には、存在するもののいかなるものでもない」（Vis. 1. 1. 1. (4) [I, 16]）。しかし認識行為において「可能知性の活動が可能知性の実体なのである」（Int. III 10. (2) [I, 185]）。

このように、可能知性の行う知性的認識活動は、全面的に認識の可知的形象に依存し、その可知的形象を介して、感覚的対象の現象世界へと志向的に関わる。なぜなら、「概念把握された存在者の秩序において、可知的形象と感覚的表象から、いわば質料と形相から成るような、合成された一なるものが形成される。そしてこの一なるものが、知解する活動を引き起こす原理そのものなのである。なぜなら、哲学者によれば、感覚的表象がなければ、知性的認識は生じることがないからである」（Int. II 3. (2) [I, 148]）。しかしながら、感覚的な個別的対象とのこのような関わりは、可能知性が「〔自らの〕概念把握するものを普遍的な仕方で概念把握する」（Int. III 9. (1) [I, 184]）ことをなんら妨げるものではない。

可能知性は、その可能態性にもとづいて、認識の可知的形象を介してのみ「可能態における魂が現実態における魂になるように、現実態に移行する」（Int. III 26. (2) [I, 199]）のであり、認識形象は、認識されるために、偶有的な現実態として、この知性に対してア・ポステリオリに付加され、表象像（phantasma）に媒介されて可能知性の外部にある存在者に還帰し、その存在者を現前化する。それゆえに可能知性は、本質的に自らの対象を、他なるものないし外部なるものとして認識する。そのために可能知性は対象認識の能力であり、主観・客観の区別に応じた（「知性認識する者と知性認識されるものの区別に従った」Vis. 1. 1. 1. 3. 4. (2) [I, 21]）認識の原理である。認識におけるこのような固有の構造ゆえに、主観・客観の区別は、可能知性の認識対象のそれぞれに当てはまるだけでなく、この知性の自己認識に関しても妥当する。「そして、可能知性があるときには自己自身を知性認識すると言われるにしても、哲学者の『霊魂論』第三巻（De anima III 4, 430a2-3）にあるように、可能知性は自らを他なるものと同じように知性認識する。すなわち、自らの活動を通じて、自らとは異なるものとして〔自らを知性認識する〕ということである。すなわち可能知性は、それが知性認識するときに自らその下にある活動によってではなく、かつてあった活動によって自らを知性認識する。したがって、端的に言えば、自己の内、ないし固有の基体へと向き返るということはないが、それは自らの内にある何らかの形相に従って作用する何らかの実体が、その形相自体、あるいは自らの固有の実体へと働きかけることがないのと同様である」（Vis. 3. 2. 9. 12. (3) [I, 103]）。可能知性の領域である対象認識の場面において、知性はただ、認識する活動と認識される活動のあいだの時間的なずれを通じてのみ自身を認識する。「〔可能知性は〕現に知性認識を行っているのとは異なる可知的形象によってかつて現実態に至った限りで、自己自身を知性認識するものであり、したがって、このように知性認識の一つの活動の下にあるものとして、可能知性は、知性認識の他の活動の下にあった仕方で自らを知性認識し、それゆえに自己を他のものとして知性認識するのである」（Vis. 1. 1. 1. 3. 4. (2) [I, 21]; cf. Vis. 1. 1. 1. 3. 1. (3) [I, 19]）。確かに直接的な自己認識は、いかなる知性的活動にとっても本質的であり、したがって可能知性にとっても本質的ではあるが、可能知性がその遂行において関係するのは、自らに固有の遂行そのものではない。「可能知性が知性認識するのは、端的に事物の志向的内容であるが、それはあれやこれやのものに即するのではない。志向的内容は形象と同一のものであるが、可能知性の現実態、およびその本質なのである」（Int. III 37. (4) [I, 209]）。こうして可能知性に具わる自己認識は、その知性の対象的志向の自覚にほかならない。

ところで、可能知性が行ういかなる対象認識および自己認識も、自らの根源的原理に対する存在論的に――時間的にではなく――先行する洞察にもとづいている。「なぜなら〔可能知性が〕知性認識する第一のものは、その産出的原理、すなわち能動知性だからである」（Int. III 37. (3) [I, 209]）。可能知性は、それが「能動知性そのものに依存する関係に服している」（Vis. 2. 1. (3) [I, 63]）限り、能動知性に関わっている。可能知性は可能態的な能力であるため、能動知性は可能知性に対して、「能動的原理がその下にある質料に」（Vis. 2. 1. (2) [I, 63]）関わるような仕方で関係している。可能知性は、能動知性によって形象像から際立たせられた本質像を受容することで現実態化されるものであるため、能動知性は可能知性に対して、「作用が、現実態における事実や事態に」（Vis. 2. 1. (3) [I, 63]）関わるような仕方で関係する。しかし可能知性は――そこに現実態的な存在が具わる限りでは――認識形象にほかならないため、能動知性は、認識形象を現実態的認識の形相として委ねることによって、「直接的かつ固有の生命原理」（Int. III 36. (2) [I, 208]）である能動知性自身の内から、可能知性を発現させるのである。「そしてこのような産出または能動的な原因づけは、可能知性が現実態的になるのでなければ成り立たない」（Int. III 36. (2) [I, 208]）。認識の可知的形象が現実態化され、それとともに可能知性そのものが現実態化される際には、「能動知性は自らの本質によって、それ〔偶有的な性向〕に働きかけるが、それは、能動知性自身の内には、その本質以外にはなんら能動的原理が存在しないからである」（Int. II 2. (2) [I, 147]）。

こうして、認識の可知的形象の明証性は、能動知性がその内に現存して活動しているということにもとづいている。なぜなら能動知性は、「知性認識されたものの用具的または偶有的原因ではなく、本質原因だからである。それというのも、〔能動知性は〕他のものから用具的に働かされるのではなく、自ら自身によって、知性認識されるものの原因だからである」（Vis. 1. 1. 2. 1. (3) [I, 23]）。このような本質原因性は、「それ自身〔能動知性〕において、それ自身から、われわれによって知性認識される各々のものの固有にして特有の意味内容が、精神の内に反映する」（Vis. 4. 2. 1. (8) [I, 108]）。そのため、可能知性に対する能動知性の作用因的関係の内には、さらに形相因的関係が含まれる。「能動知性はあらゆる知性遂行において、形相として可能知性と結合する」(ibid.)。しかし可能知性はまずは「何らかの可知的事象の特定の意味内容の下に」(Int. III 37. (3) [I, 209]) あり、すなわち認識対象そのものを通じて、自らの完全性の源泉である能動知性へと差し向けられているものであるため、「能動知性は、形相に従って可能知性自体を究極的に完成させるという仕方で、可能知性そのものを完成にもたらすものであり」(Vis. 2. 1. (4) [I, 64])、それゆえに可能知性を完成させる目的である。

能動知性の、多次元的ではありながら、根本的には統一されているこの流出的原因性は、可能知性の側からするなら同様に、多面的でありながら、根底においては単一の活動の内に捉えられ、固有のものとして実現される。そこで可能知性は「能動知性に対して、そこから何らかの事象を〔可能知性が〕知性認識する意味内容である限りで、いわばそれに対象として関係するだけでなく、それと同時に、自らの能動的にして産出的な原理としての能動知性に関係する。このことは、他のものから発出する知性すべてに当てはまる」(Int. III 36. (1) [I, 208])。このような対象的関係、および発出の関係は、可能知性によって自覚的に実現される。すなわち可能知性は、まさに知性であり、したがってその遂行において自ら自身に対して、それ固有の本質と根源に関して明らかとなっているからである。「それというのも〔可能知性は〕、それ〔能動知性〕を知性認識しながら、そこから発出し、また逆に、発出しながら知性認識を行い、それ〔能動知性〕自体へと向き返る。〔……〕こうして、このような発出が知性認識なのであり、その逆も成り立つ。これらは、事柄としては同じことであるが、概念的に異なったことである」(Int. III 36. (2) [I, 208])。

能動知性の光が特定の対象を認識することを媒介にして可能知性の内を照らし込むため、「そのようにして自らの発出の源泉である原理を把握することは、可能知性にとって固有のことである。それはすなわち、そのような〔対象の〕意味内容の下でなされるのであり、すべてのものを自らの仕方で自身の内に保持する原理そのものの本質の固有性に従ってなされるのではない」(Int. III 36. (3) [I, 208])。現世の生においては感覚による制約があるため、能動知性が可能知性によって認識されるのは、知性的に照明された感覚的認識にもとづいてのことである。「この生の状態にあっては、知性認識の普通の様態に従って、可能知性は、各々の可知的事象に固有の特性の表象像なしには、知性認識を行うということがない」(Int. III 36, (4) [I, 208])。したがって、この生において自然本性的な能力による限り、能動知性に対する直接的な直視は不可能なのである (cf. ibid.)。しかしながら、知性的に照明されたあらゆる外的な感覚的認識においても、可能知性は、その原理である能動知性の美と「知性的諸完全性の善性」(Vis. 2. 1. (5) [I, 64]) によって照らされている。このことは確かに「ある人々の粗忽さ」に対しては隠されているが、「このことは、教養ある人々にあっては疑いを容れない」(Vis. 4. 3. 4. (2) [I, 122])。

ところで、能動知性は二次的原因であり、その知性的力と本質は、第一の卓越した原因である神に負っている。それゆえに可能知性は、対象認識において、また対象認識を通じて、能動知性への還帰と転回を遂行し、その際に神自身へと、自らの第一の原理として知性的な仕方で向かう。「能動知性は本性上の順序からすると、純粋現実態である神と、可能態的存在である可能知性との中間にある」(Vis. 2. 1. (5) [I, 64]) ため、「第一原因の知性の光は、そのような知性そのものにおいて規定されるが、それは、高次の先行する原因の力が、本質上の順序に従って、第二のあとなる原因において規定されるという仕方においてである」(ibid.)。このような二段階的な原因づけにおいて、第一原因たる神は、「第二の原因〔能動知性〕によって原因づけられたもの〔可能知性〕に向かって、第二の原因そのものよりも強く影響を与える」(Vis. 4. 2. 1. (9) [I, 108])。そのために、可能知性が自らの根源的原理へと振り返る際には、第一原因たる神のほうが、媒介的な二次的原因たる能動知性よりも、より強く、より偉大なものとして観取される。そこで可能知性は、その知性的な認識活動において、以下のような仕方で神を観取する。すなわち「彼〔神〕は、知性認識されるものに関して、われわれがこの生においてもかの永遠の理拠を精神の眼差しによって把握する。これはアウグスティヌスが『真の宗教について』第五三章（De vera religione XXXI, 57）において、人が真なることについて判断するとき、不変の真理は精神によってこの生において眺められるのであり、また、第五四章（ibid. 58）とそこに続く多くの他の章において、その不変の真理こそが神であると言ったときに語っていることである」（Vis. 4. 2. 1. (10) [I, 108]; cf. ibid. (9) [I, 108]）。それゆえ可能知性はいかなる認識においても、能動知性を媒介として、神と対象的に関係する。なぜなら、「能動知性のみは、それ自身がわれわれにおいて知性認識されるものの理拠であるという理由で、形相としてわれわれに結びつくだけでなく、〔……〕実際神自身もそうである」（Vis. 4. 2. 1. (10) [I, 108]）からである。

そこで、神からの可能知性の発出は能動知性を通じて媒介されているのであり、「そのために、その同じ発出過程において、第一原理へと向かうそのもの〔可能知性〕の振り返りは、能動知性の仲立ちによる。なぜなら、第一の段階順序に従って、永遠の規範と不変の真理はアウグスティヌスによれば〈精神の秘所〉において現前するのであるが、これ〔精神の秘所〕はまさしく能動知性なのであり、これを媒介として、可能知性の内にそれらは輝き、この能動知性によって可能知性そのものは、万物の第一原理たる神へと振り返るからである」（Vis. 2. 1. (6) [I, 64]）。しかしながら、この世の生においては、可能知性は、認識の可知的形象において与えられる外的対象へと振り返ることによってのみ、能動知性への還帰を遂行する。そのためにこの関係において、可能知性にとっては、神はただ外的な仕方で、外的な対象として与えられるだけなのである。「しかし人間は、外的な思考力に従い、すなわち現実態化された可能知性に従って、理解し愛することにおいて、神に関して活動するものは、その本質によって働き実行するのではなく、自らに対して外的で疎遠な活動によって、そして自らの本質に対して外的な形象によって働き実行する」(Vis. 1. 4. (3) [I, 61])。

能動知性に対してその本質上、神は常に直接かつ内的に自らの本質において現存する (ibid.)。そのため、可能知性は、対象に関わる認識形象を介さずに、能動知性が自らの内的な形相になることを望み、そのようにして可能知性自身が、神に対する能動知性の直接的な至福直観に与ることを求める。したがって可能知性は、その二重の根源に即して、二段階的な目的との関わりをもつ。「一つには、それ自体として、つまり能動知性は、形相に関して可能知性自体を究極的に完成させるという仕方で、可能知性そのものを完成にもたらすものである限りにおいてである。〔……〕また他方の仕方でそれは、神への秩序づけにおいて、自然な秩序で可能知性と神との中間にある能動知性を媒介として、可能知性は、至福の究極的な完成において、神の内へと還元可能であるという限りにおいてである」(Vis. 2. 1. (4) [I, 64])。

(6) 可能知性による自然的事物の何性の構成

可能知性は、二重の根源的原理の認識と、そこから生じる自己認識ののちに、「知性の外部の」(Or. 5. (52) [III, 196]) 感覚的諸事物の世界に関わるが、この場合可能知性は、基本的には受動的な性向をもつにもかかわらず、能動的な構成という仕方でその世界に関係する。(63) 確かに「受動に関わり、受動そのものである活動は、現実態化された可能知性の働きである。〔……〕しかし、〔可能知性が〕概念的存在者の類に属する何らかの存在者である限り、能動的原理の機能と力をもつ。それは、〔可能知性が〕概念的に事物に対してその諸原理を定め、そのような事物そのものを自らの原理にもとづいて構成する限りにおいてのことである」(Int. 1. 2. (3) [I, 137])。なぜなら、質料的事物の諸原理は、「端的に現実態的に存在するものが、そこから構成される限り、〔その諸原理は〕存在者そのものの現実性を欠き、可能態的に存在するという様態をもつ」(Or. 5. (27) [III, 188])からである。このような存在の欠如性、それにともなう現実態的可知性の欠如ゆえに、「原因性は、知性に関して、事物の側から事物に固有の原理を通じて見出されるというよりも、知性の内で事物に関して固有の原理から見出されなければならない」(ibid.)。このような超越論的・観念論的傾向をもつ原則に従って、可能知性はそれ自らの内から、そしてそれ自らを通じて、能動知性の内から自らの対象の可知性を汲み取る。「ところで第三に、自らの本質を知性認識することによって、〔可能知性は〕外的対象の範型なのである」(Int. III 37. (1) [I, 209])。それゆえ可能知性は、これらの対象に対して、「原因と原因づけられたものとの関係に従って」(Or. 5. (20) [III, 185])関わるのである。

外的対象の認識を根拠づけるディートリヒの議論は「超越論的論理[64]」と言えるものであるのか、またそうだとしたらそれはどの程度であるのかということを正確に見究めるには、まずは自然的存在と知的ないし概念的存在との区別に関して、ディートリヒの考えを見ておく必要がある。「ところで、存在者のうちには類において二つの原理以外にはない。すなわち自然と知性である。そのような存在者は自然の活動によって構成されることがない限り、それらは別の秩序に属し、原因の別の類に還元されなければならないが、それは知性の類である」(Or. 1. (19) [III, 142])。自然的事物は、人間の理性とは独立して、その外部に自存するものではあるが、認識されたそのものの内には、自然的事物そのものに由来するのではない——それゆえに理性に負っている——契機が含まれている。「なぜなら、哲学者によれば、知性の対象は何性、あるいはその何性の規定に応じた事物なのである。その何性を知性は、その事物固有の諸原理を識別し規定するのでなければ、把握することはない。哲学者はその諸原理を、定義によって表示される、形相の諸部分と呼んでいる」（Or. 5. (26) [III, 187]）。したがって、事物がその何性において知性によって把握されるのは、ただ類と種差による諸規定（例えば「人間」に関しては「動物」〔類〕と「理性的」〔種差〕）、つまり存在者の本質に対して「本性的に先行する」（Or. 5. (51) [III, 195]）諸原理を通じてなのである。そしてこれらの諸原理は、事物における実在的区別として見出されるのではなく、「区別」と「規定」を通じて可能知性によって産み出される。そして自然的諸事物は、このような諸原理にもとづいて成り立っているものとしてしか、知性によって認識されないため、知性によって構成されるこのような諸規定は、自然的事物そのものに属しているものとして認識される。そのためにそれらの諸規定は、存在者自体に関して語られるとともに、直接に対象に関わる知識の内容に属するものでもある。「そしてこのような仕方で、これらの諸原理は、第一次志向性の対象である自然的に実在する存在者に属しているために、そのようなもの自体も、それ固有の意味内容に従って類において順序づけられた第一次志向性が目指すものに属する。そのような規定すべての構成的原理が知性である」（Or. 1. (20) [III, 143]）。

それゆえこのような諸原理は、「純粋に自然の事物である存在者、それも、存在する限りで、自然に従い、自然の活動によって存在する存在者、つまりそれ自身によって自然的運動の諸原理であるようなもの、例えば実体、質など」（Or. 5. (59) [III, 199]）からは区別される。しかしながらそれらの原理は、反省的な悟性的規定、ないし単なる思考の産物、つまり「実在的存在者のいかなる類にも、具体的に属することのない」（Or. 1. (19) [III, 142]）もの、すなわち「第二次志向性が目指すもの、および思考上のもの」（Or. 1. (19) [III, 143]）などでもない。なぜならそのような諸原理は、諸事物に関して述定されると同時に、「例えば時間に関して明らかなように、範疇のいずれかの種類の内に位置づけられる」（Int. I 2. (3) [I, 137]）からである。(65) ここでは「時間」の例が挙げられているが、それというのも、時間は対象の規定でありながら、ディートリヒによれば、そのものとしては単なる知性の内で形成されるものだからである。それゆえ、知性によって形成されながらも、現実の事物に帰属させられるこれらの諸原理は、純粋な自然的事物と単なる思考の産物との「いわば中間に存する」(Or. 5. (59) [III, 199])。

知性によって形成されたこのような諸規定が、いかにして現実の諸事物に当てはまりうるかという問いに関しては、感覚的表象の場合と類似の仕方で、三つの次元が区別される。認識遂行を内的に形相づける認識形象は、そのものとして、認識における主観の側での条件であり、したがって事物に属するものではない。しかし認識活動において思念された対象は、現実の事物そのものである。それゆえに、事物がそこにおいて認識されるところ、つまりその事物の何性は、認識の客観的側面に帰せられるのであり、したがって現実の事物のものとして認められる。なぜなら、そうでないとしたら、これらの事物は、その何性に関しては認識されないということになってしまうからである。「可知的である限りで可知的なもの〔……〕は、まず第一に、事物の意味内容、ないし知性における形相――つまり事物がそれを通じて知性認識されるもの――を指している。したがってそれは、知性の外部に見出されることはなく、対象という意味をもつこともない。第二に、可知的活動は知性の外部の事物に関わる限り、その外部の事物そのものが、そのような意味で可知的と言われる。第三に、そのものの内に、それによって知性認識がなされる規定が見出されるという限りで、可知的と言われる。これは、それが何性的存在を有する限りのことである。したがって、後者の二つの仕方は、知性の外部の事物の側から成り立ち、他方で、事物は、固有の原理から知性の規定を通じてでなければ、何性としての存在を受け取ることはないのだから、〔……〕知性は何らかの仕方で、事物に関して、原因となる原理の機能を有することは明らかである」(Or. 5. (42)-(45) [III, 193])。

それゆえ認識された何性は、それが類と種差による定義において考えられているように、「自然の一つの事物」(Or. 5. (31) [III, 189]) である限りでの諸対象に帰せられるのではないが、それでもやはり、その現実の何性を成していることは変わりはない。「知性は、存在者および自然の存在者である限りでそれが何であるかを、ある存在者に付与するわけではない。このような観点に従って、存在者は他の自然の原理から存在するからである〔……〕。そうではなく知性は、それらのものが何ものかであり、何性的存在を有する限り、これらの存在性において働くのである。これは、このような存在者をその全体において、しかも上記とは別の観点に従って構成するということである。そしてこれらの存在者は実体であり、また量、質などのような、何らかの自然的働きの諸原理であるようなものによって、自然に構成されている」(Or. 5. (47) [III, 194])。

知性の構成機能は、まず認識された対象である限りでの事物において現れる。「知性認識された事物はこのように、知性の働きによって、対象の機能を獲得する」(Or. 5. (58) [III, 199])。しかし認識された対象は、現実の事物そのものにほかならないため、知性は現実の事物を、その何性に関して構成する。そのため知性は、現実の事物の何性に関して、「作用因の規定と様相」(Or. 5. (45) [III, 194]) をもつ。そのような現実に対する構成機能は、感覚的な想像力に帰せられるものでもなければ、主語に対して述語的な規定を加える理性の判断に帰せられるものでもない。そうした構成機能はただ、知性の根本的活動、すなわち、本質の端的な把握に根差すのである。「想像力の活動と知性の活動は、外的事物に関して、一致するところもあれば、異なるところもある。一致のほうは、知性は想像力のように合成の働きをなすところに認められる。想像力による合成の働きは、ものに関して何もなすところはない。なぜならこれによって、たとえそのように想像したところで、角のある人間が生じるわけではないからである。そのように、知性による合成の働き〔判断〕だけによっては、外的事物に関して何かが付け加えられるということはない。しかし、形相づける働き——単純な諸志向、つまり合成〔判断〕されていない存在者の把握——に関する限り、想像力と知性のあいだには相違がある。なぜなら、すでに述べられたように、知性はそれ固有の諸原理から事物において何性的存在をもたらしながら、事物をその何性に関して把握する。その諸原理とは、定義が表示する形相の諸部分である」(Or. 5. (58) [III, 198-199])。

しかし、ディートリヒが認識論的実在論の意味で明確に固持していた現実の事物とは、知性による思考からは独立して存在するものである以上、その事物はいかにして知性によって構成されうるのかという問いが生じてくる。その際ディートリヒは、自然的な原因づけと思考による超越論的構成との関係を最終的に解明しようとはせずに、知性は、事物をその何性において把握することによって、事物自身がその事物であることを可能にしている諸原理へと関係するという点にまずは言及している。「自然においては事物はその形相的現実態によって、そのもの自身において、何ものかの原因となる作用の原理であり、この作用は、自然によって構成される存在者に関わり、しかもそれによってあるものが構成されるという仕方で存在者の内的諸原理へと関わる。そのように、知性において、現実態にある形相は、可知的作用の原理であり、これはそれ自身でかつ第一義的に、その何性という役割に従って存在者へと関わる。しかも、それによって何ものかが存在するという仕方で、そのような存在者の原理へと関わる」(Or. 5. (34) [III, 190])。

ディートリヒにとっては、同じ存在者が異なった観点から、しかしそのつど全体として複数の原因によって作用因的に根拠づけられているということでの主張は、なんら矛盾とは映らない。このことは、同一の自然的事象が、第一原因としての神によって根拠づけられると同時に、内世界的な中間原因によって根拠づけられるような場合にも当てはまる。「実際、原因の多様な類に関してだけでなく、作用因のような同一の原因の類に関しても、一にして同じ存在者が複数の原因から生じ、それらのどれからでも存在者それ自身での全体として産出されるということを見て取ることができる。多様なものから産出されるものは事物として同一であっても、観点に関しては異なっている。それはそのものが、例えば生成した事物が、それらの異なった諸原因へと還元されるためである。〔……〕それゆえ生成したものは、その中へと第一原因の原因性が下降する限りで存在者であり、また二次的段階、すなわち自然的に生成させるものである原因の原因性がそれへと及ぶ限りでは、そのことに従ってそのものが、正確に言うと、自然の存在者と言われる。それは、このような事物において、生成させるものの運動によって、可能態から現実態への移行が認められる限りのことである」（Or. 5. (36) [III, 191-192]）。

「ところでこのような事物は、知性の外で自然において見出されうるにしても」（Or. 5. (37) [III, 192]）、このような二重の構成を超えて、自然的存在者は、その何性とその諸原理に関しては知性によって構成される。「このような存在者は、〔……〕それが知性においてあり、可知的である限りは、何性的存在を有し、知性の外部にはそれ自体においてはこの存在を有することはないと思われる。なぜなら何性的存在は、そのような固有の諸原理が、事物に対して知性によって規定されるというのでなければ、事物はそのような様相を有することはないから、何性的存在は知性の内にのみ存するように思われるからである」（Or. 5. (39) [III, 192]）。そこで、同一の事物が、それ全体としては三重の原因によって構成されるということになる。「それゆえ生成した事物は、それが存在者である限り、その全体に関して第一原理によって存在する。〔……〕同様にその同じ事物は、自然的存在に関しては、生成させる原理にもとづいてその全体において成り立ち原因づけられる。〔……〕似たかたちで同一の事物は、何性的存在に関しては、知性の作用によって存在する。このことによって、他の観点での諸原理が規定されるのであり、それはすなわち、形相――定義によって表示される事物の何性――の諸部分である」（Or. 5. (37)

[III, 37])。
完全に知性の内にとどまる思考上の存在者の内容とは異なり、知性によって考えられた本質諸原理は、現実の存在者の実在的規定となる。「こうしたものは、端的に言うと、いわば理性の形相として知性の中にあるのではなく、むしろ知性からのものであり、そして知性の外部に存在するからである」(Or. 5. (54) [III, 197])。したがって可能知性は、例えば様相文法が存在構造と思考構造の対応という仕方で考えるように、その志向的内容という点で本質的原因であるだけでなく、事物そのものの現実の存在という点でも本質原因である。「なぜなら事物は、固有の原理からの知性による規定によってでなければ何性的存在を獲得しないのだから、〔……〕知性は何らかの仕方で、諸事物に関して原因となる原理という役割を有するのは明らかである」(Or. 5. (43) [III, 193])。知性のこうした原因性は、存在者の本質的な何性とその諸原理を超えて、その存在者の状態や他の存在者との関係においてその存在者に具わる存在様態にまで及ぶ。「さらに、自然のこのような諸々の存在者に関して、知性はある種の存在者を、諸存在者のある種の様態として、つまり程度・関係・状況という仕方によってもたらす。〔……〕そしてそれらの存在者の完全な存在性とは、何であろうと、それが存在するところのものが、名称によって第一義的に表示されるものに関して、知性の作用によって完全に補充される限りで存在するということである」(Or. 5. (48) [III, 195])。このようにして、何性と名称によって構造化され、それゆえ言語的に把握された人間の世界は、現に認識を遂行する可能知性の能産的活動にもとづいている。しかしその際に可能知性は、能動知性によって照らされた感覚的現象を出発点としながら、その潜在的な可能性を現実化し、その能産的な活動に際しても、この現象を介して、その存在と自然的作用連関における既存の存在者に関係するのである。

（7）　神の至福直観における知性

これまで展開された理論は、存在とは区別される何性へと制限され、運動原理たる可能態と現実態からの自然的構成とも異なった、超越論的・実在的対象構成の理論である。そのような理論は、自己認識を根底に据え、神認識を目的とするディートリヒの包括的な知性認識の理論にとっては、いまだ二次的な位置を占めるにとどまっている。すでに示したように、まず対象認識が自己認識の一契機であるが、それは可能知性が能動知性の影響の下で、自らとは区別される存在者の諸形相によって現実態化される限りにおいてのことである。可能知性は、「自らを知性認識することによって、自らとは異なった諸々のものを、何らかの知性遂行において知性認識する」（Int. II 37. (3) [I, 175]）のである。ところで、自己認識において可能知性は、自らの認識形相、ゆえに自己自らが能動知性に根差しているということを本質的に振り返り、この根源にもとづいて認識を通じて自らを構成する。「しかし知性は自らの振り返りによって自らの本質を獲得する。なぜなら知性は、自らの本質原因が作用することによって成立するとともに、自らを振り返るからである。〔……〕そしてこうして知性はある意味で、自らの固有の対象、すなわち自らの本質を、形相的な仕方で、自らの形相的な諸原理から自らの本質原因であるより高次の〔能動〕知性が作用因的な働きの下で構成する」（Int. III 25. (13) [I, 199]）。このような還帰において、可能知性は自らの根源を認識する。「他なるものから発出する知性の、その原因としてのかのものとの関係は知性的である。すなわち知性は、自らの本質を構成することにおいて、まさに自らの本質を獲得することによって、自らの原因を知性認識するのである」（Int. III 24. (3) [I, 196]）。認識を通じてなされる能動知性へのこのような分有によって、可能知性の認識領域は、存在者全体にまで拡張される。つまり可能知性は、「分有によってすべての存在者である。その分有とは、能動知性——すなわち可能知性の活動の原因となる原理——によって現実態になった際に、可能知性の内へと下降するものである」(Int. II 1. (5) [I, 147])。このような認識全体は、能動知性の媒介を通じて、第一の真理としての神の光において遂行される。「知性認識されるすべてのものは、第一の真理たる光の下で観取される」(Int. III 18. [I, 191])。

こうして、明確に自覚的で反省的な対象認識の場である可能知性は、この生においては、そこから能動知性によって現実態化された認識の可知的形相を汲み出すために、感覚的表象像 (phantasma) を必要とする。「可能知性は〔……〕それ自身によって、そして本質的に、表象像に依拠する」(Vis. 1. 1. 7. (2) [I, 32])。しかしながら、神の光が認識の根源として認識されているがゆえに、いかなる認識においても知性の本質的欲求は、第一の起源、また最高の、それゆえ最も完全な原理との合致を目指すのであり、すなわちそれは、神の至福直観を目的とする。これは知性そのもの、とりわけ能動知性の本質に具わることである。なぜなら能動知性は「それが神の似像《イマゴ》に即したものであるように、神が理性的被造物を特徴づけた、神と同形相的なかのものである。それは「創世記」一章〔二六節〕に、神は人間を自らの似像と類似に即して創られたと書かれている通りである。〈似像に即して〉とは、能動知性に関して言われているのであり、また〈類似に即して〉とは、アウグスティヌスが『三位一体論』第一五巻六三章〔XV 21, 40〕ではっきり区別しているように、可能知性に関わる限りにおいて言われている。さらにこれは、似像が自然本性に関わり、類似がその上に付加された恩寵の賜物に関わると一般に言われることと一致している」(Int. II 31. (7) [I, 170])。「神的明晰さの、かの至福なる分有」に関しては、「神がわれわれの本性の内に植えつけた最高のものに従ってそれが起こるのは必然であり、われわれはわれわれの内にあるこの原理によって最高度に神との同形相性と、神へのある種の直接性へと向かうのであり〔……〕、これがわれわれにおける知性的なものである」(Vis., Prooemium (4) [I, 14])。

至福直観において、いかにして「神的善性の豊穣さが自らを譲渡するか」（Vis. 4. 3. 3. (1) [I, 119]）というそのあり方を導出する際には、ディートリヒはなんら論証上の確実性を主張していない。「そして私は、これが理に適っているとは言うが、それが必然的であるとは言わない。なぜならそのようなものは、自然的摂理において認められるような秩序の必然性によって事が運ぶのではなく、意志による摂理の秩序――これは自然的摂理の秩序の完成にして仕上げである――に関わる神の恩寵と善き功徳によってのみ生起するからである」（Vis. 4. 3. 2. (4) [I, 114]）。

神との認識を通じての合致(66)は、こうして人間の最高の認識能力において生じるものと考えられる。「なぜなら、神がわれわれの自然本性の内に植えつけたかの最も高貴で最高のものが、かの至福において働いていないなどということは考えられないからである。むしろそれは、自然本性に従ってわれわれの内の最高のものであると同様に、それはまた、本質による神の直観の内に成立する至福をもたらす働きにおいても、その第一のものであろう」（Int. II 31. (8) [I, 170]）。アリストテレスに従って、「能動者は受動者よりも、そして原理は質料よりも常により高貴である」（Vis. 1. 1. 2. 1. (4) [I, 23]）ということが、本質原因たる能動知性の独自性に属している。そのため能動知性はその結果である可能知性よりも高次のものであり、したがってディートリヒがトマスに対抗して述べているように、神直観の能力とみなされるべきである。「現世の生においてそれなりの仕方で既述の諸知性と神への還帰が関係してあるのと同様に、かの生において、はるかにより広く言うならば、より本質的に、既述の秩序が成立しており、かの至福直観において神との直接的合致が、可能知性によってというよりもむしろ能動知性によって起こるということのほうが必然である」（Vis. 2. 2. (2) [I, 65]）。それゆえ神の直視は、神が人間にとっても対象として与えられるような認識だけではなく、より根本的に、神との存在論的な結合と合致にもとづいている。「かの至福直観は、われわれにおいて、能動知性によるわれわれと神との直接的合致によってなし遂げられる」（Vis. 4. 1. (1) [I, 105]）。その際、連続的に連関する諸本質の位階性というプロクロスの理論に従って、一段下位のものである能動知性は、その類似性に従って、一段上位のものである神と結びつく。[67]「したがって、われわれと神との最高で究極かつ無媒介的な結合は、能動知性によって生じる。というのも、それは自然の段階からして、われわれにとって最高のものであるし、またそれは、神の似像である類似ゆえに最高度に神に似ているからである。〔……〕さらに、そのものの知性的活動はそのものの本質であり、それに従ってそれが存在し活動するところのものの全体を、その本質によって存在するからである」（Vis. 4. 1. (3) [I, 105]）。

能動知性と神とのこのような結合は、人間に明確に意識される認識活動であり、それゆえに至福の源泉であるため、それは可能知性の内的内容と遂行、すなわちその形相となるはずである。「能動知性そのものはかの至福の原理である。その原理によって、形相づけられ、すなわちそれがわれわれの形相になったとき、われわれは、本質によって神を見るという無媒介的な至福なる観想において神と合一することによって至福になる」（Int. II 31. (8) [I, 170]）。可能知性が能動知性から発出するというこのような事態によって、能動知性は、「われわれの現実態化された可能知性にとっての形相として、われわれと無媒介的に一致しうる。そして、それはこれらの二つの知性のあいだに認められる直接性にもとづいている。こうしてわれわれは、それによって能動知性自体が知性認識を行っているような知性的活動によって、すなわち自らの本質によって、知性認識を遂行するようになる。そしてこれこそが、哲学者たちが〈獲得の知性〉と呼んでいるものにほかならない」（Vis. 4. 3. 2. (5) [I, 114]）。その際、常に何性へと向かう可能知性の認識活動は、本質そのものによって遂行される能動知性からは形相的に区別されているが、質料が形相によって充実され現実態化されるように、可能知性は「何らかの形相的原理」

(Vis. 4. 3. 2. (6) [I, 114]) である能動知性によって充実され現実態化されるのである。「確かに、ものが何であるかを言表し、あるものをそのあり方において知性認識すること――それ自体として捉えられている限り、それは可能知性に属する――は、本質によって知性認識すること――それは離存知性に属する――とは異なっている。しかし、それによって神が本質によって観取される、このようなしばしば述べられてきた二つの知性の協働においては、可能知性に属する知性認識のあり方は質料的になり、いやより明確に述べるなら、能動知性に固有のもう一つの知性認識の活動の質料なのである」(Vis. 4. 3. 3. (9) [I, 121])。

ディートリヒは、能動知性と可能知性の合致に関する、古代およびアラブ哲学の、さらにはアルベルトゥス・マグヌスによっても受容された理論をわがものにすることによって、神の至福直観を、神による充実化を通じて二重の知性が合致する最高の遂行として捉えることができた。このような合致において可能知性は、その内的な――自然的・恩寵的な――性向に従って、能動知性をさまざまな深さと明晰さにおいて受容することができる。そのために神の至福直観は、人間において完全性のさまざまな段階で実現されることになるのである。「そこから、明晰にあるいはより明晰に、自らに対する至福直観をもたらすために、〔神的存在は〕さまざまな意味内容を流入させるが、それらにおいて〔神的存在は〕可能知性において見出される、このようなより優って完全に明晰な意味内容に従って、可能知性は、形相としてそれに合一する離存知性によって形相づけられる。なぜなら、能動者の活動は、あれやこれやの仕方で比例的に整った受動者において現れるからである」(Vis. 4. 3. 3. (12) [I, 121])。

能動知性、ないしアウグスティヌスが言うような「精神の秘所」において常にそして本質的に与えられているような神の直視は、ディートリヒにとって、感覚的現象に対する可能知性の依存関係が「ただ神の恩寵のみと、善い功徳によって」(Vis. 4. 3. 2. (4) [I, 114]) 乗り越えられる彼岸の生において[68]、至福をもたらす活動ないし内容として、可能知性によって初めて遂行されるものである。しかしディートリヒにおいて、アリストテレス的・アヴェロエス的な特徴をもつ普遍的な能動知性は、アウグスティヌスの霊魂論と結びつくことによって、それぞれの人間に対して固有で、超越論的であると同時に、潜在的な自覚を孕む精神の根底として、すなわち認識として神と直接に向き合う精神の内奥という仕方で解釈し直されている。そのためにディートリヒの思想からすれば、すでにこの世の生において、根底的な離脱と内的貧しさを通じて、各々の内面での神の誕生を目指すという試みが構想可能になる。そしてこうした試みは、マイスター・エックハルトとその周辺の人々が、ディートリヒの超越論的な精神理論を実践的霊性へと取り入れたものにほかならない。こうして、アリストテレス的な知性論は、中世末期の神秘的霊性を引き起こす原動力となると同時に、反省的・超越論的主観性という近世の思想を準備するものとなったのである。[69]

第九章　ジャン・ビュリダンの哲学における言語理論

一　背　景——生涯と業績

（1）歴史的位置づけ

中世末期において、近世の思惟への移行を導いたさまざまな思想の潮流のなかで、唯名論的な言語理解および現実理解を取り、「近代の道」（via moderna）と呼ばれた学統は、疑いもなく根本的な役割を果たしている。それというのも、唯名論においては、人間の思惟と言葉が、客観的で自然本性的なものと思われていた存在論的構造との結びつきから解放され、その結果、理性の自由な構成に対して広範な活動領域が与えられることになったからである。この（「現代の」あるいは「新しい」という意味での）「近代の」（modernus）という概念と、その反意語である「古い」（antiquus）という概念は、古典古代が終焉を迎える五世紀頃にまで遡ることのできるものであるとはいえ、[1]十五世紀初頭に、これらの対概念は、時代の相対的な相違を表す元来の意味にとどまらず、当時互いに対立していた二つの学統の名称として使用されていた。すなわちそれらの名称は、一方はオッカム（William Ockham　一二八五頃—一三四七年）を受け継いだ「近代の人々」（moderni）である唯名論者の学統を指し、他方は、トマス・アクィナス（Thomas　Aquinas　一二二四／二五—七四年）、アルベルトゥス・マグヌス（Albertus Magnus　一一九三／一二〇〇－八〇年）、ドゥンス・スコトゥス（Johannes Duns Scotus　一二六五／六六－一三〇八年）のそれぞれの支持者へと分裂した「古い人々」（antiqui）である実念論者の学統を指すものと理解されたのである（一四二五年のケルンに、「近代の人々の道」［via modernorum］という使用例がある）。

この二つの学統間の対立は、実際には一三三〇年代にまで遡る。当時、パリ大学において、イギリスの論理学の著作が導入されたために、「思弁文法」（grammatica speculativa）として具体化された伝統的で存在論的傾向をもつ様相論理学と、新しい名辞論理学とのあいだの緊張が生じ始めていたのである。[2] 後者の唯名論の言語観によって、哲学と神学の学問的方法に関する新たな実用的な理解と、それにともなうアリストテレスの著作の批判的な新解釈がもたらされ、その結果、宇宙論的な世界像と自然科学的な思惟方法に変化が生じたのである。このことに関連して、一九七〇年頃以来の哲学史研究においては、十五世紀全体を規定し十六世紀の終わりまで影響を及ぼし続けた「道の論争」（Wegestreit）の起源を、一三三〇年頃以降のパリ大学に求める見解が示されるようになった。これにより、それ以降の研究では、これまでほとんど名前しか知られておらず、オッカムの陰に隠されていた思想家ジャン・ビュリダン（Jean Buridan; ヨハネス・ブリダヌス［Johannes Buridanus］　一二九五頃－一三五八／六〇年）が取り上げられるようになり、現在では、このビュリダンこそが十四世紀で最も影響力をもった思想家だと認識され始めている。その際、研究の焦点となったのは、さしあたっては、〔近代〕自然科学の黎明期におけるビュリダンの寄与、[3] とりわけ、アリストテレスの運動理論に取って代わった彼の「インペトゥス（impetus 勢い）」理論や、太陽中心の宇宙像の構想であった。[4] 次いで、彼の包括的な論理学の著作が発見されたが、その豊富な内実は今なお汲み尽くされていない。また最近では、ビュリダンの認識論、[5] 存在論、[6] さらには倫理学や自由論[7]をも究明しようとする試みがなされている。

ビュリダンの膨大な著作の多くが未解明の写本というかたちで残っていること[8]、そして一般的に中世後期の思想に関しては、資料状況が複雑で、かなりの部分が明らかになっていないといった事情が相俟って、ビュリダンの思想の全体像をはっきりと描き出すことはまだ困難である。ましてや、十四世紀から十六世紀に至るまでの彼の影響についてはなおさらである。それでも現在の研究では、ビュリダンは「彼の時代の最も有名な哲学者の一人[9]」、「十四世紀のパリ大学において最も重要な哲学者[10]」にして、「十四世紀のパリ大学における最も高名で影響力のあった自然哲学の教師[11]」であり、「形而上学と自然学において〔……〕カント（Immanuel Kant　一七二四－一八〇四年）の認識批判に至るまでの発展の先駆者であり創始者[12]」にして、「間違いなく、中世後期で最も影響力のあった哲学者の一人[13]」とみなされ、「自然哲学と論理学における彼の教説は、北ヨーロッパと東ヨーロッパにおいて比類のないほど大きな影響を及ぼし[14]」、「スコラ学全体と言えないまでも、少なくとも十四世紀の最も重要な哲学者、最も多作なアリストテレス註解者の一人[15]」と認められている。また、ケルン大学古文書館の一四二五年一二月二四日付のある記録は、「ブリダヌスの世紀[16]」（seculum Buridani）を回顧している。さらに、彼の著作の編者の一人であるロッカート（George Lokert　一四八五－一五四七年）の一五一六年の言葉によれば、その時代においてもビュリダンの思想はパリの自然学研究において支配的であったという[17]。また、ビュリダンの論理学は、後期スコラ学の論理学の一つの頂点を成しており、現代の論理学の注目を受けるに値するものであるとされる。「ビュリダンの中世の声は、現代的な関心へと直接に訴えかけてくる[18]」。

（2）生　涯

ビュリダンの令名がすでに中世末期において赫々たるものであったことを考えるならば、十五世紀に彼の人となりについてかずかずの伝説が吹聴されていたことも不思議ではないだろう。それらの伝説は、歴史的な裏づけを欠いており、根も葉もないものだが、なかには機知溢れる論法に彩られたものもあれば、フランソワ・ヴィヨン（François Villon　一四三一頃―六三年以降）のような有名な作家の手になる文学作品を通じて流布したものもある。[19] 例えば、教皇クレメンス六世（Clemens VI　一二九二―一三五二年、在位一三四二―歿年）との邂逅や、フランス王妃「ド・ナヴァール」（de Navarre）――年代上の問題で歴史的に同定不可能な人物――との情事といった伝説[20]が存在すること自体、ビュリダンの名声を物語ってはいるのだが、彼の生涯についてはごくわずかな事実しか知られておらず、また推定できることもきわめて少ないのである。

ジャン・ビュリダンの名が初めて、それもパリ大学の総長として書面で言及されるのは、一三二八年二月九日付の文書においてである。「上述の大学の総長、畏怖すべき高名な人物であるマギステル・ヨハネス・ブリダンによって[21]」。ビュリダンの総長在任期間は、一三二七年一二月一六日から一三二八年三月一七日、あるいは一九日までである。総長の職は、学芸学部の教授たちが交替で務めていたことから推すなら、彼は遅くとも一三二五年頃までには「自由学芸のマギステル」（magister in artibus）として教授活動を始めてたと考えなければならない。そうだとすれば、一三二〇年頃から一三二五年頃のあいだがパリでの勉学期間ということになる。彼はパリのルモワーヌ（Lemoine）学寮の奨学生であったので[22]、庶民階級出身の学生であったと推測される。その後、教授時代にはナヴァール学寮に所属していた。これらのことから逆算すると、彼は遅くとも一三〇四年か一三〇五年には生まれていることになる。しかし、もう少し時間的な余裕を見て、彼の生まれた年はおそらく、十三世紀末の一二九五年頃になるだろうと思われる。クレメンス六世と友人関係にあったことから、彼らが学友であるとみなし、ビュリダンの生誕年をクレメンスのそれと同じ一二九二年とする試み[23]は、憶測の域を出るものではない。

ビュリダンの著作において、ピカルディー方言の特殊性に触れられていることや、パリ大学のピカルディー「同郷団」（natio）のさまざまな職に長年携わっていたこと、さらにはいくつかの教皇文書における呼称から[24]、おそらく（フランス北部の地方）ピカルディーのアラス教区で生まれ育ったものと思われる。かなり後年（一五〇九年）の文章では、同地方の都市ベテューヌ（Béthune）が彼の生誕地とされているが、この報告もきわめて不確実なものである。また、最近の提案では、ある写本に記載された省略されて確定しにくい地名を手がかりに、サントメールを生誕地として採用しているが、これもほとんど根拠のないものである[25]。ビュリダンはアラス教区の教区司祭であり、一三二九年もしくは一三三〇年から死に至るまで、司牧上の義務をともなわない聖職禄を少なくとも六回獲得し、財産を築くとともに教会内での名声を得た。彼は生涯、学芸学部のマギステルの地位にとどまり、当時頻繁に行われたように、神学部の教授に昇進することはなかった。教皇文書は、繰り返し彼を次のように名指している。「ヨハネス・ブリダヌス、アラス教区の聖職者、自由学芸のマギステル、語られているように、自然学、形而上学、道徳論の書をパリで講じている者[26]」。一三三四年以前および一三四五年三月から四月の二回にわたって、彼は、おそらく教皇庁を訪問するためだったのであろうが、アヴィニョンに旅行しているようである。一回目の旅の途上で彼は、気象学の研究のためにヴァントゥー山に登っている。彼のパリ大学での二回目の総長在任期間は、一三四〇年一〇月一〇日から一二月二三日までである。また、彼の歿年は、彼の聖職禄の一つが一三六一年に他人の手に渡っていることから、一三六〇年（一三五八年もしくは一三五九年の可能性もある）と推測されている。さらに、ピカルディー同郷団では十五世紀に至るまで、この日にビュリダンの追悼ミサが行われていたことから、一〇月一一日が命日ではないかと推測されている[27]。

(3) 著作

上記のわずかな史料から、ビュリダンが約三五年間、パリ大学で諸学芸、とりわけ論理学や、自然学、形而上学、倫理学を、関連するアリストテレスの著作にもとづいて教えたことが明らかになっている。学芸学部の教授である彼には、神学の講義を行う資格がなかった。神学的問題について発言するときは、自分にはそれを論じる権限がないと表明しているか、あるいはラテン・アヴェロエス主義とその知性単一説に反対して教会の立場を支持しているかのいずれかである。ビュリダンの著作には、その教授活動が反映している。つまりビュリダンの講義においては、同じ主題が繰り返し論じられ、アリストテレスのいくつかの著作について何度も註解がなされたため、同じ主題や著作を扱う異なった写本が存在したり、主題を同じくする別の講義から取られた素材が、ひとつの写本の中に紛れ込んでいるように思われるのである。(28) したがってこれまでのところ、執筆年代を特定することのできる著作はわずかな数にとどまっており、その他の著作については執筆の順番を特定することにすら成功していない。ビュリダンの名で伝えられた著作は、同じ著作の複数の版本や偽作も含めて九五作に達するが、そのなかで少なくとも六五作が、写本の比較にもとづいて、確実にビュリダンの真正の著作と認められている。

ビュリダンの著作は、三つの時期に分類することができる。第一の時期は、一三三九年もしくは一三四〇年までの期間で、いわゆる「唯名論学派への禁令」以前の時期である。一三三〇年もしくは一三三一年以前の著作は存在しない。第二の時期は、一三四〇年もしくは一三四一年から一三四八年までの期間で、比較的実り少ない時期であるようである。それは大学での論争と司牧活動に力を取られたためとも推測される。最も多産な時期は一三四八年から始まる。彼の著作のなかで最も大部で影響力のあったものは、この時期の著作である。(29)

アリストテレスの著作に対する註解がビュリダンの著作の大部分を占めているが、そのなかには、テクストの一貫した解釈、すなわち「註解」（expositio）として著されているもの、「問題集」（quaestiones）、すなわちある事柄をめぐる問題に体系的に取り組んでいるもの、また、その両方の形式で著されているものがある。ビュリダンの著作には次のものがある。[30]

アリストテレス註解としては以下のものが挙げられる。「古論理学」（logica vetus）に関しては、『カテゴリー論』[31]（Praedicamenta; Categoriae）、『命題論』[32]（De interpretatione）、およびポルフュリオス（Porphyrios　二三四頃－三〇四年以前）の『イサゴーゲー』（Isagoge）、さらに『分析論前書』（Analytica priora）、『分析論後書』（Analytica posteriora）、『トピカ』（Topica）、『詭弁論駁論』[33]（De sophisticis elenchis）、また、『弁論術』（Rhetorica）への註解がある。

自然哲学に関しては、『自然学』（Physica）、『天体宇宙論』[34]（De caelo et mundo）、『生成消滅論』（De generatione et corruptione）、『気象論』（Meteora）への註解が書かれている。さらに、「自然学小論集」（Parva naturalia）に関しては、『感覚と感覚されるものについて』（De sensu et sensato）、『記憶と想起について』（De memoria et reminiscentia）、『睡眠と覚醒について』（De somno et vigilia）、『長命と短命について』（De longitudine et brevitate vitae）、『青年と老年について』（De iuventute et senectute）、『呼吸について』（De respiratione）、『死と生について』（De morte et vita）、『動物運動論』（De motu animalium）への註解が存在する。

アリストテレスの主要著作に関しては、『形而上学』（Metaphysica）、『霊魂論』[35]（De anima）、『ニコマコス倫理学』（Ethica Nicomachea）、『政治学』（Politica）への註解が挙げられる（『政治学』の註解は、後代の編集によるもののみが存在する）。

最後に、アリストテレス偽書に関しては、『家政学』（Oeconomia）、『観相学』（De physiognomia）への註解がある。

さらに、アルベルトゥス・マグヌスのものとされる著作に関しては、『女性の秘密について』（De secretis mulierum）への註解が著されている。さらに、真正のものかどうか疑問が付されている著作や、真正でない著作が存在する。[36] また、『詩学』（Poetica）および『動物論』（De animalibus）への註解は存在しない。

論理学の体系的著作のいくつかは、特に注目に値する。何よりもまず挙げられるのは、いちじるしく浩瀚な主著『弁証論小大全』（Summulae de Dialectica）である。この著作には、現代の刊本は存在しないが、信頼できる英訳が存在する。[37]『論理学大全』（Summa logicae）という標題でも伝えられ、多数の版が存在しているこの著作は、ビュリダン自身の初期の著作である論理学の教本『小大全』（Summulae）への体系的な註解である。この『小大全』は、ペトルス・ヒスパヌス（Petrus Hispanus 一二一〇／二〇－七七年）、すなわち後の教皇ヨハネス二一世（Johannes XXI 在位一二七六－歿年）が著したとされる（新たな見解によれば、同姓同名のドミニコ会士が著したとも考えられる）論理学書『論理学小大全』（Summulae logicales［Tractatus］）を編集したものであった。ビュリダンは、この『論理学小大全（論考）』のテクストを補足するとともに、不十分と感じた部分を、彼自身（あるいは別の著者）の論理学の文章に差し替えている。そのうえで『論理学大全』（または『弁証論小大全』）では、増補されたテクストに詳細な註釈が付されることになった。[38]

この大著の中の八つ（九つ）の論考から、これまでに次の四つの論考の批判校訂版が出版されている。「二客位語（可述語）について」[39]（De praedicabilibus）、「三　範疇（述語形態）について」[40]（In Praedicamenta）、「四代表について」[41]（De suppositionibus）、「八　論証について」[42]（De demonstrationibus）の四編である。論考『ソフィスマタ（詭弁命題の処置について）』[43]（Sophismata; De practica sophismatum）も同様に批判校訂版が出版されているが，これはビュリダン自身によって，あるときには単独の著作とされ，またあるときには『弁証論小大全』の第九論考とみなされている[44]。同様に，独立した著作である『推論に関する論考』[45]（Tractatus de consequentiis）も批判校訂版が出版されているが，この著作の中でビュリダンは，論理的推論の諸規則を公理論的に導出しようと試みている。最後に加わってくるのが，三〇代のときに著した論理学と存在論の問題に対する八つの論争的な小著である。これらの論考では，類と種の関係の問題，普遍概念の問題，数，関係，[46]点，[47]無限の問題[48]などが論じられている。

（4）影響

近年の哲学史の書物では，ビュリダンと彼の学派はオッカム主義に分類されてきたが，それは理由のないことではない。というのもビュリダンの論理的思惟は，単にオッカムの教説に類似しているだけではなく，何にもまして，学問論，存在論，認識論において，オッカムとその周辺の影響を受けているからである。しかもビュリダンはオッカムの論理学を，すでに早い時期から直接に知っていたことが証明されている[49]。ビュリダンの普遍概念に関する唯名論的な教説は，本質的にオッカムの見解と一致しているのである。しかし，「オッカム主義」という分類は，ビュリダンのオッカムとの相違を覆い隠してしまうだけではない。それは，中世末期の少なからぬ大学において，唯名論という「近代の道」を代表するものは，オッカムの著作ではなく，ビュリダンの著作であったという事実を覆い隠すことにもなるのである。ビュリダンの著作の現存する写本と初期版本の数は，オッカムの著作をいちじるしく上回っている。なかでも中世において特に，『倫理学』と『形而上学』への註解が論理学以上に高く評価されてきた。このようなビュリダンの影響は，一三五〇年頃から一五五〇年頃までの二〇〇年間にわたって広がり、その後、十六世紀後半に、一般に論理学研究が時代遅れになるとともに消えて行った。ただ「ビュリダンのロバ」の話だけが、彼の名をスピノザ（Baruch de Spinoza 一六三二－七七年）に伝え、[50]その後も生き続けた。人間の自由の本質を議論するこの問題はアリストテレスに由来するのであるが、[51]ビュリダンにおいては、等距離にある二つの干し草のあいだで飢え死にするロバという喩えは見られず、飢え渇いた一匹の犬のイメージを使って語られている。[52]

ビュリダンの弟子や同僚には、[53]反唯名論者のニコール・オレーム（Nicole Oresme 一三二〇以降－八二年）と並んで、ザクセンのアルベルトゥス（Albert von Sachsen; Albertus de Saxonia 一三一六頃－九〇年）や、インゲンのマルシリウス（Marsilius von Inghen 一三三〇頃－九六年）といった唯名論者たちがいる。ザクセンのアルベルトゥスは一三五七年および一三六二年のソルボンヌの総長で、一三六五年にウィーン大学の初代総長となって、そこにビュリダン主義を紹介した人物であり、インゲンのマルシリウスは一三六七年および一三七一年のパリ大学総長であり、ハイデルベルク大学の初代総長としてビュリダン主義をドイツに広めた人物である。自然哲学、とりわけインペトゥス理論を中心にして、ビュリダン主義は十四世紀末にその頂点に達し、ドイツ、オーストリア、スイスの新しい諸大学に永きにわたって根づき、次いでボヘミアやポーランド、さらにはイタリアの諸大学にも浸透していった。その後、一四七〇／八〇年頃には一時的に衰えたものの、十五世紀末のパリにおいて、論理学者ジョン・メア（John Mair; ジョン・メイジャー［John Major］; ヨハネス・マヨリス［Johannes Majoris］一四六七－一五五〇年頃）を中心としたサークルの中で、再び盛んになった。しかし、ビュリダン主義の影響は、大学の専門家グループ、とりわけ学芸学部に限定されていた。十五世紀には硬直化してしまうこの学派の伝統においては、論理学の分野でビュリダン自身のいくつかの著作が権威であり続けたのである。

二　ビュリダンの思想の主要な特徴

ビュリダンは、アリストテレス註解において、（詩学あるいは美学以外の）ほとんどすべての哲学の領域に関して、解釈または体系的な論考のかたちで自らの見解を表明している。したがって、まだ比較的歴史の浅いビュリダン研究が、ビュリダンの思想の包括的で整理された像を提示できていないにしても、それは無理もないことである[54]。しかし、ビュリダンの哲学の主要な主題の輪郭をテーゼのかたちで表し、彼の思惟の歩みを紹介することは可能であろう。

（1）学問論と方法論

ビュリダンの思想全体にとって根本的なのは、方法に関する意識が高度に発達していることである。この方法論的意識は、それぞれの学問分野に固有の源泉への反省や、その源泉の表現様式の分析、さらにはその源泉の認識にとって到達可能な確実性の特性の吟味を遂行するのであり、これらの考察が、事柄自体への問いに対する取り組みを導くのである。力点の違いはあるものの、十三世紀盛期スコラ学に共通の特徴であった哲学と神学の有機的な連関は、ラテン・アヴェロエス主義、および一二七〇年と一二七七年のパリ司教によるその禁令とによって破壊されたのであった。ビュリダンもそれらの禁令を再三引用し[55]、その際には禁令の趣旨に賛意を表している。ビュリダンは、世界の時間的な始まりといった、哲学と神学に共通する問題を包括的に議論し、この二つの学問を和解させようと腐心している。「あらゆる真理は、あらゆる真理に一致する」[56]と語っているように、ビュリダンは二重真理説を拒絶している。それでも彼は、哲学と神学の両学問それぞれの限界を反省し、この限界が両学問の方法の射程からいかにして画定されるのかを吟味している。その結果、彼は例えば、学芸学部のマギステルである自分には、死後に表象や記憶が存続するのかといった問題を扱う資格はまったくないと表明している。「裁定を下すことは、この学部の任務ではない」[57]。同時に彼は、神学や形而上学が絶対的確実性を要求してくるのに対して、自然的・合理的な認識や博物学的な認識の固有の領域を確保しようと努めてもいる[58]。

絶対的確実性の要求を当然のこととする神学的前提にもとづいて、パリにおいて、オートルクールのニコラウス（Nicolaus d'Autrecourt 一三五〇年以降歿）は、直接的で現在この瞬間の、外的経験と内的経験、ならびに矛盾律のみが、確実な認識の源泉および対象であるとみなした。これに対してビュリダンは、ニコラウスが神学ないし形而上学において妥当しうるような、絶対的確実性という基準を自然哲学の領域にもち込んでいると指摘して、痛烈に批判している。つまり自然哲学は、人間の自然な認識能力の上に構築されなければならず、それゆえ、事物の自然の進行（自然の共通の運行［communis cursus naturae］、自然的な様態［modus naturalis］[59]）に従って判断されなければならない。そうすることで自然哲学は、観察された多くの事例が反証なく一致していることから、帰納によって、絶対的ではないにしても真なる確実性に到達するのである[60]。その際ビュリダンは、神の全能[61]（omnipotentia）や、超自然的な介入――聖体の場合、偶有性が実体から分離可能になっているというのがその例である[62]――の可能性を否定することはないが、自然哲学の問題に関して、唯名論的な神学では定着していた「神の絶対的能力」（potentia Dei absoluta）という表現を用いることは控えている。「私は、あの神の絶対的能力は、それをどう考えたらよいのかわからない」[63]。このようにビュリダンは、すべての著作において、（それ自体では明証的ではない）信仰命題の確実性を堅持すると同時に、経験的に基礎づけられ方法論的に展開された自然的認識の確実性も認めており、したがって、彼の支持する、世界内の秩序と人間の認識能力に関する（アリストテレス的な）自然主義は、信仰や神学と調和し一致するものであることを示しているのである。[64][65]

(2) 形而上学

自然哲学がビュリダンの思想においていかに重要な位置を占めていたとしても、ビュリダンは哲学をこの自然哲学に限定しているわけではなく、あくまで形而上学と理性的神認識を哲学的認識の頂点とみなしている。形而上学が可能であるのは、あらゆる概念が存在者の概念の下に位置づけられているからである。しかし、存在者の概念は、最も一般的な概念として空虚である（この点でビュリダンはドゥンス・スコトゥスや唯名論と一致している）。したがって、この概念にもとづく限り、神に関する教説は非常に限定されたかたちで展開されるほかはない。ビュリダンは神に述語づけられる諸規定を、例えばトマス・アクィナスに代表されるキリスト教哲学の伝統から無批判に集めており、それらの規定を哲学的に理解することは可能であるとみなしている。したがって、神が一なるものであり、純粋現実態であり、不変的であり、無限であり、永遠であり、純粋な認識であり、自由であり、遍在しており、予知する者であり等々ということは哲学的に証明できることである。これらの規定は、世界内の運動変化から出発して、さらに先行するものを必要としない原因、すなわち第一の原因を導出する推論にもとづいている。それゆえこれらの規定は類比的なものとされる。

ビュリダンの穏健な唯名論は、世界内の存在者についての理解に現れている。彼に固有の言語分析的方法にとって典型的なことだが、ビュリダンは世界内の存在者を理解する際に、言葉とその精神内の対応物である思惟ないし概念から出発して、実在の領域におけるそれらの対応物を規定する。概念は知性の状態（受動［passio］）として、すなわち思惟の様態として、そのつど個別的な精神の働きであり、そもそも、実在の領域における個体的で実体的な存在者を意味表示している。概念は、多数の同種の存在者に適用可能である限りにおいて、それ自体は個別的なものとして存在しているにもかかわらず、普遍概念として機能している。それでもやはり、実在の領域においては、概念にはいかなる普遍的本質も対応しておらず、ただ個別的な存在者が対応しているだけである。「魂の外で事物の内に実在しているすべてのものは個体的に実在している。〔……〕したがって個体的に実在している事物のほかには、いかなるものも存在しておらず、さらに、それらの事物からは何も区別されていないのである」(66)。

実体の持続的な諸規定は、アリストテレスにおいては偶有性という、実在的に異なる九つの範疇へと分類されるが、ビュリダンにおいては、これらは質と量の二つに還元される。ビュリダンは、オッカムが他の偶有性の基盤となっている量を実体と同一視するのに反対して、これらの偶有性と実体とを実在的に区別している。それは単に、諸々の偶有性がそのままにとどまりながら実体は変化することができ、ゆえに実体と偶有性は分離可能であるとする聖体の教義の正しさを支持するためだけではない(67)。実体と偶有性を区別するさらなる理由としてビュリダンは、圧縮と膨張という同一の実体の量的な変化の現象を挙げている。それでもやはり、偶有性が実体から分離して実在することは、超自然的な仕方でのみ可能なのである。霊魂論においても、ビュリダンは、魂と、魂の諸能力、魂の諸態勢（dispositiones）、諸能力と諸態勢の獲得された習態（habitus）、そしてそれらすべての働きのあいだに実在的な区別を設けているが、これらの区別は、もっぱら唯名論的な言語理論や、厳密に受け取られた節約の原理のみからすればかならずしも必要ではないように思われるのである。

(3) 認識論

人間の認識に関しては、ビュリダンは、外的感覚とともに認識が始まるというアリストテレスの立場に従っている。客観へと向けられた彼の思惟にとっては、新プラトン主義やスコラ学的神秘思想における精神の自己認識への反省は、まったく無縁のものであった[68]。ビュリダンは、知性の本質を問題とするうえで基本的なテクストとなるアリストテレスの『霊魂論』第三巻[69]への註解で、アヴェロエス主義的な人間知性単一説をもち出すことなく、可能知性を（個人的で知性的な）魂と同一視し、また、能動知性を人間知性に働きかける限りでの神と同一視している。こうして、人間の中に能動知性と可能知性という二つの能力が存在するという見解が回避される。アリストテレスの言葉では、これらの二つの知性は「魂の内に」実在するとされるが、それをビュリダンは、次のように解釈する。「彼〔アリストテレス〕は〈われわれの魂の内に〉とは語っていない。それゆえ、可能知性はわれわれの魂、すなわち人間の魂であり、能動知性は神の内にある、すなわち世界霊魂であると言える[70]」。知性的な認識は、感覚的な表象から生じることはありえない以上、それは、人間の（可能）知性と神の能動的な働きとの共働によって実現される。「この知性と神とが一緒に働かないならば、いかなる表象も知性に働きかけることはないだろう[71]」。

外的感覚は、直視（prospectus）を通して個体的実体を把握する。その際、さまざまな感覚器官の印象は、共通感覚（sensus communis）において一つの知覚へと統一される。そしてこの共通感覚は、想像力と記憶の機能を果たす根本的な感覚である。感覚的経験は、経験論の言うように、偶有的な質に関する印象を提示し、それらが後から実体の概念へと結びつけられるということではない。むしろ、偶有性の認識を行う場合に、知覚は対象の実体との連関をすでに含んでいるのである[72]。それゆえ、感性的な認識とそれに続く知性的な認識とは、自発的な志向性において実在的な実体自体へと関わっている。このようにして、必要な形而上学的実在の数を最小限にとどめる節約の原理に従って、ビュリダンは魂の内的な能力の数を減らしており、また、同一の存在者における実体的形相の多数性についても認めていない。そのために、トマス・アクィナスにおけるのと同様に、人間においては一つの知性的な魂が植物的能力や感覚的能力の機能をも果たすものとされる。

そしてビュリダンは、感覚的な次元でも知性的な次元でも内的な認識原理としての形象（species）の存在を肯定している点では、オッカムと袂を別っている。(73) 理性的な認識は、感性的な直観を通して、個々の実体を主題として把握しながらも、類（genus）の一般的な認識を出発点にして実体の本質に接近し、個物の曖昧な認識からその規定された具体的な認識へと歩みを進めていく。一つの種に属している諸々の個体的な実体はどれも、本質は類似しているが、偶有性は異なっている。一つの種の中に個体が複数存在することは、個体が質料と形相の複合体であることにもとづくが、本質は、実体の存在の現実態や個体的な実体と実在的に区別されるのではなく、ただ概念的にのみ区別される。(74) このようにビュリダンは、存在者の存在論的構造とその認識の諸条件に関しては、節約の原理によってその数を減らす方向を取りながらも——存在者の質料・形相構造のような形而上学的な主要構成要素を排除せずに保持しているが——究極的な了解を目指す思弁に踏み込むことは避けている。それにもかかわらずビュリダンは、形而上学的諸原理の必然性と無条件的妥当性、および、それらの原理と人間知性の自己遂行との統一を堅持しており、これに対して、自然哲学や博物学の諸原理には、実在的ではあるが条件づけられた、「諸事物の通常の運行に従う」必然性しか認めていないのである。

(4) 自然哲学

ビュリダンの最も重要な体系的業績は、論理学の領域のものであるが、哲学史的にはその自然哲学によって最も大きな影響を及ぼしていることには疑う余地はない。すでに述べたように、ビュリダンは学問論において、自然の秩序に対して自立性と固有の事象領域を確保しているだけでなく、帰納の概念を規定することによって、その方法を安定させることに貢献してもいる。自然哲学の諸原理は厳密な意味では証明できない。すなわち、直接的に明らかなものでも、論理的に導出しうるものでもない。しかしそれらの原理は、その真理が多数の事例において確認され、かついかなる事例においても反証されないがゆえに、承認されるのである。(75)

ビュリダン学派は、インペトゥス理論――これはすでに古代にヨハネス・フィロポノス（Ioannes Philoponos 六世紀）によって提案され、アラブ科学を経由して中世へと伝えられた理論である――を使って投擲運動を説明したことで有名になった。(76)アリストテレスは各々の質料的な存在者にふさわしい場所に具わる目的因性にもとづいて自然の運動を説明したが、この場合、強制的に引き起こされた運動――例えば、投擲者の手を離れたあとでも投げ上げられた石がさらに高く上昇するという事例――を説明する段になって限界に突き当たる。アリストテレスは、この現象の根拠として、石の周りの空気が自らの活力によって石を高みへと押し上げていることを挙げている。これに対してビュリダンは、初発の作用ののちも持続する運動の原因をインペトゥスに移し替え、投擲者によって石そのものにインペトゥスが一時的な質として刻印され、それが周りの空気の抵抗によって使い尽くされるまで運動を促進すると説明している。それゆえ宇宙の外側にある、空気や抵抗のない天球においては、神によって被造物に与えられたインペトゥスが永遠に尽きることがなく、その結果、天体は（アリストテレスの言うように）天球の知性体によって動かされることなく、永遠に自らの運動を続けることができるとされる。

このインペトゥス理論は、いまだ近代的な慣性の理論に到達していないにしても、明らかにそれにきわめて近いものである。ビュリダンは、インペトゥスを、質料の量と動かされた物体の速度の関数として定義し、この理論を落下運動にも適用し、重力によって落下速度が増すにつれてインペトゥスが増加すると説明している。このようにしてビュリダンは、その弟子にして同僚でもあるザクセンのアルベルトゥスと同様、自然哲学からあらゆる（アリストテレス的な）目的因性を排除するためにこのインペトゥス理論を用いており、[77]それゆえ、近世初期の機械論的な世界観を準備する者となっている。

自然哲学におけるこの革新的な新構想に比して、後世に多くの注目を集めた、ビュリダンのもう一つの理論については、従来の世界観を一変させるような性格をもつにもかかわらず、ビュリダン自身はそれに二次的な意義しか認めていない。アリストテレスは、天球が地球の周りを回転していると考えていたが、ビュリダンの証言によれば、彼の同時代の多くの人々が、天球が静止していて地球が自転しているのではないかと考えていた。ビュリダンによれば、この理論は、それと反対の見解とまったく同じように、経験のあらゆる所与を整合的に説明しているが、反対の見解に比べて単純である分、より合理的であるということになる。同時代のニコール・オレームもまた、ビュリダンとよく似た諸論拠、とりわけすべての運動の相対性にもとづいて、この二つの理論が同等の資格をもっていると考えたが、この二人はそれぞれ独立に、伝統遵守の立場から、静止した地球を中心に据える宇宙論を保持したのである。ビュリダンとザクセンのアルベルトゥスによれば、地球の運動を主張する理論に対する反論としては、せいぜいのところ、真上に射られた矢が最初と同じ地点に落下して戻ってくる以上、その間に地球が移動しているとは思えないということだけである。ビュリダンの著作はドイツとポーランドで広く流布し、当時のクラクフ大学では、ビュリダンの自然哲学の著作の講読が義務づけられていたため、コペルニクス（Nicolaus Copernicus　一四七三－一五四三年）はビュリダンの理論を知っていたとも考えられる。[78]

（5）倫理学

作られた写本の数、あるいはその形態や普及状況からわかるように、ビュリダンの著作のなかで、専門家のあいだだけでなく最も多く読まれたのは、『倫理学』註解であった。しかし、ビュリダンの倫理学は、現在のところ掘り下げた研究がほとんどなされていないため、解釈の方向も定まっていない。そのために、「ビュリダンは、意図的な活動ないし自由を、根源的に意志の力の内にのみ存する自己関係として特徴づけている」という理由から、「ビュリダンにおける自由あるいは実践理性の優位について」[79]語られることもある。ここではビュリダンは、スコトゥス主義的な自由理論の完成者およびカント（Immanuel Kant　一七二四－一八〇四年）の先駆者とみなされているのである。[80]このような見解に対して、自由選択に関するビュリダンのテクストをより精密に分析するなら、「ビュリダンは、この用語（「意志しない」［non velle］）を、意志の自己決定という真正の行為を表すものと見るスコトゥス主義的な意味ではけっして用いていない」[81]のであり、むしろ「自由意志に関して、厳密に主知主義の立場」[82]を支持していることがわかる。「実用的で、明らかに非革命的な彼の態度」[83]にふさわしく、一般的にビュリダンは、倫理学の問題においては、新しく提示された根拠によって論証するのではなく、定評のある古い著述家の権威に従うように勧めている。「私が、私の諸命題のために、たびたび多くの権威を引用していることに対して、権威は何も証明しないと非難する人もいる。しかし私は、道徳的な事柄においては、そのような議論の進め方を放棄しはしない。なぜなら、吟味されていない新しい論拠よりも、古く道徳において名望ある師傅に信頼を寄せるべきだからである」[85]。彼自身は、『倫理学』への「問題集」において、たびたびセネカ（Seneca 前一頃–六五年）を引用し、また、彼が異端者と呼んでいるフランシスコ会総長ゲラルドゥス・オドニス（Geraldus Odonis 一二九〇頃–一三四九年）によるほぼ同時代の『倫理学』註解と対決しているように思われる[86]。

ビュリダンの思考様式に独特なのは、演繹的証明がほとんど不可能な倫理学に関しても、補助的な学問となる何らかの論理学を探し求め、それを修辞学〔弁論術〕の内に見出したことである。彼の後期の著作である、アリストテレスの『弁論術』への「問題集」では、アエギディウス・ロマヌス（Aegidius Romanus 一二四二／四七–一三一六年）の『弁論術註解』（Commentaria in Rhetoricam Aristotelis）に依拠しており、修辞学的な論証の諸形態を展開すること以上に、この「道徳の論理学」（logica moralis）に諸学芸や諸学問のなかでの学問区分上の位置づけを与えること、すなわち倫理学と論理学のあいだでのこの学の配置決定に腐心している。この「問題集」によれば、修辞学は厳密な意味では、論理学〔弁証論［dialectica］〕に属していない。なぜなら、修辞学は、理論的・演繹的に必然的な推論へと導くことはなく、あくまで偶然的事情に関することを、知性や意志に方向づけられた感情的な演説によって説得しようとするからである[87]。

ビュリダンにおいては、倫理学の基礎、すなわち倫理的活動の自由は、直接的な意識によって、絶対的ではないにせよ十分に保証されたものとみなされる。この自由は、選択に対して多数の可能性を提示する理性的認識によって根拠づけられているが、意志に対して優先的な傾きを付与する習態である徳によって特殊化されており、さらに、より善いものについての理性的判断に関する決定を差し控える〔意志しない［non velle］〕、あるいは、問題を新しく吟味するために理性に差し戻すという、意志する能力の内に基盤をもつのである[88]。

三　言語理論

(1) 唯名論

以上のように、アリストテレス哲学の実質的な諸分野に関するビュリダンの主要テーゼを概観することによって、すでにビュリダンの思考様式についてある程度示唆が得られたと言ってよいだろう。ビュリダンの思想全体の背景にはある言語理解が働いており、それは彼の論理学において明らかにされている。ビュリダンの論理学関係の著作は、分量が多く細分化されていることから、中世末期の思想の最も優れた業績の一つとなっているが、これについては、近年ようやく立ち入った考察が緒に就いたばかりである。ここでは、広範囲にわたってその詳細に立ち入るというよりは、基盤となっている言語理解を、その顕著な特徴に即して明らかにしていくことにする。そうすることによって、十四世紀にとどまらず、それ以降もパリで支配的であった言語理解が解明されるだけでなく、ビュリダンの思想がいかなる意味でいわゆる唯名論やオッカム主義と言えるのかといった問題の解明に貢献することにもなるだろう。

近年の文献では、ビュリダンの思想はどの程度まで唯名論と呼べるのかという点について、合意を見ていない。このような不一致は、ビュリダン研究が、いまだ流動的であることを示すだけでなく、唯名論の概念の多義性にも理由がある。「唯名論は〔……〕緊密に固められた教説の集合であると誤解されていることも多いが、むしろ教説を控えめにして哲学する方法と考えたほうが事実に近いだろう。しかし、彼〔ビュリダン〕の著作には、唯名論の宣言は存在しない」(89)。「唯名論は、ビュリダンの著作全体を通してさまざまに異なった外観を呈しているにしても、ビュリダンが、この唯名論によって著名であったのは正当である」[90]。ビュリダンにとって唯名論はもはや、オッカムの場合のように論争の対象ではなく、彼の思惟のほとんど当然の前提である。「彼は（オッカムよりもはるかに徹底した）唯名論者であるが、彼の関心は、唯名論を弁護することよりも、むしろそれを活用するというところにある」[91]。また、ビュリダンの思想の諸前提がこのように把握困難なほど多様であるため、時にはビュリダンが唯名論者であること自体が疑われることもある。「実際には、ビュリダンは唯名論者ではなかった」[92]。しかし、解釈者たちの一般的な判断は、ビュリダンの思惟の仕方を唯名論的と呼ぶ方向で明らかに一致している。「ビュリダンの論理学を支配している中心的な主題や、さらには彼の哲学への取り組み方は、総じて唯名論的である」[93]。

唯名論的な思惟の特徴として、存在論的に実在する普遍を拒否することと並んで、節約の原理が挙げられる。この原理はより広く、思弁に関して懐疑的ではあるが、それを全面的に拒否することもないような分析的な思惟様式の下にある[94]。もし、普遍が存在論的に実在的なものとして理解されるならば、論理学においては、個物における普遍的なものの内在の理論が帰結する。それにともなう一般的な傾向として、抽象的な語の意味が多数であることに対応して、実在的な本質が多数であることが承認されることになる。これに反して、唯名論は、個物が唯一の実在であることを固持し、ある種の同一性の理論をとって、述語の多数性を、唯一実在的な同一の存在者の諸名称へとそのつど還元するのである[95]。ビュリダンが唯名論的な原理を実際に使用するこのような方法では、唯名論は、すでに概括したように、形而上学や自然認識を一括して拒否することも、神や人間の自由に関する徹底的な主意主義に陥ることもない。また、これから示されるように、ビュリダンは、そのつどオッカムの名前に言及せずに彼の論理学を大幅に用いているにもかかわらず、ビュリダンの唯名論は、言語理解のいくつかの観点において、本質的にオッカムと異なっているのである。

(2) 言葉の学問としての論理学

ビュリダンの著作には、彼が生涯を通じてマギステルとして活動した学芸学部のカリキュラムが反映している。一二五五年以来教材として義務づけられていた自然哲学、形而上学、倫理学に関するアリストテレスの主要著作を講読する予備段階として、アリストテレスの七つの論理学的著作（ポルフュリオスの『イサゴーゲー』を含む）にもとづく論理学の講義が行われた。しかし、学芸学部の本来の教科であった、文法学・論理学・修辞学という言葉に関わる三学科が、ビュリダンの時代にはすでに、実際には論理学へと圧縮されていたが、実在に関わる数学的な四科――算術、幾何学、天文学、音楽（理論）――のほうは、単なる影のような存在になり、ビュリダンによって講読されることもなかった。学術言語としてのラテン語は、講義の理解にとって前提とされたため、学生は、文法学、すなわち、実用文法（grammatica positiva）の基礎知識をすでに習得しており、その次に大学で、ラテン語の規範的な規則の体系である正則文法（grammatica regulativa）を学んだ。論理学は、文法学と同様に、実在に関わる諸学問にとっての補助的な学問であるが、単に事実的で、それ以上は説明することのできない文法の内容とは異なって、明白で学問的に研究可能な知識自体の構造を含んでいる。それゆえ、ビュリダンは、論理学を「術」（ars）としての地位を越えて、「学」（scientia）へと高めることができたのである。すでに一二七〇年代から、修辞学や詩学は論理学の周辺分野として位置づけられていたので、諸術と言葉に関する諸学問のあいだでは、論理学は、「諸術の術」（ars artium）として中心的な位置を占めていた。それにもかかわらず、ビュリダンは、「諸学の学」という論理学の名称を、ペトルス・ヒスパヌスの『論理学小大全』のある写本に見られる堕落した見解として取り上げ、不適切なものだとして拒絶する。なぜなら、論理学はただ思惟の様式にのみ関係しているからである。諸学問のあいだの最高の地位は、形而上学に与えられている。(96)確かに論理学は、形而上学の基本概念をも包含しているが、それはあくまで、事物と混同してはならない単なる概念としてである。というのは、「われわれは諸事物をそれらの概念によって思惟するのであるが、火が水を熱するということは、このような仕方で、すなわち、概念によって起こるのではない」(97)からである。しかし、論理学〔弁証論〕は、ある意味において、すなわち、いかなる限定された対象領域にも制限されていない普遍的な学問である限りにおいて、形而上学に対応するものである。「われわれは、あらゆる学問的な結論のために、弁証論的に論じることができる」(98)。それゆえ、普遍的な形而上学を可能にしている思惟と言葉の広大さは、その思惟内の存在者に関する普遍的学問としての論理学に反映されている。「弁証論は共通のものであり、すべてのものについて考察する。そのようにして、弁証論は普遍的に存在者に関するものなのである」(99)。

したがって論理学も、さしあたってはその目的にもとづいて、間接的に実在に関係する。というのは、思惟様式の認識は、事物の真なる認識を目的とするからである。(100)さらに論理学は、その内容にもとづいて実在に関係する。なぜなら、ビュリダンによって展開される名辞論理学の二つの主要部分、すなわち、意味表示(significatio)の理論と代表(suppositio 代示)の理論は、間接的に対象へと関係づけられている論考だからである。というのは、志向性の原理に従うなら、人は、何かあるものを思惟したり、理解したりすることなしに、思惟したり、理解することはできないからである。「いかなる概念によっても、何かあるもの(aliquid)が概念把握されている。〔……〕なぜなら、〈ある人は理解しているが何ものをも理解していない〉と語ることや、〈彼は見ているが何ものをも見ていない〉と語ることは不合理だからである」(101)。

項辞（名辞）あるいは概念、命題、論証という論理学の三つの対象のなかで最も重要なものは、命題において言語的に表現されたものである陳述（enuntiatio）である。「というのは、この学問に割り当てられた固有の主題は、〈陳述〉であるからである」[102]。概念あるいは表現は、論理学にとって、陳述の可能的な構成要素として意味をもっており、代表の理論が示しているように、陳述との関連において初めてその確定した意味を獲得する。また論証（demonstratio）は、推論規則に従った複数の陳述の結合から成り立っているだけではなく、何よりもまず新しい陳述を得ることを目指しているのである。

陳述と論証は、伝達を本来の活動の場とするが、伝達は、伝達される事態に関して話し相手が納得することを目指しているため、根拠づけられた真理伝達である論拠（argumentatio）が、論理学研究の目標や固有の主題として生じる。「アリストテレスが彼の諸々の論理学書において伝えた〈教える論理学〉は、論理的な論拠と同じく、弁証論的で、かつソフィスト的な論拠についての学問でもあることは明らかである」[103]。スコラ学の討論において実践されていたように、論理学は、文法的のみならず哲学的でもある思惟と言葉の理論として、論議による真理探究に使用されるものであるため、ここでは、思惟と言葉の本質が、真理を目指して努力している個人間の討論にもとづいて理解されているのである。

言葉に関するビュリダンの理解にとってまさに根本的な、言葉の本質的な場についてのこのような洞察は、ビュリダンによれば、論理学は本来、文字によって書き留められた言葉にではなく、表明され、発話された言葉に関わっているということから裏づけられる。というのは、ボエティウス（Boethius　四八〇頃－五二四年頃）によれば、「論拠」とは「心が疑っていたことを承認し賛成するように、内面的に心に強いる」知性内の事象であるが、「しかし、論拠づけることは、この心的過程を表現し、意味表示的に展開する発話の過程である」[104]からである。

ビュリダンは、内的な思考における判断の可能性やその事実を否定しているわけではないが、彼はそれを、心理学（霊魂論）や形而上学の考察対象であるとみなしている。「さらに、諸概念の本性とそれらの諸側面について規定することも、『霊魂論』と『形而上学』に属しているため、諸概念に対応している語を、適切な議論や適当な発話のために、適用するということが、論理学者にとって残された課題である」[105]。それに対して論理学は、言葉をその完成した形態において、つまり発話されたものとして研究する。「ここでは、音声的な命題の内に置かれうる諸項辞以外については語らない」[106]。これこそまさに、アリストテレスが意図していることでもあるとし、「命題は、発話されるか書かれる心的な陳述や項辞であるが、討論を論理学において用いなければならないところから、アリストテレスは、この巻では音声的なものについてのみ考察を行っているのである」[107]。このように、言語のもつ意味は共同的な真理認識を獲得することにあるため、論理学は討論の学問である。「ビュリダンは論理学を、事物についての学問というよりも、むしろ討論の学問という地位へと高めた」[108]。それというのも、論理学の概念や語は、質料的代表において、すなわち概念や語として使用されるのであるが、まさにこのことによって、それらの概念や語が真理探究を目指す対話それ自体の解明のために使われるからである。発話された言葉を共通の媒介として、そこから、一方では、思惟へと遡ることが可能であるとともに、他方では、その書かれた表現を理解することが可能になる。

ビュリダンは、発話された言葉を、論理的に構成された真理理解の根本形態と見定めることによって、唯名論的な言語理解を、文法に還元することなくその本来の意図において活かすと同時に、論理学に関するオッカムの見解とは異なった方向へと転換している。すなわち、オッカムは論理学を、規則に従って機能している合理的な理想言語として構想しているのに対して、ビュリダンは言葉の本質を、すでに個人間で実際に使用されているという現実性の内に見ている。確かに言葉は、合理的な規則にもとづくものであり、したがって、学問の対象となりうるものであるが、オッカムの場合のように、そうした管理された合理性に限定されうるものではない。狭義の論理的な基本構造を超えている、実際の言葉のこのような開放性にもとづいて、論理学はより広い意味で、自らの内に修辞学と詩学の領域をも包含している。修辞学や詩学は、論証や論拠の厳格な構造を踏み越えるものではあるが、固有の仕方で真理を示し、対話の相手を納得させようと試みるものだからである。それゆえ、これらの学問分野も、論理学の本質に関する基本的な理解にもとづいて、その構造が解明される。

論理学は、合理的な論拠の構造を考察の対象とするため、単に論理的な関係の認識に制限されずに、術および実践的な学問として、正しく構築された説得力のある論拠の作成や、その使用を導くものともなる。「論理学の目的は、真理や、真理を知ることだけではなく、かえって、論理学が考察するところの論拠を作り出すことや、作り出す方法を知ることである」[109]。それゆえ、論理学はなるほど規範的ではあるが、それは技術実践的な意味においてのことであり、道徳実践的な意味においてのことではない。というのは、論理学の目的は、帰結が正しい目的のために使われようと、悪い目的のために使われようと、ただ諸前提の帰結への適切な関係にのみ関わるからである。「論理学者は、論理学に熟練している限りにおいては、その議論が正義を維持するためであるのか、あるいは、良い人に不正を行い、その人を滅ぼしたり、彼から良いものを奪い去ったりするためであるのかということには注意を払うことをせず、論拠が結論を証明するために良いものであるのかどうかだけに注意を払う」[110]。それゆえ、論理学の授業を通して、学生はただ論理的な理解へと導かれるだけではなく、実践的な練習問題によって論理的な論拠の技術の習態を身につけることができる。また、ビュリダンの『弁証論小大全』の第九部（最終部）として添えられた『ソフィスマタ』は、論理学の難問の実践的な練習問題集として作成されたと言ってよいだろう[111]。このような教授実践にもとづいてビュリダンは、自らの著作において、論理学の術語の正確で一般的な定義を与えることよりも、むしろそれらの術語を正しく使用するための指示や実例を示すことに腐心しているのである。

四　意味の理論

（1）語・概念・事物

言葉は、恣意的に規定された記号によって媒介された意味の言表であり、伝達された側が伝達する側の考えていることや言いたいことを理解できるようにするものだと規定することができる[112]。「話す能力は、自分の考えを他人に意味表示するために、われわれに与えられた。同じく聞く能力は、話し手の考えがわれわれに意味表示されるために、われわれに与えられた」[113]。言葉による表明は、「語」（terminus）を構成要素とし、語が結合して文になることを通して実在に関連づけられる、意味の統一体を構成する[114]。言葉の基本的な構成要素である語は、文字によって書き留められたり、発話されたり、思惟されたりしうるが、その場合、書かれた語はその起源である発話された語を指し示し、発話された語はさらに遡って概念ないし思惟内容を指し示す。概念ないし思惟内容だけが実在のものを直接表し、言表された語はもっぱら思惟された概念を媒介することによって実在のものを意味表示するのである。「というのは、それによって事物が概念把握されるところの概念によって媒介されるのでなければ、語が諸事物を意味表示するために使われることはないということが知られるべきだからである」[115]。「意味を表示する言表は魂の内的な様態、すなわち魂の概念を意味表示し、そしてそれ以外のものをもっぱら概念の意味表示を媒介することによって意味表示する。このことは明白である。その理由は第一に、文字が言表（voces）への従属関係にあるが、それと類似したかたちで、言表も同じく魂の思念への従属関係にあるからである」[116]。それゆえ、言葉が発話された語において、したがって対話と討論による相互作用においていかに完全に思えるにしても、それでもやはり発話された語や対話や討論が自己充足したり自立したりしているわけではなく、これらはあくまで内的な思惟内容の表現なのである。そしてこの内的な思惟内容がそれ自体と同時に思惟する人間を、主体としてのその働きにおいて現前させ、語において明示する。

したがって、発話された言葉の根底には、精神の内的な言葉がある。この内的な言葉としての精神内の概念は、個々の具体的な思惟の働きにほかならない。この思惟の働きは、本性において実在の対象と類似し、実在を目指す知性の働きの中でこのような類似そのものにおいて実現されている限り、この対象を意味表示し、認識することができる。ゆえにビュリダンは、思惟の働きと思念された対象との類似を広い意味で理解しており、けっして本質定義として理解しているわけではないが、オッカムとは異なり、「形象」（species）の理論、すなわち認識の働きに形相を刻印する可知的形象の理論を認めている。「それは精神的なものである。というのも、心の受動（passio）、すなわち概念は、自然にかたどられた、これらのものの類似物だからである」[117]。これに対して語は、もっぱら規約にもとづいて一定の概念を意味表示するのであり、それゆえ思惟の働きとは異なり、任意のものである。アリストテレスから継承された類似の概念は、ビュリダンの認識理論に含まれる穏健で実在に関連づけられる唯名論を表現するのにふさわしいものと言えるだろう。

思惟内容を通して（発話されたり書かれたりする）語が対象を意味表示するのならば、確かに概念ないし思惟内容は根源的で単純なものである以上、それによって何らかの対象が意味表示されることは避けようもなく、また自然なことでもある。しかし、ビュリダンは言葉から始めて、思念された対象の内の対応する構造へと遡及するような推論を認めない。それは、言葉による表示が話し手と言語共同体の意図に依存するからである。文法は、実在を認識しつつ実際の意思疎通を行うための道具でありその関わりを表現したものであって、様相論者(modista)の思弁的文法(grammatica speculativa; speculum＝鏡)において想定されているように、例えばカテゴリーという仕方で、実在の存在論的構造に左右されるものでもなければ、この構造を反映したものでもない。ビュリダンは、実在論的・様相論的言語理解に時折言及しはするものの、それ以上立ち入った吟味を行うことはない。そこで彼は、ある誤謬の解決にあたって、この誤謬が文法を存在論的に捉える誤解によって生じているという説明を与えている。「第三の様式に含まれる錯覚は、意味表示の様相は存在の様相に由来すると考え、それにもとづいて音声による表明に起因する類似した意味表示の様相には、意味表示されたものにおける類似した存在の様相が対応していると信じている文法学者の見解によって増幅される。彼らはしたがって、動詞の能動態や名詞の男性形が活動を思わせることに由来するのに対して、受動態(genus passivum)と名詞の女性形は受け身的である(pati)ことに由来するものとみなし、それは男性が女性に対して活動をしかけ、女性が男性によって影響され動かされる(patitur)ことを元にしていると信じている」[118]。実在様相の秩序を言語の様相と重ね合わせる理解に対して、ビュリダンは例を挙げながら、そのような言語理論がもたらす奇妙な帰結について異論を展開している。「〈愛されること〉と〈見られること〉は受動態で構成されており、したがって見られるもの、ないし愛されるものは影響され動かされている、それというのもこのようにして、感覚は感覚する過程で感覚される対象に働きかけていると、そんなふうに信じている人がいる」[119]。最終的に彼は、語の使用の可変性を指摘することによって様相論者のテーゼを論駁している。「そして命題は、命題を構成する語の意味を変化させるかたちで言表されることもある」[120]。

（2）言語の論理的構成――意味

言語は意味表示によって実在と関わるため、言語理論は自らの内に何らかの存在論を前提する。ビュリダンにとっては、「存在者は個物としてのみ実在する」という唯名論の根本テーゼは自明の前提である。この前提によって抽象的で普遍的な本質の実在は、始めから除外されている。ビュリダンは確かに存在論的な問いを考察しているのであり、例えば、偶有性――彼はこれに個別的な存在しか認めない――の存在の仕方について検討している。それでもやはりこの議論は、唯名論の存在論的な根本テーゼの枠組みを越え出ることはない。だがこのテーゼは、当時の議論が示しているように、ニュアンスの異なるさまざまな見解を含むことが可能だったのである。

個々の具体的な存在者を唯一の実在として肯定することは、ビュリダンにとっては、感覚的に与えられる存在者だけを実在なり可知的とみなす認識論的経験主義と重なるものではない。客観に方向づけられた認識モデルと、感覚的認識をあらゆる認識の始源とみなすアリストテレス的な見方とを好む傾向があるにもかかわらず、ビュリダンは例えば霊魂、知性、精神内の概念から天使や神までも、実在する存在者として認めている[121]。彼が実在と認めないものは、例えば語の普遍的な意味、文の実体化された意味内容、父性のように、関係に基礎をもち存在者に内属する存在性格などである。このような本質ないし存在性格は、事物に基盤をもってはいるにしても、言葉や思惟の領域に属している。それゆえ、このような本質ないし存在性格は実在の秩序に投影されてはならない。それゆえ対象と関わる直接の志向においては、個々の存在者だけが言表可能である。したがって、そのつど個々の存在者だけを意味表示する範疇的な（categorematica）項辞と概念が、言語の基盤を形成する。この項辞と概念において、あらゆる人間の意味作用と思惟に具わる、実在との不可避の関係が言表される。

ビュリダンがその際項辞ないし文と名づけているものは、ここで厳密に展開されている唯名論の根本テーゼに応じて、断じて普遍的な意味内容ないし文の様式ではなく、そのつど個別的な言語記号であり、概念に関して言えば、個別的な精神の意味表示の働きである。このような厳密な意味で取るなら、話し手が異なれば同一の文を表すことはできないし、同一の概念を思惟することもできないということになる。むしろ異なる話し手同士が行う言葉による言表ないし思惟内容のあいだには、同型性ないし類似が成立しているだけであって、それらは同一ではない。なぜなら、同一ということになれば、抽象的で普遍的な存在性格を特性としてもつことになってしまうからである。

人間の認識が具体的に与えられた存在者に接することで始まるのと同様に、言葉の意味はすべて単純な概念と項辞に由来する。(122) 概念が「単純」と言われるのは、概念の内容が分化しておらず分解・分析できないという意味ではなく、まとまった内容として経験において直接与えられているという点においてである。これに対して「複合的な」概念は、単純な概念から構成されているが、複合的な概念の構成は、以下のように一見複合的に見えない場合も含めて、さまざまな仕方で可能である。「単純」なり「複合的」なりということは、認識する者のもつ概念の起源と関わるので、同一の範疇的・自義的内容——例えば「駱駝」や「北極熊」——は、それが経験において直接見出されたのか、他の概念から構成されたのかに応じて、そのつどある話し手にとっては単純であり、また別の話し手にとっては複合的でありうるようなものである。それゆえ概念のなかには、確かに、例えば「キマイラ」のように、経験において現実に見出されることがありえないものもあるため、概念ならばどれでも単純だということにはならないが、その逆に、どの項辞も、統辞論的には単純であるとしても、複合的な概念を意味

表示しうる。(123)

項辞ないし概念が言葉や精神によって結合されて複合的な概念ないし文を形成する仕方は、それ自体言葉によって表現されざるをえない。これは共範疇的な（syncategorematica）語や概念、すなわち「複合辞」（complexiva）（例えば、繋辞《コプラ》「そして」、「あるいは」、「ならば」など）の機能である。(124)共範疇語群は、これによって様相変化を受けた範疇的な表現の言語外の意味内容を変更しないが、言語内・精神内の結合と意味作用の方法を変更する。論理学は、範疇的な概念の意味表示された内容ではなく、その概念の結合の根本様式を、その法則が概念そのものの構造から生じる限りで扱うのであって、概念の実質的内容から生じる場合にはこれに関わらない。それゆえ論理学は概念を概念として考察する。ビュリダンの用語で言えば、それは「質料的」代表（後述）においてということになるが、その一方で概念は、対象について言表されるものとしては、「個体的」代表において用いられる。それゆえ実質的内容から見ると、概念は、例えば実体や偶有性のように、最も普遍的で最高次の存在論的カテゴリーないし「述語形態」(125)（praedicamenta）に支配される一方で、思惟の様式としては、すなわち概念として反省的に考察されると、ポルフュリオスの論理学に従って、種、類、種差、特有性、そして偶有性といった論理的根本概念、すなわち「客位語（可述語）(126)」（praedicabilia）へと分類されるのである。

対象に関して述語づけられる概念そのものを、ビュリダンは、オッカムにならって、さらに二つのクラスに区別する。概念の中には「絶対的に・独立に（単意的に）」その内容において他のものを共に名指し入れることなく述語づけられ、それゆえ実体的な存在者ないし偶有的な存在者のみをそれ自体において意味表示するものがある一方で、同じく具体的な存在者について言表されるが、その意味においては他の存在者との関係を含み、それゆえ「共表示的な（併意的な）」ものもある。ビュリダンはこのような概念の特徴を「指示」（appellatio）と名づけている。[127]それゆえ、例えば「この馬は茶色い」という文において「馬」という概念は、絶対的・独立的な（単意的な）意味で、すなわち他のものと無関係な意味で使われている一方で、「茶色」のほうは、確かに具体的な（茶色い）馬を意味表示しているが、「茶色さ」とそれを担いうるものとの関係を含んでおり、それゆえそれらを「共表示的に」意味表示している。共表示語も、すべての範疇的表現と同様に、実体やその具体的な偶有性のみと関係しうるのであり、それゆえ唯名論的存在論の枠組みにとどまっているが、同時に他の存在者との関係をも言い表している。例えば「ソクラテスはプラトンと似ている」という文において、「似ている」は直接には「ソクラテス」と関係しているが、プラトンの「指示」ないし「共表示」でもある。別の例で言えば、「盲目」という表現は共表示的に、すなわち具体的には欠如的に、視覚能力を共に意味表示している。[128]このように、関係、すなわち、ビュリダンの言う比較を含む表現はすべて共表示的である。

項辞ないし概念は、命題（propositio）や陳述に結びつけられている限り、実在の知識を伝える。命題は、正しく、すなわち主辞、賓辞、繋辞から組み立てられている場合には（ビュリダンはこの点を重視している）、いくつかの概念で構成されており、それゆえ意味の複合的な担い手である。命題の特徴は、陳述によって実在に関わることである。そのためには命題が主張されることが必要であるが、この主張は論理的機能ではなく精神の働きである。それゆえ言葉による命題の表現は、発話されたものであろうと書かれたものであろうと、精神内の判断との関係によってのみ命題としての特質をもつ。言葉からなる項辞にとってそうであるのと同様に、いやそれどころかより深い意味において命題（言葉からなる命題記号）にとっても、精神の働きないし心の言語は、言語記号が実在に関して措定されるための主要な前提でもある。

ビュリダンは繰り返し、プラトン的な実念論の意味で、言葉からなる命題ないし精神の判断に、命題の意味内容を思念された実在的存在として対応させることに反論する。命題の内容と判断の内容は精神において遂行された思惟の働きが内容の形を取ったものにほかならないが、この内容はそこに含まれる範疇的概念によって命名されるもの、すなわち具体的な個別的存在者だけを思念する。それゆえ「神は神である」という命題と「神は神ではない」という命題は、意味は対立しているが、同じものに関わっている。(129) したがって、命題は実在的存在者を意味するが、それは精神の働きによって概念にもたらされる意味とその変容に従ってである。創造されたわけでもなく、しかも神のようには永遠でない、時を越えて妥当するような実体化された意味という中間層が、厳しく排除される。それゆえ、命題の言語的・精神的複合性は命題によって思念された対象の複合性について何も陳述しない。つまり、まったく単純な神についてももちろん、複合的な命題のかたちで発話されるのである。

さらに言えば、具体的に規定されることのない普遍的な実在はないので、命題が主語概念の量化を含むことは、正しく組み立てられている命題の条件である。そのうえ、命題の言語的諸部分は単独で命題として機能することはありうるが、命題そのものは、意味の統一体かつ陳述としてそのつど一つの命題なので、それ自体の部分としていかなる命題も含み込むことはできない。断定的命題は、繋辞に含まれる主張の二つの根本的可能性（「である」、「でない」）に従って、肯定的か否定的かのいずれかである。

命題は、判断による主張を通して自らを超えて実在に関わるので、真であったり偽であったりする。「命題に固有の特徴は、真であったり偽であったりすることである。なぜなら、命題はすべて真であるか偽であるかのいずれかであり、真か偽であるものはすべて命題だからである」。(130) 真理とは、意味表示された対象における現実のありようが意味表示されている通りであることをいう。「なぜなら、あらゆる真なる命題が真であることは、命題自体がどのように意味表示しようとも、意味表示されたもの、ないしものどもの内にある通りにあることである」[131]。「意味表示されたものの内に」という追加によってビュリダンが明らかにしているのは、真理は言語内の整合性に尽きるのではなく、むしろ言語は事物を主題とするということである。

あらゆる命題は二つのグループに分けられる。「命題は定言命題と仮言（複合的）命題に分けられると言える」[132]。仮言命題は、連言命題（「そして」）、選言命題（「あるいは」）、推論（「……ならばその場合は」ないし「それゆえ」）という三つの様式を取る。定言命題は断定的であるか様相的であり、その際、「可能」、「必然」、「偶然」、「真」、「偽」などのように、様相の項辞であることが明らかなものを含んでいる命題は、様相的と言われる[133]。

ビュリダンの言語と論理に関する理解に特徴的なことは、形式的・論理的な構造が意味理解に対してどのように貢献するのかが明らかにされているが、意味が実体化されておらず、具体的な実在との意味論的関係において形式的・論理的構造が理解されていることである。その際、事物を示す範疇的項辞は最終的には、単純で絶対的な、独立の概念ないし共表示的概念（これらの概念自体は人によって異なりうる）という意味の担い手に、すなわち個々の実体に還元される。これに対して共範疇的項辞は、範疇的項辞の意味機能を様式的な仕方で様相変化させる限り、個人の個々の思惟の働きを意味表示する[134]。しかし意味という言語内のこのような構成は、項辞のそのつどの意味表示機能を規定することによって初めて具体化する。この意味に関する様式的な根本的可能性が、名辞論的論理学の頂点に輝く「代表」の理論において考察される。

(3) 項辞の指示作用——代表

ビュリダンは、『弁証論小大全』第四論考と（『弁証論小大全』の第九部として補足された）『ソフィスマタ』第三章で「代表」(suppositio) の理論について論じている。『弁証論小大全』の全体は、ペトルス・ヒスパヌスの

『論理学小大全（論考）』への、その段落区分に従う詳細な註釈書という形式で書かれているが、その第四論考においてビュリダンはペトルス・ヒスパヌスのテクストを別の簡略版の教科書のテクストに完全に差し替えたうえで、それについてさらに詳細に註釈を加えている。定本とした教科書のテクスト自体を、従来の解釈のように、ビュリダン自身が註釈の目的のために書いたのか[135]、あるいは既存の教科書を使ったのかは、まだ解明されていない[136]。先取りして言うなら、二つのテクストの比較にもとづいて、ペトルス・ヒスパヌスのテクストに対してビュリダンが不満を覚えた以下の理由を読み取ることができるのである。

第一にペトルス・ヒスパヌスの場合、外的な言葉の次元と内的な精神の次元の区別が欠けている。無論、外的な言葉は、この言葉に先行する「概念の媒介」(mediantibus conceptibus) の下でのみ実在を意味表示する。しかし、代表の理論は、最終的には項辞に対しても概念に対しても同じように存在する、実在の個別的対象の内に含まれる意味ではなく、あるものに対する概念の使用を論じるのであり、それゆえ判断における概念の精神的次元に関わる。ところが、今述べたように、このような精神的次元がペトルス・ヒスパヌスの場合は抜け落ちているのである。第二に、ペトルス・ヒスパヌスの場合、例えば「人間は種である」(homo est species) という命題を解釈するにあたって、「単純代表」(suppositio simplex) として作用する概念（「人間」）の内に普遍的な本質が実在することが前提されているが、それは、ビュリダンがそのような普遍実在論を断固として拒絶し、それゆえこの命題の「人間」を本質ではなく概念とみなすのとは、すなわち概念ないし語が自己自身を代表している「質料的代表」の例とみなすのとは対照的である。最後に、ビュリダンにとって概念の代表作用、すなわち概念が何を代表しているかは、命題の連関においてのみ規定されるのに対し、代表作用の文脈拘束性は、ペトルス・ヒスパヌスの場合、はっきりと反省されてはいない。これら三つの批判的論点でもって、代表の理論の趣旨と役割の輪郭がすでに示されているのである。

項辞ないし概念の意味は、項辞ないし概念において意味表示されているものとして、それゆえ意味表示された内容の担い手として規定されうる。例えば「人間」という語や概念は、このような意味で実在の人間を意味表示する。それゆえ語ないし概念の意味は、すでにもっぱら語ないし概念だけで与えられている。これに対して代表の理論は、項辞ないし概念が何を代表しているのかを問うのであり、それゆえ項辞ないし概念を具体的な使用において理解し、項辞ないし概念が働く指示連関を問う。代表作用は、具体的な使用と結びついているので、命題において使用されている項辞にのみ具わっている。代表の理論は、使用様式ないし指示様式の考察によって項辞の可能な意味論的関係を体系化する。この解明によって初めて命題の意味が規定され、それを受けて命題の真理が問われうるのである。

ビュリダンが区別している代表作用から簡単に概観すると、この理論において言語使用のさまざまな側面がどのように結びついているのかが見えてくる。[137] 初めに、項辞が例えば修辞表現ないし隠喩として使用される非固有の代表作用と、その項辞を根源的な意味において受け取る固有の代表作用を区別することができる。この下準備の区別に続いて、代表作用の可能性が原理的に二つに分類される。一つは「個体代表」であり、この場合、語が第一の直接の意味機能において、すなわちあるものの意味表示作用として理解される。もう一つは「質料的代表」であり、ここでは語ないし概念がそのものとして、すなわち記号として主題化されており、そうすることによって第二の反省的な志向においてこの第二次志向そのものとして、あるいは他の記号との関係において理解される。「人は生き物である」ないし「人は走っている」という命題においては、主語が個体的な事物に関わる志向として使用されており、「人間は種である」、「人間は漢字二文字である」ないし「人間は名詞である」という命題においては、質料的代表として、いわば引用符付きで使用されている。厳密な意味では、質料的代表は言葉の項辞にのみ具わっている。なぜなら精神の概念は、常に志向的にあるもの、つまり自らの内容を思念しているからである。「質料的代表は、意味を表示する言表に関わる場合にのみ生じる。というのも、精神の命題における精神の項辞は質料的に代表することはなく、常に個体〔対象〕について代表するからである[138]」。

さらなる諸々の区分は、個体代表にのみ当てはまり、語が文脈に応じて機能する対象の範囲を規定ないし量化する。すなわち、意味内容が語のあらゆる個体代表作用において同様のままである〔例えば「人間」〕一方で、命題内の連関における語の機能範囲は、動詞や代名詞などによってより詳細に規定される。それゆえ、例えば動詞の時制――過去、現在、未来――は、主語概念において把握可能な対象の範囲を限定する。現在形の動詞が含まれることによって、「ある人間が走っている」という命題は、過去や未来の人間ではなく現在の人間についてのみ言表されうるのである。

個体代表においては、ある表現は、例えば固有名ないし「これ」のような指示代名詞によって特定の個物を名指し[139]、こうして「特定代表」（suppositio discreta）のかたちで使用されるか、その表現が多くの担い手に対して開かれたままの「共通代表」（suppositio communis）のかたちで使用されるかのいずれかである。この共通代表はさらに、その表現がその意味内容にもとづいて直接対象と関わる場合には「絶対的・独立的」であるし、あるいは、例えば代名詞で言うなら、「そのような〔もの〕」といった同等を表す表現や、「別の〔もの〕」といった相違を表す表現の場合のように、命題構造において前もって取り上げられた別の表現との関係によってのみ対象との関係をもつ場合には「相関的」である。絶対的・独立的代表はさらにまた、ある表現が、科学的証明においてなされているように動詞の形で決まる時間の限定とは独立に、最も広く無差別に、その内容に関して代表する一切のもののために使われる「自然（本性）的」代表か、あるいは、ある表現が、動詞の形や形容詞、副詞で決まる時間の限定によってある一定の時間に制限される「偶有的」代表に分類される。この偶有的代表はさらに分類され、命題が真であるために、その命題が少なくとも「若干のもの」に、最低限一つのものに当てはまる場合（「ある人間は白い」）には「限定的」（determinata）であり、あるいはこのような条件が不可欠でない場合には「一括的」（confusa 不特定）となる。この一括代表は最終的にさらに、「周延的」（distributiva）様式と「不周延的」（non distributiva）様式に分類される。「どの人間も走る」という命題のように、命題がどの個物にも、したがって意味表示された一切のものに当てはまる場合には周延的であり、「どの人間も生き物である」という命題のように、述語の位置にある一般概念（「生き物」）について個々の全事例に及ぶ（周延する）ことがありえない場合には「不周延的」ないし「単に一括的」である（なぜならどの生き物も人間であるわけではない）。このような区別によって、代表作用の仕方と、それとともに量化する外延的な述語作用の仕方が遺漏なく把握される。この代表の理論は、命題の真・偽を識別する認識の論理的前提を成している。というのは、真理の本質が、意味表示された実在が命題において意味表示された通りだということにあるならば、命題の真理に関する判断にとって命題の項辞が何を代表しているのか、すなわちどのような代表作用をしているのかを知ることは不可欠だからである。

（4） 命題間の論理的連関——推理と帰結

『推論に関する論考』[140]（Tractatus de consequentiis）においてビュリダンは、前提から命題を導出するための論理法則について論じている。特に論じられているのは、二つ以上の前提から一つの結論を引き出す三段論法である。この著作は、ビュリダンの思考様式に適ったことだが、論理規則を取り上げてそれを説明することに終始しており、根本的な哲学的問いや展望が提示されることはない。基本となるのは、ビュリダンの命題論や哲学的意味論であり、その特徴については先に概略的に説明した。彼が述べているように、推理論についてはすでに頻繁に論じられているので、推理を第一諸原理に還元し、そうすることによってこれを論理的体系として示すことが彼の意図である。この論考は、「命題計算にもとづく論理学に関する公理的展開の〔……〕最初の試み」[141]である。ビュリダン自身、この新しさを意識していた。「本書では推論について、できる限りそれらの原因を挙げながら論じたいと思う。多くの原因が他の者によってア・ポステリオリに十分に証明されているが、しかしおそらく、それにもとづいて推論が有効であると言われるような第一の諸原因へと還元されてはいない」[142]。その際彼は、古典的な三段論法の規則の第一格の四つの式（Barbara, Celarent, Darii, Ferio）を根本規則とみなし、これらを完全でそれ自体明証的なものとして前提する。「この前提に必要なのは、証明ではなく説明である」[143]。それから彼は、他のすべての推論形式をこれら四つの式に還元する。

ビュリダンは一般的な推論の理論から出発し、そこからその特例として三段論法を取り上げている。第一巻は「推論（直接的導出）一般、および断定的命題のあいだで成り立つ推論」について論じており、第二巻は「様相命題のあいだの推論」について、さらに第三巻は断定的命題による三段論法」について、最後の第四巻は「様相命題による三段論法」について論じている。ここはビュリダンによって展開され広く分岐した規則を網羅的に説明する場ではないので、これ以上立ち入ることは控えておきたい。ただ、現代論理学に造詣が深いあるビュリダン研究者がビュリダンの三段論法を「適応性が高く強い力をもった論理的道具」[144]と評し、高い評価を与えていることは確認しておこう。「ビュリダンの様相の三段論法は、驚くほど厳格で精確な構造をしており、賞賛に値する。

それは中世の論理学の精神の最高の成果を示している」[145]。

(5) 論理上の諸問題――詭弁命題

ビュリダンは論理学の著作を論理的問題の検討、すなわち『ソフィスマタ』で締め括る。ビュリダンにおいても、詭弁命題(sophismata)は『弁証論小大全』第七部で論じられた誤謬推理(fallaciae)と、ことあるごとに関連づけられるが、基本的にはそれとは区別される。比較的最近の研究ではきわめて注目されている[146]このような問題群を、ビュリダンは、まずは『詭弁論駁論問題集』[147](Quaestiones Elencorum)で――これは中世ではあまり読まれなかった著作である(写本が一つしかない)――、さらに比較的後期の著作である『ソフィスマタ』[148]で詳しく取り上げる。先に述べたように、『ソフィスマタ』はそもそも独立した著作として書かれたと思われるが、『弁証論小大全』の講義や版を重ねる中でビュリダンによってあるときにこの著作の最後に追加され、別の機会に(最終的に)彼によって独立させられたと推察される。というのも、『弁証論小大全』のすべての写本において、第一論考の初めに最後の第九論考である『ソフィスマタ』について以下のように書かれているからである。「第九論考は、詭弁命題の取り扱いについてのものになるが、しかしこの講義ではこの最後の論考を展開するつもりはない」[149]。『ソフィスマタ』は、この著作の前書きに書かれた内容説明とテクストを比較すればわかるように[150]、未完の著作なのである。

ビュリダンは『弁証論小大全』第一部から第八部では、ペトルス・ヒスパヌスの教科書の註釈書という形態で論理規則を体系的に展開した。それとは異なり、『ソフィスマタ』では、論理的な難点ゆえに分析が必要となり、それゆえ論理学の全素材を繰り返し掘り下げて研究する機会を提供するような、具体例となる命題から出発する。

それゆえ『ソフィスマタ』でもう一度，ビュリダンの論理学の根本的な諸主題が，ただし例となる命題に適用されるかたちで扱われる。その詳細についてここで触れる必要はないだろう。

この著作の八つの章は，第一章　項辞と命題の意味，正確には発話された言葉という観点から，第二章　単純な定言命題の真・偽の条件，第三章　代表作用，ただし若干の観点からのみ，第四章　共表示（appellatio 指示），その中に精神の（認識の）働きとの関連，第五章　概念が関係する範囲の量的拡張と制限，第六章　言語表現の規約的性格，第七章　命題の検証における時間様相，第八章　解決できない問題（Insolubilia），すなわち言語的パラドックス，である。きわめて分量の大きな第八章は，[151]古代からよく知られている，自らを偽と主張する命題の自己言及のパラドックスのように，命題の自己言及（reflexio 再帰性）から生じる問題が扱われている。このようなアンチノミーの問題は，『形而上学問題集』第四巻第七，八，一一問ならびに第六巻第九問，『推論に関する論考』第一巻第五章，『分析論後書問題集』第一〇問，[152]そして『詭弁論駁論問題集』第一九問[153]といった他の著作においても論じられている。ここではビュリダンの解決の試みを簡潔に紹介しておこう。

『ソフィスマタ』の第八章に登場する，問題を含んだ命題はすべて，直接的ないし間接的に自己言及の問題に根をもっている。ビュリダンはこれらの命題を正しく形成されているという理由から，真正の命題として認める。自己言及を回避する人為的な階層的メタ言語モデルに乗り換えることなく，彼はそのような自己言及を当然のように含んでいる日常言語に足場を置く。しかるに，正しく形成された命題については，それゆえ自己言及的な命題についても，真か偽かが確定されねばならない。このような前提の下で，第八章は自己言及の問題をいわば段階的に詭弁命題の四つのグループに分けて詳しく説明する。準備となる第一のグループ（詭弁命題一―六）は，まだパラドックスを含んでおらず，自己言及的な命題のもつ命題の構造や導出規則を明らかにしている。中心となる第二のグループ（詭弁命題七―一二）は、「嘘つきパラドックス」というタイプのパラドックスを扱っている。第三のグループ（詭弁命題一三―一五）は、知と疑いの概念に根ざすパラドックスを取り上げている。第四のグループ（詭弁命題一六―二〇）は、行為や未来に関わるパラドックスを分析している。

命題の自己言及は、命題が命題固有の真理を否定する場合、論理的な問題を生む。この問題は、詭弁命題一一の「私は嘘をついている」(Ego dico falsum) という古典的な「嘘つきパラドックス」のような場合には直接的に生じうる。また、例えば詭弁命題七の「すべての命題は偽である」(Omnis propositio est falsa) のように、ある命題がその命題に再び関わるような他の命題と関わることによって間接的に生じうる。問題の本質は、真・偽に関する命題の自己矛盾的性格にある。例えば、「私が（今）言っていることは間違っている」という命題では、命題が偽であることが主張されているが、他方では、何かが主張されている限り、同じ言葉で真理が意味表示されている。というのは、この命題が真である場合には、その命題は偽であり、逆に偽である場合には、その命題で言われている通りに偽ではないことになり、それが真であるという結果が生じてしまうからである。それゆえこの命題はそれが偽である場合にのみ真であり、逆も然りとなる。この矛盾は、正しく組み立てられた命題があり、その命題が矛盾であることが避けられないものである限り、論理や言葉や思惟の真理能力と整合性に関して深刻な疑念を投げかける。

詭弁命題七に対する『ソフィスマタ』の説明において、ビュリダンはこのパラドックスの構造を解き明かそうと試みる。[154] まず彼はある解決の試みを報告する。ある読み方によれば、彼自身、かつてはその解決策を取っていたと告白している。「ある人々は――かつて私にもそのよう思われたのであるが――次のように述べた。すなわち、確かに、その命題が自らの諸項辞の意味表示しているものに従って意味表示し断言する限りにおいて、すべての命題は偽であるということになるのであるが、それでもやはり、すべての命題は、自らの形式にもとづいて、自らが真であるということを意味表示し断言しているのである、と。それゆえ、直接的ないし結果的に自らが偽であることを断言している命題はすべて偽である」[155]。このように、このパラドックスをもつ命題は、ビュリダンの他のすべての関連テクストと同様、ここでも偽として規定されている。この命題が偽であると判断されるのは次のような理由による。どの命題もそれ自身としてその命題固有の真理を「意味表示ないし断言しており」、これによって自分が偽であると陳述する命題は偽とされるからである（「意味の理論」）。したがってある命題が真であることはその命題の意味に属することになり、ひいては、例えば「〈人間は生き物である〉は真である」という命題は、「〈人間は生き物である〉は真である」ということを意味することになる。しかしこの解釈では、その後ビュリダンも論評しているように、意味の構造が誤って解釈されてしまう。なぜなら、第一の命題は実在に関する陳述として個体的代表において作用している一方で、後の命題はある命題に関する質料的代表作用において発話されているからである。それゆえ『ソフィスマタ』では、以下のような解決が「真理により接近している」（propinquius veritati）ものとされる。「各々の命題は、実際には、他の命題――この命題が代表しているものに関して、この命題の主語に対してこの〈真〉という述語が肯定される――を含意しているのである」[156]。

『ソフィスマタ』で支持されたこの第二の見解（「含有の理論」）によれば、命題は本質的にではなく、潜在的に命題の真理を言表するのであり、ひいてはこの真理は、対象と関わる命題に関して「その命題は真である」と言表する別の命題において表明されうるのである。ここでパラドックスをもつ命題は偽であるということが帰結するのは、その命題が潜在的に含意する前提と矛盾するからである。このような解釈の微妙な差にもとづいて、上述の著作の相対的な成立時期が推定される。最も早期に位置するのが『分析論後書問題集』（「命題の共通の性質にもとづいて」〔ex communi condicione propositionis〕であり、次いで『詭弁論駁論問題集』（「命題はすべて、その形式的な意味表示にもとづいて自らが真であることを意味表示している」〔omnis propositio de significatione formali significat se esse veram〕: 19. 3. 2)、それから『形而上学問題集』――ここで初めて先行する二著作の意味の理論が拒否される（「この言い方は、真でないか、固有でないかのいずれかである」〔iste modus loquendi vel non est verus vel non est proprius〕）――が続き、そして最後の『ソフィスマタ』に至って、この問題領域に対するビュリダンの最終解答が示されるのである。

（6）区別による意味の解明――オッカム主義の拒否

ビュリダンがいかに言葉の論理の研究に邁進しようとも、彼にとって言葉はそれでもやはり、論理的な理想言語とでも言うべきかたちで論理が具体化したものではなく、実際の使用において真理の表現という目的へときわめて明白に方向づけられている。しかし、パラドックスをもつ命題をその真理に関して問題にしているように、彼が（一三四〇年までの）初期の著作で強調しているのは、実際に使用された命題はかならず明確な意味をもっており、ゆえに真として肯定されるか偽として否定されるかのいずれかであるということである。

このような根本的な言語理解は、命題の意味の両義性に由来する誤謬推理の問題において現れる。[157] スコラ学での討論においては、この問題は多義的な項辞をそれが取りうるさまざまな意味の違いにもとづいて区別することによって解決される。『詭弁論駁論問題集』のある驚くべきテクストにおいてビュリダンは、おそらく普及していたであろうこのような区別の方式に激しく反対し、言葉の単純な意味を救い出そうとしている。「ある者たちは、この虚偽の誤謬推理に対して回答しようとして、諸前提のあるものが区別されなければならないと言う。これに反対して私は、発話の固有性にもとづいて区別されるべき命題など存在しないという結論を主張したいと思う」[158]。発話された命題はそれ自体で明確な意味をもつため、肯定されるか否定されるかのいずれかである。「多義性に由来する偽りの誤謬推理に対しては、諸前提のあるものを、端的に認めることによって、あるいは、端的に否定することによって、回答されるのでなければならない」[159]。不明瞭な場合には、命題はせいぜい疑われうるにすぎず、その際疑わしい意味は論理的選言と論理的連言に分類される[160]。区別が本来不必要ならば、「捕足として」教育的動機にもとづいて聴講者に対して折にふれて区別を用いることができる。「それにもかかわらず、捕足としても、他の人々を教えるために、さらに、回答者が自己矛盾し悪く回答していると参加者たちが信じてしまうことがないように、回答者は、諸前提のあるものを区別し、無知なる者たちにそれのさまざまな意味を示すこともありうる。それらの意味のうち、あるものは真であり、残りは偽であると。もっとも、このことは、発話自体によってなされる必要はないのであるが」[161]。

このような区別の断念によって、ビュリダンはオッカムと袂を別つ。オッカムは同様のコンテクストで区別を推奨する。「そのような誤謬推理に関して回答する形式は次のようなものでなければならない。すなわち、さまざまな仕方で使用されるある一つの表現を含んだある命題が立てられている場合、その命題は、そのような表現がそのようにも、あのようにも、さまざまな仕方で使用されるということによって、区別されるのでなければならないというものである」[162]。このような見解のオッカムと区別を否定するビュリダンとの対立の背後には、両者の異なった言語理解がある。すなわち、オッカムが対象化され独立化された言語形式から出発する一方で、ビュリダンは言葉を、具体的な状況をともなった生きた遂行において意味志向によって導かれたものであり、明確な意味を表明しているとみなしているのである。

さてビュリダンによって提示された、命題は区別されず端的に否定されるか肯定されるかのいずれかであるという見解は、一三四〇年一二月二九日にパリ大学の教令において公式に断罪された。「さらに、いかなる者も、いかなる命題も区別されるべきではないと言うべきではない」[163]。なぜなら、区別がなければ教師と弟子の交流も討論相手との意思の疎通も危うくなるからである。この教令は、それに先立つ一三三九年九月二五日の禁令と同様に[164]、オッカム主義に向けて布告された。オッカムの形式的・論理的言語理解は、権威ある文献を、文意を汲んで柔軟に解釈することを危うくしたからである。さて、一三四〇年末の日付の「オッカム主義者と呼ばれている者たちの新しい意見に反対して」[165]と書かれたこの教令は、ビュリダンのパリ大学総長任期中（一三四〇年一〇月一〇日から一二月二三日まで）にある諮問委員会によって、したがって彼の責任において作成された。しかし、この文書に彼の名前は見当たらないし、在職期間はすでに教令が公布される一週間前に終わっていたので、署名もしなかったのだと推測される。この教令に関する意見[166]は、これがオッカム自身に向けられたものか、それとも彼の弟子たち、とりわけパリの弟子たちだけに向けられたものか、そもそもパリにいる者のうちの誰かに向けられたものか、さらに、この教令がビュリダンの主導権の下、彼の考えによって作成されたのだとすれば、自身オッカムの影響を受けたビュリダンが、どのような意図でその起草を支持することができたのかといった点で、さまざまに分かれている。確かなことは、ビュリダンの調和の取れた実際的な唯名論は、パリのオッカム主義者の急進的な傾向とは区別されねばならないということである。おそらくこの点に教令の意図があるだろう。

区別は使用されるべきかどうかという問いに関して言うと——ちなみにビュリダンの弟子で同僚のザクセンのアルベルトゥスは区別に関してビュリダンと同じ意見を、しかも明らかにオッカムに反対して支持している[167]——、この教令は確かに『詭弁論駁論問題集』におけるビュリダンの立場に関わっている。この著作はしたがって一三四〇年より前に書かれたと推定される。後期の著作である『形而上学問題集』では、ビュリダンは自分の意見を一三四〇年の教令に沿うように変更した。「それゆえ、私は、いかなる命題も区別されるべきではないと言うべきではないと信じる。〔もしそう言うならば〕人間の相互の討論や対話がなくなってしまうからである。しかし、このことは不適切である。なぜなら、発話は、相互に交換することを目的として、意味表示のために定められたものだからである」(168)。続くテクストは、彼の初期の見解を正式に撤回しているように読める。「多義性や両義性が生じるところでは、区別することが、より良く、より安全なことである。〔……〕それゆえ私は、手短かに言えば、以下のように信じている。すなわち、命題において、区別によって答えること、および、一つの意味に従っては肯定し、他なる意味に従っては否定することが、端的に肯定し、あるいは、否定することよりも、より良く、より明白なことである、と」(169)。しかし、命題の真・偽を決定できないとすれば、人は命題を拒否せず疑うべきであるとされる。

五　意味理解と意味付与――解釈学的原理

ビュリダンは単にアリストテレスの註釈者や論理学者であるだけでなく、根本的には言語哲学者である。アリストテレスという卓越した権威に対してさえ、彼は批判的判断を自由に行使し、アリストテレスのテクストと矛盾するテーゼをひるまず主張することもある(170)。彼は絶えず生きた言葉を範としながら、言葉に関する哲学的な理解に基盤を置いているため、彼の論理学は無矛盾の体系以上のものである。言葉の意味は、例えば聞く能力において(171)人間が本性的に、しかも常にすでに目標としているコミュニケーションの内にある。論理学は人間の思惟能力と言語能力を基盤とするとともに、翻って真理の発見や言葉による意思の疎通に役立つものである。それゆえ論理学は自律的でもそれ自体が目的でもなく、事柄に適ったコミュニケーションを可能にするために言葉を反省的に捉えるものなのである。

言葉はすでに絶えず使用されており、しかも能動的な言葉遣いに先立って聞かれたもの（そして読まれたもの）として遂行されているため、正しく意味を理解するないし適切に解釈するという課題が根本的であろう。論理化された言語理解に抗して、ビュリダンは可能な意味解釈のさまざまな段階や次元を明らかにする。こうして彼は、言表の形式的かつ言葉上の意味が唯一妥当するものだとみなしがちのオッカム学派の傾向から離れるのである。一三四〇年のパリの教令はこのような形式主義的な言語理解を、権威と認められている文献の意味を覆い隠すという理由で批判している。「いかなる者も、もし命題が、その固有の意味において真でないならば、その命題が認められるべきでない、と言うべきではない。なぜなら、このように言うことは、先に述べられた誤謬へと導くからである。というのも、聖書と〔権威と認められている文献の〕著者たちは、発話を常にその固有の意味に従って用いるのではないからである」(172)。ビュリダンの見解は、この点において教令と完全に一致している。それゆえビュリダンが形式論理を超えた言語理解を言語による意味付与の多様性に向かって開放する努力を行っているのだとすれば、彼の言語理論は単なる論理学から言語の意味の解釈の問題へと広がっていると言えよう。しかし、意味内容の伝達の基盤が言語的記号によって理解してもらおうとする話し手の意志にあるので、言葉の意味への問いは言葉による意味付与の条件に還元される。こうして言葉による意味付与についてビュリダンが語っていることは、同時に解釈学の原理を知るための鍵をもたらす。言語は根本的には発話された言葉において生じるのだから、発話された言葉は言語による表現の優先的モデルである。それでもビュリダンは、文法学の課題である言葉の形式の言語学的説明で事足れりとするのではなく、その一般的論理的構造を解明しようとする。このような意図でビュリダンは、自作の命題と状況説明を例にして――後期ヴィトゲンシュタイン（Ludwig Wittgenstein 一八八九―一九五一年）の言語ゲーム論を思わせる仕方で――ひたすら論理的分析を行っている。その使用可能性から理解の形式を炙り出そうとしているのである。

概念ないし心の命題は、言葉による叙述のさまざまな形式をとりうるのであり、したがってこの叙述は、直接には論理的構造への遡及的推論を一切許さない。それゆえ「A」という記号さえ、取り決めが与えられている場合にはひとつの完全な命題を意味表示しうる。(173) 飲食店の看板や軒先の樽の箍《たが》も、「ワイン、あります」という言表に当たる場合には、一種の文とみなされている。(174) それゆえ言葉による表現は、意味の表出ではあるが、例えば病人の呻き声や犬のうれしそうな吠え声のような、自然本性にもとづく意味の表出とは異なり、規約的な性格によるものである。(175)「私が賛同する第三の見解は、語は、われわれによるのでなければ、代表すること、あるいは、意味表示することにおいて、固有の力をもつことはないというものである」。(176) 言葉の実体化ないし自然化に対して、ビュリダンは飽くことなく、意味と記号の使用とが言葉によって強いられるのではなく、人間の自由な裁量に――彼がよく繰り返しているところによれば「任意に」（ad placitum）――委ねられていることを、強調し続けている。これに対して心の概念は、自然本性にもとづいて意味表示をするので、けっして任意のものではない。(177)

言葉は、感覚による記号に心の内にある意味が添与された場合に成立する。このような意味の添与（impositio）において、人間の言語形成の力は、現実との関係において人間が置かれている歴史的な状況のさまざまな必然性に影響されて働く。しかし、ある表現の意味を解釈するにあたっては、普通この意味の時間的に最初の添与に遡ることはできないので、その意味はその表現の使用（usus）にもとづいて認識される。それゆえ意味への問いは、使用への問いに変わる。「なぜなら発話は、もし添与によるのでなければ、力をもつことはなく、そして添与は、使用によってでなければ、知られることはできないからである」[178]。それゆえ、通常例えば固有名の意味は、誰かが別の人を名前で呼び、その人がその呼びかけに応えるのを聞いた場合に、その使用にもとづいて学習される。[179] 当然ながら語の意味は、他には別に何も定まっていない限り[180]、言表が行われたその時に[181]、しかもその言表そのものに先立って[182] 一般的に当たり前になっているような使用にもとづいて、規定される。この共通の意味ないし自然な意味（sensus communis; sensus naturalis）は言葉において与えられる「固有の意味」（sensus proprius）であり、特殊な言語使用に由来する「非固有の意味」（sensus improprius）とは区別される。「われわれは、共通かつより主要なものとして定められた意味表示に従って語を使用するとき、固有の発話と呼ぶ。そして、もし、語をそれとは異なる仕方で使用するなら――そうした異なった仕方が許されているとしても――それを非固有の発話と呼ぶ[183]」。しかし固有の意味に関しても、その意味を専門家によって――それが老婆（vetula）であっても――確定する必要が生じる可能性がある。[184] オッカム主義とビュリダン主義のあいだの論争は、ビュリダンによって断固として護持されたこの「非固有の意味」の範囲と正統性をめぐるものである。非固有的だが、まったく有意味なこの言語使用の方法をいくつか挙げてみよう。

まずは代表の理論は非固有の言語使用の正当化に役立ちうる。なぜなら本来的な意味においては、語は個体的代表としてその語において意味表示されている対象を代表しているからである（「その人間は走っている」）。それゆえ語は語ないし論理的概念として理解されている場合（「人間は種である」等）、この意味は確かに非固有であるが、質料的代表として論理的に欠陥がない。[185]

次いで、自然言語においては、語はその根源的な意味に従うばかりではなく、例えば隠喩のように転用された意味においても用いられるし、皮肉《アイロニー》のように正反対の意味さえもつような仕方で用いられるが、そのような使用によって意味が不明瞭になったり意思の疎通が妨げられたりすることはない。「そのように、われわれは、転喩的に、そして、皮肉によって意味表示を変えて語ることができる」(186)。そのような根源的意味の変様に依拠して文学の言葉は成り立っているし、聖書の文章の表現方法もそうであることが多い。さらに、例えば専門用語のように、すでによく使われている語に新しい意味が与えられるのであれ、すでに与えられている語ないし概念から新しい語が自由に造り出されるのであれ、新しい言葉と概念が造り出されることもありうる。

そのような意味付与の条件は、対話相手ないし言語共同体によってその意味付与が採用されており、したがって一致（concordia）が達成されていることである。「私とあなたが議論し、そしてそのときにわれわれは、われわれのあいだで任意に、つまり、意味に関してわれわれが共に望むままに語を用いることができる」(187)。したがって、言葉は本質的に人間の相互関係に、すなわち歴史的に拘束されている以上、言語使用の恣意性（「任意に」[ad placitum]）は、コミュニケーション共同体の受け容れ態勢によって限界が決まる。「名詞や動詞のうちのあるものは、すべてのラテン人にとってのラテン語の語や、すべてのフランス人にとってのフランス語の語のように、同じものを同じ仕方で意味表示するものであり、一つの大きな共同体の全体に属している。そしてその共通の意味を取り除いたり変えたりする力は、私やあなたにはない」(188)。

新しい、「非固有の」意味の添与の構造にもとづいて、理解の行き届いた、言葉に適った解釈一般のための指針が明らかになる。孤立した語がその意味を固定したかたちで担い込むのではなく、むしろ語は、文や文が使用される状況という文脈において意味をもつのである。そのうえ語は、ただ単に文法的・論理的に「項辞の特性に従って」(secundum proprietatem terminorum) 解釈されるのではなく、アリストテレスの言うように、論じられている事柄に従って (secundum materiam subiectam〔目下の主題に従って〕) 解釈されるべきである。「発話は、目下の主題に従って知解され、受け取られるべきものである[189]」。なぜなら言葉はそれ自体について語るのではなく、現実について語るからである。それゆえ文は、語の構造だけでなく、語において意味表示されている事柄も理解されている場合にのみ、理解されるのである。

しかし、事物や事柄は真理に向かってのみ理解されうるので、文の意味は真理への包括的な問いの内部でのみ露わになる。それゆえある文が真と理解されうる場合には、形式に関しては「非固有の」意味ないし言語使用であるとしても、それはその文の意味とみなされるべきである。「そしてもし、それに従えば〔命題が〕真である非固有の発話に従ってその命題を受け取るのであれば、著者の命題が偽であると端的に語ることは不合理なことである。〔……〕それゆえ、著者がある命題をある真なる意味をもつものとして表そうとしたことが明らかな場合には、固有の発話に従わないにしても、この命題を端的に否定することは、横暴であり、大胆不敵だと私には思われる[190]」。

不完全で「非固有の」形式の場合でも、文はその内容に関しては、その文が話し手ないし書き手の意図 (intentio) を十分に伝えており、かつ、この意図が真であることが明らかになることによって、真でありうる。それゆえ文は、その内でかたちを取った文の作り手の意図 (intentio a[u]ctoris) に従って解釈されるべきである。しかし、文の作り手は自由に、理解可能なものの枠内で言葉に新しい意味を添与することによって、自分の意図を表現しうる。このことは、とりわけ、古典作家のように、その分野に権威のある文の作り手に当てはまる。

さて上述の指針は、オッカム主義に対する一三四〇年の教令において、似たような言い回しで示されている。

ビュリダンの意見がこの教令と異なったのは、唯一命題の意味は区別されるべきかという問いにおいてであった。この教令はビュリダンが総長在任中に準備されたため、すべてに自分の考えを押し通すことは諮問委員会の仕事ゆえできなかったにせよ、そこにビュリダンの考えが強く反映されている可能性がある。言葉の意味とはそもそもどのようなものかという問題に関する解釈と討論について、教令では次のように書かれている。「いかなる教師たちも〔……〕もし、彼らが、その著者がその文章を著すときに真なる理解をもっていたと信じているのであれば、彼らが講読しているその書物の著者のある高名な命題が、端的に偽であるとか、発話の力にもとづいて偽であるなどとあえて言うべきではない。〔……〕発話の力は、著者たちが普通に使用しており、また主題が要求している通りのものである。というのは、発話は、目下の主題に従って受け取られるべきものだからである。〔……〕それゆえ、発話を肯定したり否定したりするときには、発話の固有性よりも目下の主題に注目すべきである。〔……〕論理学的な討論や、真理の探究を意図する、内容に関わる（doctrinales）討論では、諸名称には少しだけ配慮すればよい。〔……〕記号ではない諸事物、つまり項辞でも表現でもない諸事物に関する学問はないと言うべきではない。なぜなら、諸学問においてわれわれは、討論〔の場〕にもって来ることができない諸事物の代わりに項辞を用いるからである。それゆえ、われわれは、項辞や表現を通してではあるが、諸事物に関して知識をもっているのである」[191]。この文章によって解釈者に要求されている伝統と事柄への忠実さは、事柄に沿った意思の疎通と真理の認識を求めて努力する、争いを望まないビュリダンの学問の精神と一致していると言えよう[192]。

第十章　中世の修道院霊性における自己認識の問題

序

人間の主観性に対する洞察、および自己の精神と魂の認識を通じてなされる主観性の遂行は、ヨーロッパ思想の歴史を貫いている根本的な主題の一つである。その展開は自己知に対するソクラテスの問いに始まり、精神的存在とその活動の自己再帰性に関するプロティノス（Plotinos　二〇五頃－二七〇年）とプロクロス（Proklos　四一〇／一二－四八五年）の理論を経て、イスラームの思想家たち、アルベルトゥス・マグヌス（Albertus Magnus　一一九三／一二〇〇－八〇年）、トマス・アクィナス（Thomas Aquinas　一二二四／二五－七四年）などの形而上学的知性論を介してマイスター・エックハルト（Meister Eckhart　一二六〇頃－一三二七／二八年）にまで至る。エックハルトにおいて自己認識の主題は内面の霊性へと深められ、それはさらにニコラウス・クザーヌス（Nicolaus Cusanus　一四〇一－六四年）の神論を橋渡しとして、ドイツ観念論における主観性の概念、および精神の反省的・思弁的自己根拠づけの理念の展開を準備することになった。キリスト教霊性の歴史においては、(1)すでにオリゲネス（Origenes　一八五頃－二五三／五四年）が――なおも対象的な考察という傾向をともないながらではあるが――自己認識の根本的な意義を強調し、またそれにならってテーバイの砂漠の隠修士たちは、謙遜に貫かれた自己認識を通じて魂の回心を目指していた。さらにアウグスティヌス（Aurelius Augustinus 三五四―四三〇年）は精妙な自己省察を通じて、魂の自己経験を神との関わりの場所として示している。アウグスティヌスの強い影響によって、自己への還帰という契機が中世の修道生活の霊的実践においても働いていたのは確かであるが、十一世紀末に至るまではこの契機はかならずしも表立って展開されることはなかった。このような傾向は、ベネディクトゥス（Benedictus de Nursia; Benedictus Casinensis 四八〇頃―五四七／六〇年）の『戒律』（Regula;『聖ベネディクトゥス修道規則』[Regula sancti Benedicti]）、とりわけその古典的・ローマ的な「分別」（discretio）の重視や、典礼の務めと共同生活の日々の規定といった客観的な枠組みによって、またクリュニーの典礼中心的な修道生活が一層それを強化することによってさらに助長された。そこで例えば、クリュニー修道院改革の推進者ヴォルピアーノのグリエルモ（Guglielmo di Volpiano; サン＝ベニーニュのギヨーム [Guillaume de Saint-Bênigne] 九六二―一〇三一年）の甥であり、クリュニーに近い立場にあったフェカンのヨハネス（Johannes Fiscannensis; Jean de Fécamp 九九〇頃―一〇七八年）は、その『神学的告白』（Confessio theologica）という著作の標題をアウグスティヌスに負ってはいても、そこにおいては内的な自己経験に対する反省が行われてはいない。カンタベリーのアンセルムス（Anselmus Cantuariensis 一〇三三／三四―一一〇九年）も、魂の動きに対してきわめて鋭敏な感覚を示してはいるものの、『プロスロギオン』（Proslogion）での神の存在証明に際して、精神を自らの思考の遂行に対する反省へと向かわせる場合においても、そこでの精神の解明は、基本的に超越論的かつ形而上学的・神学的思考の内にとどまっている。またビンゲンのヒルデガルト（Hildegard von Bingen 一〇九八―一一七九年）の場合でも、自らの心の向上を勧告し、そのために自己認識が必要であるとしている個所が見られはする。「人間よ、なぜ汝は汝の魂を気遣わないのか。そして無益な雑草や茨や薊を取り除かないのか。

銘酊している者や気のふれた者のように、自らを知ることなしに私のところへやってくる前に、私を呼び、汝自身について深く考えるべきだったのに(2)」。しかしながらこのような呼び掛けは、あくまでも道徳的な動機にもとづくものであり、精神の反省的自己経験をその基盤としているわけではない。「彼〔罪人〕自身は、善悪についての知識に即して自己自身を認識する(3)」。

このように客観的な方向を取るベネディクトゥス的な神学および霊性とは対照的に、十二世紀における個人の自己発見――ペトルス・アベラルドゥス（Petrus Abaelardus　一〇七九―一一四二年）の著作名『倫理学、あるいは汝自身を知れ(4)』（Ethica seu Scito te ipsum）に表されているような自己探究――は思想史上の転換を成し、この後数世紀にわたる敬虔および修道生活を新たな方向に導くことになる。『聖ベネディクトゥス修道規則』に依拠する修道制の内部においては、何よりも、シトー会士クレルヴォーのベルナルドゥス（Bernardus Claraevallensis　一〇九〇―一一五三年）、およびのちにシトー会へ移るベネディクト会士サン゠ティエリのギヨーム（Guillaume de Saint-Thierry; Guillelmus de Sancto Theodorico　一〇八五頃―一一四八年）が、自己認識の主題を自らの修道的霊性の出発点とした。「これ〔人間の自己認識〕はあらゆるキリスト教徒の努力の出発点にして基盤となるという意味で、ベルナルドゥスの主張は画期的なものであった(5)」。そこで本稿では、クレルヴォーのベルナルドゥスとサン゠ティエリのギヨームという、互いに刺激を与え合った二人の思想家の自己認識の理論を概括し、ついで中世末期のベネディクト会の霊性を典型的な仕方で示している思想家、カストルのヨハネス（Johannes von Kastl; Johannes Castellensis　一四〇〇年頃活動）に即して、自己認識の主題の受容とその展開の経緯を跡づけることにしたい。

その表現形態は多様かつ多彩ではあるが、ベルナルドゥスの思想は、アウグスティヌスおよびパウロの書簡によって喚起された神学的人間論、および内観的心理考察をその基盤としている。(6) 神の似姿としての人間は神との合一において自らの救いを見出すため、人間の本来の行為においては、神との関係を求める自己自身が中心となる。人間の自己は、客観的考察が示すような、諸々の対象のうちの一つではなく、——ベルナルドゥスが修徳的・実存論的・超越論的傾向との関係で強調するように——人間の認識の努力すべてにとっての出発点にして究極目的であり、それと同時に、その根底にして規範的な参照点なのである。ベルナルドゥスは、このような反省的な自己認識へと専心することによって、包括的な知を知それ自体のために要求する当時の思潮とは相容れない方向へと認識の関心を狭めていることを十分に自覚していた。しかしながらベルナルドゥスにとっては、知は人間の活動である以上、人間存在の目標、つまり救いに従属するものであった。「それを知らなくても救いを損なうことがないような多くのこと、いや無数のことがあるように、〔……〕私には思われる」(7)。このような、救いに関わらない「中立的な」(8) 知の例としては、技術知のみならず、七自由学芸すらも挙げられている。(9) ベルナルドゥスにあっては、倫理学・論理学・自然学の諸学は理性の「道具」(10) としてのみ捉えられ、そうした知の意味と権利も、救いに到達しそれを広めるための手段としての役割に即してのみ判断される。使徒たちは「修辞学者や哲学者の学校から招かれてきたわけではない」(11) とされるのである。しかしながらベルナルドゥスは、学問や知識を無価値なものとして拒絶しているという自らに向けられた非難に対して抗弁している。「もしかすると、私は学知を徹底的に軽蔑し、学者をいわば非難し、学問研究を禁じているように見えるかもしれない。それは私の思うところではない。私とて、学識ある人々が、反対者に対する論駁や素朴な人々の教化という点で、教会にいかに多大の利益をこれまでももたらし、また現在でもそうであるかということを知らないわけではない(12)」。しかし人生は短いために、何よりもより直接救いに貢献する学問を優先する必要がある。「適度に理解するとはどのようなことであろうか。とりわけ、より多く、あるいはより以前に知っていなければならないことに留意するということである。時は短い〔一コリ七・二九参照〕からである。真理に支えられている限り、いかなる知もそれ自体として良いものである。しかしながらあなたは、時の短さゆえに急き立てられて、恐れおののきながら救いに努めている。そこで、救いのためにより知ることが必要だと思われることを、より詳細により先に知らなければならない(13)」。こうした目的にもとづいて、学問研究の位置づけと正しい動機が生じる。つまりそれは、知のために知を求める好奇心や、利益欲や名誉欲に発するものではなく、もっぱら自己と他人の修徳へと向かうものでなければならない(14)。それゆえ知は、愛によって貫かれ、道徳的生の向上を目指し、それを実現する場合にのみ、人間にとって有益なものとなるのである(15)。

このような観点にもとづいて、自己認識こそが、他のすべての知のあり方に対して優位をもつということが示される。「私は、人文的教養を蔑《ないがし》ろにせよと言っているわけではない。そうした教養は魂を飾り、育成し、また他の人々を育成することができるからである。しかしながら、先に述べたように、その内でこそ救いが成り立つと高次の理性が宣言するかの二つのもの〔自己認識と神認識〕が先に行われる必要があり、それは有益なことである(16)」。なぜなら、自己認識と神認識が導き手となる場合には、高慢という、あらゆる知に付きまとう陥穽があらかじめ防がれるからである(17)。そこでベルナルドゥスは、自己認識の課題においてこそ、ギリシア的伝統と聖書的伝統が一致するものと理解していた。「預言者に従って〈私に何が欠けているかを知る〉〔詩三八・五参照〕ために、ギリシア人にとって周知のことに即して、自己自身を知るように努める」[18]。ベルナルドゥスは、自己認識が他のいかなる認識に対しても――神認識に対してすら――先行するということを、自己が根源的に自らに与えられているということにもとづいて存在論的に、また認識論的に根拠づけている。「われわれはわれわれにとって第一のものである」[19]。このような自己は、人間に対してなされる神の第一の賜物である。「〔われわれの創り主が〕第一のものとしてわれわれに与えたものは、われわれ自身である」[20]。こうして自己は、人間にとって最も身近なものであり、また最も近しいものである[21]。「われわれの内にあるものほどわれわれに近しいものはない」[22]。

しかしながら自己自身に対する認識の関係、ないし自己認識は、デカルト（René Descartes　一五九六―一六五〇年）の場合のように単なる方法上の出発点などではなく、あらゆる認識の源泉を成し、恒常的な目的として自らの下に認識の動き全体を包含しているものである。「知者は自分自身に対して知恵をもつ者なのであり、〈自身の泉から湧く水を飲む〉〔箴五・一五〕最初の人なのである。それゆえあなたから考察が始まらなければならない。また、あなたの内でそれが全うされなければならない。それ〔考察〕がどこへさ迷い出ようとも、あなたはそれをあなたの下へ救いの実りとともに呼び戻すであろう。あなたはあなたにとって最初のものであり、最後のものである」[23]。

このような自己認識を通じて、人間は自己自身の内に人格的な支えと中心を獲得すると同時に、倣慢に傾きがちな自己欺瞞から守られているのである。「あなたの内にとどまりなさい。卑下することも高ぶることもなく、倣岸不遜な言辞を弄したり、あちこちへと気を散らしてはならない。節度を失いたくないなら、中庸を守りなさい」[24]。自己自身とのこのような親近性は、人間同士の充実した関係の条件となり、他者に受け容れられ、他者にとって役立つことを可能にする。「あなたがあなた自身にとって疎遠だとしたら、あなた自身が誰にとって疎遠でないと言えるだろうか。結局自分の役に立たない者は、誰にとって善いのだろうか」[25]。人間は愛において自らを使い果たすのでなく、泉の水盤から水が溢れてこぼれるように、内的な絶えざる充実にもとづいて自らを他人に伝えるのである。「まず満ち満ちて、それから溢れ出るようにしなさい。善意溢れ賢慮に満ちた愛は、流れ伝えられるのが常であり、流れ去ってしまうということがないのである」[26]。さらに人間は真の自己認識において、自ら可能なかたちで、神に向かうのである。「あなたの神を迎えに、あなた自身のところにまで行きなさい」[27]。

人間の内面への帰還のこのような根本的な位置づけに照らすなら、神についての無知と同様に、自己に対する人間の無知は、自らの救いを失うことに通じる。「どちらの無知も断罪され、いずれも滅びに足る」[28]。なぜならそのような自己忘却においては、人間の営みは、自らの魂を知ることなく、もっぱら外的・身体的な快をめぐって展開されるからである。「肉と血に没頭する者たちは、自己自身を知らないものとみなされるのではないだろうか。自己自身が魂をもつということを知らないかのように」[29]。こうして、最終的にはすべての罪は神についての無知に極まるように、自己自身についての人間の無知は、高慢を始めとする人間のあらゆる錯誤の起源となっている[30]。それゆえベルナルドゥスがペトルス・アベラルドゥスに対して、彼がただ対象にのみ関わる認識にだけ関心を寄せているという点を批判したのは、最も厳しい非難であったということになるだろう。「彼は自分自身と調和していない人物です。〔……〕彼は天と地にあることすべてを知っています——ただ自分自身を除いては」[31]。人間の行為一般に付随的にともなう自己知にはとどまらず、自己自身へと積極的に転向するという意味での自己認識は、修道生活、ひいては人間存在そのものの根底的課題であり、それゆえにベルナルドゥスは、職務に忙殺される教皇エウゲニウス三世（Eugenius III　在位一一四五－五三年）に対しても以下のように忠告している。「常にとも、しばしばとも言いませんが、時おりにでも自分を自分自身へ返すことを忘れてはなりません」[32]。

人間の自己認識の道は日常的世界への埋没から始まらなければならないため、自己への還帰の際にはまずは罪からの離反が要求される。なぜなら人間は、情念の支配の下では、真の自己認識の場である精神の内的経験へと至ることはできないからである。「私の魂のような、罪を負い、常に肉の欲望に陥り、霊の甘美さをまだ感じ取ることなく、内奥を知らず喜悦を深く体験したことのない魂は、このようなことはまったく望みえない」[33]。そこで自己自身に対する問いは、外から内へと、また対象的な一般性から、自由な意志的態度において自己自身によって規定された各々に固有の自己へと深まっていく。

「このあなたの自己省察は三つの部分に分かれる。つまり、あなたが何であり、誰であり、いかにあるかということ、すなわち、自然本性において何であるか、人格として誰であるか、道徳的生活においていかにあるかということを考察するのである」[34]。三つの問いの最初のものは、人間の本質、例えば、人間を理性的ではあるが死すべき存在として哲学的に確定し、「救いのために有益な働きをなしうる」[35]ものである。人間に固有の本質を探究し、人間に対してその尊厳と限界を示すこの規定には、人間自身の根源への問いがともなうが、これはいかなる不遜な自己満足をも排除する。「したがって、あなた自身が何であるか、あなたがあなた自身からのものではないということをともに知ることが必要である」[36]。

自己認識の優位は、認識の自然の順序における先行性によるだけではなく、人間にとっての益という点にもかかっている（「利益と順序に即して」[37]）。なぜなら人間は自己認識を通じて、自己についての思い上がったイメージを脱し、真理と向き合うことになるからである。「魂は自己自身を知り、自らについて真理をもつべきである」[38]。しかし人間は真理の光の下で、自らの限界、「非相似」（dissimilitudo）、惨めさをも知ることになる。「もし〔魂が〕自分自身を真理の明るい光の下で見るなら、それは自らが、惨めさに打ちひしがれ、非相似の領域にあることを見出す。惨めであるということが隠されていることはもはやありえないだろう。そうすると〔魂は〕預言者とともに、〈あなたは私を真理において謙虚にしてくださった〉〔ウルガタ訳、詩一一八・七五〕と神へ呼び掛けるのではないだろうか」(39)。こうして自己認識は人間を謙遜へと導くが、この謙遜こそ、『聖ベネディクトゥス修道規則』の第七章によれば完徳に至る「梯子」であり、「霊的建物」(spirituale aedificium) の「堅固な地盤」(stabile fundamentum) であるため(40)、霊的生活の中での中心的位置を占める。「謙遜とは以下のように定義できる。すなわち謙遜とは、人間が最も真なる自己認識によって自身について価値が減じるような徳である」(41)。

そのような謙遜に達するために、人間は「赤裸に」(42)、つまり「あなたの純粋な存在」(43)を反省し、自己自身を人間としてのその本質的状況に即して省察しなければならない。「あなたがどこから来たのかを考え、恥じらいなさい。あなたがどこにいるのかを考え、嘆きなさい。あなたがどこへ行くのかを考え、怯え震えなさい」(44)。謙虚になる理由は、人間の心理的および道徳的姿勢の内に存する。「自分自身を真理において認識したなら、真理において謙虚にならずにいられるだろうか。罪を負い、死すべき肉体の重荷を担い、世の配慮に巻き込まれ、肉の欲望の汚穢に汚され、盲目になり、自らの内に執着し、多くの誤りに囚われ、幾多の危険に晒され、幾多の不安に脅え、幾多の困難に心乱され、多様な疑念に駆り立てられ、幾多の必要に暗澹となり、悪に引き寄せられ、徳を行うことができない、このような状態を見たならば」(45)。自らが無であることを知ること（「わたしたちは無であるというのに〔……〕」(46)）によって、人間は涙とうめきとともに神へと向き直り、慈悲と赦しを請う。こうして謙遜から神への畏敬が芽生え、これが魂をまた知恵へと導く。「それゆえ銘記すべきは、自己認識を欠いては誰も救いは得られないこと、自己認識からこそ救いの母たる謙遜が、そして真理と救いの始めである神への畏敬が発するということには同意が得られたという点である」[47]。しかしながら、謙遜は単なる自己認識の段階にとどまることはなく、キリストの模範に従って、情感を籠めたへりくだりと謙遜の内での奉仕にまで深められる。「謙遜には二様のものがある。認識の謙遜と、ここでは心の謙遜と呼ばれる愛の謙遜とが存在する。最初の謙遜においては、われわれはわれわれがいかに無であるかということを認識する。われわれはこの謙遜を、われわれ自身、およびわれわれ自身の弱さから学び知る。二番目の謙遜においてわれわれは世の壮麗さを軽蔑する。われわれはこの謙遜を、自分を無にして僕《しもべ》の身分になられた方〔フィリ二・七〕から学び知る」[48]。しかし謙遜は神の慈愛の経験を受け入れるようにさせるため、自己認識は神認識へと導く役割を果たす。ところで神認識は対象的知識の受容にとどまることはなく、人間の内的刷新と、神の似姿への変容を通して遂行され、そこにおいて神自身が人間自身の救いとして経験されることになる。「人間がまず自身を自らの欠乏において認識し、主へと呼び掛けることにより、このような経験とこのような順序で、神は救いをもたらす仕方で認識される。〔……〕まさにこのようにして、あなたの自己認識は神認識への一歩となる。あなたの内で刷新されたその似姿において神は観取される」[49]。それゆえ自己認識は、謙遜から神への畏敬、さらに神認識と神への愛へと至る内的な成長の根なのである。「あなたは、神を畏れるためにはあなた自身を認識しなければならない。そしてあなたは、神を正しく愛するためには、神を認識しなければならない」[50]。

二　サン＝ティエリのギヨーム

クレルヴォーのベルナルドゥスとサン＝ティエリのギヨーム[51]の思想上の類縁性は、すでに中世において多くの読者の認めるところであった。この二人はともにアウグスティヌスの思想とベネディクト会の伝統とに根ざしていたばかりか、相互に密度の濃い交流を行っていたのであり、そのことは二人の交わした内容豊かな文通も示すところである。二人はクレルヴォー修道院で病床での生活を共にするあいだ、「雅歌」の解釈などをめぐって、「ひがな一日魂の霊的あり方（physica）について意見を交わして」[52]いた。そこで『黄金書簡』（Epistola aurea;『モン＝ディユの修道者たちへの手紙』［Epistola ad fratres de Monte Dei］）のようなギヨームの諸著作は、すでに十二世紀後半以降、ベルナルドゥスの名の下で流布し、その権威に守られてきた[53]。ギヨームはベルナルドゥスを尊敬しており、また実際、ベルナルドゥスのように広範な主題を扱うことはなかったが、その思想は情感に溢れるベルナルドゥスの霊性に比べて神学的により探く掘り下げられ、その点にギリシア教父からの影響を窺わせるものである。しかもそれと同時に、彼の自己観察はきわめて個人的な傾向を表しており、その意味で、人間の感情に通じたベルナルドゥスの語り口が概して教父的・修道院的な心理考察の一般的な枠組みの内にとどまっていたのとは対照的である。以下の考察では、ギヨームの思想のうち、このような人間の自己認識の理論を中心に論じることにしたい。

ベルナルドゥスと同様に、ギヨームもまた、「ギリシア人たちによるデルフォイのアポロンの有名な神託、すなわち〈人間よ、汝自身を知れ〉[54]」を熟知していた。ギヨームにとって、自己認識の要請は根本的にキリスト教的なものであり、それゆえに彼はアンブロシウス（Ambrosius Mediolanensis　三三九頃－三九七年）とともに「雅歌」においてそれに相当する個所――「あなた自身を知らないなら、出て行ってしまいなさい」[55]（雅一・七）――をキリスト自身によって語られたものとして、またそれをデルフォイの神託に時間的に先立つものと捉え、さらにはギリシア人の教えが旧約聖書から取られたとも考えるのである。「〈汝自身を知れ〉を異教の人々は、いわばピュティオン〔デルフォイ〕のアポロンがこの格言を述べたかのように、それを彼自身に帰するが、それはわれわれから奪い取られ彼らのものとなったのであり、それを捏造した哲学者たちよりはるかに以前の、「申命記」を著したモーセ〔がその格言を述べたの〕である」[56]。こうしてギョームは、信仰に立脚し神への愛を目指すキリスト教的自己認識を、真摯ではあっても純粋に心理学的・哲学的、ないし倫理的な次元にとどまる自己省察に対して優位にあるものと理解している。「〔世の哲学者たちは〕情熱を寵めた一種の愛と、何らかの倫理的行いをもっていたにもかかわらず、愛によって働く信仰をもっていなかった」[57]。

人間は自らの「好奇心」によって、自己の外へ散漫に気を散らすため、自己認識、ましてや神認識は、人間を自己自身に立ち返らせその内面へと導く恩寵なくしては不可能である。「自らを知るために恩寵によって支えらることなくしては、理性的に考えうるすべての人間にとっては、自らの知覚（sensus）で足りるということはほとんどない。それにしても自己認識は自らがそれがあるところのもの以外には人間に何も与えることがない」[58]。人間は、自己の下にとどまる静けさの内で自己自身を問う際に、自己自身を超えて、自らの根源へと問いを向ける。「私が完全に私自身に立ち返ったとき、私は独りとなり、坐して沈黙する。そして私は時間をかけることができるということを知り、私自身に専心する余裕を得て、〈私は誰なのか〉、〈私はどこから来たのか〉を糾明する」[59]。なるほど自己認識は——ギョームの『身体と魂の本性について』（De natura corporis et animae）で行われているように[60]——まず、身体から魂へ、外から内へ、可視的なものから不可視的なものへと進む対象的な分析を通して遂行されうる。しかし真の自己認識は、内的な集中において、および自己自身への還帰によって始まる真理の観想においてこそ実現される。「知恵の観想によって自らのありさまに入り込むことがないなら、好奇心の空しさによって他のものへと迷い出ることは避けがたいのである」[61]。そこでギョームは自己自身への転向を促すが、そこにおいて精神の眼は、内的な知覚のための無限の素材を見出すのである。「自分自身に配慮し、あなたはあなた自身にとって、配慮のための豊富な素材なのである」[62]。人間の内面は、自らの良心への注視において開かれる。「あなたの修室は一つは外的であり、一つは内的である。内的であるのはあなたの良心であり、そこにはあなたの霊とともに、あなたの内面のすべてよりも内なる神が住まうべきである。〔……〕それゆえ、あなたの内的な修室を愛しなさい。〔……〕その内には、一般的規則に従って、あなたがあなた自身に対して現前し、生活を整えているということを学びなさい」[63]。

内的自己認識のこうした最初の段階において、人間は自らの良心の内に歩み入るように努める。「それゆえ、このように自分自身を顧みて、自分自身を見分け、自分自身について識別しながら、私は私自身にとって困難で厄介な問いとなる」[64]。このような自己探究は意志によって駆り立てられ、認識はこの意志の後に従う。「魂がしばしば自己自身あるいは神を考える際、自らの意志はすべての思考の原理である。そしてすべての思考の基調は必然的にこの意志という原理に従う」[65]。自己は「あなたの〔神の〕真理の光の内で」[66]自らを探究するため、自己自身への意志は根本的には真理への意志、究極的には神への意志である。「善い意志は、すでに愛の始まりである」[67]。「こうしていまや意志は意志以上のものであり、愛であり、情愛であり、愛徳であり、霊による一致である」[68]。しかしながら始めのうち、自己閉鎖的な内面は、自己認識と刷新に努める意志が介入してくることを拒むのであり、ギヨームはこの点を自らの経験に即して豊かなイメージをもって語っている。「私に怒りを覚え、私を究明し、私は私自身の内に立ち上がる。神の言葉の光を灯し、精神の嫌悪と苦しみの内に良心の暗い家に歩み入る。その暗闇はどこから〔やってきたのか〕、そして私と、私の心の光とを分かつ憎むべき暗闇はどこから〔やってきたの〕かを探索するかのように。ああ、もろもろの蝿の群れのようなものが私の眼に押し寄せ、私を良心という私の家からほとんど追い出すかのようである。しかし私は当然私のものであるところへと歩み入るのである。そこで思考の混乱がかくも粗暴で、かくも抑制が効かず、かくも多様で、かくも混沌としているため、そうした思考を生んだ人間の心も、それらを十分に見分けることができないほどである。しかしながら私はそれらを裁定するように、そこに落ち着き住まうのである」(69)。

自己認識の努力は内的な浄化と、真理への転向をもたらす。「もしあなたが自らを死すべき理性的存在と知ることがないなら、また自らの罪をすみやかに告白し、義とされるために自らの不正をすみやかに述べ、改心し、まず自らの過失を責めるのでないなら、死の時がやってきて、もはや何も改心の良薬となることはない」(70)。それゆえギヨームにとって真の謙遜とは、ベルナルドゥスにおけるのと同様に、自己自身についての本来の内的判断が獲得される自己認識において成り立つのである。「そして他の種類の謙遜がある。つまり自己自身について知ることである。そこにおいては、私が私について知っていることに従って判断が下されるなら、私には見込みがない」(71)。人間は、自らが罪ある存在であるということを謙虚に告白することによって、いわば神の眼差しに赤裸々に晒されることが自覚される。「私は、人々が私の内にあるものと思っているすべてのものをもたないありさまで、あなたの眼差しの内で見出される」(72)。このように精神的にあからさまになることによって、霊的な進展が可能になる。「このような人であるモーセについて次のように言われている。神の国へと民を呼び入れるようになるはずの者が、まず肉の衣を脱ぎ捨て、心の赤裸の霊と精神の素足をもって歩んでいくように、あなたの足の履物を脱ぐようにと」(73)。なぜなら、精神は我欲と罪を脱ぎ棄てたとき、自らの真の本質を見抜き、その内に真理そのものを見て取るからである。「それゆえいまや、すべての霧が吹き払われ、より健全な眼差しをもって、真理の光たるあなたの内に向き直る。そしてすべてを締め出し、私は真理たるあなたとともに閉じ籠る」(74)。

良心の探究は真理との出会いへと向かい、そこにおいて自己認識の第二段階、つまり魂の尊厳と美に対する洞察への道が拓かれる。魂は真理の光によって自らに対して透明になったため、この段階では魂は自己を自己自身においてだけでなく、神という自らの根源において把握する。「神の息吹によって創られたものよ、あなたは神のすばらしい業《わざ》である。〔……〕人間よ、どの点であなたが偉大で貴いものであるかを知りなさい。大地は汝が卑しいものであることを証すが、徳は〔あなたを〕栄光あるものにし、信仰は〔あなたを〕たぐい稀なものに、〔神の〕似姿たることは〔あなたを〕貴いものとするのである。〔……〕それゆえあなた〔自身〕とあなたの本性のすばらしさを知りなさい。肉の覆いを感じることもなくなるように、足枷から解き放たれ、素足になって出なさい(75)」。

魂は、自らの内へと向きを変えることによって、その善い意志を超え出て、霊的なもの——まず最初には自己の内面とその動き——についてのより内的な理解を発展させる。「情感を身に着け、〔魂は〕いまや自己自身をより完全に洞見かつ理解し始め、自らの内に働いているものを識別するに至る(76)」。同時に人間は自己の内面において、至福をもたらす神の現前を味わい始める。「私は私の外で、私が自らの内にはすでにもっていたものがあたかも欠けているかのように〔……〕探し求めていた。〔……〕このすべては私の内で、意志の善い同意と理性の判断に従って行われているにもかかわらず、その現存の甘美さが感じられるような霊的情感の知覚を私はもっていなかった(77)」。このようにして神の近さを経験することによって、魂の内には、神への愛が芽生え、さらにそれとともに神の美と善良さに対する深い認識が生じる。「眼差しがより甘美に照らされ、内なるところへと歩みを進めるにつれ、その眼差しはあなた〔神〕がさらに深く愛されうるということを〔……〕ますます甘美に感じかつ理解するのである(78)」。こうして神への内的な上昇が始まり、そこにおいて愛の導きの下で神の内的な認識と神への愛とが常に相互に深まっていく。「現存するものに関して情感を抱く〔意志〕は、愛である。なぜなら愛する者にとっては、自ら愛するものが知性の内において近くにいるからである。そして神への愛それ自体は確かにその知解である。〔神は〕愛されないなら知解されないし、知解されるのでないなら愛されない。また確かに、愛されるのと同じ程度に知解され、知解されるのと同じ程度に愛されるのである」[79]。愛におけるこのような神の認識を、ギヨームは、「神的な、そして真なる哲学の原型」[80]、つまりキリストにおいて見出される、人間と神相互の愛の知恵とみなしている。なぜなら愛においてこそ人間は、あらゆる把握を超えた仕方で神を捉えるからである。「いかなる魂や霊のどのような知覚でもあなたを把提することはできないが、あなたをあるがままの大きさにおいて愛する者の愛は、あなた全体をあるがままの大きさにおいて把握するのである」[81]。しかし、このような愛を通じての認識でさえも、究極的には自己の無知についての知を含んでいる。「この世の生においてはむしろ無知によってこそよりよく知られる荘厳なるあなたの直視と知識、そしてその荘厳さをいかに知らないかということを知ること、これがこの世の生ではそのものの最高の知である」[82]。

自己自身についての認識は浄化をもたらし、これによって人間には神の認識に至る内的な道が拓かれる。そしてここにおいて神の現存が再び魂へ働きかけ、その深層に至るまで神に向けて整え、その自己認識を明瞭にする。「人間と神との一致、ないし類似がより神に近いものとなるなら、その限りにおいて、そのより劣ったものを自らへと合致させ、最も劣るものをかのもの〔そのより劣ったもの〕に合致させる。そして霊、魂、肉体がその秩序に置かれ、それ固有の場所へ据えられ、そのもち分に応じて評価され、その特性に即して理解される。こうして人間は自らを完全に知り始めるようになり、自己知を通して前進し、神を知るまでに高まり始めるのである」[83]。神認識と自己認識とのこのような密接な相互関係にもとづいて、魂は、自らに対する神の現存に即してますます自らを把握し、神との類似および一致の内に育まれることになる。「私はあなたと共にあるうちは、私はまた私と共にある。あなたと共にないうちは、私は私と共にあることもない[84]」。このような相互関係は、真理を仲立ちとして神と人間とが互いに向かい合うことにおいて、あるいはキリストの内での神の現存において、人格的に実現される。「真理よ、真理よ、あなたの顔の栄光と威厳にふさわしく、それを私から隠さないでください。むしろ私の内でそのすべての輝きが閃きますように[85]」。

自己認識と神認識の相互関係においては、神と、キリストすなわち神の真理の側に優位があるため、魂はここで自らを神の「似姿」(imago) として認識し実現する。「善き創造主よ。あなたは私をあなたの似姿と類似へと創造することによって、私をあなたに同型化したのである[86]」。ギリシア教父の神学から取られた「似姿」の概念は、自己認識についてのギヨームの思想をその神学的・精神形而上学的背景から適切に要約しているものであり、これによってギヨームはベルナルドゥスを越えて、自己認識において魂の尊厳を視野の内に収めることが可能になったのである。ベルナルドゥスの愛の神秘思想においては、人間が神の似姿であるということは第一義的には自由意志の内に表されるのであり、罪ある存在としての人間と神との非相似は、慈愛を求める希求を引き起こし、これによって魂は十字架につけられた救い主を見出すものとされた。これに対してギヨームは、記憶・知性・意志という精神の諸能力に三位一体が「刻印」されているという思想にもとづき、似姿としてのありさまをそれら諸能力の内に見て取っている。そのために、ベルナルドゥスが自由と意志の完成を自らの霊性の中心に据えたのに対して、ギヨームにとって認識と愛は、似姿としてのあり方が、神との類似、および神との合一に向かって展開していくに際して、常に共働しているものなのである。

こうしてギヨームは、自己認識を神認識との関係において解釈するにあたって、似姿の概念を有効に用いたが、彼はこの概念を救済史の枠組みの内に位置づけている。「〔われわれは〕あなたの似姿によって創られ、アダムによってその似姿から古び、キリストによってその似姿に向けて日々新たにされる」[87]。ギヨームにおいては、ベルナルドゥスと同様に、救済史の諸段階が個々の精神の内的な生の内に再発見されるところから、救済史的観点と人間論的・実存的観点とを結びつけることが可能になっている。「善良なる創造主よ。〔……〕あなたは私をあなたの似姿と類似に従って創られ、あなたの喜びの園に置かれた。〔……〕蛇が忍び込み、私のエバを誘惑した。〔……〕そのために善い良心の楽園から追われ、見知らぬ土地、類似なき土地に流謫の身に処せられた」[88]。似姿という概念にもとづいて、本来の自己認識は、心理学的な内観や道徳的な良心の究明に限定されるものではなく、神の似姿たる自らの理性的存在の認識にまで至るはずのものと理解される。「各々の人間が自らを神の似姿と類似として創られ、理性を与えられたものとして知るのでないとしたら、〈自らを知る〉とは一体何であろうか」[89]。神の鏡としての精神において、人間は自らの真の自己を見出し、同時に信仰を通じてこの自己を超え、自らの創造主にまで超出する。精神は、愛による神からのこのような承認によって、ますますその原像に即して自らを形作るという限界のない進展を行い、似姿としてのこうした遂行において自らの最高度の尊厳にまで到達するのである。「神の似姿よ。あなたの尊厳を認めなさい。あなたの内に創り手の像が輝き出るように。あなたはあなたにとって低いものではあるが、実際は貴重なものなのである。あなたがその似姿である彼から離れるに応じて、あなたはそれとは異質なさまざまな像に染まってしまったのである」[90]。

精神が神に向けて自らを開き、神によって形作られるとき、精神は神の現存によって満たされている。このように神が精神の内に住まうことによって、精神は神への愛へと燃え上がり、神において自らの安住の地を見出すに至る。こうして、神の似姿としての精神のあり方から、神と精神との相互の内属が生じ、認識に満ちた愛によることの合一によって、精神は至福に満たされる。「それゆえあなたがわれわれ自身の内に住まっているとき、われわれはあなたの天である。しかしあなたは〔われわれの〕内に住まうようにこの天によって支えられているのではなく、〔われわれが〕内に住まうものとなるようにあなたがその天を支えているのは確かである。またあなたはわれわれにとっての天であり、そこに住まうためにわれわれがそこへと昇っていくところである。われわれがあなたの内に住まうこと、あるいはあなたがわれわれの内に住まうこと、これがわれわれにとって天であるということが、私に理解できる」(91)。

人間は自らの眼差しを神に向けることを通して、神から自らに向かう眼差しを通して自らを認識し、こうして神によって自ら刻印せしめることによって、神と人間の相互の内属は人間の内で人格的に実現される。それゆえギヨームは似姿という主題を、「詩編」の内に見られる「顔容《かんばせ》」(vultus)の概念によって具体化している。「あなたの顔容《かんばせ》と顔について、ダビデほど頻繁に、親しげに取り扱いかつ語った者を私は知らない」(92)。顔容《かんばせ》において、神と人間は互いに親密に認識し合い、希求と愛において互いを受容する。それゆえ、人間の情感のいかなる状態も、神へと対面する際には、魂の顔を成すのである。「人間の魂は、それが有している情感と同じだけ、あなたに向ける顔をもっている」(93)。内的な顔においては、神とまったき仕方で向き合うことへの希求と、神の顔を認識することへの憧憬が表現される。

しかし精神は、愛における相互関係の直接性を求めるにもかかわらず、そのつど新たに、神の隠れと自分についての無知を認めなければならない。「私はあなたの顔を捜し求め、そしてあなたが私から顔を逸《そ》らすことがないように懇願する。しかし、深遠なる知恵よ、その内であなたの顔そのものの輝きによって、〔あなたの〕顔と〔私の〕顔がいかなるものであるかを私に教え給え。それというのも、私は顔と顔とを合わせることを熱望していても、そのどちらも十分には知ることがないからである」[94]。したがってここでは――例えばプロティノスにおけるように――精神が自己自身を忘却する一方向直視によって神の存在が求められるだけでなく、自己を通じての他の認識と他を通じての自己自身の認識とが同時に求められ、しかもその互いの合意における最高の共同性が目指されるのである。「その〔あなたの顔の〕光の中で光を見ることができるように、私の顔があなたに対して何であるか、あなたの顔が私に対して何であるかがわかるように、そして真理があなたイエスの内にあるのと同じように私の内にもあるかどうかがわかるように」[95]。このように互いが互いを見やることにおいて、神の顔の直視への憧憬が、自己自身の認識への欲求を無限に凌駕する。なぜなら自己は自らの顔において最高の仕方で現存しており、しかしこの顔が神のほうに向いており、したがって魂自身によってはその顔は直接には把握できないとすれば、魂は神の顔に対面するときにこそ、自己自身をも最もよく認識するからである。しかしギヨームが嘆いているように、魂は常に、このような究極的な合致から隔てられていることを経験することになる。「心をあげてあなたを捜し求め、ただ私の顔のみが見分けるあなたの顔を把握したことを喜ぼうとするとき、不意に私は自らを〔あなたから〕離れたものとして見出す、このことは一体どういうことであろうかと私は詰問する」[96]。そこで神への憧憬、および自らが神の内にあることへの希求は、何にも妨げられることのない直視において互いに無制約的に内属し合うという終末論的な希望へと向かうのである。「そして究極的にはいつか、あなたの真理からの応答に従って、私に対しては死に、あなたに対しては生き、露わなる顔をもってあなたの顔自体を見るようになり、あなたの顔を見ることによってあなたへと燃え上がる。顔よ、顔よ、あなたを見ることによってあなたへと燃え上がる、そのようなことにふさわしい顔は何と幸いなる顔であろうか」[97]。

三　カストルのヨハネス

自己認識を神認識の場および道と捉える問題意識は、クレルヴォーのベルナルドゥスとサン＝ティエリのギヨームによる基礎づけを経たのち、中世の修道院神学、とりわけベネディクト会・シトー会の霊性の基本的な主題となった。一四〇〇年頃のベネディクト会士カストルのヨハネスにおける自己認識の主題の展開は、まさにこのことの証左となるだろう。(98) カストルのヨハネスは、同時代の思想家たちと比べても看過しえないほどの独自性をもってはいるものの、その思考形態は「中世末期の霊的著作家のある種の範例(99)」とみなすことができるのである。

（1）生涯と著作

カストルのヨハネスについて残された文献はわずかであり、信憑性のさほど高くない少しばかりの情報が手に入るにすぎない。(100) カストルのヨハネスは、一三八八年にプラハ大学の学士試験の志願者であったところから、それよりも二〇年ほど前に生まれたものと推定される。「マギステル」の称号が幾度か言及されるのは、彼の高度の大学教育を暗示するものであり、そのことは神学の伝統についての確かな素養や、文献についての豊かな知識からも窺うことができる。そしてオーバーファルツ（バイエルン）のカストルのベネディクト会の修道院長および副修道院長として言及されるのは一四一五年が最後である。彼の手になる一通の手紙は一四〇六年のものであり、彼の論考『創られざる光について』(De lumine increato) は一四一〇年に完成している。一四一八年にヨハネスは、改革のためにヴァイエンシュテファンのベネディクト会修道院に赴き、一四二六年彼の名に触れている最後の言及では、彼はその地の声望ある霊的著作家とみなされている。したがってヨハネスは、学識ある著作家また上長として、バイエルン地方、とりわけカストルを中心とした修道院改革運動[101]に熱心に努めたのである。そのためヨハネスの著作においては、その読者として明確[102]にあるいは意図として念頭に置かれているのは、主に観想生活を送る修道者たちである。一四〇〇年頃に書き上げられ、少なくとも二五の写本によって伝承された彼の最も浩瀚な著作『聖ベネディクトゥス修道規則註解[103]』(Expositio super regulam sancti Benedicti) もこうした読者層に語りかけている。二欄組みのフォリオ(大判)一四二四葉に及ぶこの著作は、古典古代・教父・中世の伝統からの膨大な引用を、キリスト教神学および霊性、そしてベネディクト会の規則と習慣の綱要としてまとめあげたものである。ヨハネス独自の思想を理解するには、一連の四つの小論考が有益である。そのうち最も有名なものが、二五章から成る『修道的完徳の目的について[104]』(De fine religiosae perfectionis) であるが、その簡約版(最初の一六ないし一七章のみ)が『神への密着について[105]』(De adhaerendo Deo) と題され、アルベルトゥス・マグヌスの著作として広く流布した。さらに『霊的哲学[106]』(Spiritualis philosophia)、あるいはラテン語の副題に従って『真にして謙虚なる自己認識について』(De vera et humili cognitione sui ipsius) という標題の論考は、同様に簡約版のかたちでも伝承されている。また『創られざる光について[107]』と、それを補う『自然、恩寵、祖国〔天国〕における栄光と至福について[108]』(Tractatus de natura, gratia et gloria ac beatitudine in patria) ――『創られた光について』(De lumine creato) としても知られている――が残されている。これらの主著に次いで、ベネディクト会士インデルスドルフのヨハネス (Johannes von Indersdorf 一三八二―一四七〇年) の求めに応じて一四二六年からその直後にヴァイエンシュテファンで著された書簡形式の成熟した論考『修道士の宝[109]』(Clenodium religiosorum) がある。さらにわずか一葉から数葉程度のもの、つまり比較的長い祈り『イエス・キリストよ[110]』(Oratio:

Eya Jesu Christe)、『観想について』[111]（De contemplatione)、『記章』[112]（Notulae)、『往生術』[113]（Ars moriendi)、『説教法』[114]（Ars praedicandi)、『三位一体について』（De Trinitate)、『修道生活の定則』（Formulae vitae religiosae)、そして典礼詩編についての短い註解が知られている。『神への密着について』はすでに一四七三年に二つのラテン語の印刷本が作られ、一四九二年は最初のドイツ語訳が現れている。[115] これに対して『霊的哲学』は、その簡約版がすでに十五世紀前半に『自己認識についての有益にして見事なる教え』[116]（Ein nücz und schone ler von der aygen erkantnuß）という標題の下でドイツ語訳されている。

『聖ベネディクトゥス修道規則註解』を始めとする著作のすべてにおいて、ヨハネスは古代（とりわけアリストテレス、キケロ〔Marcus Tullius Cicero　前一〇六－四三年〕、セネカ〔Seneca　前一頃－六五年〕）やキリスト教霊性の伝統に由来する豊富な引用を通して自らの思索を展開している。[117] そのため、例えば『聖ベネディクトゥス修道規則』第七章についての註解においては、聖書の章句および匿名著者と法的資料からの引用を除いて、五八の著者からの約四〇〇の引用文が採られている。[118] このようにヨハネスの著作は、中世の一般読者のための学問的著作によく見られるような、抜粋の集成としての性格をもっているが、それでもそれらの著作は、特定の主題をめぐっての百科全書的な摘要や詞華集といったものには終わっていない。それというのも、引用部分と比べるとヨハネス自身の著した文章のほうが量的に多く、またそれらの引用を自らの思索の着想源とはしているものの、ヨハネス自身の思索は、一定の明確な根本的構想の下に繰り広げられていることは確かだからである。したがって、ヨハネスは単なる編纂者、あるいは「当時のベネディクト会の平均的な霊的思想」[119] の代表者とみなされる場合があるにしても、やはりその著作の意義は軽視されてはならないであろう。アルベルトゥス・マグヌスのものとして流布していた『神への密着について』の著者を一九二〇年に同定することによって、[120] 著者カストルのヨハネスを再発見したグラープマン（Martin Grabmann　一八七五―一九四九年）も、ヨハネスの「明確かつ流麗に進められる」叙述の妙や、「思弁的な思索の深みと神秘的内向」の総合、さらに「スコラ学と神秘主義の総合」を強調しているのである。[121][122][123]

ヨハネスが典拠とした源泉を一覧すると、教父と中世の伝統のほぼすべてが採られていることがわかるが、それでもそこには明確な力点と優先される伝統の系譜があることが窺える。ラテン教父のなかでは、アウグスティヌス（偽アウグスティヌス）および大グレゴリウス（Gregorius Magnus　五四〇頃―六〇四年）、そしてヒエロニュムス（Sophronius Eusebius Hieronymus　三四七―四一九／二〇年）の霊的著作が好まれ、さらにアンブロシウス、ヨハネス・カッシアヌス（Johannes Cassianus　三六〇頃―四三〇／三五年）、またボエティウス（Boethius　四八〇頃―五二四年頃）やカッシオドルス（Cassiodorus　四八五頃―五八〇／八二年）すらが引用されている。ギリシア教父としては、主にオリゲネス、ヨアンネス・クリュソストモス（Ioannes Chrysostomos　三四〇／五〇―四〇七年）、ナジアンゾスのグレゴリオス（Gregorios; Gregorius Nazianzenus　三二六／三〇―三九〇年頃）、それに加えて、とりわけヨアンネス・クリマクス（Ioannes Klimax; Ioannes Klimakos　五七九以前―六四九年頃）を介して砂漠の師父の修道的伝統も参照されている。ディオニュシオス・アレオパギテス（Dionysios Areopagites　五〇〇年頃）の否定神学・神秘神学の影響はヨハネスの体系全体に関わるほどの意義をもつが、ディオニュシオスのテクストそのものはサン＝ヴィクトルのフーゴー（Hugo de Sancto Victore　一〇九六頃―一一四一年）や、トマス・アクィナス、ロバート・グロステスト（Robert Grosseteste　一一七〇頃―一二五三年）を通じて受容されている。初期スコラ学の思想家ではカンタベリーのアンセルムスが触れられているが、それよりもさらに頻繁に、カルトゥジア会のグイゴ（Guigo I Cartusianus　一〇八三―一一三六年）やサン＝ヴィクトルのリカルドゥス（Richardus de Sancto Victore　一一二三頃―七三年頃）の観想の理論が援用される。何よりもクレルヴォーのベルナルドゥスの神秘神学が重視されており、サン=ティエリのギヨームの手になる『黄金書簡』にも言及されている。

またヨハネスは、フランシスコ会の神学、とりわけボナヴェントゥラ（Bonaventura　一二一七／二一―七四年）、ミラノのジャコモ（Giacomo Capelli; Jacobus de Milano　十三世紀）、アウクスブルクのダヴィド（David von Augsburg　一二〇〇頃―七二年）、ビベラハのルドルフ（Rudolf von Biberach; Rudolphus Biberacensis　一二七〇頃―一三二六年以降）の内に、自らの思想の主題に近しいものを見出しているが、それと同時に、自らの神秘思想の神学的・精神形而上学的基盤を特にトマス・アクィナスに求めてもいる。ドイツ神秘思想に関しては、明確に引き合いに出されているのはゾイゼ（Heinrich Seuse　一二九五／一三〇〇―一三六六年）の『時計の書』（Horologium）だけであるが、内面性や精神の自己超越を強調する彼の思想を理解するには、やはりドイツ神秘思想という先駆者からの影響を考えないわけにはいかないだろう。中世末期の霊的・神秘思想の文献のうちでヨハネスが言及している代表的なものは、ザクセンのルドルフ（Ludolf von Sachsen; Ludolphus Cartusianus　一二九五／一三〇〇頃―七八年）の『キリストの生涯』（Vita Christi; Vita Jesu Christi e quatuor Evangeliis et scriptoribus orthodoxis concinnata）、ルースブルーク（Jan van Ruusbroec　一二九三―一三八一年）、ヘールト・フローテ（Geert Groote; Gerardus Magnus　一三四〇―八四年）である。ハインリヒ・フォン・ランゲンシュタイン（Heinrich Heinbuche von Langenstein; Heinrich von Hessen　一三二五―九七年）、ロバート・ホルコット（Robert Holcot　一三四九年歿）、サンクト・ポルキアノ（サン=プルサン）のドゥランドゥス（Durandus de Sancto Porciano; Durand de Saint-Pourçain　一二七五―一三三四年）からの引用は、中世末期の大学の神学からの影響を示している。しかしヨハネスは、唯名論の神学の思想や論争からは距離を取り、スコラ神学については、霊的・神秘的方向の理解にとって有益である限りでのみそれを用いている。ヨハネスは、認識の拡張を意図したのではなく、徳と観想の深化を目指したのである。「徳は学知に多く貢献するが、逆に学知は徳に対してわずかしか貢献しない。徳はキリストにならう者を作るのであって、学知はそうではない」[124]。また彼の言葉遣いは力強く心情に溢れており、「私、あなた」という語りかけの形態を取ることも稀ではない。詩的表現は乏しく、ほとんど常套句ふうに基本概念ないし特定の言い回しが繰り返されはするものの、そうした語り口を通して、観想生活を希求する生き生きとした高揚感が現れている。ヨハネスは自らを「盲目の画家」[125]とみなしているが、その著作はやはり、神秘思想の進展を見据える確かな眼差しによって導かれていると言えるのである。

(2) 霊的思想

(a) 自己認識と謙遜

ヨハネスは、エジプトの砂漠の初期の修道者たちや、とりわけクレルヴォーのベルナルドゥスと同様に、自己認識を霊的生活の基盤および入り口と理解し、すでに述べたように、この主題を標題として冠した著作を著している。「いかなる学も、人間がそれによって自己自身を認識する学問よりも優るものではないため」[126]、自己認識は「最高の哲学」[127]である。自己認識は、そもそも人間は不可避的かつ第一義的に自己自らに関わるという意味で実存的に中心的意義を有するだけでなく、自己認識があらゆる認識の根底としてそれらを形成し規定しているという意味で超越論的にも中心的な役割を担っている。「自らを知らない者は、正しい判断力や感覚をもつことがない」[128]。なぜなら自己認識においては、自己が認識の任意の対象とされるのではなく、認識はそれ自らと結びつくことによって初めて認識能力そのものを自らの根本的遂行として完遂し、真理そのものの洞察へと至るからである。真理のこのような根本的確証によってこそ、あらゆる対象的認識がその正しさを獲得するだけでなく、より深い精神的洞察への能力も養われるのである。

人間の認識はまずは感覚（「諸表象像」［phantasmata］）から始まり、それによって自発的に自らの外部へと向かうため、自己認識はまず反省として遂行されるが、この反省は、感覚的諸表象からの離脱を要求するものである。「魂がすべてのものから離脱させられ、自ら自身へと反省するとき、観想の眼は拡大される」[129]。ヨハネスにおいてこの「離脱」（abstractio　抽象）とは、感覚的現象から普遍的な可知的本質を取り出すというアリストテレス・トマス的な意味ではなく、エックハルトの「離脱」（abegescheidenheit）の意味で理解され、魂自身が感覚的世界への執着から離れて自己へと還帰することを指している。こうした離脱とともに「集中」が始まり、それによって魂は自己自身の内に歩み入り、前対象的に「自己と共にあること」[130]において自らを認識する。ヨハネスは、離脱と集中という二つの様相から成る精神の自己内還帰を、霊的生活の根本的段階として倦むことなく強調している。「第一にそして何よりも〔……〕人間が他のものから自己自らを離脱させ、自らの内へと自らを集中することが必要である」[131]。「われわれは常に沈黙の内に精神の秘められた内奥に走り帰る。そこにおいて他のすべてから離脱させられ、われわれの内部に全面的に集中させられ、われわれの前にある真理の認識へと自らを向かわせる」[132]。「それゆえに、人間はいかなる修練、いかなる道やあり方をもって自己自身についての最も内的な知により自由に到達することができるかということを探究することが必要である。それは以下のような仕方でなされるということは、直ちに十分明らかと思える。すなわち、第一にまた何よりも最高の仕方で自らを他のあらゆるものから離脱させ、自らの内へと自らを注意深く取り戻すという仕方によってである」[133]。

存在論的に見るならば、こうした離脱においては、多様性へと分散していた状態から自己遂行的な一性へと戻る還帰が始まる。「もしわれわれの心と精神が、下方に向かう最下層の無限の分散から、希求と愛によって自らを引き揚げるなら、そしてこの最下層を放棄して、徐々に自らの内において、不可変的で充溢した一なる善へと自らを集中することで、自らが自らと共にあることを学んだなら、またその善と分かちがたく何らかの感情に結びついたならば、思考と希求に関して上方へと高められる程度に応じて、それだけますます一へと集約され強められることになる」[134]。ただ自らの内へと集中した自己においてのみ真理の光が現れる。それというのも真理の本質と開示性はまさにこうした自己同一性にもとづくからである。「確かにすべての悪の始まりは、精神が多様なものや自らの外部にあるものへと分散し、その結果自分自身すべてが、自分自身にとって、真理の光の前に、また真理の光の内に、自己自身へと向かうことができなくなるというところに存するのである」[135]。

内的な自己への集中は、「それが習慣となるまで、つまり自由にかつ妨げなしに自己の内に速やかに自己を取り戻し、自己を他のあらゆるものから離脱させ抽出することが容易になるだけでなく、自己自身の内部で〔……〕自ら内省することが実際に喜ばしいこととなるに至るまで」[136]、絶えず新たな鍛練を必要とする。こうした自己集中への手助けとして、ヨハネスは、「体の孤独さ、心の努力、精神の静けさ」[137]、「人間が静寂と沈黙の下に自らを集約するような」[138]努力、「心の純潔と清廉さと沈着」[139]および「心の平静と内密さ」[140]へと向かう絶えざる注意を挙げている。

それゆえ自己認識は、自己を対象化するような認識論的な意味での反省の個別的な活動に尽きるものではなく、存在論的な過程ないし人格的な遂行として絶えず深められていく。人間は外的な満足を断念し、自己自身へと沈潜することによって、自己の下位の層を超えて高まることになるのである。この点をヨハネスは、新プラトン主義的な精神形而上学の原理によって基礎づけている。「なぜなら、霊的経験に関しては、霊的事柄においてより内密なものこそがより上位のものなのだからである」[141]。

こうして感覚的次元からの離脱によって、自己の精神的存在の根源へ向かう内的上昇が始まる。「精神は、すべてのものに対する放棄によって、自己と一切の被造物を超えて自らを高める」[142]。ヨハネスはエックハルトを引用こそしていないものの、ここでの「放棄」は、エックハルトに劣らないほど強い意味で語られている。「すべてを放棄し、すべてを蔑視し振り捨て、外部の何ものをも配慮せず、気に掛けず、何ものをも愛することがないであろう」[143]。こうして人間は徐々に自己自身からの距離を獲得する。「魂は、ある意味では、自らの外なる人間を、遠くからあたかも自分のものではないものであるかのように見ている」[144]。

しかしながらこのように徹底した放棄は、自我意識の強化を促すわけではなく、むしろ自らの無性と罪に対する洞察へと導く。「それゆえわれわれはわれわれ自身の内に心へ向かって回帰しよう。〔……〕ますます休むことなく自身のより内的なところへ踏み込もう。というのも、自身の内部をより深く吟味するに応じて、自分をより悪いものとして発見するからである」[145]。すなわち否定ないし放棄は主体の力によって客体の領域に向けて遂行されるといったものではなく、真なる無制約的光への愛を通じての希求に由来するものであるため、この否定ないし放棄は主体自体をも自らの内に包含し、その存在論的・道徳的無性を明らかにする。こうしてヨハネスはベルナルドゥスの言葉を自らのものとしている。「謙遜とは、人間が最も真なる自己認識によって自らにとって自らについての価値が減じるということである」[146]。謙遜において人間は無制約的に真理の下に服し、まさにそうした仕方で真の自己認識に至り、そこにおいて人間は自らの限界を受け容れる。「真理についてのこの真なる認識は、魂を常に謙遜にするが、それは他者をではなく、まさに自己自身を判断する者とするということである」[147]。それゆえ謙遜は人間を、名声を求める世界内での争いから解き放ち、真理へとその眼差しを見開かせ、人間自身にとっては計り尽くすことのできない超越の深みを人間自身において開き示す。そして謙遜において自らを超えたところへと向かうこうした開かれた態度において、神はその尊厳そのものにおいて、まさに人間の根源として顕現する。「それゆえ、あらゆるものにおいて、またあらゆる人のもとで、汝を低め、汝の神の前で高まるように。そして汝自身を軽んじ、汝自身の内で神の栄光を見るように。すなわち、謙遜が生じるところではどこでも、神の栄光が現れることになる。それゆえ汝自身を知れば、汝は汝の神によって知られる。いや、汝を完全に知ることによって、汝の創り主を知るようになるだろう」(148)。そのため思考と決断の真理は、それらが、真理認識の前提およびその結果である内的自己集中および謙遜に資するか否かという点に即して測られる。「汝のあらゆる認識、発言、働きの最終的な論拠、つまりそれらが神にふさわしいものであるかどうかということの論拠が以下のような基準となりますように。つまり、それらによって汝がより謙遜になり、汝の内部と神の内により集中し強められることになるかどうかという基準となりますように」(149)。

謙遜と神認識とは相互に不可分の仕方で高まっていく。まず謙遜が増すにつれてより深い神認識が可能となる。「したがって、自らの無価値を認識するにつれて、それだけますますそして明瞭に神の威厳が洞見される」(150)。また逆に、神とキリストの神性についての認識が深まるにつれて、謙遜もまた増していく。「それゆえイエス・キリスト――すなわち永遠にして、本質的で測り知れない光――が、われわれの注意を凝らした精神の内にありますように。これと比べ、またこれに照らされることによって、われわれはわれわれの無性および迷妄の闇を知ることになる。すなわち対立するものは互いに並べることによってより一層際立つものである」(151)。しかし謙遜は、神の無限なる威厳を認めるものであるために、相対的な「無価値」(vilitas)の洞察にとどまることなく、人間があらゆる被造物と同じく無であること、より正確には「無以下のもの」(「自らを無以下のところへ還元する」(152))であることを徹底して自覚させる。「それゆえ人間は、感覚的ないし知的な被造的なるものから自らを離脱させ、それらを脱ぎ捨て、自己自身の内にすっかり入り込むべきであり、またこうして、あたかも習慣的であるかのように、欲する度に直ちにそして速やかに、自己自身、および自らの無性と無価値を、自らの面前で、そして創られざる本質的な光そのものの内で見なければならない。なぜなら、自らの被造性と腐敗からは次のようになるからである。無から発し、無性によって取り囲まれ、無に向かうものとして、必然的に他のもの——すなわち創り主たる神——から、自らの存在および保持、宰領——自然本性的なものにおいてであれ、偶然的なものにおいてであれ、また恩寵によるものにおいてであれ——を懇請することを〔人間は〕同時に一つの同じ眼差しによって直視し、かつ認識するのである」[153]。

感覚的次元からの後退、内的な自己集中、および謙遜によって、人間はあらゆる有限的表象や規定を脱ぎ棄て（「赤裸になる」[nudare]）、純粋に精神的な活動を通じて、赤裸かつ自由に、信仰と聴従的な愛という暗闇の中で直接に神へと向かう。「〔人間は〕ただ信仰と善い意志をもって、赤裸の知性の内で神に密着しなければならない」[154]。なぜなら精神は、このように形象を消去することによって浄化され、自らの純真なる本質へ還帰することで、自らの存在全体の内的集中において、希求と愛をもって神へと向かうことができるからである。「それゆえもし汝が自らを赤裸にし、形象と像から浄め始め、主たる神を信頼しつつ汝の心と精神を単純化し沈静化するなら、その結果、汝の内面すべてにおいて神の恩寵の泉から汲み出し味わい、善い意志を通じて知性において神と一つになるだろう」[155]。被造物についての諸々の表象は、精神と神のあいだに割り込み、外部から精神を惑わせ、神との直接的関係を媒介するどころかそれを阻害する。「汝と神のあいだに第三のものは何もないであろう」[156]。ところで精神は、ただ自らの内面を通して遂行される自己超越においてのみ、神自身を見出す。「神に向かって上昇するということ、これは自己自身の内部に入り込むことである」[157]。「赤裸の」精神は形象のない直視と純粋な意志的活動によって、自らの内面性を通じて、神自身の至純にして超本質的な存在に達する。「絶えざる除去によって表象像と像を度外視し、内向によって、またその中で精神を神へ向けて上昇させることによって、ついに何らかの仕方で表象像を忘れるようになる者、そしてこれに応じて、赤裸で単純で純粋な知性と情感により、最も単純な対象である神をめぐって従事するようになる者は、幸いである。こうして汝は、神以下のあらゆる事物の表象像、形象、像、形相を精神から追い出すようになる。そうして、ただ赤裸なる知性と情感、および意志においてのみ、汝の修練は汝の内なる神をめぐるものとなるであろう」[158]。こうして神は形象を介さずに、非対象的な仕方で目指されるものである以上、ここで精神は有限的事象からのあらゆる離脱の果てに、――ディオニュシオス・アレオパギテスにならって――神についての一切の述定可能性よりも高次のものである不可知の闇に踏み込むことになる。「それゆえ、われわれは除去の道を通じて神の内へ進むとき、第一にわれわれは神について物質的なもの、可感的なもの、表象可能なものを否定し、次いでさらに可知的なものを否定する。そして最後には、被造物において残っている存在そのものを否定する。このようにして、ディオニュシオスによれば、われわれは途上〔世〕にある限り、最も良く神と結合する。そしてこの途は、神がそこに住まうと言われる闇である。これはモーセが入り込んだところである」[159]。しかしここにおいて精神はその目的に達し、すなわち「汝の内で主たる神の内に向かい、かつ安らう」[160]のである。

(b) イエスの人性を通しての神性への上昇

ここで問題となるのは、精神はその内面において、いかにして神へと上昇するための「梯子を立てる」[161]ことができるのかということである。その遂行について見るなら、「神の感嘆すべき本質の瞑想、汚れなき真理の洞察、純粋にして力強い祈り、讃嘆の叫びと、神への燃えるような憧憬が〔人間を〕高みへと引きさらう」[162]のである。この場合、真なる憧憬と自己愛とは、その向かう方向を互いに異にする。「神への愛は人間の心を多数性と多様性から一なるところ、つまり最高の対象にして目標――すなわち主たる神――へと向け変え、かつそこへと引き寄せるのに対し、自己愛は逆に、バビロンの都、つまり混乱の都を創り上げることで、人間の精神と魂を、一にしてあらゆる意味で善なるところに背かせ、無限定へと分散させるのである(163)」。

観想もまた――トマス・アクィナスにならって――神への愛の内で初めて成就するとされる。「またここにおいて、カトリック信仰をもつ者の観想と異教の哲学者の観想とのあいだの区別が留意されなければならない。それというのも、哲学者の観想は観想する者の完全さのためのものであり、それゆえそれは知性の内にとどまり、そのためここにおいて彼らの目的は知性的認識である。これに対して聖なる人々、つまりカトリック信徒の観想は彼への、すなわち観想された神への愛のためのものである。それゆえそれは、究極目的に関して、認識によって知性の内にとどまることはなく、愛によって感情へと移行する。そこから聖なる人々は、自らの観想において、何よりも目指されたものとして神の愛を目指すのである(164)」。ところで愛は、その存在論的特性に従って、一なるものとの合致を目指すために、精神は愛によって自らを超えて神へと導かれる。「確かに、愛そのもの、すなわち愛徳は、人間に向かう神の道であり、また神に向かう人間の道である。〔……〕愛は、その本性上、愛に値するもののあらゆる力、深み、全体の内に入り込むまで、休むことがない。そうして愛された者と一つになることを欲し、そのようなことができるなら、愛された者と同一のものになる。そして自らと愛する対象である神とのあいだのいかなる第三者にも耐えられず、熱烈に神へと向かう(165)」。

愛の力動性は感覚世界への拘束から自由になった精神の内奥において展開される。なぜならそのような精神はその存在論的本質においてまさに神の「似姿」にほかならないのであり、神の本質に関係的に対応するものだからである。このような神の似姿としてのあり方は――アウグスティヌスの場合と同様に――「魂のこの三つの能力、つまり理性・記憶・意志において表されたものとして成り立つ。それらは全面的に神によって刻印されたものでない限り、魂の最初の創造にあったような仕方で神と同型のものではない。確かに魂の形相は神であり、魂は神によって刻印されなければならない。それはあたかも、白蠟が印章によって刻印され、規定されるものが記号によって規定されるのと同様である」(166)。それゆえ精神は、神の似姿としてのあり方、あるいは自らの本性の関係的なあり方によって神と対面し、それによって神と自らを一致させるために、自らの遂行の内でその本質と一致しなければならない。このような一致を妨げる唯一のものが、魂の分散と感覚的なものへの依存である。「それというのも、人間の精神は、憂慮によって分散するなら、記憶を通じて自己自らへと入り込むことなく、感覚像によって曇らされるなら、知性を通じて自己自らへ還ることがなく、欲情によって惑わされるなら、霊的喜びの内的甘美さへの希求を通じて自己自らに立ち返ることがない。そのため人間の精神は、その感覚的で眼前にあるものの下にすっかりとどまって、神の似姿としての自らの内に入り込むことができないのである」(167)。しかし精神が自ら自身を神の似姿として実現するなら、精神は「真に神の姿を映す汚れなき鏡となり、彼の光から常に光を受け取る」(168)ものとなる。

愛の向かう方向は、人間が神の似姿としての本質をもつことによって保証されている。その遂行のありさまは光の比喩によって明らかとなる。そのためにヨハネスは、キリスト教的新プラトン主義の光の形而上学を、精神の神秘的上昇という自らの理論の核心としている。まず、ヨハネス自身が詳細に敷衍したトマス・アクィナスのテクストに従って、人間の精神による認識が、神的光への参与にもとづいて、認識が有する光としての性格そのものにおいて構成されている。「われわれは、われわれが知解し判断するすべてのものが、ただ第一真理の光にその根を有するということを知っている。それは、われわれの知性の光そのものは、自然なものであれ恩寵によるものであれ、第一真理による刻印にほかならないという限りにおいてである。それゆえ魂は、永遠の理拠、つまり認識の原理においてすべてを認識する。永遠の理拠への参与ゆえにわれわれはすべてを知っているのだが、それは、われわれの内にある知性の光そのものが、その内に永遠の理拠が成り立つ創られざる光への何らかの分有された類似によるものにほかならないからである。これは太陽によって見られるところが、太陽において見られると言われるのと同様である[169]」。

人間の精神的本性および恩寵のこのような「創られた光[170]」は、人間存在の核心、つまり人間の精神の最も内的で最も高次のところを成している。この創られた光は「創られざる光、すなわち神[171]」を受容する限り、神の光に貫かれた人間存在と神との関係は――大グレゴリウスの比喩[172]によれば――ランプと光との関係のようなものである。それゆえ精神の内的道程は、「ランプを通じて光へ、つまり人間を通じて神へ[173]」向かう。創られた光の純粋にして完全なる原型――そこにおいてのみ創られざる光が完全なかたちで映される原型――は、キリストの人間性であり、そのためにヨハネスは、キリストを光とみなす「ヨハネによる福音書」の考え（ヨハネ一・四、九、三・一九、八・一二、一二・三五、四六）をさらに展開し、それを人間の内面に関わるものとして解釈している。ヨハネスはこの考えを簡単に要約して以下のように述べている。「最高にして究極の対象は創られざる光そのもの、第一の真理、主たる神、聖三位一体である。またここに至るための媒介と備えはキリストの人間性、創られた光――それが自然のものであれ、恩寵によるものであれ、栄光におけるものであれ――である。しかし「その」担い手または直視の能力は、このようにして光をまとい、その能力を授けられたわれわれの知性である[174]」。こうして霊的人間は、人間イエスの生涯についての外的な考察から、イエスの神的光の内的な直視へと導かれる。

「唯一必要なことは、すなわち、外的にはイエス・キリストの人間性を絶えず正視し模倣することであり、同時に内的にはその神性を観想し享受し味うことである」[175]。

キリストがその受苦を通して自らの内面を開き示すことによって、キリストの人間性はキリストの神性を認識させる。あたかも透かし彫り模様のランプから光が漏れるように、傷ついたキリストこそが神性の光を照り輝かせる。「キリストの傷ついた人間性というランプにおいて、彼の神性の光を〔……〕直視しよう」[176]。このように、キリスト教的新プラトン主義の光の形而上学および分有の形而上学が、中世末期の受難の信心と結びつき、相互に解釈を深め合っているという点が、ヨハネスの霊性の独創性を成している。ヨハネスのこうした霊性思想は、受難のイエスに対する人間的な共感にとどまる心理学的な信仰理解にも、また単にグノーシス的な内観という立場にも陥ることがない。十字架の下でのマグダラのマリアがそうであったように[177]、人間は「自らの内へと自ら全体を取り戻し、そしてただ傷ついたイエス・キリスト以外のいかなる対象にもここで精神を向けるべきではない。こうして、彼を通じて彼へ、つまり人間を通じて神へ、人間性の諸々の傷を通じてその〔キリストの〕神性の内奥へ、注意深く熱意をもって向かうべきである」[178]。それゆえヨハネスが常に要求している絶えざる注意は[179]、内面へ、つまり自己自身へと向かうものではあるが、そこにおいてその眼差しは自己を突破し、その受難における謙遜と愛によって神的光を照り輝かせるイエスの内的現存へと向けられる。「人間はすべてに関して内省することで、自らの心の内に歩み入る。そうしてその心の内奥へ歩み入り、他のすべてを放棄し、そうすることで自らすべてを自らの主たる神、イエス・キリストの内に沈潜させ解消する。その結果いまや、神でないなら、何ものをも見ることも感じることもない」[180]。受難のイエスと内的に結びついて初めて、人間の心は、自らの罪の自覚をともなう深い自己認識[181]、および「その〔キリストの〕神性の内奥」[182]の認識へと至る。そこで一切の外的なものからの離脱によって可能になった神との直接的関係は、内的に常にイエスによって媒介され、まさにそのことによって、神を追求する志向的あり方において基礎づけられ、確立される。「汝は赤裸の精神によって、また彼〔イエス〕に誠実に密着すべきである。〔……〕その結果汝の魂と彼自身〔イエス〕のあいだに何の第三者もありえなくなるように、また純粋かつ確実にキリストの諸々の傷から彼の神性の光へと流れ込めますように(183)」。

（c）神の光の直視　自らの内面から出発してイエスの人間性との合一へと至る移行は、神性の直視を目的としている。「実際、あらゆる修練の目的は以下のことである。すなわち、最も純粋な知解と最も敬虔な情感をもって、そして表象像や混乱をともなうことなく、自らの内の神に向かいそこで沈静することである(184)」。人間の内面におけるこのような神の現存を立証するために、ヨハネスは、人間の精神の内に神が住まうというアウグスティヌスの思想を、あらゆる被造物の内に神が現存するというトマス・アクィナスの思想と結合させている。「それというのもわれわれの主たる神自身は、われわれの内奥よりも内的であり、しかも〔神は〕われわれの魂の意識内容、われわれの心の思考と意向の根源の核心を、その力、現存、本質によって貫くのである。そのようなわれわれは、神の内に存在するのでなければ存在することはなく、神がわれわれの内に存在するのでなければ、成立することもない。「使徒言行録」第一七章〔二八〕に言われるように、われわれは神の中に生き、動き、存在する。なぜなら、われわれを無から創造することによって、神はわれわれを自ら自身の内に創ったからである。それというのも、神の外にはいかなる場所も他のものもないし、また永遠にして不可変の今において、神は自らのすべてでもってわれわれのすべてを不可変な仕方で包括し、また満たすからである(185)」。

神こそが精神の内的集中と内的単純化を通して目標とされるところであるため、神はまず「最も単純な対象(186)」

つまり「全にして、ただ一つでありひとり」[187]である。このような一なるものは、それとして達成されるとき、「永遠の今であり」、「汝にとって最も近く現存しているものである」[188]。この一なるもの、つまりキリストの神性――「三つの位格において一にして同一のもの」[189]――に向かうことによって、精神は自己自身との不可変の統一を獲得し、「一を愛することによって一であり続け」[190]、「ついに内なるイエスにおいてすっかり不可変のものとなる」[191]。

このように、自己および一者と一致することによって、神は精神に対して、至福をもたらす創られざる光として立ち現れる。「それゆえ信仰と愛によってわれわれはわれわれの内でイエスを通じてイエスの内面へ、つまり一にして三なる神的な創られざる光の内へと歩み入る」[192]。イエスの人間性の創られざる光を通じて、精神に対してイエスの神性が現れ、またそこにおいて、神の創られざる光がその測り知れない広がりと深さにおいて示される。「神そのものである神的にして創られざる光は、すべてを取り囲み、包含し満たす」[193]。

こうしてヨハネスは、神的光の直接的な内的直視を強調するが、同時に彼は、人間はこの世の生においてこの光をただ限定された仕方でのみ、またより深い直視への絶えざる努力においてのみ見ることができるということも指摘している。「このようにキリストの内にいる者は、真なる光の内にいる。〔……〕キリストを通して、キリストの神性の内奥へと、すべての感覚的なものを一瞬に超えて向かい、そうして、その創られざる光の測りがたさと完全さをわずかにでも知覚する」[194]。集中した注意と愛による希求によって、人間は神に「密着する」[195]。この「密着」という術語によって、神の直視、およびその享受が追求としての性格をもつことが適切に表現されている。神の直視は、突如として起こる体験ではなく、浄化と一致を目指し、「善い意志によって知性の内で神と一致し同型になるように」[196]励む絶えざる情感的・知性的努力の実りとして徐々に育ってくるものなのである。この意志的態度を越えては、「したがって、キリストの神性の現存を感得し、知覚し味わうような、キリストへの愛、愛に値するキリストへの希求以外には、外的な感覚的なものからわれわれの内へ、またそこからイエス・キリストの内密で神的なところへとわれわれを引きさらっていくものは何もない」[197]。

神を希求する愛によって、精神はこの世のあらゆるものから離脱していくため、それによって精神は内的に上昇することが可能になる。「いとも聖なる三位格を一性において、一性を三位格において、イエス・キリストの内に、謎に満ちた仕方で注視することへと絶えず向かうこの上昇のあり方は、その上昇の力がより内的であるほどますます熱意に満ちたものとなり、情感がより緊密になるほどますます実り多いものとなる」[198]。それゆえ神の直視は、一方でその明晰さの度合に応じて、他方でその性格が純粋に知性的な直視であるか、情感による合致であるかに応じて区別される。「あるものは、神をその本質によって明晰に至福に満ちた仕方で見るものが一つであり、これはただ祖国〔天国〕においてのみなされる。〔……〕今ひとつは神性を、いわば人間性の雲の下に、イエス・キリストにおいて観るものである。または、神を知性的な直観的直視において知るものはまた一つであり、情感によって経験する直視はまた別のものである。それは、蜜の甘さが直視によって知られるのが一つであり、味覚によって知られるのはまた別のものであるというのに等しい」[199]。その際にただ情感的な認識にのみ、神との合一の意義が認められる。「『ヨハネの手紙一』(四・七)の〈愛する者は皆、神を知っている〉、つまり情感的・経験的・親和的認識によって知る、というかの個所についての一つの註記《グロッサ》にあるように、認識とは二重であり、すなわち知解と情感である。〈しかし神を愛さない者〉、つまり神と隣人とを愛徳によって愛さない者は、〈神を知ることがない〉、つまり経験による知によって知ることがない。このことは、空疎でつまらない、ときとすると空虚であり好奇心を引くような、単純で対象的な知の認識によって神をいかに知っていようとも同じことである」[200]。

ところで合致は愛によって遂行される。「それというのも、ただ愛こそが、それによってわれわれが神へと向きを変えられ、神へと変容させせられ、神と密着させせられ、神と合一させせられ、その結果われわれが神と一つの霊になるような、そうしたものだからである」[201]。それゆえ神との合一は、その内で精神が消滅してしまうような、神との実体的な融合ではなく、意志と愛の領域における合一なのである。「「コリントの信徒への手紙一」六〔・一七〕にあるように、神と密着する者は、神と一つの霊となる。それは、実体的に同一になるということではなく、意志があらゆる仕方で〔神と〕同型になることへ最も熱心で純粋な愛が融解することによるのである。なぜなら、神がその本性によってそれであるところ、〔精神は〕恩寵によってそうしたものであるからである」[202]。しかしながらヨハネスは、神との合一の強さと緊密さを表現するために、「神への変容」[203]、「神への沈潜」、「神への溶解」といった言い回しをためらうことなく用いている。「〔霊は〕心と愛のすべての情感によって、自らのあらゆる力の最も内的な核心である彼〔神〕の内へ自らを最も誠実かつ最も十分な仕方で流出させ、沈め、拡張し、点火し、解消させる」[204]。神と同型化する変容によって、霊はついに、自らの一切の活動を神から発するものとし、それゆえに自らの対象すべてを神との関わりにおいて、また逆にすべての被造物に向かう関わりにおいて神を見出すことになるのである。「このように〔霊は〕ある仕方で神へと変容するが、それは、〔霊が〕思考すること、知解すること、愛すること、記憶することは、神を、また同様に神をめぐって〔そうするの〕でなければできないほどである。また他の被造物や自己自身についても、ただ神の内においてでなければ〔霊は〕見ることもなく、ただ神においてでなければ愛することなく、神においてでなければ、それ〔被造物〕についても自己自身についても記憶するということがない」[205]。

ヨハネスは神との合一を、一方では直視の遂行（「注視」［contuitus］、「直視」［visio］）として理解し、それによってディオニュシオス・アレオパギテスとトマス・アクィナスに近づいているが、他方では、その合一を愛において遂行されるものとみなし、その点でシトー会およびフランシスコ会の霊性思想にも与している。このような複合的な思想においては、異なった伝統を調停し、神との合一という一つの中心主題の下に集約するヨハネスの総合的な思考様式が現れている。何よりもヨハネスの根本的主題は、人間の内面を通しての神への上昇であり、この主題は（偽）アウグスティヌスによって巧みに表現されているものとヨハネスはみなしている。「『霊と魂について』（De spiritu et anima）第二一章において言われているように、神へと上昇することは、すなわち、自己自身の内に入り込むことである。それというのも内へと入り込み、内を貫くことによって自己自身を超える者は、真の意味で神へと上昇するからである」[206]。

第Ｖ部　初期ルネサンス思想

第十一章　神認識における否定と直視
――クザーヌスにおける神の探求をめぐって――

序　クザーヌスの思想の一貫性と発展

ニコラウス・クザーヌス（Nicolaus Cusanus　一四〇一―六四年）は、高齢の六一歳になって自らの思惟の道を振り返った際に、その思惟の出発点と根本的動機が「神の探求」の内にあったとみなしている。しかもそれは、同名の標題が付された初期の著作（『神の探求』[De quaerendo Deum　一四四五年]）に関してのことだけではなく、この主題をめぐる「憶測」（coniectura）ないし思索の試みとして展開された後年の著作に関しても言われていることであろう。「私はしばらく前に神の探求について考えたことを書きまとめ、その後も歩みを進め、さまざまな憶測を記してきた」(1)。ここで「さまざまな憶測」と言われている以上、その試みは直線的な進展ではなく、むしろ――自らが考案した球戯の例によってクザーヌス自身が暗示しているように(2)――人間精神の洞察と隠蔽、真理と他性のあいだを揺れ動きながら、その目的となるところ、すなわち現実の中心にして根底であるところへと螺旋状に接近していくものである。その際、思惟がたえず新たな仕方で試みられる中で、思惟の目指す目的への方向、すなわち神と呼ばれる第一にして一なるところの認識への方向が保持されるだけでなく、思惟はその展開を通じて、前の段階のさまざまな試みを――常に部分的な仕方によってではあるが――取り込むことによって、自らを豊かなものとしていく。そのため、真理を求めるこうしたさまざまな「狩猟」は、思惟の継続的進行として、一つの体系に集約されることはないにせよ、クザーヌスが晩年の著作『知恵の狩』(De venatione sapientiae 一四六三年初頭)において試みたように、ある開かれた全体の内で緩やかな統一を成している。「私がこの高齢に至るまで、精神の洞察によって、より真であるとみなしてきた私の知恵の狩猟を、後世の人々に集約したかたちで残すことを意図している」(3)。同様にクザーヌスは『綱要』(Compendium 一四六四年初頭)の中で、自らのそれまでの探求の一貫性と動揺について語っている。「あらゆる点において同一の第一原理が、われわれにとって多様な仕方で現れ、われわれはその多様な現れを多様な仕方で記述してきたということがわかるだろう」(4)。そこで、神認識に関するクザーヌスの理論の展開を、その中心的なモチーフに即しながら全体的に概括し、その構造を解明するのは、有意義であると同時に、十分に可能な試みだろう。ここでは、「否定と直視」という主題をあらかじめ考察の焦点として際立たせてはいるものの、これはこの二点のみに主題を限定するためのものではなく、第一のものへと向かう思惟の上昇運動の二つの重要な分岐点を暫定的に名指す指標を表すものにほかならない。

一 問題設定

人間の認識は、既知のものとして前提されたところから出発し、比較・類比・区別を通じていまだに知られていないところへ接近し、認識に対してあらかじめ与えられた観点から、比例という関係を通して新たなものへと拡張していく。しかしこのような思惟が絶対者を問い求める場合、その思惟は、(例えば経験主義的な意味で誤解された神の存在証明のような仕方で）これまでに知られていない対象にまで単純に延長するのではなく、思惟によって認識されるあらゆる現実の根源、および思惟それ自身の根源へと還帰することになるのである。世界内の現実と人間の思考の絶対的原理は、有限なもの一切に対して徹底して先行しており、そうでなければそれらのものの絶対的な、すなわち自立的で第一の原理たりえないのである以上、その原理は比較による理解という仕方によって把握されることはありえない。思惟は、自らの認識様式の限界を反省的に見抜くことによってのみ、つまりその根底に照らして自らを理解する「知ある無知」として、人間の側からはその本質において認識されえない超越的絶対者へと至るのである。

思惟が自らのこのような限界の内に閉じ籠ることによって、自らの存立を断念し、いかなる主張をすることも不可能になるような独断的な不可知論に陥るべきでないなら、神に対する直接的な観取という要請によって、思惟自身の限界を飛び越えようとするという方向が取られることもあるだろう。しかしクザーヌスは、このような直観主義は、「われわれの理性的霊」[(5)]の制約と権利とを忘却しているという理由から、そうした道を選ぶことはなかった。また、合理的認識の限界を、意志における情感を通じての神の把握によって補おうという方策も考えられる。これは、オーストリアのカルトゥジア会士アッグスバハのヴィンケンティウス（Vinzentius de Aggsbach　一三八九―一四六四年）が、ジャン・ジェルソン（Jean Gerson　一三六三―一四二九年）の『神秘神学』（Theologia mystica）――クザーヌスは読んではいないようだが――に対する批判の中で提案したものだが、これに対してクザーヌスは、親しかったテーゲルンゼーの修道者たちに宛てた一四五三年九月一四日の手紙の中で、ヴィンケンティウスの議論を批判している。「カルトゥジア会士が語っている方法は、伝えられることも、知られることもできないし、彼自身ですら、書いているように、それを体験したわけでもない」[(6)]。「まったく知られていないものは愛されることはない」[7]以上、そのような非合理的な試みにあっては、感情が想像上のイメージに囚われて、往々にして自己欺瞞に陥るというのである。[8]したがって、神認識に関する問題は、「カルトゥジア会士〔ヴィンケンティウス〕がやろうとしているような方法により、つまり感情をもって知性を取り去ることによって」[9]解決されるのではなく、知性そのものの内にその解決の途が求められるべきである。なぜなら知性は自らの無知を、神に至る道として認識するからである。「知らないままに知るもののみが」[10]知性を満足させることができる。このようなことは、クザーヌスが強調しているように、まさにディオニュシオス・アレオパギテス(Dionysios Areopagites 五〇〇年頃)の神秘神学が目指したものであった。「それ〔神秘神学〕は、神との合一および、覆い隠されることのない神の直視に至るまでのわれわれの理性的霊の上昇を取り扱っている」[11]。ディオニュシオスが要求しているような、無知そのものの実現は、ただ知性によってのみ成し遂げられる。「学知と無知は、知性に関わるのであって、意志に関わるのではない」[12]。

こうして神との関わりは、ただ知性的認識の道においてのみ実現されるものではあるが、それは狭義の実証的知識のかたちで達成されるわけではない。ハイデルベルク大学で幾たびも総長を務めた神学者ヨハンネス・ヴェンク(Johannes Wenck 一四六〇年歿)は、スコラ学的な「旧い道」(via antiqua)に従って、その論争書『無知なる書について』(De ignota litteratura 一四四二―四三年)によってクザーヌスの『知ある無知』(De docta ignorantia)を烈しく攻撃し、クザーヌスはこれに対して、師と学徒とのあいだの対話という形式を取った『知ある無知の弁明』(Apologia doctae ignorantiae 一四四九年)によって応じている。ヴェンクは、アルベルトゥス=トマス的なアリストテレス主義にもとづいて、「偽りの使徒」[13]クザーヌスを、汎神論や、ベギン、ロラルド派、マイスター・エックハルト(Meister Eckhart 一二六〇頃―一三二七/二八年)らの神学上の誤謬の咎で譴責し、クザーヌスの教えを、「われわれの信仰にそぐわないもの、敬虔な精神を損なうもの、少なからず神への従順からいたずらに遠ざかるもの」[14]として攻撃している。そこでヴェンクは、無知こそを唯一真なる知と主張するクザーヌスの見解を、神学の可能性を破壊するものとみなしている。「しかしながら彼の結論の基盤は、神的な事柄に関する学を絶滅させる」[15]。ヴェンクはクザーヌスに対して、「論理学の学識の乏しさ」[16]を非難する。とりわけ、クザーヌスが矛盾律を無視していることは、あらゆる学問をその根底から覆すものとされる。「このような彼の見解はあらゆる学理の根本、すなわち、同じものがあり、かつないということはありえない（『形而上学』〔Metaphysica〕第四巻）ということを根こそぎにしてしまう」[17]。ヴェンクは、神認識をどこまでも感覚的認識に根差すものとして捉えようとするため、純粋な知性の上昇を拒絶し、肯定的・類比的言表こそが人間の神認識にふさわしいものとして、それを固守している（後期の著作では、ヴェンク自身もディオニュシオスの否定神学に強く引き付けられてはいくのだが）。

これに応答する中でクザーヌスは、被造物の認識を、ヴェンクとともに神認識の出発点として認めはするものの、この感覚的・合理的認識から出発する上昇において、不可捉の無限者への超出の道を決定的な契機として指摘している。「被造物から創造主への比例は成り立たない以上、被造的なものの何ものも、創造主がそれによって捉えられるような役割を果たす形象ではない」[18]。したがって、認識による神への接近に際しては、あらゆる有限者の領域を離れなければならない。「なぜなら、一切のものが放棄されるときに、神が見出されるからである。この闇は神の内での光である。それほどにまで知ある無知において、神へとより近くに迫っていく」[19]。またクザーヌスは、硬直した合理的論理学によって神学が限定されることをも、アンブロシウス（Ambrosius Mediolanensis　三三九頃－三九七年）と同様に嘆いている。「〈神よ、弁証論者たちからわれわれを救い給え〉。それというのも饒舌な論理学は、至聖なる神学に役立つというよりも、むしろその妨げとなるからである」[20]。

このようにクザーヌスの課題は、不可知論や非合理的な主意主義、そして絶対化された合理的論理学を回避しながら、感覚的認識から出発して、理性と知性の媒介を通じて、不可捉なる無限者たる神の知的直視への道を拓くというものであった。クザーヌスは、このような問題設定や知性の上昇の展開という点において、ディオニュシオスの『神秘神学』(De mystica theologia) とプロクロス (Proklos 四一〇／一二—四八五年) の『プラトン神学』(In Platonis theologiam libri sex) と一致するものと確信していた。このプロクロスをクザーヌスは、パウロの弟子と信じられていたディオニュシオスよりもあとの時代の人物とみなしているが (ロレンツォ・ヴァッラ〔Lorenzo Valla 一四〇六—五七年〕によって、ディオニュシオス・アレオパギテスと「使徒言行録」(一七・三四) のディオニュシオスとの同一性に疑義が呈されたのは一四五七年のことである)、内容的には並行しているものと捉えている。すでに『知ある無知』(一四四〇年) を著すよりも前の時点で、クザーヌスは、友人でケルンのアルベルトゥス学派のカンポのハイメリクス (Heymericus de Campo; Heymeric van den Velde 一三九五—一四六〇年) を通じて、ディオニュシオスの著作に親しんでいる。後年の著作になればなるほど、ディオニュシオスの神秘神学に対するクザーヌスの傾倒はますます強まっていったが、その際クザーヌスは、証聖者マクシモス (Maximos Homologetes; Maximus Confessor 五八〇頃—六六二年)、ヨハネス・(スコトゥス・) エリウゲナ (Johannes [Scottus] Eriugena 八一〇頃—八七七年以降)、サン=ヴィクトルのフーゴー (Hugo de Sancto Victore 一〇九六頃—一一四一年)、ロバート・グロステスト (Robert Grosseteste 一一七〇頃—一二五三年)、トマス・ガルス[21] (Thomas Gallus; Thomas Vercellensis 一二〇〇以前—四六年)、さらにはアルベルトゥス・マグヌス (Albertus Magnus 一一九三／一二〇〇—八〇年)、トマス・アクィナス (Thomas Aquinas 一二二四／二五—七四年) やそれに続く著者たちといった連綿たる註解の伝統を自家薬籠中にするにとどまらず、ディオニュシオス自身のテクスト——とりわけ、友人でカマルドリ会士のアンブロージョ・トラヴェルサーリ（Ambrogio Traversari 一三八六－一四三九年）の一四三六年の翻訳——を活用するばかりか、ギリシア語の原典をも所持していた。「ギリシア語のディオニュシオスのテクストは、註解を必要としない。そのテクスト自身が自らを種々の仕方で説き明かしているのである」[22]。このようなプロクロス的・ディオニュシオス的伝統の連鎖の内に、クザーヌスはエリウゲナの新プラトン主義的体系とマイスター・エックハルトの精神形而上学からいくつかの要素を取り入れている。クザーヌスの思索は新プラトン主義の哲学に深く根差してはいるが、クザーヌスは、自らの認識の目標、および自らの思索法の正当性が神学的に根拠づけられているものと理解していた。旧約聖書的な偶像禁止と、「イザヤ書」の「隠れたる神」（四五・一五）がクザーヌスの思索の背景になっているが、それと同じく、神の子たること、および神の直視に関する新約聖書の言葉、または自らの神秘的忘我についてのパウロの報告（二コリ一二・二－四）が、合理的・知性的認識の段階を超えて概念によっては捉えられない直視へと向かう超出の理論を支えているのである。

二　認識論上の基本的立場

人間の認識は、認識される事象への合致をその本質とするものであるため、人間の認識の内には、事象に即した仕方でその何性（本質）を精確に捉えるような——すなわち、その事象をあるがままに認識するような——把握を目指す、先行的な理解と予備的な概念とが働いている[23]。しかし事象は、その存在が発生論的に、つまりそれがその根源から自ら固有のあり方において発現する場面で認識されたときに初めて、その本質と真理において認識されたことになる。なぜなら、このような場面においてこそ、認識は認識される事象の本質と完全に一致するのであり、そのために、その事象をその当のものとは異質の観点（angulus oculi）から一面的に照らし出したり、それによってその現象を歪めてしまうという惧れがなくなるからである。それゆえ純粋にして「厳密な」認識は、事象の複雑な本質を、原理としてそれに先行し、かつそのものに内在している一性へと還元し、その事象をこの一性の側から内容的・肯定的に再構成ないし追遂行する。このように自らの内容を構成する能動的遂行としての認識は、認識されるものへと自らをその構成的契機ともどもそのつど投入するものであるため、認識そのものに具わる「厳密さ」の理念の内には、事象の多様性を、その多様性にとって構成的な一性の側から把握するという要請が含まれることになる。こうして、認識を遂行する精神（mens）は、それによって認識される事象に対する原型ないし根源的真理、および尺度（mensura）としての機能を果たすことになるが、それと同時に精神は、認識されるものを自らの模像と捉え、そのものの内に自らを再発見し、そうすることによって、認識されるものにおいて自らに還帰することができるのである。それゆえ最も根源的な意味においては、ただ神による創造的な認識のみが、純粋な真理の場ということになる。

ところで、人間の認識は事物そのものを構成することはなく、それらの事物の外部にあって、自らの普遍的人間本性と、個人的でそのつど特殊な特性とに応じて、視点拘束的な仕方で諸事物に関わっている。人間の精神は、精神そのものとしてではなく、有限的な規定をもった精神として、認識されるものに対しては他なるものであり、その自らの他性（alteritas; alietas）を認識されるものそのものの内にもち込むことになるため、認識されるものの本質の真理を部分的には損なうことになる。ある存在者が別の存在者にとって他なるものであるという意味での、有限的な存在者同士のあいだの相違は、諸々の他の存在者のあいだでそれ自身が有限なるものである人間精神にとっては、厳密な本質把握のための障碍となる。それにもかかわらず精神は、自らの自発性にもとづいて、さながら創造的な仕方で理性的な解釈内容を産み出し、これが事物の認識にとって有効に働く。「それというのも、人間精神、すなわち神の高次の類似は、可能な限り、創造的な自然の豊穣さに与るため、自ら自身の中から全能なる形相の似像として、現実的な諸々の存在者の類似というかたちで、諸々の理性的なものを展開する」[24]。

このような認識は、憶測を試行することによって進展するが、それは程度の差はあるものの、常に事物の本質を素通りしてしまう。そのような認識は、その内的な無性と有限性ゆえに、事物をその存在論的な原理から把握することはなく、その進行においてそのつどよりよく知られているものに依拠し、それを手掛かりにして未知のものに到達しようとするものであるため、克服しがたい相対性の領域にとどまっているのである。「真理の厳密さには到達しえないということが〔……〕あなたにはよくわかったであろうから、結論として導かれるのは、真であるという人間のいかなる肯定的主張も憶測だということである。それというのも、真なるものの把握の増加は、汲み尽くされるということがないからである」[25]。

憶測による認識は、経験的現象の多様性に惑わされてしまうのではなく、人間の理性的遂行の独自の内発性によって超越論的に方向づけられる。「現実の世界が無限の神的理性から生じるように、憶測はわれわれの精神から生じるということになる。〔……〕人間の精神が憶測の世界の形相として実在するのは、神的なものが現実の世界の形相として実在するのと同じである」[26]。対象と関係するいかなる認識においても、その認識が精神の内的原理によって構成されている限り、そこでは精神の自己認識が――いまだにそれ自体として主題となっていなくとも――遂行されているのであり、そのために精神は、対象認識を通じて自己理解を豊かにすることを目指すのである。しかしこのような自己認識は、精神が自らをその第一の原理にして無制約的な尺度となるところに照らして、すなわち神に対する直視において見抜いたときに初めて完遂される。そのために、完全なる神認識への希求は、憶測による認識の領域においても精神を背後から駆り立て、そのような有限的認識からの超出を促す。「われわれの包含する精神から発する理性的世界の展開は、精神のために産出的である。このものが、自らによって展開された世界において自らを詳細に観取すればするほど、それ自身の内部でますます豊かな実りがもたらされる。なぜなら、そのものの目的は無限の理性であり、そこにおいてのみそれは、あるがままに自らを見抜くのであり、それのみが万物にとって、その理性の尺度だからである」(27)。したがって原型たる自ら固有の原理を認識することにおいて完成する自己認識は、あらゆる認識活動の目的である。その認識活動の全体は、常に有限的で他なるものから出発するため、憶測的な——したがって不断に修正を要する——認識のあらゆる段階において遂行される。

それ自身としては多様で他なる契機を含む人間の認識と、その原理である絶対的な一性との差異は、その差異が他性そのものに根源をもつことを反省することによってのみ緩和されうる。もとよりその他性そのものは、なんら積極的な原理ではなく、一性の欠如的な規定にすぎない。そしてそのような反省そのものもまた、憶測としての性格をもつものである。「したがって、達することのできない真理の一性は憶測による他性によって、また他性の憶測そのものは、真理の最も単純な一性において認識される」(28)。しかしながら、人間の認識と絶対的な一性との差異は、憶測を行う認識者同士の合意によって克服されるようなものではない。なぜなら、そのような認識者たちは、互いに他性によって規定されており、それゆえにそれぞれの見解が認識の異なった試みとして並立し、他人の意見を、それ自体やはり視点に拘束されたその人独自の見解として受け容れるということになるからである。「ところで有限的現実態の被造的知解は、他において他の仕方でしか実在しないのであり、その結果憶測する者すべてのあいだの差異は残り続ける。そのため、異なった人間の、同一の不可捉の真理に対する、異なった、段階的で、しかし互いに比例をもちえない憶測だけしか残らないということは、最も確実である。したがって、ある人の意見が、たとえそれが他のものよりもより近いとしても、それを完全無欠に把握する者は誰一人いないのである(29)」。

憶測による認識において、精神は「厳密な」認識への先行把握によって導かれているが、この厳密な認識は第一の原理、あるいは認識の神との合一においてのみ達成されるものである以上、精神は、十分な統一にまで至っていない低次の認識から始まって、一性のより高次な把握へ高まり、それによって認識のより根源的な諸原理へと上昇しようと努める。このような上昇は、飛躍によって一挙に成し遂げられるようなものではない。なぜなら、精神はその運動の目的をあらかじめ知らなければならないのであり、そのために何らかの「手引き」(manuductio)を必要とするからである。精神はそうした手引きが、低次の認識の内に具わっていることを見出す。なぜなら、低次の認識が明らかに厳密でないのは、それが一性を欠いており、規制されていない他性を含んでいるからである。諸々の事物は、それが他のものではなく、他のものに対する他のものとして、それとは異なっている限りで、そのもの自体であり、自らと同一である。このような他性は、同一性に対立する別の原理なのではなく、同一性が限定されたものにすぎない。それというのも、他性は存在を創ることはなく、むしろ自らの基盤として同一的な存在を前提しているからである。したがっていかなる他性も、自らの根底に存するそれ自体として一なる存在を指し示すことで、自らの原理としての一性へと向けて、その派生的様態として還元されることになる。「しかし、主よ、あなたは私の内に語り、他性には積極的な原理がないと述べられるのであり、そうであるなら他性は存在しない。〔……〕しかし他性は存在するものの原理ではない。なぜなら他性は、非存在〔それではないもの〕から〔そのように〕言われるからである。実際、あるものは別のものではないのだから、他なるものと言われる。〔……〕他性は非存在からあるため、存在する原理をもたない。それゆえ他性は何ものかではない」[30]。しかしながら他性は、このような純粋に否定的な性格にもとづいて、相互に異なる対立項をも一性へと包括するより高次でより包括的な原理への還帰を遂行し、その過程を通じて精神による抽象と否定を介して止揚を必要とし、それによってより厳密な認識の場を拓く。このようにして他性は、反省的に認識される限りで、精神を段階的にそれ固有の根源へと連れ戻し、より高次でより根源的な一性に対する洞察を促すのである。

ところで、有限的なものの本質には、非存在と他性とによって同時に規定されているということが存する。有限的なものは、限定を被ったものとして、他のものとの区別においてのみそのものであるために、自らの現実態とは一致していない——例えば時間・空間における——諸可能性を有し、ゆえに内的な差異、そして自らの本質との不等性、多性、複合性を含むことになる[31]。このような無性と相対的な否定性に貫かれた有限性において、有限的なものは何らかの本質をもち、その本質の同一性によって、その実現における互いに異なった諸要素を繋ぎ止めている。「実際、合致のない差異はない」[32]。例えばある幾何学的形象も、そのつど特定の図形や物体といった、その形象にとっては非本質的な他性においてのみ実現されうるのであるが、その形象は、そのような差異を通じて、自らの本質（例えば三角形という本質）の一性において現れるのである。こうして精神は、感覚的現象に導かれて、時間・空間・質料における偶然的な他性を捨象することによって、それ自体もはや感覚的ではない本質認識へと上昇していく。しかしながら、このような捨象はなんら認識の真理を減少させるものではなく、むしろ厳密化として、ないしは統一的な原理への還元として、より高次でより厳密な真理へと精神を導くものなのである。

「幾何学者は、線や図形を、たとえそれが質料の外部には見出されないにしても、それらを銅や金や木におけるかたちで問題にするのではなく、それ自体においてあるがままに問題にする。それゆえ彼は感覚的な目によって、感覚的な図形を見て取るのであり、それは精神的な目によって精神的な図形を見て取るという目的のためである。また精神は、目が感覚的な図形を見るよりも劣る真理において、精神的な図形を見るわけではない。むしろ精神自身が、その形象を自らの内に、質料的な他性から切り離されたものとして見て取れば取るほど、より真なるものとして見て取るのである(33)」。

こうして有限性そのものは、他性を含まない一性の探求へと精神を駆り立てるものであるため、精神は最終的に、いかなる他性と否定ももはや含まれることのない無限なるもの（infinitum）を目指す。このような無限者は、例えば一性と多性という観点の下で主題化されるなら、それ自身の内に一切を包含（complicatio）する最高の単一性として自らを示すことになる。「まず第一に、数が諸事物の範型と考えられるなら、かの神的な一性は、一切に先立ち一切を包含するように見える。それというのも、神的一性は、一切の多数性に先立ち、また一切の別様性、多性、対立、不等性、分割、そして多数性にともなう他の一切のものに先行しているからである(34)」。

このような分割不可能な一性である第一のところは、すべての区別に対する超えがたい前提であり先行する基盤であるため、それを問い糾したり疑ったりすることは意味がない。なぜならそのような問いかけや疑いは、選択による解答の余地を前提しているものだが、選択項はそのいずれも他のものと対立し、他のものに対して自らを区別することによって、その他のものを自らにとっての他として、自身の内にともに措定していることになるからである。そしてそのような複数性は、絶対的な単一性とは相容れない。「それ〔絶対的一性〕については、対立するもののうち一方が肯定されたり、一方が他のものよりもよりよく肯定されるというようなことはない。

〔……〕第一のところは、あらゆる対立に対して無限に先行しており、それに対しては、そのものではないようなものをなんら帰することはできない。それゆえに、否定に対立する肯定を認めるか、否定をより真なるものとして肯定に対して優先するような憶測は完全に真なるものとは言えない」[35]。いかなる言葉や述語にも、それに対立するものがあり、したがって厳密な意味では神について語るにはふさわしくないため、こうした第一の一者は「あらゆるもののどれでもないもの」(nihil omnium)、ないし「否定的に無限なるもの」(negative infinitum)として、有限的なもの同士の何性の次元での相対的・欠如的な否定と区別される意味で、絶対的な否定によって特徴づけられなければならないように思える[36]。しかしながら、否定の絶対的な力もまた、神の単一なる一性に面して挫折することになる。「神は、把握され語られうるものの何ものかであるよりも、それらあらゆるもののどれでもないものであることがより真なるものと思えるにしても、肯定と対立する否定は、厳密さに達することはない」[37]。

三　精神の自己反省——一性への道

概念規定のもつ対立構造に対しては、比例の成り立ちようのないほど無限に隔たり、そのためにあらゆる概念規定から逃れ去ってしまうものは、だからといって人間の精神から端的に脱落したり、歴史的な事実としてのみ明らかにされるというのではなく、むしろ人間精神の内にその活動原理として内在する。精神はあらゆる認識において、認識された真理が自らをその純粋な自己存在において精神に対して証示するため(「自ら自身の提示によって」[38])に、その真理の妥当根拠を探求するものである。ところで真理は、アポステリオリに、事実的な対象性において、つまり精神によって構成されたものとして見出されうるのではなく、精神の活動をその初めから導き、真理へ向かう探求の方向を定めるものであるため、精神は、認識されたあらゆる内容を通じて、すなわち世界内の他性の差異を通じて、それ自身の同一性へと還帰する。そしてその同一性において、認識されたものはその感覚的・対象的他性から解放されて、それ自身の真理へと到達するのである。こうして精神は、本質の真理を認識する際には、感覚的な拡散に先行する自らの一性において自己自身を把握することになる。「自らの内で形象を見て取る精神そのものは、その形象を感覚的他性から解き放たれた仕方で観取するとき、自らをも感覚的他性から解き放たれたものとして見出すのである[39]」。それゆえ精神の知的活動は、精神においてその自己貫徹として遂行されるのであり、それは心理学的な内省と混同されてはならない。精神は、自らに内在するあらゆる他性から自己自身を解放し、不可分で無区別な一性へと進んでいく程度に応じて、その知的遂行は、真理へと近づく歩みを進めるのである。「それゆえ、精神が観取するものは何であれ、精神はそれを自らの内で観取する。したがって、精神が観取するそれらのものは、感覚的他性の内にあるのではなく、精神自身の内にある。しかし、あらゆる他性から切り離されたものは、真理と異なったありようをするわけではない。なぜなら、真理とは他性の欠如にほかならないからである[40]」。こうして精神は、対象認識から出発して、自ら自身を把握し、自己透徹の深さに応じて、超越的な絶対者の似像および現存として自らを実現する。「私がそのように観想の沈黙の内に安らうとき、主よ、あなたは私の心の内奥において応え、〈汝は汝のものであれ、そうすれば私も汝のものであるだろう〉と言われる[41]」。

幾何学的真理などの不可変の真理を、精神が自らの内で認識し、自らが他性によって、つまり可変性によって浸透されていることを知るときに、精神は、自らとは区別されるが、その認識能力を支える一性ないし真理の光を自らの内に見出すことになる。「ところで、自らの内で不可変のものを観取する精神は、〔それ自体が〕可変的であるにしても、不可変のものを自らの可変性において観取するわけではなく、〔……〕その不可変性において観取するのである。実際、真理は、不可変性である。〔……〕それゆえ、精神がその内で一切を観取する真理は、精神の形相なのである。それゆえ精神の内には、それによって精神が存在し、その内に精神が自らと一切とを観取する真理の光が存するのである」[42]。

四　神認識の諸段階

一性である真理へのこのような内的上昇において、クザーヌスは、ディオニュシオス・アレオパギテスによる神学的洞察の階層的序列に完全に一致するかたちで、感覚的認識の段階、肯定から否定に向かう理性的認識の段階、そして神秘的直視へと超出する知性的認識の段階を区別している。

感覚的現象の世界は、そのあらゆる質料的形態において無限に多様な差異と対立を示しており、それらの差異と対立において、個々の存在者はその特定で固有のあり方を有している。個々の存在者がその本質的真理において何であるかということは、その多様な他性ゆえに、人間の認識にとっては隠されている。事物の本質に関するこのような無知は、感覚的・理性的認識活動が、本質概念の代わりに、「偶有性や、諸々の作用や諸々の形態の多様性から」[43]採られた単なる名称を措定することによって、そうした認識活動によって覆い隠されてしまうのである。「なぜなら、識別的な理性における活動が、名称を付与するからである」[44]。このように感覚的現象に関しては、その本質を見究めることはできないが、その感覚的現象を通じて美が露わになり、この美においては、作品から技術が知られるように、その美の創造者の知恵が証しされる。美についてのこうした考えは、「知恵の書」（一三・一―九）と、プラトンの『ティマイオス』（Timaeus）における技術論《テクネー》――特に、二世紀以来のキリスト教的な解釈――に即したものであった。「たとえ作品は製作術とは何の比例関係ももたないにもかかわらず、われわれは作られたものから製作術へ向かうのと同様に、諸々の被造物の外見と装飾の立派さから、われわれは無限かつ不可捉の仕方で美なるところへと向かうのである」(45)。それゆえ世界とは――クザーヌスがエリウゲナに依拠しながら考えているように――概念に先立ち、しかも概念を可能にするかたちで、絶対者の現れ、ないし神の顕現《テオファニア》なのである。「世界は、不可視の神の現れでないとしたらいったい何であろうか」(46)。諸形象の汲み尽くしがたい多様性は、無数の観点から創造主の一なる美を示しているが、それというのもこの創造主は、すべての感覚的事象において、精神的被造物に対し自らの像を現そうとしているからである。「主よ、あなたはあなた自身のためにあらゆる働きをなし、この世界全体を知性的本性のために創造された。それはあたかも画家が、その内で彼自身の技が喜ばれ安らう自らの自画像を所持する目的で、まさに自分自身を描くことができるようにと、さまざまな色彩を混ぜ合わせるようなものである」(47)。そこで世界とそれに対応する感覚的認識は、観察者に対して、暗示や像、隠喩や象徴や謎といった、ほとんど限りのない充実を示すことになる。世界はこれらの隠喩や象徴によって、自らを超えて（「転喩的に」[transsumptive]）可知的内容へと向かい、ディオニュシオスの「象徴神学」に従って、観察者を「象徴的探求」へと誘うのである。「もし私があなたがたを人間的な仕方で神的なるものどもに導こうと思うなら、それは比喩のようなものによってなされなければならない」(48)。精神は、いわば遊戯のようにではあるが、「何ものかの高次の思弁の形象」(49)を求めて常に新たな「実験」を行い、感覚によって与えられる刺激を想像力の媒介の下で捉え、現象において、また現象を超えて、感覚的直観と概念ないし精神的洞察とを結合することによって、感覚的世界における神の顕示を発見し、そうすることで神についての積極的言表と名称へと導かれるが、それらの言表や名称も、ただ「隠れた仕方で」（velate）神を示すにすぎないのである。

認識の第二段階として、感覚と知性が典型的な仕方で、数学的、とりわけ幾何学的認識において結びつく。それゆえにクザーヌスは、証明として利用するわけではないにしても、数学的・幾何学的モデルを倦むことなく繰り返し考案し、神認識の助けとしている。そのような役割が数学に帰せられているのは、精神はまずは数において自らを展開するからである。「理性的構築のいわば発芽を促す自然な原理は数である。なぜなら、動物のように精神を欠いたものは、数えるということがないからである。数は、展開された理性にほかならない」[50]。人間精神は、数とその組み合わせの内へと自らを自発的に客観化するものであるため、精神は、数の基礎的な諸関係において最も明瞭な仕方で自ら自身を洞察し[51]、憶測によってその原型たる神的一者にまで上昇して行くことができる[52]。「したがって数の本質は精神の第一の範型である。すなわち数の内で、多性の内に縮限された三性ないし三一性が先験的に刻印されたものとして見出される。つまりわれわれは、われわれの精神の理性的な数から、神的精神についての言表不可能な数に関して、象徴的な仕方で憶測を行いつつ、類似の世界の数がわれわれの理性から発するように、創出者の心の中では、数自体が諸事物の第一の範型であると言う[53]」。

こうして認識は、感覚的対象を元に範型を見出す、それ自体として理性的な洞察を手引きとして、精神の領域へ、しかもまずは述定的で概念的・論理的に推し進められる思考へと上昇し、そこにおいて精神にとっては、例えば存在・生命・認識・真理・知恵・善性・愛といった純粋な完全性に対する洞察が可能になる。これらの純粋な概念は、もはや感覚的現象と結びついている他性をまとうことがなく、その内容はむしろ限定から免れているように見えるため、肯定神学のかたちで神についての言表が可能になる。有限的存在者の中に存するあらゆる完全性は、このように純粋で、それ自体の側からの限定をなんらともなわない完全性を、自らの核として含んでおり、そのために神における自らの原型へと肯定的な仕方で「還元」（reductio）されうるのである。

ところで、肯定的な内容をもったそのような述語は、有限者の認識の内から汲み取られる。類比の意味での高揚を通じて、精神はそれらの述語を無限者に接近させようとするが、それでもやはり、有限的領域における上昇によっては無限者に到達することはできないため、それらの述語は、なおも有限的認識の特徴をとどめたままである。「これまで述べてきたことの根底にあったのは、超えられるものと超えるものにおいては、存在においても可能においても最大なるものへ達することはないということであった」[54]。そこで、クザーヌスの神論の根本命題は次のようなものとなる。「無限者から有限者への比例が成り立たないのは、おのずと明らかである」[55]。肯定的述定における自らの働きと内容とを反省するなら、精神は、確かに感覚的制約による他性ではないにしても、概念を通じて遂行される自らの構造に根差す他性を不可避的に洞察することになる。このような他性は、すでに述語における概念的区別の内に現れている。なぜなら、区別とは相互の否定であり、したがって他性であり、対立であるからである。理性的次元においては、内容は自らの対立物を排除することによってのみ、まさにその内容であるため、矛盾律こそがあらゆる理性的認識の基礎となるのである。

第一のところ、つまりそれ自身において無区別な単一な原理たる神については、対立と矛盾が語られることはない以上、精神は、神について肯定的に述定された完全性を、同時に神に対しては否認せざるをえない。それゆえ、このような否定神学は肯定神学を訂正し、単一で無限なものの認識のより高次な厳密化に向けて肯定神学を超え出ることになる。しかしながら否定神学は、肯定神学を前提とし、それに根差したものでもある。「ところで神への崇拝は〔……〕神についての積極的な肯定に基礎づけられなければならないため、そこからいかなる宗教もその崇拝において、肯定神学によって上昇することが必要である」[56]。そのため、神を内世界的な規定の次元へと引き降ろすことであってはならないのなら、神に関しては否定的述定が不可避であるが、否定的述定は、形式的には自らに対立している肯定的述定の正当性を廃棄するようなものではない。なぜなら、神は一切の完全性の根拠にして原型であり、それらを自ら自身の内に先行的に保持しているからである。それぞれ自らに固有の意味の内に基礎と正当性をもつ肯定的主張と否定的主張とは、知性においては形式的に互いに矛盾するため、存在と認識の最高原理である矛盾律がここで揺るがされるように見える。形式的な矛盾に際して、論理的な活動をなしている知性は自らの限界、すなわち「楽園の壁」に直面するが、第一の一者はこの壁の向こう側に、知性によっては知られえない仕方で住まっているのである。なぜなら、神についての肯定と否定は交互に排除ないし否定し合うため、肯定的意味でも否定的意味でも神について語ることはできないが、かといって、神はいかなる対立も矛盾も含まない以上、対立そのものを神に当てはめたり、神を対立の先行的原理として規定することもできない。「神は矛盾の根源ではない。むしろあらゆる根源に先立つ単純性そのものなのである」[57]。

こうして精神にとっては、神に関する肯定・否定両方の述定可能性が閉ざされるところから、例えば神を「存在者の一つではないもの」、「あらゆるものの一つではないもの」あるいは「名づけられえないもの」などと、その述定そのものの主語を否定的に規定するような迂路が取られることもありうる。しかしながら、神はそれ自体において、否定的に規定されるものでもなければ、肯定的な、それゆえに根本的に述定可能な内容を欠いたものでもない。「〔神は〕言表不可能なものではなく、名づけられることのできる一切のものの原因であるため、すべてに優って言表可能なものである」[58]。結局のところ、神はあらゆる理性的な述定を無限に凌駕しているということが明らかになるのである[59]。

とはいうものの、理性的であると同時に厳密な神認識の試みがこのように挫折するからといって、精神の運動はその地点で立ち止まってしまうわけではない。なぜなら精神は、自らの無知をこのようにして知ったうえで、それを自らの真理探求の内へと積極的に組み入れることになるからである。精神は自らの能力の限界を見抜くことによって、自らに対して端的に先立ち自らを超えるものとしての神から自らを際立たせ、対象に関して肯定と否定による述定を行っている際には忘却されがちな自らの本質的な有限性に立ち戻る。精神は自らの無知を承認することによって、自らの内に入り込みつつ、さらに深く自らを把握する。それというのも、精神はそうすることで、自らの理性的認識の領域全体をまさに全体として包括するとともに、その全体が真理ないし神によって制約されているということを洞察すると同時に、神に達しえない自らの限界とを知り、それによって神を、理性的認識の可能根拠でありながら理性によっては捉え切れない、自らに先行するものとして承認することになるからである。「自らが無知であることを知る者こそが、知者とみなされるべきである。また真理なくしては、自らは何ものをも把握できないことを知る者こそが、真理を敬うのである」[60]。

一切の他性と差異に含まれる否定性を経て到達した限界において、理性的活動は矛盾と対立によって挫折するのであり、それによって精神は理性的次元を離れて、知性内部においては無意味で、知性自らを破壊する対立と見えていたものどもをより深い知性的次元で、根源的な一性にもとづいてその必然的な相互共属において把握するように促される。「不可能に思えるかのものが、むしろ必然性そのものである」[61]。したがって、精神的認識のより根本的でより高次の第二段階は、諸々の対立の合致に対する洞察を特徴とする。それというのも、認識が探求する絶対者は「一切の対立を超えている」[62]ものであるため、諸対立の一方の側に位置していたり、精神の何らかの部分的活動によって把握されることはないからである。「なぜならそれは、一切の対立に先立つからである」[63]。

哲学的理性は、諸々の矛盾の次元を積極的に乗り越えることはできないため、このような段階にまで到達するのは、ディオニュシオスに従って、ただ神学的理性のみである。「実際ディオニュシオスは多くの個所で、区別を通じて、すなわちわれわれが神に近づくのは肯定的な仕方によってであるか、否定的な仕方によってであるか、そうした区別を通じて神学を教えている。しかし、神秘にして秘義なる神学を可能な限り明らかにしようとしているこの著作〔『神秘神学』〕においては、彼は区別を超えて、結合と一致へ、ないしは、あらゆる剝奪と措定を一面的にでなく直接に超えた最も単純な合一へと飛躍している。そこにおいては、剝奪は措定と、否定は肯定と合致するのである。そしてかのものこそ、最も神秘なる神学であり、いかなる哲学者もそこへ達することなく、また哲学すべてに共通する原理――すなわち二つの矛盾するものはけっして合致することがないという原理――をもってしては、いかにしても達することはできない[64]」。クザーヌスは、アリストテレス主義――おそらくは、「最も深遠なアリストテレス[65]」自身ではなく――の内に、純粋な哲学のそのような立場が具体化されているものとみなしている。ここではこのアリストテレス主義は、その認識論によってではなく、その論理学ないし学問理解に関して判断されている。「対立物の一致を認めることが、神秘神学への上昇の端緒なのだが、いまや、この対立物の一致を異端の分派と主張するアリストテレスの学派が有力である[66]」。これに対して、神学的知性は、聖書の啓示と、それによって目覚めた神に対する希求とにもとづくために、隠れたる神に対する直視の先取りに導かれ、それによって「純粋理性の限界」（カント〔Immanuel Kant　一七二四―一八〇四年〕）を超出していくのである。このような超出は理性的思考そのものによって促され、その遂行の最中においても、また結果から見ても、有意味で事象に即したものであることが示される。なぜなら、まず同一次元における対立は共通の基盤を前提としているが、この基盤そのものは、対立項のうちのどちらかに帰せられるということはなく、したがって肯定でもなければ否定でもない。さらに、最大と最小といったような対立は、それらを分かつ中間段階によってのみ互いに区別されるにすぎないということになる。「それゆえ対立は、超えるものと超えられるものにのみ、しかも異なった仕方で具わるのである」(67)。より以上とより以下というこのような中間段階は、絶対者の領域には当てはまることはなく、そこでは互いに対立する両極が無差別に合致する。それゆえ、「かの一致は、矛盾なき矛盾である。〔……〕諸々の対立物の対立は、対立なき対立である」(68)。

諸対立の合致に対する洞察は、「われわれの一切の知性を超えるのであり、その知性は、反対対立物を、その原理においては、理性を通して結び合わせることはできない」(69)ため、諸対立に先立つ一性の立場に達するには、ただ何らかの飛躍によって（「より高く跳躍すること」(70)）、「それ自身を超えて」(71)――いわばマイスター・エックハルトの言う「突破」と同じようにして――なされるほかはないのである。諸々の対立に関して、その必然においては自明で、その可能性においては不可捉の統一(72)へと飛躍することによって、精神は、あらゆる合理的解明を原理的に受け付けない絶対的な暗闇の内へと歩み入る（「闇と暗黒に入り込む」(73)）。しかしこの暗闇は、知性の光を欠いた無差別のものではなく、ディオニュシオスの言う「あまりに明るい暗闇」として、圧倒的な積極的内実をもって理性を規定している。「実際、もし精神がそれ以上知解しないなら、無知の暗闇の内に据え置かれる。そして暗黒を感じ取るならば、それは、精神の探求する神がそこにいるという徴である。それは、太陽を求める者は、それに正面から近づく限り、太陽の卓越性ゆえに、弱い視覚の中に暗黒が生じるのと同様である。この暗黒は、太陽を見ることを求める者が正しく近づいていることの徴である。もし暗黒が生じないなら、それは最も卓越した光に向かって正しく歩み続けていないことの徴である」(74)。このような暗闇において、知性は、自らの独自の活動と自らの知性的形態において、いわば燃焼し尽され、その認識能力の根底にまでも、絶対者のための鏡ないし眼へと変容し、純化されるのである（「なぜなら眼は鏡のようなものだからである」）。[75]

五　神の名称

絶対者に対してこのようにして開かれる直視に立ち入る前に、諸対立の一致における知性のありさま、およびそこにおいて可能になる神認識の特徴を、より綿密に考察しておかなければならない。同一性と差異、論理的推論と矛盾によって規定された論述的思考様式から解放されてはいても、いまだに直視の暗闇にまでは入り込んでいない理性は、それ自身単に推論による思考を展開するのでもなければ、端的に直観的な認識活動を遂行するのでもない。推論による認識は多性によって、直視は一性によって特徴づけられるのだとすると、ここで知性的活動は、観取と思考、一性と多性、同一性と差異の接合点に立っている（フィヒテ〔Johann Gottlieb Fichte 一七六二―一八一四年〕の一八〇四年の第二回講義の『知識学』［Wissenschaftslehre］を参照）。しかもそれは、これらの諸対立の絶対的な分断という意味においてではなく、それらの区別を内に含みながら、自ら自体に関してはその区別が妥当しない先行的な一性という意味においてのことである。同一性と差異とのこのような一致は、絶対者より下位のものであり、絶対者への眼差しを開くと同様に、絶対者の多様な展開ないし像（imago）としての世界への下降をも可能にする。同一性と差異とのこうした一致は、概念的および言語的には、概念と知的直観とのあいだの不断の動揺において、有限なるものから無限なるものへの移行、および有限なるものへの再度の還帰という仕方（「私は内へ入ると同時に外に出る」[76]）で表現され、伝達されるほかはない。そのために思考は揺れ動くものとして現れ、多様な形象や概念的術語によって具体化されることになるが、そこにおいて、同一性と差異との一致は、それ自身として自足する積極的な認識領域であり、人間の知的活動の根源であると同時にその開花でもある豊かな母体とでも言うべきものなのである。こうして知的活動は、形式論理によって把握不可能な、すなわち、先行的で先取的に予感される観取を源とする理性的構造ないし論理《ロゴス》性を展開するものであるため、それは一者からの人間精神における「言葉《ロゴス》」の発現として特徴づけられうる。クザーヌス独自の思考様式は、ギリシアからの帰路において閃いたとされる根源的洞察によるものであり、それは、同一性と差異の一致――しかも、同一性ないしそれ自体として不可捉な一性が絶えず優位にあり、先行した根源を成すという仕方での一致――への積極的洞察をその根源とし、またそれを思考の領域全体を遍く照らす中心とする。「ギリシアからの帰路の船上で、〔……〕光の父からの天上の賜物によって導かれてと、私は信じる――、人間の仕方で知られうる消滅しない諸真理を超越することによって、把握されえないものを、知ある無知において、把握されえない仕方で抱懐するに至りました」(77)。

クザーヌスは、絶対者に対する洞察を、神の名称というかたちで仕上げる努力を繰り返し行っている。しかも神の名称を模索する試みは、神の名称がその内容において、神の絶対的自体性をその世界との関係とともに露わにし、それによって同時に、神へ向かう視野を開く思惟の道を暗示するという考えの下になされている。確かに神の「単純性は、一切の名づけられうるものと名づけられえないものとに先立っている」(78)が、それでもやはり神のさまざまな名称は認識の手引きとしての役割を果たすことができるのである。しかもそれは、神のさまざまな名称の不可思議な多面性にもとづいてのことである。「それは謎めいた仕方で、あなたを全能なる方へと、いくらかなりとも導くのである」(79)。

あらゆる有限的なものは、可能態と現実態という諸原理に分裂する一方で、「可能態にある存在者と現実態にある存在者に先立って、それなくしてはどちらのものも存在しえない一なるものが見出される。この一なる必然的なものが神と呼ばれる」[80]。諸々の対立に先立つこの必然的なもの（「一なる必要なもの」〔ルカ一〇・四二参照〕）は、「絶対的な同一者であり、それによって、いかなる存在するものも自らと同一であり他のものと異なるところのもの」[81]である。「したがって、そこにおいてあらゆるものが同一である、言表不可能な同一なものは、いかなる他なるものに対しても、同一でも、別様でもない」[82]。それは同一性の根源であるため、「いかなるものもそれ自身と同一である以上、絶対的な同一なるものはあらゆるものにおいて存在する」[83]。それというのも、「同一なるものは、それらと不釣り合いであったり、異他なるものではなく」[84]、むしろ「同一なるものは同一化する」[85]からである。神は同一なるものとして、「あらゆる対立から切り離されている。〔……〕われわれにとって対立したものと見えるものは、神においては同一なのである。〔……〕神においては、否定は肯定と対立することがない」[86]。

あらゆる有限性と区別に先立ち、それらを超える無制約的な同一なるものにおいては、現実態と可能態は強い意味で同一のものである。これをクザーヌスは「可能現実存在」（possest）と呼ぶが、この名称は「その複合語がおおむね表示するような〔……〕単純な概念」[87]を表している。なぜなら、一般的には現実態がその可能態に先行することはありえないが、その一方で神においては、現実態は偶存的事実を意味することはありえない以上、可能態が現実態に先立つということもない。「したがって、絶対的な可能態は〔……〕、現実態に先立つということもなければ、そのあとに続くということもない」[88]。可能態と現実態とのこのような合致は、あらゆる名称がある一つの者のみを名指すように、「可能態と現実態の存在性である存在そのもの」[89]としての神にのみ当てはまる。同時にこの名称によっては、有限なるものに対する神の関係が言い表されてもいる。すなわち、現実態と可能態の一致そのものとして、「神は現実に、それについて可能であるということが証明されうるもののすべてである。なぜなら、神が現実にそのものでないようなものは、存在することがありえないからである」[90]。それゆえに「神は包含的な仕方ですべてであり」[91]、「すべてのものは、自らの原因および根拠としての可能現実存在の内に存在し、その内に観取される」[92]。

なんら前提をもたない第一のところを探求するに際して、クザーヌスはその死の四ヶ月前に、「可能現実存在」における可能性と現実性の統一を、思惟可能な最も単純な神の名称である「可能自体」(posse ipsum) へと向けてさらに乗り越えていく。「これからあなたは、〔……〕可能自体が、それなしにはいかなるものも存在しえないし、生きえないし、和解しえないあのものを、可能現実存在や他のいかなる名称よりも、はるかに適切に命名していることがわかるでしょう」[93]。一切の現実は自らの可能性を前提としており、その可能性を越えることはできないため、「何ものも可能自体に先立つことはできない。〔……〕ゆえに、可能自体より善であり、可能より権能をもち、より完全で、より単純なものは存在しえない」[94]。同様に、精神が自らの認識構造を捉える超越論的反省においても、精神が現実を認識する際には、すべての存在を通じて、「可能自体」に根拠をもつその可能性へと向かうことが示される。「というのも、存在する、あるいは存在可能であるすべてのものにおいて、可能自体以外何ものも観取されることはありえないからである」[95]。それゆえに「可能自体」は、存在論的にも超越論的にも根本的である。「したがって、それなしにはいかなるものも可能ではない可能自体は、それより自存的なものが何も存在しえないものである」[96]。こうして、第一原理への還帰を通じて、「可能自体」が神の名称として示される。「全能者、あるいはすべての能力の可能をその名称として、自らにとっては一切が可能であり、不可能なものは何ものもなく、諸々の強力なものの強さ、力あるものの力である三一なる神は、〈可能自体〉によって表示される」[97]。

あらゆる有限なるものに先行してそれを超越する神そのものの、その名称において暗示されている無制約的な絶対性と、有限者におけるその下降と内属、言い換えれば、すべての個々のものとの——本質的かつ形相的にではないが、原理的に根拠と包含という仕方での――同一性は、「非他なるもの」(non-aliud)という名称において最も明瞭に表現される。この術語は、知性的神認識をその同一性と差異に関して厳密に表すとともに、人間の精神が諸々の対立を超えてそれらの統一の内に根差していること、しかも直視に入り込むことなしに、差異項との関係を保ち、それによって自らの言表能力を確保しているということを示している。なぜなら他なるものへの迂回を経て、その他なるものに対する区別と受容を通してのみ、端的に単一なるものへの洞察が、言語的・対話的次元で確証されるからである。

あるものをそのものに「ほかならない」(他なるものではない［non aliud quam］)ものとして示す「定義」(98)は、それ自体があらゆる知の根底を成している。単に論理的にではなく、存在論的にも理解されるべきこうした非他性は、あらゆるものを、とりわけ非他性それ自らを定義するものである。なぜなら「〈非-他〉は、非-他にほかならない〔非-他の非他である〕(99)」からである。そこで非他は、他によって構成されるわけではないため、他を排除するのであり、一切の他から区別され、「絶対的に」それ自身である自同的なものであるため、そのような否定的な意味で「非他なるもの」と言われる。しかしさらに、この絶対的な非他なるものは、他なるもの、すなわち有限なものを存在へと呼び出すものであるため、それはそれぞれの他なるものをそれ自身に関しても非-他(ないし同一的なもの)たらしめる。しかしながら有限なるものは、その本質においてまさに他のものではないが、それは、他に対するこのような否定的な区別によってそれ自身の内に他性を含み、それ自身が一つの他なるものとして、別の他なるものに対立する(「他に対して他なるもの」alteri aliud)という仕方でのみ、非他なるものである。こうして有限なるものは、他のものに対する他性をその内に有することのない絶対的に同一なるもの、ないし絶対的に非他なるものから区別される。絶対的に非他なるものは、このような無差別性という点で、一切の他なるもの――その同一性ないし非他性ゆえにそれ自身の内で他のものから区別されるもの――から際立つことになる。「あらゆる存在者のうちのいかなるものも、自ら自身と同一でありながら、他のものに対して他ではないものはないし、――たとえ絶対的に同一なるものが、自ら自身と同一であり他のものと異なった、そうしたものとなんら異なるものではないといえども――このようなもののどれも絶対的に同一のものではないと、あなたが言おうとしているのは理解できる」[100]。

絶対的な非他なるものは、各々のものを非他なるものとして構成する際に、その内に内在する根拠としてそのものと同一化するため、たとえその他なるものそのものであるのではないにしても、その他なるものそのものに対して自らを他として区別し、他なるものであるというわけではない〔非他なるものである〕。「〈非他なるもの〉は、他なるものではなく、他なるものに対する他でもなく、他なるものにおいて他なるものでもない。このことは、〈非他なるもの〉は、いかなる仕方でも他なるものではありえないという理由による以外のことではない」[101]。こうして、絶対的な非他なるものは、すべてのものに対して最も内的に、つまりいかなる他性も介することなく現存する。「神学者たちは正しくも、たとえ神があらゆるもののどれでもないとしても、神はすべてにおいてすべてであると言明している」[102]。

六　神の顔の直視

これまで考察してきたさまざまな神の名称を通じて、精神は、先行的で一切を卓越した神の絶対性、およびすべてのものに浸透するその内在性に概念的に接近することができるようになる。しかし、神の名称が、「非他なるもの」の概念において示されるように、否定によって、それゆえ無限者の有限者に対する——概念的・否定的にすぎない——関係によって機能している限りは、その名称は精神に対して、絶対者をいまだに純粋な絶対者として、つまりあらゆる関係から脱したものとして示しているわけではなく、したがってその名称はいまだ、認識を通じて無制約的に絶対者に対峙するところにまで精神を導いているわけではない。神の諸々の名称は確かに論理的・推論的な思考を打破し、楽園——神がその内に住まい、人間に自らを伝える所——の「壁」を打ち破りはするが、それでもそれらの名称は、肯定と否定のあいだの矛盾、ないし否定を自己否定によって突破しようとする推論の試みを克服するものではあるが、このより高次の知性的段階においてもなお、精神はいまだ分裂に晒されたままである。なぜならそこにおいて精神は、絶対的一性を、諸々の矛盾の領域との——概念的否定によって把握されたかたちでの——関係とともに主題化することになるからである。そこで、諸々の対立の合致そのものはさらにもう一度乗り越えられなければならないが、そのためには、否定を媒介にして先行的・超越的根拠へと遡及するというのでは、原理的に不十分である。「私の意見では、否定神学をめぐるだけの人々は、かの闇に正しい仕方で歩み入ることはない。それというのも、否定〔神学〕は除去を行い、何ものをも定立することがないため、それによっては神が露わに見られることはない。というのも〔そこで〕、神が存在であることよりも、神が存在でないということが見出されるからである。また、肯定的な仕方で〔神が〕探求されるなら、模倣によって、また覆われた仕方以外によっては、神は見出されることはないし、露わに見出されるということはけっしてない」(103)。それゆえに、神の諸々の名称は、神の純粋な存在そのものに達することはない。「なぜならあなたは、語られたり把握されたりできるような何ものかではなく、これらすべてのものを絶対的に無限に卓越したものだからである」[104]。こうして、神に関するいかなる述定も最終的に不十分であることが示されるために、そのような述定は断念され、克服されねばならないが、その際にも、述定を行う精神のそうした自己克服そのものがさらにまた神の述定のための手段とされるようなことがあってはならない。「したがってあなたは創造者ではなく、たとえあなたなしには何ものも生じることがなく、生じることがありえないにしても、創造者を無限に凌駕しているものである」[105]。

人間が理性だけの力の限界を超えることを可能にし、第一の一者との認識を通じての合一を求める人間精神の希求を充たすものを、クザーヌスは眼と顔の比喩によって、つまり「顔の直視」[106]（visio facialis）として捉えている。この概念は、教皇ベネディクトゥス一二世（Benedictus XII　在位一三三四－四二年）の下で一三三六年になされた、神に対する至福直観をめぐる論争において、重要な役割を果たしていた。クザーヌスは、この直視を知性の能力から区別している。「なぜなら、眼がさらに楽園の中を覗くにしても、その壁が、あらゆる知性の可能性を閉ざしてしまうからである」[107]。

神ないし神の顔の直視は、すでに旧約聖書において、人格的な汝たる神との最も内密な合一として、人間が求めるものとされているが（詩編四二・三参照）、それは同時に神の圧倒的な超越と隠蔽ゆえに、人間には手の届かないものとして、あるいは耐え切れない（出エジプト記三三・二〇参照）ものとしてさえも考えられている。「イスラエル」の名称がギリシア語・ラテン語に翻訳されて「神を見る者」（創世記三二・三一参照）とされた際に、神に対する直視は、人間にとって最高の使命として受け取られた。新約聖書もまた、神の不可視性を強調しているが[108]、それでも神ないしキリストに対する直視は、人間に授けられた救いの中心に据えられている。またギリシア的・新プラトン主義的伝統においても、「神をもつこと」は、神に対する直視として記述され、神的なるものとの脱自的な合一（ἔκστασις, ἕνωσις）、ないしは人間存在の究極の完成と考えられている。

『神の直視について』（De visione Dei 一四五三年）においてクザーヌスは、ディオニュシオス・アレオパギテスを手引きとしながらも彼を超えるかたちで、神に対する直視の理論を展開している。その理論はすでにその出発点において、下位の次元から上昇（ascensus）していく概念的神認識のアポリアをその根本から解消し、そうすることで同時に、その概念的神認識の隠れた可能根拠を露わにする。その全人格的な意義を考えるなら、神に対する直視は、「あなたの情愛の甘美さが愛に満ちて私を抱擁するかの抱擁(109)」、すなわち愛と命に満ち溢れた至福として、「それより大いなるものがありえない、あらゆる理性的欲求の絶対的最大性そのもの(110)」である。しかしながら神は、その無限性のゆえに「近づきえないもの(111)」であり、「そのため、あなたがあなたをその者に与えることがなければ、誰もあなたを捉えないだろう(112)」。したがって、この直視が神そのものから発現するのでなければ、神はその直接性において認識されたり、「見られ」たりすることはありえない。こうして、人間中心主義や、下位の次元からの自力での上昇、また投射による認識の試みなどは、始めからその基盤を欠いているものとみなされる。「あなたが、見られるようにと与えるのでない限り、誰もあなたを見ることはできない(113)」。神は、自ら人間を眺め、その各人を、また他のすべての人々を、そのそれぞれの状況に即して見やることによって、人間に自らを認識させる。このことを具体的に明瞭にするために、一四五四年にクザーヌスは、テーゲルンゼーの修道者たちに「神のイコン(114)」、つまり神（またはキリスト）の像を、「すべてを見やる者の姿(115)」として贈っている。この画の鑑賞者がどの場所からこの画を眺めようとも、鑑賞者は神の眼差しが、あたかもその画から発しているように、そのつど直接に自分だけに向けられているように感じる。ここでは「神の直視」（visio Dei）とは、まず第一に神が人間を見ることを意味し、ようやく第二次的にのみ、人間が自らの視線においてこの神の眼差し、あるいは神の顔を認識しつつ受け止めるということを表す。「主よ、あなたの眼差しはあなたの顔である[116]」。

神が見る者であるということを、クザーヌスは、「神」を表すギリシア語の言葉に関する、ストア派にまで遡る語源学から引き出している。すなわち、theos（神）の語は theorein（見る）に由来するとされるのである。「神《テオス》はあらゆるものを観取するがゆえに、そのために神《テオス》と呼ばれる[117]」。神によるこのような直視は、絶対者そのものが見ることとであるため、絶対的な直視であり、それゆえに、見ることとその派生物によって構成されるすべてのものの根源にして原因である。「主よ、あなたの眼差しで私を養い、また、いかにしてあなたの眼差しがあらゆる見ている眼差しとあらゆる可視的なものとあらゆる視覚活動とあらゆる視覚的能力とあらゆる可視的能力と、そこから生じる見ることすべてをあなたが見ているのかということを教えて下さい。なぜなら、あなたの眼差しは原因づけることだからである[118]」。

このように、すべてを見る神の眼差しがすべてを根拠づけるその原因性と一致するという普遍的な存在論的関係は、いまや人間と神とのあいだの、強い意味での相互の人格的関係の根拠となる。「あなたが私を観取するがゆえに、私は存在する[119]」。なぜなら人間は、自身が見る者として神によって見られている限り、「真理を受け容れることができ[120]」、神の直視を得るように方向づけられている（「あなたを受け容れる[121]」）からである。「あなたを見ることは、あなたがあなたを見ている者を見るということにほかならない[122]」。それゆえに、神による直視は、人間による神の直視を引き起こし、それを支えるものであり、そのために神は、神が人間を見るその同じ行為において、自らが人間によって見られるようにするのである。「私を見ることによって、隠れたる神であるあなたは、あなたが私から見られるということを与えるのである[123]」。こうして神は人間において、そして人間を通じて自ら自身を見るのである。「主よ、あなたを見ることは〔……〕、私によって見られること以外の何であろうか[124]」。同様の仕方で、人間は、自らを見る神を見ることによって、その神の眼差しにおいて自ら自身を見るのであり、そうすることで神によって見られたものとして、すなわち見ることの根源において、またその根源から自ら自身を見ることになる。「そこで実際、自らをあるがままに神自身の内で観取するときに、自らを認識する」[125]。しかし神の絶対的な直視は、「あらゆる観取の最も適切な尺度にして、最も真なる範型である」[126]ため、人間は見ることによって見られつつ、「その〔神の〕生ける似像」[127]ないし「創造された神」[128]という自らの真なる存在へと至る。その際、神の眼差しと人間の眼差しは、反対方向から互いに最も内密な一致へと融合するため、神の直視を通じて人間は神の内へと入り込み、神は人間の内面を満たすことになる。しかし、人間の視覚は感覚的に対象へと関わる活動ではなく、知性的活動として――「精神と知性の眼によって」[129]――人間精神の自己遂行を通じて生じる限り、人間は神を自らの内に、自らの原型として、いかなる異他性も外在性をも介することなく直視するのである。「それゆえに、あなたの顔を観取しうるいかなる顔も、自身とは他なるものあるいは別様のものを見ることはない。なぜならそれは、自らの真理を見るからである。実際、範型的真理は、他なるものあるいは異なったものであるということはありえない」[130]。神の直視において、「人間は、受け容れ可能な神であるあなたを捉えることで、その密接さゆえに子たることの名称を得ることができるような結合へと移行し」[131]、神に似たものとなる。

神を見ることは、いかなる限定されたあり方も対象性をもたないような無限なるものを見ることにほかならない。そこで人間は、神へと「自由に」[132]向き返り、神によって見られるようになることで、神に対する直視へと歩み入るため、人間は、「いかなる様態もない」[133]その直視において、不可捉の方を不可捉の仕方で捉え（「不可捉の真理へと、不可捉の仕方で向き返る」[134]）、知性や理性にとっては見通すことのできない闇である神の光そのものの内で彼を把捉する。「しかしその闇自体は、あらゆる覆いを超えた顔がここにあることを露わにするのである」[135]。

「それゆえ、もしあなたを見ることを望むなら、知性は無知となって、闇の中に置かれなければならない[136]」。このような神認識の脱魂において、認識はいかなる対象性をも失い、自らの見ているものを確証しうるような輪郭や反省可能な規定からも脱することになる。「私はあなたを楽園の庭の中で見るが、私は見られうるものの何をも見ていないがゆえに、私が何を見ているかは知らない[137]」。

ここでクザーヌスが人間精神の本質的遂行と最高の可能性として記述していることは、人間の理解一般に関する存在論的・間人格的な構成理論を含むものである。それというのも、あらゆる見られるものの内には、それを見ることの可能根拠として、見る者としての神が見られるからである。「不可視のわが神よ、あなたはすべての者によって見られ、あらゆる眼差しにおいて見られている。あなたは、見る者すべてによって、可視的なものすべてにおいて、そして見る活動すべてにおいて見られている。それは不可視であり、そのようなあらゆるものから切り離され、無限に卓越してあなたである[138]」。

人間は、直視や顔といった概念さえをも含む一切の概念を投げ棄てることによって、あらゆる「覆われた[139]」観取の核心を成すものを直接的に洞察する直視に至ろうと努力することができる。「あらゆる顔において、顔のなかの〔最高の〕顔は覆われて謎のように見られる。しかし、一切の顔を超えて、顔の知識も概念もなんら関わらないようなある種の神秘なる隠れた沈黙に至らない限り、覆いのない仕方で見られるということはない[140]」。このような方向はただ考えられただけのものでなく、自ら踏み出した道なのだと、クザーヌスは述べている。「あなたの無限の善性を信頼して、不可視のあなたと、露わになることのない露わな直視を見るために、私は脱魂に身を委ねるように努めた。しかし、私がどこまでに達したかをあなたは知っているのに、私はそれを知らないが、私にはあなたの恩寵で十分なのである。その恩寵によって、あなたが把握不可能であるということを、あなたは私に確信させ、また私はあなたに導かれて、享受することに至るだろうという確たる希望を、あなたは私の内に引き起こすのである(141)」。

第十二章　マルシリオ・フィチーノのプラトン主義と教父思想
——キリスト教哲学の一展望——

一　移行期としてのルネサンス

中世から近代への精神史上の転換、それはウィリアム・オッカム（William Ockham　一二八五頃－一三四七年）やジャン・ジェルソン（Jean Gerson　一三六三－一四二九年）から、フランシス・ベーコン（Francis Bacon　一五六一－一六二六年）やデカルト（René Descartes　一五九六－一六五〇年）への転換となるが、そうした転換は十四世紀中頃から十六世紀の終わりにかけて、多岐にわたる状況の変化とともに生じている。歴史的に回顧するなら、その経過を人文主義およびルネサンス、また宗教改革とカトリック教会内の刷新運動として要約することができる。それを後押しする種々の潮流にかなりの程度まで共通するのは、中世（末期）のスコラ哲学のもっていた論理的・形而上学的な学術の理念を批判的に排除しようとする傾向である。もとより、大学における哲学から神学に及ぶスコラ学の学統は、十七世紀に至るまで存続しただけでなく、ルネサンスおよび宗教改革における指導的な思想家たちは、意図的であるかどうかはともかく、その思想を中世から汲んでいるのは否定できない。いずれにせよ、中世の伝統が支配的地位を失ったのは、古代に遡りそこから精神的生命を再生しようとする努力によるものである。新たな時代にあって、世界に開かれはしたが自己理解の支柱をなくした市民たちは、こうした古代再生の努力によって、規範的な精神文化と知的・宗教的欲求とのあいだの乖離が拡がりつつある状況のなかで、その両者を架橋しようとしていたのである。

スコラ学の思弁からのこうした離反は、修辞学的伝統の再発見、またそれゆえ古代の言語と文学の美学的側面の新たな評価と並行して進んだため、その視野はスコラ学的に解釈されたアリストテレスを越えて拡張され、新たに発見された古代の著作家や、新しい文学的教養的関心という観点の下で理解された既知の諸源泉が、人文主義研究に豊かな素材を提供することになる。大学においては十六世紀でもいまだアリストテレス解釈が主流であったが、プラトンの著作およびそれに連なる古代の新プラトン主義の伝統は、それまでになかったほどの幅広い領域で熱烈に受容され、さらにはそこにストア学派の倫理学、および古代の懐疑派の影響が加えられた。この古典古代の言語・文学・哲学の人文主義的な研究と並んで、古代キリスト教信仰の文献が新たな関心を呼び起こしたが、その関心は宗教改革においては聖書の言葉に、霊性の刷新運動においては古代末期のキリスト教的著作家に向けられることになった。規範的源泉である聖書に近いという理由から、教父たちの文献は信仰の真正な解釈として読まれ、また彼らの説教、書簡、伝記はそのキリスト教的な内容に古代の修辞法の古典的美しさを融合させた古典古代の文献として高く評価された。このためルネサンスの思想家たちにおいて、古典古代の思想と聖書的キリスト教思想のあいだの緊張が、古代末期におけるのと同様の仕方で繰り返されたとするなら、ルネサンスの思想家たちははたしてどのような理由から古代あるいは教父文書の受容へと向かったのか、またどのようにしてこの多岐にわたる思想的潮流を調和させたのかという点が問われなければならない。

ペトラルカ（Francesco Petrarca　一三〇四－七四年）がヴォークリューズのヴァントゥー山登攀（一三三六年）での自然の経験に圧倒されながらも、愛読書であったアウグスティヌス（Aurelius Augustinus　三五四－四三〇年）の『告白』（Confessiones）を読むことで人格の内奥を救われ、『わが秘密』（Secretum meum　一三四二／四三年）での自己との対話において、アウグスティヌスその人を自身の宗教的内面からの声として登場させて以来、[1]ラテン古典においてキケロ（Marcus Tullius Cicero　前一〇六－四三年）やウェルギリウス（Publius Vergilius Maro　前七〇－前一九年）を中心とする「人間の尊厳」（humanitas）に対する探求と、アウグスティヌスに代表される個人的信仰とが、文学的な人文主義において結び合わされ、およそ百年におよぶ緊張に満ちた相互作用が生じた。レオナルド・ブルーニ（Leonardo Bruni　一三七〇頃－一四四四年）およびゲオルギオス・トラペズンティオス（Georgios Trapezountios　一三九五－一四八六年）らによるプラトンのラテン語翻訳、コジモ・デ・メディチ（Cosimo de' Medici　一三八九－一四六四年）の意向によるフィレンツェのプラトン・アカデミーの設立（一四三九年）、そしてニコラウス・クザーヌス（Nicolaus Cusanus　一四〇一－六四年）の『知ある無知』（De docta ignorantia　一四四〇年）をもって人文主義は哲学的な思考を展開し、この傾向はマルシリオ・フィチーノ（Marsilio Ficino　一四三三－九九年）の著作においてその頂点に達する。この哲学的人文主義の影響はフィレンツェのみならず、全ヨーロッパに広がり、とりわけフランスにもその余波を及ぼすこととなる。フィチーノの著作は、ルネサンスの要となるその位置づけ、さらにはそこでなされたプラトン的伝統と教父思想の結合ゆえに、そうした総合の試みを促した動因を探る考察を喚起するのである。

二　フィチーノの生涯と著作

フィチーノはフィレンツェの周辺で、ことさら取り上げるべき事件も少なく平穏の内に一生を送ったため、その生涯を叙述するにしても、若干の経歴を考慮しながら年代順の著作目録を作成する程度の域を出ない。(2)フィチーノの決定的な伝記は、(3)フィレンツェの政治家・人文学者ジョヴァンニ・コルシ(4)(Giovanni Corsi; Johannes Corsius 一四七二―一五四七年)の手になるものである。この伝記には「聖人伝のような偏った視点があり」(5)、フィチーノの業績の叙述については信頼性を欠くことから、(6)それを参照できるのは他の早い時期の伝記、(7)文書、(8)手稿、(9)およびフィチーノの手紙での言及などと一致している範囲に限られる。ゆえにここではただ手短かな概観を示すことで満足しなければならない。(10)

マルシリオ・フィチーノは一四三三年にフィグリーネで高名な医者ディエティフェチ(Dietifeci)と夫人アレッサンドラ(Alessandra)のあいだに長男として生まれた。「まだ幼少であった」(11)フィチーノを、のちのプラトン・アカデミーの主宰者として選んだのはコジモ・デ・メディチであった。コジモはゲミストス・プレトン(Georgios Gemistos Plethon 一三五五―一四五〇年)を「あたかももう一人のプラトンであるかのように」(1537)崇め、そのプラトン主義に傾倒していた。フィチーノはフィレンツェ大学で、アリストテレスの『ニコマコス倫理学』(Ethica Nicomachea)および『霊魂論』(De anima)の註釈書を著したニッコロ・ティニョージ(Niccolò Tignosi 一四〇二―七四年)にアリストテレス哲学の手ほどきを受け、アリストテレスの中世的伝統に接し、アヴィセンナ(Avicenna; イブン・シーナー[Ibn Sīnā] 九七三/八〇頃―一〇三七年)とアヴェロエス(Averroes; イブン・ルシュド[Ibn Rushd] 一一二六―九八年)を始めとするアラブ語圏の註解にも触れることになる。フィチーノは学生時代からキケロ、マクロビウス(Ambrosius Theodosius Macrobius 四世紀後半―五世紀前半)、アプレイウス(Lucius Apuleius 一二五頃―一八〇年頃)、アウグスティヌスおよびカルキディウス(Calcidius 四〇〇年頃活動)などのラテン著作家を手がかりに(Corsi, IV)、集中的にプラトンの思想的遺産に取り組んだが、その際にはプラトンをアリストテレスと対立させて理解するようなことはしなかった。「誰もが知っているように、私は若年の頃から神のごときプラトンに付き従っていた」[12]。そうして二三歳にして（一四五六年）大著『プラトン綱要』（Institutiones Platonicae）を著した（ただし現存せず）。この初期著作ではプラトンの哲学が包括的に展開されていたと考えられるが、フィレンツェの大司教、ドミニコ会の学識ある倫理神学者アントニヌス（Antoninus 一三八九―一四五九年、在位一四四六年―歿年）はおそらくこの著作を読んだうえ、正統信仰の戒めとしてトマス・アクィナス（Thomas Aquinas 一二二四／二五―七四年）の研究を勧めた。フィチーノはこの勧めを尊重したように思われる。

フィレンツェ大学では医学を修め、それと同時に彼にとって医学と不可分であった占星術を習得したと思われる。フィチーノは一四五六年からギリシア語を習い始め、一四六三年には「ヘルメス文書」（Corpus Hermeticum）の『ポイマンドレス』（Poimandres）のラテン語訳『ピマンデル』（Pimander）を完成している（一四七〇年公刊）。また一四六八年までにプラトンのすべての対話篇を翻訳し、一四六九年にはプラトンの『饗宴』（Convivium）の註釈として、幾度も版を重ねて広く読まれた『愛について』（De amore）を著している。これは、愛について熟考することで深い憂鬱から解放されるようにとの友人の勧めに応じて編まれたものである。続いて彼は一四七四年までに一八巻から成る体系的な大著『プラトン神学――魂の不死性ついて』（Theologia Platonica, de immortalitate animorum）を仕上げ、のちに一四八二年の印刷に向けてその改訂作業を行っている。一四七三年に司祭に叙階されたことを契機として――彼はやがてフィレンツェ司教座聖堂参事会員に任ぜられるのであるが――、その年彼は護教書『キリスト教について』（De christiana religione）を著している。なるほど、キリスト教神学という主題は、この著作を始めとする後年の著作において、初期の著作以上に集中して取り扱われているとはいえ、同書が精神的・宗教的危機から生まれたもので、それを機に彼が古代の非キリスト教的著作家たちからキリスト教へと立場を変えたという見解には根拠がない(13)。一四八四年から九二年にかけていくつかの小さな論考ののち、プラトン、ポルフュリオス(Porphyrios 二三四頃―三〇四年頃)、プロクロス(Proklos 四一〇/一二―四八五年)などが翻訳・註釈されているが、一四八九年には医学、占星術を扱う『生命について』(De vita)の三巻も著され、そこにおける彼の魔術解釈が原因でいくつかの衝突が引き起こされた。キリスト教的新プラトン主義に接近したフィチーノは、一四九〇年から九二年にかけて、「キリスト教的なものを大いに勧奨しつつ、プラトン的な原則に一切矛盾することはない(14)」という理由で、ディオニュシオス・アレオパギテス(Dionysios Areopagites 五〇〇年頃)の『神秘神学(三位一体論)』(De mystica theologia [De Trinitate])および『神名論』(De divinis nominibus)を翻訳・註釈した。一四九五年には哲学的に重要な意義をもつ一二巻から成る書簡集を、翌一四九六年にはプラトンのさらなる註釈書を公刊するとともに、一四九四年にはイアンブリコス(Iamblichos 二五〇頃―三二五年頃)と他の新プラトン主義的著作の翻訳を刊行し、その後パウロの「ローマ書」の註解に取り組んだが一四九九年の死に至るまでそれは完了しなかった(15)。

完成度が高く、正確かつ優雅な文体をもったフィチーノのラテン訳によって、プラトンの全著作およびプラトン主義の古代的伝統が初めてルネサンスと近代に導入された。またそれと並んで、同様にラテン語によるフィチーノの註解書と体系的著作によって、それまで知られていたすべての思想的源泉を網羅したプラトン主義的伝統の一貫した解釈が提示されることになった。プラトン・アカデミーはフィチーノによって創設され、また彼が生涯この集団の精神的支柱であり続けたことから、学問的に徹底したフィチーノの一連の著作は、このグループで論じられた主題群とその精神を反映しているものと思われる。このアカデミーは、メディチ家の力によって創設されるとともに、その支援を受け、また一四六二年にコジモ・デ・メディチによってカレッジ（Careggi）の別邸を贈られたことからすれば、非公式で私的な交友を越えたものではあるが、それでも十六世紀になって設立されるような組織的に整備された学術研究機関《アカデミー》のようなものではなく、むしろ、フィチーノを囲んで学識者や詩人たちが研究と談話を行う知的な共同体であり、その意味でプラトンのアカデメイアの再現として理解されるべきものであった。公開講座は教会で催され、プラトン、プロティノス（Plotinos　二〇五頃－二七〇年）、あるいはパウロについてのものであったが、講座と並んで哲学的対話や演説、講義や朗読、そして祝宴——例えばプラトンの誕生を祝う日に——も行われ、さらには来訪者との思想的交流が育まれるばかりか、フィレンツェの枠をはるかに越えた密度の高い書簡の交換もなされた(16)。フィチーノは憂鬱な気質の持ち主であり、その健康状態は常に虚弱であったが、それを補ってあまりあるほどの知的関心の広がりによって、その文学的・音楽的才能——彼は竪琴を弾いた——および芸術理解を統合し、その愛すべき人柄と聡明な判断力によって、それぞれに活動する卓越した思想家たちを結集し、当時のフィレンツェの精神生活全体に決定的な影響を及ぼした。そのなかには、ロレンツォ・デ・メディチ（Lorenzo de' Medici　一四四九－九二年。フィチーノは彼の指導教師）、レオン・バッティスタ・アルベルティ（Leon　Battista　Alberti　一四〇四－七二年）、アンジェロ・ポリツィアーノ（Angelo　Poliziano　一四五四－九四年）、クリストフォロ・ランディーノ（Cristoforo Landino　一四二四－九八年）、ピコ・デッラ・ミランドラ（Pico della Mirandola　一四六三－九四年）らが数えられる。フィチーノの容貌および人柄については、さまざまな言い伝えを通じて以下のように報告されている。この痩せ型で小柄な男は、話しぶりはいくらか遠慮がちであり、風変わりで禁欲的で質素な生活を送り、節度ある日々の日課と菜食を貫いたが、ただワインだけは厳選されたものを好んだ、と。政治的主題にはほとんど関心を示さず、人付き合いにおいては柔和で、愉快で、さらに若者たちとの親しい会話では熱中して多弁になったが、一人になると深い孤独に襲われたと言われる。

三　キリスト教的プラトン主義——フィチーノの著作の基本的論点

フィチーノの思想は古代のすべての源泉から糧を得ており、特定の時代に限定されることのない膨大な知識を誇っているが、とりわけプラトンと新プラトン主義の哲学がその思想の中核を成しているのは明らかである。広い意味で理解されたこのプラトン主義の伝統は、ガンのヘンリクス（Henricus de Gandavo　一二四〇以前－九三年）やヨハネス・ドゥンス・スコトゥス（Johannes Duns Scotus　一二六五／六六－一三〇八年）たちのようなスコラ学の著作家たちさえをもそのうちに数え入れることができるものの（Corsi, IV）、やはりプラトン自身の著作がその規範にして中心となっているのは間違いない。プラトンを優先する理由について、フィチーノは明確な説明を与えているが、その選択は思慮選択によるというよりも、むしろその起源は彼の学生時代に受けたゲミストス・プレトンの影響にまで遡る深い共感に求められる。プレトンは、フェラーラ・フィレンツェの東西教会の統一公会議においてギリシア教会の代表を務め、その地で一四三九年に人文主義者たちのために『プラトンとアリストテレスの区別について』（*Περὶ ὧν Ἀριστοτελῆς πρὸς Πλάτωνα διαφέρεται*）という文書を著している。

プレトンのプラトン主義は、彼のミストラ滞在中（一四三一－三六年）の弟子で、のちに枢機卿となったベッサリオン（Bessarion　一四〇三頃－七二年）によって引き継がれた。ベッサリオンは一四三八年から三九年にかけてこの公会議にビザンツ側の司教たちの代表として参加したが、一四三九年にはカトリック教会に改宗し、一四四三年にローマに移り住んで以後は、周囲にローマの知識人たちを集め、ある種の「アカデミー」を主宰した。プレトンとベッサリオンのプラトン主義に対して、強固なアリストテレス主義を代表したのはギリシア人、ゲオルギオス・トラペズンティオスである。彼はヴィチェンツァとヴェローナでギリシア語を教え、教父たち（アレクサンドレイアのキュリロス〔Kyrillos 三七〇／八〇－四四四年〕、カイサレイアのエウセビオス〔Eusebios 二六三／六五頃－三三九／四〇年〕、バシレイオス〔Basileios 三三〇頃－三七九年〕、ナジアンゾスのグレゴリオス〔Gregorios 三二五／三〇－三九〇年頃〕、ヨアンネス・クリュソストモス〔Ioannes Chrysostomos 三四〇／五〇－四〇七年〕）、さらにプラトンとアリストテレスのいくつかの著作を翻訳していた。このゲオルギオスの論難に対してベッサリオンは、『プラトンを誹謗する者に対して』(In calumniatorem Platonis) なる四巻の文書で応答している。この著作はその強烈な影響によって、ヨーロッパにおいてプラトンを救出する役割を果たした。一四六九年にこの文書を読み、深い感銘を受けたのがフィチーノであり、彼は同じ年の内に主著『プラトン神学』の下書きを始める。同書が「ルネサンスの〈神学大全〉、またフィレンツェ人文主義のもっとも深く、もっとも優れた表出」[17]と呼ばれることとなる。

この『プラトン神学』をロレンツォ・デ・メディチに捧げる際の献呈書簡（一四七四年）という重要な文書において、フィチーノはプラトンを取り上げる動機を説明し、同時に彼のプラトン理解の主要な主題を提示している。この書簡の中でプラトンは、「哲学者たちの父プラトン」、「われらのプラトン」、「天のごときプラトン」[18]と呼ばれる。そのプラトンに対しては、一切の思惟が、「洞窟の比喩」におけるように、第一の根源にして目的である神への精神の関係から開示される。プラトンは「視力が太陽の光に対して関わるように、すべての精神は神へと関わり、精神は神の光なしには何も認識しえないことを理解したがゆえに、人間の精神がすべてを神から賜ったように、すべてを神へと関連づけることを正当にも正しく敬虔なことだと判断した」[19]。理性と意志を並行するものとして捉えるフィチーノの特徴的な考えによれば、プラトンの道徳哲学が主張するように「精神がついにより明るくなり神的光を知覚し神を崇敬するためには、精神が浄化されるべきである」[20]のと同様に、理論的探究においては「われわれは最終的に諸原因の原因自体に達し、そこに見出される原因を崇敬するためにこそ、原因は探られるべきである」[21]としている。フィチーノにとってプラトンは、哲学と生の統一の模範であり、この「知ある敬虔」(docta pietas)という、まさにルネサンスの哲学的思惟の基本理念とも合致する目標に向かってフィチーノは邁進する。「われわれのプラトンは他の者たちを敬虔の勤めに関してただ戒めただけでなく、彼自身が実際に最も優れた模範となっている」[22]。プラトンの哲学はそれゆえ内容に関しては、神の観想を目的とした神学であり、そこにこそフィチーノ固有の思想の指導理念を認めることができる。[23]「彼の教えはすべての民族において神学と呼ばれている。なぜなら倫理的なもの、弁証論的なもの、数学的なもの、自然学的なものなど何であれ、それらを最高の敬虔をもって、神に関する観想と崇敬へと還元することなしには彼は何も扱うことがないからである」[24]。

フィチーノの解釈によれば、神中心的なこの根本モチーフは、プラトンの思惟においては、精神形而上学的に、それゆえ人間論的に展開されている。それというのも人間精神は、鏡のように神に向けられており、神によって刻印されているからである。「彼〔プラトン〕は精神を鏡のようなものであり、その中には神の顔の像が容易に反映していると考えていた。それゆえ霊魂は個別的な痕跡を通して神自身を熱心に追求するならば、魂においてどこにでもその現れを発見するのである」[25]。精神と神との対応によって「人間の神的尊厳」というルネサンスの中心的モチーフとともに、精神の反省的自己関係が基礎づけられるのであるが、そこにおいてはソクラテス・アウグスティヌス的な自己認識という主題が、反省する主観と精神の超越論的自己根拠づけという近代のモチーフへと移行させられている。「あの神託（汝を知れ）が何よりも勧告していたのは、神を知ろうと望むなら誰もが、まず自分自身を知ればよい、ということだと理解する」[26]。プラトン思想の深層にまで至る分析を通して、フィチーノは相互に有機的に絡み合う二つの焦点を見出している。すなわち神学的なモチーフは人間中心性を存在論的に根拠づける一方で、その精神形而上学的かつ人間論的なモチーフによって、神中心性へと向かう認識理論上の通路が拓かれるのである。「それゆえ、誰であれプラトンの著作を（私はもうだいぶ前からラテン語に翻訳したが）注意深く読むならば、確かにすべてを、しかしそのすべてのなかで特に二つの最も大事なこと、つまり認識された神に対する敬虔な尊敬と、諸精神の神性を見出すだろう。この二つにおいて事物のすべての理解、また生活の全面的な導き、また全面的な幸福が成立している」[27]。

主著の標題と主題は、以上のようなかたちで説明されたことになる。「ところで私は〔……〕他のものに優って二つのことに熱心に尽力したのであり、そのために本著作全体を〈プラトン神学――魂の不死性について〉と題すべきだと判断した」[28]。人間の精神に対して真理の全体が開示されているのであれば、人間は哲学的な思惟において、精神の自己認識を介して一切の被造存在の認識、そして自らの原像としての神に対する精神の認識への道を拓き、それによって人間は、自身の超越への関係にもとづいて自らを存在者全体の中心として理解することができる。「これを著した主な意図は、特に被造的精神の神性自体において、あたかもすべてのものの鏡という媒介におけるかのように、創造者自身の業を観察するとともに、精神を観想し尊敬することであった」[29]。こうしてこの自己認識は自らの真理性を、ただ神への崇敬に満たされた自己関係を通じてのみ実現するのである以上、徹底した哲学的思惟は宗教的な神崇敬へと導かれる。したがって神に対する崇敬は、神の本質によって要求されるのと同様に、「人間の尊厳」（humana res）のためにも必要とされるものなのである。「これを何よりも全能の神が命じている。これを人間の尊厳が全面的に要求している」(30)。人間を神の崇敬へと導こうとするこのような取り組みにおいて、フィチーノはプラトンに同意する。「天のごときプラトンはその昔、自分の者たち〔弟子たち〕のために神の霊感の下で容易にこのようにした。そしてわれわれ自身もプラトンにならって、しかも神の助力に信頼して、同じことをわれわれの者たちのために、この骨の折れる著作で企てたのである」(31)。

フィチーノが『プラトン神学』の目的設定について語っていることは、彼の著作すべてに当てはまる。それというのも彼の全著作は、アウグスティヌスの場合と同様に、神と魂という二つの極の周りをめぐり(32)、政治思想などプラトンのその他の論点にはほとんど関心を払っていないからである。そこにはまず、古代末期の新プラトン主義におけるプラトン理解のもつ傾向が反映していると考えることができる。「アリストテレスとプラトンは不可分でありながら、しかしプラトンの教えは盲目の精神に光を与え、傷んだ心をそっと浄めるための唯一の妙薬でありつづけた」(33)。しかし、『プラトン神学』の副題にあるように、そこでは人間精神が魂として、特にその不死性を念頭に主題化されている以上、その論述には同時代のパドヴァ大学を牙城としたアヴェロエス的なアリストテレス主義に由来する動機を見ることができるであろう。「逍遥派《ペリパトス》によって占められたほとんどの全世界は主に二つの派に分かれている。つまりアレクサンドロス派とアヴェロエス派である。前者はわれわれの知性が可死的であると考え、後者は知性は単一であると主張している。しかし双方は同様に宗教性のすべてを根本的に排除してしまう」(34)。フィチーノが辛辣に批判するのはこのアリストテレス主義者たちの不十分なアリストテレス理解である（cf. 655）。スコラ学以後のアリストテレス主義は十五世紀イタリアにおいて二つの学派へと展開したが、その双方は、人間の魂の不死性を拒否する点で共通していた。アレクサンドロス派は、アフロディシアスのアレクサンドロス（Alexandros　二／三世紀頃）を継承して、理性の可死性を支持している。それというのも彼らは、理性は魂の一部であり、また魂は身体の形相である以上、身体とともに消滅せざるをえないと考えたからである。それに対してアヴェロエス派は、繰り返された異端宣告（一二七〇、七七年）にもかかわらず、理性の単一性と不死性を唱えた。ただし彼らの言う理性とは超個人的な理性であり、個としての人間に固有のものではない[35]。ともあれ、のちにピエトロ・ポンポナッツィ（Pietro Pomponazzi　一四六二－一五二五年）によって支持されるこの二つの主張は、一五一三年一二月一九日に第五回ラテラノ公会議で、神学と哲学とでは相互に矛盾する真理が両立可能であるとするいわゆる「二重真理説」とともに弾劾された[36]。

フィチーノ自身はこれら二つの学派の主張を、個人の魂の不死性の理論に融合的に結合していた。「われわれはいくつかに分散したプラトン派の真理と逍遥派《ペリパトス》の真理を、解釈者としてこのように一つに集めたい。われわれはアヴェロエスから受容的知性が不死的であることを採用する。アレクサンドロスからは受容的諸知性がわれわれの諸霊魂に自然本性的に授けられた何らかの能力であり、魂の数と同じ数だけあることを採用し、人間たちの魂が不滅であることを帰結しよう。そしてこれは〔新〕プラトン派、キリスト教徒たち、またアラブ人の神学者たちの、古《いにしえ》の逍遥派《ペリパトス》に最も適した結論である[37]」。フィチーノは『プラトン神学』で、人間の個的な魂の不死性の証明を目的にしてプラトンの論証に取り組み、大部な第一五巻をもってアヴェロエス主義への反論に充てている[38]。同じことに関してフィチーノは「われわれと同じプラトン主義者」、「自分の友なる哲学者[39]」ピコ・デッラ・ミランドラに宛てた手紙でも、「ある人たちにはエピクロス（Epikouros　前三四一－二七〇年）の不信仰を捨てて、またアヴェロエス的な一つの学説も無効とみなし、われわれのプラトンの魂と神についての敬虔な教えに従うようにと納得させた[40]」と祝辞を述べている。

フィチーノは自らのプラトン主義の受容が、キリスト教の教えに対するプラトン主義の近さによって裏づけられているものとみなし、とりわけ個人の尊厳を存在論的に基礎づけるには不可欠のものである神認識の可能性と霊魂の不死性への問いに関しては、プラトン主義を拠りどころにしている。そのためにフィチーノは書簡の中で、「プラトンの理論はキリスト教の教説にいかに類似しているか」(41)を語っている。しかしながらプラトンを受容したこの決断はきわめて根深いものであり、護教的意図による単なる方法的選択を越えたものであったと推察できる。むしろフィチーノは、自らが常に忠誠を尽くしたキリスト教および教会の教えと、自らをプラトンに導いた哲学的洞察とのあいだに幸運な一致を見出していた。それゆえフィチーノは、理性と信仰のこの調和を、哲学史的背景にもとづいたうえで、体系的思想によってできうる限り明らかに提示することを自身の生涯の課題とみなしたのである。彼によると、真の哲学者は、自らを哲学史家であるとか、プラトン主義などのある学党の信奉者だとは思わず、神の真理の解釈者であると考えているものである。「それゆえわれわれが神を認め、愛するために、世界全体はいたるところで叫びを上げ、世界と神の解釈者である真の哲学者もまた熱心に証明を行い、またそうするように勧告している(42)」。

フィチーノは、自らのプラトン解釈はキリスト教的な真理の先行理解に導かれていることを自覚しているばかりか、プラトンをそのように読み解くことが事柄の真理によって正当化されるとも信じていた。「しかし私は〔……〕キリスト教的真理に最も類似しているプラトン自身の模写を表現しようと決心した(43)」。しかしながらキリスト教的真理に方向づけられたこの解釈は、プラトンになんら損失を与えるものではなく、プラトンを彼の最も深い意図の内に開花させるものである。夥しい魚が捕獲されるという福音書の挿話に言及しながらフィチーノは、「プラトン的理拠」(Platonica ratio)を漁網に喩えて、「プラトン的理拠は、もしキリスト教的真理の下に正しく牽引されるなら、はち切れることなく満たされつつ完全なままに残る」[44]と考えている。それゆえフィチーノは、キリスト教徒ではなかった新プラトン主義者たちが、プラトンを理解する際にキリスト教の信仰箇条にきわめて近くにまで接近しているのは、彼らが「ヨハネによる福音書」を読み、プラトンをキリスト教的な光の内に理解したためだと確信していた。「実際、プラトン学派の人々は神のごときプラトンを解釈するために、キリスト者たちの神的光を利用した」[45]。なるほど古代の哲学者たちからはキリスト教の意味で完全な教義を期待することはできない。「キリストの到来に先行した彼ら〔古代の著者たち〕には、まずキリスト教的な事柄を最高度にまで要求すべきではない」[46]。しかしフィチーノの見解によれば、信仰と理性はその基礎においてまた全体にわたって照応するということが哲学史によって証示されている。哲学史の事実的な進行が示しているように、哲学的思惟の展開は、キリスト教的な真理に向かって進んでいるのであり、その行程は、「一人ひとりの才能に応じてすべての人を自らの方へと驚くべき仕方で引き戻すことを望んでいる神の摂理なしに」[47]実現されたことはない。

フィチーノによれば、哲学はその固有の本質からして宗教に接近する。それというのも、哲学的に思惟する精神は、根拠と原因への問いを通じて最高の原因に至り、またこの最高の原因は、一切の秩序の起源として賢明な摂理の内に世界と人間を導くものである以上、最終的に宗教の対象と一致するからである。「真に哲学する者の努めは以下のこと以外ではありえない。すなわち、諸部分また宇宙全体の個々の根拠と原因を常に考察し教えること、次いで物事の根拠と原因自体を指摘することにおいて、ついにすべてのものの最高の根拠と原因にまで達し、さらに他の者たちを可能な限り自分自身と共により上のものへと導くこと、そして世界がどれほどの知恵によって支配されているかを示すと同時に、人類に対してどれほど目的に適った仕方で導かれるかを摂理に適った確実な理拠にもとづいて証明することである」[48]。万有の構造の再遂行と、人間精神にとって本質的な超越関係の根本遂行として、プラトンが言うように、「哲学は〔……〕低次のものから高次のものへ、闇から光への精神の上昇であり、その哲学の始源は神の精神による促しであり〔……〕、その目的は最高善の所有、その最終的な成果は人間に対する正しい指導である」[49]。人間精神はこの哲学的な上昇を通して、自身の浄福の原理に達し、やがてその原理へと変容するに至る。「哲学のおかげで精神は、いつかいわば神になることも実現できようというものである」[50]。こうして人間の神への接近、あるいはいわば「神化」が、哲学することの最高の目的であることが示される。「そこで哲学の贈り物で、魂はただ幸福になるだけではなく、むしろこう言って良ければ、神となるとき、何らかの仕方で至福そのものとなる。そこでは死すべき者のすべての事象、技術、仕事が消え、すべての内に唯一残るのは哲学のみである。そこでは真の至福は真の哲学以外の何ものでもない」[51]。哲学者が人間を真理へと、つまり神認識へ、そして浄福へと導く限り、そこにはある宗教的課題が人間に固有のものとして与えられる。「それゆえ哲学者はわれわれを神に対する観想へと高める限りでは、知恵者と呼ばれ、また神の善への愛へと燃え上がらせる限りでは、敬虔で宗教心溢れる者と呼ばれるべきである」[52]。フィチーノは、ただ『キリスト教について』のように明らかに宗教的な著作においてだけではなく、哲学的な思惟そのものにおいて、自らの課題を本質的に宗教的なものと理解している。「古代への追随者マルシリウス〔フィチーノ〕は、あなたが求めているあの一つの宗教書においてのみではなく、実際そのすべての書物においても、精神の力に応じて、哲学的な諸々の事柄に常に宗教的なものを結び合わせているのである」[53]。

敬虔な宗教性と比べて、哲学の営みは、純粋に知性的で、それゆえ理解を普遍的に可能にするという点で利点をもっている。それゆえ哲学的思惟は、才能はあるが信仰のない知識人に、信仰への道を開くことを可能にする。「人々の鋭く、何かしら哲学的な才能は、哲学以外の何らかの養分によって、いつか完全な宗教へと引きつけられ、徐々にそこへと導かれるなどと思うべきではない」[54]。知識人たちはそれゆえ特に「プラトン的理拠」(cf. 78; 930)を通して「あたかも何らかの中庸の道を通してであるかのように、最終的にキリスト教的敬虔に至る」[55]と言われる。それは歴史的には「かつて、プラトン派以外の哲学者がキリスト教を受け入れたことなど、あなたは読んだことがない」[56]ということによって裏づけられる。その主要な証人はディオニュシオス・アレオパギテスである。「それらの古代人のあと、プラトン派の人で、次いでキリスト教徒となったディオニュシオス・アレオパギテスは、同じことを自らの種々の書物において幅広く議論している」[57]。フィチーノは、そのような道を拓く先駆者となる使命が、神の摂理によって自らに与えられていることを痛感している。「私はこう信じており、それは空虚な信念でもない。つまり神の摂理は次のことを決定した。神法の権威だけでは容易に譲らない多くの人々の誤った精神が、少なくとも宗教をかくも支持するプラトン派の論証に賛同するようになること。そして、哲学研究を聖なる宗教からあまりにも不敬虔に切り離す人々は、ある者が知恵への愛ゆえに知恵そのものに対する尊敬から離れ、あるいは真なる知解のために正しい意志から逸れたのと同じように間違いを犯したことを、いつか認めるであろう」[58]。

キリスト教信仰とプラトン的理性が互いに並行関係に置かれ、また調和するとみなされるがゆえに、フィチーノの思惟を「キリスト教的プラトン主義」と呼ぶとするなら、そこからは自ずと、それら双方の区別、あるいは双方の原理の優劣についての問いが生じる。キリスト教信仰と哲学的思惟をその内容について同等なものとして並べるなら、それは啓蒙主義の意味における自然本性的な理性宗教に繋がることになる。フィチーノが宗教に関して、賛意をもって「自然な」、また「共通の」[59]という言葉を用いている以上、なおさらその印象が強まることだろう。フィチーノは両者の区別を、アウグスティヌスとともに、哲学的思惟がただ人間理性にのみ依拠するのに対して、キリスト教の真理が権威によって保証されていることの内に見ている。「アウレリウス・アウグスティヌスは、われわれが二重の道で、つまり権威と理性によって真理へと導かれると書いている。さらにまた、自分がキリストの権威をすべてに対して優先し、それに最も適合する考え方をただプラトン学派の人たちの下にのみ見出し、彼らの下から「ヨハネ福音書」序言のほとんど全体が拾い集められうるともある」[60]。それゆえ信仰内容はフィチーノによって、哲学的理性が自らを測るための無条件的な基準とみなされる。そのため神学も、その明確な教義が福音にもとづいている限り、曖昧で誤謬に陥りかねない哲学に対して優位をもっている。「なるほどすでに聖なる福音の至福なる想起は、哲学的な迂回路を捨て、キリスト教の神学者たちの示す最短の小径を取って幸福を求めるようにと、われわれを励ましていると思われる」[61]。しかし哲学はその諸理拠によって、神学的真理に基盤を与え、それを明らかにすることができる。フィチーノは『ソクラテス的なものによるキリスト教的なものの裏づけ』(Confirmatio Christianorum per Socratica)[62]なる書簡で、キリスト教的な信仰と理性との関係と、キリストとソクラテスの関係を類比的なものとして描写する。ソクラテスはその生涯と死の内に、「何らかの暗示によってキリストを救いの創始者として――言うなれば――予示した」[63]というのである。ここでフィチーノは、「ソクラテスを〔キリストの〕擁護者というよりも、いわばライバルとみなしている」[64]といって非難するであろう反対者に対して、抗議している。ソクラテスと古代プラトン主義は、キリストとその教えに反するものではなく、むしろそれを弁護するものなのである。

プラトンを後ろ盾としてキリスト教的な真理を裏付けるために、フィチーノは特にプロティノスによるプラトン解釈を援用する一方で、例えば『パイドロス』(Phaedrus)のまったく独立した解釈を展開させる場合もある。その解釈は、キリスト自身に言及することなしに、旧約聖書におけるキリストの救済史的予表をプラトンの対話篇と関連づけて比較することで，直接に引き出される。「フィチーノは，巧みにもキリスト教――とりわけ注目すべきは，堕罪，受肉，贖いというその三大教義――とまったく互換的な解釈に辿りつく」[65]。その場合フィチーノは，体系化を意図するところから，文章の字義通りの意味から読み取れるのとは別のところに重点を置いたことを，虚心に認めていた。そのためにフィチーノは，古代プラトン主義の知性主義的傾向を，アウグスティヌスとディオニュシオス・アレオパギテスに拠りながら，人間精神のもつ感情と意志の活動を強調することによって補塡しているのである[66]。仲裁的ではあるが，根本においては確固としたフィチーノのキリスト教的な思惟形態は，プラトン主義の非キリスト教著作家たちを，三位一体というキリスト教の中心的奥義の認識への途上にあるものとして見る考えにおいて顕著である。『哲学を賛美する演説』（Oratio de laudibus philosophiae）（757-759）という初期の書簡において，神の三重的な徴表――「実存し，知り，作用することの原理」[67]など――について，エジプト人たちから発し，アラブ人たちを経て，ギリシア人たち〔ピュタゴラス〔Pythagoras　前五七〇年頃生〕，ヘラクレイトス〔Herakleitos　前五四〇頃－四八〇年頃〕，プラトン，そしてイアンブリコスやプロクロスに及ぶ「古代神学」の流れを，ポワティエのヒラリウス（Hilarius　三一五頃－三六七年）およびアウグスティヌスにおけるキリスト教的三位一体神学に至る発展系列の内に位置づけたうえで，アウグスティヌスに賛同して以下のように言う。「その他に古《いにしえ》の哲学者たちによって初めて導入された神のこれらの三つの名称の内には，キリスト教的三一性が何らかの仕方で含まれている。そしてプラトンによって考案され，区別された哲学の三つの種類は，そのすべての部分においてこの三一的本性に対応する」[68]。フィチーノはここから，哲学の教えと神学の教えとの完全な対応を導き出している。「そこからは，哲学がそのすべての部分において，〔言うなれば〕全体的で完全な神性に適合し，父と子と聖霊の力と知恵と善性のある全面的で絶対的な（それがわれわれに許されている限り）像

(imago) を含んでいることが十分に理解可能である」[69]。そしてフィチーノは、プラトンの『饗宴』でディオティマに霊感を与えた霊と、キリスト教の聖霊とを同一視している (cf. 1238-1239)。しかし他方でフィチーノは、三位一体を思わせる思想が新プラトン主義の内に見出せるにしても、それは新プラトン主義者たちが「ヨハネ福音書」やディオニュシオス・アレオパギテスの文書に触れたためだと推測し、三位一体の教義はあくまでもキリスト教に由来するものであるといった主張を堅持する。「私はヌメニオス (Noumenios 二世紀末―三世紀初頭)、フィロン (Philon 前二五―後四五／五〇年)、プロティノス、イアンブリコス、プロクロスなどの主な神秘的命題がヨハネ、パウロ、ヒエロテオス (Hierotheos)、ディオニュシオス・アレオパギテスから受け取ったものであることを確実に見出した。というのも、彼らが神の精神、また天使たちについて、さらに神学と関係ある他のことについて優れたものを言っていることのすべては、明らかに彼らから受け取ったものだからである」[70]。

プロティノス自身さえも、たとえどれほど思惟と生涯において三位一体に近づいていたとしても、三位一体本来の認識には達してはいない。「プロティノスはたびたび使徒ヨハネとパウロの神秘的命題に言及しているが、それにもかかわらず三位一体の神秘に到達したというより、むしろそれを探求し、力ある限り模倣したのだと思われる」[71]。また、ウラヌス―サトゥルヌス―ユピテルといった古代神話の三神群の系統も、三位一体に無造作に適用することはできない[72]。専門家としての所見が求められた際には、キリスト教外部の古代著作家たちにおいては三位一体を見出すことはできない旨を結論として明言している。「それゆえ、キリスト教の三位一体の秘密は、プラトンの書物自体の内にはまったく存在しないということを、私はためらうことなく主張する。しかし意味としてではなく、言葉としてなら、何らかの仕方でそれに似たものはある。より類似した真なるものはキリストののちに活躍した彼〔プラトン〕の継承者の内にある」[73]。

フィチーノは「プラトン的理拠」の内に、キリスト教に完全に到達するのではないにしても、そこへと導く「中間の道」[74]を認めている。そこでフィチーノは、高次の自然倫理とそれに即した哲学的一神論の内で一生を送った非キリスト者に対して、救済に達する可能性という点で、中間的な位置を与えることを試みている。それが「中間的」であるというのは、完全な救済にとっては、キリストの恩寵が何よりも欠かせない前提だからである。「ピュタゴラス、ソクラテス、プラトン、また唯一なる神の他の崇敬者は、最高の生き方を体現し、モーセあるいは自然法的な規律に従ったこうした崇敬者は地獄行きを逃れたが、キリストの至高の恩寵なしには、至高のものにふさわしくなることはできず、それゆえある中間的な領域に送られ、辺獄《リンブス》で救い主であるメシアの到来について〔……〕確かな知らせを受けた」[75]。

フィチーノの著作においては、神認識、あるいは神における浄福な完成を求める人間の自然的要求といった哲学的論述が前面に出ることで、罪および超自然的恩寵（cf. 411）、キリストと信仰による救いといった主題は、ほとんどその陰に隠れてしまうが、それでも先の引用から窺えるように、それらの宗教的主題は、哲学的認識が展開される際の基本的な枠組みとなっている。「アリストテレスによれば信仰は知識の基盤であり、プラトン学派の人々が証明するように、われわれは信仰のみによって神に近づくのである」[76]。こうしてフィチーノは、神学的基本公理――例えばここでは信仰のみによる義化――が、キリスト教以前の哲学者たちにおいてすでに知られていたことを示すことによって、それらの基本公理が人間すべてにとって普遍的な意義をもつことを確認しようとしているのである。

四　教父たちを介しての古代への通路

（1）哲学史の再構成

プラトン哲学の優位を根拠づけ、そうして聖書的な啓示との平行関係を要請するために、フィチーノはプラトン哲学がきわめて古い由来をもつ点を強調する。フィチーノにとってプラトン主義はただ他の諸思潮のなかの一つなのではない。プラトン主義は起源的な哲学、あるいは哲学的神学であって、それは確かにプラトンにおいてその頂点に達しはしたが、その実、正にモーセに発する啓示とほぼ同程度に古くからのものである（cf. 1836）。もとより哲学は、その合理性如何によってその信憑性が定まるものではあるが、そこにさらに、年代の古さという、先の啓示の権威にも比されうる外的な権威が付け加えられる。フィチーノはこの「古代人の哲学」（Philosophia veterum）ないし「古代神学」（prisca theologia）の始まりをメルクリウス〔ヘルメス〕・トリスメギストス（Mercurius〔＝Hermes〕Trismegistos）に見ている。というのも、現在でこそ「ヘルメス文書」は古代末期のグノーシス主義による折衷的な捏造物とみなされているが、フィチーノは、ラクタンティウス（Lactantius 二五〇頃－三二五年頃）やアウグスティヌス[77]（cf. 1836）とともに、それを初期エジプト思想と同時代のものと考えているからである。魔術、占星術、医学、そして神学にもわたるこの文書の翻訳は、フィチーノによって『ピマンデル』と題されて一四七〇年公刊されている。これはフィチーノの作品のなかでも最も広く読まれ、また近代の錬金術と秘教秘儀に大きな影響を与えたものである。その序文では、メルクリウス〔ヘルメス〕について次のように記されている。「彼は、哲学者たちのなかで最初の者であり、自らを自然学的また数学的なものから神的なものの観想へと向けた。〔……〕それゆえ神学の創始者と呼ばれた。彼に従ったオルフェウス（Orpheus）は古代神学の第二の役割を獲得した。オルフェウスの聖なるものを伝授されたアグラオフェモス（Aglaophemos）が弟子となり、ピュタゴラスが神学に関して彼の弟子となり、彼にはさらにフィロラオス（Philolaos　前四七五年頃活動）が従い、彼がわれわれの神的プラトンの教師となる。それゆえ古代神学はまったく一つのものであり、ある驚嘆すべき秩序で六人の神学者から一つの一貫した学派として結集され、メルクリウスに発し、神のごときプラトンによって徹底的に完成された[78]」。プラトン以後アカデミーは六つの枝に分かれ（cf. 386）、ようやくプロティノスにおいてこの古《いにしえ》の知恵は、プラトンがプロティノスを自身の子として認めることができるほどの概念的明晰さに達した（cf. 1548）。「神的諸神秘を数学的な数字と形態、さらに詩的な創作物によって覆い隠すことは神学者たちの古い習慣であった。ついにプロティノスが神学からこれらの覆いを取り除いた。ポルフュリオスとプロクロスが証言しているように、彼だけが初めて古《いにしえ》の人の秘密を神的な仕方で見抜いたのだ[79]」。プロティノスは、キリスト者アンモニオス・サッカス（Ammonios Sakkas　一八〇頃－二四二年頃）の学徒にしてオリゲネス（Origenes　一八五頃－二五四年頃）の友人でもあったところから、キリスト教の影響下にあった。「プロティノスの精神がキリスト教の法からまったく関係のないものではなかったことを、次のことからわれわれは推察できる。すなわち、彼はキリスト教徒であったアンモニオスの常なる弟子であったし、最もキリスト教的なオリゲネスの生涯の友人として、オリゲネスおよびヘルメニオス（Hermenios）とともにアンモニオスの教えからけっして離れまいと決意し、その約束を守ったと言われることから、それがわかるのである[80]」。フィチーノが中世において純粋にプラトン的な伝統と認めるのは、彼自身が翻訳したミカエル・プセロス（Michael Psellos　一〇一八－八一年以降頃）を始めとして、アヴィケブロン（Avicebron; イブン・ガビロル［Ibn Gabirol］　一〇二一／二二－五四／

五八／七〇年）やアル・ファーラービー（al-Fārābī　八七〇頃－九五〇年）およびアヴィセンナのユダヤ人およびアラブ人、さらにガンのヘンリクス、ドゥンス・スコトゥスなどのスコラ学者たちである。さらにフィチーノは、ゲミストス・プレトン（cf. 327）、ベッサリオン（cf. 616-617; 899）、ピコ・デッラ・ミランドラ（cf. 1537）、そしてクザーヌス（cf. 899）を、自身と同時代におけるプラトン主義の再興と見ている。しかしながらフィチーノが自分に固有の課題にして責務と考えたのは、（プラトン主義的）伝統全体の翻訳・註解を行い、その思想を体系的に発展させることによって、プラトン(82)（918; cf. 1537）と古代のアカデメイアの再興(83)（909）に対して、その確かな基盤を整えることであった（cf. 948）。(81)

（2）源流としてのスコラ学と教父思想

フィチーノはこのプラトン的な哲学的思惟の系列の内に自らをしっかりと位置づけたうえで、この系列をきわめて包括的な意味で理解することによって、異質の思考形態をもつとも思われるトマス・アクィナスなどの思想さえをも、深層の共通性を見抜く自身の思考法にもとづいて吸収することができた。(84)フィチーノにおいては、アヴィセンナ（七二回）やアヴェロエス（五四回）が頻繁に言及されているのに対して、ラテン中世の思想家は総じて散発的に言及されるにとどまっている。(85)アラブ人に近い背景をもつライムンドゥス・ルルス（Raimundus Lullus　一二三二／三三－一三一五／一六年）は幾度か（一二回）触れられているものの、他の重要な思想家たち、例えばペトルス・アベラルドゥス（Petrus Abaelardus　一〇七九－一一四二年）、ボナヴェントゥラ（Bonaventura　一二一七／二一－七四年）あるいはウィリアム・オッカムなどは全著作の中で一度も挙げられない。何回か挙げられているのは、ドゥンス・スコトゥス（七回）、ソールズベリのヨハネス（Johannes Saresberiensis; John of

Salisbury　一一一五／二〇頃－八〇年）（六回）、アルベルトゥス・マグヌス（Albertus Magnus　一一九三／一二〇〇頃－八〇年）（五回）、ガンのヘンリクス（二回）であり、ただ一度のみ挙げられるのは、アエギディウス・ロマヌス（Aegidius Romanus　一二四三頃－一三一六年）、カンタベリーのアンセルムス（Anselmus Cantuariensis　一〇三三／三四－一一〇九年）、ビュリダン（Jean Buridan; Johannes Buridanus　一二九五頃－一三五八／六〇年）、コンシュのギヨーム（Guillaume des Conches　一〇六〇頃－一一五四年頃）である。それに対して、「キリスト教の神学者たち」という総括的な名称は、かなり頻繁に（およそ一〇〇回）言及されている。この引用の仕方は、無知によるというよりも、むしろルネサンスの時代精神に従って、古代を優位に置き、ラテン中世の位置を後退させようとする護教的戦略を背景にしているものと推定される。注目すべき例外は、トマス・アクィナス（二四回）である。トマスは常に賛意をもって引用されており、『対異教徒大全』（Summa contra Gentiles）、『運命について』（De fato 偽書）、『自然の隠れた業について』（De occultis operibus naturae）、『黄金の鎖』（Catena aurea）そして『神名論註解』（In De divinis nominibus）が参照されている。「われらのプラトン」という言い回しと同様に、「われらのトマス」という言い方がしばしばなされており（七回）、トマスを「神学の輝き」（四回）、「神学におけるわれらの道標」[86]（三回）とも呼んでいる。[87]自身の正統性を弁明する狙いが見え隠れするこのような明示的な言及もさることながら、その著作においてトマスの『対異教徒大全』から長文の引用、あるいはわずかに書き替えられた引用がなされており、しかも——ルネサンス期に無記名の引用は珍しくはないにしても——その引用にトマスの名が挙げられていないというのは興味深いことである。彼の主著『プラトン神学』だけでも、一〇行以上にわたるそのような引用が九六個所指摘され、そのいくつかには意図的に古代の著作家が偽名として当てられている。[88]後期の著作『ローマ書註解』も、全面的にトマスの同名の著作に依拠している。[89]また、若い頃大司教アントニヌスによって与えられた勧めに従って、フィチーノはトマスの『対異教徒大全』を、この著作に限っては、幾度も読み返して熱心に検討し、時にはある頁全体を書き写しているほどである。[90] こうした点から、フィチーノのプラトン主義が、神認識と人間の神探求という問い、存在形而上学および精神形而上学、さらに被造物の形而上学的構造に関して、トマスの思索から深い影響を受けていることは疑いようもない。

フィチーノの同時代にあって、プラトン的な主題を思弁的に徹底して深めていく同種の試みは、多くの点でニコラウス・クザーヌスにも見出され、そこではトマス・アクィナスの受容までもが類似しているため、フィチーノに対するクザーヌスからの影響の有無も問題となるところである。フィチーノはクザーヌスのことを一度、プラトン主義者（cf. 899）と呼んで言及しており、クザーヌスの数学的思弁を知っていたことも確実である。しかしフィチーノがクザーヌスのテクストそのものを読んでいたというのは憶測の域を出ず、それもフィチーノの晩年に関してかろうじて想定されるにすぎない。両者のあいだには、「無限と有限はけっして比例しない」[91] など、類似の命題が若干見られるものの、それらは元々盛期スコラ学に由来するものであり、フィチーノの哲学的神学および精神理論がクザーヌスからその着想を汲んでいるとみなせるほど、両者の思想的対応関係は十分なものではない。むしろ二人の哲学者が同一の源泉に依拠しているところから、両者の哲学的着想には類縁性が生じたものと見るべきであろう。[92]

中世思想家についての控えめな態度に比べると、数多くの教父たちが頻繁に言及されているのは、注目に値する。名指されるのは、アンブロシウス（Ambrosius Mediolanensis 三三九頃－三九七年）（七回）、アタナシオス（Athanasios 二九五頃－三七三年）（八回）、アウグスティヌス（七〇回以上）、バシレイオス（五回）、ボエティウス（Boethius 四八〇頃－五二四年頃）（一五回）、アレクサンドレイアのクレメンス（Clemens 一五〇頃－二一五年以前）（六回）、ローマのクレメンス（Clemens Romanus 九二―九九年頃活動）（六回）、キュプリアヌス（Cyprianus 二〇〇／一〇―二五八年）（一回）、キュリロス（一回）、アレクサンドレイアのディデュモス（Didymos 三一三頃―三九八年頃）（二回）、ディオニュシオス・アレオパギテス（八〇回以上）、エウセビオス（三〇回）、フィルミクス・マテルヌス（Firmicus Maternus 三六〇年以降歿）（四回）、ナジアンゾスのグレゴリオス（七回）、ヒエロニュムス（Sophronius Eusebius Hieronymus 三四七―四一九／二〇年）（一四回）、ヒラリウス（三回）、アンティオケイアのイグナティオス（Ignatios 一一〇年頃歿）（四回）、ダマスコスのヨハネス（Ioannes Damaskenos; Johannes Damascenus 六五〇頃―七五〇年頃）（二回）、エイレナイオス（Eirenaios 一三〇／四〇―二〇〇年頃）（一回）、セビリャのイシドルス（Isidorus 五六〇頃―六三六年頃）（一回）、ユスティノス（Ioustinos; Justinus 一〇〇頃―一六五年頃）（七回）、ラクタンティウス（八回）、大レオ（Leo Magnus 四〇〇頃―四六一年、在位四四〇―歿年）（二回）、ネストリオス（Nestorios 三八一頃―四五一年以降）（一回）、オリゲネス（五二回）、ポリュカルポス（Polykarpos 一五六年歿）（二回）、シュネシオス（Synesios 三七〇頃―四一三年）（二二回）、テルトゥリアヌス（Tertullianus 一六〇以前―二二〇年以降）（一三回）、ウィクトリヌス（Caius Marius Victorinus 二八一／九一―三六五／八六年）（一回）などであり、さらには初期キリスト教の殉教者の名が列挙されている個所が存在する。ギリシア教父のなかでは、フィチーノは、アテナゴラス（Athenagoras 一七七年活動）、シュネシオス、ディオニュシオス・アレオパギテスらを翻訳している。このように教父たちに遡ることに関して、フィチーノはフィレンツェ・ルネサンスで教父霊性を再興した知識人、アンブロージョ・トラヴェルサーリ（Ambrogio Traversari 一三八六―一四三九年）に従っており、彼の翻訳を熟知してもいた。ゲオルギオス・トラペズンティオスに反対するベッサリオンの著作『プラトンを誹謗する者に対して』――フィチーノも歓迎している著作――にも、トマスからの引用（五四回）のほかに、アウグスティヌス（二一九回）、ディオニュシオス・アレオパギテス（二一回）、ボエティウス（六回）、バシレイオス（四回）など、教父たちへの参照が数多く見出される。アウグスティヌスおよびディオニュシオス・アレオパギテスからはたびたび引用がなされていることから、この教父たちがフィチーノにとって特に重要であったことが推測される。それゆえここではアウグスティヌスを手始めとして、フィチーノの思想において教父たちが果たした役割を明らかにしよう。

（3）アウグスティヌスの精神論の継承

アウグスティヌスについてフィチーノは、トマスについてと同様に、「われらのアウグスティヌス」、「神的才能の人」、「あの最も神的なわれらの指導者」、「われらの指導者にして教師」と語り、ヒラリウスともども「ラテン神学者の筆頭」とみなしている。[93] フィチーノがアウグスティヌスの著作のなかで引用されているのは、『告白』、『神の国』（De civitate Dei）、『エンキリディオン』（Enchiridion）、『アカデミア派論駁』（Contra Academicos）、『八三問題集』（De 83 quaestionibus）、『ソリロクィア〔独白〕』（Soliloquia）、『魂の不滅』（De immortalitate animae）、『魂の偉大』（De quantitate animae）、『音楽論』（De musica）、『真の宗教』（De vera religione）、『自由意志論』（De libero arbitrio）、『三位一体論』（De Trinitate）であり、[94] その選択からはフィチーノが哲学的またプラトン主義的着想のある著作をとりわけ好んでいたことが見て取れる。そしてフィチーノの霊魂論からは、彼がアウグスティヌスの『魂とその起源』（De anima et eius origine）、『死者のための配慮』（De cura pro mortuis gerenda）、『マニ教徒に対して二つの魂について』（De duabus animabus contra Manichaeos）、『創世記逐語註解』（De Genesi ad litteram）を知っていたことが窺える。フィチーノはトマスについてと同様に、アウグスティヌスからも長文の引用を行っており、そこには逐語的に忠実なものもあれば、自由に書き換えられているものもあるが、いずれにしても多くの場合アウグスティヌスの名が出典として挙げられてはいない。さらに『プラトン神学』に至っては、その第一二巻の第五－七章がアウグスティヌスからの引用でほぼ埋め尽くされている。

アウグスティヌスに関しては、その具体的な学説内容以上に重要なのは、この最高の神学的権威が「知恵者にして聖なる人」、「ただ神のみに語る〔……〕敬虔な人」、「祈っているアウレリウス」、「優れたプラトン主義者」であること[95]、すなわちプラトン主義を完全に体現しており、その生涯と思想を通してプラトン主義とキリスト教、そして理性と信仰の統一を真にキリスト教的に可能なものとして示しているという点である。「ラテン人の中で彼〔アウグスティヌス〕ほど正確にプラトン的な偉大さを知恵によって、雄弁によって、証言した人はいない[96]」。フィチーノが強調するところによれば、アウグスティヌスは、プラトン主義の学説とそのキリスト教への親近性について、共感を籠めて繰り返し語っている。「アウグスティヌスは『アカデミア派論駁』において、〔……〕理拠にもとづいて議論すべきであれば、プラトン主義者たちにおいてはキリスト教徒の聖なる書物に矛盾しないものが見出されると語っている。〔……〕それゆえアウグスティヌスは『真の宗教』という書物において、わずかな変化を加えるならば、プラトン主義者たちはキリスト教徒になるだろうと証言している。また『告白』において「ヨハネ福音書」序文のほとんどをプラトン派の人々の内に見出したと述べている。〔……〕そこから、彼がプラトン学派の人々を他の哲学者に対して優先させた理由は、プラトン学派の人々が神的事柄と人間的事柄に関して、他の哲学者たちよりもまったく正しく理解したからだと言っている[97]」。

アウグスティヌスが、彼自身の証言によれば、プラトン主義の文書を通して信仰に達したということが、フィチーノにとっては、プラトン主義がキリスト教的な真理へ方向づける内的な可能性をもっていることを示唆しているのであり、またそうした展開こそ、フィチーノが同時代のプラトン主義に期待したものにほかならない。「かつてプラトン主義者であり、すでにキリスト教信仰について熟考していたアウレリウス・アウグスティヌスは、〔新〕プラトン主義者の書物に出会い、キリスト教的なものがその模倣を通して彼らによって証明されていることを知ったとき、神に感謝してキリスト教的なものを受け容れるところにますます向かっていった」(98)。アウグスティヌスは彼の生涯においてプラトン主義からキリスト教に突き進んだだけではなく、キリスト教徒になってからも、プラトン主義を自身の信仰についての思索を導くものと思い定めていたのである。「異論の余地なく、わずかな変更だけでプラトン主義者たちはキリスト教徒になるということを〔アウグスティヌスは〕認めている。数ある哲学者すべてのなかから彼らを選んだというのは、彼らが神的事柄について他の哲学者よりも正しく理解している程度に応じて、彼らを他の人々より優先させることは不公正ではないと思われたからである」(99)。

その著作の権威によって裏打ちされたアウグスティヌスのこの選択は、フィチーノの模範となり、そこからフィチーノは「プラトン的理拠」の選択を自らの哲学的思索の基本構造として根拠づけている。「それゆえに私はまず聖アウグスティヌスの権威によって引きつけられ、それからキリスト教徒における多くの聖なる人々の証言によって次のことを確信するようになった。私が哲学すべきであるとき、私は主にアカデミア派において哲学するのが労するに値することであり、さらに、プラトンの教えがモーセまたはキリスト教の神法に対する関係は、月が太陽に対するようなものであるので、私はプラトンの学説がより広く輝きわたるようにと、プラトンのすべての著作をギリシア語からラテン語に翻訳した。またこの新しい光を見ても目が眩むことのないように、一八篇の註解書を書いたのである」(100)。このテクストが示しているように、フィチーノにとっては、プラトン主義的伝統に属す著作の翻訳ばかりか、彼自身の哲学的思惟への決断、つまりプラトンおよびプラトン主義の著作に対するキリスト教的解釈としての『プラトン神学』の執筆の決断、そしてさらに教父たち（「キリスト教徒における多くの聖なる人々」）の研究もまた、このアウグスティヌスとの出会いにもとづいているのである。アウグスティヌスという先例のおかげで、フィチーノは、キリスト者でありながら、あえて前キリスト教的古代の哲学的思惟をその広がりと深さのままに受容し、継承・発展させる方向に踏み出すことができた。こうして、古典古代に遡ろうとするフィチーノの試みは、アウグスティヌスによって開かれるとともに、プラトン的な思想をもった教父たちによって、その全体において正当化された。『プラトン神学』の献呈の辞が、キリスト教的プラトン主義体系の推進者としてのアウグスティヌスへの信頼を証している。「私はすでに以前、アウレリウスの権威を信頼し、〔……〕キリスト教的真理に最も類似するプラトン自身の模写を表現しようと決心した(101)」。「そこであたかもプラトンが復興された（renascetur）ような(102)」と言われるフィレンツェの哲学的ルネサンスが、フィチーノをもって幕を開けたとするなら、その起源はフィチーノによるアウグスティヌスと教父たちの発見にあるということになる。

アウグスティヌスが「プラトンによって据えられ、より優れた基礎に依拠しながら、そのようなさまざまな議論を組み立てた(103)」のと同じく、フィチーノもまたプラトン主義者たちを自らの基礎にしようとする。フィチーノにとってアウグスティヌスは、キリスト教とプラトン主義の結合の成功例であるばかりでなく、内容的にも範とすべき拠りどころにして主導的な規範――「教師であるとともに保護者(104)」――であった。「私は最近、われわれのアウグスティヌスによる『告白』の中に幸福のこの定義を読み取ったが、その神的足跡をこそ、私はできる限り、幾度も繰り返し辿っているのである(105)」。そのためフィチーノは、――イデア論の理解などがその一例だが――アウグスティヌスがプラトンの理論を確証するところから、しばしばアウグスティヌスを介してプラトンを理解しようとしている。「人間の魂は自らの創始者から、諸事物の観念によって刻印されて降下するが、これらの観念によっては諸事物の実体を十分には把握することができない。このことはプラトンも自分自身の説としてたびたび主張し、またアウグスティヌスは最大に注意してそれを証明したと思われる。それゆえアウグスティヌスの足跡を辿って、また上記の学説の確証に努めることにしよう」(106)。こうしてアウグスティヌスはプラトン解釈の鍵となる。すなわちある解釈がプラトンの根源的意図に忠実であるか、またそれが、プラトンにおいてはまだ隠されている潜在的な意味にふさわしい展開をもたらすかという二重の意味で、試金石の役割を果たしているのである。

それゆえフィチーノが教父たちの内に探し求めているのは、キリスト教的に理解されたプラトン主義、あるいはプラトン主義的に理解されたキリスト教であることとなる。フィチーノが特定の教父を引用する頻度はこの選択の基準を反映している。頂点にあるのはプラトン的思想を継承する神学者アウグスティヌスであり、さらにディオニュシオス・アレオパギテスであり、オリゲネスである。「私は喜んでディオニュシオス・アレオパギテス、オリゲネス、そしてアウレリウス・アウグスティヌスという最も優れたプラトン主義者たちに付き従う」(107)。次に多く引用される教父には「われわれのプラトン主義者」(108)シュネシオス、「最高の哲学者」(109)ボエティウス、そしてラクタンティウスたちがいる。彼らは新プラトン主義において専門的な哲学者であるが、それに対してエウセビオス、および翻訳者ヒエロニュムスは古典古代史またはキリスト教史の源泉資料として用いられている。

フィチーノの哲学において、なるほど多様な思潮が一つにまとめられるが、なかでもアウグスティヌスからの影響は、フィチーノが「ルネサンス最大のアウグスティヌス主義者」(110)と呼ばれるほどまで大きなものであった。『神と魂のあいだの神学的対話』(Dialogus inter Deum et animam Theologicus)(609–611)および『神への神学的祈禱』（Oratio ad Deum Theologica）（665-666）などの小部の霊的著作においては、考えの運び方とともに文体までもアウグスティヌスのスタイルに同化されている。フィチーノの著作においてその体系全体の構築に関わる諸主題のうち、アウグスティヌスに遡る、あるいは彼から決定的な刻印を受けたものは、主要な主題を列挙するだけでも多大な紙幅を要するほどである。[11] ここでは、フィチーノにおけるそうしたアウグスティヌス的主題のなかで、特徴的なものを挙げるにとどめよう。

神論と霊魂論に関わるフィチーノの二極的な原則の中には、彼の主著『プラトン神学——魂の不死性について』の標題が示すように、「神と魂を知ることを欲する」[112] という『ソリロクィア』のアウグスティヌスの言葉の痕跡が示される。まずルネサンスに典型的な主題として、神（cf. 189-190）および無限なもの（cf. 325; 411）に向かう魂の自然本性的希求が挙げられる。そして真理における浄福への自然本性的希求（cf. 730-731）、あらゆる真理と善性の起源としての神に向かう努力（cf. 56-57）、および光の比喩、神認識に関するそれらの肯定的要素と並んで、有限的思惟形式からの浄化という否定的要素（cf. 1212）、神の精神内の理念にもとづく創造、質料の本質、種子的理拠、欠如（defectus）としての悪、人間以外の霊および悪霊の理論、神の包括的な摂理などが論じられる。さらに直接に神に由来する霊魂の起源、フィチーノの基本指針である魂の精神性と不死性（cf. 1430）、そして神における——さらに神による（cf. 761）——魂の自己認識（cf. 747）、真理自体に対する精神の喜び、精神の内面性、空間と時間からの霊魂の隔絶性、精神における永遠の真理の現存（cf. 258-259; 263-264）、そして神による精神の本質および認識の形成（cf. 267; 275）、内的教師による照明、精神に構成的なものとしての諸理念（cf. 245; 1223）、知性と意志の平行構造——ただしそこで意志と愛は単なる認識の上位に位置する——（cf. 272-273）、精神の自由の根拠づけ、愛の圧倒的威力、神にもとづく人間同士のプラトン的愛（cf. 279-280）といった主題が扱われる。またそこには、身体と霊魂の関係と、身体の諸部分における霊魂の全的現存（cf. 176–178）、感覚認識における霊魂の側からの活動的性質（cf. 178; 998）、要するに、彼の哲学的な霊魂論および認識論の主要部分がアウグスティヌスから受け継がれたものなのである。最後に、愛の対象としての美、美の本質と調和としての芸術（cf. 812）と音楽論への論及にもその影響を見出すことができる。[113]

（4） ディオニュシオスの形而上学の受容

フィチーノが神と人間との関係を霊魂の活動的な自発性を出発点として、そこから人文主義的・人間中心主義的な観点に向かう際には、アウグスティヌスがその導き手となったのに対して、フィチーノがアウグスティヌスに次いで多く引用しているディオニュシオス・アレオパギテスの思惟は、むしろ一者と善の宇宙論的形而上学によって支えられている。[114]「宇宙の始源自体はより適切な呼称では、一者ないし善と命名されるべきである」。[115]

すでにフィチーノの時代、つまり十五世紀の五〇年代頃、人文主義者ヴァッラ（Lorenzo Valla 一四〇五／〇七–五七年）はディオニュシオス文書の内容分析を元に、アレオパゴスの市参事会員にして使徒パウロの弟子（使徒言行録一七・三四参照）であると自身の著作の中で自称しているディオニュシオスに関して、その身元に対する疑義を表明している。そしてローマではベッサリオンとのあいだでそれについて論争を行っていた。[116]フィチーノはそのような歴史上の疑義にはまったく影響されることなく、使徒の直接の弟子にして（「使徒たちと共にキリストの十字架を担う」）[117]殉教者であるこの人物に高い権威を認め、この自称ディオニュシオスがポリュカルポス（cf. 13; 29; 853）あるいは福音書記者ヨハネ（cf. 451）に宛てた書簡――キリストの死の際に日食を見たことを報告する書簡――を無批判に引用している。フィチーノはディオニュシオス文書と新プラトン主義の著作、ことにプロティノス（cf. 1799）およびプロクロス（cf. 1689）とのあいだの細部に至るまでの一致を認めたが、現代の研究に反して、その依存関係については逆の解釈に至っている。すなわち、ディオニュシオスは古代の「プラトン主義者たち」の終わりに位置するものではなく、キリストの時代にパウロの手紙やヨハネの福音書によって生じた精神史的な変革ののち、彼の師と称されるヒエロテオス（cf. 1050）とともに新プラトン主義の起源となり、またプラトンの著作にまとめられたキリスト教以前の古代神学が、プロティノスにおいて詩的な神話や寓意から脱皮した理論的形態を取るに至る（cf. 1032）発展の出発点となったというのが、フィチーノの理解であった。

「ゾロアスター（Zoroaster　前八世紀頃）、メルクリウス〔ヘルメス〕、オルフェウス、アグラオフェモス、ピュタゴラスが一致していた異邦人の古代神学の全体は、われわれのプラトンの著作に含まれる。プラトンは諸々の書簡の中で、これらの秘儀は多くの世紀のあとでついに人々に明らかになるだろうと予言している。それはその通りになった。というのもフィロンとヌメニオスの時代に古《いにしえ》の神学者たちの精神はようやくプラトンの書物を理解し始めたのだが、それは使徒たちの弟子の演説と書物のすぐあとのことである。〔……〕私はヌメニオス、フィロン、プロティノス、イアンブリコス、プロクロスの重大な秘儀は、ヨハネ、パウロ、ヒエロテオス、ディオニュシオス・アレオパギテスから受け取ったものであるということを確認した。というのも、彼らが神の精神、また天使たちについて、さらに神学と関係ある他のことについて語る優れたものは、明らかに彼らから受け取ったからである[118]」。それゆえ後代のプラトン主義者たちはディオニュシオスに思想的起源をもつのである。「（思うに）アンモニオス〔・サッカス〕またエウノミオス（Eunomios　三三五頃－三九四年）あるいは彼ら以前の人々はディオニュシオスの書物を読んだのだ。〔……〕そうしてディオニュシオスの真にプラトン的な火花がプロティノスとイアンブリコスに投げ込まれ、そこからあれほどの大きな炎が点火した[119]」。

このような哲学史的に重要な位置づけを背景とすれば、フィチーノがディオニュシオス（およびその師とされるヒエロテオス）に与えた尊称は理解されうる。「プラトン主義者たちの哲学者のなかで至上の人」、「それらの書物がすべての知恵に満ちているプラトン主義者」、「最高の哲学者」、「キリスト教神学者たちのなかで最も知恵に満ちた人」、「始めにプラトン主義者、のちにキリスト教徒」、「哲学者」、「疑う余地もなくプラトン主義者の最高の人」、「プラトン主義者たちの頂点」、「プラトン主義者の第一の者」、「プラトン主義的かつキリスト教的神学者」、「プラトン的教えの頂点、キリスト教的神学の柱」、「プラトン主義者たちのはるかに最高の者たるわれらのディオニュシオス」、「『パルメニデス』（Parmenides）の勤勉な尊奉者」、「本書〔『パルメニデス』〕の最高の信奉者」、「神学者」[120]といったかずかずの尊称がそれである。それゆえフィチーノにとっては、ディオニュシオスこそが、アウグスティヌスにもまして、プラトン主義哲学者そのものだったのである。「ディオニュシオス・アレオパギテスのものはすべてプラトン主義的であり、アウグスティヌスのものの多くもそうである」[121]。

ディオニュシオスはその哲学的思索をキリスト教的な真理の光の下で展開しているため、彼が大抵の場合――とりわけプラトンの『パルメニデス』における神論に関して――従っているプラトンその人をさえも凌駕する。「ディオニュシオスをあたかも敬虔な哲学者としてのプラトンの後継者であると宣言することがあるにしても、彼をプラトン主義的学説の頂点としてだけではなく、キリスト教的真理の新しい光のために、プラトン自身より上位に置くべきだと判断することになる」[122]。フィチーノは概してプラトン主義的思想形態と自身の思想との同質性を感じているが、それはディオニュシオスの思惟に対して最高に妥当する。「確かに私としては、プラトン主義的な教えの他にいかなるかたちの学問にも満足できないのであり、この〔学問の〕かたちはどこよりもディオニュシオスにおいて尊敬されるべきである。私は実にプラトンを、イアンブリコスにおいて愛し、プロティノスにおいて驚嘆し、ディオニュシオスにおいて崇敬する」[123]。

フィチーノはトラヴェルサーリ訳のディオニュシオスに満足せず、のちに（一四九〇－九二年）自身で『神秘神学』および『神名論』を翻訳・註釈している[124]。フィチーノがアルベルトゥス・マグヌスの註釈（cf. 1224）を引用することでわかるように、逐語的な註釈はすでに多くあったため、フィチーノは「われわれは包括的に、つまりプラトン的な意味で解釈することに努めた」と述べ、この著作のプラトン的な内容に関心を集中させている。「今これを言葉のままに註解することは賢いことではない。アレオパゴスの中でアカデミア学派の香りが最も強くするところを、さらに少し鋭く探求し、プラトン主義者たちの筆頭であるディオニュシオスの最も美しい庭で、プラトン主義的な花を楽しむことが勧められる」[125]。

フィチーノは、ディオニュシオスの名が葡萄酒と悦楽的恍惚の神ディオニュソスと似ていることを理由に、言葉遊びで両者を関連づけたうえで、賛歌のように謎めいたディオニュシオスの用語法と、精神的恍惚の理論との調和を示唆している。「なかば自然な愛によって、なかば神の促しによって、知解の自然な限界を乗り越えて、愛された神へと奇跡的に変容されるとき、古《いにしえ》の神学者たちはそれをディオニュソス神の神性の徴《しるし》だと考え、プラトン主義者たちは離存する諸精神の脱魂と恍惚と理解する。そこで新しい神酒の一献、また消しがたい喜び――そう呼んでよいとするなら――に陶酔し、祝祭を挙げる。このディオニュソス的な生酒に、私たちのディオニュシオスはいたるところで陶酔し、歓喜している。彼は謎を流れ出させ、酒神賛歌《ディテュランボス》を歌い上げる」[126]。このような文章を言語的に自由の利かないラテン語で再構成するためには、「われわれにはまったく神的な狂乱が必要である」。しかしながら、ディオニュシオス著作のこのような昂揚した基調は、理論的認識にまさる情念的な神探求の優位にもとづいている。「ディオニュシオス・アレオパギテスは〔……〕神的な光を求め、それを知解でよりも、意志の灼熱の感情で調べ尽くし、祈り求めている」[127]。愛をともなった恍惚の存在論的な基礎は、第一原理の超越、すなわち知性自身に対する一者の超越の内にある。「実際、プラトンもそれを裏づけているように、宇宙の始源自体がどれほど卓越した知性よりも優れているかを、彼は世の光であるパウロから学んだ」[128]。この愛の優位はすでにディオニュシオスの師で、「第三天にまでにも引き上げられた」[129]パウロによって強調されていた。「彼は神愛を異論なしに、〔他の〕幾重にも神的な賜物より上に置いた」[130]。

一者の無制約的な超越に対する根本洞察にもとづいて、フィチーノがディオニュシオスを典拠としている学説は理解可能になる。「それゆえプラトンが考えているように、またディオニュシオス・アレオパギテスが確証しているように、一自体がすべてを超えている。一自体は神の最も優れた名称であることは双方で評価されている」[131]。一は存在者より高位に位置するとされるが（cf. 1154; 1167; 1761）、それは存在者には無が、そして一には存在者の数多性が対応させられるからである（cf. 1016）。超越論的な一性は、人間精神の内に一切の存在者の理解の原理として内在しており、「顕在的に神的単純性の像である」[132]。超越的一者あるいは「神的一性」[133]はしかし、やはり他の一切の規定に先行する善以外のものではない（cf. 1173; 1212）。「しかしプロティノスとプロクロスは一自体と善を存在の上〔……〕に位置づけている。〔……〕そして彼らはこの論証をディオニュシオス・アレオパギテスから受け取っているように思われる」[134]。

ところで善にはどのような完全さも付け加えられえないため、第一原理としての善には、さらなる完全性としての善の自己認識を帰属させることはできない（cf. 1729; 1166–1167）。それゆえこの純粋な一性は「すべてを互いに統合し合う」[135]ものであり、自身を自分自身と統一し、この統一された自己差異化の内で三一的に構造化される（cf. 1766）。善の本質には、自身を分け与え、自身を第三者としての愛の内に自らの他者へと関わらせ、また他者としての自分自身に関わることが含まれている限り、この同じ三重性が善からも生じることとなる（cf. 1238）。「神の無限な善さは、彼が自分の中に子孫なしに残ることを許さなかった」[136]。善の溢れ出す自己譲与は、太陽とも喩えられ（cf. 944; 965; 971; 1232）、創造をも根拠づける。ただしそれは自然的原理としてではなく、自由意思による愛としてである。「神は自分に対する神愛、つまりディオニュシオスが言っているように、自らの善さを拡大し、あるいは譲与すべき善さへの愛によって、一切を創造した。しかし愛は意志において成立する」[137]。善に根拠づけられたものは、善い仕方で現存することを要求し、それゆえひたすら自己保持の根拠としての源泉へと向かうのであり、「すべてがそれぞれの仕方で神への類似を求めていると言うディオニュシオス・アレオパギテスの権威によってそれは明らかである」[138]。

愛の成し遂げる、この低きへと向かう創造的かつ保持的な降下および高きへと向かう努力によって（cf. 1328–1329）、善の本質から、あらゆるものを一つに包括する愛の循環が生ずる。「愛は善が善から善へと循環する円である。愛は善から生まれて、善に還るために必然的に善い」[139]。愛の自発的な自己展開は必然的に、理念の知的要素の媒介の下に遂行され、それはアリストテレスによる批判にも揺るぐことがない。「しかし実際にイデアをこのように認めるべきであること、そしてこのようにプラトンによって認められたことを、キリスト教の神学者たちとディオニュシオス・アレオパギテス〔……〕は証明している。それゆえに逍遙派《ペリパトス》の人たちがプラトンの偉大さに対して戦うことは無益である」[140]。そのように善からは、理解可能な仕方で分割された諸精神の位階秩序《ヒエラルキー》が存在の諸階梯として生じる。「同じディオニュシオス・アレオパギテスが考えた通り、神的諸精神の三つの位階制があり、それらのいずれも三つの階級をもっている」[141]。この位階的階梯に対応して、保護の天使（cf. 1342）および悪霊（cf. 1755）の理論が展開する。というのもそこでは悪霊はその精神性に鑑みて取り扱われるからである。[142] 世界の中の悪はしかし、「ものの様態の欠陥にほかならないと、ディオニュシオスに従ったプロクロスが、アレオパギテスを説明している」[143]。一者の超越と善の創造的自己譲与によって規定されたこのような世界秩序から、神認識のあり方が生じる。超越自体はただ否定を介してのみ主題化されうるが（cf. 1212）、ただそれだけでは認識不可能という闇の内にとどまり、フィチーノがトマスの観点から批判的に指摘しているように、本質認識を求める自然本性的努力は満たされることがない。「同じディオニュシオス・アレオパギテスは『神秘神学』において、目が太陽の光の下で眩ませられるように、精神は自然本性的認識の最高段階において、あたかも神に未知なもののように結合されるということを結論として導き証明している。もとより、このような仕方の認識によって自然本性的な希求は満たされない」[144]。しかし超越的一者に関わる限り、否定は無を目指す運動ではない。否定はより高いものに向かう（cf. 1187）。「しかし、われわれがディオニュシオスとともにもたびたび言うことで、われわれに明らかなのは、神に関する否定的述定は欠如ではなく、卓越を意味するということである」[145]。

善はその自己譲与のゆえに、例えば「生命」のように肯定的に述語づけられるものが「まったく神の本性自体を意味するのではない」[146] にしても、その結果によって、すなわち「形相的というよりも、むしろいわばある因果的な命名によって」[147] 呼ばれうる（cf. 1212）。神の本質はそれゆえ、個々の知性にとっては把握不可能であり、ただ「……を超えて」という指示によって目指されうるものにとどまり、愛の神秘的恍惚はその超越の内で充足を求める（cf. 1013）。それでも人間には「われわれに与えられた無限の善の寛大な活動を通して」[148]、神を受容・受動しつつ経験することが許される可能性があり、そこにフィチーノは、神の恵み深い影響による高次の神認識の起源を暗示している。そのためフィチーノは、自らのディオニュシオス註釈の根本目的を次のように説明する。「どのような仕方で、意志の内に点火された神的愛が知性を、ただ神を享受する最高の統一へと連れて行くのか、それをわれわれはディオニュシオスへの註解で説明したのである」[149]。

他の教父たちからのフィチーノの引用は――せいぜい悪霊論、魔術、占星術についての問いに関してオリゲネスを挙げることを除けば――まったく断片的であり、彼の体系的思想にも、また彼の哲学史構築にも寄与してはいない。フィチーノの思想において、トマス・アクィナス、アウグスティヌス、ディオニュシオス・アレオパギテスの思想が取り入れられているところから、その体系的一貫性に疑問が生じないわけではないが、それでもやはりフィチーノが、プラトン主義的思想を受け継ぐ教父たちを再発見することによって、古典古代とキリスト教を、両者に共通する関心に照らして通観するために有効な歴史的展望を開いたのは確かなのである[150]。

あとがき

本書に収録されている論文の翻訳者、初出時の掲載誌、関連する欧文論文、および発表学会などは以下の通りである。ただし今回新たに加筆やデータの補充を行ったものもある。

序章　現代に生きる中世
＊『創文』第四一二号（一九九九年）、創文社、一〇－一三頁（村井則夫訳）。

第一章　ラテン教父の思考様式と系譜
＊『パトリスティカ――教父研究』第三号（一九九六年）、二－四頁。上智大学中世思想研究所編訳・監修『中世思想原典集成』第四巻「初期ラテン教父」総序、平凡社、一九九九年、八－三二頁（村井則夫訳）。

第二章　信仰と理性――カンタベリーのアンセルムスにおける神認識の構造
＊中世哲学会編『中世思想研究』第四四号（二〇〇二年）、一一四－一二四頁（村井則夫訳）。（創立二〇周年記念誌編委員会編『アガペへの道』、二〇〇二年、九－二二頁に同時収録）。
第五〇回中世哲学会「中世哲学と現代――〈神〉なき神」（二〇〇一年一一月一一日、於・北海道大学）シンポジウム講演原稿に加筆。

第三章　初期スコラ学における「理性」の問題――諸類型と諸論争
＊『哲学科紀要』第二六号（二〇〇〇年）、上智大学、一－三七頁（村井則夫訳）。（平成十二年度科学研究費補助金研究成果

報告書、二〇〇一年、一六四―一二八頁に同時収録）。本論文後半部のドイツ語版は以下のもの。Der Streit um die *ratio* in der Frühscholastik, in: *Was ist Philosophie im Mittelalter?* (Miscellanea Mediaevalia, 26), Walter de Gruyter: Berlin/New York 1998, S. 460-467.

X. Internationaler Kongress für mittelalterliche Philosophie, 25. bis 30. August 1997, Erfurt の講演原稿に加筆。

第四章　十二世紀における自然哲学と神学――シャルトルのティエリにおける一性の算術と形而上学

＊「シャルトルのティエリにおける一性の算術と形而上学――十二世紀における自然哲学と神学について」、小山宙丸編『ヨーロッパ中世の自然観』創文社、一九九八年、五九―一一二頁所収（村井則夫訳）。

Arithmetic and the metaphysics of unity in Thierry of Chartres: On the philosophy of nature and theology in the twelfth century, in: *Nature in Medieval Thought. Some Approaches East & West*, ed. by Chumaru Koyama, E. J. Brill: Leiden/Boston/Köln 2000, pp. 43-73.

国際コロキウム「東西中世思想における自然理解」（一九九六年一一月八日、於・早稲田大学）講演原稿に加筆。

第五章　人格の理性的自己形成――トマス・アクィナスの倫理学の存在論的・人間論的構造

＊上智大学中世思想研究所編『トマス・アクィナスの倫理思想』（中世研究　第一一号）創文社、一九九九年、三―七二頁所収（村井則夫訳）。

第六章　否定神学・類比・弁証法――ディオニュシオス、トマス、クザーヌスにおける言語の限界と超越の言表可能性

＊『思想』第一〇〇六号（二〇〇八年第二号）、岩波書店、六―四〇頁（村井則夫訳）。

口頭発表、哲学会第四十回研究発表大会（二〇〇一年一一月一七日、於・東京大学）。

第七章　アエギディウス・ロマヌスの社会・政治思想――『王制論』を中心として

＊上智大学中世思想研究所編『中世の社会思想』（中世研究　第一〇号）創文社、一九九六年、二〇一―二四三頁所収（村井則夫訳）。

第八章　フライベルクのディートリヒの知性論

＊平成一二年度科学研究費補助金研究成果報告書、二〇〇一年、三五―六九頁（村井則夫訳）。（上智大学中世思想研究所編『中世と近世のあいだ――十四世紀におけるスコラ学と神秘思想』（中世研究　第一二号）知泉書館、二〇〇七年、五五―一二四頁に同時収録）。

第九章　ジャン・ビュリダンの哲学における言語理論

＊『哲学科紀要』第三三号（二〇〇七年）、上智大学、一―六七頁（芝元航平・勝西良典訳）。（本書収録にあたって改訂　村井則夫）

Sprachtheorie in Jean Buridans Philosophie、平成十六年度科学研究費補助金研究成果報告書、二〇〇五年、五九―九九頁。

第十章　中世の修道院霊性における自己認識の問題――カストルのヨハネスを中心にして

＊上智大学中世思想研究所編『聖ベネディクトゥスと修道院文化』（中世研究　第一一号）創文社、一九九八年、一九五―二五五頁所収（村井則夫訳）。

第十一章　神認識における否定と直視――クザーヌスにおける神の探究をめぐって

＊平成一二年度科学研究費補助金研究成果報告書、二〇〇一年、八〇―一〇七頁（村井則夫訳）。（八巻和彦・矢内義顕編『境界に立つクザーヌス』知泉書館、二〇〇二年、二六三―三〇六頁に同時収録）。

Negation und Schau in der Gotteserkenntnis, in: *Nicholas of Cusa. A Medieval Thinker for the Modern Age*, ed. by

Kazuhiko Yamaki, Waseda/Curzon 2002, pp. 220–240.
口頭発表、東京・クザーヌス国際会議「境界に立つクザーヌス」（二〇〇〇年一〇月八日　於・早稲田大学）。

第十二章　マルシリオ・フィチーノのプラトン主義と教父思想

＊『カトリック研究』第七六号（二〇〇七年）、一―四四頁（鈴木伸国訳）。（本書収録にあたって改訂　村井則夫）
Marsilio Ficinos christlicher Platonismus und die Kirchenväter, 平成一四年度科学研究費補助金研究成果報告書、二〇〇三年、五―一二九頁。

なお、本巻の諸論文と関係し、その背景となるものとして、拙著『中世における自由と超越――人間論と形而上学の接点を求めて』（創文社、一九八八年）と『中世哲学の源流』（創文社、一九九五年）を参照していただければ幸甚である。本巻を含め、これらの論文集は、思想史的に一貫した観点の下で、教父時代から初期ルネサンスに至るまでの西洋中世思想のいくつかの基本的な問題をめぐって、主要な思想家を解釈し、現代の哲学的な議論との接点を示す試みである。

人名索引

アイメリクス Aymericus（ピアチェンツァ Piacenza の） ……………………………275
アヴィケブロン Avicebron; イブン・ガビロル Ibn Gabirol ……………………489
アヴィセンナ Avicenna; イブン・シーナー Ibn Sīnā ………………158, 291, 470, 490
アヴェロエス Averroes; イブン・ルシュド Ibn Rushd …166, 238, 271, 277, 278, 281, 284, 291, 303, 330, 470, 478, 479, 490
アウグスティヌス，アウレリウス Aurelius Augustinus ……13, 16, 28, 31-33, 35, 37-40, 42, 43, 65, 86, 89, 99, 107, 134, 147, 164-167, 171, 183, 184, 187, 200, 220, 224, 243, 252, 263, 266, 278, 279, 283, 292, 293, 299, 303, 316, 326, 329, 330, 388, 390, 397, 410, 420, 423, 468-470, 476, 478, 483-485, 488, 492, 494-500, 502, 507
(偽) アウグスティヌス Pseudo-Augustinus ……………………………………410, 427
アウグスティヌス Augustinus（アンコナ Ancona の）; アウグスティヌス・トリウンフス Augustinus Triumphus ………………………………………………………239
アウソニウス Decimus Magnus Ausonius ……………………………………………35
アエギディウス Aegidius（レシーヌ Lessines の） ……………………………………237
アエギディウス・ロマヌス Aegidius Romanus; Gilles de Rome ……236-243, 245, 246, 248-262, 265-267, 350, 491
アグラオフェモス Aglaophemos ……………………………………………………489, 501
アタナシオス Athanasios ……………………………………………28, 29, 33, 35, 492
アダム Adam（人祖） ……………………………………………………………………38, 87
アテナゴラス Athenagoras………………………………………………………………493
アデラルドゥス Adelardus（バース Bath の） ……………………………74, 79, 100
アプレイウス Lucius Apuleius ……………………………………………………………470
アベラルドゥス，ペトルス →ペトルス・アベラルドゥス
アポロン（ギリシア神） ………………………………………………………………397, 398
アラヌス・アブ・インスリス Alanus ab Insulis; Alain de Lille ……73, 94, 100, 155
アリステイデス Aristeides ………………………………………………………………14
アリストテレス Aristoteles ……30, 50, 68-70, 97, 98, 103, 104, 133, 140, 149, 164, 166, 169, 175, 187, 188, 192, 201, 217, 222, 229, 238, 242, 243, 245, 247-249, 251, 252, 255-257, 262, 265, 266, 271, 274, 276-278, 280, 281, 283, 290-293, 309, 327, 330, 332, 336, 337, 341, 343-345, 347, 348, 350, 351, 353, 355, 356, 359, 361, 379, 384, 409, 413, 452, 468, 470, 471, 475, 478, 487, 505
アルノビウス Arnobius（シッカ Sicca の） ………………………………………18, 24
アル・ファーラービー →ファーラービー
アルベルティ，レオン・バッティスタ Leon Battista Alberti ……………………473

アルベルトゥス Albertus（ザクセン Sachsen の） ………………………340,348,378
アルベルトゥス Albertus（パトヴァ Padova の） ………………………………239
アルベルトゥス・マグヌス Albertus Magnus …201,218,220,228,229,271-274,278,279,291,329,331,338,387,408,409,434,436,491,503
アレイオス Areios ……………………………………………………………26-30,38
アレクサンデル Alexander（サン・エルピディオ San Elpidio の） ………………239
アレクサンドロス Alexandros（アフロディシアス Aphrodisias の） …291,478,479
アレッサンドラ Alessandra ……………………………………………………470
アンセルムス Anselmus Cantuariensis（カンタベリー Canterbury の）…49-55,56,61-63,72,73,75,79,82-84,88,90,91,98,278,388,410,491
アンセルムス Anselmus; Anselmus Peripateticus（ベサーテ Besate の） ………69
アンセルムス（ラン Laon の） ……………………………………………80,83
アントニヌス Antoninus（フィレンツェ Firenze の） ………………………471,492
アンブロシウス Ambrosius Coriolanus（コリ Cori の） ………………………236
アンブロシウス Ambrosius Mediolanensis（ミラノ Milano の） …15,17,26,31,32,34,35,42,139,220,397,435,492
アンモニオス・サッカス Ammonios Sakkas……………………………………489,501
アンリ・ド・ゴーシ Henri de Gauchi …………………………………………240
イアンブリコス Iamblichos …………………………………472,485,486,501,502
イエス Jesus ……………………………12,13,23,88,406,423,424 →キリスト
イグナティオス Ignatios（アンティオケイア Antiocheia の） ………………21,493
イシドルス Isidorus（セビリャ Sevilla の） ……………………………104,493
イブン・ガビロル →アヴィケブロン
イブン・シーナー →アヴィセンナ
イブン・ルシュド →アヴェロエス
ヴァッラ，ロレンツォ Lorenzo Valla ………………………190,219,436,500
ウァレリアヌス Publius Licinius Valerianus …………………………………24
ウィクトリヌス →マリウス・ウィクトリヌス
ヴィトゲンシュタイン Ludwig Wittgenstein…………………………………381
ヴィヨン，フランソワ François Villon ………………………………………334
ウィリアム・オッカム William Ockham …271,331,332,339,344,346,352,353,356,357,359,377,378,467,490
ウィンケンティウス Vincentius（アッグスバハ Aggsbach の） ……………222,433
ウィンケンティウス Vincentius（レランス Lérins の） ……………………………40
ヴィンツェンツ（アッグスバハの） →ウィンケンティウス（アッグスバハの）
ウェゲティウス Vegetius …………………………………………………243,255
ウェルギリウス Publius Vergilius Maro …………………………………27,34,469
ヴェンク，ヨハネス Johannes Wenck……………………222,229,232,434,435
ウルリヒ Ulrich（シュトラスブルク Straßburg の） ……………………………273
エイレナイオス Eirenaios ……………………………………………………493

クザーヌス，ニコラウス Nicolaus Cusanus ……91,103,187,188,190,218–224,226–229,231–234,279,387,431–437,446–449,452,455–457,461–463,465,469,490,492
グラープマン，マルティン Martin Grabmann ……409
クラレンバルドゥス Clarenbaldus（アラス Arras の） ……81,94
グリエルモ Guglielmo（ヴォルピアーノ Volpiano の）; ギヨーム Guillaume（サン=ベニーニュ Saint-Bénigne の） ……388
クリスティーヌ・ド・ピザン Christine de Pisan ……240
クリストフォロ・ランディーノ →ランディーノ，クリストフォロ
クリスプス Flavius Julius Crispus ……25
グレゴリウス（大教皇）Gregorius Magnus ……303,410,421
グレゴリウス Gregorius Turonensis（トゥール Tours の） ……190
グレゴリオス Gregorios（ナジアンゾス Nazianzos の）; Gregorius Nazianzenus ……27,410,475,493
グレゴリオス Gregorios（ニュッサ Nyssa の）; Gregorius Nyssenus ……198
クレメンス Titus Flavius Clemens（アレクサンドレイア Alexandreia の） 33,492
クレメンス Clemens Romanus（ローマ Roma の） ……493
クレメンス 5 世 Clemens V ……239,240,282
クレメンス 6 世 Clemens VI ……334
ゲオルギオス・トラペズンティオス Georgios Trapezountios（トラペズス Trapezus の） ……469,475,493
ゲミストス・プレトン，ゲオルギオス Georgios Gemistos Plethon …470,474,475,490
ゲラルドゥス Gerardus（シエナ Siena の） ……238
ゲラルドゥス・オドニス Geraldus Odonis ……350
ゲルハルト Gerhard（シュテルンガッセン Sterngassen の） ……273
ゲルハルドゥス・テル・ステーヘン Gerhardus ter Steghen ……280
ゲルベルテゥス Gerbertus（オーリヤック Aurillac の）; シルウェステル 2 世 Silvester II ……104
ケレスティヌス 5 世 Coelestinus V ……239,265
コジモ・デ・メディチ Cosimo de' Medici ……469,470,473
コッホ，ハンス Hans Koch ……190
ゴデフリドゥス・ティルマン →ティルマン，ゴデフリドゥス
ゴドフロワ Godefroy（フォンテーヌ Fontaines の） ……275
コペルニクス Nicolaus Copernicus ……349
コルシ，ジョヴァンニ Giovanni Corsi; Johannes Corsius ……470
コルネリウス Cornelius ……17
コンスタンティウス 2 世 Constantius II; Flavius Julius ……28,29
コンスタンティヌス Constantinus I; Flavius Valerius Constantinus ……25,26
コンモディアヌス Commodianus ……34
コンラート Konrad（ハルバーシュタット Halberstadt の） ……274

サベリオス Sabellios ……………………………………………………………29
シェーラー，マックス Max Scheler ……………………………………………151
ジェルソン，ジャン →ジャン・ジェルソン
シゲルス Sigerus（ブラバンティア Brabantia の） ……………………282,303
ジャコモ Giacomo Capelli; Jacobus（ミラノ Milano の） ……………………411
ジャン・ジェルソン Jean Gerson ……………………201,218,222,433,467
ジャン・ジュヴナル・デジュルジーヌ Jean Juvenal des Ursines……………………240
ジャン・ド・テル・ルージュ Jean de Terre Rouge……………………………240
ジャン・ビュリダン Jean Buridan; ヨハネス・ブリダヌス Johannes Buridanus
……………………………………………332-364,366-368,370-382,385,491
シュティグルマイアー，ヨーゼフ Joseph Stiglmayr ……………………………190
シュネシオス Synesios ……………………………………………………493,498
ジョン（ソールズベリの） →ヨハネス Johannes Saresberiensis
ジョン John of Trevisa（トレヴィサの） ……………………………………240
ジョン・メア →メア，ジョン
シンプリキアヌス Simplicianus ………………………………………………31
スエトニウス Gaius Suetonius Tranquillus ………………………………33,36
スジェ Suger（サン=ドニ Saint-Denis の）……………………………………200
ステファヌス Stephanus I ……………………………………………………17,22
スピノザ Baruch de Spinoza……………………………………………………340
スルピキウス・セウェルス Sulpicius Severus ……………………………35,36
セウェロス Severos ……………………………………………………………191
セネカ Lucius Annaeus Seneca ……………………………………19,350,409
ゾイゼ，ハインリヒ Heinrich Seuse ……………………………………273,411
ソクラテス Sokrates ……………………188,254,364,387,476,484,487
ソクラテス・スコラスティコス Sokrates Scholastikos……………………………23
ゾロアスター Zoroaster ………………………………………………………501

ダヴィド David（アウクスブルク Augsburg の） ……………………………411
タウラー，ヨハネス Johannes Tauler…………………………………………273
ダビデ David ……………………………………………………………………405
ダマスキオス Damaskios ………………………………………………………191
ダマスケヌス →ヨアンネス・ダマスケノス
ダマスス Damasus I ……………………………………………………………17
ダンテ Dante Alighieri ………………………………………………………240
タンピエ，エティエンヌ Étienne Tempier……………………………171,237
ディエティフェチ Dietifeci……………………………………………………470
ティエリ Thierry; Theodoricus（シャルトル Chartres の）…78,81,91-93,101-109,
111,113-117,119,123,128-132,134,136
ディオクレティアヌス Gaius Aurelius Valerius Diocletianus………………18,24,25

ディオニュシウス Dionysius（カルトゥジア会士 Cartusianus); Dionysius Ryckelensis; van Rijkel（レイケル Rijkel の）……280
ディオニュシオス Dionysios（アテナイの最初の司教）……190
ディオニュシオス Dionysios（パウロの弟子）……190, 436
ディオニュシオス・アレオパギテス Dionysios Areopagites ……92, 134, 146, 182, 187-193, 198-206, 209-211, 213, 215-229, 231, 233, 234, 246, 267, 278, 410, 418, 427, 434-437, 446, 447, 452, 453, 462, 472, 483, 485, 486, 493, 494, 498, 500-507
ディデュモス Didymos（アレクサンドレイア Alexandreia の）……32, 493
ディートリヒ Dietrich（フライベルク Freiberg の）……271-330
ティルマン，ゴデフリドゥス Godefridus Tilman……219
テオドシウス Theodosius I ……26
デカルト René Descartes ……276, 392, 467
デキウス Gaius Messius Quintus Decius ……21-23, 29, 190
テミスティオス Themistios ……281, 291
テルトゥリアヌス Quintus Septimius Florens Tertullianus …16, 18-23, 25, 29, 493
テレンティウス Publius Terentius Afer ……34
ドゥランドゥス Durandus（サンクト・ポルキアノ Sancto Porciano; サン=プルサン Saint-Pourçain の）……411
ドゥンス・スコトゥス →ヨハネス・ドゥンス・スコトゥス
ドナトゥス Donatus……27, 38
ドナトゥス Aurelius Donatus ……104
トマス Thomas（シュトラスブルク Straßburg の）……239
トマス・アクィナス Thomas Aquinas ……15, 139-144, 146-152, 154, 163, 164, 167-169, 171, 173-178, 180-182, 187, 188, 201-206, 211, 213, 215-218, 220, 222, 224, 226, 227, 232, 237, 242, 243, 246, 247, 249, 251, 272-274, 278, 279, 282, 283, 285, 291, 308, 327, 331, 343, 346, 387, 410, 411, 413, 419, 423, 427, 434, 436, 471, 490-492, 494, 506, 507
トマス・ア・ケンピス Thomas a Kempis ……274
トマス・ガルス Thomas Gallus ……200, 218, 220, 436
トラヴェルサーリ，アンブロージョ Ambrogio Traversari ……219, 220, 435, 493
トラヤヌス Marcus Ulpius Traianus ……236
トリスメギストス →ヘルメス・トリスメギストス
トロメオ Tolomeo; Bartholomaeus（ルッカ Lucca の）……249

ナヴァール，ド Navarre, de（フランス王妃）……334
ニコラウス Nicolaus（アミアン Amiens の）……94
ニコラウス Nicolaus（オートクール Autrecourt の）……342
ニコラウス Nicolaus（シュトラスブルク Straßburg の）……273
ニコラウス・クザーヌス →クザーヌス，ニコラウス
ニコール・オレーム Nicole Oresme……340, 348

ニーチェ Friedrich Nietzsche ……45
ニッコロ・ティニョージ Niccolò Tignosi ……470
ヌメニオス Noumenios ……486, 501
ネストリオス Nestorios ……493
ネロ Nero Claudius Caesar ……29
ノウァティアヌス Novatianus ……17, 22, 23, 29

ハインリヒ Heinrich（ヘルフォルト Herford の）……274
ハインリヒ Heinrich（リューベック Lübeck の）……274
ハインリヒ 7 世 Heinrich VII ……273
ハインリヒ・ゾイゼ →ゾイゼ，ハインリヒ
ハインリヒ・フォン・ランゲンシュタイン Heinrich Heinbuche von Langenstein; Heinrich von Hessen ……411
パウリヌス Meropius Pontius Anicius Paulinus（ノラ Nola の）……35
パウリヌス Paulinus Mediolanensis（ミラノ Milano の）……36
パウロ Paulos ……14-16, 31, 37, 39, 99, 181, 189, 190, 220, 260, 261, 263, 390, 436, 437, 472, 486, 500, 501, 504
パコミオス Pachomios ……32
バシレイオス Basileios（アンキュラ Ankyra の）……29
バシレイオス Basileios（カイサレイア Kaisareia の）……31, 475, 493, 494
パトリキウス Patricius; パトリック Patrick ……42
ピエトロ・ポンポナッツィ →ポンポナッツィ，ピエトロ
ヒエロクレス Hierokles ……24
ヒエロテオス Hierotheos ……486, 501, 502
ヒエロニュムス Sophronius Eusebius Hieronymus …16, 18, 21, 24, 30, 32, 33, 35, 37, 38, 220, 410, 493
ピコ・デッラ・ミランドラ Pico della Mirandola ……473, 479, 490
ピザン，クリスティーヌ・ド →クリスティーヌ・ド・ピザン
ヒッポダモス Hippodamos ……243
ヒッポリュトス Hippolytos ……17
ピュタゴラス Pythagoras ……92, 116, 119, 485, 487, 489, 501
ビュリダン，ジャン →ジャン・ビュリダン
ヒラリウス Hilarius Pictaviensis（ポワティエ Poitiers の）……28-31, 34, 134, 485, 493, 494
ヒルデガルト Hildegard（ビンゲン Bingen の）……77, 83, 84, 388
ヒルドゥイヌス Hilduinus（サン=ドニ Saint-Denis の）……190, 200, 218
ファウストゥス Faustus（リエ Riez の）……42
ファーラービー，アル al-Fārābī ……291, 490
ファレアス Phaleas（カルケドン Chalkedon の）……243
フィチーノ，マルシリオ Marsilio Ficino ……219, 469-490, 492-504, 506, 507

フィヒテ Johann Gottlieb Fichte……129,142,454
フィリップ3世剛勇王 Philippe III le Hardi……238
フィリップ4世美王 Philippe IV le Bel……238,241,245,246,267
フィルミクス・マテルヌス Firmicus Maternus……493
フィロラオス Philolaos……489
フィロン Philon……31,486,501
フェリクス Felix（ノラ Nola の）……35
フーゴー Hugo（サン=ヴィクトル Saint-Victor の）…76-78,83,87,89,90,99,200,220,266,278,283,410,436
フーゴー Hugo（シュトラスブルク Straßburg の）……273
フーゴー Hugo（バルマ Balma の）……218
プラトン Platon …13,24,25,78,79,85,98-101,103,116,119,120,125,127,129,187,188,192,195,218,219,243,248,254,364,447,468-499,501,502-505
フランシス・ベーコン →ベーコン，フランシス
フランソワ・ヴィヨン →ヴィヨン，フランソワ
プリスキアヌス Priscianus……104
プリスキリアヌス Priscillianus……27
ブリダヌス，ヨハネス →ジャン・ビュリダン
プルデンティウス Aurelius Prudentius Clemens……34,35
ブルーニ，レオナルド Leonardo Bruni……469
プレトン →ゲミストス・プレトン，ゲオルギオス
プロクロス Proklos ……188,190-192,219,220,231,254,274,278,279,291,292,328,387,436,437,472,485,486,489,501,504,506
プロスペル Prosper Tiro（アクイタニア Aquitania の）……40,41
フローテ，ヘールト Geert Groote; Gerardus Magnus……411
プロティノス Plotinos……30,39,188,387,406,473,484,486,489,501,502,504
ヘイメリクス Heymericus（カンポ Campo の）; Heymeric van den Velde……279,436
ヘーゲル Georg Wilhelm Friedrich Hegel……47
ベーコン，フランシス Francis Bacon……467
ヘシオドス Hesiodos……243
ベーダ・ウェネラビリス Beda Venerabilis……74,190,278
ベッサリオン Bessarion……474,475,490,493,500
ペトラルカ，フランチェスコ Francesco Petrarca……468
ペトルス・アベラルドゥス Petrus Abaelardus……69,70,73,76,79,80,84,93,99,102,107,139,190,389,393,490
ペトルス・ダミアニ Petrus Damiani……69,97
ペトルス・ヒスパヌス Petrus Hispanus; ヨハネス21世 Johannes XXI……218,338,353,366,367,372 →ヨハネス21世
ペトルス・ヨハンニス・オリヴィ Petrus Johannis Olivi……240

ペトルス・ロンバルドゥス Petrus Lombardus ……………………………………187
ベネディクトゥス Benedictus（ヌルシア Nursia の）; Benedictus Casinensis …42, 56, 302, 388, 389
ベネディクトゥス12世 Benedictus XII ……………………………………282, 461
ペラギウス Pelagius……………………………………27, 35, 37, 38
ヘラクレイトス Herakleitos ……………………………………485
ペリオン，ヨアヒム Joachim Périon ……………………………………219
ヘールト・フローテ →フローテ，ヘールト
ベルトルト Berthold（モースブルク Moosburg の） ……………………………………274, 279
ベルナルドゥス Bernardus（クレルヴォー Clairvaux の）…74, 82, 83, 87-89, 95, 98, 116, 200, 266, 389-393, 396, 397, 400, 403, 407, 410, 412, 415
ベルナルドゥス Bernardus Carnotensis（シャルトル Chartres の）……………102
ベルナルドゥス・シルウェストリス Bernardus Silvestris ……………………………100
ヘルメス・トリスメギストス Hermes Trismegistos …………108, 134, 135, 488, 501
ヘルメニオス Hermenios ……………………………………489
ベレンガリウス Berengarius（トゥール Tours の） ……………………………71, 82
ヘンリクス Henricus（ガン Gand の）……………………………………474, 490, 491
ボエティウス Anicius Manlius Severinus Boethius ……70, 71, 76, 78, 81, 92, 94, 97, 103, 104, 110, 112, 156, 187, 278, 355, 410, 492, 494, 498
ボエティウス Boethius（ダキア Dacia の） ……………………………………282
ポッシディウス Possidius……………………………………36
ボナヴェントゥラ Bonaventura ……………………200, 201, 218, 224, 411, 490
ボニファティウス８世 Bonifatius VIII ……………………………………239, 265, 267
ホノラトゥス Honoratus（レランス Lérins の） ……………………………………42
ホノリウス４世 Honorius IV……………………………………238
ホメロス Homeros ……………………………………243
ホラティウス Quintus Horatius Flaccus ……………………………………34
ポリツィアーノ，アンジェロ Angelo Poliziano ……………………………………473
ポリュカルポス Polykarpos ……………………………………493, 500
ポルフュリオス Porphyrios ……………………24, 30, 104, 337, 353, 363, 472, 489
ポンポナッツィ，ピエトロ Pietro Pomponazzi……………………………………479

マイスター・エックハルト Meister Eckhart …201, 218, 271, 273, 274, 279, 330, 387, 413, 415, 434, 437, 453
マクシモス Maximos Homologetes; Maximus Confessor（マクシムス・モナクス Maximus Monachus）……………………………………220, 436
マクロビウス Ambrosius Theodosius Macrobius ……………………………243, 470
マネゴルト Manegold（ラウテンバハ Lautenbach の）……………………………70
マリア Maria（聖母） ……………………………………32
マリア Maria（マグダラ Magdala の） ……………………………………422

マリウス・ウィクトリヌス Caius Marius Victorinus……………………17,30,31,493
マルキオン Markion …………………………………………………………………23
マルクス・アウレリウス Marcus Aurelius Antoninus ……………………………236
マルシリウス Marsilius（インゲン Inghen の）…………………………………340
マルシリオ・フィチーノ →フィチーノ，マルシリオ
マルティアヌス・カペラ Martianus Capella ……………………………………104
マルティヌス Martinus（トゥール Tours の）…………………………35,36,42
ミカエル・プセロス Michael Psellos ……………………………………………489
ミラニウス，バシリウス Basilius Millanius ……………………………………219
ムニエ Emmanuel Mounier …………………………………………………………151
メア，ジョン John Mair; メイジャー，ジョン John Major; ヨハネス・マヨリス
Johannes Majoris……………………………………………………………………340
メトディオス Methodios（オリュンポス Olympos の）…………………………33
メルクリウス〔ヘルメス〕・トリスメギストス →ヘルメス・トリスメギストス
モーセ Moses ………………………………92,109,132,198,400,418,487,488,496
モーセス・マイモニデス Moses Maimonides ……………………………………203
モンタノス Montanos ………………………………………………………………19

ヤコブス Jacobus（ヴィテルボ Viterbo の） ……………………………………238
ヤン・ファン・ルースブルーク Jan van Ruusbroec……………………218,411
ユウェンクス Caius Vettius Aquilinus Juvencus ………………………………27
ユスティノス Ioustinos; Justinus …………………………………………………493
ユリウス・カエサル Julius Caesar ………………………………………………111
ユリウス・セウェリアヌス Julius Severianus ……………………………………104
ヨアンネス Ioannes（スキュトポリス Skythopolis の） …………………………199
ヨアンネス（ダマスコスの） →ヨアンネス・ダマスケノス
ヨアンネス・クリマクス Ioannes Klimax; Ioannes Klimakos ……………………410
ヨアンネス・クリュソストモス Ioannes Chrysostomos ……………………410,475
ヨアンネス・ダマスケノス Ioannes Damaskenos; Johannes Damascenus ……141,
199,278,493
ヨアンネス・フィロポノス Ioannes Philoponos …………………………………347
ヨハネ Johannes（洗礼者） ……………………………………………………………35
ヨハネ Ioannes（福音書記者） ……………………………123,189,486,500,501
ヨハネ Juan de la Cruz（十字架の） ………………………………………………218
ヨハネス Johannes（カストル Kastl の）; Johannes Castellensis ……389,407-415,
420-424,426,427
ヨハネス Johannes（シュテルンガッセン Sterngassen の）; ヨハネス・コルン
ギン Johannes Korngin ……………………………………………………………273
ヨハネス Johannes Saresberiensis; ジョン John（ソールズベリ Salisbury の）
……………………………………………………………………………………101,490

ヨハネス（ダマスコスの） →ヨアンネス・ダマスケノス
ヨハネス Johannes（ダンバハ Dambach の）……274
ヨハネス Johannes Fiscannensis; Jean（フェカン Fécamp の） ……388
ヨハネス Johannes（フライブルク Freiburg の）……273
ヨハネス Johannes（リヒテンベルク Lichtenberg の） ……273
ヨハネス21世 Johannes XXI（ペトルス・ヒスパヌス Petrus Hispanus） …338 →ペトルス・ヒスパヌス
ヨハネス22世 Johannes XXII ……282
ヨハネス・ヴェンク →ヴェンク，ヨハネス
ヨハネス・エリウゲナ Johannes [Scottus] Eriugena; ヨハネス・スコトゥス Johannes Scottus ……86,93,101,200,218,220,436,437,447
ヨハネス・カッシアヌス Johannes Cassianus ……40,41,410
ヨハネス・サラケヌス Johannes Sarracenus……218
ヨハネス・スコトゥス・エリウゲナ →ヨハネス・エリウゲナ
ヨハネス・タウラー →タウラー，ヨハネス
ヨハネス・ダマスケヌス →ヨアンネス・ダマスケノス
ヨハネス・ドゥンス・スコトゥス Johannes Duns Scotus ……272,332,343,474,490
ヨハネス・ブリダヌス →ジャン・ビュリダン
ヨルダヌス Jordanus（クヴェドリンブルク Quedlinburg の; ザクセン Sachsen の）……236

ライムンドゥス・ルルス Raimundus Lullus ……490
ラクタンティウス Lucius Caelius Firmianus Lactantius……18,24,25,488,493
ランディーノ，クリストフォロ Cristoforo Landino……473
ランフランクス Lanfrancus（カンタベリー Canterbury の） ……63,65,71
リカルドゥス Richardus（サン=ヴィクトル Saint-Victor の）……81,157,410
ルクレティウス Titus Lucretius Carus……34
ルースブルーク，ヤン・ファン →ヤン・ファン・ルースブルーク
ルートヴィヒ 4 世 Ludwig IV ……271
ルドルフ Ludolf; Ludolphus Cartusianus（ザクセン Sachsen の） ……411
ルドルフ Rudolf; Rudolphus Biberacensis（ビベラハ Biberach の） ……411
ルフィヌス Rufinus Tyrannius……32,35
ルルス，ライムンドゥス →ライムンドゥス・ルルス
レオ 1 世 Leo I ……40,43,493
ロッカート，ジョージ George Lokert……333
ロバート・キルウォードビ Robert Kilwardby ……239
ロバート・グロステスト Robert Grosseteste……201,218,220,410,436
ロバート・ホルコット Robert Holcot……411
ロレンツォ・デ・メディチ Lorenzo de' Medici ……473,475

事項索引

ア　行

カ　行

サ　行

タ 行

ナ 行

ハ　行

マ　行

ヤ　行

ラ　行

ワ　行

（索引作成：勝西良典）

註

第2章　信仰と理性

1)　desidero aliquatenus intelligere veritatem tuam, quam credit et amat cor meum: *P* 1.

2)　inter fidem et speciem intellectum quam in hac vita capimus esse medium intelligo: *Cur Deus homo* [= *C*], Commendatio operis ad Urbanum Papam II.

3)　Si quis ... quae de Deo sive de eius creatura necessarie credimus, aut non audiendo aut non credendo ignorat: puta quia ea ipsa ex magna parte, si vel mediocris ingenii est, potest ipse sibi saltem sola ratione persuadere: *M* 1.

4)　esse multorum concatenatione contextum argumentorum: *P* Prooemium.

5)　unum argumentum, quod nullo alio ad se probandum quam se solo indigeret: *ibid*.

6)　Neque enim quaero intelligere ut credam, sed credo ut intelligam: *P* 1.

7)　veritatis ratio tam ampla tamque profunda est, ut a mortalibus nequeat exhauriri: *C*, Commendatio operis ad Urbanum Papam II.

8)　sacra pagina nos ad investigandam rationem invitat: *ibid*.

9)　aperte nos monet intentionem ad intellectum extendere: *ibid*.

10)　ad ... rationem intuendam ... assurgere: *ibid*.

11)　「理拠の必然性が端的に強要し，真理の明晰さが明らかに明示する」(et rationis necessitas breviter cogeret et veritatis claritas patenter ostenderet): *M* Prologus.

12)　ratione ducente ... ad ea quae irrationabiliter ignorat, rationabiliter proficiat: *M* 1.

13)　quatenus auctoritate scripturae penitus nihil in ea (scl. hac meditatione) persuaderetur: *M* Prologus.

14)　quae ad hoc maxime facta sunt, ut quod fide tenemus de divina natura et eius personis praeter incarnationem, necessariis rationibus sine scripturae auctoritate probari possit: *Inc*. 6.

15)　quasi nihil sciatur de Christo: *C* Praefatio.

16)　remoto Christo, quasi numquam aliquid fuerit de illo, probat rationibus necessariis esse impossibile ullum hominem salvari sine illo: *ibid*.

17)　Aequum enim est ut, cum nostrae fidei rationem studemus inquirere, ponam eorum obiectiones, qui nullatenus ad fidem eandem sine ratione volunt accedere. Quamvis enim illi ideo rationem quaerant, quia non credunt, nos vero, quia credimus: unum idemque tamen est quod quaerimus: *C* I, 3.

18)　quod prius credidi te donante, iam sic intelligo te illuminante, ut, si te esse nolim credere, non possim non intelligere: *P* 4.

19) unum argumentum, quod nullo alio ad se probandum quam se solo indigeret: *P* Prooemium.

20) 詳細は拙論「存在への精神の自己超越――カンタベリのアンセルムスの『プロスロギオン』第二章にそくして」『中世における自由と超越――人間論と形而上学の接点を求めて』創文社，1988年，411-445頁を参照。

21) in quo nec initium nec finem nec partium coniunctionem, et quod non nisi semper et ubique totum ulla invenit cogitatio: *Quid ad haec respondeat editor ipsius libelli* 4.

22) Ergo, Domine, non solum es quo maius cogitari nequit, sed es quiddam maius quam cogitari possit. Quoniam namque valet cogitari esse aliquid huiusmodi: si tu non es hoc ipsum, potest cogitari aliquid maius te; quod fieri nequit: *P* 15.

23) Aptissime igitur ipsa (scl. mens rationalis) sibimet esse velut speculum dici potest, in quo speculetur ... imaginem eius, quem facie ad faciem videre nequit: *M* 67（シュミット［F. S. Schmitt］の校訂版の quam を quem として読む）.

24) et princeps et iudex debet omnium esse quae sunt in homine: *Inc*. 1.

25) sub persona secum sola cogitatione disputantis et investigantis ea, quae prius non animadvertisset: *M* Prologus。

26) Ad hoc namque nobis datum est posse cogitare esse vel non esse aliquid, ut cogitemus esse quod est, et non esse quod non est. Quapropter qui putat esse quod est, putat quod debet, atque ideo recta est cogitatio: *De veritate* [= *V*] 3.

27) Constat namque facere veritatem esse bene facere, et bene facere esse rectitudinem facere: *V* 5.

28) quoniam constat iustitiam esse rectitudinem voluntatis propter se servatam: *De libertate arbitrii* 3.

29) illa libertas arbitrii est potestas servandi rectitudinem voluntatis propter ipsam rectitudinem: *ibid*.

30) insipiens, cum audit ... intelligit quod audit; et quod intelligit, in intellectu eius est: *P* 2.

31) Dico autem non magnum spatio, ut est corpus aliquod; sed quod quanto maius tanto melius est aut dignius ... non potest esse summum magnum nisi id, quod est summe bonum: *M* 2.

32) Denique rationali naturae non est aliud esse rationalem, quam posse discernere iustum a non iusto, verum a non vero, bonum a non bono, magis bonum a minus bono: *M* 68.

33) unum aliquid, per quod unum sunt bona quaecumque bona sunt: *M* 1.

34) Illud igitur est bonum per seipsum, quoniam omne bonum est per ipsum. ... Illud itaque solum est summe bonum, quod solum est per se bonum: *M* 1.

35) omnino inutile ... et supervacuum, nisi quod discernit amet aut reprobet secun-

dum verae discretionis iudicium: *M* 68.

36) cum omnes frui solis iis appetant quae bona putant: *M* 1.

37) in promptu est, ut aliquando mentis oculum convertat ad investigandum illud, unde sunt bona ea ipsa, quae non appetit, nisi quia iudicat esse bona: *ibid*.

38) Quod Deus sit quidquid melius est esse quam non esse: *P* 5 capitulum.

39) Quod ergo bonum deest summo bono, per quod est omne bonum? Tu es ... quidquid melius est esse quam non esse: *P* 5.

40) Si enim aliqua mens possit cogitare melius te, ascenderet creatura super creatorem, et iudicaret de creatore; quod valde est absurdum: *P* 3.

41) Tua me, domine, bonitas creavit: *Oratio* 2.

42) Quid ergo summa bonitas retribuet amanti et desideranti se, nisi seipsam?: *M* 70.

43) ubi ratio deficit, divinis auctoritatibus accingenda: *Epistola* 77.

44) Nam et hoc credo: quia nisi credidero, non intelligam: *P* 1.

45) Ergo Domine, ... da mihi, ut ... intelligam, quia es sicut credimus, et hoc es quod credimus. Et quidem credimus te esse aliquid quo nihil maius cogitari possit: *P* 2.

46) qui non crediderit, non intelligit. Nam qui non crediderit, non experietur; et qui expertus non fuerit, non cognoscet: *Inc*. 1.

47) incurvatus non possum nisi deorsum aspicere: *P* 1.

48) ut possim sursum intendere: *ibid*.

49) Das quaerere, da invenire: *Meditatio* 3.

50) In quo tamen, si quid dixero quod maior non monstret auctoritas: sic volo accipi ut, quamvis ex rationibus quae mihi videbuntur, quasi necessarium concludatur, non ob hoc tamen omnino necessarium, sed tantum sic interim videri posse dicatur: *M* 1.

51) ut omnino nihil ibi assererem, nisi quod aut canonicis aut beati AUGUSTINI dictis incunctanter posse defendi viderem: *Epistola* 77; cf. *M* Prologus.

52) si aliquid quod alibi aut non legi aut non memini me legisse ... posui: *Inc*. 6.

第3章　初期スコラ学における「理性」の問題

1) Respondens autem philosofus: Mea, inqui, opera hoc est inceptum, quoniam id suum est philosophorum rationibus veritatem investigare et in omnibus non opinionem, sed rationis sequi ducatum: Petrus Abaelardus, *Dialogus inter Philosophum, Iudaeum et Christianum* (= *Dialogus*), ll. 15-18. ed. R. Thomas, Stuttgart-Bad Cannstatt 1970, p. 41.

2) auctoritatibus relictis ad dialecticam confugium facis: Beringerius Turonensis, *Rescriptum contra Lanfrannum*, ed. R. B. C. Huygens, (CCCM 84), Turnhout 1988, p. 84.

3) evidentia rei ad quam est perveniendum: *ibid*., p. 37.

4) ... non de veritate, ubi deducendi sacras auctoritates in medium necessitate inde agendi locus occurrerit, quamquam ratione agere in perceptione veritatis incomparabiliter superius esse, quia in evidenti res est, sine vecordiae cecitate nullus negaverit: *ibid*., p. 85.

5) ... nec sequendus in eo es ulli cordato homini, ut malit auctoritatibus circa aliqua cedere quam ratione, si optio sibi detur, preire: *ibid*., p. 86. Cf. A. Cantin, Bérenger, lecteur du *De ordine* de saint Augustin, in: P. Ganz, R. B. C. Huygens, Fr. Niewöhner (Hgg.), *Auctoritas und Ratio. Studien zu Berengar von Tours*, Wiesbaden 1990, S. 99.

6) Beringerius Turonensis, *op. cit*., p. 35.

7) Anselmus Cantuariensis, *Monologion* 1, ed. F. S. Schmitt, *Opera omnia*, Stuttgart-Bad Cannstatt 1974, I, 13.『モノロギオン』，上智大学中世思想研究所編訳・監修『中世思想原典集成』第 7 巻「前期スコラ学」平凡社，1996年，所収. Cf. St. Ernst, *Ethische Vernunft und christlicher Glaube. Der Prozeß ihrer wechselseitigen Freisetzung in der Zeit von Anselm von Canterbury bis Wilhelm von Auxerre* (BGPhThMA, NF 46), Münster 1996, S. 31-34.

8) Anselmus Cantuariensis, *Epistola de incarnatione verbi* 6, ed. F. S. Schmitt, II, 20.『言の受肉に関する書簡』，古田暁訳『アンセルムス全集』聖文舎，1980年，所収. Cf. R. Pouchet, *La rectitudo chez saint Anselme*, Paris 1964, pp. 19-27; H. K. Kohlenberger, Sola ratione—Teleologie—Rechtsmetaphorik, in: *Sola ratione. Anselm-Studien* (Festschrift für F. S. Schmitt), Stuttgart-Bad Cannstatt 1970, S. 35-44; G. Kapriev, ... *ipsa vita et veritas. Der 'ontologische' Gottesbeweis und die Ideenwelt Anselms von Canterbury*, Leiden/Boston/Köln 1998, S. 44-47; M. Enders, *Wahrheit und Notwendigkeit. Die Theorie der Wahrheit bei Anselm von Canterbury*, Leiden/Boston/Köln 1999, S. 96f., 160-162.

9) Quamvis enim illi (scl. infideles) ideo rationem quaerant, quia non credunt, nos vero, quia credimus: unum idemque tamen est quod quaerimus: Anselmus Cantuariensis, *Cur deus homo* I, 3, ed. F. S. Schmitt, II, 50.『神はなぜ人間となられたか』，古田暁訳『アンセルムス全集』所収。

10) ut nullum vel minimum inconveniens in deo a nobis accipiatur, et nulla vel minima ratio, si maior non repugnat, reiciatur: *ibid*., I, 10, ed. F. S. Schmitt, II, 67.

11) quatenus auctoritate scripturae penitus nihil in ea persuaderetur, sed ... rationis necessitas breviter cogeret et veritatis claritas patenter ostenderet: id., *Monologion*, Prologus, ed. F. S. Schmitt, I, 7.

12) ... remoto Christo, quasi numquam aliquid fuerit de illo, probat rationibus necessariis esse impossibile ullum hominem salvari sine illo. In secundo autem libro similiter quasi nihil sciatur de Christo, monstratur ... ex necessitate omnia quae de Christo credimus fieri oportere: id., *Cur deus homo*, Praefatio, ed. F. S. Schmitt, II, 42-43.

13) qui non crediderit, non experietur; et qui expertus non fuerit, non cognoscet: id., *Epistola de incarnatione verbi* 1, ed. F. S. Schmitt, II, 9.

14) Neque enim quaero intelligere ut credam, sed credo ut intelligam. Nam et hoc credo, quia nisi credidero, non intelligam ... Ergo Domine, qui das fidei intellectum, da mihi ut, quantum scis expedire, intelligam quia es sicut credimus et hoc es quod credimus: id., *Proslogion* 12, ed. F. S. Schmitt, I, 100-101.『プロスロギオン』, 上智大学中世思想研究所編訳・監修『中世思想原典集成』第7巻「前期スコラ学」所収。

15) Gratias tibi Domine, quia quod prius credidi te donante, iam sic intelligo te illuminante, ut si te esse nolim credere, non possim non intelligere: id., *Proslogion* 4, ed. F. S. Schmitt, I, 104.

16) Sed quia auctoritas cereum habet nasum, id est in diversum potest flecti sensum, rationibus roborandum est: Alanus ab Insulis, *De fide catholica* (*Contra haereticos*) I, 30, PL 210, 333A.

17) Nam et ipsi, qui scripserunt non nisi ex ratione, qua eorum habundare videntur sententie, auctoritatem hoc est credendi statim eis meruerunt dignitatem: Petrus Abaelardus, *op. cit.*, ll. 1406-1408, ed. R. Thomas, p. 94.

18) In omni quippe disciplina tam de scripto quam de sententia se ingerit controversia, et in quolibet disputationis conflictu firmior est rationis veritas reddita quam auctoritas ostensa: *ibid.*, ll. 1482-1485, ed. R. Thomas, p. 97.

19) Tu tamen, philosophe, qui nullam professus legem solis rationibus cedis, non pro magno estimes, si in hoc congressu prevalere videaris ... illi vero tibi, quia legem non sequeris, de lege nichil obicere possunt; et tanto etiam minus in te rationibus possunt, quanto tu amplius rationibus assuetus philosophicam uberiorem habes armaturam: *ibid.*, ll. 57-58; 61-64, ed. R. Thomas, p. 43; illud sequi decrevi, quod consentaneum magis sit rationi: *ibid.*, ll. 26-27, ed. R. Thomas, p. 42; cf. *ibid.*, ll. 1326-1346, ed. R. Thomas, pp. 91-92.

20) Ego enim aliud a magistris Arabicis ratione duce didici, tu vero aliud auctoritatis pictura captus capistrum sequeris: Adelardus Bathensis, *Quaestiones naturales* VI, ed. M. Müller (BGThPhMA XXXI, 2), Münster 1934, p. 11.

21) Quid enim aliud auctoritas dicenda est quam capistrum? Ut bruta quippe animalia capistro quolibet ducuntur, nec quo aut quare ducantur, discernunt restemque, quo tenentur, solum sequuntur, sic non paucos vestrum bestiali credulitate captos ligatosque auctoritas scriptorum in periculum ducit: *ibid.*

22) Nisi enim ratio iudex universalis esse deberet, frustra singulis data esset: *ibid.*

23) In eis quae ad fidem catholicam vel ad institutionem morum pertinent, non est fas Bedae vel alicui alii sanctorum patrum contradicere. In eis tamen quae ad physicam pertinent, si in aliquo errant, licet diversum adfirmare. Etsi enim maiores nobis, homines tamen fuere: Guillelmus de Conchis, *Dragmaticon* III, 2, 3, ed. I.

Ronca (CCCM 152), Turnhout 1997.

24) Quid igitur distat (scl. fides) ab intellectu? Nempe quod etsi non habet incertum non magis quam intellectus, habet tamen involucrum, quod non intellectus. Denique quod intellexisti, non est de eo quod ultra quaeras: Bernardus Claraevallensis, *De consideratione ad Eugenium papam* (= *De consideratione*) V, III, 6, *Opera* III, 471.

25) Sic itaque sacra Scriptura omnis veritatis quam ratio colligit, auctoritatem continet, cum illam aut aperte affirmat, aut nullatenus negat: Anselmus Cantuariensis, *De concordia praescientiae et praedestinationis et gratiae dei cum libero arbitrio*, qu. III, c. VI, ed. F. S. Schmitt, II, 272.『自由選択と予知，予定および神の恩寵の調和について』，古田暁訳『アンセルムス全集』所収。

26) Petrus Abaelardus, *op. cit.*, ll. 57-64, ed. R. Thomas, p. 43 註 19 を参照。

27) Responde tu mihi, astute dialectice seu versipellis sophista, qui auctoritate Peripateticorum me arguere niteris, de differentia personarum, quae in deo sunt, quomodo ipsos doctores tuos absolvis secundum traditiones quorum, ut iam ostendimus, nec deum substantiam esse nec aliquid aliud cogeris confiteri? Quod si vis conscendere ad illud quod ipsi attingere ausi non sunt, atque de illo ineffabili ac summo bono ratiocinari ac loqui praesumas, disce locutionum modos ab ipsa sapientia dei incarnata traditos atque a sanctis patribus, quos spiritus sancti organum fuisse vita ipsorum ac miracula attestantur: id., *Theologia Summi boni* II, 3, ll. 152-162, ed. U. Niggli (PhB 395), Hamburg 1988, pp. 118-119.

28) Cf. M. Minkova, *Notio verbi* rationis *ab Ioanne Scoto Eriugena ad Thomam Aquinatem* (*synchronice et diachronice*), (diss)., Roma 1995, pp. 24-25; St. Gersh, Anselm of Canterbury, in: P. Dronke (ed.), *A History of Twelfth-Century Western Philosophy*, Cambridge 1988, pp. 260-261.

29) Rationem autem dicimus vim ipsam seu facilitatem discreti animi, qua rerum naturas perspicere ac diiudicare veraciter sufficit: Petrus Abaelardus, *Tractatus de intellectibus* 7, ed. P. Morin, Paris 1994, p. 28.

30) vis animae tertia, ..., eadem tota in ratione est constituta, eaque vel in rerum praesentium firmissima conclusione, vel in absentium intelligentia, vel in ignotarum inquisitione versatur .... capit ... explicat ... confirmat ... comprehendit: Hugo de Sancto Victore, *Didascalicon* I, 3, ed. Ch. H. Buttimer, Washington, D. C. 1939, p. 9; cf. Boethius. *In Porphyrii comm.* 1.『ディダスカリコン――読解の研究について』，上智大学中世思想研究所編訳・監修『中世思想原典集成』第 9 巻「サン=ヴィクトル学派」平凡社，1996年，所収。

31) comprehendit; nomina indere: Hugo de Sancto Victore, *op. cit.*, I, 3, ed. Ch. H. Buttimer, p. 9.

32) an sit, sed quid sit etiam, et quale sit, nec non et cur sit: *ibid.*

33) duo sunt in quibus omnem operam vis animae ratiocinantis impendit, unum

quidem ut rerum naturas inquisitionis ratione cognoscat, alterum vero, ut ad scientiam prius veniat, quod post gravitas moralis exerceat: *ibid.*, ed. Ch. H. Buttimer, p. 10.

34) *Ibid.*, III, 9, ed. Ch. H. Buttimer, p. 59.

35) Ratio autem est ea uis anime que in consideratione sua indiuidualem naturam rerum supergreditur discernendo uniuersales res: Anselmus Laudunensis, *Sententie Anselmi*, ed. F. P. Bliemetzrieder (BGPhMA XVIII, 2/3), Münster 1919, p. 152.

36) Hanc autem redemptionem ratio postulabat, quia aliter periret causa, propter quam deus hominem fecerat, scilicet, ut esset particeps: id., *Sententie divine pagine*, ed. F. P. Bliemetzrieder, loc. cit., p. 42.

37) Addidit adhuc honorare limum nostrum, et ei vim rationalem immisit, ut in hominibus, qui ... et discernunt inter commodum et incommodum, inter bonum et malum, inter verum et falsum: Bernardus Claraevallensis, *Sermo in vigilia nativitatis Domini* 3, 8, *Opera* IV, 217; cf. Anselmus Laudunensis, *Sententie Anselmi*, ed. F. P. Bliemetzrieder, p. 152.

38) rationalitas cum sono loquitur, et sonus velut cogitatio est, et verbum quasi opus: Hildegard von Bingen, *Liber divinorum operum* VIII, 2, PL 197, 980B; cf. E. Gössmann, *Hildegard von Bingen*, München 1995, S. 140-149.

39) si enim brutorum animalium natura, quae nullo regitur rationis iudicio, motus suos secundum solas sensuum passiones diffundit, et in appetendo seu fugiendo aliquid non intelligentiae utitur discretione, sed caeco quodam carnis affectu impellitur, restat ut rationalis animae actus caeca cupiditas non rapat, sed moderatrix semper sapientia praecedat: Hugo de Sancto Victore, *op. cit.*, I, 4, ed. Ch. H. Buttimer, p. 11.

40) Verus nempe intellectus certam habet non modo veritatem, sed notitiam veritatis: Bernardus Claraevallensis, *De consideratione* V, III, 6, *Opera* III, 471.

41) rationis necessitas: Anselmus Cantuariensis, *Monologion*, Prologus, ed. F. S. Schmitt, I, 7; cf. *ibid.*, 64, ed. F. S. Schmitt, I, 75; Hugo de Sancto Victore, *op. cit.*, II, 30, ed. Ch. H. Buttimer, p. 46.

42) Te quippe nec phylosoficarum rationum vires nec utriusque legis munimenta latere novimus: Petrus Abaelardus, *Dialogus*, ll. 33-34, ed. R. Thomas, p. 42; ut philosophum rationes scrutari: *ibid.*, ll. 164-165, ed. R. Thomas, p. 47; Cum Deum esse per Scripturas nolis probare, ipseque nullo sensu corporeo sit comprehensibilis, multum audire me iuvat qua ratione philosophica comprobari valeat: id., *Dialogus Petri cognomento Alphonsi, ex Judaeo Christiani et Moysi Judaei*, titulus I, PL 157, 555A.

43) demonstratio est in necessariis argumentis et pertinet ad philosophos: Hugo de Sancto Victore, *op. cit.*, II, 30, ed. Ch. H. Buttimer, p. 46.

44) firmissima conclusione ... confirmat: *ibid*., I, 3, ed. Ch. H. Buttimer, p. 9.

45) rem ... certissime esse cognoscat, ... certitudinis ... soliditas: Anselmus Cantuariensis, *Monologion* 64, ed. F. S. Schmitt, I, 75.

46) 拙論「十二世紀における自然哲学と神学――シャルトルのティエリにおける一性の算術と形而上学」，本書第 4 章。

47) Adsint igitur quatuor genera rationum que ducunt hominem ad cognitionem creatoris: scilicet arithmetice probationes et musice et geometrice et astronomice: Theodoricus Carnotensis, *Tractatus de sex dierum operibus* 30, ed. N. M. Häring, *Commentaries on Boethius by Thierry of Chartres and his School*, Toronto 1971, p. 568.

48) mathematicae autem proprium est actus confusos inconfuse per rationem attendere: Hugo de Sancto Victore, *op. cit*., II, 17, ed. Ch. H. Buttimer, p. 35.

49) in naturalibus, i. e. in phisicis oportet uersari, i. e. ratiocinari rationaliter i. e. secundum opinionem. Ibi enim operatur opinio ubi conprehenditur imago, non ueritas. In phisica autem imago tantum non ueritas scilicet forma inmateriata consideratur. Unde ibi utendum est ratione i. e. opinione: Theodoricus Carnotensis, *Tractatus de sex dierum operibus*, 30, ed. N. M. Häring, p. 568.

50) Petrus Abaelardus, *Dialogus*, ll. 15-18, ed. R. Thomas, p. 41.（註 1 の本文参照）

51) Cum autem nequeamus inde reddere rationem, solam credulitatem, non disputationem exhibeamus: Anselmus Laudunensis, *Sententie divine pagine*, ed. F. P. Bliemetzrieder, p. 9.

52) At vero intellectus esse non potest, nisi ex ratione aliquid iuxta aliquam naturam aut proprietatem attendatur: Petrus Abaelardus, *Tractatus de intellectibus* 6, ed. P. Morin, p. 28.

53) Itaque rerum causae cum ratione constant: Adelardus Bathensis, *Quaestiones naturales* XXXII, ed. M. Müller, p. 37; cf. A. Speer, *Die entdeckte Natur. Untersuchungen zu Begründungsversuchen einer 'scientia naturalis' im 12. Jahrhundert*, Leiden/New York/Köln 1996, S. 36-43.

54) Verum quando unaquaeque creatura suum et quasi sibi praeceptum ordinem sive naturaliter sive rationabiliter servat, deo oboedire et eum honorare dicitur: Anselmus Cantuariensis, *Cur deus homo* I, 17, ed. F. S. Schmitt, II, 72-73.

55) Theodoricus Carnotensis, *Tractatus de sex dierum operibus* 2, ed. N. M. Häring, p. 555.

56) necesse est ut, sicut nihil factum est nisi per creatricem praesentem essentiam, ita nihil vigeat nisi per eiusdem servatricem praesentiam: Anselmus Cantuariensis, *Monologion* 13, ed. F. S. Schmitt, I, 27.

57) Hugo de Sancto Victore, *op. cit*., II, 17, ed. Ch. H. Buttimer, p. 36.

58) Anselmus Cantuariensis, *Monologion* 1, ed. F. S. Schmitt, I, 13.

59) Hugo de Sancto Victore. *op. cit.*, V, 2, ed. Ch. H. Buttimer, p. 96.

60) Gilbertus Porretanus, *Expositio in Boethii librum De bonorum hebdomade* 5, ed. N. M. Häring, *The Commentaries on Boethius by Gilbert of Poitiers*, Toronto 1966, p. 184.

61) sensus nostri tunc conuertentur in rationem, ratio in intelligentiam, intelligentia in deum: Anselmus Laudunensis, *Sententie Anselmi*, ed. F. P. Bliemetzrieder, p. 153.

62) Petrus Abaelardus, *Tractatus de intellectibus* 10, ed. P. Morin, p. 30; cf. J. Marenbon, *The Philosophy of Peter Abelard*, Cambridge 1997, pp. 170-173.

63) Petrus Abaelardus, *Dialogus*, ll. 177-183, ed. R. Thomas, p. 47.

64) Guillelmus de Conchis, *Philosophia* IV, XXIX, 52, ed. G. Maurach, Pretoria 1980, p. 112.

65) Ex thesi vero nascitur naturalis philosophia que circa terrena vertitur. Ex intellectu, subcelestis sive ypothetica theologia, que circa spirituales creaturas intenditur ... Ex intelligentia vero, supercelestis sive apothetica oritur qua divina considerantur: Alanus ab Insulis, *Quoniam homines* I, 2, ed. P. Glorieux, La somme "Quoniam homines" d'Alain de Lille, *Archives d'Histoire doctrinale et littéraire du Moyen-âge* 20 (1953), p. 121.

66) Extaseos autem due sunt species: una inferior qua homo infra se est, alia superior qua rapitur supra se: *ibid*.

67) in theologia utendum est intellectibilitate siue intelligentia: Theodoricus Carnotensis, *Lectiones in Boethii librum de Trinitate* II, 30, ed. N. M. Häring, p. 164; Conprehendit enim anima intelligentia siue intellectibilitate indiuiduam substantiam: scilicet diuinitatem: *ibid*., II, 31, ed. N. M. Häring. p. 165.

68) Cogitatio per devia quaeque lento pede, sine respectu perventionis, passim huc illucque vagatur. Meditatio per ardua saepe et aspera ad directionis finem cum magna animi industria nititur. Contemplatio libero volatu quocunque eam fert impetus mira agilitate circumfertur. Cogitatio serit, meditatio incedit et ut multum currit. Contemplatio autem omnia circumvolat, et cum voluerit se in summis librat: Richardus de Sancto Victore, *Benjamin maior* I, 3, PL 196, 66D.

69) Et, ut hoc triplex coelum congrua possimus distinctione discernere, primum dicatur imaginale, secundum est rationale, tertium intellectuale: *ibid*., III, 8, PL 196, 118B-C; cf. M.-A. Aris, *Contemplatio. Philosophische Studien zum Traktat Benjamin Maior des Richard von St. Victor*, Frankfurt a. M. 1996, S. 83-101, 125.

70) Cf. Hugo de Sancto Victore, *op. cit*., I, 4, ed. Ch. H. Buttimer, p. 11; Bernardus Claraevallensis, *Sermo in vigilia nativitatis Domini* 3, 8, *Opera* IV, 217.

71) ... et princeps et iudex debet omnium esse quae sunt in homine: Anselmus Cantuariensis, *Epistola de incarnatione verbi* 1, ed. F. S. Schmitt, II, 10.

72) Nihil igitur apertius quam rationalem creaturam ad hoc esse factam, ut sum-

mam essentiam amet super omnia bona, sicut ipsa est summum bonum: Anselmus Cantuariensis, *Monologion* 68, ed. F. S. Schmitt, I, 79.

73) vis animae tertia, quae secum priores alendi ac sentiendi trahit, hisque velut famulis atque obedientibus utitur, eadem tota in ratione est constituta: Hugo de Sancto Victore, *op. cit*., I, 3, ed. Ch. H. Buttimer, p. 9.

74) Unum siquidem tui et angeli optimum, ratio est: Bernardus Claraevallensis, *De consideratione* V, III, 5, *Opera* III, 470.

75) Rationis sum compos, veritatis sum capax: id., *Sermones super Cantica canticorum* 77, II, 5, *Opera* II, 264.

76) Cogita qualem (scl. te) facit: ... secundum animam magis, utpote imagine creatoris insignum, rationis participem, capacem beatitudinis sempiternae: id., *In Psalmum 'Qui habitat' sermo* 14, 1, *Opera* IV, 468-469; aeternae beatitudinis et beatae aeternitatis capacem rationem: id., *Epistola* 440, *Opera* VIII, 418.

77) qui non (scl. ad rationem) confugit, cum secundum rationem sit factus ad imaginem dei, suum honorem reliquit nec potest renovari de die in diem ad imaginem dei: Beringerius Turonensis, *op. cit*., p. 85.

78) Consequi itaque videtur quia rationalis creatura nihil tantum debet studere, quam hanc imaginem sibi per naturalem potentiam impressam per voluntarium effectum exprimere: Anselmus Cantuariensis, *Monologion* 68, ed. F. S. Schmitt, I, 78.

79) Bernardus Claraevallensis, *Sermones super Cantica canticorum* 77, II, 5, *Opera* II, 264.

80) Homo secundum Deum per viventem animam rationalis est: Hildegard von Bingen, *op. cit*., IV, 105, PL 197, 891A; cf. G. Lautenschläger, *Hildegard von Bingen. Die theologische Grundlegung ihrer Ethik und Spiritualität*, Stuttgart-Bad Cannstatt 1993, S. 122-124.

81) ratio uis est superior, siue uirtus anime, que inhiat spiritualibus, et imaginem dei in se conseruat: Anselmus Laudunensis, *Sententie Anselmi*, ed. F. P. Bliemetzrieder, p. 50.

82) Hugo de Sancto Victore, *op. cit*., I, 5; 6, ed. Ch. H. Buttimer, p. 12.

83) Aptissime igitur ipsa sibimet esse velut 'speculum' dici potest, in quo speculetur ut ita dicam imaginem eius, quem 'facie ad faciem' videre nequit: Anselmus Cantuariensis, *Monologion* 67, ed. F. S. Schmitt, I, 77-78.

84) 拙論「存在への精神の自己超越——カンタベリのアンセルムスの『プロスロギオン』第二章に即して」,『中世における自由と超越——人間論と形而上学の接点を求めて』創文社, 1988年, 417-439頁参照。

85) creasti in me hanc imaginem tuam, ut tui memor, te cogitem, te amem: Anselmus Cantuariensis, *Proslogion* 1, ed. F. S. Schmitt, I, 100.

86) Illud vero solum non potest cogitari non esse, in quo nec initium nec finem nec

partium coniunctionem, et quod non nisi semper et ubique totum ulla invenit cogitatio: Anselmus Cantuariensis, *Quid ad haec respondeat editor ipsius libelli* 4, [IV], ed. F. S. Schmitt, I, 134.

87) Nam caro rationali animae adest, quemadmodum omnes creaturae Verbo adsunt: Hildegard von Bingen, *op. cit*., IV, 105, PL 197, 891A.

88) Cum ergo uerbum patris, Dominus Iesus Christus, *λόγος* Graece dicatur, sicut et *σοφία* patris appellatur, plurimum ad eum pertinere uidetur ea scientia quae nomine quoque illi sit coniuncta et per deriuationem quandam a logica sit appellata et sicut a Christo christiani, ita a *λόγος* logica propie dici uideatur: Petrus Abaelardus, *Epistola* 13, ed. E. R. Smits, *Letters IX-XIV. An edition with an introduction*, Groningen 1983, p. 275.

89) tanto Christi qui ueritas est, discipuli ueriores erimus, quanto ueritate rationum amplius pollebimus: *ibid*., p. 274.

90) Guillaume de Conches, *Philosophia*, I, VII, 19, ed. G. Maurach, p. 26.

91) Si vero hoc iudicium de re corporea vel assensu sapientium vel argumentis necessariis confirmetur, est ratio. Est enim ratio certum et firmum iudicium de re corporea: id., *Dragmaticon philosophiae*, VI, 26, 3, ed. I. Ronca.

92) quia incorporea a sensibus nostris sunt remota, pauci sunt qui eis certi sunt: *ibid.*

93) Nos autem dicimus in omnibus rationem esse quaerendam, si potest inveniri: id., *Philosophia*, I, XIII, 45, ed. G. Maurach, p. 39.

94) sola ratione et cogitatione: *ibid*., I, VII, 21, ed. G. Maurach, p. 27.

95) *Ibid*., I, XII, 44, ed. G. Maurach, p. 39.

96) *Ibid*.

97) sola ratione, ubi inconcussa veritas manet; ipsa ratione praevia ad experientiam rerum descenderunt: Hugo de Sancto Victore, *op. cit*., II, 17, ed. Ch. H. Buttimer, p. 36.

98) Guillelmus de Sancto Theodorico, *De erroribus Guillelmi de Conchis ad sanctum Bernardum*, 1; 2; 6-7; 9, PL 180, 333-340; cf. P. H. Ryan, *The Experience of God in the "De Contemplando Deo" of William of Saint Thierry*, (diss.), Kalamazoo 1977, pp. 181-185; Y.-A. Baudelet, *L'expêrience spirituelle selon Guillaume de Saint-Thierry*, Paris 1985, pp. 245-249.

99) Guillemus de Sancto Theodorico, *De natura et dignitate amoris* 21, ed. R. Thomas, Chambarand 1965, p. 26.

100) Bernardus Claraevallensis, *Sermones super Cantica canticorum* 37, I, 2, Opera II, 9.

101) Quoniam quod nos sumus primum est nobis: *ibid*., 36, IV, 5, *Opera* II, 7.

102) Id., *De consideratione* II, IV, 7, *Opera* III, 415.

103) haec mea subtilior, interior philosophia, scire Jesum, et hunc crucifixum: id.,

Sermones super Cantica canticorum 43, III, 3, *Opera* II, 43.
104) sibimet esse velut 'speculum': Anselmus Cantuariensis, *Monologion* 67, ed. F. S. Schmitt, I, 77.
105) in scientia et virtute: Hugo de Sancto Victore, *op. cit.*, I, 5, ed. Ch. H. Buttimer, p. 12; cf. St. Ernst, *op. cit.*, S. 92-97.
106) Philosophia est disciplina omnium rerum humanarum atque divinarum rationes plene investigans: Hugo de Sancto Victore, *op. cit.*, 1, 4, ed. Ch. H. Buttimer, p. 11.
107) vides cum qua ratione cogimur philosophiam in omnes actus hominum diffundere: *ibid*.
108) ut ratio postulat: *ibid.*, V, 2, ed. Ch. H. Buttimer, p. 96.
109) primaeva ratio: *ibid.*, I, 4, ed. Ch. H. Buttimer, p. 11.
110) Anselmus Cantuariensis, *Proslogion* 2, ed. F. S. Schmitt, I, 101.
111) Id., *Monologion* 34, ed. F. S. Schmitt, I, 31.
112) Id., *Quid ad hoc respondeat editor ipsius libelli* 4, ed. F. S. Schmitt, I, 134.
113) summa essentia supra et extra omnem aliam naturam: id., *Monologion* 65, ed. F. S. Schmitt, I, 75-76.
114) rationabiliter comprehendit incomprehensibile esse: *ibid.*, 64, ed. F. S. Schmitt, I, 75.
115) *Ibid.*, 65, ed. F. S. Schmitt, I, 76-77.
116) vir facile omnium, quos legerim, ingenio clarissimus: Nicolaus Cusanus, *Apologia doctae ignorantiae*, ed. R. Klibansky, Leibzig 1932, p. 24.
117) secundum phisicam et ad litteram: Guillelmus de Sancto Theodorico, *Tractatus de sex dierum operibus* 1, ed. N. M. Häring, p. 555.
118) prudentissimus philosophorum Moyses: *ibid.*, 28, ed. N. M. Häring, p. 567; id., *Commentum super Ebdomadas Boetii, Abbreviatio Monacensis* 34, ed. N. M. Häring, p. 411.
119) Id., *Commentum super Boethii Librum de Trinitate* II, 15-16, ed. N. M. Häring, p. 73.
120) Id., *Tractatus de sex dierum operibus* 30, ed. N. M. Häring, p. 568.
121) *Ibid.*, 31-32, ed. N. M. Häring, pp. 568-569.
122) Id., *Lectiones in Boethii Librum de Trinitate* II, 9, ed. N. M. Häring, p. 157; *ibid.*, 6, ed. N. M. Häring, p. 156.
123) multum laborare debemus ut scilicet ratiocinando de Deo in eius congnitionem veniamus. Cuius congnitio mentis humanae nobilitas est quia ex ipsius cognitione ipsius amor provenit: id., *Commentum super Ebdomadas Boetii* 34, ed. N. M. Häring, p. 411.
124) Non enim omnia neque nulla, quae in naturalibus aut mathematicis intelliguntur, in theologicis accipienda sentimus; ideoque subtilissimae atque exercitatis-

simae philosophiae esse communes utrisque et proprias singulorum rationes notare: Gilbertus Porretanus, *Expositio in Boethii librum Contra Eutychen* IV, 36, ed. N. M. Häring, p. 294; cf. M. Dreyer, *More mathematicorum. Rezeption und Transformation der antiken Gestalten wissenschaftlichen Wissens im 12. Jahrhundert* (BGPhThMA, NF 47), Münster 1996, S. 113-140.

125) Gilbertus Porretanus, *Expositio in Boethii librum primum De trinitate* IV, 1-2, ed. N. M. Häring, p. 115; *ibid*., Prologus primus I, 3, ed. N. M. Häring, p. 53.

第4章　12世紀における自然哲学と神学

1) Cf. W. Kluxen, Wissenschaftliche Rationalität im 12. Jahrhundert. Aufgang einer Epoche, in: G. Wieland (Hg.), *Aufbruch－Wandel－Erneuerung. Beiträge zur 'Renaissance' des 12. Jahrhunderts*, Stuttgart-Bad Cannstatt 1995, S. 89-99; K. Riesenhuber, Der Streit um die *ratio* in der Frühscholastik, in: *Was ist Philosophie im Mittelalter?* (Miscellanea Mediaevalia 26), Berlin/New York 1998, S. 460-467（＝本巻第3章の論文の後半部）.

2) 「なぜなら諸事物の総体は神の内にあり，創造された精神の内にあり〔……〕つまり神はすべてであり，創られた精神はすべてであり〔……〕」(Est enim rerum universitas in deo, est in spiritu creato, ... ita uidelicet quod deus est omnia, spiritus creatus omnia, ... : Thierry de Chartres, *C* IV, 7). ティエリのテクストは以下のものによって引用する。N. M. Häring (ed.), *Commentaries on Boethius by Thierry of Chartres and His School*, Toronto 1971. 出典表記に関して，本文と註では以下の略号を用いる。

AM Trin.＝*Abbreuiatio Monacensis Commentum super de Trinitate Boethii*
C＝*Commentum super Boethii librum de Trinitate*
G＝*Glosa super Boethii librum de Trinitate*
L＝*Lectiones in Boethii librum de Trinitate*
SD＝*Tractatus de sex dierum operibus*

3) 「彼〔アンセルムス〕はまた彼が『モノロギオン』と呼んだ一冊の本を著した。実際その中では彼が一人で彼自らと語り，聖書のあらゆる権威に語らせることなく，ただ理性のみによって神が何であるかを探求し，見出している。さらに真なる信仰が神について思っていることを，論駁しがたい理由によって，こうであり他の仕方ではありえないことを証明し，主張している。」(Fecit quoque libellum unum quem *Monologion* appellavit. Solus enim in eo et secum loquitur, et tacita omni auctoritate divinae scripturae quid Deus sit sola ratione quaerit et invenit, et quod vera fides de Deo sentit, invincibili ratione sic nec aliter esse posse probat et astruit: Eadmerus Cantuariensis（1055頃－1124年頃), *Vita sancti Anselmi* [*De vita et conversatione Anselmi Cantuariensis Archiepiscopi*] I, 19, 29 [ed. R. Southern, 1972/1979, p. 29]).「すなわち，そこで行う黙想はどのようなことも聖書の権威にとってまったく何も説きすすめられていないかのように，個々の論証を通して達した結論はどれも平易な文体で,

かつ一般向けの論証を用いて，そして単純な討議によるもので，それは理拠の必然性が簡潔に要求し真理の明晰さが明らかに証明するものであることを表示してほしいとした」(... quatenus auctoritate scripturae penitus nihil in ea persuaderetur, sed quidquid per singulas investigationes finis assereret, id ita esse plano stilo et vulgaribus argumentis simplicique disputatione et rationis necessitas breviter cogeret et veritatis claritas patenter ostenderet: Anselmus Cantuariensis, *Monologion*, prologus).『モノロギオン』古田暁訳，上智大学中世思想研究所編訳・監修『中世思想原典集成』第7巻「前期スコラ学」，平凡社，1996年，所収。

4) Cf. A. Speer, *Die entdeckte Natur. Untersuchungen zu Begründungsversuchen einer 'scientia naturalis' im 12. Jahrhundert*, Leiden/New York/Köln 1995.

5) 拙論「被造物としての自然――教父時代および中世における創造論」,『中世哲学の源流』創文社，1995年，388-389頁参照。

6) Cf. Anselmus Cantuariensis, *op. cit.*, cc. 3-14.

7) Idem namque naturam hic intelligo quod essentiam: *ibid.*, c. 4.

8) quod per naturam tibi est impossibile, per gratiam eius non solum possibile, sed et facile fiat: Bernardus Claraevallensis, *Sermo in die Pentecostes* 2, 6 (*Opera* V, 169).

9) Numquid non supra naturam beatus iste Andreas apostolus ... transilierat: id., *De diversis*, sermo 16, 6 (*Opera* VI, 148).

10) Docemur autem auctoritate Patrum et consuetudine Scripturarum congruentes de rebus notis licere similitudines usurpare: id., *Sermones super Cantica Canticorum*, sermo 51, 7 (*Opera* II, 88).

11) Duo enim sunt opera in quibus universa continentur quae facta sunt. Primum est opus conditionis. Secundum est opus restaurationis. Opus conditionis est quo factum est, ut essent quae non erant ... creatio mundi cum omnibus elementis suis: Hugo de Sancto Victore, *De sacramentis fidei* I, prologus 2 (PL 176, 183A-B).

12) gentiles qui legem scilicet scriptam non habent, *naturaliter faciunt*, id est naturali lege instructi, hoc est cognitione Dei ac discretione rationis, quam naturaliter, hoc est ex sua creatione habent, ... ipsi sibi sunt lex: Petrus Abaelardus, *Expositio in Epistolam Pauli ad Romanos* I, 2 (PL 178, 814D); cf. *ibid.*, I, 1 (PL 178, 805A; 806C).

13) Totum hic (scl. Paulus) mysterium Trinitatis distinguit, ut non solum unitatem Dei, verum et Trinitatem ex ipsis operibus perpendere possent: *ibid.*, I, 1 (PL 178, 802D-803A).

14) Apparet itaque maxime ex ipsa mundanae fabricae universitate tam mirabiliter facta, tam decenter ornata, quantae potentiae, quantae sapientiae, quantae bonitatis, ejus artifex sit, qui tantum et tale opus de nihilo facere potuit et voluit, et tam solerter et rationabiliter cuncta temperavit, ita ut in singulis nihil plus aut minus quam oportuerit actum sit. Unde et Plato ipse, cum de genitura mundi ageret, in tantum divinae potentiae et sapientiae bonitatem extulit, ut astrueret Deum

nullatenus potuisse mundum meliorem facere quam fecerit: *ibid*. (PL 178, 804A); cf. id., *Introductio in theologiam* III, 5 (PL 178, 1094A-D). Cf. Robertus de Melun (1100頃−1167年), *Sententie* (= *Summa recensio brevis*) (ed. J. M. Parent, *La Doctrine de la Création dans l'École de Chartres*, Paris/Ottawa 1938, p. 65): ipsam universitatem que in suo genere id est in genere rerum sensibilium optima est et perfectissima.

15) rerum causae cum ratione constant: Adelardus de Bath, *Quaestiones naturales* 32 (ed. M. Müller, Beiträge zur Geschichte der Philosophie und Theologie des Mittelalters [= BGPhThMA] 31, 2, Münster 1934, p. 37).

16) Nos autem dicimus in omnibus rationem esse quaerendam: Guillelmus de Conchis, *Philosophia* I, 45 (ed. Gr. Maurach, Pretoria 1980, p. 39).

17) Cf. B. Stock, *Myth and Science in the Twelfth Century. A Study of Bernard Silvester*, Princeton 1972, pp. 63-87.

18) Cf. W. Wetherbee, *Platonism and Poetry in the Twelfth Century. The Literary Influence of the School of Chartres*, Princeton 1972, pp. 187-219.

19) diligentissima parens: Johannes Saresberiensis, *Policraticus* V, 9.

20) optima dux vivendi: *ibid*., IV, 5.

21) Non tamen corruptae naturae adversus gratiam magnifico fimbrias, aut phaleras erigo, quasi ipsa aliquid boni habeat quod non acceperit: *ibid*., III, 1.

22) ut vita civilis naturam imitetur: *ibid*., VI, 21.

23) Rempublicam ad naturae similitudinem ordinandam, et ordinem de apibus mutandam: *ibid*.

24) Cf. K. M. Fredborg, *The Latin Rhetorical Commentaries of Thierry of Chartres*, Toronto 1988, pp. 1-9; A. Stollenwerk, *Der Genesiskommentar Thierrys von Chartres und die Thierry von Chartres zugeschriebenen Kommentare zu Boethius "De Trinitate"*, (Diss.), Köln 1971, S. 3-27; P. Dronke, Thierry of Chartres, in: id. (ed.), *A History of Twelfth-Century Philosophy*, Cambridge 1988, pp. 358-359.

25) Cf. A. Stollenwerk, *op. cit*., S. 68-73; R. Klibansky, The School of Chartres, in: M. Clagett, G. Post, R. Reynolds (eds.), *Twelfth-Century Europe and the Foundations of Modern Society*, Madison 1961, pp. 13-14; A. Katzenellenbogen, The Representation of the Seven Liberal Arts, in: *ibid*., pp. 41-42.

26) orator et rhetor et artis amator grammaticae, logicae: Anselmus de Havelberg (1158年歿), *Vita Adalberti* II（A. Stollenwerk, *op. cit*., S. 166の引用による）.

27) Quod Plato, quod Socrates clausere sub integumentis,/Hic reserans disseruitque palam: A. Vernet, Une épitaphe de Thierry de Chartres, in: *Recueil des travaux offerts à M. Clovis Brunel*, Paris 1955, t. 2, p. 670. Platonem ei concedit: Thierry de Chartres, *Commentarius super Libros De Inventione*, Pars secunda in librum primum, prologus (ed. K. M. Fredborg, *op. cit*., p. 108).

28) virum litteratissimum et philosophantium amantissimum: A. Vernet, *op. cit*., p.

663.

29) dignus Aristotelis successor: *ibid*., p. 669.

30) artium studiosissimus inuestigator: Johannes Saresberiensis, *Metalogicon* I, 5 (ed. C. Webb, Oxford 1929, p. 16).

31) totius Europae philosophorum praecipuus: N. M. Häring (ed.), *Clarenbaldi Epistula ad Dominam* 3, in: N. M. Häring (ed.), *Life and Works of Clarembald of Arras*, Toronto 1965, p. 226 (= W. Beierwaltes [Hg.], *Platonismus in der Philosophie des Mittelalters*, Darmstadt 1969, p. 231; id., *Archives d'Histoire doctrinale et littéraire du Moyen-âge* 22 [1955], p. 183).

32) veris scientiarum titulis Doctori famosissimo: Bernardus Silvestris, *Cosmographia* (= *De mundi universitate*, 1148) の献呈文 (ed. C. S. Barach, J. Wrobel, Innsbruck 1976, p. 5)。

33) tibi, quem primam summamque hoc tempore philosophie sedem atque immobiliter fixam varia tempestate fluitantium studiorum anchoram plane quidem, ut novi, et fateor ... quem haut equidem ambigam, Platonis animam celitus iterum mortalibus accomodatam. ... te Latini studii patrem astronomice primitiis donandum iudicarim: カリンティアのヘルマヌス (Hermannus de Carinthia; Hermann von Kärnten, 12世紀前半) によるプトレマイオス『プラニスファエラ』(*Planisphaera*) の翻訳の序文, in: C. Burnett (ed.), Hermann of Carinthia, *De essentiis*, Leiden/Köln 1980, p. 349.

34) vir facile omnium, quos legerim, ingenio clarissimus: Nicolaus Cusanus, *Apologia doctae ignorantiae* (ed. R. Klibansky, Leipzig 1932, p. 24).

35) N. M. Häring (ed.), *Archives d'Histoire doctrinale et littéraire du Moyen-âge* 22 (1955), pp. 184-216; id. (ed.), in: W. Beierwaltes (Hg.), *op. cit*., S. 232-249; N. M. Häring (ed.), *Commentaries on Boethius by Thierry of Chartres and His School*, pp. 553-575.

36) In: N. M. Häring, *Commentaries on Boethius by Thierry of Chartres and His School*.

37) Cf. P. Dronke, *op. cit*., p. 364. これらの著作のそれぞれに他の著者を想定するシュトレンヴェルクとは見解を異にする。Cf. A. Stollenwerk, *op. cit*., S. 86-88, 101, 123, 132, 149, 150, 154-155.

38) K. M. Fredborg, *op. cit*.

39) Cf. N. M. Häring, Chartres, Schule von, in: *Theologische Realenzyklopädie*, Bd. 7, Berlin/New York 1981, S. 699.

40) Cf. P. Dronke, *op. cit*., pp. 359-360.

41) Cf. E. A. Quain, The Medieval Accessus, *Traditio* 3 (1945), pp. 215-264.

42) secundum phisicam et ad litteram ego expositurus inprimis de intentione auctoris et de libri utilitate pauca premittam. Postea uero ad sensum littere historialem

exponendum ueniam ut et allegoricam et moralem lectionem quae sanctis doctoribus aperte execute sunt ex toto pretermittam: *SD* 1.

43) Cf. N. M. Häring, Die Erschaffung der Welt und ihr Schöpfer nach Thierry von Chartres und Clarenbaldus von Arras（以下の英語原文の著者自身による翻訳。Id., The creation and creator of the world according to Thierry of Chartres and Clarenbaldus of Arras, *Archives d'Histoire doctrinale et littéraire du Moyen-âge* 22 (1955), pp. 137-216), in: W. Beierwaltes (Hg.), *op. cit.*, S. 187-188.

44) ティエリの意図を「自然学の基礎づけ」に限定し，ティエリの形而上学的考察を「例外なく自然学の原理論的基礎づけの境界領域におけるもの」とみなすシュペールには賛同できない。Cf. A. Speer, *op. cit.*, S. 300.

45) ostendere rerum creationes et hominum generationem factam esse ab uno solo deo cui soli cultus et reuerentia debetur: *SD* 1.

46) cognitio dei ex facturis suis cui soli cultus religionis exhibendus est: *ibid.*

47) 「日々の秩序によって神的知恵に達するように，知恵によって神的実体に達する」(Sic per cotidianam dispositionem pervenitur ad divinam sapientiam, per sapientiam ad divinam substantiam): Guillelmus de Conchis, *Philosophia* 1, 7.

48) 「それゆえ『ティマイオス』は自然的正義を論じるものである。そしてそれが最も良く現れる世界の創造に移る。〔……〕作用因は神的本質であり，形相因は神的知恵であり，目的因は神的善性であり，質料因は四元素である。よりよく理解されるために二様の区分を提示しているが，この一つの組においては，世界の作用因，形相因，目的因が含まれ，また別の組では，質料因と結果が含まれる」(Est igitur Thimeus de naturali justitia tractaturus; ad creationem mundi circa quam maxime apparet se transfert .... Est efficiens causa divina essentia, formalis divina sapientia, finalis divina bonitas, materialis quatuor elementa. Que ut melius intelligantur, bimembrem proponit divisionem, in cujus altero membro efficiens, formalis, finalis causa mundi continetur, in altero materialis et effectus): Guillelmus de Conchis, *In Timeum*, in: J. M. Parent, *op. cit.*, pp. 142-143. Cf. Johannes Saresberiensis, *Policraticus* VII, 5.

49) 註（12）のテクストを参照。

50) 「各々の事物におけるこの三位一体をアウグスティヌスは『三位一体論』で論じており，自然学の教えに従って，重さ，長さ，数，すなわち各々の事物における三位一体を見出している。このことを，クラウディウス・マメルトゥス（Claudius Mamertus, 474年頃歿）が魂と神の数・重さ・長さを扱う同じ章で明白に述べていることである。そこで，あなたは［その］教えをここで援用することができるため，それがいかなるものであるかは省略する。」(Hanc Trinitatem in rebus singulis inuestigat Augustinus in libro *De Trinitate* [VIII, 1] et secundum phisicam doctrinam inuenit pondus mensuram et numerum: trinitatem in rebus singulis. Quod euidenter docet Claudianus Mamertus in eo capitulo in quo de numero et pondere et mensura anime et dei agit. Unde huc quia transferre doctrinam potes quomodo hoc sit pretermitto):

Thierry de Chartres, *G* V, 17.

51) In quorum numero homo *ad imaginem et similitudinem* dei factus est: *SD* 14.

52) Cf. T. Gregory, Platonismo medievale. Studi e ricerche, Roma 1958, pp. 135-150; id., *Anima mundi. La filosofia de Guglielmo di Conches et la Scuola di Chartres*, Firenze 1955, pp. 123-174.

53) prudentissimus philosophorum Moyses: *SD* 28; Moyses peritissimus philosophorum: *L* II, 38; cf. *L* II, 53.

54) Quicquid autem de hac re dicemus ex uera et sancta theologia sumptum esse nemo dubitet: *SD* 29.

55) Adsint igitur quatuor genera rationum que ducunt hominem ad cognitionem creatoris: scilicet arithmetice probationes et musice et geometrice et astronomice. Quibus instrumentis in hac theologia breuiter utendum est ut et artificium creatoris in rebus appareat et quod proposuimus rationabiliter ostendatur: *SD* 30.

56) Sunt enim tres partes philosophie: ethica que est de moribus et actionibus, speculatiua que est de causis rerum et naturis, rationalis que consistit in rationibus et docet ratiocinari quia docet diffinire diuidere colligere: *L* prologus 3; cf. *C* II, 8.

57) Sunt enim tres partes speculatiue: theologia cuius principium est de summo deo, de Trinitate, et inde descendit ad angelicos spiritus et animas et est de incorporeis que sunt extra corpora: et mathematica cuius est principium de numeris et inde descendit ad proporciones et ad magnitudines et est de incorporeis que sunt circa corpora sicut de linea superficie et de ceteris in hunc modum: et phisica que est de ipsis corporibus et habet principium a quatuor elementis: *L* prologus 4; cf. *C* II, 8; *G* II, 24.

58) Cf. P. Dronke, *op. cit*., p. 369, n. 40.

59) Anima igitur constat ex his uiribus: sensu imaginatione ratione intelligentia atque intelligibilitate: *G* II 3.

60) Cf. P. Dronke, *op. cit*., p. 366.

61) Igitur in naturalibus rationabiliter, in mathematicis disciplinaliter, in theologicis uersari oportet intelligibiliter: *G* II, 28; cf. *C* II, 15-16; *L* II, 29; II, 32.

62) 「叡知的能力」を「直接的な神の直視」または「神秘的な神直観」としているドライヤーの解釈は採らない。Cf. A. Dreyer, *More mathematicorum. Rezeption und Transformation der antiken Gestalten wissenschaftlichen Wissens im 12. Jahrhundert* (BGPhThMA, Neue Folge 47), Münster 1996, S. 133.

63) このような方法理解は，ギルベルトゥス・ポレタヌス，アミアンのニコラウス(Nicolaus de Amiens, 1147-1203年以降)，アラヌス・アブ・インスリスによって体系化された。Cf. A. Dreyer, *op. cit*., S. 142-170.

64) suspendit animum in intelligibilitatem erectum: *G* II, 10.

65) Ipsa facta est ad naturam rei uniuerse: *G* II, 12.

66) conformat se anima secundum diuersas uires suas omnibus modis uniuersitatis: *L* II, 30.

67) Omnem alteritatem unitas precedit quoniam unitas precedit binarium qui est principium omnis alteritatis. Alterum enim semper de duobus dicitur. Omnem igitur mutabilitatem precedit unitas siquidem omnis mutabilitas substantiam ex binario sortitur. Nichil enim aptum est mutari siue moueri nisi etiam aptum sit ut prius se habeat uno modo deinde alio. Hanc igitur modorum alteritatem unitas precedit: quare et mutabilitatem: *SD* 30.

68) Sed mutabilitati omnis creatura subiecta est: *SD* 31.

69) Unitas enim sola alteritatem precedit: *G* V, 19; cf. *G* II, 18.

70) Sed alteritas ex mutabilitate uel ex ipsa mutabilitas quam tempus intulit: *G* V, 19.

71) Cum igitur unitas omnem creaturam precedat, eternam esse necesse est. At eternum nichil est aliud quam diuinitas. Unitas igitur ipsa diuinitas: *SD* 31.

72) Est enim esse ex unitatis participatione. Tandiu enim est quod est quociens unum est et uno modo se habet: *G* II 16; cf. Augustinus, *De ordine* II, 18.

73) Nam sicut aliquid ex luce lucidum est uel ex calore calidum ita singule res esse suum ex diuinitate sortiuntur. ... Unitas igitur singulis rebus forma essendi est: *SD* 31.

74) uera forma et entitas omnium rerum: *L* II, 35.

75) unio omnium rerum: *ibid*.

76) deus totus et essentialiter ubique esse uere perhibetur: *SD* 31.

77) presentia diuinitatis singulis creaturis totum et unicum esse consistit ut etiam ipsa materia ex presentia diuinitatis habeat existere: non ipsa diuinitas aut ex ipsa aut in ipsa: *SD* 32.

78) Constans est deo nichil esse melius ... Deus igitur est bonitas sufficientia beatitudo. Deus enim quicquid est ex se est atque etiam illud est sic itaque quod deus est ita ipse est id quod nec sibi ipse illud nec aliud contulerit. Unde quia ipse est iustus pius et fortis ipse est fortitudo pietas iusticia: *G* I, 19.

79) Cf. L. Nielsen, *Theology and Philosophy in the Twelfth Century*, Leiden 1982, pp. 158-163; J. Marenbon, Gilbert of Poitiers, in: P. Dronke (ed.), *op. cit*., pp. 340-343.

80) Est autem in hoc loco cauendum a ueneno quorundam imperitorum qui dicunt: deus est a deitate deus. Quod omnino hereticum est. A nullo enim deus et nullo participat. Immo esse omnium est: *L* II, 56.

81) Mathematicam super hanc rem doctrinam non addit nisi Augustinus dicens unitatem esse in Patre et eiusdem unitatis equalitatem in Filio atque unitatis equalitatisque conexionem et amorem in Spiritu sancto: *G* V, 17; cf. *L* VII, 5. Cf. Augustinus, *De doctrina christiana* I, 5.

82) unitas omnem numerum creat: *SD* 36.

83) Ex se autem et ex sua substantia (scl. unitas) nichil aliud generare potest nisi equalitatem: *SD* 38.

84) Unitas enim semel unitas est: *C* II, 30.

85) Gignit ergo unitas equalitatem unitatis ita tamen ut res eadem sit unitas et unitatis equalitas: *ibid*.

86) Unitas ergo in eo quod gignit Pater est: in eo quod gignitur Filius est. Unum igitur et idem Pater est et Filius. Nec Pater tamen Filius est nec Filius Pater est quia nec unitas in eo quod gignit genita est nec in eo quod gignitur gignens est: *ibid*.

87) (unitas) per alios numeros multiplicata omnes numeros generat: *SD* 38.

88) Unitas enim per se nichil aliud gignere potest nisi eiusdem unitatis equalitatem: *SD* 39.

89) Nam cum equalitas inequalitatem precedat necesse est generationem equalitatis precedere: *ibid*.

90) Cum igitur unitas gignat utrumque et per quemlibet numerum multiplicata non possit gignere nisi inequalitatem necesse est ut gignat equalitatem per illud quod naturaliter omnes numeros precedit. At illud est unitas: *ibid*.

91) ティエリの源泉について以下を参照。N. M. Häring, Die Erschaffung der Welt und ihr Schöpfer nach Thierry von Chartres und Clarenbaldus von Arras, S. 200-202; E. Jeauneau, Mathematiques et trinité chez Thierry de Chartres, in: P. Wilpert (Hg.), *Die Metaphysik im Mittelalter* (Miscellanea Mediaevalia 2), Berlin 1963, p. 295. さらにユダヤ教の新プラトン主義的グノーシス，特に『創造の書』(*Sefer Jezira* 500年頃)において，数が創造の原理とみなされていたことも，ティエリの直接的・間接的な思想的源泉として想定することができる。Cf. L. Goldschmidt, Das Buch der Schöpfung, Darmstadt 1969; E. Goodman-Thau, Chr. Schulte (Hgg.), *Sefer Jezira—Das Buch Jezira*, Berlin 1993; P. Klein (Hg.), *Sefer Jezirah*. Neudruck der Ausgabe von Paris 1552, übers. und kommentiert von G. Postellus, Stuttgart-Bad Cannstatt 1994. 中世ユダヤ教のカバラにおいて『創造の書』が知られていたということの一つの表現として以下を参照。M. B. Sendor, *The Emergence of Provencal Kabbalah. Rabbi Isaac the Blind's 'Commentary on Sefer Yezirah'*, 2 vols., (diss.), Harvard University 1994. F. Brunner の次の諸論文も参照。Creatio numerorum, rerum est creatio; Deus forma essendi; Le néoplatonisme au moyen âge, in: id., *Métaphysique d'lbn Gabirol et de la tradition platonicienne*, ed. by D. Schulthess, London 1997.

92) Manifestum est ergo ex his que dicta sunt quod omnem numerum naturaliter precedit equalitas quam unitas ex se et ex sua substantia generat. Nam cum generatio huius equalitatis unitati sit substantialis, unitas autem omnem numerum precedat, generationem quoque equalitatis omnem numerum precedere necesse est: *SD* 40.

93) unitatis equalitas modus quidam est ultra quem citraue nequit aliquid consistere: *SD* 42.

94) Ibi rerum notiones continentur. Semper enim rei notitia in ipsius equalitate continetur. Si autem excesserit uel infra substiterit non est notitia sed falsa imaginatio dicenda: *ibid*.

95) Cf. M.-D. Chenu, Une definition pythagoricienne de la vérité au Moyen-Age, *Archives d'Histoire doctrinale et littéraire du Moyen-âge* 28 (1961), pp. 7-13. この論考は主にフロワモンのヘリナンドゥス（Helinandus de Froimond, 1160頃-1229年以降）を扱ったものだが，シャルトルのティエリとの関係についても論じている。

96) manifestum est eandem equalitatem esse ipsam rei ueritatem: *SD* 45.

97) Nichil enim aliud est esse Uerbum deitatis quam eterna creatoris de omnibus rebus prefinitio: *SD* 46.

98) unitatem equalitas diligit et equalitatem unitas. Amor igitur quidam est et conexio equalitatis ad unitatem et unitatis ad essendi equalitatem: *C* II, 37.

99) Istud amborum relatiuum est ad proprietates has quas dixi equalitatem et unitatem: *L* VII, 7.

100) ab unitate uersus sui equalitatem ... nexus et amor quidam extitit qui ad eandem reciprocatur ab equalitate unitatis: *G* V, 20.

101) conexio (scl. facit) proportionalitatem: *L* VII, 7.

102) Unitas enim ualde ornat essendi equalitatem. Aliter enim non esset si se contempneret. Similiter unitatis equalitas ualde amplectitur unitatem quasi entitatem. Periret enim si diuisionem incurreret: *G* V, 20.

103) sese ex se ipso in hanc conexionem continens quia amor et nexus: *G* V, 21.

104) Designantur uero in masculino genere he persone cum possent designari his nominibus mater filia atque donatio ut res quas innuunt scilicet omnipotentia sapientia benignitas: *G* V, 22.

105) pondus mensuram et numerum: trinitatem in rebus singulis. ... Ethica autem consideratio fidem spem caritatem pro trinitate attendit: *G* V, 17.

106) その弟子であるアラスのクラレンバルドゥス（Clarenbaldus de Arras, 1187年頃歿）に対するティエリの創造論および神論の影響については以下を参照。N. M. Häring, Die Erschaffung der Welt und ihr Schöpfer nach Thierry von Chartres und Clarenbaldus von Arras, S. 161-174, 208-228; id., *Life and Works of Clarembald of Arras*, pp. 4, 20-21, 23-38（クラレンバルドゥスの『創世記註解』［*Tractatulus super librum Genesis*］は，前者のS. 249-267に，および後者のpp.226-249に所収)。シトー会士のフロワモンのヘリナンドゥスは，彼の著した世界史である『年代記』（*Chronicon* 全49巻で634年から1204年までを扱う）の第一巻に，その三位一体ともども，ティエリの創造論のテクストのほぼ全文を利用しているし，さらに降誕祭の説教『主の誕生にあたって』（*Sermo II in Natali Domini*: PL 212, 489D-490D）においても

また，ティエリの三位一体論に依拠している（cf. N. M. Häring, *Commentaries on Boethius by Thierry of Chartres and His School*, p. 52; A. Stollenwerk, op. cit., S. 219. Cf. J. B. Voorbij, M. M. Woesthuis, Editing the 'Chronicon' of Helinand of Froidmont: the use of textual witnesses, in: R. I. A. Nip, H. van Dijk, E. M. C. van Houts, C. H. Kneepkens, G. A. A. Kortekaas [eds.], *Media Latinitas. A collection of essays to mark the occasion of the retirement of L. J. Engels*, Turnhout 1996)。マイスター・エックハルト（Meister Eckhart　1260頃-1327/28年）も，アウグスティヌスをめぐるラテン語説教（Meister Eckhart, *Die lateinischen Werke* V, Stuttgart/Berlin 1936, S. 87-89）において，アラスのクラレンバルドゥスを活用している（cf. N. M. Häring, *Life and Works of Clarembald of Arras*, p. 46)。ボーヴェのウィンケンティウス（Vincentius　Bellovacensis　1190頃-1264年）はその百科全書『大きな鏡』（Speculum maius）第一部「自然の鏡」において，フロワモンのヘリナンドゥスにもとづいてティエリの創造論と神論を――サン=ヴィクトルのフーゴーの名を冠したかたちで――継承している（cf. Vincentius Bellovacensis, *Speculum maius*, Speculum naturale II, 26-28; IV, 42; XV, 1; XV, 17 [ed. Douai 1624, 95-97, 259, 1093, 1103]. Cf. N. M. Häring, *Commentaries on Boethius by Thierry of Chartres and His School*, p. 51, n. 33)。ニコラウス・クザーヌスは，マイスター・エックハルトを通しても，また直接にシャルトル学派，特にティエリに親しんでいる（cf. H. Wackerzapp, *Der Einfluss Meister Eckharts auf die ersten philosophischen Schriften des Nikolaus von Kues (1440-1450)* [BGPhThMA 39, 3], Münster 1962, passim（人名索引におけるアラスのクラレンバルドゥス，シャルトルのティエリの項目を参照); A. Stollenwerk, *op. cit*., S. 210, 215, 216, 219; P. Duhem, Thierry de Chartres et Nicolas de Cues, *Revue des sciences philosophiques et théologiques* 3 [1909], pp. 525-530)。

107) Hanc igitur uniuersitatem in his diuersis modis considerat philosophia: *G* II, 23.

108) Deus nempe est omnia ita tamen quod nullum singulorum. Si enim aliquod singulorum esset iam non esset rerum uniuersitas. Quam rerum universitatem eum esse Iohannes testatur dicens *quod factum est in ipso uita erat*: *G* II, 13; cf. *C* IV, 8.

109) quinque modis rerum consideratur uniuersitas. Est enim rerum uniuersitas in deo, est in spiritu creato, est in numeris, est in materia, est etiam rerum uniuersitas in actu ita uidelicet quod deus est omnia, spiritus creatus omnia, natura quoque omnia, materia iterum omnia, actualia quoque nemo dubitat esse omnia: *C* IV, 7.

110) uniuersitas quam in quandam simplicitatem in se complicauit absoluta necessitas: *G* II, 20.

111) Ipsa (scl. forma que deus est) enim est perfectio actus: *G* II, 36.

112) Cum igitur sunt hec duo, actus scilicet et possibilitas, sciendum quod sunt duo rerum principia licet unum sit causa alterius et possit esse sine alio: scilicet actus i. e. inmutabilitas sine possibilitate i.e. sine mutabilitate. Sunt principia rerum quia nulla res potest esse sine his: *L* II, 40.

113) Actus uero est immutabilitas et perfectio essendi que a philosophis uocatur absoluta necessitas. Sed ab immutabilitate descendit mutabilitas. Quare ab actu descendit possibilitas. Actus enim immutabilitas. Possibilitas uero mutabilitas: scilicet talis aptitudo et potestas transeundi de uno statu ad alium, etiam de non esse ad esse: *L* II, 40.

114) Hec uero est possibilitas sola que omnia in se complicat. Est enim possibilitate uniuersitas absoluta. Ea enim que complicata sunt in simplicitate diuine mentis possibile fuit duci ad actum et possibilia sunt: *G* II, 17.

115) Quare ipsa (scl. possibilitas absoluta) est materia primordialis quam alii ylem alii siluam alii cahos alii infernum quidam aptitudinem atque carentiam dixerunt: *G* II, 18.

116) materia ad esse suum requirit simplicitatem. Simplicitas enim est inmutabilitas. Sed ab inmutabilitate descendit mutabilitas. Materia uero est mutabilis. ... Ipsa enim a deo descendit et deus eam creauit i.e. eius causa et principium est: *L* II, 24-25.

117) Ponamus enim per ipothesin materiam non esse—quod tamen fieri non potest—ad unam, ut uerum fatear, formam omnes rerum omnium forme relabentur. Nec erit nisi una et simplex forma: diuina scilicet que una uere forma est: *C* II, 44; cf. *L* II, 24; II, 41; II, 42.

118) Potest igitur simplicitas eterna que deus est esse sine materia: *L* II, 25; cf. *L* II, 24.

119) Concipit enim (scl. mens diuina) et tenet eas (scl. ydeas) intra se et ab ipsa ueniunt in possibilitatem sic quod habent esse ex ipsa prima forma et materia i.e. possibilitate i.e. habent per eas esse. Nam sine materia non possunt esse nec a deo fieri nisi circa materiam: *L* II, 43.

120) Unde dicimus et uerum est quod actus et possibilitas rerum omnium sunt principia quorum tamen alterum ab altero descendit, scilicet possibilitas ab actu, quia mutabilitas ab immutabilitate: *L* II, 41.

121) Inter hec autem quasi inter extrema sunt forme rerum et actualia: *C* II, 28; cf. *L* II, 11.

122) Hec igitur uniuersitas quam in quandam simplicitatem in se complicauit absoluta necessitas explicatur in formarum atque in imaginum ueritates quas ideas dicimus: *G* II, 20.

123) Quam alii legem naturalem alii naturam alii mundi animam alii iusticiam naturalem alii ymarmenem nuncupauerunt. At uero alii eam dixere fatum alii parchas alii intelligentiam dei: *G* II, 21; cf. *L* II, 10.

124) Hec uero determinata dicitur necessitas uel necessitas complexionis eo quod cum aliquam eius materiam incurrimus causarum reliquarum seriatam conexionem uitare non possumus: *G* II, 21.

125) [forma que deus est] Possibilitatem enim determinat et ad actum ducit in causarum quandam seriem concipiendo ydeas et in actualia hec: conectendo ipsas materie: *G* II, 36; cf. *G* II, 20.

126) Conplicatio enim semper precedit explicationem sicut unitas pluralitatem: *L* II, 6.

127) Quoniam autem unitas omnem numerum creat ... necesse est unitatem non habere finem sue potentie. ... Sed creatio numerorum rerum est creatio: *SD* 36.

128) Que forme et idee huius necessitatis inmateriate ... in sui imaginem ueritate sua pretermissa transeunt terminantes fluxum materie. Estque eadem rerum uniuersitas possibilitas determinata utpote redacta ad optimos actus ex cetu intelligentie atque materie. Appellant uero rerum uniuersitatem in hoc mundo qui est possibilitas diffinita alii actualia alii entia atque sensibilia: *G* II, 22.

129) Cum autem rerum uniuersitas, ut dictum est, subiecta sit theologie, mathematice et phisice secundum diuersas considerationes est tamen universitas rerum quatuor modis: et una et eadem uniuersitas est in absoluta necessitate, est in necessitate conplexionis, est in absoluta possibilitate, est in determinata possibilitate. Et hi sunt quatuor modi existendi uniuersitatis omnium rerum: *L* II, 9.

130) Et ea quidem universitas est in necessitate absoluta in simplicitate et unione quadam omnium rerum que deus est. Est etiam in necessitate conplexionis in quodam ordine et progressione: inmutabiliter tamen. Est in possibilitate absoluta: in possibilitate tamen sine actu omni. Est etiam in determinata possibilitate: possibiliter et actu: *ibid*.

131) una et eadem uniuersitas et in actu et in simplicitate et in diffinita possibilitate et in absoluta possibilitate. Sed aliter et aliter: *L* II, 20.

132) Considerat enim theologia necessitatem que unitas est et simplicitas. Mathematica considerat necessitatem conplexionis que est explicatio simplicitatis. Mathematica enim formas rerum in ueritate sua considerat. Phisica uero considerat determinatam possibilitatem et absolutam: *L* II, 11; cf. II, 18.

133) Sic anima conformat se quatuor modis universitatis secundum diuersas uires et conprehensiones quia est anima composita ex quatuor modis uniuersitatis: scilicet ex uiribus conprehendendi illos quatuor modos sicut ex Platone habetur: *L* II, 31.

134) Cf. E. Jeauneau, *op. cit*., p. 294.

135) Cf. P. Dronke, op. cit., pp. 361, 365.

136) significatio conplectitur et intellectum et uocabulum—non enim appellamus rem tantum uel uocabulum tantum significationem: *L* IV, 3; cf. *AM Trin*. IV, 19.

137) Cf. M.-D. Chenu, Un cas de platonisme grammaticale au XIIe siècle, *Revue des sciences philosophiques et théologiques* 51 (1967), pp. 666-668.

138) Hanc autem unionem notat Moyses peritissimus philosophorum in *Genesi* ubi

dicit *appelauitque lucem diem et tenebras noctem et congregationem aquarum maria*: *L* II, 53.

139) ens enim est quod unaquaeque res dicitur: *ibid*.

140) Forma enim non potest esse sine nomine. Sed ex quo res formam habet, et nomen habet. Aliter enim esse non potest esse. Nomina quippe essentiant res. Idcirco enim est homo quia appellatur homo. Idcirco est animal quia appellatur animal: *L* II, 52.

141) rebus uocabula unita sunt in mente diuina. Unde et diuina sapientia Uerbum dicitur: *L* II, 53.

142) Uocabula namque unita sunt in mente diuina ab eterno ante etiam impositionem ab hominibus factam. Postea homo inposuit ea rebus quibus unita erant in mente diuina: *ibid*.

143) Hec autem uocabula ... secundum motum rationis sunt imposita: *G* IV, 7.

144) Ratio enim cum sit uis anime que naturaliter est status omnium animorum se exercet in comprehendendo. Sed in exercendo mouetur. Eius autem motus sunt intellectus quos concipit mens de re. Isti ergo motus communes sunt omnibus hominibus. Communes igitur sunt intellectus. Sed hos uocabula significant ut testatur Aristotiles in *Periermenias*: *G* IV, 7.

145) Ipse (scl. deus) enim non est ens quia ens, ut dictum est, accepta essendi forma est. Quod habet ex uocabulo. Nomen enim quasi formam et quasi materiam tribuit ei quod significat quia quasi substans et quasi subsistens significat illud. Essentiat enim rem: *G* IV, 14; cf. *AM Trin*. IV, 27.

146) Ipse enim non est ens sed est entitas omnium rerum. Sed omnis intellectus de ente habetur et omne uocabulum ens significat scilicet substantiam uel accidens. Unde cum deus non sit ens non est aliquid de entibus nec intellectu conprehendi nec uocabulo significari potest: *AM Trin*. IV, 27.

147) Ens enim est quod accepta forma essendi subsistit: scilicet quod forma participat. Sed deus nullo participat quondam ex se est quicquid est. Unde non est ens sed ipsa entitas a quo fluunt omnia entia: *AM Trin*. IV, 34.

148) Deus autem non est res que comprehensibilis sit equaliter ab omnibus. Quare motibus rationis non subiacet. Quare nec aliquo uocabulo significatur: *G* IV, 8.

149) nec deus nomen habere potest: *G* IV, 10; cf. *AM Trin*. IV, 11.

150) Nec igitur deus subicitur nec predicatur. Ad hec autem est quod omni modo diuersum nichil de se predicari uel a se remoueri posset cum sit omnia: *G* IV, 12; cf. *AM Trin*. IV, 12; IV, 29.

151) Sed tot nomina deo scilicet necessitati absolute indita sunt eo quod deus significari non potest nec intelligi ut saltem tot inculcatione nominum comprehenso quid ipse non sit potius quam quid sit eum ignorando sicut *Trimegister* comprobat

sciremus: *G* II, 31.

152) per similitudinem quandam seu affinitatem aliquam ab eo quod significat in dei nuncupatione transfertur atque intellectum de re subiecta per significationem de re subiecta constituit innuens per subintellectum quid deus non sit: *G* IV, 15.

153) per similitudinem uel priuationem innuitur quid sit deus i.e. substantia supra omnem substantiam: *AM Trin.* IV, 13.

154) Aliquo modo dico i.e. per similitudinem uel per priuationem sicut materia primordialis melius innuitur siue intelligitur per priuationem quam alio modo que nec uocabulo significari nec intellectu conprehendi potest sicut nec deus: *AM Trin.* IV, 27.

155) Deus quoque per priuationem potius intelligitur quam alio modo: *ibid.*

156) Per similitudinem et quandoque (scl. deus) potest intelligi et innui: scilicet uocabulis translatiue positis: *ibid.*

第５章　人格の理性的自己形成

1) W. Kluxen, *Philosophische Ethik bei Thomas von Aquin*, (Mainz 1964) zweite, erweiterte Auflage Hamburg 1980, S. XXXII.

2) 自然法による倫理の基礎づけをめぐるこの議論の中心となるのは，トマスにおける倫理的事象の自律と神中心性についての問いである。自律性に重きを置いた解釈に対立する神中心的立場の代表者たち（M. Rhonheimer, B. Stöckle）は，トマスにおける自然法を，神によって人間に対して付与された自然的傾向性の内に基礎づけられたものと理解する。これに対して自律性を重視する解釈者たち（A. Auer, F. Böckle, K.-W. Merks）は，トマスの自然法概念において，理性が規範および自己立法の基準としての役割を果たしている点を強調しているが，それでも彼らは，自然的傾向性が倫理的善の理性的認識に寄与するということを否定するわけではない。Cf. F. Böckle (Hg.), *Naturrecht im Disput*, Düsseldorf 1966; A. Auer, *Autonome Moral und christlicher Glaube*, Düsseldorf 1971, zweite, erweiterte Auflage 1984; F. Böckle, E.-W. Böckenförde (Hgg.), *Naturrecht in der Kritik*, Mainz 1973; W. Korff, *Norm und Sittlichkeit. Untersuchungen zur Logik der normativen Vernunft*, Mainz 1973; B. Stöckle, *Grenzen der autonomen Moral,* München 1974; D. Mieth, Autonome Moral im christlichen Kontext, *Orientierung* 40 (1976), S. 31-34; A. Auer, Die Autonomie des Sittlichen nach Thomas von Aquin, in: K. Demmer, B. Schüller (Hgg.), *Christlich glauben und handeln. Fragen einer fundamentalen Moraltheologie*, Düsseldorf 1977, S. 31-54; R. Spaemann, Wovon handelt die Moraltheologie?, in: id., *Einsprüche*, Einsiedeln 1977, S. 65-93; O. H. Pesch, Das Gesetz. Kommentar zu S. Th. I-II qq. 90-105, in: Thomas von Aquin, *Summa Theologiae* (DThA), Bd. 13, Heidelberg/Graz 1977, S. 529-763; K.-W. Merks, *Theologische Grundlegung der sittlichen Autonomie. Strukturmomente eines autonomen Normenbegründungsverständnisses im lex-Trak-*

tat der Summa Theologiae des Thomas von Aquin, Düsseldorf 1978; B. Bujo, *Moralautonomie und Normenfindung bei Thomas von Aquin*, Paderborn 1979; K. Hilpert, *Ethik und Rationalität. Untersuchungen zum Autonomieproblem und zu seiner Bedeutung für die theologische Ethik*, Düsseldorf 1980; B. Bujo, *Die Begründung des Sittlichen. Zur Frage des Eudämonismus bei Thomas von Aquin*, Paderborn 1984; W. Korff, Der Rückgriff auf die Natur. Eine Rekonstruktion der thomanischen Lehre vom natürlichen Gesetz, *Philosophisches Jahrbuch* 94 (1987), S. 285-296; M. Rhonheimer, *Natur als Grundlage der Moral. Die personale Struktur des Naturgesetzes bei Thomas von Aquin. Eine Auseinandersetzung mit autonomer und teleologischer Ethik*, Innsbruck/Wien 1987; E. Gillen, *Wie Christen ethisch handeln und denken. Zur Debatte um die Autonomie der Sittlichkeit im Kontext katholischer Theologie*, Würzburg 1989; M. Heimbach-Steins (Hg.), *Naturrecht im ethischen Diskurs*, Münster 1990; B. Fraling (Hg.), *Natur im ethischen Argument*, Freiburg (Suisse)/Freiburg i. B. 1990; Ch. Schröer, *Praktische Vernunft bei Thomas von Aquin*, Stuttgart 1995.

3) アヴェロエスは，アリストテレスの『ニコマコス倫理学』に関しては「註解者」とは呼ばれていない。Cf. R. de Vaux, La première entrée d'Averroès chez les Latins, *Revue des sciences philosophiques et theologiques* 22 (1933), p. 193.

4) Cf. W. Redepenning, *Über den Einfluß der aristotelischen Ethik auf die Moral des Thomas von Aquino*, (Diss.), Goslar 1875; S. Huber, *Die Glückseligkeitslehre des Aristoteles und hl. Thomas von Aquin*, Freising 1893; H. V. Jaffa, *Thomism and Aristotelism. A Study of the Commentary by Thomas Aquinas on the Nicomachean Ethics*, Chicago 1952; A. C. Pegis, St. Thomas and the Nicomachean Ethics: Some Reflections on 'Summa contra Gentiles' III, 44 § 5, *Mediaeval Studies* 25 (1963), pp. 1-25; V. J. Bourke, The Nicomachean Ethics and Thomas Aquinas, in: A. A. Maurer et al. (eds.), *St. Thomas Aquinas 1274-1974. Commemorative Studies*, vol. 1, Toronto 1974, pp. 239-259; D. Papadis, *Die Rezeption der Nikomachischen Ethik des Aristoteles bei Thomas von Aquin*, Frankfurt a. M. 1980; L. Elders, St. Thomas Aquinas' Commentary on the Nicomachean Ethics, in: Autori vari, *The Ethics of St. Thomas Aquinas*, Città del Vaticano 1984, pp. 9-49; H. Kleber, *Glück als Lebensziel. Untersuchungen zur Philosophie des Glücks bei Thomas von Aquin* (Beiträge zur Geschichte der Philosophie und Theologie des Mittelalters, Neue Folge 31), Münster 1988, S. 55-131.

5) Erat enim novos in sua lectione movens articulos, novum modum et clarum determinandi inveniens, et novas adducens in determinationibus rationes, ut nemo, qui ipsum audisset nova docere et novis rationibus dubia diffinire, dubitaret quod eum Deus novi luminis radiis illustrasset: *'Ystoria sancti Thome de Aquino' de Guillaume de Tocco* (1323), édition critique, introduction et notes par Claire le Brun-

Gouanvic (Studies and Texts 127), c. 15, Toronto 1996, p. 122 (= Guillelmus de Tocco, *Vita S. Thomae Aquinatis*, c. 14, in: D. Prümmer [ed.], *Fontes Vitae S. Thomae Aquinatie*, Toulouse 1911, p. 81).

6) Cf. E. Schockenhoff, *Bonum hominis. Die anthropologischen und theologischen Grundlagen der Tugendethik des Thomas von Aquin,* Mainz 1987, S. 85-95; Ch.-S. Shin, *"Imago Dei" und "Natura hominis". Der Doppelansatz der thomistischen Handlungslehre*, Würzburg 1993, S. 37-48.

7) Quia, sicut Damascenus dicit, homo factus ad imaginem Dei dicitur, secundum quod per imaginem significatur intellectuale et per se potestativum; postquam praedictum est de exemplari, scilicet de Deo, et de his quae processerunt ex divina potestate secundum eius voluntatem; restat ut consideremus de eius imagine, idest de homine, secundum quod et ipse est suorum operum principium, quasi liberum arbitrium habens et suorum operum potestatem: *S. th.* I-II prologus.

8) virtus est bonum hominis: *De Virt*. q. un. a. 13 c.

9) Cf. J. A. Aertsen, Die Transzendentalienlehre bei Thomas von Aquin in ihren historischen Hintergründen und philosophischen Motiven, in: A. Zimmermann (Hg.), *Thomas von Aquin. Werk und Wirkung im Licht neuerer Forschungen* (Miscellanea Mediaevalia 19), Berlin/New York 1988, S. 97-102; J. Aertsen, *Medieval Philosophy and the Transcendentals. The Case of Thomas Aquinas*, Leiden 1996, pp. 303-330.

10) bonum et ens sunt idem secundum rem: sed differunt secundum rationem tantum: *S. th.* I q. 5 a. 1 c.

11) ultimo perfectum: *S. th.* I q. 5 a. 1 ad 1.

12) secundum ultimum actum: *S. th.* I q. 5 a. 1 ad 2.

13) secundum actum supervenientem; puta secundum scientiam vel virtutem: *S. th.* I q. 5 a. 1 ad 3.

14) Et quia bonum sicut et ens, non dicitur simpliciter aliquid secundum id quod est in potentia, sed secundum id quod est in actu; ideo ab huiusmodi habitibus (scl. moralibus) simpliciter dicitur homo bonum operari, et esse bonus: *S. th.* I-II q. 56 a. 3 c.

15) considerandum est de homine, ... Et primo, de natura ipsius hominis; secundo, de eius productione: *S. th.* I q. 75 introd.

16) homo factus ad imaginem Dei: *S. th*. I-II prologus.

17) Omnia autem pertractantur in sacra doctrina sub ratione Dei; vel quia sunt ipse Deus; vel quia habent ordinem ad Deum, ut ad principium et finem: *S. th.* I q. 1 a. 7 c.

18) Constat autem ex praemissis finem ultimum universi Deum esse, quem sola intellectualis creatura consequitur in seipso, eum scilicet cognoscendo et amando, ... Sola igitur intellectualis natura est propter se quaesita in universo, alia autem

omnia propter ipsam: *S. c. G.* III c. 112, n. 2858（番号はマリエッティ版による）.

19) principalis intentio huius sacrae doctrinae est Dei cognitionem tradere, et non solum secundum quod in se est, sed etiam secundum quod est principium rerum et finis earum, et specialiter rationalis creaturae, ... : *S. th.* I q. 2 introd.

20) Cf. P. Engelhardt, Zu den anthropologischen Grundlagen der Ethik bei Thomas von Aquin, in: id. (Hg.), *Sein und Ethos* (Walberberger Studien 1), Mainz 1963, S. 186-212.

21) Unde licet in scientiis philosophicis alia sit speculativa et alia practica, sacra tamen doctrina comprehendit sub se utramque; ... Magis autem est speculativa quam practica; quia principalius agit de rebus divinis quam de actibus humanis: *S. th.* I q. 1 a. 4 c.

22) Cf. W. Kluxen, *op. cit.* (1980), S. 62.

23) Cf. B. Bujo, *Moralautonomie und Normenfindung bei Thomas Aquin*, S. 173-192; M. Rhonheimer, *Natur als Grundlage der Moral*, S. 191-196.

24) Manifestum est autem quod in homine invenitur aliqua Dei similitudo, quae deducitur a Deo sicut ab exemplari: non tamen est similitudo secundum aequalitatem, quia in infinitum excedit exemplar hoc tale exemplatum. Et ideo in homine dicitur esse imago Dei, non tamen perfecta, sed imperfecta. Et hoc significat Scriptura, cum dicit hominem factum ad imaginem Dei: praepositio enim ‘ad’ accessum quendam significat, qui competit rei distanti: *S. th.* I q. 93 a. 1 c; cf. I q. 93 a. 1 ad 2; *Super I Cor.* c. 11 lect. 2, n. 604.

25) Deinde considerandum est de fine sive termino productionis hominis, prout dicitur factus ad imaginem et similitudinem Dei: *S. th.* I q. 93 introd.

26) Nota, secundum Glossam, quod Christus perfectissima imago Dei est. Nam ad hoc quod aliquid perfecte sit imago alicuius, tria requiruntur, et haec tria perfecte sunt in Christo. Primum est similitudo, secundum est origo, tertium est perfecta aequalitas: *Super II Cor.* c. 4 lect. 2, n. 126.

27) imago alicuius dupliciter in aliquo invenitur. Uno modo, in re eiusdem naturae secundum speciem: ut imago regis invenitur in filio suo. Alio modo, in re alterius naturae: sicut imago regis invenitur in denario. Primo autem modo, Filius est imago Patris: secundo autem modo dicitur homo imago Dei. Et ideo ad designandam in homine imperfectionem imaginis, homo non solum dicitur imago, sed ‘ad imaginem’, per quod motus quidam tendentis in perfectionem designatur: *S. th.* I q. 35 a. 2 ad 3.

28) ad huius (scl. sacrae) doctrinae expositionem intendentes, primo tractabimus de Deo; secundo, de motu rationalis creaturae in Deum (p. 2); tertio, de Christo, qui, secundum quod homo, via est nobis tendendi in Deum (p. 3): *S. th.* I q. 2 introd.

29) sicut sensus recipit species omnium sensibilium, et intellectus omnium intel-

ligibilium, ut sic anima hominis sit omnia quodammodo secundum sensum et intellectum: in quo quodammodo cognitionem habentia ad Dei similitudinem appropinquant, 'in quo omnia praeexistunt', sicut Dionysius dicit: *S. th.* I q. 80 a. 1 c; cf. I q. 14 a. 1 c; *S. c. G.* III c. 112, n. 2860.

30) similitudo imaginis attenditur in natura humana, secundum quod est capax Dei, scilicet ipsum attingendo propria operatione cognitionis et amoris: *S. th.* III q. 4 a. 1 ad 2.

31) Imitatur autem intellectualis natura maxime Deum quantum ad hoc, quod Deus seipsum intelligit et amat: *S. th.* I q. 93 a. 4 c.

32) U. Kühn, Nova lex. Die Eigenart der christlichen Ethik nach Thomas von Aquin, in: L. J. Elders, K. Hedwig (eds.), *Lex et Libertas. Freedom and Law according to S. Thomas Aquinas*, Città del Vaticano 1987, S. 243; E. Schockenhoff, *op. cit.*, S. 86.

33) M. Seckler, *Das Heil in der Geschichte*, München 1964, S. 66ff.

34) Finem autem ultimum unaquaeque res per suam consequitur actionem, quam oportet dirigi ab eo qui principia rebus dedit per quae agunt. ... Quaedam namque sic a Deo producta sunt, ut intellectum habentia, ejus similitudinem gerant et imaginem repraesentant; unde et ipsa non solum sint directa, sed et seipsa dirigentia secundum proprias actiones in debitum finem: *S. c. G.* III c. 1, nn. 1863, 1865.

35) 註（2）で挙げた文献以外にも以下のものを参照。F. Böckle, Theonome Rationalität als Prinzip der Normbegründung bei Thomas von Aquin und Gabriel Vazquez, in: *Tommaso d'Aquino nel suo settimo centenario* (Atti del Congresso Internazionale [Roma・Napoli 17-24 Aprile 1974]), vol. 5: *L'Agire morale*, Napoli 1977, S. 213-222; H. Seidl, Sittliche Freiheit und Naturgesetz bei Thomas angesichts des modernen Gegensatzes von Autonomie und Heteronomie, in: L. J. Elders, K. Hedwig (eds.), *op. cit.*, S. 113-124.

36) Cf. *S. th.* I q. 93 a. 4 c.

37) essentia, virtus et operatio: *S. th.* I q. 75 introd.

38) de Deo, et de his quae processerunt ex divina potestate secundum eius voluntatem: *S. th.* I-II prologus.

39) de homine, secundum quod et ipse est suorum operum principium, quasi liberum arbitrium habens et suorum operum potestatem: *ibid.*

40) de eius (scl. Dei) imagine, idest de homine: *ibid.*

41) communem considerationem de virtutibus et vitiis et aliis ad materiam moralem pertinentibus: *S. th.* II-II prologus.

42) utiles: *ibid.*

43) expeditior: *ibid.*

44) Et sic nihil moralium erit praetermissum: *ibid.*

45) Sic igitur tota materia morali ad considerationem virtutum reducta, omnes

virtutes sunt ulterius reducendae ad septem: quarum tres sunt theologicae, de quibus primo est agendum; aliae vero quatuor sunt cardinales, de quibus posterius agetur: *ibid*.

46) Cf. E. Schockenhoff, *op. cit.*, S. 329.

47) Cf. L. Hödl, Philosophische Ethik und Moral-Theologie in der Summa Fr. Thomae, in: A. Zimmermann (Hg.), *op. cit.*, S. 23-42.

48) Differt autem homo ab aliis irrationalibus creaturis in hoc, quod est suorum actuum dominus. Unde illae solae actiones vocantur proprie humanae, quarum homo est dominus: *S. th.* I-II q. 1 a. 1 c.

49) Est autem homo dominus suorum actuum per rationem et voluntatem; unde et liberum arbitrium esse dicitur facultas voluntatis et rationis: *S. th.* I-II q. 1 a. 1 c; cf. Petrus Lombardus, *Sententiae* II d. 24 c. 3.

50) huiusmodi actiones non sunt proprie humanae; quia non procedunt ex deliberatione rationis, quae est proprium principium humanorum actuum: *S. th.* I-II q. 1 a. 1 ad 3.

51) Cf. A. Malet, *Personne et amour dans la thēologie trinitaire de St. Thomas d'Aquin*, Paris 1956; O. Schweizer, *Person und hypostatische Union bei Thomas von Aquin*, Freiburg (Suisse) 1958; U. degl'Innocenti, La struttura ontologica della persona secondo S. Tommaso d'Aquino, in: *L'Homme et son destin d'aprēs les penseurs du moyen âge* (Actes du premier Congrēs International de Philosophie Mēdiēvale), Louvain/Paris 1960, pp. 523-533; id., *Il problema della persona nel pensiero di S. Tommaso*, Roma 1967. *Tommaso d'Aquino nel suo settimo centenario*, vol. 7: *L'Uomo*, Napoli (1978) 所収の以下の諸論考も参照。 J. Owens, Value and Person in Aquinas, pp. 56-62; A. Hufnagel, Der Mensch als Person nach Thomas v. Aquin, S. 257-264 (Lit.: S. 258); A. Lobato, La persona en el pensamiento de Santo Tomās de Aquino, pp. 274-293; C. Motta, Dimensione esistenziale dell'uomo contemporaneo e concetto di persona nel pensiero tomista, pp. 294-303; A. Rigobello, Possibilitā di una "seconda lettura" dei testi tomisti sulla persona, pp. 333-339; J. J. Sanguineti, La persona humana en el orden del ser, pp. 340-345. J. H. Walgrave, The personal aspects of St. Thomas' Ethics, in: Autori vari, *The Ethics of St. Thomas Aquinas*, pp. 202-215; M. Thurner (Hg.), *Die Einheit der Person*, Stuttgart 1998. 人格概念の歴史については以下を参照。拙論「人間の尊厳とペルソナ概念の発展——自由の担い手」，『中世における自由と超越——人間論と形而上学の接点を求めて』創文社，1988年，183-203頁。

52) Cf. *S. th.* I q. 29 a. 3 ad 4.

53) esse et operari est personae a natura, aliter tamen et aliter. Nam esse pertinet ad ipsam constitutionem personae: ... Sed operari est quidam effectus personae secundum aliquam formam vel naturam: *S. th.* q. 19 a. 1 ad 3.

54) Sed adhuc quodam specialiori et perfectiori modo invenitur particulare et individuum in substantiis rationalibus, quae habent dominium sui actus, et non solum aguntur, sicut alia, sed per se agunt: actiones autem in singularibus sunt. Et ideo etiam inter ceteras substantias quoddam speciale nomen habent singularia rationalis naturae. Et hoc nomen est persona: *S. th.* I q. 29 a. 1 c.

55) Cf. *In I Sent*. d. 23 q. 1 a. 1 c. Cf. Boethius, *Contra Eutychen* III 9-10 (Loeb ed.): Persona vero dicta est a personando（人格は，それを通して話すということにもとづいて言われる）。

56) Quia enim in comoediis et tragoediis repraesentabantur aliqui homines famosi, impositum est hoc nomen 'persona' ad significandum aliquos dignitatem habentes: *S. th.* I q. 29 a. 3 ad 2.

57) persona est hypostasis proprietate distincta ad dignitatem pertinente: *ibid*.

58) quia magnae dignitatis est in rationali natura subsistere: *ibid*.

59) persona significat id quod est perfectissimum in tota natura: *S. th.* I q. 29 a. 3 c.

60) cum omne illud quod est perfectionis, Deo sit attribuendum, ... conveniens est ut hoc nomen 'persona' de Deo dicatur: *ibid*.

61) Cf. *In I Sent*. d. 25 q. 1 a. 2 c.

62) quantum ad rem significatam per prius est in Deo quam in creaturis, sed quantum ad modum significandi est e converso: *ibid*.; cf. *S. th.* I q. 29 a. 3 ad 2.

63) Hoc, quod persona aliud significat in Deo et in homine, pertinet ad diversitatem suppositionis, magis quam ad diversitatem significationum: *De Pot*. q. 9 a. 4 ad 6.

64) Universum est perfectius in bonitate quam intellectualis creatura extensive et diffusive, sed intensive et collective similitudo divinae perfectionis magis invenitur in intellectuali creatura, quae est capax summi boni: *S. th.* I q. 93 a. 2 ad 3.

65) individuum rationalis naturae ... ubi stat tota intentio naturae: *In III Sent*. d. 6 q. 1 a. 1 ql. 1 ad ea in contr.

66) Sic igitur per divinam providentiam intellectualibus creaturis providetur propter se, ceteris autem creaturis propter ipsa: *S. c. G.* III c. 112, n. 2857.

67) Per hoc autem quod dicimus substantias intellectuales propter se a divina providentia ordinari, non intelligimus quod ipsa ulterius non referantur in Deum et ad perfectionem universi. Sic igitur propter se procurari dicuntur et alia propter ipsa, quia bona quae per divinam providentiam sortiuntur, non eis sunt data propter alterius utilitatem; quae vero aliis dantur, in eorum usum ex divina ordinatione cedunt: *S. c. G.* III c. 112, n. 2865.

68) capax summi boni: *S. th.* I q. 93 a. 2 ad 3.

69) ad similitudinem divinam accedunt: *S. c. G.* III c. 112, n. 2859.

70) Naturae autem intellectuales maiorem habent affinitatem ad totum quam aliae naturae: nam unaquaeque intellectualis substantia est quodammodo omnia, in-

quantum totius entis comprehensiva est suo intellectu: *ibid*. n. 2860; cf. *S. c. G.* II c. 98, n. 1836.

71) totum completum: *In III Sent*. d. 5 q. 3 a. 2 ad 3.

72) Persona habet rationem completi et totius: *In III Sent*. d. 5 q. 3 a. 2 sed contra 2.

73) quia ratio partis contrariatur rationi personae: *In III Sent*. d. 5 q. 3 a. 2 c.

74) rationem personae, quae maximam completionem importat: *In III Sent*. d. 5 q. 3 a. 3 c.

75) totalitas: *In III Sent*. d. 5 q. 1 a. 3 ad 3.

76) Persona dicitur quasi per se una: Alanus ab Insulis, *Theologiae Regulae* 32, 6, PL 210, 637A.

77) *In I Sent*. d. 23 q. 1 a. 2 contra 1.

78) Persona significat quamdam naturam cum quodam modo existendi. Natura autem quam persona in sua significatione includit, est omnium naturarum dignissima, scilicet natura intellectualis secundum genus suum. Similiter etiam modus existendi quem importat persona est dignissimus, ut aliquid scilicet sit per se existens: *De Pot*. q. 9 a. 3 c.

79) hoc nomen 'persona' est commune communitate rationis, non sicut genus vel species, sed sicut individuum vagum. Nomina enim generum vel specierum, ut 'homo' vel 'animal', sunt imposita ad significandum ipsas naturas communes; ... Sed individuum vagum, ut 'aliquis homo', significat naturam communem cum determinato modo existendi qui competit singularibus, ut scilicet sit per se subsistens distinctum ab aliis ... Hoc tamen interest, quod 'aliquis homo' significat naturam, vel individuum ex parte naturae, cum modo existendi qui competit singularibus: hoc autem nomen 'persona' non est impositum ad significandum individuum ex parte naturae, sed ad significandum rem subsistentem in tali natura: *S. th.* I q. 30 a. 4 c.

80) Speciali quodam modo individuum invenitur in genere substantiae. Substantia enim individuatur per seipsam: *S. th.* I q. 29 a. 1 c.

81) Persona est rationalis naturae individua substantia: *S. th.* I q. 29 a. 1 arg. 1.

82) Cf. Boethius, *Contra Eutychen* III 4-5: personae est definitio: naturae rationabilis individua substantia.

83) Est autem substantiae proprium ut per se et in se subsistat: *De unione Verbi incarnati* q. un. a. 2 c.

84) ad dignitatem et perfectionem eius pertinet quod per se existat: quod in nomine personae intelligitur: *S. th.* III q. 9 a. 2 ad 2.

85) Secundum enim quod (scl. substantia) per se existit et non in alio, vocatur subsistentia: *S. th.* I q. 29 a. 2 c; cf. *De Pot*. q. 2 a. 2 ad 6.

86) Est ergo ratio personae quod sit subsistens distinctum et omnia comprehendens

quae in re sunt: *In III Sent*. d. 5 q. 1 a. 3 c.

87) suppositum significatur ut totum: *S. th.* III q. 2 a. 2 c.

88) ideo anima separata non potest dici persona: *In III Sent*. d. 5 q. 3 a. 2 c.

89) itaque dicere possumus, ut credimus, de divina persona, quod sit naturae divinae incommunicabilis existentia: Richardus a Sancto Victore, *De Trinitate* IV 22, PL 196, 945D.

90) triplex incommunicabilitas est de ratione personae: scilicet partis, secundum quod est completum; et universalis, secundum quod est subsistens; et assumptibilis, secundum quod id quod assumitur transit in personalitatem alterius et non habet personalitatem propriam: *In III Sent*. d. 5 q. 2 a. 1 ad 2.

91) completum subsistens vel existens in natura intellectuali: *In I Sent*. d. 23 q. 1 a. 2 ad 4.

92) comprehendat omnia essentialia et proprietates individuantes simul conjunctorum: *In III Sent*. d. 5 q. 1 a. 3 ad 3.

93) has carnes, et haec ossa et hanc animam: *S. th.* I q. 29 a. 4 c.

94) persona dicit quid completum existens in natura intellectuali, et in natura humana non invenitur complementum nisi per maximam compositionem: *In III Sent*. d. 23 q. 1 a. 2 ad 2.

95) esse pertinet ad ipsam constitutionem personae: *S. th.* III q. 19 a. 1 ad 4.

96) Cf. *Quodl*. XII q. 5 a. 1 c.

97) actualitas cuiuslibet formae existentis: *ibid*.

98) se habet in ratione termini: *S. th.* III q. 19 a. 1 ad 4.

99) essentiae rerum terminantur per sua esse, quae sunt in rebus maxime formalia: *De natura materiae* 7, n. 401.

100) Nihil autem potest addi ad esse quod sit extraneum ab ipso: *De Pot*. q. 7 a. 2 ad 9.

101) est actualitas omnium actuum, et propter hoc est perfectio omnium perfectionum: *ibid*.

102) ipsum esse est perfectissimum omnium: comparatur enim ad omnia ut actus. Nihil enim habet actualitatem, nisi inquantum est: unde ipsum esse est actualitas omnium rerum, et etiam ipsarum formarum: *S. th.* I q. 4 a. 1 ad 3; cf. *S. c. G.* I c. 23, n. 214.

103) esse est complementum omnium: *Quodl*. XII q. 5 a. 1 c.

104) Esse est illud quod est magis intimum cuilibet, et quod profundius omnibus inest, cum sit formale respectu omnium quae in re sunt: *S. th.* I q. 8 a. 1 c.

105) esse est id in quo fundatur unitas suppositi: *Quodl*. IX q. 2 a. 2 ad 2.

106) Et ideo hoc (scl. substantiale) esse formalius se habet ad rem constituendam in genere entis, quam ipsa forma rei quae hoc ipsum esse dat, vel materia cui datur ex

quibus compositum resultat cuius est hoc esse ut entis: *De natura accidentis* 1, n. 467.

107) Unde non sic determinatur esse per aliud sicut potentia per actum, sed magis sicut actus per potentiam: *De Pot*. q. 7 a. 2 ad 9.

108) unde completionem unumquodque recipit per hoc quod participat esse: *Quodl*. XII q. 5 a. 1 c.

109) sicut substantia individua proprium habet quod per se existat, ita proprium habet quod per se agat: nihil enim agit nisi ens in actu: *De Pot*. q. 9 a. 1 ad 3.

110) Personalitas ad proprietatem pertinet: *In III Sent*. d. 5 q. 1 a. 3 arg 2.

111) obiectum voluntatis est finis et bonum in universali: *S. th.* I-II q. 1 a. 2 ad 3.

112) homo, quando per se ipsum agit propter finem, cognoscit finem: *S. th.* I-II q. 1 a. 2 ad 1.

113) proprium est naturae rationalis ut tendat in finem quasi se agens vel ducens ad finem: *S. th.* I-II q. 1 a. 2 c.

114) primum autem principium in operativis ... est finis ultimus: *S. th.* I-II q. 90 a. 2 c; cf. I-II q. 82 a. 4 c.

115) ordinare in finem est eius quod seipsum agit in finem: *S. th.* I-II q. 1 a. 2 ad 2.

116) secundum quod et ipse est suorum operum principium, quasi liberum arbitrium habens et suorum operum potestatem: *S. th.* I-II prologus.

117) incommunicabilis existentia: *S. th.* I q. 29 a. 3 ad 4.

118) cognitio vero quam quis habet de anima quantum ad id quod est sibi proprium, est cognitio de anima secundum quod esse habet in tali individuo: *De Ver*. q. 10 a. 8 c.

119) secundum hoc cognoscit veritatem intellectus quod supra se ipsum reflectitur: *De Ver*. q. 1 a. 9 c. Cf. G. Salatiello, *L'autocoscienza come riflessione originaria del soggetto su di sé in San Tommaso d'Aquino* (Tesi Gregoriana, Serie Filosofia 3), Roma 1996, pp. 11-25. 矢玉俊彦『判断と存在――トマス・アクィナス論考』晃洋書房，1998年，84-157頁参照。

120) mens seipsam per seipsam novit, ... : ipsa enim est quae cognoscitur, quia ipsa seipsam amat: *S. th.* I q. 87 a. 1 ad 1.

121) Cf. R. L. Fetz, *Ontologie der Innerlichkeit. Reditio completa und processio interior bei Thomas von Aquin*, Freiburg (Suisse) 1975 (Lit.); A. Stagnitta, *L'Autocoscienza. Per una rilettura antropologica di Tommaso d'Aquino*, Napoli 1979; E. Arroyabe, *Das reflektierende Subjekt. Zur Erkenntnistheorie des Thomas von Aquin*, Frankfurt a. M. 1988; G. Salatiello, *op. cit.*

122) quia intellectus super seipsum reflectitur, secundum eandem reflexionem intelligit suum intelligere: *S. th.* I q. 85 a. 2 c.

123) Cognoscitur autem (scl. veritas) ab intellectu secundum quod intellectus reflectitur supra actum suum, non solum secundum quod cognoscit actum suum, sed

secundum quod cognoscit proportionem eius ad rem: quae quidem cognosci non potest nisi cognita natura ipsius actus; quae cognosci non potest, nisi cognoscatur natura principii activi, quod est ipse intellectus, in cuius natura est ut rebus conformetur: *De Ver*. q. 1 a. 9 c.

124) omnis sciens qui scit suam essentiam, est rediens ad essentiam suam reditione completa: *S. th.* I q. 14 a. 2 arg. 1; cf. I q. 14 a 2 ad 1; *De Ver*. q. 1 a. 9 c; *De Ver*. q. 2 a. 2 arg. 2; *De Ver*. q. 2 a. 2 ad 2.

125) per quemdam discursum, secundum quem est exitus et reditus in animam nostram, dum cognoscit seipsam: *De Ver*. q. 2 a. 2 ad 2.

126) 'redire ad essentiam suam' nihil aliud est quam rem subsistere in seipsa. Forma enim, ... inquantum vero in seipsa habet esse, in seipsam redit: *S. th.* I q. 14 a. 2 ad 1.

127) Non ergo per essentiam suam, sed per actum suum, se cognoscit intellectus noster: *S. th.* I q. 87 a. 1 c.

128) Non igitur anima de seipsa cognoscit quid est per seipsam: *S. c. G.* III c. 46, n. 2231.

129) Cf. *ibid*., n. 2232.

130) Cf. *ibid*., n. 2233.

131) intellectus reflectitur in se ipsum et intelligit se sicut et alias res, ut dicitur in III De Anima: *De Ver*. q. 1 a. 6 ad 2.

132) connaturale est intellectui nostro, secundum statum praesentis vitae, quod ad materialia et sensibilia respiciat, ... consequens est ut sic seipsum intelligat intellectus noster, secundum quod fit actu per species a sensibilibus abstractas per lumen intellectus agentis, quod est actus ipsorum intelligibilium, et eis mediantibus intellectus possibilis: *S. th.* I q. 87 a. 1 c; cf. I q. 14 a. 2 ad 3.

133) formae in se subsistentes ita ad res alias effunduntur ... quod in seipsis per se manent: *De Ver*. q. 2 a. 2 ad 2.

134) sic notitia animae habetur in quantum 'intuemur inviolabilem veritatem, ex qua perfecte quantum possumus' diffinimus, 'non qualis sit uniuscuiusque hominis mens sed qualis esse sempiternis rationibus debeat', ut Augustinus dicit IX de Trinitate. Hanc autem inviolabilem veritatem 〈intuemur〉 in sui similitudine, quae est menti nostrae impressa, in quantum aliqua naturaliter cognoscimus ut per se nota, ad quae omnia alia examinamus, secundum ea de omnibus iudicantes: *De Ver*. q. 10 a. 8 c.

135) primum quod occurrit homini discretionem habenti est quod de seipso cogitet, ad quem alia ordinet sicut ad finem: *S. th.* I-II q. 89 a. 6 ad 3.

136) Quod autem intelligibiliter est in aliquo intelligente, consequens est ut ab eo intelligatur. Unde actus voluntatis intelligitur ab intellectu: *S. th.* I q. 87 a. 4 c; cf. I q. 82 a. 4 ad 1.

137) Intellectus enim intelligit se et voluntatem et essentiam animae et omnes animae vires: *De Ver*. q. 22 a. 12 c.

138) mens nostra cognoscit seipsam quodam modo per essentiam suam, ut Augustinus dicit, quodam vero modo per intentionem sive per speciem, ut Philosophus et Commentator dicunt, quodam vero modo intuendo inviolabilem veritatem, ut item Augustinus dicit: *De Ver*. q. 10 a. 8 c.

139) Anima pervenit ad actualiter percipiendum se esse per illud quod intelligit vel sentit: *ibid*.

140) illa quae sunt per essentiam suam in anima, cognoscuntur experimentali cognitione, in quantum homo experitur per actus principia intrinseca: *S. th*. I-II q. 112 a. 5 ad 1; cf. I q. 76 a. 1 c.

141) quantum ad habitualem cognitionem sic dico quod anima per essentiam suam se videt, id est, ex hoc ipso quod essentia sua est sibi praesens, est potens exire in actum cognitionis sui ipsius: *De Ver*. q. 10 a. 8 c.

142) mens se ipsam per se ipsam cognoscit, quia ex ipsa mente est esse ei unde possit in actum prodire quo se actualiter cognoscat percipiendo se esse: *De Ver*. q. 10 a. 8 ad 1.

143) anima semper intelligit et amat se, non actualiter, sed habitualiter: *S. th*. I q. 93 a. 7 ad 4.

144) mens, antequam a phantasmatibus abstrahat, sui notitiam habitualem habet qua possit percipere se esse: *De Ver*. q. 10 a. 8 ad 1.

145) mens est ad imaginem, praecipue secundum quod fertur in Deum et in seipsam. Ipsa autem est sibi praesens, et similiter Deus, antequam aliquae species a sensibilibus accipiantur: *De Ver*. q. 10 a. 2 ad 5.

146) Cf. *ibid*.

147) non oportet quod semper intelligatur actualiter ipsa mens cuius cognitio inest nobis habitualiter ex hoc quod ipsa eius essentia intellectui nostro est praesens: *De Ver*. q. 10 a. 8 ad 11.

148) habitus quodammodo est medium inter potentiam puram et purum actum: *S. th*. I q. 87 a. 2 c.

149) Ad hoc autem quod percipiat anima se esse, et quid in seipsa agatur attendat, non requiritur aliquis habitus; sed ad hoc sufficit sola essentia animae, quae menti est praesens; ex ea enim actus progrediuntur, in quibus actualiter ipsa percipitur: *De Ver*. q. 10 a. 8 c.

150) Unde sic nihil prohibet quod aliquid cognoscatur se ipso, sicut Deus se ipso se ipsum cognoscit; et sic etiam anima seipsam quodammodo cognoscit per essentiam suam: *De Ver*. q. 10 a. 8 ad 9.

151) Facere autem aliquid actu consequitur ad hoc quod est esse actu: *S. c. G*. III c.

60, n. 2444.

152) cum vivere dicantur aliqua secundum quod operantur ex seipsis, et non quasi ab aliis mota; ... supra talia animalia sunt illa quae movent seipsa, etiam habito respectu ad finem, quem sibi praestituunt. ... Unde perfectior modus vivendi est eorum quae habent intellectum: haec enim perfectius movent seipsa: *S. th.* I q. 18 a. 3 c; cf. *In Evang. s. Joannis* c. 1 lect. 3, n. 1.

153) illae solae actiones vocantur propriae humanae, quarum homo est dominus. Est autem homo dominus suorum actuum per rationem et voluntatem: unde et liberum arbitrium esse dicitur facultas voluntatis et rationis: *S. th.* I-II q. 1 a. 1 c.

154) Quod dominium sui actus habet, liberum est in agendo: *S. c. G.* III c. 112, n. 2857.

155) liber enim est qui sui causa est: *ibid.*; cf. *De Ver.* q. 24 a. 1 c; *S. th.* I q. 83 a. 1 arg. 3.

156) voluntas ... determinat seipsam ad volitum ad quod habet habitudinem non necessariam: *S. th.* I q. 19 a. 3 ad 5.

157) homo non dicitur esse liber suarum actionum, sed liber electionis: *De Ver.* q. 24 a. 1 ad 1.

158) non agunt, sed magis aguntur, ... natura rationalis ... habet in potestate ipsam inclinationem, ut non sit ei necessarium inclinari ad appetibile apprehensum, sed potest inclinari vel non inclinari. Et sic ipsa inclinatio non determinatur ei ab alio, sed a seipsa: *De Ver.* q. 22 a. 4 c.

159) Agens per voluntatem praestituit sibi finem propter quem agit: *Compendium theologiae* 96, n. 183. Cf. M. Rhonheimer, *Praktische Vernunft und Vernünftigkeit der Praxis. Handlungstheorie bei Thomas von Aquin in ihrer Entstehung aus dem Problemkontext der aristotelischen Ethik*, Berlin 1994, S. 577-581.

160) Cf. G. P. Klubertanz, The Root of Freedom in St. Thomas' Later Works, *Gregorianum* 42 (1961), pp. 709-721; O. Pesch, Philosophie und Theologie der Freiheit bei Thomas von Aquin in quaest. disp. 6 de Malo, *Münchner Theologische Zeitschrift* 13 (1962), S. 1-25; K. Riesenhuber, *Die Transzendenz der Freiheit zum Guten. Der Wille in der Anthropologie und Metaphysik des Thomas von Aquin*, München 1971, S. 165-187; id., The Bases and Meaning of Freedom in Thomas Aquinas, in: *Thomas and Bonaventure. Proceedings of the American Catholic Philosophical Association* 48 (1974), pp. 99-111; H.-M. Manteau-Bonamy, La liberté de l'homme selon Thomas d'Aquin. La datation de la Question disputée De Malo, *Archives d'Histoire doctrinale et littéraire du Moyen-âge* 46 (1979), pp. 7-34; 拙論「トマス・アクィナス晩年の自由論」,『中世における自由と超越』375-385頁参照。

161) Quod autem aliquid determinet sibi inclinationem in finem, non potest contingere nisi cognoscat finem, et habitudinem finis in ea quae sunt ad finem: quod est tantum rationis: *De Ver.* q. 22 a. 4 c.

162) Iudicare autem de iudicio suo est solius rationis, quae super actum suum reflectitur: *De Ver*. q. 24 a. 2 c; cf. *De Ver*. q. 23 a. 2 c; *S. c. G*. II c. 48, n. 1243.

163) quasi quaedam sententia de praeconsiliatis: *De Ver*. q. 24 a. 1 ad 17.

164) totius libertatis radix: *De Ver*. q. 24 a. 2 c.

165) directio in finem activa pertinet ad rationem, sed passiva potest ad voluntatem pertinere: *De Ver*. q. 22 a. 13 ad 10.

166) Appetitus autem potentia passiva est, quia movetur ab appetibili, quod est movens non motum, ut dicitur in III de Anima: *De Ver*. q. 25 a. 1 c.

167) voluntas habet necessitatem respectu ipsius bonitatis vel utilitatis: de necessitate enim vult homo bonum: *ibid*.

168) movet voluntatem per modum, quo finis movere dicitur: *De Ver*. q. 22 a. 12 c.

169) Quod voluntas hominis ex necessitate vult vel eligit: prop. 3 (H. Denifle [ed.], *Chartularium Universitatis Parisiensis*, vol. I, Paris 1899, repr. Bruxelles 1964, p. 487).

170) Quod liberum arbitrium est potentia passiva, non activa; et quod necessitate movetur ab appetibili: prop. 9 (*ibid*.).

171) Radix libertatis est voluntas sicut subiectum; sed sicut causa, est ratio. Ex hoc enim voluntas libere potest ad diversa ferri, quia ratio potest habere diversas conceptiones boni: *S. th*. I-II q. 17 a. 1 ad 2.

172) ad modum principii formalis: *S. th*. I-II q. 9 a. 1 c.

173) voluntas a nullo obiecto ex necessitate movetur: *S. th*. I-II q. 10 a. 2 c.

174) principium huius motionis est ex fine. ... Bonum autem in communi, quod habet rationem finis, est obiectum voluntatis: *S. th*. I-II q. 9 a. 1 c.

175) Non eodem modo voluntas movetur ab intellectu, et a seipsa: sed ab intellectu quidem movetur secundum rationem obiecti; a seipsa vero quantum ad exercitium actus secundum rationem finis: *S. th*. I-II q. 9 a. 3 ad 3.

176) Cf. *S. th*. I-II q. 1 a. 4 ad 3.

177) movet seipsam, inquantum per hoc quod vult finem, reducit seipsam ad volendum ea quae sunt ad finem: *S. th*. I-II q. 9 a. 4 c.

178) ratio hoc modo imperat sibi, sicut et voluntas movet seipsam, ... : inquantum scilicet utraque potentia reflectitur supra suum actum, et ex uno in aliud tendit: *S. th*. I-II q. 17 a. 6 ad 1.

179) liberum arbitrium est causa sui motus: quia homo per liberum arbitrium seipsum movet ad agendum: *S. th*. I q. 83 a. 1 ad 3.

180) Relinquitur ergo quod causa perficiens et propria voluntarii actus sit solum id quod operatur interius: *De Malo* q. 3 a. 3 c.

181) totum: *S. c. G*. III c. 112, n. 2860.

182) completissimum ultima completione: *In III Sent*. d. 6 q. 1 a. 1 ql. 1 ad ea in contr.

183) Cf. *S. th.* I-II q. 18 a. 9 c; *De Malo* q. 2 a. 5 c.

184) Non tamen est actio bona simpliciter, nisi omnes bonitates concurrant: quia quilibet singularis defectus causat malum, bonum autem causatur ex integra causa: *S. th.* I-II q. 18 a. 4 ad 3.

185) imperium et actus imperatus sunt unus actus humanus, sicut quoddam totum est unum: *S. th.* I-II q. 17 a. 4 c.

186) neque actus exteriores habent rationem moralitatis, nisi inquantum sunt voluntarii: *S. th.* I-II q. 18 a. 6 c.

187) actus humani species formaliter consideratur secundum finem, materialiter autem secundum obiectum exterioris actus: *S. th.* I-II q. 18 a. 6 c; cf. I-II q. 72 a. 3 ad 2.

188) cuius gratia: *S. th.* I-II q. 7 a. 4 c.

189) actus exterior est obiectum voluntatis, inquantum proponitur voluntati a ratione ut quoddam bonum apprehensum ordinatum a ratione: *S. th.* I-II q. 20 a. 1 ad 1.

190) Cf. M. Rhonheimer, *Praktische Vernunft und Vernünftigkeit der Praxis. Handlungstheorie bei Thomas von Aquin in ihrer Entstehung aus dem Problemkontext der aristotelischen Ethik*, S. 577-581.

191) Cf. Th. Nisters, *Akzidentien der Praxis. Thomas von Aquins Lehre von den Umständen menschlichen Handelns*, Freiburg i. Br./München 1992.

192) ordinem rationis in bono vel malo: *S. th.* I-II q. 18 a. 11 c.

193) omnes inclinationes quarumcumque partium humanae naturae, puta concupiscibilis et irascibilis, secundum quod regulantur ratione, pertinent ad legem naturalem: *S. th.* I-II q. 94 a. 2 ad 2; cf. I-II q. 56 a. 4 c.

194) ad perfectionem boni moralis pertinet quod movetur non solum secundum voluntatem, sed etiam secundum appetitum sensitivum: *S. th.* I-II q. 24 a. 3 c; cf. I-II q. 59 a. 5 c.

195) appetitus sensitivus se habet ad voluntatem, quae est appetitus rationis, sicut motus ab eo. Et ideo opus appetitivae virtutis consummatur in appetitu sensitivo: *S. th.* I-II q. 56 a. 5 ad 1.

196) Cf. *S. th.* I q. 1 a. 6 ad 3; I-II q. 45 a. 2 c.

197) qualiscumque unusquisque est, talis finis videtur ei: *De Malo* q. 6 a. un. c.

198) Cf. E. Schockenhoff, *op. cit.*, S. 202-285.

199) habitus quo quis bene operatur: *S. th.* I-II q. 56 a. 3 c.

200) Cf. *S. th.* I-II q. 49 a. 3 c; cf. I-II q. 49 a. 2 ad 1.

201) sumus enim innati ad habendum virtutes: *S. th.* I-II q. 93 a. 6 c.

202) Nihil est enim aliud actus virtutis quam bonus usus liberi arbitrii: *S. th.* I-II q. 55 a. 1 ad 2.

203) inclinatio naturalis ad virtutem: *S. th.* I-II q. 93 a. 6 c.

204) consuetudo quodammodo vertitur in naturam, et facit inclinationem similem naturali: *S. th.* I-II q. 58 a. 1 c.

205) Cf. *S. th.* I-II q. 55 a. 1 c.

206) 「この点において，アリストテレスはより自然主義的で，トマスはより人格主義的である」: J. Walgrave, *op. cit.*, S. 210。

207) virtutes perficiunt nos ad prosequendum debito modo inclinationes naturales, quae pertinent ad ius naturale: *S. th.* II-II q. 108 a. 2 c.

208) virtus dicitur ordo vel ordinatio amoris, sicut id ad quod est virtus: per virtutem enim ordinatur amor in nobis: *S. th.* I-II q. 55 a. 1 ad 4.

209) ordinem ... in finem ultimum, qui est bonitas divina: *S. th.* I q. 22 a. 1 c.

210) virtutem obligandi: *S. th.* I-II q. 90 a. 4 c.

211) Regula ... et mensura: *ibid.*

212) Cf. *S. th.* I-II q. 90 a. 2 c.

213) Cf. G. Abbà, *Lex et virtus. Studi sull'evoluzione della dottrina morale di san Tommaso d'Aquino*, Roma 1983; L. J. Elders, K. Hedwig (eds.), *op. cit.*

214) importat rationem quandam directivam actuum ad finem: *S. th.* I-II q. 93 a. 3 c.

215) inducere subiectos ad propriam ipsorum virtutem: *S. th.* I-II q. 92 a. 1 c.

216) sequitur quod proprius effectus legis sit bonos facere eos quibus datur: *ibid.*

217) quaedam rationis ordinatio ad bonum commune, ab eo qui curam communitatis habet, promulgata: *S. th.* I-II q. 90 a. 4 c.

218) Cum igitur quilibet homo sit pars civitatis, impossibile est quod aliquis homo sit bonus, nisi sit bene proportionatus bono communi: nec totum potest bene consistere nisi ex partibus sibi proportionatis: *S. th.* I-II q. 92 a. 1 ad 3.

219) communitate causae finalis, secundum quod bonum commune dicitur finis communis: *S. th.* I-II q. 90 a. 2 ad 2; cf. I-II q. 90 a. 2 ad 3.

220) ratio ... ordinandorum in finem: *S. th.* I q. 22 a. 1 c.

221) Manifestum est autem, supposito quod mundus divina providentia regatur, ... quod tota communitas universi gubernatur ratione divina. Et ideo ipsa ratio gubernationis rerum in Deo sicut in principe universitatis existens, legis habet rationem: *S. th.* I-II q. 91 a. 1 c.

222) propter substantias intellectuales omnia divinitus providentur: *S. c. G.* III c. 112, n. 2861.

223) Inter cetera autem rationalis creatura excellentiori quodam modo divinae providentiae subiacet, inquantum et ipsa fit providentiae particeps, sibi ipsi et aliis providens: *S. th.* I-II q. 91 a. 2 c; cf. *De Ver.* q. 5 a. 5 c.

224) quia ipse actus liberi arbitrii reducitur in Deum sicut in causam, necesse est ut

ea quae ex libero arbitrio fiunt, divinae providentiae subdantur: providentia enim hominis continetur sub providentia Dei, sicut causa particularis sub causa universali: *S. th.* I q. 22 a. 2 ad 4; cf. *De Ver*. q. 9 a. 2 c.

225) Sed contra est quod dicitur Eccli. 15, 14: Deus ab initio constituit hominem, et reliquit eum in manu consilii sui. Glossa: idest in libertate arbitrii: *S. th.* I q. 83 a. 1 sed contra; cf. *S. th.* I-II q. 10 a. 4 sed contra; *S. th.* I-II q. 91 a. 4 arg. 2.

226) Deus reliquit hominem in manu consilii sui, non quia liceat ei facere omne quod velit: sed quia ad id quod faciendum est non cogitur necessitate naturae, sicut creaturae irrationales, sed libera electione ex proprio consilio procedente: *S. th.* II-II q. 104 a. 1 ad 1.

227) Deus dimisit hominem in manu consilii sui, inquantum constituit eum propriorum actuum provisorem; sed tamen providentia hominis de suis actibus non excludit divinam providentiam de eisdem, sicut neque virtutes activae creaturarum excludunt virtutem activam divinam: *De Ver*. q. 5 a. 5 ad 4; cf. *De Pot*. q. 3 a. 7 ad 12; *De Ver*. q. 24 a. 1 ad 5.

228) principium et humanorum et moralium actuum: *S. th.* I-II q. 19 a 1 ad 3; cf. I-II q. 90 a. 1 c.

229) Quod autem ratio humana sit regula voluntatis humanae, ex qua eius bonitas mensuretur, habet ex lege aeterna, quae est ratio divina: *S. th.* I-II q. 19 a. 4 c.

230) prima directio actuum nostrorum ad finem: *S. th.* I-II q. 91 a. 2 ad 2.

231) in nobis ab eo quod est secundum naturam: *ibid*.

232) lex naturalis nihil aliud est quam participatio legis aeternae in rationali creatura: *S. th.* I-II q. 91 a. 2 c.

233) unicuique rationali creaturae inest naturalis inclinatio ad id quod est consonum legi aeternae: *S. th.* I-II q. 93 a. 6 c; cf. I-II q. 90 a. 1 ad 1; I-II q. 91 a. 2 c; I-II q. 94 a. 3 c; I-II q. 94 a. 4 c.

234) impressio: *S. th.* I-II q. 103 a. 8 c; cf. I-II q. 91 a. 2 c.

235) in regulato et mensurato: *S. th.* I-II q. 90 a. 1 ad 1.

236) potest dici lex, non essentialiter, sed quasi participative: *ibid*.

237) quia rationalis creatura participat eam (scl. rationem aeternam) intellectualiter et rationaliter, ideo participatio legis aeternae in creatura rationali proprie lex vocatur: nam lex est aliquid rationis: *S. th.* I-II q. 91 a. 2 ad 3.

238) essentialiter: *S. th.* I-II q. 90 a. 1 ad 1.

239) in ratione sola: *ibid*.

240) sicut in mensurante et regulante: *ibid*.

241) promulgatio legis naturae est ex hoc ipso quod Deus eam mentibus hominum inseruit naturaliter cognoscendam: *S. th.* I-II q. 90 a. 4 ad 1.

242) Cf. J. de Finance, Autonomie et théonomie, in: *Tommaso d'Aquino nel suo*

settimo centenario, vol. 5, pp. 239-260.

243) quoddam opus rationis: *S. th.* I-II q. 94 a. 1 c.

244) propositiones universales rationis practicae ordinatae ad actiones, habent rationem legis: *S. th.* I-II q. 90 a. 1 ad 2.

245) lex naturalis est aliquid per rationem constitutum: *S. th.* I-II q. 94 a. 1 c.

246) 拙論「トマス・アクィナスにおける言葉」,『中世哲学の源流』創文社，1995年，251-259頁参照。

247) in operibus rationis est considerare ipsum actum rationis, qui est intelligere et ratiocinari, et aliquid per huiusmodi actum constitutum: *S. th.* I-II q. 90 a. 1 ad 2.

248) bonum est primum quod cadit in apprehensione practicae rationis, quae ordinatur ad opus: *S. th.* I-II q. 94 a. 2 c.

249) bonum est faciendum et prosequendum, et malum vitandum: *ibid*. Cf. G. G. Grisez, The First Principle of Practical Reason, in: A. Kenny (ed.), *Aquinas*, London/Melbourne 1969, pp. 340-382.

250) omnia illa ad quae homo habet naturalem inclinationem, ratio naturaliter apprehendit ut bona, et per consequens ut opere prosequenda, et contraria eorum ut mala et vitanda. Secundum igitur ordinem inclinationum naturalium, est ordo praeceptorum legis naturae: *S. th.* I-II q. 94 a. 2 c.

251) aliquando actualiter considerantur, aliquando vero habitualiter a ratione tenentur: *S. th.* I-II q. 90 a. 1 ad 2.

252) omnia quae sunt hominis: *S. c. G.* III c. 121, n. 2944 bis.

253) Sed contra est quod, Rom. II, super illud: Cum gentes, quae legem non habent, naturaliter ea quae legis sunt faciunt, dicit Glossa: Etsi non habent legem scriptam, habent tamen legem naturalem, qua quilibet intelligit et sibi conscius est quid sit bonum et quid malum: *S. th.* I-II q. 91 a. 2 sed contra.

254) unusquisque sibi est lex, inquantum participat ordinem alicuius regulantis. Unde et ibidem subditur: Qui ostendunt opus legis scriptum in cordibus suis: *S. th.* I-II q. 90 a. 3 ad 1.

255) praeceptum: *S. th.* I-II q. 94 a. 2 c; dictat: *S. th.* I-II q. 94 a. 3 c.

256) non semper aliquis obedit legi ex bonitate perfecta virtutis: sed quandoque quidem ex timore poenae; quandoque autem ex solo dictamine rationis, quod est quoddam principium virtutis: *S. th.* I-II q. 92 a. 1 ad 2.

257) bonum hominis est secundum rationem esse, malum autem quod est praeter rationem: *S. th.* I-II q. 18 a. 5 c; cf. I-II q. 19 a. 1 ad 3.

258) cum anima rationalis sit propria forma hominis: *S. th.* I-II q. 94 a. 3 c.

259) Cf. *S. th.* I-II q. 93 a. 4 ad 1.

260) Cf. *S. th.* I-II q. 91 a. 2 ad 2.

261) talis participatio legis aeternae in rationali creatura lex naturalis dicitur. ...

Psalmista ... dicit: Signatum est super nos lumen vultus tui, Domine: quasi lumen rationis naturalis, quo discernimus quid sit bonum et malum, quod pertinet ad naturalem legem, nihil aliud sit quam impressio divini luminis in nobis: *ibid*. Cf. K. Riesenhuber, *Die Transzendenz der Freiheit zum Guten*, S. 313-331. 拙論「分有による精神の開き——トマス・アクィナスの精神論をめぐって」,『中世における自由と超越』447-469頁参照。

262) Vultus Dei id est per quod Deus cognoscitur: sicut homo cognoscitur per vultum suum, hoc est veritas Dei. Ab hac veritate Dei refulget similitudo lucis suae in animabus nostris. Et hoc est quasi lumen, et est signatum super nos, quia est superior in nobis, et est quasi quoddam signum super facies nostras, et hoc lumine cognoscere possumus bonum: *Super Psalmum* 4, 5.

263) irradiatio: *S. th.* I-II q. 93 a. 2 c.

264) sicut in obiecto cognito: *S. th.* I q. 84 a. 5 c.

265) sicut in cognitionis principio: *ibid*.

266) Ipsum enim lumen intellectuale quod est in nobis nihil aliud est quam quaedam participata similitudo luminis increati, in quo continentur rationes aeternae: *ibid*.

267) dupliciter aliquid cognosci potest: uno modo, in seipso; alio modo, in suo effectu, in quo aliqua similitudo eius invenitur; sicut aliquis non videns solem in sua substantia, cognoscit ipsum in sua irradiatione. ... Sed omnis creatura rationalis ipsam (scl. essentiam Dei) cognoscit secundum aliquam eius irradiationem, vel maiorem vel minorem. Omnis enim cognitio veritatis est quaedam irradiatio et participatio legis aeternae, quae est veritas incommutabilis, ut Augustinus dicit, in libro De vera relig. Veritatem autem omnes aliqualiter cognoscunt, ad minus quantum ad principia communia legis naturalis: *S. th.* I-II q. 93 q. 2 c.

268) Homo autem Deo coniungitur ratione, sive mente, in qua est Dei imago: *S. th.* I-II q. 100 a. 2 c.

269) Per ipsam sigillationem divini luminis in nobis: *S. th.* I q. 84 a. 5 c.

270) Regula autem voluntatis humanae est duplex: una propinqua et homogenea, scilicet ipsa humana ratio; alia vero est prima regula, scilicet lex aeterna, quae est ipsa ratio Dei: *S. th.* I-II q. 71 a. 6 c.

271) Cf. *De Ver*. q. 10 a. 8 c. 註（134）およびその本文参照。

272) Cf. *S. c. G.* III c. 48; *S. th.* I-II q. 3 a. 8 c; I q. 2 a. 1 c. Cf. Y. Nagamachi, *Selbstbezüglichkeit und Habitus. Die latente Idee der Geistmetaphysik bei Thomas von Aquin*, St. Ottilien 1997, S. 192-200.

273) *S. th.* I-II q. 106. L. J. Elders, K. Hedwig (eds.), *op. cit*. 所収の以下の諸論考を参照。U. Kühn, *op. cit*., S. 243-247; J.-M. Aubert, L'analogie entre la Lex nova et la loi naturelle, pp. 248-253; P. Rodriguez, Spontanéité et caractère légal de la Loi nouvelle, pp. 254-264; Ph. Delhaye, La Loi nouvelle comme dynamisme de l'Esprit-

Saint, pp. 265-280.

274) lex autem nova est lex perfectionis, quia est lex caritatis: *S. th.* I-II q. 107 a. 1 c.

275) duplex est modus quo aliquid subditur legi aeternae ... : uno modo, inquantum participatur lex aeterna per modum cognitionis; alio modo, ... per modum principii motivi. ... rationalis natura ... secundum utrumque modum legi aeternae subditur: quia et notionem legis aeternae aliquo modo habet ... et iterum unicuique rationali creaturae inest naturalis inclinatio ad id quod est consonum legi aeternae; ... Uterque tamen modus imperfectus quidem est, et quodammodo corruptus, in malis; ... In bonis autem uterque modus invenitur perfectior; quia supra cognitionem naturalem boni, superadditur eis cognitio fidei et sapientiae; et supra naturalem inclinationem ad bonum, superadditur eis interius motivum gratiae et virtutis: *S. th.* I-II q. 93 a. 6 c; cf. I-II q. 90 introd.

276) in actibus humanis dicitur pulchritudo ex debita proportione verborum vel factorum, in quibus lumen rationis resplendet: *Super I Cor.* c. 11 l. 2, n. 592.

第６章　否定神学・類比・弁証法

1) Cf. R. F. Hathaway, *Hierarchy and the definition of order in the Letters of Pseudo-Dionysius*, Den Haag 1969, pp. 31-35.

2) Beda Venerabilis, *Super Acta Apostolorum expositio*, c. 17, PL 92, 981.

3) Petrus Abaelardus, *Historia Calamitatum*, PL 178, 154-155.

4) Eusebios, *Historia ecclesiastica* III, 4, 10; IV, 23, 3.

5) Gregorius Turonensis, *Historia Francorum* III, 30.

6) *Annotationes (in Novum Testamentum)*, Paris 1505.

7) Cf. K. Ruh, *Die mystische Gotteslehre des Dionysius Areopagita*, München 1987, S. 17-49; Ch. Schäfer, *The Philosophy of Dionysius the Areopagite. An Introduction to the Structure and the Content of the Treatise on the* Divine Names, Leiden/Boston 2006, pp. 55-74.

8) Cf. Y. de Andia, *Henosis. L'Union à Dieu chez Denys l'Aréopagite*, Leiden/New York/Köln 1996, pp. 376-398.

9) *οἱ αὐτοφυὲς ἄγαλμα ποιοῦντες ἐξαιροῦντες πάντα τὰ ἐπιπροσθοῦντα τῇ καθαρᾷ τοῦ κρυφίου θέᾳ κωλύματα καὶ αὐτὸ ἐφ' ἑαυτοῦ τῇ ἀφαιρέσει μόνῃ τὸ ἀποκεκρυμμένον ἀναφαίνοντες κάλλος*: *MTh* 2.

10) *ἀπὸ τοῦ ἄνω πρὸς τὰ ἔσχατα κατιὼν ὁ λόγος κατὰ τὸ ποσὸν τῆς καθόδου πρὸς ἀνάλογον πλῆθος ηὐρύνετο· νῦν δὲ ἀπὸ τῶν κάτω πρὸς τὸ ὑπερκείμενον ἀνιὼν κατὰ τὸ μέτρον τῆς ἀνόδου συστέλλεται καὶ μετὰ πᾶσαν ἄνοδον ὅλως ἄφωνος ἔσται καὶ ὅλως ἑνωθήσεται τῷ ἀφθέγκτῳ*: *MTh* 3.

11) *οὐδέ τι τῶν οὐκ ὄντων, οὐδέ τι τῶν ὄντων ἐστίν, ... οὔτε σκότος ἐστὶν οὔτε*

φῶς, οὔτε πλάνη οὔτε ἀλήθεια: *MTh* 5.

12) *Τοῦτο δὲ οἶμαι σημαίνειν τὸ τὰ θειότατα καὶ ἀκρότατα τῶν ὁρωμένων καὶ νοουμένων ὑποθετικούς τινας εἶναι λόγους τῶν ὑποβεβλημένων τῷ πάντα ὑπερέχοντι, δι' ὧν ἡ ὑπὲρ πᾶσαν ἐπίνοιαν αὐτοῦ παρουσία δείκνυται ταῖς νοηταῖς ἀκρότησι τῶν ἁγιωτάτων αὐτοῦ τόπων ἐπιβατεύουσα*: *MTh* 1, 3.

13) *ἀπομύει πάσας τὰς γνωστικὰς ἀντιλήψεις, καὶ ἐν τῷ πάμπαν ἀναφεῖ καὶ ἀοράτῳ γίγνεται, πᾶς ὢν τοῦ πάντων ἐπέκεινα καὶ οὐδενός, οὔτε ἑαυτοῦ οὔτε ἑτέρου, τῷ παντελῶς δὲ ἀγνώστῳ τῇ πάσης γνώσεως ἀνενεργησίᾳ κατὰ τὸ κρεῖττον ἑνούμενος καὶ τῷ μηδὲν γινώσκειν ὑπὲρ νοῦν γινώσκων*: *ibid.*

14) *οὔτε λόγος αὐτῆς ἐστιν οὔτε ὄνομα οὔτε γνῶσις ..., ἐπεὶ καὶ ὑπὲρ πᾶσαν θέσιν ἐστὶν ἡ παντελὴς καὶ ἑνιαία τῶν πάντων αἰτία καὶ ὑπὲρ πᾶσαν ἀφαίρεσιν ἡ ὑπεροχὴ τοῦ πάντων ἁπλῶς ἀπολελυμένου καὶ ἐπέκεινα τῶν ὅλων*: *MTh* 5.

15) Cf. P. Rorem, *Pseudo-Dionysius. A Commentary on the Texts and an Introduction to Their Influence*, New York/Oxford 1993, pp. 214-240; J. D. Copp, *Dionysius the Pseudo-Areopagite. Man of Darkness/Man of Light*, Lewiston/Queenston/Lampeter 2005, pp. 179-254.

16) Cf. W. M. Neidl, Thearchia. *Die Frage nach dem Sinn von Gott bei Pseudo-Dionysius Areopagita und Thomas von Aquin*, Regensburg 1976; J. E. M. Andereggen, *La Metafísica de santo Tomás en la exposición sobre el De Divinis Nominibus de Dionisio Areopagita*, Buenos Aires 1989; F. O'Rourke, *Pseudo-Dionysius and the Metaphysics of Aquinas*, Leiden/New York/Köln 1992, pp. 31-48; P. Kalitzidis, Theologia: Discours sur Dieu et science théologique chez Denys l'Aréopagite et Thomas d'Aquin, in: Y. de Andia (ed.), *Denys l'Aréopagite et sa posterité en Orient et en Occident*, Paris 1997, pp. 470-487; A. Speer, Lichtkausalität. Zum Verhältnis von dionysischer Lichttheologie und Metaphysik bei Albertus Magnus und Thomas von Aquin, in: T. Boiadjiev [et al.] (Hgg.), *Die Dionysius-Rezeption im Mittelalter*, Turnhout 2000, S. 358-368.

17) iuvatur humana cognitio: *Summa theologiae* I q. 12 a. 13 c.『神学大全』第 I 部からの引用は，以下，問・項のみを示す。

18) plures et excellentiores effectus: q. 12 a. 13 ad 1.

19) lumen naturale intellectus confortatur per infusionem luminis gratuiti: q. 12 a. 13 c.

20) perfectior cognitio: *ibid.*

21) ea quae necesse est ei convenire secundum quod est prima omnium causa: q. 12 a. 12 c.

22) substantiam eius nullo modo significant: q. 13 a. 2 c.

23) Deus est causa bonitatis: *ibid.*

24) Cf. *ibid.*

25) significant substantiam divinam: *ibid.*

26) substantialiter: *ibid.*

27) essentialiter: q. 13 a. 6 ad 3.

28) Cf. q. 13 a. 6 c.

29) Unde cognoscimus de ipso habitudinem ipsius ad creaturas, quod scilicet omnium est causa, et differentiam creaturarum ab ipso, quod scilicet ipse non est aliquid eorum quae ab eo causantur; et quod haec non removentur ab eo propter eius defectum, sed quia superexcedit: q. 12 a. 12 c.

30) secundum habitudinem principii, et per modum excellentiae et remotionis: q. 13 a. 1 c.

31) per modum eminentiae et causalitatis et negationis: q. 13 a. 8 c.

32) relationem eius (scl. dei) ad alium, vel potius alicuius ad ipsum: q. 13 a. 2 c.

33) aliter dicendum est: *ibid.*

34) deum, secundum quod intellectus noster cognoscit ipsum: *ibid.*

35) voces referentur ad res significandas, mediante conceptione intellectus: q. 13 a. 1 c.

36) Intellectus autem noster eo modo apprehendit eas (scl. perfectiones), secundum quod sunt in creaturis: et secundum quod apprehendit, ita significat per nomina: q. 13 a. 3 c.

37) repraesentare: q. 13 a. 2 c.

38) Intellectus autem noster, cum cognoscat Deum ex creaturis, sic cognoscit ipsum, secundum quod creaturae ipsum repraesentant. ... Unde quaelibet creatura intantum eum repraesentat, et est ei similis, inquantum perfectionem aliquam habet: *ibid.*

39) participant aliquid divinum per similitudinem: q. 13 a. 9 c.

40) sibi simile: q. 13 a. 5 ad 1.

41) proportio: q. 13 a. 5 c.

42) huiusmodi nomina dicuntur de Deo et creaturis secundum analogiam, id est proportionem: *ibid.*

43) sic, quidquid dicitur de Deo et creaturis, dicitur secundum quod est aliquis ordo creaturae ad Deum, ut ad principium et causam, in qua praeexistunt excellenter omnes rerum perfectiones: *ibid.*

44) per prius: q. 13 a. 6 c.

45) Deus in se praehabet omnes perfectiones creaturarum, quasi simpliciter et universaliter perfectus. Unde quaelibet creatura ... eum repraesentat ... sicut excellens principium a cuius forma effectus deficiunt, cuius tamen aliqualem similitudinem effectus consequuntur: q. 13 a. 2 c.

46) creaturae realiter referunter ad ipsum Deum: q. 13 a. 7 c.

47) Cf. q. 13 a. 3 ad 1.

48) modus imperfectus quo a creatura participatur divina perfectio: *ibid.*
49) *Ibid.*
50) Si enim aliquid invenitur in aliquo per participationem necesse est quod causetur in ipso ab eo cui essentialiter convenit: q. 44 a. 1 c.
51) q. 13 a. 2 arg. 2.
52) Licet imperfecte: q. 13 a. 2 ad 2.
53) (intellectus noster) haec nomina non imponit ad significandum ipsos processus, ut, cum dicitur 'Deus est vivens', sit sensus 'ab eo procedit vita': sed ad significandum ipsum rerum principium, prout in eo praeexistit vita, licet eminentiori modo quam intelligatur vel significetur: *ibid.*
54) Quantum igitur ad id quod significant huiusmodi nomina, proprie competunt Deo, et magis proprie quam ipsis creaturis, et per prius dicuntur de eo: q. 13 a. 3 c.
55) essentia eius est supra id quod de Deo intelligimus et voce significamus: q. 13 a. 1 ad 1.
56) ratio ad formam simplicem pertingere non potest, ut sciat de ea quid est: q. 12 a. 12 ad 1.
57) *MTh* 1, 1.
58) ei quasi ignoto coniungamur: q. 12 a. 13 ad 1.
59) in significatione nominum, aliud est quandoque a quo imponitur nomen ad significandum, et id ad quod significandum nomen imponitur: q. 13 a. 2 ad 2.
60) quantum ad impositionem nominis, per prius a nobis imponuntur creaturis, quas prius cognoscimus. Unde et modum significandi habent qui competit creaturis: q. 13 a. 6 c.
61) In nominibus igitur quae Deo attribuimus, est duo considerare, scilicet, perfectiones ipsas significatas, ut bonitatem, vitam, et huiusmodi; et modum significandi. Quantum igitur ad id quod significant huiusmodi nomina, proprie competunt Deo ... Quantum vero ad modum significandi, non proprie dicuntur de Deo: habent enim modum significandi qui creaturis competit: q. 13 a. 3 c.
62) conditiones corporales, non in ipso significato nominis, sed quantum ad modum significandi: q. 13 a. 3 ad 3.
63) Cf. q. 13 a. 1 ad 3.
64) variis et multiplicibus conceptibus intellectus nostri respondet unum omnino simplex, secundum huiusmodi conceptiones imperfecte intellectum: q. 13 a. 4 c.
65) cognoscit tamen quod omnibus suis conceptionibus respondet una et eadem res simplex: q. 13 a. 12 c.
66) reditio completa: *De veritate* [= *Ver.*] q. 1 a. 9 c.
67) quia ex creaturis in Dei cognitionem venimus, et ex ipsis eum nominamus, nomina quae Deo attribuimus, hoc modo significant, secundum quod competit

creaturis materialibus, quarum cognitio est nobis connaturalis: q. 13 a. 1 ad 2.

68) ideo huiusmodi nomina dicit Dionysius negari a Deo, quia id quod significatur per nomen, non convenit eo modo ei, quo nomen significat, sed excellentiori modo. Unde ibidem dicit Dionysius quod Deus est 'super omnem substantiam et vitam': q. 13 a. 3 ad 2.

69) Et sic, cum hoc nomen 'sapiens' de homine dicitur, quodammodo circumscribit et comprehendit rem significatam: non autem cum dicitur de Deo, sed relinquit rem significatam ut incomprehensam, et excedentem nominis significationem: q. 13 a. 5 c.

70) in omnibus nominibus quae de pluribus analogice dicuntur, necesse est quod omnia dicantur per respectum ad unum: et ideo illud unum oportet quod ponatur in definitione omnium. ... necesse est quod illud nomen per prius dicatur de eo quod ponitur in definitione aliorum et per posterius de aliis, secundum ordinem quo appropinquant ad illud primum vel magis vel minus: q. 13 a. 6 c.

71) per prius dicuntur de Deo quam de creaturis: quia a Deo huiusmodi perfectiones in creaturas manant: *ibid*.

72) in praedicationibus omnia univoca reducuntur ad unum primum, non univocum, sed analogicum: q. 13 a. 5 ad 1.

73) omnibus eis (scl. rationibus horum nominum) respondet unum quid simplex, per omnia huiusmodi multipliciter et imperfecte repraesentatum: q. 13 a. 4 ad 2.

74) Cf. q. 13 a. 2 arg. 2.

75) huiusmodi nomina non solum dicuntur de Deo causaliter, sed etiam essentialiter: q. 13 a. 6 c.; cf. *ibid*., ad 3.

76) Cf. q. 13 a. 12 Sed contra.

77) Cf. q. 13 a. 12 c.

78) incompactas, vel inconvenientes ... secundum modum significandi: q. 13 a. 12 ad 1.

79) Dionysius dicit, 3 cap. *De div. nom*., quod 'boni nominatio est manifestativa omnium Dei processionum'. Sed hoc maxime Deo convenit, quod sit universaliter rerum principium. Ergo hoc nomen 'bonum' est maxime proprium Dei: q. 13 a. 11 arg. 2.

80) causa bonitatis creaturae: q. 13 a. 6 c.

81) hoc nomen 'bonum', dictum de Deo clauderet in suo intellectu bonitatem creaturae: *ibid*.

82) Cum igitur dicitur 'Deus est bonus', non est sensus, 'Deus est causa bonitatis' ... sed est sensus 'id quod bonitatem dicimus in creaturis, praeexistit in Deo' et hoc quidem secundum modum altiorem. Unde ... sequitur ... potius e converso, quia est bonus, bonitatem rebus diffundit: q. 13 a. 2 c.

83) in praedicationibus omnia ... reducuntur ad unum primum, ... quod est ens: q. 13 a. 5 ad 1.

84) hoc nomen ‘bonum’ est principale nomen Dei inquantum est causa, non tamen simpliciter: nam esse absolute praeintelligitur causae: q. 13 a. 11 ad 2.

85) hoc nomen ‘Qui est’ ... est maxime proprium nomen Dei: q. 13 a. 11 c.

86) Non enim significat formam aliquam, sed ipsum esse: *ibid*.

87) quemcumque modum determinet (scl. intellectus noster) circa id quod de Deo intelligit, deficit a modo quo Deus in se est. Et ideo, quanto aliqua nomina sunt minus determinata, et magis communia et absoluta, tanto magis proprie dicuntur de Deo a nobis: *ibid*.

88) Significat enim esse in praesenti: et hoc maxime proprie de Deo dicitur, cuius esse non novit praeteritum vel futurum: *ibid*.

89) prima est ipsum esse: q. 13 a. 11 ad 3.

90) Cf. D. F. Duclow, Pseudo-Dionysius, John Scottus Eriugena, Nicholas of Cusa. An approach to the hermeneutic of the divine names, *International Philosophical Quarterly* 12 (1972), pp. 260-278; F. M. Watts, Pseudo-Dionysius the Areopagite and three Renaissance Neoplatonists: Cusanus, Ficino, and Pico on Mind and Cosmos, in: J. Hankins [et al.] (eds.), *Supplementum Festivum*, New York 1987, pp. 284-289; W. J. Hoye, Die Vereinigung mit dem gänzlich Unerkannten nach Bonaventura, Nikolaus von Kues und Thomas von Aquin, in: T. Boiadjiev [et al.] (Hgg.), *op. cit.*, S. 489-497; G. Senger, Die Präferenz für Ps.-Dionysius bei Nicolaus Cusanus und seinem italienischen Umfeld, in: T. Boiadjiev [et al.] (Hgg.), *op. cit.*, S. 519-522; 佐藤直子「クザーヌスによる偽ディオニュシオスの受容——『知ある無知』を中心に」上智大学哲学科編『哲学科紀要』第29号，2003年，49-70頁。

91) tu vero, cum vacat, in Areopagita Dionysio theologo versaris: *Discretio speculantis seu de non aliud* [= *Non aliud*] 1, *Opera omnia* [= *Op.*] XIII, Leipzig 1944, p. 3.

92) magnus: *De venatione sapientiae* [= *Ven. sap.*] 7, *Op.* XII, Hamburg 1982, p. 18.

93) maximus theologorum: *Non aliud* 14, p. 29.

94) cunctis acutior: *Ven. sap.* 30, p. 85.

95) Plato et Dionysios sibi non repugnent atque adversentur: *Non aliud* 22, p. 52.

96) ea ipsa quasi eodem quoque expressionis tenore ac modo repperi: *ibid.*, 20, p. 47.

97) Paulus apostolus, eiusdem Dionysii magister: *Ven. sap.* 30, p. 86.

98) Proculum ... Dionysio Areopagita tempore posteriorem fuisse certum est: *Non aliud* 20, p. 47.

99) Ambrosius, Augustinus et Hieronymus ipsum Dionysium non viderunt: *Cod. cus. 44*, f^{0} 1, nach E. Vansteenberghe, *Le cardinal Nicolas de Cues (1401-1464)*, Paris 1920 [reprint, Frankfurt a. M. 1963], p. 26. n. 5.

100) Maximum Monachum, Hugonem de Sancto Victore, Robertum Lincolniensem, Iohannem Scotigenam, abbatem Vercellensem et ceteros moderniores commentatores illius libelli: *Apologia doctae ignorantiae* [= *Apologia*], *Op*. I, Leipzig 1932, pp. 20-21.

101) Cf. *Ven. sap*. 33, p. 94.

102) Cf. L. Baur, *Nicolaus Cusanus und Ps. Dionysius im Lichte der Zitate und Randbemerkungen des Cusanus*, Heidelberg 1941, S. 93. この書物では，欄外註記が翻刻されている（S. 93-113)。

103) quod non habet opus glosis; ipse seipsum multipliciter explanat: *Ad abbatem Tegernsensem et eius fratres* [= *Ad abbatem*], BGPhMA XIV, 2-4, Münster 1915, p. 114.

104) Cf. L. Baur, *op. cit*., S. 15.

105) in mari me ex Graecia redeunte, credo superno dono a patre luminum, ... ad hoc ductus sum, ut incomprehensibilia incomprehensibiliter amplecterer in docta ignorantia, per transcensum veritatum incorruptibilium humaniter scibilium: *De docta ignorantia* [= *Docta ign*.] III, Epistola auctoris ad dominum Iulianum cardinalem, *Op*. I, p. 163.

106) Fateor, amice, non me Dionysium aut quemquam theologorum verorum tunc vidisse, quando desuper conceptum recipi; sed avido cursu me ad doctorum scripta contuli et nihil nisi revelatum varie figuratum inveni: *Apologia*, p. 12.

107) Licet nullum legerim, prae ceteris tamen Dionysius propinquius videtur accessisse: *Non aliud* 1, p. 5.

108) Scientia et ignorancia respiciunt intellectum, non voluntatem: *Ad abbatem*, p. 115.

109) vis mentis ... non potest in suas operationes, nisi excitetur a sensibilibus, et non potest excitari, nisi mediantibus phantasmatibus sensibilibus: *Idiota de mente* 4, *Op*. V, Leipzig 1937, pp. 60-61.

110) una omnium causa creatrix: *Ven. sap*. 7, p. 17.

111) causa formalis, immo et efficiens atque finalis: *ibid*., p. 19.

112) similitudo in omnibus participatur: *ibid*., p. 17.

113) Quidditas ergo rerum, quae est entium veritas, in sua puritate inattingibilis est: *Docta ign*. I, 3, p. 9.

114) evenit ex accidenti, ex diversitate operationum et figurarum, quae dum discernis, diversa nomina imponis. Motus enim in ratione discretiva nomina imponit: *De Deo abscondito* [= *Deo absc*.] 4, *Op*. IV, Hamburg 1959, p. 4.

115) hinc (scl. Dionysius) sensibilia intelligibilium similitudines seu imagines dicit: *Non aliud* 14, p. 29; cf. *Ven. sap*. 36, p. 100.

116) a magnitudine speciei et decoris creatorum ad infinite et incomprehensibiliter

pulchrum erigimur sicut ab artificiato ad magisterium: *Apologia*, p. 19.

117) Praecedit igitur per se ignis omne ignibile et ignitum, quorum est causa, et est ante omnem sensibilem ignem penitus invisibilis et incognitus; quare primae causae similitudo: *Ven. sap.* 39, p. 110.

118) Nec est aliud numerus quam ratio explicata: *De coniecturis* [= *De. coni.*] I, 2, *Op.* III, Hamburg 1972, p. 11.

119) Numeri igitur essentia primum mentis exemplar est: *ibid.,* I, 4, p. 14.

120) Cf. *MTh* 1, 1.

121) Admonuit deinde praeceptor (= Cusanus) ... ut attenderem doctam ignorantiam sic aliquem ad visum elevare quasi alta turris: *Apologia*, p. 16.

122) Cf. Bonaventura, *In I Sent.* II d. 23 a. 2 q. 3, *Op.* II, 546, n. 6.

123) 「したがってわれわれの内には，いわば一種の知ある無知，（あるいは神の霊によって教えられる無知があり，それがわれわれの無気力を鼓舞する」。(Est ergo in nobis quaedam, ut ita dicam, docta ignorantia, sed docta spiritu Dei, qui adjuvat infirmitatem nostram): Augustinus, *Epistola ad Probam,* c. 15, 28, PL 33, 505.

124) Cf. *De divinis nominibus* (= *DN*) VII, 3, PG 3, 872A.

125) Cf. *Epistola 1 ad Gaium*, PG 3, 1065B.

126) scientia ignorationis: *Apologia*, p. 12.

127) Neque puto hoc (scl. Deum esse omnium esse quod tamen nullum omnium) aliter, quam in docta percipi posse ignorantia: *Apologia*, p. 17; cf. *ibid*., p. 24.

128) Quaecumque igitur mens intuetur, in se intuetur: *De theologicis complementis* 2, *Op.* X 2a, Hamburg 1994, p. 7.

129) dicit quod seipsum ... intendere debeat ..., quoniam tunc reperiet confusionem in quam consurgit ignote esse certitudinem, et caliginem lucem, atque ignoranciam scienciam: *Ad abbatem*, p. 115.

130) Quia ignoro, adoro: *Deo absc.* 1, p. 3.

131) Hinc hoc solum (scl. Dionysius) de ipso credit posse sciri, ... quod scilicet omnem intellectum antecedit: *Non aliud* 14, pp. 29-30.

132) Hinc censendus est sciens, qui scit se ignorantem. Et hic veneratur veritatem qui scit sine illa se nihil apprehendere posse: *ibid.*

133) desiderium ... essendi in veritate: *ibid*.

134) te intelligere est tibi uniri: *De visione dei* [= *Vis. dei*] 19, *Op.* VI, Hamburg 2000, p. 67.

135) triplici via secundum Dionysium ad Deum ascendimus, ... ut a causatis ... secundo per eminentiam ... tertio per remotionem: *Sermo* 20: *Nomen eius Jesus*, *Op.* XVI, Hamburg 1977, p. 303.

136) Cf. *Ven. sap.* 30, p. 85.

137) attestante Dionysio, divina sola participatione noscuntur: *ibid.,* 18, p. 49.

138) laudes: *ibid.*, 18, pp. 48-49.

139) si affirmative queritur, non reperietur nisi per imitacionem et velate, et nequaquam revelate: *Ad abbatem*, p. 114.

140) omnis religio in sua cultura necessario per theologiam affirmativam ascendit: *Docta ign.* I, 26, p. 54.

141) theologia negationis adeo necessaria est quoad aliam affirmationis, ut sine illa Deus non coleretur ut Deus infinitus: *ibid.*

142) [Dionysius] negationes, quae [non] sunt privationes, sed excellentiae et praegnantes affirmationes, veriores dicit affirmationibus: *Ven. sap.* 22, p. 62: cf. *Docta ign.* I, 26, p. 54; *ibid.*, p. 56.

143) ad infinitae bonitatis Deum maximum ... accedere posse explicavimus: *Docta ign.* I, 26, p. 56.

144) solus Deus bonum est, cum bono nihil sit melius: *Non aliud* 23, p. 56; cf. *ibid.*, 24, p. 56.

145) bonum, a quo omnia, est universale separatum secundum esse, non id, ad quod intellectus pervenit resolvendo proprium in commune: 欄外註記 265, L. Baur, *op. cit.*, S. 102; cf. 同 267, *ibid.*, S. 102.

146) qui ascendit ad deum infinitum potius videtur ad nihil accedere quam ad aliquid: *De theologicis complementis* 12, p. 63.

147) cum negativa (scl. theologia) auferat et nichil ponat, tunc per illam revelate non videbitur Deus, non enim reperietur Deus esse, sed pocius non esse: *Ad abbatem*, p. 114.

148) non est mea opinio illos recte caliginem subintrare, qui solum circa negativam theologicam versantur: *ibid.*

149) quod penitus est ineffabile: *Ven. sap.* 22, p. 62.

150) haec tenebra est lux in Domino: *Apologia*, p. 20.

151) Tradidit autem Dionysius in plerisque locis theologiam per disiunctionem, scilicet quod aut ad Deum accendimus affirmative, aut negative; sed in hoc libello ubi theologiam misticam et secretam vult manifestare possibili modo, saltat supra disiunctionem usque in copulacionem et coincidenciam, seu unionem simplicissimam que est non lateralis sed directe supra omnem ablacionem et posicionem, ubi ablacio coincidit cum posicione, et negacio cum affirmacione: *Ad abbatem,* p. 114.

152) *καὶ μὴ οἴεσθαι τὰς ἀποφάσεις ἀντικειμένας εἶναι ταῖς καταφάσεσιν*: *MTh* 1, 2.

153) Repperi locum, in quo revelate reperioris, cinctum contradictoriorum coincidentia. Et iste est murus paradisi in quo habitas, cuius portam custodit spiritus altissimus rationis, qui nisi vincatur, non patebit ingressus: *Vis. dei* 9, p. 39.

154) Videtur quod Albertus et paene omnes in hoc deficiant, quod timeant semper

intrare caliginem, quae consistit in admissione contradictoriorum; nam hoc ratio refugit et timet subintrare et ob hoc vitando caliginem non pertingit ad visionem invisibilis: 欄外註記 269; L. Baur, *op. cit.*, S. 102; cf. 同 268, *ibid.*, S. 102; 同 589, *ibid.*, S. 112.

155) Cf. 欄外註記 268; *ibid.*, S. 102.

156) illa est secretissima theologia, ad quam nullus phylosophorum accesssit, neque accedere potest stante principio communi tocius philosophie, scilicet quod duo contradictoria non coincidant. Unde necesse est mistice theologizantem supra omnem racionem et intelligenciam, eciam se ipsum linquendo, se in caliginem inicere; et reperiet quomodo id quod racio iudicat impossibile, scilicet esse et non esse simul, est ipsa necessitas: *Ad abbatem*, pp. 114-115.

157) *κοινωνίαι τῶν ἐναντίων*: *DN* IV, 7.

158) Nunc vides, quomodo recte theologi affirmarunt Deum in omnibus omnia, licet omnium nihil: *Non aliud* 6, p. 14.

159) lateralis: *Ad abbatem*, p. 114.

160) copulacionem et coincidenciam, seu unionem simplicissimam: *ibid.*

161) Beryllus noster acutius videre facit, ut videamus opposita in principio conexivo ante dualitatem, scilicet antequam sint dua contradictoria: *De Beryllo* 41, *Op.* XI [editio renovata], Hamburg 1988, p. 47.

162) quod omne id quod scio non esse deum: *Deo absc.* 8, p. 6.

163) Non est nihil neque non est, neque est et non est, sed est fons et origo omnium principiorum essendi et non-essendi: *ibid.*, 11, p. 8; cf. *ibid.*, 8-11, pp. 6-8.

164) in ineffabilem divinitatem modo, quo quidem homini conceditur, visum dirigunt: *Non aliud* 15, p. 38.

165) 「神的一性は，〔……〕一切に先立ち一切を包含するように見える」(illa divina unitas, ..., omnia praevenire complicareque videtur): *De coniecturis* I, 5, *Op.* III, Hamburg 1972, p. 21.

166) unum ante ipsum unum, quod est unum: *Non aliud* 15, p. 39; cf. *Ven. sap.* 21, pp. 56-57.

167) Cf. *De possest*; *Ven. sap.* 13, pp. 34-38.

168) 「そこにおいてのみ，否定が肯定と対立するわけではない」in quo solo negatio non opponitur affirmationi: *Ven. sap.* 14, p. 40.

169) coincidentiam contradictoriorum: *Apologia*, p. 15.

170) complicatio omnis esse cuiuscumque existentis: *ibid.*, p. 28.

171) Neque sequitur ex coincidentia etiam oppositorum ... destructio seminis scientiarum, primi principii ... Nam illud principium est quoad rationem discurrentem primum, sed nequaquam quoad intellectum videntem: *ibid.*

172) nemo potest Deum mistice videre nisi in caligine coincidencie, quae est infinitas:

ibid., p. 116.

173) 「第一原因は，それが無限な存在そのものである限り，存在を越えている」。(Causa prima est supra ens in quantum est ipsum esse infinitum): Thomas Aquinas, *In De causis*, lect. 6.

174) per negationem est consideratio de Deo secundum infinitatem: *Apologia*, pp. 32-33; cf. *Docta ign*. I, 26, pp. 54-56.

175) ex se manifestum est infiniti ad finitum proportionem non esse: *Docta ign*. I, 3, p. 8; cf. *Apologia*, p. 18.

176) Nam ille modus, qui est omnis modi modus, non attingitur nisi supra omnem modum: *Apologia*, p. 24.

177) revelate: *Ad abbatem*, p. 114.

178) Cf. *Vis. dei* 9, p. 35.

179) michi visum fuit quod tota ista mistica theologia sit intrare ipsam infinitatem absolutam, dicit enim infinitas contradictoriorum coincidenciam, scilicet finem sine fine: *Ad abbatem*, pp. 115-116.

180) *MTh* 1, 1.

181) saltat supra disiunctionem usque ad ... unionem simplicissimam: *Ad abbatem*, p. 114.

182) quia (oculus noster) quaerit videre lucem, quam videre non potest, hoc scit, quod quamdiu aliquid videt non esse id, quod quaerit, oportet igitur omnem visibilem lucem transilire. Qui igitur transilire debet omnem lucem necesse est, quod id, quod subintrat careat visibili luce. Et ita est oculo (ut sic dicam), tenebra. Et cum est in tenebra illa, quae est caligo, tunc si scit se in caligine esse, scit se ad faciem solis accessisse: *Vis. dei* 6, p. 23.

183) Non comprehensione intellectuali, sed supra in visione: 欄外註記 270, L. Baur, *op. cit*., S. 102.

184) Sacra autem ignorantia me instruit hoc, quod intellectui nihil videtur, esse maximum incomprehensibile: *Docta ign*. I, 7, p. 35.

第７章　アエギディウス・ロマヌスの社会・政治思想

1) 生年に関しては，U. Mariani, *Chiesa e stato nei teologi agostiniani del secolo XIV*, Roma 1957, pp. 45-46 参照。

2) frater Aegidius Romanus, de nobili genere Columnensium: Iordanus de Saxonia, *Liber Vitasfratrum*, New York 1943, l. II, c. 22, p. 236 (U. Mariani, *op. cit*., p. 46). Cf. St. Bross, *Gilles de Rome et son traitē du "De ecclesiastica potestate"*, Paris 1930, pp. 13-15; A. Dyroff, Aegidius von Colonna? Aegidius Conigiatus?, *Philosophisches Jahrbuch* 38 (1925), S. 18-25.

3) divum hominem fratrem Egidium romanum de regione columne: Ambrosius

Coriolanus, *Chron. Ord. Eremit. S. August.*, Roma 1481, f. X (U. Mariani, *op. cit.*, p. 46).

4) Cf. U. Mariani, *op. cit.*, p. 47. Marcus Aurelius Antoninus（在位161-180年）を指す。

5) Cf. J. Miethke, in: I. Fetscher, H. Münkler (Hgg.), *Pipers Handbuch der politischen Ideen,* Bd. 2: *Mittelalter: Von den Anfängen des Islams bis zur Reformation*, München/Zürich 1993, S. 372. Marcus Ulpius Traianus（在位98-117年）を指す。

6) Cf. H.-X. Arquillière, *L'Augustinisme politique. Essai sur la formation des théories politiques du moyen-âge*, Paris 1972, p. 66. Aegidius Romanus, *De ecclesiastica potestate*, II, 7.

7) Cf. P. Mandonnet, La carrière scolaire de Gilles de Rome, *Revue des sciences philosophiques et théologiques* 4 (1910), p. 499; E. Hocedez, Gilles de Rome et S. Thomas, in: *Mélanges Mandonnet*, I, Paris 1930, pp. 385-409; G. Bruni, Egidio Romano e la sua polemica antitomista, *Rivista di filosofia neo-scolastica* 26 (1934), pp. 239-251; Fr. Pelster, Thomistische Streitschriften gegen Ägidius Romanus und ihre Verfasser Thomas von Sutton und Robert von Oxford, *Gregorianum* 24 (1943), S. 135-170; J. Beumer, Augustinismus und Thomismus in der theologischen Prinzipienlehre des Ägidius Romanus, *Scholastik* 32 (1957), S. 542-560; P. W. Nash, Giles of Rome, Auditor and Critic of St. Thomas, *The Modern Schoolman* 28 (1950), pp. 1-20; id., Giles of Rome: A pupil but not a disciple of Thomas Aquinas, in: J. Collins (ed.), *Readings in ancient and medieval Philosophy*, Westminster (Maryland) 1960, pp. 251-257.

8) Cf. J. S. Makaay, *Der Traktat des Ägidius Romanus über die Einzigkeit der substantiellen Form*, Würzburg 1924, S. 2.

9) M. de Wulf (ed.), *Le traité De unitate formae de Gilles de Lessines*. Texte inédit et étude, Louvain 1901.

10) Aegidius Romanus, *Liber contra gradus et pluralitatem formarum*, prooemium (J. S. Makaay, *op. cit.*, S. 8).

11) Cf. U. Mariani, *op. cit.*, p. 62; R. Wielockx (ed.), *Apologia* (*Aegidii Romani Opera Omnia* III, 1), Firenze 1985. Cf. E. Hocedez, La condamnation de Gilles de Rome, *Recherches de théologie ancienne et médiévale* 4 (1932), pp. 33-58.

12) Cf. U. Mariani, *op. cit.*, p. 57; J. H. Burns (ed.), *The Cambridge History of Medieval Political Thought, c. 350-c. 1450*, Cambridge 1988, p. 669; W. Berges, *Die Fürstenspiegel des hohen und späten Mittelalters*, Stuttgart 1938/1952, S. 212.

13) Cf. K. Nolan, *The Immortality of the Soul and the Resurrection of the Body According to Giles of Rome*, Roma 1967.

14) Cf. M. A. Hewson, *Giles of Rome and the Medieval Theory of Conception*, London 1975.

15) Repr. 16 Bde., Frankfurt 1964-1970. Cf. G. Boffito, *Saggio di bibliografia egidiana*,

Firenze 1911; G. Bruni, *Le opere di Egidio Romano*, Firenze 1936; id., Saggio bibliografico sulle opere stampate di Egidio Romano, *Analecta Augustiniana* 24 (1961), S. 331-355; *Aegidii Romani Opera Omnia*, vol. 1, 1: *Prolegomena*, 1-3: *Catalogo dei Manoscritti*, Firenze 1987; J. R. Eastman, Die Werke des Aegidius Romanus, *Augustiniana* 44 (1994), pp. 209-231. Cf. D. A. Perini, *Bibliographia augustiniana*, vol. 1, Firenze 1929, pp. 237-256; G. Bruni, Saggio bibliografico sulle opere stampate di Egidio Romano, *Analecta augustiniana* 24 (1961), pp. 331-355.

16) diffinimus et mandamus inviolabiliter observari ut opiniones, positiones et sententias scriptas et scribendas predicti magistri nostri omnes nostri ordinis lectores et studentes recipiant eisdem prebentes assensum, et eius doctrine omni qua poterunt sollicitudine, ut et ipsi illuminati alios illuminare possint, sint seduli defensores: H. Denifle (ed.), *Chartularium Universitatis Parisiensis*, II, Paris 1891/1964, p. 12, n. 542.

17) Diffinimus et committimus auctoritatem fratri Egidio Romano, Magistro nostro, ut possit Baccellarios Parisius ad legendum sententias vocare prout sibi pro bono ordinis videbitur expedire: Capitulum Generale Ratisbone in Alemannia, *Analecta Augustiniana* 2 (1907-1908), p. 296 (U. Mariani, *op. cit.*, p. 63).

18) Cf. A. Zumkeller, Die Augustinerschule des Mittelalters: Vertreter und philosophisch-theologische Lehre, *Analecta Augustiniana* 27 (1964), S. 167-262 (Lit.).

19) Cf. D. Gutiérrez, *De B. Iacobi Viterbiensis O. E. S. A. vita, operibus et doctrina theologica*, Roma 1939; J. Leclercq, *Jean de Paris et l'ecclésiologie du XIIIe siècle*, Paris 1942; H.-X. Arquillière, *Le plus ancien traité de l'Église. Jacques de Viterbe, De Regimine Christiano (1301-1302)*, Paris 1926; Fr. Bleienstein, *Johannes Quidort von Paris, Über königliche und päpstliche Gewalt (De regia potestate et papali)*, Stuttgart 1969; John of Paris, *On Royal and Papal Power*, trl. by J. A. Watt, Toronto 1971; A. P. Monahan, *John of Paris On Royal and Papal Power*, New York/London 1974; James of Viterbo, *On Christian Government. De Regimine Christiano*, ed., trl. by R. W. Dyson, Woodbridge 1995.

20) Cf. R. Scholz, *Die Publizistik zur Zeit Philipps des Schönen und Bonifaz' VIII.*, Stuttgart 1903/Amsterdam 1969, S. 172-189; B. Ministeri, De Augustini de Ancona, O. E. S. A. († 1328), Vita et Operibus, *Analecta Augustiniana* 22 (1951-1952), pp. 7-56, 148-262; M. J. Wilks, *The Problem of Sovereignty in the Later Middle Ages – The Papal Monarchy with Augustinus Triumphus and the Publicists*, Cambridge 1963.

21) Aegidius Romanus, *Liber de renuntiatione papae* (Roma 1554/Frankfurt 1968. *Opera exegetica. Opuscula* I; Roccaberti [ed.], *Bibliotheca Maxima Pontificia*, II, Roma 1698). Cf. J. R. Eastman, *AEGIDIUS ROMANUS: De renunciacione pape. Kritische Edition und Analyse der Frage der Papstabdankung in der Zeit von Cölestin V. und Bonifaz VIII.*, (Diss.), Würzburg 1985. Cf. J. R. Eastman, *Papal Abdicition in Later*

Medieval Thought, Leviston (N.Y.) 1990.

22) Cf. F. Lajard, Gilles de Rome, in: *Histoire littéraire de la France*, t. 30, Paris 1888, pp. 421-566; J. R. Eastman, Das Leben des Augustiner-Eremiten Aegidius Romanus (ca. 1243-1316), *Zeitschrift für Kirchengeschichte* 100 (1989), S. 318-339 (Lit.).

23) Bonifatius VIII, *Unam Sanctam*, in: I. B. Lo Grasso, *Ecclesia et Status: De mutuis officiis et iuribus fontes selecti*, Roma 1939; H. Denzinger, *Enchiridion symbolorum definitionum et declarationum de rebus fidei et morum*, 37. Aufl. Freiburg im Breisgau 1991, n. 870-875; Br. Tierney, *The Crisis of Church and State 1050-1300,* Englewood Cliffs, N. J., 1964, pp. 188-189.

24) J. Koch, Das Gutachten des Aegidius Romanus über die Lehren des Petrus Johannis Olivi, in: *Scientia Sacra. Festgabe Karl Joseph Kardinal Schulte*, Köln/Düsseldorf 1935, S. 142-168 (mit Ed.); L. Amorós, Aegidius Romanus: Impugnatio doctrinae Joannis Olivi anni 1311-12, *Archivum Franciscanum historicum* 27 (1934), pp. 399-451 (cum editione textus).

25) Aegidius Romanus, *Tractatus contra exemptos*, Roma 1555/Frankfurt 1968 (*Opera exegetica. Opuscula* I).

26) アエギディウスの哲学と神学については，以下の文献を参照。N. Mattioli, *Studio critico sopra Egidio Romano Colonna*, Roma 1896; R. Egenter, *Die Erkenntnispsychologie des Aegidius Romanus*, Regensburg 1926; E. Hocedez, Gilles de Rome et Henri de Gand sur la distinction réelle (1276-1287), *Gregorianum* 8 (1927), pp. 358-384; R. Egenter, Vernunft und Glaubenswahrheit im Aufbau der theologischen Wissenschaft nach Ägidius Romanus, in: *Philosophia perennis. Festgabe Josef Geyser*, Bd. 1, Regensburg 1930, S. 195-208; O. Hieronimi, *Die allgemeine Passionenlehre bei Aegidius von Rom*, (Diss.), Würzburg 1934; D. Trapp, Aegidii Romani doctrina modorum, *Angelicum* 12 (1935), pp. 449-501; F. Richeldi, *La christologia di Egidio Romano*, Modena 1938; P. A. Trapè, *Il concorso divino nel pensiero di Egidio Romano*, Tolentino 1942; J. Paulus, Les disputes d'Henri de Gand et Gilles de Rome sur la distinction de l'essence et l'existence, *Archives d'Histoire doctrinale et littéraire du Moyen-âge* 13 (1943), pp. 323-358; G. Suárez, El pensamiento de Egidio Romano entorno a la distinction de essencia y existencia, *La Ciencia Tomista* 75 (1948), pp. 66-99, 270-272; id., La metafísica de Egidio Romano a la luz de las 24 tesis tomistas, *La Ciudad de Dios* 161 (1946), pp. 93-130, 269-309; J. de Blic, L'intellectualisme moral chez deux aristotéliens de la fin du XIIIe siècle (Gilles de Rome et Godfroid de Fontaines), in *Miscellanea moralia in honorem A. Janssens*, 1, Louvain 1949, pp. 63-104; E. Moody, Ockham and Aegidius Romanus, *Franciscan Studies* 9 (1949), pp. 417-442; P. W. Nash, Giles of Rome on Boethius' "Diversum est esse et id quod est", *Mediaeval Studies* 12 (1950), pp. 57-91; id., Giles of Rome and the Subject of Theology, *Mediaeval Studies* 18 (1956), pp. 61-92; id., The Accidentality of Esse

According to Giles of Rome, *Gregorianum* 38 (1957), pp. 103-115; id., Intention in Knowledge according to Giles of Rome, in: *L'Homme et son destin*, Leuven/Paris 1960, pp. 653-661; G. Bruni, Quomodo sciens potest mala facere secondo Egidio Romano, in: *L'Homme et son destin*, Leuven/Paris 1960, pp. 665-671; J. M. Ozaeta, *La unión hipostática según Egidio Romano*, El Escorial 1965; M. Schmaus, Zur Geistlehre des Aegidius Romanus, in: *Scientia Augustiniana. Festschrift Adolar Zumkeller*, Würzburg 1975, S. 200-213; P. Prassel, *Das Theologieverständnis des Ägidius Romanus O. E. S. A. (1243/7-1316)*, Frankfurt am Main/Bern 1983.

27) Dante, *Convivio*, IV, 24. Cf. J. Röder, *Das Fürstenbild in den mittelalterlichen Fürstenspiegeln auf französischem Boden*, Emsdetten 1933, S. 57.

28) S. P. Molenaer (ed.), *Li Livres du Gouvernement des Rois. A XIIIth Century French Version of Egidio Colonna's Treatise De Regimine Principum*, London 1899.

29) A. Mante (Hg.), Aegidius Romanus, *De Regimine Principum. Eine Mittelniederdeutsche Version*, Lund 1929.

30) F. Corazzini (ed.), *De reggimento de' Principi volgariz. transcritto nel 1288,* Firenze 1858.

31) Cf. W. Ullmann, *Medieval Foundations of Renaissance Humanism*, Ithaca, N. Y. 1977, p. 185.

32) Cf. J. Dunbabin, in: J. H. Burns (ed.), *op. cit.*, p. 485.

33) Cf. J. Miethke, in: id. (Hg.), *Das Publikum politischer Theorie im 14. Jahrhundert*, München 1992, S. 8.

34) Cf. W. Berges, *op. cit.*, S. 320-328.

35) Cf. *ibid*., S. 320; R. Stanka, *Die politische Philosophie des Mittelalters*, Wien 1957, S. 173.

36) W. Berges, *op. cit.*, S. 211.

37) Cf. J.-Ph. Genet, in: J. Miethke (Hg.), *op. cit.*, S. 272; T. Struve, in: *ibid*., S. 155.

38) Cf. J. Miethke, in: id. (Hg.), *op. cit.*, S. 16.

39) R. Scholz (Hg.), Aegidius Romanus, *De ecclesiastica potestate*, Weimar 1929/ Aachen 1961. これはこの著作の最初の印刷本であった。

40) R. W. Dyson (ed.), Giles of Rome, *On Ecclesiastical Power. The De Ecclesiastica Potestate of Aegidius Romanus*, Woodbridge 1986; A. P. Monahan, *On Ecclesiastical Power by Giles of Rome. De Ecclesiastica Potestate by Aegidius of Rome*, Lampeter 1990.

41) Cf. R. Scholz, *Die Publizistik zur Zeit Philipps des Schönen und Bonifaz' VIII.*, S. 32-129; M. Wilks, *op. cit.*, passim; R. W. Carlyle, A. J. Carlyle, *A History of Mediaeval Political Theory in the West*, V, Edinburgh-London 1928, pp. 402-409; Ch. H. McIlwain, *The Growth of Political Thought in the West*, New York 1932, pp. 248-259; A. Zumkeller, Chiesa e stato secondo la dottrina ierocratica di Egidio Romano,

in: *Matteo Novelli e l'Agostinismo politico del trecento* (Atti, Palermo 1981), Palermo 1983, pp. 63–77; G. Vinay, Egidio Romano e la cosidetta *Questio in utramque partem, Bulletino dell' Istituto storico Italiano* 53 (1939), pp. 43–136; R. Kuiters, *De ecclesiastica sive de summi Pontificis potestate secundum Aegidium Romanum*, Roma 1948 (bibl.); id., Was bedeuten die Ausdrücke "directa" und "indirecta potestas papae in temporalibus" bei Ägidius von Rom, Jacobus von Viterbo und Johannes von Paris?, *Archiv für Katholisches Kirchenrecht* 128 (1957–58), S. 99–105; id., Aegidius Romanus and the Authorship of *in utramque partem* and *de ecclesiastica potestate, Augustiniana* 8 (1958), pp. 267–280; W. Ullmann, Boniface VIII and his Contemporary Scholarship, *Journal of Theological Studies* 27 (1976), pp. 58–87; D. Quaglioni, "Regimen ad populum" e "regimen regis" in Egidio Romano e Bartolo de Sassoferrato, *Bulletino dell' Istituto Storico per il medio evo e Archivio Muratoriano* 87 (1978), pp. 201–228; J. Miethke, in: I. Fetscher, H. Münkler (Hgg.), *op. cit*., S. 371–377.

42) Cf. S. P. Molenaer (ed.), *op. cit*., p. IX.

43) 部分訳としては，E. Lewis, *Medieval Political Ideas,* New York 1954, pp. 64–69, 287–291; M. Kaufmann et al. (Hgg.), *Ägidius Romanus' de Colonna, Johannes Gersons, Dionys des Kartäusers und Jakob Sadolets Pädagogische Schriften,* Freiburg i. Br. 1904, S. 3–63 (= *De regimine principum*, II, 2, 1–21).

44) Ex regia ac sanctissima prosapia oriundo suo domino speciali Domino Philippo primogenito et haeredi praeclarissimi viri Domini Philippi dei gratia illustrissimi Regis Francorum, Suus devotus Frater Aegidius Romanus Ordinis Fratrum Eremitarum sancti Augustini, cum recommendatione seipsum, et ad omnia famulatum. ... Quare si vestra generositas gloriosa me amicabiliter requisivit de eruditione principum, sive de regimine Regum, quendam librum componerem ... delectabiliter opus aggrediar, ut vestra reverenda nobilitas requisivit: Aegidius Romanus, *De regimine principum*, Roma 1556/Frankfurt 1968, prologus. 以下，『王制論』からの引用は本文中に（巻・部・章）のかたちで指示する。

45) Cf. *ibid*., I, 1, 12.

46) Cf. K. Werner, *Der Augustinismus des späteren Mittelalters*, Wien 1883, S. 215.

47) Cf. A. Black, *Political Thought in Europe 1250–1450*, Cambridge 1992, p. 142; W. Ullmann, *Law and Politics in the Middle Ages*, London 1975, pp. 274–275; P. Czartoryski, Quelques éléments nouveaux quant au commentaire de Gilles de Rome sur la Politique, *Medievalia Philosophica Polonorum* 11 (1963), S. 43–48. Cf. Aegidius Romanus, *De differentia ethicae, politicae et rhetoricae*: J. J. Murphy, The scholastic condemnation of rhetoric in the commentary of Giles of Rome on the Rhetoric of Aristotle, in: *Arts libéraux et philosophie au Moyen Age*, Paris 1969, pp. 833–841.

48) Cf. J. P. Canning, in: J. H. Burns (ed.), *op. cit.*, p. 356.

49) Cf. T. Struve, in: J. Miethke (Hg.), *op. cit*., S. 160, 168, 170.

50） ipsa acta singularia, quae sunt materia huius operis, ostendunt incedendum esse figuraliter et typo: Aegidius Romanus, *De regimine principum,* I, 1, 1.

51） Cum ergo rationes ... superficiales et grosse magis moveant et inflammant affectum ... in negotio morali, ubi quaeritur rectitudo voluntatis, et ut boni fiamus, procedendum est persuasive et figuraliter: *ibid*., I, 1, 2.

52） Cf. J. B. Morrall, *Political Thought in Medieval Times*, New York 1958, p. 87.

53） Est etiam hic ordo non solum rationale, sed etiam naturalis. Natura enim semper ex imperfecto ad perfectum procedit: Aegidius Romanus, *De regimine principum*, I, 1, 2.

54） Cf. A. Black, *op. cit*., p. 93; J. Dunbabin, in: J. H. Burns (ed.), *op. cit*., p. 481.

55） Cf. Thomas Aquinas, *Summa theologiae*, I-II, qq. 1-3.

56） Cf. Aristoteles, *Ethica Nicomachea*, II, c. 7.

57） Cf. id., *De anima*, III, c. 8, 432a2 (text. 38).

58） Cf. T. Struve, in: J. Miethke (Hg.), *op. cit*., S. 156-157, 159.

59） Cf. Aristoteles, *Politica*, I, c. 2. ここにおいては，アリストテレスの自然概念にもとづく社会の理解と，罪の結果としての社会というアウグスティヌス的な理解（アエギディウスは『王制論』においては後者を意図的に引用していない［III, 1, 1]）と並んで，人間の社会性を根拠づける（キケロに代表される）第三の観点を導入することは不必要と思われる。それというのもアエギディウスの立場からすれば，自然本性に従う人間の自由な自発性，つまり社会的結合に対する自由な同意という思想は，アリストテレスの自然概念の内にすでに萌芽的に含まれているからである。Cf. J. Quillet, in: J. H. Burns, *op. cit*., p. 534.

60） Thomas Aquinas, *De regimine principum ad regem Cypri*, I, c. 1.

61） R. Lambertini, A proposito della “costruzione” dell’ oeconomica in Egidio Romano, *Medioevo* 14 (1988), pp. 315-370; H. Gottwald, *Vergleichende Studie zur Ökonomik des Aegidius Romanus und des Justus Menius*, Frankfurt am Main 1988, S. 22-166.

62） Cf. Aristoteles, *Politica*, VII, c. 17; *ibid*., VIII, c. 4.

63） Cf. H. G. Walther, in: J. Miethke (Hg.), *op. cit*., S. 113-116.

64） Cf. R. W. Carlyle, A. J. Carlyle, *op. cit.*, pp. 21-24; Aristoteles, *Politica*, I, c. 3.

65） Omnis virtus unita plus est infinita quam virtus multiplicata: *Liber de Causis*, c. 16, 138 (PhB 553).

66） Cf. J. Dunbabin, in: J. H. Burns (ed.), *op. cit*., p. 484.

67） Cf. Fr. Merzbacher, Die Rechts-, Staats- und Kirchenauffassung des Aegidius Romanus, *Archiv für Rechts- und Sozialphilosophie* 41 (1954), S. 88-97.

68） Cf. Aristoteles, *Rhetorica*, I, c. 10; id., *Ethica Nicomachea,* V, c. 13.

69） Cf. H. G. Walther, in: J. Miethke (Hg.), *op. cit*., S. 116; Aristoteles, *Politica*, III, c. 12.

70) 「生きた法」(lex animata) という表現のプラトン的背景 (Plato, *Politicus* 294-296) に関して, E. H. Kantorowicz, *The King's Two Bodies. A Study in Mediaeval Political Theology*, Princeton 1957, p. 76 (カントロヴィッチ『王の二つの身体』小林公訳, 平凡社, 1992年, 554頁以下) 参照。Cf. G. Trapè, Il Platonismo di Egidio Romano, *Aquinas* (1964), pp. 309-344; G. J. D. Aalders, 'ΝΟΜΟΣ ΕΜΨΥΧΟΣ', in: *Politeia und Respublica. Gedenkschrift R. Stark, Palingenesis* (Wiesbaden) 4 (1966), S. 315-329; A. Steinwenter, 'ΝΟΜΟΣ ΕΜΨΥΧΟΣ'. Zur Geschichte einer politischen Theorie, *Anzeiger der Akademie der Wissenschaften in Wien*, philosoph.-historische Klasse 83 (1946), S. 250-268.

71) Cf. R. Scholz, *Die Publizistik zur Zeit Philipps des Schönen und Bonifaz' VIII.*, S. 115-116; B. Nardi, Egidio Romano e l'averroismo, *Rivista di storia della Filosofia* 3 (1948), pp. 1-22.

72) ita quia principium vitae, et principium movendi est in corde, sicut forte principium sentiendi est in cerebro: Aegidius Romanus, *De regimine principum*, I, 2, 11.

73) Cf. T. Struve, *Die Entwicklung der organologischen Staatsauffassung im Mittelalter*, Stuttgart 1978, S. 184-185.

74) Cf. J. P. Canning, in: J. H. Burns (ed.), *op. cit.*, p. 356; R. Scholz, *Die Publizistik zur Zeit Philipps des Schönen und Bonifaz' VIII.*, S. 118; J. Miethke, in: id. (Hg.), *op. cit.*, S. 373-374.

75) 以下, 註記のない引用は『ローマ書註解』からのものである。筆者の用いた一五五五年版 (Frankfurt am Main 1968) の『ローマ書註解』には章・節番号と頁番号が記載されていないため, 引用個所を具体的に指示することができない。

76) Cf. Aegidius Romanus, *De ecclesiastica potestate,* I, 4.

77) decet regem, quia est dei minister, suam felicitatem ponere in ipso deo: id., *De regimine principum*, I, 1, 12.

78) Cf. id., *De ecclesiastica potestate*, I, 3; *ibid.*, II, 5; *ibid.*, II, 14.

79) Cf. W. Ullmann, *Medieval Foundations of Renaissance Humanism*, Ithaca, N. Y. 1977, pp. 143-144. Cf. Aegidius Romanus, *De ecclesiastica potestate,* III, 3.

80) Cf. Aegidius Romanus, *De ecclesiastica potestate*, II, 9.

81) Cf. *ibid.*, I, 2.

82) Igitur si a solo Deo est papatus, est tamen in hac persona vel in illa per cooperationem humanam. Et quia ad talem potestatem habendam intervenit opus humanum, ideo opere humano desinere potest, quia cooperatione humana esse habuit: id., *De renuntiatione papae,* 6 (Roccaberti [ed.], *Bibliotheca Maxima Pontificia*, II, Roma 1698, p. 58). Illud quod sic est a Deo quod ad illud possunt cooperari creaturae, creaturarum opere tolli potest: *ibid.*, 5 (p. 8). Cf. U. Mariani, *op. cit.*, p. 144; R. W. Carlyle, A. J. Carlyle, *op. cit.*, p. 77.

83) Cf. W. Ullmann, *The Individual and Society in the Middle Ages*, Baltimore 1966,

p. 139.

84) Cf. A. Black, *op. cit.*, p. 143.

85) Cf. K. Bosl, in: I. Fetscher, H. Münkler (Hgg.), *op. cit.*, S. 181-188; A. Zumkeller, Ägidius von Rom, in: *Theologische Realenzyklopädie*, I, Berlin/New York 1977, S. 464.

86) Cf. Bernardus Claraevallensis, *De consideratione ad Eugenium papam*, IV, 3, 7 (*Opera* III, Roma 1963, p. 454; PL 182, 776C).

87) Cf. Hugo de Sancto Victore, *De sacramentis christianae fidei*, II, 2, 3 et 4 (PL 176, 417; R. J. Deferrari [trl.], Hugh of Saint Victor, *On the Sacraments of the Christian Faith*, Cambridge, Mass. 1951, pp. 255-256).

88) Cf. A. Truyol y Serra, *Historia de la Filosofia del Derecho y del Estado,* I: *De los origenes a la baja Edad Media,* (1954), Madrid 1982, p. 393.

89) Nam sicut anima corpus regit et conservat, sic rex regit et conservat regnum: et sicut anima est salus et vita corporis, sic rex si recte principetur est salus et vita regni: Aegidius Romanus, *De regimine principum,* III, 2, 34.

90) Est enim rex caput regni: caput autem ad alia membra dupliciter comparatur. Primo quidem, quia est altius et excellentius illis. Secundo vero, quia ea dirigit in actiones suas: *ibid*., III, 2, 35.

91) oportet esse similem et conformem deo, qui ab eo remunerari desiderat: quanto ergo quis magis gerit imaginem eius, et plus se conformat ei, maius meritum ab ipso suscipiet: principis autem status requirit, ut sit deo conformior, quam eius subditi: *ibid*., I, 1, 14.

92) sed custos civitatis et custos regni totius oportet quod sit virtuosus et epykis idest super iustus: decet enim talem esse quasi semideum, ut sicut alios dignitate et potentia excellit, sic eos bonitate superet: *ibid*., III, 2, 15.

93) Cf. M. J. Wilks, *op. cit.*, pp. 201-202.

94) Cf. W. Ullmann, *The Medieval Idea of Law as represented by Lucas de Penna,* London 1946, pp. 32-33; C. Fasolt, in: J. Miethke (Hg.), *op. cit.*, S. 65; D. Quaglioni, in: J. Miethke, *op. cit.*, S. 97; J. Dunbabin, in: J. H. Burns (ed.), *op. cit.*, p. 485; W. Berges, *op. cit.*, S. 327; A. Zumkeller, Ägidius von Rom, in: *Theologische Realenzyklopädie*, I, S. 464.

第8章　フライベルクのディートリヒの知性論

1) R. Haass, Köln, 4) Kirchen u. Klöster, *Lexikon für Theologie und Kirche*, 2. Aufl., Bd. 6, Freiburg 1961, Sp. 392.

2) Ph. Strauch (Hg.), *Paradisus anime intelligentis (Paradis der fornuftigen sele),* Berlin 1919; E. Morvay, D. Grube, *Bibliographie der deutschen Predigt des Mittelalters. Veröffentlichte Predigten*, München 1974.

3) J. W. Frank, Dominikanerorden, *Lexikon für Theologie und Kirche*, 3. Aufl., Bd.

3, Freiburg/Basel/Rom/Wien 1995, Sp. 311.

4) G. Löhr, *Beiträge zur Geschichte des Kölner Dominikanerklosters im Mittelalter*, 2 Bde., 1920–1922; M. Grabmann, Forschungen zur Geschichte der ältesten deutschen Thomistenschule des Dominikanerordens, in: id., *Mittelalterliches Geistesleben*, I, München 1926, S. 392–431; id., Der Einfluß Alberts des Großen auf das mittelalterliche Geistesleben, in: id., *Mittelalterliches Geistesleben*, II, München 1936, S. 325–413; G. M. Löhr, *Die Kölner Dominikanerschule vom 14. bis zum 16. Jahrhundert, mit einer Übersicht über die Gesamtentwicklung*, Freiburg i. Ü. 1946; E. Filthaut, Johannes Tauler und die deutsche Dominikanerscholastik des XIII./XIV. Jahrhunderts, in: id. (Hg.), *Johannes Tauler. Ein deutscher Mystiker. Gedenkschrift zum 600. Todestag*, Essen 1961, S. 94–121; L. Sturlese, Albert der Große und die deutsche philosophische Kultur des Mittelalters, *Freiburger Zeitschrift für Philosophie und Theologie* 28 (1981), S. 133–147; A. de Libera, *Introduction à la mystique rhénane, d'Albert le Grand à Maître Eckhart*, Paris 1984; R. Imbach, C. Flüeler (Hgg.), *Albert der Große und die deutsche Dominikanerschule. Philosophische Perspektiven*, Freiburg 1985 (= Sonderdruck aus: *Freiburger Zeitschrift für Philosophie und Theologie* 32 (1985)); A. Zimmermann (Hg.), *Die Kölner Universität im Mittelalter. Geistige Wurzeln und soziale Wirklichkeit* (Miscellanea Mediaevalia 20), Berlin/New York 1989; M. J. F. M. Hoenen, A. de Libera (Hgg.), *Albertus Magnus und der Albertismus. Deutsche philosophische Kultur des Mittelalters* (Studien und Texte zur Geistesgeschichte des Mittelalters 48), Leiden/New York/Köln 1995; R. Imbach, Die deutsche Dominikanerschule. Drei Modelle einer Theologia mystica, in: id., *Quodlibeta. Ausgewählte Aufsätze* (Dokimion 10), Fribourg (Suisse) 1996, S. 109–127.

5) J. Daguillon (ed.), Ulrich de Strasbourg O. P., *La 'Summa de bono', Livre I* (Bibliothèque Thomiste 12), Paris 1930; Ulrich von Strassburg, *De summo bono*, l. I; III; IV, Tract. 1–2, 7; Tract. 1–4 (Corpus Philosophorum Teutonicorum Medii Aevi I, 1; I, 2 (1); I, 3 (1); I, 4 (1)), 4 Bde., Hamburg 1987–2004; A. Stohr, *Die Trinitätslehre Ulrichs von Straßburg, mit besonderer Berücksichtigung ihres Verhältnisses zu Albert dem Großen und Thomas von Aquin*, Münster 1928; W. Breuning, *Die Christologie, Soteriologie und Mariologie des Ulrich von Straßburg. Ein Beitrag zur Geistesgeschichte des 13. Jahrhunderts* (Trierer Theologische Studien 29, I–II), 2 Bde., Trier 1975; F. J. Lescoe, *God as First Principle in Ulrich of Strasbourg*, New York 1979; シュトラスブルクのウルリヒ『最高善について』，上智大学中世思想研究所編訳・監修『中世思想原典集成』第13巻「盛期スコラ学」，平凡社，1993年，541–611頁。

6) K. Flasch, L. Sturlese (eds.), *Corpus Philosophorum Teutonicorum Medii Aevi*, Hamburg 1983ff. 以下の著者たちに関しては次の辞典の各項目を参照。*Lexikon des Mittelalters*, 10 Bde., Berlin/New York 1977–1999; *Die deutsche Literatur des Mittelalters. Verfasserlexikon*, 10 Bde., Berlin/New York 1978–1999.

7) K. Schmitt, *Die Gotteslehre des Compendium theologicae veritatis des Hugo Ripelin von Straßburg*, Münster 1940; G. Steer, *Hugo Ripelin von Straßburg. Zur Rezeptions- und Wirkungsgeschichte des 'Compendium theologicae veritatis' im deutschen Spätmittelalter*, Tübingen 1981.

8) Nikolaus von Strassburg, *Summa II, 8-14* (Corpus Philosophorum Teutonicorum Medii Aevi V, 2 (3)), Hamburg 1990; E. Hillenbrand, *Nikolaus von Straßburg. Religiöse Bewegung und dominikanische Theologie im 14. Jahrhundert* (Forschungen zur oberrheinischen Landesgeschichte 21), Freiburg i. Br. 1968; L. Sturlese, Eckhart, Teodorico e Picardi nella "Summa philosophiae" di Nicolas di Strasburgo, *Giornale critico della filosofia italiana* 61 (1982), pp. 183-206; C. Wagner, *Materie im Mittelalter. Editionen und Untersuchungen zur Summa (II, 1) des Nikolaus von Strassburg OP*, Freiburg (Schweiz) 1986.

9) N. Appel, *Gerhard von Sterngassen und sein 'Pratum animarum'*, (Diss.), Saarlouis 1934.

10) W. Senner, *Johannes von Sterngassen OP und sein Sentenzenkommentar*, 2 Bde., Teil I: *Studie*, Teil II: *Texte*, Berlin 1995.

11) A. Auer, *Johannes von Dambach und die Trostbücher vom 11. bis zum 16. Jahrhundert*, Münster 1928.

12) K. P. Schumann, *Heinrich von Herford. Enzyklopädische Gelehrsamkeit und universalhistorische Konzeption im Dienste dominikanischer Studienbedürfnisse*, Münster 1996.

13) Bertoldo di Moosburg, *Expositio super Elementationem Theologicam Procli 184-211* (Temi e Testi 18), Roma 1974; Berthold von Moosburg, *Expositio super Elementationem Theologicam Procli 1-13; 14-34* (Corpus Philosophorum Teutonicorum Medii Aevi VI, 1-2), 2 Bde., Hamburg 1984-1986; M. R. Pagnoni-Sturlese, Filosofia della natura e filosofia dell'intelletto in Teodorico di Freiberg e Bertoldo di Moosburg, in: K. Flasch (Hg.), *Von Meister Dietrich zu Meister Eckhart* (Corpus Philosophorum Teutonicorum Medii Aevi, Beiheft 2), S. 115-127; L. Sturlese, Proclo ed Ermete in Germania da Alberto Magno a Bertoldo di Moosburg. Per una prospettiva di ricerca sulla cultura filosofica tedesca nel secolo delle sue origini (1250-1350), in: K. Flasch (Hg.), *Von Meister Dietrich zu Meister Eckhart*, S. 22-33; id., 'Homo divinus'. Der Prokloskommentar Bertholds von Moosburg und die Probleme der nacheckhartschen Zeit, in: K. Ruh (Hg.), *Abendländische Mystik im Mittelalter. Symposion Kloster Engelberg 1984*, Stuttgart 1986, S. 145-161; B. Mojsisch, Aristoteles' Kritik an Platons Theorie der Ideen und die Dietrich von Freiberg berücksichtigende Kritik dieser Kritik seitens Bertholds von Moosburg, in: K.-H. Kandler, B. Mojsisch, F.-B. Stammkötter, *Dietrich von Freiberg. Neue Perspektiven seiner Philosophie, Theologie und Naturwissenschaft. Freiberger Symposion: 10.-13.*

März 1997 (Bochumer Studien zur Philosophie 28), Amsterdam/Philadelphia 1999, S. 267-281.

14) K. Flasch, Einleitung, in: Dietrich von Freiberg, *Schriften zur Intellekttheorie*, Opera omnia I, S. IX-XXXIX; id., Einleitung, in: Dietrich von Freiberg, *Schriften zur Metaphysik und Theologie*, Opera omnia II, S. XIII-XXXI; id., Einleitung, in: Dietrich von Freiberg, *Schriften zur Naturphilosophie und Metaphysik*, Opera omnia III, S. XV-LXXX; L. Sturlese, Il progetto filosofico di Dietrich di Freiberg, in: id., *Storia della filosofia tedesca nel Medio Evo. Il secolo XIII*, Firenze 1996, pp. 181-275.

15) Dietrich von Freiberg, *Opera omnia* (Corpus Philosophorum Teutonicorum Medii Aevi II, 1-4), 4 Bde., Hamburg 1977, 1980, 1983, 1985. 他の新しい版および現代訳としては以下のものがある。F. Stegmüller, Meister Dietrich von Freiberg über den Ursprung der Kategorien, *Archives d'Histoire doctrinale et littéraire du Moyen-âge* 24 (1957), pp. 115-201; H. Steffan, *Dietrich von Freibergs Traktat De cognitione entium separatorum. Studie und Text*, (Diss.), Bochum 1977; M. R. Pagnoni-Sturlese, La 'Quaestio utrum in Deo sit aliqua vis cognitiva inferior intellectu' di Teodorico de Freiberg, in: *Xenia Medii Aevi historiam illustrantia oblata Thomae Kaeppeli*, I, Roma 1978 pp. 101-174; B. Mojsisch (Hg.), Dietrich von Freiberg, *Abhandlung über den Intellekt und den Erkenntnisinhalt* (PhB 322), Hamburg 1980; Dietrich von Freiberg, Der tätige Intellekt und die beseligende Schau, in: *Geschichte der Philosophie in Text und Darstellung*, Bd. 2: K. Flasch (Hg.), *Mittelalter*, Stuttgart 1982, S. 412-431; M. L. Führer (tr.), Dietrich of Freiberg, *Treatise on the Intellect and the Intelligibile*, Milwaukee, Wisconsin 1992; フライベルクのティートリヒ「至福直観について」『中世思想原典集成』第13巻「盛期スコラ学」785-823頁; B. Mojsisch (Übers.), K.-H. Kandler (Einl.), Dietrich von Freiberg, *Abhandlung über Akzidentien* (PhB 472), Hamburg 1994; A. de Libera, C. Michon (eds.), Thomas d'Aquin, Dietrich de Freiberg. *L'être et l'essence. Le vocabulaire médiéval de l'ontologie*, Paris 1996; B. Mojsisch (ed.), Theodoricus de Vriberch, Tractatus de origine rerum praedicamentalium cap. V, *Bochumer Philosophisches Jahrbuch für Antike und Mittelalter* 2 (1997), S. 127-156; id. (Übers.), Dietrich von Freiberg, Abhandlung über den Ursprung der kategorial bestimmten Realität, Kapitel 5, *Bochumer Philosophisches Jahrbuch für Antike und Mittelalter* 2 (1997), S. 157-185; B. Mojsisch (Hg. und Übers.), Theodoricus de Vriberch (Dietrich von Freiberg), *Tractatus de visione beatifica/Abhandlung über die beseligende Schau*, Tiflis 2003. ディートリヒの各著作の内容については，K. Flasch, *Dietrich von Freiberg. Philosophie, Theologie, Naturforschung um 1300*, Frankfurt am Main 2007.

16) L. Sturlese, *Dokumente und Forschungen zu Leben und Werk Dietrichs von Freiberg* (Corpus Philosophorum Teutonicorum Medii Aevi, Beiheft 3), Hamburg 1984; L. Sturlese, Dietrich von Freiberg, in: *Die deutsche Literatur des Mittelalters.*

Verfasserlexikon, II, Berlin/New York 1979, Sp. 127–137; B. Mojsisch, D. v. Freiberg, in: *Lexikon des Mittelalters*, III, München/Zürich 1986, Sp. 1033–1036.

17) M. R. Pagnoni-Sturlese, Per una datazione del “De origine” di Teodorico di Freiberg, *Annali della Scuola Normale Superiore di Pisa, Classe di lettere e filosofia*, ser. 3, 11: 2 (1981), pp. 431–445; L. Sturlese (ed.), (Einleitung zu:) Tractatus de origine rerum praedicamentalium, in: Dietrich von Freiberg, *Schriften zur Naturphilosophie und Metaphysik*, S. 131–133.

18) L. Sturlese, *Dokumente und Forschungen zu Leben und Werk Dietrichs von Freiberg*, S. 56.

19) *Ibid*., S. 62–63.

20) *Ibid*., S. 137–141, Zitate S. 141.

21) L. Sturlese, Einleitung, in: Dietrich von Freiberg, *Schriften zur Naturwissenschaft. Briefe*, Opera omnia IV, p. XLV.

22) A. C. Crombie, *Robert Grosseteste and the Origins of Experimental Science 1100–1700*, Oxford 1953, pp. 233–277; W. A. Wallace, *The Scientific Methodology of Theodoric of Freiberg. A case study of the relationship between science and philosophy* (Studia Friburgensia, New Series 26), Fribourg (Switzerland) 1959, pp. 245–248.

23) L. Sturlese, Einleitung, *loc. cit*., pp. XIII–XLV.

24) R. Imbach, “Gravis iactura verae doctrinae”. Prolegomena zu einer Interpretation der Schrift *De ente et essentia* Dietrichs von Freiberg O. P., *Zeitschrift für Philosophie und Theologie* 26 (1979), S. 369–425 (= id., *Quodlibeta*, S. 153–207).

25) R. Imbach, Metaphysik, Theologie und Politik. Zur Diskussion zwischen Nikolaus von Strassburg und Dietrich von Freiberg über die Abtrennbarkeit der Akzidentien, *Theologie und Philosophie* 61 (1986), S. 359–395.

26) L. Sturlese, Gottebenbildlichkeit und Beseelung des Himmels in den Quodlibeta Heinrichs von Lübeck O. P., *Freiburger Zeitschrift für Philosophie und Theologie* 24 (1977), S. 191–233; id., Il “De animatione caeli” di Teodorico di Freiberg, in: *Xenia Medii Aevi historiam illustrantia oblata Thomae Kaeppeli*, I, pp. 175–274; A. de Libera, Ex uno non fit nisi unum. La lettre sur le Principe de l’univers et les condamnations parisiennes de 1277, in: *Historia philosophiae medii aevi. Studien zur Geschichte der Philosophie des Mittelalters. Festschrift für K. Flasch*, 2 Bde., Amsterdam/Philadelphia 1991, pp. 543–560.

27) R. Rehn, Quomodo tempus sit? Zur Frage nach dem Sein der Zeit bei Aristoteles und Dietrich von Freiberg, in: K. Flasch (Hg.), *Von Meister Dietrich zu Meister Eckhart*, S. 1–11; R. C. Dales, Time and Eternity in the Thirteenth Century, *Journal of the History of Ideas* 49 (1988), pp. 27–45; N. Largier, *Zeit, Zeitlichkeit, Ewigkeit. Ein Aufriss des Zeitproblems bei Dietrich von Freiberg und Meister Eckhart*, Berlin/Frankfurt am Main/New York/Paris, S. 1–71, 195–251; U. R. Jeck, *Aristoteles contra*

Augustinum. Zur Frage nach dem Verhältnis von Zeit und Seele bei den antiken Aristoteleskommentatoren, im arabischen Aristotelismus und im 13. Jahrhundert (Bochumer Studien zur Philosophie 21), Amsterdam/Philadelphia 1994.

28) K. Flasch, Die Seele im Feuer. Aristotelische Seelenlehre und augustinisch-gregorianische Eschatologie bei Albert von Köln, Thomas von Aquino, Siger von Brabant und Dietrich von Freiberg, in: M. J. F. M. Hoenen, A. de Libera (Hgg.), *op. cit.*, S. 125-126; K.-H. Kandler, Theologische Implikationen der Philosophie Dietrichs von Freiberg, in: *Dietrich von Freiberg. Neue Perspektiven seiner Philosophie, Theologie und Naturwissenschaft*, S. 121-134; id., Theologie und Philosophie nach Dietrich von Freibergs Traktat "De subiecto theologiae", in: J. A. Aertsen, A. Speer (Hgg.), *Was ist Philosophie im Mittelalter?* (Miscellanea Mediaevalia 26), Berlin 1998, S. 642-647; id., Erkenntnis und Glaube. Zur theologischen Relevanz des Begriffs *intellectus agens* bei Dietrich von Freiberg, *Kerygma und Dogma* 46 (2000), S. 196-204; id., 《*Anima beata vel homo glorificiatus possit progredi in aliquam naturalem cognitionem.*》 Bemerkungen zu eschatologischen Gedanken des Dietrich von Freiberg, vor allem zu seinem Traktat *De dotibus corporum gloriosorum*, in: J. A. Aertsen, M. Pickavé (Hgg.), *Ende und Vollendung. Eschatologische Perspektiven im Mittelalter* (Miscellanea Mediaevalia 29), Berlin/New York 2002, S. 434-447.

29) F.-B. Stammkötter, Dietrich von Freiberg und die praktische Philosophie, in: *Dietrich von Freiberg. Neue Perspektiven seiner Philosophie, Theologie und Naturwissenschaft*, S. 135-147.

30) L. Sturlese, *Dokumente und Forschungen zu Leben und Werk Dietrichs von Freiberg*, S. 12-17, 140; L. Sturlese, Alle origine della mistica speculativa tedesca: Antichi testi su Teodorico di Freiberg, *Medioevo* 3 (1977), pp. 28-46.

31) Indices in tomos I-IV Operum omnium, in: Dietrich von Freiberg, *Schriften zur Naturwissenschaft. Briefe*, S. 311-339.

32) B. Mojsisch, Averroistische Elemente in der Intellekttheorie Dietrichs von Freiberg, in: F. Niewöhner, L. Sturlese (Hgg.), *Averroismus im Mittelalter und in der Renaissance*, Zürich 1994, S. 180-186.

33) P. Mazzarella, *Metafisica e gnoseologia nel pensiero di Teodorico di Vriberg*, Napoli 1967, p. XV; M. R. Pagnoni-Sturlese, A Propos du néoplatonisme d'Albert le Grand. Aventures et mésaventures de quelques textes d'Albert dans le Commentaire sur Proclus de Berthold de Moosburg, *Archives de Philosophie* 43 (1980), pp. 635-654; B. Mojsisch, La psychologie philosophique d'Albert le Grand et la théorie de l'intellect de Dietrich de Freiberg: essai de comparaison, *Archives de Philosophie. Recherches et documentation* 43 (1980), pp. 657-693; A. de Libera, *Albert le Grand et la philosophie*, Paris 1990, pp. 268-277; L. Sturlese, *Die deutsche Philosophie im Mittelalter bis zu Albert dem Großen 748-1280*, München 1993, S. 322-388.

34) R. Imbach, (Néo)Platonisme médiéval. Proclus latin et l'école dominicaine allemande, *Revue de Théologie et de Philosophie* 110 (1978), pp. 427-448; C. Riccati, La presenza di Proclo tra neoplatonismo arabizzante e tradizione dionisiana (Bertoldo di Moosburg e Niccolò Cusano), in: *Concordia discors. Studi su Niccolò Cusano e l'umanesimo europeo offerti a Giovanni Santinello*, Padova 1993, pp. 23-28.

35) A. Maurer, The "De quiditatibus Entium" of Dietrich of Freiberg and its Criticism of Thomistic Metaphysics, *Mediaeval Studies* 18 (1956), pp. 173-203 (= id., *Being and Knowing. Studies in Thomas Aquinas and Later Medieval Philosophers*, Toronto 1990, pp. 177-199); K. Flasch, Einleitung, in: Dietrich von Freiberg, *Schriften zur Intellekttheorie*, S. XVI-XIX: id., Einleitung, in: Dietrich von Freiberg, *Schriften zur Naturphilosophie und Metaphysik*, pp. XVII-XXXII; K.-H. Kandler, Einleitung, in: B. Mojsisch (Übers.), K.-H. Kandler (Einl.), *op. cit.*, XXXV-XLIV; A. de Libera, C. Michon (eds.), *op. cit.*, pp. 11-12; K. Ruh, *Geschichte der abendländischen Mystik*, III: *Die Mystik des deutschen Predigerordens und ihre Grundlegung durch die Hochscholastik*, München 1996, S. 191-192; R. Imbach, L'antithomisme de Thierry de Freiberg, *Revue Thomiste* 97 (1997), pp. 245-258; id., Pourquoi Thierry de Freiberg a-t-il critiqué Thomas d'Aquin? Remarques sur le *De accidentibus, Freiburger Zeitschrift für Philosophie und Theologie* 45 (1998), pp. 116-129.

36) F.-X. Putallaz, *La Connaissance de soi au XIIIe siècle. De Matthieu d'Aquasparta à Thierry de Freiberg*, Paris 1991, p. 321 n. 82.

37) K. Flasch (Hg.), *Von Meister Dietrich zu Meister Eckhart*, passim; 拙論「知性論と神秘思想」，『中世哲学の源流』創文社，1995年，656-660頁; K. Ruh, *op. cit.*, S. 205-208; B. Mojsisch, "Dynamik der Vernunft" bei Dietrich von Freiberg und Meister Eckhart, in: K. Ruh (Hg.), *op. cit.*, S. 135-144; *Dietrich von Freiberg. Neue Perspektiven seiner Philosophie, Theologie und Naturwissenschaft*, passim.

38) W. Preger, *Der altdeutsche Tractat von der wirkenden und möglichen Vernunft*, München 1871, S. 159-189; 前掲拙論，660-664頁; K. Ruh, *op. cit.*, S. 199-204; N. Winkler, Dietrich von Freiberg und Meister Eckhart in der Kontroverse mit Thomas von Aquin. Intellektnatur und Gnade in der Schrift *Von der wirkenden und der vermögenden Vernunft*, die Eckhart von Gründig zugeschrieben wird, in: *Dietrich von Freiberg. Neue Perspektiven seiner Philosophie, Theologie und Naturwissenschaft*, S. 189-266, bes. S. 239-266: Eckhart von Gründig, Von der wirkenden und der vermögenden Vernunft (Die Lehre von der Seligkeit)［現代ドイツ語訳と註解］。

39) K.-H. Kandler, Die intellektuale Anschauung bei Dietrich von Freiberg und Nikolaus von Kues, *Kerygma und Dogma* 43 (1997), S. 2-19.

40) Nicolaus de Cusa, *Apologia doctae ignorantiae*, ed. R. Klibansky, Opera omnia II, Leipzig 1932, p. 30.

41) M. J. F. M. Hoenen, Heymeric van de Velde (†1460) und die Geschichte des

Albertismus. Auf der Suche nach den Quellen der albertistischen Intellektlehre des "Tractatus problematicus", in: M. J. F. M. Hoenen, A. de Libera (Hgg.), *op. cit.*, S. 301-331.

42) M. L. Führer, *op. cit.*, S. 70-71, 88.

43) M. Mojsisch, *Die Theorie des Intellekts bei Dietrich von Freiberg* (Beihefte zu Dietrich von Freiberg, Opera omnia, Beiheft 1), Hamburg 1977; A. de Libera, *Introduction à la mystique rhénane, d'Albert le Grand à Maître Eckhart*, pp. 163-229, 373-384; F.-X. Putallaz, *op. cit.*, pp. 303-380.

44) B. Nardi, *Sigieri di Brabante nel pensiero del Rinascimento Italiano*, Roma 1945, pp. 21-38; id., *Saggi sull'Aristotelismo Padovano dal secolo XIV al XVI*, Firenze 1958, pp. 138-139; Z. Kuksewicz, *De Siger de Brabant à Jacques de Plaisance. La théorie de l'intellect chez les averroistes latins des XIIIe et XIVe siècles*, Wrocław/Varsovie/Cracovie 1968, pp. 47-49.

45) Boethius Dacus, *De summo bono*, Opera IV, Pars II: *Opuscula*, Haunia 1976, pp. 369-377; F. Bottin (ed.), Boezio di Dacia, Giacomo da Pistoia, *Ricerca della felicità e placeri dell'intelletto*, Firenze 1989, pp. 14-26; J. F. Wippel (ed.), Boethius of Dacia, *On the Supreme Good, On the Eternity of the World, On Dreams*, Toronto 1987, pp. 5-9.

46) Quod quaelibet intellectualis natura in se ipsa naturaliter est beata, quodque anima non indiget lumine gloriae, ipsam elevante ad Deum videndum et eo beate fruendum: Concilium Viennense, *Constitutio "Ad nostrum qui"*, 6. Maii 1312, n. (5), (*DS* 895).

47) X. Le Bachelet, Benoit XII, constitution Benedictus Deus, *Dictionnaire de Théologie Catholique*, II, Paris 1910, coll. 657-696; G. Hoffmann, *Der Streit über die selige Schau Gottes (1331-38)*, Leipzig 1917; F. Lakner, Zur Eschatologie bei Johannes XXII., *Zeitschrift für katholische Theologie* 72 (1950), S. 326-332; D. Douie, John XXII and the Beatific Vision, *Dominican Studies* 3 (1950), pp. 154-174; M. Dykmans (ed.), Robert d'Anjou, *La vision béatifique. Traité envoyé au pape Jean XXII*, Rome 1970; id., *Les sermons de Jean XXII sur la vision béatifique*, Rome 1973; id., *Pour ou contre Jean XXII en 1333. Deux traités Avignonnais sur la vision béatifique*, Città del Vaticano 1975.

48) Subi. 3. (5) [III, 281]; Augustinus, *De Genesi ad litteram* VIII 9, n. 17; T. Suarez-Nani, Substances séparées, intelligences et anges chez Thierry de Freiberg, in: *Dietrich von Freiberg. Neue Perspektiven seiner Philosophie, Theologie und Naturwissenschaft*, p. 62.

49) J. A. Aertsen, Die Transzendentalienlehre bei Dietrich von Freiberg, in: *Dietrich von Freiberg. Neue Perspektiven seiner Philosophie, Theologie und Naturwissenschaft*, S. 34-41.

50) F.-X. Putallaz, *op. cit.*, pp. 323-327; B. Mojsisch, Sein als Bewusst-Sein. Die Bedeutung des ens conceptionale bei Dietrich von Freiberg, in: K. Flasch (Hg.), *Von Meister Dietrich zu Meister Eckhart*, S. 46-57.

51) P. Magnard, Ipséité ou subjectivité, in: J. Biard, R. Rashed (eds.), *Descartes et le Moyen Âge*, Paris 1977, pp. 312-314.

52) F.-X. Putallaz, *op. cit.*, pp. 313-316.

53) R. D. Têtreau, *The Agent Intellect in Meister Dietrich of Freiberg*, (diss.), Toronto 1966; L. Hödl, Das "intelligibile" in der scholastischen Erkenntnislehre des 13. Jahrhunderts, *Freiburger Zeitschrift für Philosophie und Theologie* 30 (1983), S. 345- 372.

54) E. Krebs, *Studien über Meister Dietrich genannt von Freiburg*, Freiburg i. Br. 1903, S. 30; M. Mojsisch, Augustins Theorie der *mens* bei Thomas von Aquin und Dietrich von Freiberg — zu einer ordensinternen Kontroverse im Mittelalter, in: A. Zumkeller, A. Krummel (Hgg.), *Traditio Augustiniana. Studien über Augustinus und seine Rezeption. Festgabe für Willigis Eckermann OSA*, Würzburg 1994, S. 193-202.

55) Th. W. Köhler, Philosophische Selbsterkenntnis des Menschen. Der Paradigmenwechsel im 13. Jahrhundert, in: J. A. Aertsen, A. Speer (Hgg.), *Geistesleben im 13. Jahrhundert* (Miscellanea Mediaevalia 27), Berlin/New York 2000, S. 65-66.

56) K. Flasch, Procedere ut imago. Das Hervorgehen des Intellekts aus seinem göttlichen Grund bei Meister Dietrich, Meister Eckhart und Berthold von Moosburg, in: K. Ruh (Hg.), *op. cit.*, S. 125-134; dazu: W. Beierwaltes, Einführung, in: K. Ruh (Hg.), *op. cit.*, S. 117-118; R. Imbach, F.-X. Putallaz, Notes sur l'usage du terme *Imago* chez Thomas d'Aquin, *Micrologus* 5: *La visione e lo sguardo nel Medio Evo*, Firenze 1997, pp. 87-88; K. Flasch, Converti ut imago — Rückkehr als Bild, *Freiburger Zeitschrift für Philosophie und Theologie* 45/1-2 (1998), S. 130-150.

57) W. Goris, Dietrich von Freiberg und Meister Eckhart über das Gute, in: *Dietrich von Freiberg. Neue Perspektiven seiner Philosophie, Theologie und Naturwissenschaft*, S. 170-174.

58) B. Mojsisch, "Causa essentialis" bei Dietrich von Freiberg und Meister Eckhart, in: K. Flasch (Hg.), *Von Meister Dietrich zu Meister Eckhart*, S. 106-110; F.-X. Putallaz, *op. cit.*, pp. 316-321.

59) R. Schönberger, *Relation als Vergleich. Die Relationstheorie des Johannes Buridan im Kontext seines Denkens und der Scholastik*, Leiden/New York/Köln 1994, S. 105-116.

60) F.-X. Putallaz, *op. cit.*, pp. 349-351; T. Suarez-Nani, Remarques sur l'identité de l'intellect et l'altérité de l'individu chez Thierry de Freiberg, *Freiburger Zeitschrift für Philosophie und Theologie* 45 (1998), pp. 96-115.

61) E. Krebs, *op. cit.*, S. 36-40.

62) T. Suarez-Nani, Substances séparées, intelligences et anges chez Thierry de Freiberg, in: *Dietrich von Freiberg. Neue Perspektiven seiner Philosophie, Theologie und Naturwissenschaft*, pp. 54-67.

63) K. Flasch, Bemerkungen zu Dietrich von Freiberg, De origine rerum praedicamentalium, in: K. Flasch (Hg.), *Von Meister Dietrich zu Meister Eckhart*, S. 34-45; R. Imbach, Prétendue primauté de l'être sur le connaître. Perspectives cavalières sur Thomas d'Aquin et l'école dominicaine allemande, in: J. Jolivet, Z. Kaluza, A. de Libera (eds.), *Lectionum varietates. Hommage à Paul Vignaux (1904-1987)*, Paris 1991, pp. 125-128; B. Mojsisch, Dietrich von Freiberg: Tractatus de origine rerum praedicamentalium, in: K. Flasch (Hg.), *Hauptwerke der Philosophie, Mittelalter* (*Interpretationen*), Stuttgart 1998, S. 313-332; B. Mojsisch, Konstruktive Intellektualität. Dietrich von Freiberg und seine neue Intellekttheorie, in: J. A. Aertsen, A. Speer (Hgg.), *Geistesleben im 13. Jahrhundert*, S. 71-75; B. Mojsisch, The Theory of Intellectual Construction in Theodoric of Freiberg, *Bochumer Philosophisches Jahrbuch für Antike und Mittelalter* 2 (1997), pp. 69-79.

64) B. Mojsisch, *Die Theorie des Intellekts bei Dietrich von Freiberg*, S. 78; cf. K. Flasch, Kennt die mittelalterliche Philosophie die konstitutive Funktion des menschlichen Denkens? Eine Untersuchung zu Dietrich von Freiberg, *Kant-Studien* 63 (1972), S. 182-206; J. Halfwassen, Gibt es eine Philosophie der Subjektivität im Mittelalter? Zur Theorie des Intellekts bei Meister Eckhart und Dietrich von Freiberg, *Theologie und Philosophie* 72 (1997), S. 339-359.

65) A. de Libera, La problématique des "intentiones primae et secundae" chez Dietrich de Freiberg, in: K. Flasch (Hg.), *Von Meister Dietrich zu Meister Eckhart*, pp. 68-94.

66) N. Largier, "intellectus in deum ascensus": Intellekttheoretische Auseinandersetzungen in Texten der deutschen Mystik, *Deutsche Vierteljahresschrift für Literatur und Geistesgeschichte* 69 (1995), S. 423-471, bes. S. 425-431.

67) A. de Libera, Albert le Grand et la mystique allemande, in: M. J. F. M. Hoenen, J. H. J. Schneider, G. Wieland (eds.), *Philosophy and Learning: Universities in the Middle Ages*, Leiden/New York 1995, pp. 29-42.

68) この引用文からわかるように，ディートリヒは恩寵を無視するわけではない。ゆえに以下の論文のディートリヒに対する批判に対して全面的には賛成できない。N. Largier, Negativität, Möglichkeit, Freiheit. Zur Differenz zwischen der Philosophie Dietrichs von Freiberg und Eckharts von Hochheim, in: *Dietrich von Freiberg. Neue Perspektiven seiner Philosophie, Theologie und Naturwissenschaft*, S. 149-168.

69) K. Flasch, Zum Ursprung der neuzeitlichen Philosophie im späten Mittelalter. Neue Texte und Perspektiven, *Philosophisches Jahrbuch* 85 (1978), S. 1-18; E. Wulf, *Das Aufkommen neuzeitlicher Subjektivität im Vernunftbegriff Meister Eckharts*,

(Diss.), Tübingen 1972.

第9章　ジャン・ビュリダンの哲学における言語理論

1) J. Auer, Modernitas-Antiquitas, in: *Lexikon für Theologie und Kirche*[2], Bd. 7, Freiburg 1962, Sp. 516; cf. W. L. Moore, Via moderna, in: *Dictionary of the Middle Ages*, vol. 12, New York 1969, pp. 406-409.
2) F. Ehrle, *Der Sentenzen-Kommentar Peters von Candia*, München 1925; L.-M. De Rijk, *Logica modernorum*, 2 vol., Assen 1967; Z. Kaluza, *Les querelles doctrinales à Paris*, Bergamo 1988.
3) P. Duhem, *Le système du monde*, nouv. tirage 1954-1958, vols. IV, VI, VII; M. Clagett, *The Science of Mechanics in the Middle Ages*, Madison, Wis., 1959; A. Maier, *Metaphysische Hintergründe der spätscholastischen Naturphilosophie*, Rom 1955; E. A. Moody, Buridan, Jean, in: *Dictionary of Scientific Biography*, vol. II, New York 1970, pp. 603-608.
4) 中村治「ビュリダンの宇宙論」,『大阪府立大学紀要　人文・社会科学』第51巻（2003年）39-44頁。
5) M. E. Reina, *Hoc Hic et Nunc. Buridano, Marsilio di Inghen e la conoscenza del singolare*, Firenze 2002.
6) R. Schönberger, *Relation als Vergleich. Die Relationstheorie des Johannes Buridan im Kontext seines Denkens und der Scholastik*, Leiden/New York/Köln 1994; J. M. M. H. Thijssen, J. Zupko (eds.), *The Metaphysics and Natural Philosophy of John Buridan*, Leiden/Boston/Köln 2001.
7) G. Krieger, *Der Begriff der praktischen Vernunft nach Johannes Buridanus* (BGPhThMA, NF 28), Münster 1986; id., *Subjekt und Metaphysik. Die Metaphysik des Johannes Buridan* (BGPhThMA, NF 65), Münster 2003.
8) Cf. B. Michael, *Johannes Buridan. Studien zu seinem Leben, seinen Werken und zur Rezeption seiner Theorien im Europa des späten Mittelalters*, (Diss.), Berlin 1985, Teil 2.
9) G. Klima, John Buridan, in: J. J. E. Gracia, T. B. Noone (eds.), *A Companion to Philosophy in the Middle Ages*, Malden/Oxford 2003, p. 340.
10) J. M. M. H. Thijssen, J. Zupko, John Buridan. Metaphysician and Natural Philosopher. An Introductory Survey, in: iidem (eds.), *op. cit.*, p. IX.
11) E. Grant, Buridan, Jean, in: *Dictionary of the Middle Ages*, vol. 2, New York 1983, p. 430.
12) G. Krieger, J. Buridanus, in: *Lexikon des Mittelalters*, Bd. 5, München/Zürich 1991, S. 559.
13) G. Klima, Introduction, in: John Buridan, *Summulae de Dialectica. An annotated translation, with a philosophical introduction*, New Haven/London 2001, p. XXVII.

14) E. A. Moody, *op. cit*., p. 603.

15) M. A. Grabmann, Die mittelalterlichen Kommentare zur Politik des Aristoteles (1941), in: id., *Gesammelte Akademieabhandlungen*, Paderborn 1979, Bd. 2, S. 1758.

16) Cf. F. Ehrle, *op. cit*., S. 283-284; B. Michael, *op. cit*., Teil 1, S. 322.

17) Cf. E. A. Moody, *op. cit*., p. 603; B. Michael, *op. cit*., Teil 1, S. 305ff.

18) P. King (tr.), *Jean Buridan's Logic. The Treatise on Supposition. The Treatise on Consequences*, Dordrecht 1985, p. 4.

19) 青木靖三「ビュリダン研究序説」,『神戸大学文学会研究』第35巻（1965年），55-59頁。

20) Cf. B. Michael, *op. cit*., Teil 1, S. 286-304; E. Faral, *Jean Buridan. Maître ès Arts de l'Université de Paris* (Extrait de *L'Histoire littéraire de la France*, t. XXVIII, 2e partie), Paris 1950, pp. 21-26.

21) per venerabilem et discretum virum magistrum Johannem Buridam, rectorem Universitatis supradicte: H. Denifle, E. Chatelain (eds.), *Chartularium Universitatis Parisiensis. Auctarium Chartularii*, Paris 1891, vol. II, pars prior, n. 870, p. 307.

22) W. J. Courtenay, The University of Paris at the Time of Jean Buridan and Nicole Oresme, *Vivarium* 42 (2004), pp. 3-17.

23) B. Patar, *Le Traité de l'âme de Jean Buridan* [*De prima lectura*], Louvain-La-Neuve/Longueuil 1991, p. 15+; id., *Ioannis Buridani Expositio et Quaestiones in Aristotelis De Caelo*, Louvain/Paris 1996, pp. 13+-16+.

24) Cf. B. Michael, *op. cit*., Teil 1, S. 79, 214-216.

25) R. van der Lecq (ed.), Johannes Buridanus, *Summulae de Suppositionibus*, Nijmegen 1998, pp. XI-XII.

26) Johannes Buridanus, clericus Atrebatensis (= Arras) diocesis magister in artibus, naturales, metaphysicales et morales libros, ut asseritur, parisius legens: cf. B. Michael, *op. cit*., Teil 1, S. 79.

27) Cf. *ibid*., S. 235-238, 399-402.

28) 写本に関しては，以下の文献を参照のこと。E. Faral, Jean Buridan. Notes sur les manuscripts, les éditions et le contenu de ses ouvrages, *Archives d'Histoire doctrinale et littéraire du Moyen-âge* 15 (1946), pp. 1-53; B. Michael, *op. cit*., Teil 2, S. 415-946; M. Markowski, *Buridanica quae in codicibus manu scriptis bibliothecarum Monacensium asservantur*, Ossolineum 1981. 出版物に関しては，次の文献を参照のこと。*Gesamtkatalog der Wiegendrucke* (1925-1940), Neudr. Stuttgart 1968ff., s. v.

29) B. Michael, *op. cit*., Teil 1, S. 274-275.

30) Cf. J. Zupko, *John Buridan. Portrait of a Fourteenth-Century Arts Master*, Notre Dame, Ind. 2003, (= Zupko), pp. 275-277.

31) J. Schneider (Hg.), Iohannes Buridanus, *Quaestiones in Praedicamenta*, München 1983.

32) R. van der Lecq (ed.), Johannes Buridanus, *Quaestiones longe super Librum Perihermeneias*, Nijmegen 1983.

33) R. van der Lecq, H. A. G. Braakhuis (eds.), Johannes Buridanus, *Quaestiones elencorum*, Nijmegen 1994.

34) E. A. Moody (ed.), *Quaestiones super libris quattuor De Caelo et mundo*, Cambridge, Mass. 1942; A. Ghisalberti (tr.), Giovanni Buridano, *Il Cielo e il mundo*, Milano 1983; B. Patar (tr.), *Ioannis Buridani Expositio et Quaestiones in Aristotelis* De Caelo, loc. cit.;「天体・地体論四巻問題集」青木靖三訳,『中世科学論集』(「科学の名著」5),朝日出版社,1981年。

35) J. A. Zupko (tr.), *John Buridan's Philosophy of Mind: An edition and translation of book III of his "Questions on Aristotle's 'De Anima'" (third redaction), with comments*, 2 vol., (diss.), Cornell Univ., 1989; B. Patar (ed.), *Le Traité de l'âme de Jean Buridan*, loc. cit.; P. G. Sobol, *John Buridan on the Soul and Sensation. An edition of book II of his Commentary on Aristotle's Book on the Soul with an Introduction and a Translation of Question 18 on Sensible Species*, (diss.), Indiana Univ., 1984. 渋谷克美訳,(『中世思想原典集成』第18巻「後期スコラ学」)平凡社,1998年,777-847頁。

36) Cf. B. Michael, *op. cit*., Teil 2, S. 898-934.

37) G. Klima (tr.), John Buridan, *Summulae de Dialectica. An annotated translation, with a philosophical introduction*, New Haven/London 2001.

38) 変遷については,次の文献を参照のこと。Zupko, p. 302, n. 54.

39) L. M. de Rijk (ed.), Johannes Buridanus, *Summulae, De praedicabilibus*, Nijmegen 1995.

40) E. P. Bos (ed.), Johannes Buridanus, *Summulae, In praedicamenta*, Nijmegen 1994.

41) R. van der Lecq (ed.), Johannes Buridanus, *Summulae, De suppositionibus*, Nijmegen 1998; M. E. Reina, Giovanni Buridano, Tractatus de suppositionibus, *Rivista critica di Storia della filosofia* 12 (1957), pp. 175-208; 323-352; P. King (ed.), *op. cit*., pp. 83-173.

42) L. M. de Rijk (ed.), Johannes Buridanus, *Summulae, De demonstrationibus*, Groningen/Haren 2001.

43) T. K. Scott (ed.), Johannes Buridanus, *Sophismata*, Stuttgart/Bad Cannstatt 1977; F. Pironet (ed.), Johannes Buridanus, *Summulae, De practica sophismatum*, Turnhout 2004. 英・仏訳は,次の文献を参照のこと。G. Klima (tr.), *op. cit*.; Th. K. Scott (tr.), *Sophismes*, Paris 1993.

44) G. Klima (tr.), John Buridan, *Summulae de Dialectica* (= *Summulae*) 1. 1. 1, p. 5.

45) H. Hubien (ed.), *Iohannis Bvridani Tractatvs de conseqventiis*, Louvain/Paris 1976; P. King (tr.), *op. cit*.

46) D.-J. Dekker (ed.), John Buridan's Treatise 'De dependentiis, diversitatibus et convenientiis': an Edition, *Vivarium* 42 (2004), pp. 109-149; cf. R. Schönberger, *op. cit*.

47) Cf. J. Celeyrette, La problématique du point chez Jean Buridan, *Vivarium* 42 (2004), pp. 86-108; V. Zoubov, Jean Buridan et les concepts du point au XIVe siècle, *Mediaeval and Renaissance Studies* 5 (1961), pp. 43-95. なおこの文献には，ビュリダンのテクスト自体も含まれている。

48) J. M. M. H. Thijssen (ed.), *John Buridan's Tractatus de infinito*, Nijmegen 1991; id., *Johannes Buridanus over het oneindige*, 2 vol., (diss.), Nijmegen 1998; J. M. M. H. Thijssen, John Buridan on Infinity, in: J. M. M. H. Thijssen, J. Zupko (eds.), *op. cit*., pp. 127-149.

49) R. van der Lecq, H. A. G. Braakhuis (eds.), *op. cit*., pp. XXX-XXXV.

50) B. Spinoza, *Ethica more geometrico demonstrata*, II, prop. 49, scholium.

51) Aristoteles, *De caelo*, l. II c. 13, 295b29-35.

52) Cf. B. Patar (ed.), *Ioannis Buridani Expositio et Quaestiones in Aristotelis* De Caelo, pp. 20+-29+; G. Krieger, Bietet "Buridan's Esel" den Schlüssel zum Verständnis der Philosophie des Johannes Buridanus?, in: E. P. Bos, H. A. Krop (eds.), *John Buridan: A Master of arts. Some aspects of his philosophy*, Nijmegen 1993, pp. 121-140; Johannes Buridanus, *Expositio in Aristotelis De Caelo*, l. II tract. 2, cap. 2 (ed. B. Pater [1996], p. 150).

53) J. M. M. H. Thijssen, The Buridan School Reassessed. John Buridan and Albert of Saxony, *Vivarium* 42 (2004), pp. 18-42.

54) ビュリダン研究は1970年以降，めざましい飛躍を遂げた。最近の研究状況に関しては，以下の文献を参照のこと。S. Caroti, J. Celeyrette (eds.), *Quia inter doctores est magna dissensio. Les débats de philosophie naturelle à Paris au XIVe siècle*, Firenze 2004; R. L. Friedman, S. Ebbesen (eds.), *John Buridan and Beyond. Topics in the Language Sciences, 1300-1700*, Copenhagen 2004.

55) Cf. E. Faral, *Jean Buridan. Maître ès Arts de l'Université de Paris*, pp. 123-125.

56) omne verum omni vero consonat: Buridanus, *Quaestiones in decem libros Ethicorum Aristotelis* VIII, 12; = R. Schönberger, *op. cit*., S. 25.

57) non spectat determinare ad istam facultatem: Buridanus, *Quaestiones in libros Aristotelis De anima (tertia sive ultima lectura)* III, 15: 173. 批判校訂版がない限り，われわれはラテン語のテクストないし写本を底本とする英訳から，それらが二次文献に載っているものでも，引用する。この個所に関しては，次の文献を参照のこと。Zupko, p. 139.

58) Cf. J. Zupko, John Buridan and the Origin of Secular Philosophical Culture, in: S. Caroti, J. Celeyrette (eds.), *op. cit*., pp. 33-48.

59) J. Biard, The Natural Order in John Buridan, in: J. M. M. H. Thijssen, J. Zupko (eds.), *op. cit*., pp. 77-95, esp. p. 80.

60) Cf. Zupko, p. 200.

61) Cf. R. Schönberger, *op. cit*., S. 315-328.

62) Cf. P. J. J. Bakker, Aristotelian Metaphysics and Eucharistic Theology: John Buridan and Marsilius of Inghen on the Ontological Status of Accidental Being, in: J. M. M. H. Thijssen, J. Zupko (eds.), *op. cit.*, pp. 247-264; L. M. de Rijk, On Buridan's View of Accidental Being, in: E. P. Bos, H. A. Krop (eds.), *op. cit.*, pp. 41-51.

63) ego nescio quid sit de ista potentia Dei absoluta: Buridanus, *Quaestiones in librum quartum Metaphysicorum* qu. 12; cf. G. Krieger, *Subjekt und Metaphysik*, S. 114-131.

64) Cf. G. Krieger, Naturaliter principiis assentimus: Naturalism as the Foundation of Human Knowledge?, in: J. M. M. H. Thijssen, J. Zupko (eds.), *op. cit.*, pp. 97-125; R. Schönberger, *op. cit.*, S. 23 n. 84; G. Klima, John Buridan on the Acquisition of Simple Substantial Concepts, in: R. L. Friedman, S. Ebbesen (eds.), *op. cit.*, pp. 25-29; J. Biard, The Natural Order in John Buridan, pp. 77-87.

65) Cf. R. Schönberger, *op. cit.*, S. 296-328; A. Ghisalberti, *Giovanni Buridano, dalla metafisica alla fisica*, Milano 1975, pp. 91-129; E. D. Sylla, *Ideo quasi mendicare oportet intellectum humanum*: The Role of Theology in John Buridan's Natural Philosophy, in: J. M. M. H. Thijssen, J. Zupko (eds.), *op. cit.*, pp. 199-219.

66) Buridanus, *Tractatus de differentia universalis ad individuum*; = J. Biard (ed.), *op. cit.*, p. 17.

67) Cf. P. J. J. M. Bakker, *op. cit.*, pp. 249-257.

68) Cf. Zupko, p. XV.

69) 註（35）参照。さらに，辻内宣博「感覚認識と知性認識の境界線——『デ・アニマ問題集』におけるビュリダンの認識理論」，『中世思想研究』第48号（2006年），15-34頁。

70) Buridanus, *Quaestiones in libros Aristotelis De anima (tertia sive ultima lectura)*, l. III qu. 10; = J. Zupko (tr.), *op. cit.*, I, p. 329.

71) Ibid., p. 333. Cf. M. J. F. M. Hoenen, Die Intellektlehre des Johannes Buridanus, in: E. P. Boss, H. A. Krop (eds.), *op. cit.*, pp. 89-106.

72) Cf. G. Klima, John Buridan and the Acquisition of Simple Substantial Concepts, pp. 20-25.

73) Cf. M. E. Reina, *Hoc Hic et Nunc*, pp. 148-154. 辻内宣博，前掲論文，22頁も参照のこと。

74) Cf. A. Ghisalberti, *op. cit.*, pp. 40-48; T. Stuart, John Buridan on Being and Essence, in: E. P. Bos, H. A. Krop (eds.), *op. cit.*, pp. 53-67.

75) Buridanus, *Quaestiones in librum secundum Metaphysicorum* qu. 2, 1518, fol. 9r; cf. A. Maier, Das Problem der Evidenz in der Philosophie des 14. Jahrhunderts (1963), in: ead., *Ausgehendes Mittelalter*, vol. II, Roma 1967, S. 367.

76) 中村治，前掲論文，37-39頁。

77) Cf. Buridanus, *Quaestiones super libris quattuor De Caelo et mundo*, ed. E. A. Moody, l. II qu. 8, pp. 160-163. 青木靖三「存在の原因と生成の原因——ビュリダンの目

的論」，『神戸大学文学会研究』第18号（1959年），25-55頁。

78) E. A. Moody, Buridan, Jean, p. 607; A. Ghisalberti (ed.), *op. cit.*, pp. 50-53, 63.

79) G. Krieger, *Subjekt und Metaphysik*, S. 32.

80) 註（12）参照。

81) Cf. F. Pironet, The Notion of "non velle" in Buridan's Ethics, in: J. M. M. H. Thijssen, J. Zupko (eds.), *op. cit.*, pp. 199-219; A. Vos, Buridan on Contingency and Free Will, in: E. P. Bos, H. A. Krop (eds.), *op. cit.*, pp. 141-155.

82) Zupko, p. XV.

83) F. Pironet, *op. cit.*, p. 219.

84) G. Klima, Introduction, in: id. (tr.), John Buridan, *Summulae de Dialectica*, p. LXI.

85) Aliqui oblocuti sunt in me quia saepius ad proposita mea tot auctoritates adduco, et auctoritates non demonstrent; et ego dicam quod illud modum procedendi non dimittam in moralibus, quia plus est credendum antiquis doctoribus et famosis in moribus quam rationibus novis supervenientibus et non exquisitis: Buridanus, *Quaestiones super decem libros Ethicorum* X, 1 (204va); = R. Schönberger, *op. cit.*, S. 15.

86) Cf. R. Schönberger, *op. cit.*, S. 21. 合わせて次の文献も参照のこと。J. J. Walsh, Some Relationships between Gerald Odo's and John Buridan's Commentaries on Aristotle's 'Ethics', *Franciscan Studies* 35 (1975), pp. 237-275.

87) Cf. K. M. Fredborg, Buridan's quaestiones super Rhetoricam Aristotelis, in: J. Pinborg (ed.), *The Logic of John Buridan*, Copenhagen 1976, pp. 48-54.

88) Cf. Zupko, pp. 34-35, 227-270.

89) Zupko, p. XIII.

90) J. M. M. H. Thijssen, J. Zupko, John Buridan, Metaphysician and Natural Philosopher. An Introductory Survey, in: iid. (eds.), *op. cit.*, p. XI.

91) Th. K. Scott (tr.), *op. cit.*, p. 13.

92) J. Biard (tr.), *op. cit.*, p. 19⁺.

93) P. King (tr.), *op. cit.*, p. 8.

94) Cf. R. Schönberger, *op. cit.*, S. 11-12.

95) Cf. G. Klima (tr.), John Buridan, *Summulae de Dialectica*, pp. XXXIII-LXII.

96) Buridanus, *Summulae de Dialectica* 1. 1. 1, tr. G. Klima, p. 6.

97) *Ibid.*, 4. 3. 8. 4; p. 281.

98) ad omnes conclusiones scientificas possumus dialectice arguere: Buridanus, *In Metaphysicen Aristotelis Questiones argutissimae* IV, 4; = Zupko, p. 32.

99) dialectica est communis et considerat de omnibus: et sic universaliter est de ente: *ibid.*; = Zupko, p. 296.

100) Cf. Zupko, pp. 36, 299.

101) Buridanus, *Summulae de Dialectica* 9. 1. 6., 3a conclusio; tr. G. Klima, p. 833.

102) Subiectum enim proprium in hac scientia assignandum est 'enuntiatio': Buridanus, *Questiones longe super librum Perihermeneias*, ed. R. van der Lecq, 1. 1. 25, p. 6. Cf. P. Pérez-Ilzarbe, John Buridan and Jerónimo Pardo on the Notion of 'Propositio', in: R. L. Friedman, S. Ebbesen (eds.), *op. cit.*, pp. 153-167.

103) Et sic manifestum est quod logica docens, quam tradit Aristoteles in libris suis logicalibus, est vere scientia de argumentationibus tam dialecticis, sophisticis quam demonstrativis: Buridanus, *Quaestiones in Isagogen Porphyrii* 1, 127; = Zupko, p. 301.

104) Id., *Summulae de Dialectica* 6. 1. 2; tr. G. Klima, p. 392.

105) Et quia etiam determinare de natura et consideratione conceptuum pertinet ad librum *De anima* vel ad librum *Metaphisice*, tunc restat loyco applicare voces conceptibus correspondentes ad arguendum debite et loquendum congrue: Buridanus, *Questiones longe super librum Perihermeneias*, ed. R. van der Lecq, I, 3, p. 16.

106) non loquitur hic nisi de nominibus que possent poni in propositionibus vocalibus: *ibid.*

107) cum sint propositiones orationes et termini mentales vocales vel scripti, Aristoteles in hoc libro solum fecit considerationem de vocalibus propter hoc quod oportet disputationes in loyca uti: *ibid.*

108) Zupko, p. 35; cf. p. 299.

109) finis logicae non solum est veritas vel scire veritatem, immo est facere vel scire facere argumentationes, de quibus ipsa considerat: Buridanus, *Quaestiones in Isagogen Porphyrii* 2; = Zupko, p. 295.

110) Et ita logicus quantum esset experte logicae non curaret aliud nisi quod argumentum esset bonum ad conclusionem probandam, sive hoc esset pro iustitia servanda, sive hoc esset ad iniustificandum et destruendum bonum hominem vel ad auferendum sibi bona sua: *ibid.*

111) Cf. T. K. Scott (ed.), Johannes Buridanus, *Sophismata*, p. 11.

112) Cf. Buridanus, *Summulae de Dialectica*, tr. G. Klima, 1. 1. 4, p. 10.

113) *Ibid.,* 4. 1. 2, p. 222.

114) *Ibid.,* 1. 1. 6, p. 11.

115) Notandum etiam, quod voces non imponuntur ad significandum res nisi mediantibus conceptibus, quibus concipiuntur: Buridanus, *Quaestiones in Praedicamenta*, ed. J. Schneider, qu. 1, p. 4.

116) Buridanus, *Summulae de Dialectica*, tr. G. Klima, 9. 1. 6, 2a conclusio, p. 832.

117) iste sunt mentales quia passiones idest conceptus anime sunt naturales similitudines harum rerum: Buridanus, *Quaestiones longe super librum Perihermeneias*, ed. R. van der Lecq, II, 11, p. 100.

118) Id., *Summulae de Dialectica*, tr. G. Klima, 7. 3. 10, p. 541.

119) *Ibid.*

120) *Ibid.*

121) Cf. Th. K. Scott (tr.), John Buridan, *Sophisms. On Meaning and Truth*, p. 15.

122) Cf. G. Klima, John Buridan on the Acquisition of Simple Substantial Concepts, pp. 17-32.

123) Cf. G. Klima, Introduction, in: id. (tr.), John Buridan, *Summulae de Dialectica*, p. XXXIX; O. Pluta, John Buridan on Universal Knowledge, *Bochumer Philosophisches Jahrbuch für Antike und Mittelalter* 7 (2002), S. 25-46; L. M. de Rijk, John Buridan on Universals, *Revue de Métaphysique et de Morale* 97 (1992), pp. 35-59.

124) Cf. Th. K. Scott (tr.), John Buridan, *Sophisms. On Meaning and Truth*, p. 26; Buridanus, *Summulae de Dialectica*, tr. G. Klima, 8. 2. 3, p. 637.

125) Cf. Buridanus, *Quaestiones in Praedicamenta*, ed. J. Schneider, qu. 3, p. 17.

126) Cf. Buridanus, *Summulae, De praedicabilibus*, ed. L. M. De Rijk, 2. 1. 1.-2. 1. 3, pp. 7-14.

127) Cf. L. M. de Rijk, On Buridan's Doctrine of Connotation, in: J. Pinborg (ed.), *op. cit.*, pp. 91-100; A. Maierù, Significatio et connotatio chez Buridan, in: J. Pinborg (ed.), *op. cit.*, pp. 101-114.

128) Cf. Buridanus, *Summulae, De practica sophismatum*, ed. F. Pironet, Quartum capitum: De appellationibus, pp. 63ff., esp. p. 66 (= G. Klima [tr.], pp. 879-880).

129) Cf. Buridanus, *Summulae de Dialectica*, tr. G. Klima, 1. 1. 6, p. 13; *ibid.*, 4. 2. 3, p. 234.

130) propositionis propria passio est esse veram vel falsam. Omnis enim propositio est vera vel falsa, et omne verum vel falsum est propositio: Buridanus, *Summulae, De Suppositionibus*, ed. R. van der Lecq, 9. 4. 1. 3, p. 11.

131) omnem propositionem veram esse veram quia qualitercumque ipsa significat ita est, scilicet in re significata vel in rebus significatis: Buridanus, *Tractatus de consequentiis*, ed. H. Hubien, I, 1, p. 17.

132) dico quod propositio dividitur in propositionem categoricam et hypotheticam: *ibid.*, I, 3, p. 21.

133) Cf. P. King (ed.), *op. cit.*, p. 28.

134) Cf. G. Klima, *John Buridan*, p. 344.

135) G. Klima, Introduction, in: id. (tr.), John Buridan, *Summulae de Dialectica*, p. XXXI; P. King (tr.), *op. cit.*, p. 6.

136) Cf. R. van der Lecq (ed.), Johannes Buridanus, *Summulae, De suppositionibus*, p. XXV.

137) Cf. P. King (ed.), *op. cit.*, pp. 35-58.

138) Buridanus, *Summulae de Dialectica*, ed. G. Klima, 7. 3. 4, p. 522.

139) Cf. R. van der Lecq, Confused Individuals and Moving Trees. John Buridan on the Knowledge of Particulars, in: E. P. Bos, H. A. Krop (eds.), *op. cit.*, pp. 1-21.

140) 註（18），（45）参照。Cf. E. P. Boss, John Buridan and Marsilius of Inghen on Consequences, in: J. Pinborg (ed.), *op. cit.*, pp. 61-68.

141) J. Biard (ed.), *op. cit.*, p. 14.

142) In hoc libro vellem tractare de consequentiis, tradendo sicut possem causas earum, de quibus multae sufficienter probatae sunt per alios a posteriori; sed forte non sunt reductae in primas causas per quas dicuntur tenere: *Iohannis Bvridani Tractatvs de conseqventiis*, ed. H. Hubien, p. 17.

143) haec suppositio non indiget probatione, sed explicatione: *ibid.*, p. 19.

144) P. King (ed.), *op. cit.*, p. 69.

145) *Ibid.*, p. 82.

146) Cf. S. Read, The Liar Paradox from John Buridan Back to Thomas Bradwardine, *Vivarium* 40 (2002), pp. 189-218.

147) R. van der Lecq, H. A. G. Braakhuis (eds.), Johannes Buridanus, *Questiones elencorum*, Nijmegen 1994.

148) 註（43）参照。

149) nonus erit de practica sophismatum, sed in hac lectura istum ultimum tractatum ego non exsequar: F. Pironet (ed.), Johannes Buridanus, *Summulae, De practica sophismatum*, p. XIV.

150) *Ibid.*, pp. XIV-XV.

151) Cf. G. E. Hughes, *John Buridan on Self-Reference. Chapter Eight of Buridan's 'Sophismata', with a Translation, an Introduction, and a philosophical Commentary*, Cambridge 1982.

152) Cf. J. Biard (tr.), *op. cit.*, p. 34.

153) Cf. R. van der Lecq, H. A. G. Braakhuis (eds.), *op. cit.*, pp. 90-93.

154) Cf. ibid., pp. XV-XIX; G. E. Hughes, *op. cit.*, pp. 23-29. 藤澤賢一郎「中世における嘘つきのパラドックス――ヘイテスベリィとビュリダンを中心にして」，『東京経済大学会誌』第176号（1992年），82-90頁。

155) Aliqui enim dixerunt et ita visum fuit mihi alias（別の読み方では: in aliis）, quod licet ista propositio secundum significativum suorum terminorum non significet vel asserat nisi quod omnis propositio est falsa, tamen omnis propositio de forma sua significat vel asserit se esse veram. Ideo omnis propositio asserens se esse falsam, sive directe sive consecutive, est falsa: Johannes Buridanus, *Summulae, De practica sophismatum*, ed. F. Pironet, p. 154; R. van der Lecq, H. A. G. Braakhuis, *op. cit.*, p. XVI.

156) quaelibet propositio implicat virtualiter aliam propositionem de cujus subiecto（別の読み方では: qua de subiecto）pro ea supponente affirma[re]tur hoc praedicatum 'verum': Johannes Buridanus, *Summulae, De practica sophismatum*, ed. F. Pironet, pp. 154-155.

157) Cf. R. van der Lecq, H. A. G. Braakhuis (eds.), *op. cit.*, pp. XIX-XXX.

158) aliqui volentes respondere ad paralogismos huius fallaciae dicunt aliquam premissarum esse distinguendam. Contra hos volo ponere illam conclusionem quod nulla propositio est distinguenda de proprietate sermonis: Buridanus, *Quaestiones elencorum*, ed. R. van der Lecq, H. A. G. Braakhuis, 7. 3. 3. 4, p. 31.

159) ad paralogismos fallacie equivocationis respondendum est simpliciter concedendo vel simpliciter negando aliquam premissarum: *ibid.*

160) *Ibid.*, 8. 5. 4, p. 36.

161) Nihilominus ex superhabundantia et ad docendum alios et propter attendentes ne credant respondentem sibi contradicere et male respondere, respondens potest distinguere aliquam premissarum et ostendere ignorantibus diversos eius sensus, quorum unus est verus et reliquus est falsus, licet hoc non oportet fieri de virtute sermonis: *ibid.*, 7. 3. 3. 4, p. 31.

162) forma respondendi ad talem paralogismum debet esse ista: quod posita aliqua propositione in qua ponitur aliqua una dictio qua contingit sic diversimode uti, ista propositio est distinguenda, eo quod contingit uti tali dictione sic vel sic: William Ockham, *Summa logicae*, p. 753; = R. van der Lecq, H. A. G. Braakhuis (eds.), *op. cit.*, p. XXIII.

163) Item, quod nullus dicat quod nulla propositio sit distinguenda: H. Denifle, E. Chatelain (eds.), *op. cit.*, II, pars prior, n. 1042, p. 506.

164) *Ibid.*, n. 1023, pp. 485-486.

165) contra novas opiniones quorundam, qui vocantur Occhanistae: *ibid.*, p. 507 (*Reg. procure nat. Anglic.* 1341 にもとづいた, n. 1042 に関する編集者の脚註).

166) Cf. G. Klima, Introduction, in: id. (tr.), *op. cit.*, p. XXVIII; R. van der Lecq, H. A. G. Braakhuis (eds.), *op. cit.*, p. XXII; B. Patar (tr.), *Le Traité de l'âme des Jean Buridan*, p. 17+; G. Klima, *John Buridan*, p. 340.

167) Cf. R. van der Lecq, H. A. G. Braakhuis (eds.), *op. cit.*, p. XXIII-XXIV.

168) Unde credo quod non sit bene dictum quod nulla propositio sit distinguenda, quia periret sepe disputatio et collocutio hominum ad invicem. Quod tamen est inconveniens, cum orationes sint institute ad significandum propter conferre ad invicem: Buridanus, *Quaestiones in duodecim libros Metaphysicorum Aristotelis (secundum ultimam lecturam)*, IX, qu. 5; = *ibid.*, p. XXIX.

169) Sed ubi equivocatio vel amphibologia incidit, melius et expeditius est distinguere ... Et ideo breviter credo quod melius et apertius sit in proposito respondere per distinctionem et secundum unum sensum affirmare et secundum alium negare quam simpliciter affirmare vel negare: *ibid.*

170) Buridanus, *Questiones elencorum*, qu. 6, ed. R. van der Lecq, H. A. G. Braakhuis, pp. 25, 27, XIV.

171) Cf. Buridanus, *Summulae de Dialectica* 4. 1. 2, p. 222.

172) nullus dicat propositionem nullam esse concedendam, si non sit vera in ejus sensu proprio, quia hoc dicere ducit ad predictos errores, quia Biblia et actores non semper sermonibus utuntur secundum proprios sensus eorum: H. Denifle, E. Chatelain (eds.), *op. cit.*, II, pars prior, n. 1042, p. 506.

173) Buridanus, *Summulae, De practica sophismatum*, ed. F. Pironet, 9. 8. 6. 3, pp. 121-122.

174) *Ibid.*, p. 122.

175) Cf. Buridanus, *Summulae de Dialectica*, tr. G. Klima, 1. 1. 4; 1. 1. 5; pp. 9-10.

176) Tertia opinio est, cui ego assentio, quod vox in supponendo vel significando non habet virtutem propriam nisi ex nobis: Buridanus, *Summulae, De suppositionibus*, ed. R. van der Lecq, 4. 3. 2, p. 41. Cf. *Quaestiones in Isagogen Porphyrii* 5, 143; = Zupko, p. 288: sermo non habet in enuntiatione virtutem ex se, sed ex nobis ad placitum. (「発話は，それ自身にもとづいて命題の内に力をもつのではなく，規約によってわれわれにもとづいて力をもっている」。)

177) Cf. Buridanus, *Summulae, De practica sophismatum*, ed. F. Pironet, 9. 1, 3a conclusio, p. 20.

178) quia sermones non habent virtutem nisi ex impositione et impositio non potest sciri nisi ex usu: Buridanus, *Summulae, De fallaciis* 3. 4; = R. van der Lecq, H. A. G. Braakhuis (eds.), *op. cit.*, p. XXIX.

179) Cf. Buridanus, *Questiones elencorum*, ed. R. van der Lecq, H. A. G. Braakhuis, p. 26.

180) Cf. Buridanus, *Summulae, De practica sophismatum*, ed. F. Pironet, 9. 6. 1. 6, p. 119.

181) Cf. *ibid.*, 9. 6. 1. 3, pp. 117-118.

182) Cf. *ibid.*, 9. 6. 5, p. 125.

183) locutionem propriam vocamus quando utimur voce secundum significationem sibi communiter institutam et magis principaliter; et vocamus impropriam locutionem si aliter utamur ea quamvis liceat aliter uti ea: Buridanus, *Summulae, De suppositionibus*, ed. R. van der Lecq, 4. 3. 2, p. 41.

184) Cf. Zupko, pp. 18, 289.

185) Buridanus, *Summulae, De suppositionibus*, ed. R. van der Lecq, 4. 3. 2, p. 42.

186) sic possumus loqui transsumptive et ironice ad aliam significationem: *ibid.*, p. 41.

187) quia ego et tu disputamus, et tunc possumus uti vocibus ad placitum nostrum sicut volumus concordare quantum ad significationem earum: Buridanus, *Summulae, De practica sophismatum*, ed. F. Pironet, 9. 6. 4, p. 123.

188) aliqua sunt nomina et verba significativa eorumdem et eodem modo uni toti

magne communitati, ut voces latine omnibus latinis et voces gallice omnibus gallicis. Et non est in potestate mea vel tua auferre vel mutare huiusmodi significationem communem: Buridanus, *Quaestiones longe super librum Perihermeneias*, ed. R. van der Lecq, I, qu. 3, p. 16.

189) sermones sunt intelligendi et recipiendi secundum materiam subiectam: Buridanus, *Summulae, De suppositionibus*, ed. R. van der Lecq, 4. 3. 2, p. 41.

190) Et absurdum esset dicere simpliciter quod propositio auctorum sit falsa, si ponat eam secundum locutionem impropriam secundum quam sit vera. ... Videtur ergo mihi quod, ubi apparet auctorem posuisse aliquam propositionem ad aliquem sensum verum, licet non secundum propriam locutionem, negare simplicter propositionem esset dyscolum et protervum: *ibid*., pp. 41-42.

191) nulli magistri ... audeant aliquam propositionem famosam illius actoris cujus librum legunt, dicere simpliciter falsam, vel esse falsam de virtute sermonis, si crediderint quod actor ponendo illam habuerit verum intellectum; ... talis est virtus sermonis, qualiter eo actores communiter utuntur et qualem exigit materia, cum sermones sint recipiendi penes materiam subjectam. ... Magis igitur oportet in affirmando vel negando sermones ad materiam subjectam attendere, quam ad proprietatem sermonis. ... Disputationes dyalectice et doctrinales, que ad inquisitionem veritatis intendunt, modicum habeant de nominibus sollicitudinem. ... nullus dicat scientiam nullam esse de rebus que non sunt signa, id est, que non sunt termini vel orationes, quoniam in scientiis utimur terminis pro rebus, quas portare non possumus ad disputationes. Ideo scientiam habemus de rebus, licet mediantibus terminis vel orationibus: H. Denifle, E. Chatelain (eds.), *op. cit*., II, pars prior, n. 1042, p. 506.

192) ビュリダンのこの教令との関係については，次の文献を参照のこと。R. Schönberger, *op. cit*., S. 27.

第10章　中世の修道院霊性における自己認識の問題

1) Cf. A. M. Haas, Christliche Aspekte des ‘Gnothi seauthon’. Selbsterkenntnis und Mystik, in: id., *Geistliches Mittelalter*, Fribourg (Swiss) 1984, S. 45-96.

2) Hildegard von Bingen, *Scivias* III, 10, ed. A. Frühkötter, A. Carlevaris (Corpus Christianorum Continuatio Mediaevalis), 2 vols., Turnhout 1978. Cf. G. Lautenschläger, *Hildegard von Bingen. Die theologische Grundlegung ihrer Ethik und Spiritualität*, Stuttgart-Bad Cannstatt 1993, S. 226-229.

3) Hildegard von Bingen, *Liber divinorum operum*, cura et studio A. Derolez, P. Dronke (Corpus Christianorum Continuatio Mediaevalis), Turnhout 1996, I, 4, 68.

4) 『倫理学』大道敏子訳，上智大学中世思想研究所編訳・監修『中世思想原典集成』第7巻「前期スコラ学」平凡社，1996年。

5) J. Lortz, in: id. (Hg.), *Bernhard von Clairvaux. Mönch und Mystiker*, Wiesbaden 1955, S. XXXVI.

6) Cf. Chr. Benke, *Unterscheidung der Geister bei Bernhard von Clairvaux*, Würzburg 1991, S. 48-57; M.-M. Davy, *Bernard de Clairvaux*, Paris 1990, pp. 104-112; U. Köpf, *Religiöse Erfahrung in der Theologie Bernhards von Clairvaux*, Tübingen 1980, S. 120-161, 227-232; H. G. J. Storm, *Die Begründung der Erkenntnis nach Bernhard von Clairvaux*, Frankfurt am Main/Bern/Las Vegas 1977, S. 116-192.

7) Et mihi quidem videtur ... multa et innumerabilia esse, quae nescire liceat absque diminutione salutis: *Sermones super Cantica Canticorum* (= *CC*) 36, I, 1; *Opera*, 8 vols., Roma 1957-1977 (= *Op*.), II, pp. 3-4. 邦訳は『雅歌について』全四巻，山下房三郎訳，あかし書房，1977-1996年。

8) Cetera indifferentia sunt: *CC* 37, I, 1 (*Op*. II, p. 9).

9) Etiam absque omnibus illis artibus, quae liberales dicuntur, ... quam plurimi hominum salvi facti sunt: *CC* 36, I, 1 (*Op*. II, p. 3).

10) instrumentum, ..., scilicet illud trivium Sapientiae, Ethicam, Logicam, Physicam: *De diversis* 45, 2 (*Op*. VI, p. 263).

11) disciipuli omnes, non de schola rhetorum aut philosophorum assumpti sunt: *CC* 36, I, 1 (*Op*. II, p. 4).

12) Videar forsan nimius in sugillatione scientiae, et quasi reprehendere doctos, ac prohibere studia litterarum. Absit. Non ignoro quantum Ecclesiae profuerint litterati sui et prosint, sive ad refellendos eos qui ex adverso sunt, sive ad simplices instruendos: *CC* 36, I, 2 (*Op*. II, p. 4).

13) Quid est autem, sapere ad sobrietatem? Vigilantissime observare quid scire magis priusve oporteat. Tempus enim breve est. Est autem, quod in se est, omnis scientia bona, quae tamen veritate subnixa sit: sed tu qui cum timore et tremore tuam ipsius operari salutem pro temporis brevitate festinas, ea scire amplius priusque curato, quae senseris viciniora saluti: *CC* 36, I, 2 (*Op*. II, 5).

14) Cf. *CC* 36, III, 3-4 (*Op*. II, pp. 5-6).

15) Cf. *CC* 36, III, 4 (*Op*. II, p. 6).

16) Non tamen dico contemnendam scientiam litterarum, quae ornat animam et erudit eam, et facit ut possit etiam alios erudire. Sed duo illa oportet et expedit ut praecedant, in quibus summam salutis constitui superior ratio declaravit: *CC* 37, I, 2 (*Op*. II, pp. 9-10).

17) Cf. *CC* 37, III, 5 (*Op*. II, 11).

18) cautus, iuxta illud Graecorum, scire meipsum, 'ut sciam' etiam cum Propheta 'quid desit mihi': *CC* 23, IV, 9 (*Op*. I, p. 144).

19) quod nos sumus primum est nobis: *CC* 36, IV, 5 (*Op*. II, 7).

20) Primum quod〔factor noster〕nobis praestitit, nos ipsi sumus: *In Psalmum 'Qui*

habitat' 14, 1 (*Op*. IV, p. 468).

21) Quantum tu familiaris es tibi: *De diversis* 16, 1 (*Op*. VI, p. 145).

22) nil tam prope nos quam quod intra nos est: *In Psalmum 'Qui habitat'* 7, 14 (*Op*. IV, p. 423).

23) Sapiens sibi sapiens erit et bibet de fonte putei sui primus ipse. A te proinde incipiat tua consideratio; non solum autem, et in te finiatur. Quocumque evagetur, ad te revocaveris eam cum salutis fructu. Tu primus tibi, tu ultimus: *De consideratione* l. II, III, 6 (*Op*. III, p. 414). 邦訳は『熟慮について——教皇エウゼニオ三世あての書簡』古川勲訳，中央出版社，1984年。

24) In te consistito. Non infra deici, non attolli supra, non evadere in longius, non extendi in latius. Tene medium, si non vis perdere modum: *ibid*., l. II, X, 19 (*Op*. III, p. 426). Cf. *De gradibus humilitatis et superbiae* X, 31 (*Op*. III, p. 40).

25) Cui non alienus, si tibi es? Denique qui sibi nequam, cui bonus?: *De consideratione* l. I, V, 6 (*Op*. III, p. 400).

26) Implere prius, et sic curato effundere. Benigna prudensque caritas affluere consuevit, non effluere: *CC* 18, II, 4 (*Op*. I, p. 106).

27) usque ad temetipsum occurre Deo tuo: *In adventu* 1, 10 (*Op*. IV, p. 169).

28) utraque ignorantia damnabilis est, utralibet sufficit ad damnationem: *CC* 35, IV, 9 (*Op*. I, p. 254).

29) Annon seipsos nescire videntur, qui sic dediti sunt carni et sanguini, ... tamquam prorsus ignorent animas se habere?: *In Psalmum 'Qui habitat'* 10, 2 (*Op*. IV, 444).

30) *CC* 36, I, 1 (*Op*. II, p. 3); *CC* 37, III, 6 (*Op*. II, p. 12).

31) Homo sibi dissimilis est ... Nihil nescit omnium quae in caelo et quae in terra sunt, praeter seipsum: *Epistola* 193 (*Op*. VIII, pp. 44-45).

32) Memento proinde, non dico semper, non dico saepe, sed vel interdum reddere te ipsum tibi: *De consideratione* l. I, V, 6 (*Op*. Ill, p. 400). Cf. *CC* 3, I, 1 (*Op*. I, p. 14).

33) Minime ergo id sibi arroget mei similis anima onerata peccatis, suaeque adhuc carnis obnoxia passionibus, quae suavitatem spiritus necdum senserit, internorum ignara atque inexperta penitus gaudiorum: *CC* 3, I, 1 (*Op*. I, 14).

34) haec tui consideratio in tria quaedam dividitur, si consideres quid, quis et qualis sis: quid in natura, quis in persona, qualis in moribus: *De consideratione* l. II, IV, 7 (*Op*. Ill, p. 415).

35) saluti afferre queat: *ibid*.

36) Utrumque ergo scias necesse est, et quid sis, et quod a teipso non sis: *De diligendo Deo* II, 4 (*Op*. III, p. 122).

37) ratio et utilitatis, et ordinis: *CC* 36, IV, 5 (*Op*. II, 7).

38) semetipsam noverit anima, de se teneat veritatem: *In Psalmum 'Qui habitat'* 6, 3 (*Op*. IV, 406).

39) Nonne ita se intuens clara luce veritatis, inveniet se in regione dissimilitudinis, et suspirans misera, quam iam latere non poterit quod vere misera sit, nonne cum Propheta clamabit ad Dominum. 'In veritate tua humiliasti me'?: *CC* 36, IV, 5 (*Op*. II, 7).

40) Nisi enim super humilitatis stabile fundamentum, spirituale aedificium stare minime potest: *ibid*.

41) Humilitatis vero talis potest esse definitio: humilitas est virtus, qua homo verissima sui cognitione sibi ipse vilescit: *De gradibus humilitatis et superbiae* I, 2 (*Op*. III, 17).

42) ut nude nudum consideres: *De consideratione* l. II, IX, 18 (*Op*. III, 425).

43) purum esse tui: *ibid*., l. II, IX, 17 (*Op*. III, 425).

44) Cogita unde veneris, et erubesce; ubi sis, et ingemisce; quo vadas, et contremisce: *De diversis* 12, 1 (*Op*. VI, 127).

45) Nam quomodo non vere humiliabitur in hac vera cognitione sui, cum se perceperit oneratam peccatis, mole huius mortalis corporis aggravatam, terrenis intricatam curis, carnalium desideriorum faece infectam, caecam, curvam, infirmam, implicitam multis erroribus, expositam mille periculis, mille timoribus trepidam, mille difficultatibus anxiam, mille suspicionibus obnoxiam, mille necessitatibus aerumnosam, proclivem ad vitia, invalidam ad virtutes?: *CC* 36, IV, 5 (*Op*. II, p. 7).

46) cum nihil simus: *CC* 37, III, 5 (*Op*. II, p. 12). Cf. *Gal*. 6, 3.

47) Ergo tenetis memoria quod teneam assensum vestrum, neminem absque sui cognitione salvari, de qua nimirum mater salutis humilitas oritur, et timor Domini, qui et ipse sicut initium sapentiae, ita est et salutis: *CC* 37, I, 1 (*Op*. II, p. 9).

48) humilitas duplex est: altera cognitionis, altera affectionis, quae hic dicitur cordis. Priore cognoscimus quam nihil sumus, et hanc discimus a nobis ipsis et ab infirmitate propria; posteriore calcamus gloriam mundi, et hanc ab illo discimus, qui exinanivit seipsum, formam servi accipiens: *In adventu* 4, 4 (*Op*. IV, p. 184).

49) Tali namque experimento et tali ordine Deus salubriter innotescit, cum prius se homo noverit in necessitate positum, et clamabit ad Dominum, ... Atque hoc modo erit gradus ad notitiam Dei, tui cognitio; et ex imagine sua, quae in te renovatur, ipse videbitur: *CC* 36, IV, 6 (*Op*. II, 8).

50) Noveris proinde te, ut Deum timeas; noveris ipsum, ut aeque ipsum diligas: *CC* 37, I, 1 (*Op*. II, p. 9). ベルナルドゥスの霊性に関して，拙著『中世思想史』村井則夫訳，平凡社，2003年，202-209頁参照。

51) Cf. J. F. Worthen, *The Self in the Text: Guigo I the Carthusian, William of St Thierry and Hugh of St Victor*, (diss.) Toronto 1992; P. Verdeyen, *La thêologie mystique de Guillaume de Saint-Thierry*, Paris 1990; *William, Abbot of St. Thierry. A Colloquium at the Abbey of St. Thierry*, Kalamazoo 1987; Y.-A. Baudelet,

L'expérience spirituelle selon Guillaume de Saint-Thierry, Paris 1985; D. N. Bell, *The Image and Likeness. The Augustinian Spirituality of William of Saint Thierry*, Kalamazoo 1984; P.-H. Ryan, *The Experience of God in the "De contemplando Deo" of William of Saint-Thierry*, Ann Arbor 1983; *Saint-Thierry. Une abbaye du VIe au XXe siècle* (Actes du Colloque international d'Histoire monastique Reims-Saint-Thierry, 11 au 14 octobre 1976), Saint-Thierry 1979 (Bibl.); J.-M. Déchanet, *Guillaume de Saint-Thierry. Aux sources d'une pensée*, Paris 1978; P. Verdeyen, La théologie mystique de Guillaume de Saint-Thierry, *Ons Geestelijk Erf* 51 (1977), pp. 327-366; 52 (1978), pp. 152-178; 257-295; 53 (1979), pp. 129-220; 321-404; A. M. Tuozzi, *La "Conoscenza di sé" nella scuola cisterciense*, Napoli 1976; L. M. Savary, *Psychological Themes in the Golden Epistle of William of Saint-Thierry to the Carthusians of Mont-Dieu*, Salzburg 1973; M.-M. Davy, *Théologie et Mystique de Guillaume de Saint-Thierry, I: La connaissance de Dieu*, Paris 1954; J.-M. Déchanet, *Guillaume de Saint-Thierry. L'homme et son œuvre*, Bruxelles 1942 (Engl. transl.: *William of St. Thierry. The Man and His Work*, Spencer 1972); id., *Aux sources de la spiritualité de Guillaume de Saint-Thierry*, Bruxelles 1940; J.-M. Déchanet, La connaissance de soi d'après Guillaume de St-Thierry, *La Vie spirituelle* 56 (1938), *Supplement*, pp. 102-122; H. Kuttner, *Wilhelm von St. Thierry, ein Repräsentant der mittelalterlichen Frömmigkeit*, Giessen 1898.

52) Infirmi ergo ambo, tota die de spirituali physica animae conferabamus: *Sancti Bernardi vita prima* XII, 59 (PL 185, 259AB). Cf. M. Casey, Toward a methodology for the *vita prima*: Translating the First Life into biography, in: J. R. Sommerfeldt (ed.), *Bernardus Magister*, Kalamazoo 1992, pp. 55-70.

53) Cf. V. Honemann, Die '*Epistola ad fratres de Monte Dei' des Wilhelm von Saint-Thierry. Lateinische Überlieferung und mittelalterliche Übersetzungen*, München 1978.

54) Fertur celebre apud Graecos delphici Apollinis responsum: homo, scito te ipsum: *De natura corporis et animae* (= *De natura*) 1, ed. M. Lemoine (Guilelmus de Sancto Theodorico, *De natura corporis et animae*, Paris 1988), p. 65.

55) 'Si non', inquit, 'cognoueris te, egredere': *ibid.*

56) 'Nosce teipsum', quod Apollini Pythio assignant gentiles uiri, quasi ipse auctor fuerit huius sententiae, cum de nostro usurpata ad sua transferant, et longe anterior Moyses fuerit, qui scripsit librum Deuteronomii, quam philosophi qui ista finxerunt: *Commentarius in Cantica canticorum e scriptis sancti Ambrosii* (= *CCC Ambr.*) I, 36, ed. G. Banterle (*Guglielmo di Saint-Thierry Commento Ambrosiano al Cantico dei cantici* [Sancti Ambrosii episcopi Mediolanensis opera 27/Tutte le opere di sant' Ambrogio, Extra], Milano/Roma 1993), p. 50.

57) (Philosophi huius mundi) non enim habebant fidem quae per dilectionem operatur, licet affectatum quemdam amorem et opera quaedam haberent honestatis: *De*

contemplando Deo (= *Cont*.) 8, 18 (PL 184, 377C; ed. J. Hourlier [Sources Chrétiennes 61], Paris 1959, 12). 邦訳は『神の観想について』高橋正行・矢内義顕訳，中世思想研究所編訳・監修『中世思想原典集成』第10巻「修道院神学」平凡社，1997年，所収。

58) cum omni homini qui capax est rationis uix suus sufficiat sensus nisi adiutus a gratia ut sciat se ipsum, cum tamen hoc nihil ei conferat nisi ex hoc quod ipse est: *De natura* 1, pp. 65-67.

59) Cumque totus mihi redditus sedeo solus et tacens ... videns quia tempus me juvat, et vaco vacare mihi, discutio meipsum, quis sum, unde venerim: *Meditativae orationes* (= *Med*.) 4 (PL 180, 216B; ed. R. Thomas [*Pain de Cîteaux* 21-22], Chambarland 1964, 4, 5).

60) Cf. *De natura* 2, p. 67.

61) Qui enim non immoratur in eis quae sua sunt per sapientiae contemplationem, egreditur necessario in aliena per curiositatis uanitatem: *De natura* 1, p. 65; Circumeo platas, latas saeculi vias; et omnia quae intra me sunt, vel extra me, magnis clamoribus, certis scilicet rationibus ad interiora mea me revocant, testificantia ex te, regnum Dei intra me esse, ut intus in cubili cordis te quaeram, quem exiens extra non invenio. Ecce intus sum.（私は庭を，世の広い道を経巡る。そして私の内にあるもの，あるいは私の外にあるものすべては，大きな叫びを上げて，つまり確かな理拠にもとづいて私を私の内へ呼び戻し，あなたにもとづいて，神の国が私の内にあることを証しする。私は，外に出ては見出すことのないあなたを内に心の部屋において捜し求めるように。見よ，私は内にいる。): *Cont*., prooemium 2, (PL 184, 365D).

62) Tibi vaca: multa tu ipse tibi sollicitudinis materia es: *Epistola ad fratres de Monte Dei* (= *Epistola aurea*) I, 9, 27, (PL 184, 325C; tr. J.-M. Déchanet [*Lettre d'Or aux Frères du Mont-Dieu*], Paris 1956, I, 104). 邦訳は『(神の山の兄弟たちへの書簡) 黄金の書——観想生活について』高橋正行訳，あかし書房，1988年。

63) Alia cella tua exterior, alia interior. ... interior est conscientia tua, quam inhabitare debet omnium interiorum tuorum interior Deus, cum spiritu tuo. ... Dilige ergo interiorem cellam tuam. ... Disce in ea secundum communis instituti leges tu tibi praeesse, et vitam ordinare: *Epistola aurea* I, 10, 28 (PL 184, 325D-326A; tr. J.-M. Déchanet, I, 106).

64) Sic ergo respiciens et discernens et dijudicans me ipsum, factus sum mihi ipsi de me ipso laboriosa et taediosa quaestio: *Cont*. 2, 5 (PL 184, 369C; ed. J. Hourlier, 4).

65) Animo enim saepe se ipsum vel Deum cogitanti, ipsa voluntas in omni cogitatione princeps est; et necessario principium voluntatis sequitur omnis tenor cogitationis: *Epistola aurea* II, 2, 11 (PL 180, 345D-346A; tr. J.-M. Déchanet, II, 241).

66) in lumine veritatis tuae: *Med*. 12 (PL 180, 244D; ed. R. Thomas, 12, 8).

67) Sed bona uoluntas iam initium amoris est: *Expositio super Cantica canticorum* (= *Expos. CC*) XV, 71, ed. P. Verdeyen (Corpus Christianorum Continuatio Mediaevalis

87, Turnhout 1997), p. 59; ed. M.-M. Davy, (*Commentaire sur le Cantique des Cantiques*, Paris 1958), 64, p. 92.

68) ut jam voluntas plus quam voluntas sit, ut amor sit, ut dilectio sit, ut sit charitas, sit unitas spiritus: *Epistola aurea* II, 3, 16 (PL 184, 348A; tr. J.-M. Déchanet, II, 256); Ecce intus sum. ... Ubi ergo? in amore. ... Quem quaeris, si in amore tuo est, in te est. (見よ，私は内にいる。[……] ではどこに。愛の内に。[……] あなたが捜している者は，彼があなたの愛の内にあるなら，あなたの内にいる。): *Cont.*, prooemium 2 (PL 184, 365D-366A).

69) indignans mihi et excutiens me, surgo in memetipso, et accensa verbi Dei lucerna in indignatione et amaritudine spiritus mei ingredior tenebrosam domum conscientiae meae; quasi pervisurus unde tenebrae istae, unde caligo odibilis, dividens inter me et lumen cordis mei. Et ecce quasi quaedam muscarum pestis ruens in oculos meos, et penes exturbans me a proprio conscientiae meae domicilio. Ingredior tamen sicut in rem juris mei; et ecce cogitationum turba tam procax, tam indisciplinata, tam varia, tam confusa, ut discernere eas non sufficiat cor hominis, quod eas genuit. Resideo tamen quasi judicaturus eas: *Med*. 9 (PL 180, 232D-233A; ed. R. Thomas, 9, 2).

70) nisi cognoscas te mortalem rationalem et cito tua peccata fatearis, cito dicas iniquitates tuas ut iustificeris, nisi conuertaris et prior accuses delicta tua, uenit dies mortis et iam nullum conuersionis remedium est: *CCC Ambr*. I, 37, p. 50.

71) Est alia humilitatis species, scilicet notitia sui, in qua si judicor, secundum ea quae in me novi, actum est de me: *Med*. 7 (PL 180, 227C; ed. R. Thomas, 7, 3).

72) Inventus enim sum in oculis tuis nudus ab omnibus, quae intra me homines putabant: *Med*. 4 (PL 180, 216A; ed. R. Thomas, 4, 4).

73) Talis Moysis cui dicitur: 'Solue calceamentum pedum tuorum', ut qui uocaturus populum ad Dei regnum procederet, prius carnis abiciens exuuias, et nudo spiritu uestigioque mentis incederet: *CCC Ambr*. I, 34, p. 48. Cf. *Ex*. 3, 5.

74) Jam ergo discussa omni caligine, saniores in te oculos converto, o lux veritatis; et exclusis omnibus, tecum, o veritas, me includo: *Med*. 9 (PL 180, 233C; ed. R. Thomas, 9, 5).

75) Opus es magnificum, Dei inspiratione formatum: ... Disce, homo, ubi grandis atque pretiosus sis. Uilem te terra demonstrat, sed gloriosum uirtus facit, fides rarum, imago pretiosum. ... (34) Cognosce igitur te et naturae tuae decorem et exi, quasi exuta uinculis pedum et nudo exerta uestigio, et carnalia integumenta non sentias: *CCC Ambr*. I, 33-34, pp. 46-48.

76) induens affectum incipit iam perfectius semetipsam cognoscere, et intelligere ac discernere quid intra semetipsam agatur: *Expos. CC* XV, 70 (ed. P. Verdeyen, p. 58; ed. M.-M. Davy, 63, p. 90).

77) Quaerebam ergo, ait sponsa, extra me quasi absentem, quem intra me iam habebam ... licet haec omnia in me agerentur bono assensu uoluntatis ac iudicio rationis, accubitum tamen, hoc est sensum spiritualis affectus, quo praesentiae eius suauitas sentitur, non habebam: *Expos. CC* XV, 74 (ed. P. Verdeyen, p. 60; ed. M.-M. Davy, 66, p. 94); ideo a temetipsa egrederis, quia ignoras te. Sed cognosce te, quia imago mea es, et sic poteris nosse me, cuius imago es, et penes te inuenies me. In mente tua si fueris mecum, ibi cubabo tecum, et inde pascam te.（あなたを知らないがゆえに，あなたはあなたの外に出てしまっている。あなた〔自身〕を知りなさい。あなたは私の似姿であることを。そのようにして，あなたがその似姿である私を知ることができるのであり，あなたの傍で私を見出すのである。もしあなたがあなたの精神の内に私とともにあるならば，私はそこであなたとともに安らい，そこからあなたを牧するだろう。): *Expos. CC* XII, 60 (ed. P. Verdeyen, p. 50; ed. M.-M. Davy, 52, p. 80).

78) quanto dulcius illuminantis (: illuminatus) oculus in interiora procedit, tanto dulcius sentit et intelligit ... te plus posse amari: *Cont*. 3, 7 (PL 184, 371A; ed. J. Hourlier, 6).

79) (uoluntas) affecta circa praesentem amor est; cum amanti id quod amat in intellectu praesto est. Amor quippe Dei ipse intellectus eius est; qui non nisi amatus intelligitur, nec nisi intellectus amatur, et utique tantum intelligitur quantum amatur, tantumque amatur quantum intelligitur: *Expos. CC* XV, 71 (ed. P. Verdeyen, p. 59; ed. M.-M. Davy, 64, p. 92).

80) formam divinae et verae philosophiae: *Cont*. 9, 19 (PL 184, 377D; ed. J. Hourlier, 12). Cf. J.-M. Déchanet, Amor ipse intellectus est. La doctrine de l'amour-intellection chez Guillaume de Saint-Thierry, *Revue de Moyen-âge*, Paris 1933, pp. 96-102; D. N. Bell, *op. cit*., pp. 217-249.

81) Licet enim nullus sensus cujuslibet animae vel spiritus te comprehendat, tamen totum te, quantus es, comprehendit amor amantis, qui totum te amat quantus es: *Cont*. 8, 17 (PL 184, 376C; ed. J. Hourlier, 11).

82) visio vel scientia majestatis tuae, quae in hac vita melius nesciendo scitur, et scire aliquem (: aliquam), quomodo eam nesciat, haec in hac vita summa ejus scientia est: *Med*. 7 (PL 180, 228D; ed. R. Thomas, 7, 7).

83) Haec enim unitas hominis cum Deo, vel similitudo ad Deum, in quantum propinquat Deo, in tantum inferius suum conformat sibi, infimum illi: ut spiritus et anima et corpus suo modo ordinata, suis locis disposita, suis meritis aestimata, suis etiam proprietatibus cogitentur: ut incipiat homo perfecte nosse se ipsum, et per cognitionem sui proficiendo, ascendere ad cognoscendum Deum: *Epistola aurea* II, 23 (PL 184, 352C; tr. M. Déchanet, II, 289); sicut dicit Iob: Etiam sic 'uisitans homo speciem suam' in Deo, hoc est similitudinem suam cogitans, 'non peccat'.（ヨブが言うように，神の内に「人間は自らの顔を見る」，つまり自らの類似を知ることは，「誤る

ことがない」。): *Expos. CC* III, 15 (ed. P. Verdeyen, p. 26; ed. M.-M. Davy, 14, p. 44).

84) Quandiu sum tecum, sum etiam mecum; non sum autem mecum, quandiu non sum tecum: *Med*. 2 (PL 180, 208BC; ed. R. Thomas, 2, 2); Quae indicari tibi petis a me, non ignoras, sed scire te ignoras. Idcirco enim uideris tibi ignorare me, quia ignoras te. Ideo ignoras te, quia egressa es a te. (あなたが私から知ろうと努めていることを，あなたは知らないのではなく，あなたがそれを知っていることを知らないのである。まさにあなたはあなたを知らないがゆえに，あなたには私を知らないものと思えるのである。あなたは，あなたの外に出てしまっているがゆえに，あなたを知らないのである。): *Expos. CC* XII, 59 (ed. P. Verdeyen, p. 49; ed. M.-M. Davy, 51, p. 78).

85) O veritas, veritas, per gloriam et majestatem faciei tuae, ne abscondas eam a me; sed fulgura in me totas ejus coruscationes: *Med*. 8 (PL 180, 232A; ed. R. Thomas, 8, 7).

86) me tibi conformaveras, Creator bone, creans me ad imaginem et similitudinem tuam: *Cont*., prooemium 1 (PL 184, 365A). Cf. L. Malevez, La doctrine de l'image et de la connaissance mystique chez Guillaume de Saint-Thierry, *Recherches de science religieuse* 22 (1932), pp. 178-205; 257-279.

87) (nos) qui ad imaginem tuam conditi sumus, et ab illa per Adam inveterati, per Christum ad illam renovamur de die in diem: *Cont*. 8, 17 (PL 184, 376D; ed. J. Hourlier, 11).

88) O bone Creator! ... formaveras me ad imaginem et similitudinem tuam, et locaveras in paradiso voluptatis tuae, ... Serpens irrepsit, Evam meam seduxit, ... Propter quod expulsus de paradiso bonae conscientiae, exsul factus sum in terra aliena, in regione dissimilitudinis: *Med*. 4 (PL 180, 216CD; ed. R. Thomas, 4, 6).

89) Quid est se noscere nisi ut sciat unusquisque hominem se ad imaginem et similitudinem Dei factum, rationis capacem: *CCC Ambr*. I, 36, p. 48.

90) O imago Dei, recognosce dignitatem tuam; refulgeat in te auctoris effigies. Tu tibi uilis es, sed pretiosa res es. Quantum ab eo defecisti cuius imago es, tantum alienis imaginibus infecta es: *Expos. CC* XII, 62 (ed. P. Verdeyen, p. 51; ed. M.-M. Davy 54, p. 80). Ubi namque quidquam tam pretiosum quam imago est Dei? Quae tibi primo fidem debet infundere, ut in corde tuo refulgeat quaedam auctoris effigies, ne qui mentem tuam interrogat, non agnoscat auctorem. (神の似姿ほど尊いものがどこにあろうか。それはあなたの心の内にあなたの創り手のある種の似姿が反映するのに，まず信仰をあなたに溢れさせなければならない。あなたの精神を探求し，創り手を認めないことがないように。): *CCC Ambr*. I, 33, p. 46.

91) Cum autem nos inhabitas, coelum tuum sumus, utique, sed non quo sustenteris ut inhabites, sed quod sustentes ut inhabitetur; tu quoque coelum nobis existens, ad quem ascendamus, ut inhabitemus. Nostra ergo, ut video, in te, vel tua in nobis habitatio, nobis coelum est: *Med*. 6 (PL 180, 224A; ed. R. Thomas, 7, 5).

92) Nam de vultu tuo et facie tua neminem audio tam saepe, tam familiariter agere et loqui quam David: *Med*. 7 (PL 180, 228B; ed. R. Thomas, 7, 5).

93) Quot enim anima humana habet affectiones, tot ad te habet facies: *Med*. 8 (PL 180, 229C; ed. R. Thomas, 8, 1).

94) faciem tuam requiro, ne, obsecro, avertas eam a me. Sed doce me interim, o aeterna sapientia, illustratione ipsius vultus tui, quae sit ista facies et facies; quia, licet desiderio alterius ad alterum contrabescam, neutram tamen satis novi: *Med*. 7 (PL 180, 227D-228A; ed. R. Thomas, 7, 4).

95) ut in lumine ejus (scl. faciei tuae) videam lumen, scilicet quid facies mea sit ad tuam, quid tua ad meam: utrum sicut est veritas in te, Jesu, sic veritas sit in me ...: *Med*. 8 (PL 180, 232A; ed. R. Thomas, 8, 7).

96) quid est obsecro, quod in toto corde exquirens te, cum faciem tuam apprehendisse me gratulor, quam solam facies mea desiderat, repente me invenio seorsum?: *Med*. 11 (PL 180, 237C; ed. R. Thomas, 11, 1).

97) ut tandem aliquando secundum responsum veritatis tuae mortuus mihi et vivens tibi, revelata facie ipsam tuam faciem incipiam videre, et affici tibi a visione faciei tuae. Et, o facies, facies, quam beata facies, quae affici tibi meretur videndo te: *Cont*. 1, 3-4 (PL 184, 368D; tr. J. Hourlier, 3).

98) Cf. J. Sudbrack, Johannes von Kastl, in: *Die deutsche Literatur des Mittelalters. Verfasserlexikon*, Bd. 4, Berlin/New York 1983, 652-658; id., Auf der Suche nach der Einheit von Theologie und geistlichem Leben. Zum Werk des spätmittelalterlichen Benediktiners Johannes von Kastl, *Geist und Leben* 37 (1964), S. 421-440.

99) Id., Johannes von Kastl, 656.

100) Cf. J. Sudbrack, *Die geistliche Theologie des Johannes von Kastl* (= *Sudbrack*), (Beiträge zur Geschichte des alten Mönchtums und des Benediktinerordens, Heft 27, 1-2), 2 Bde., Münster 1966-1967, Teil I: Darstellung, S. 77-83; M. Grabmann, Der Benediktinermystiker Johannes von Kastl, der Verfasser des Büchleins *De adhaerendo Deo*, in: id., *Mittelalterliches Geistesleben*, Bd. 1, München 1926, S. 489-524 (Neubearbeitung des Artikels in: *Tübinger Theologische Quartalschrift* 101 [1920], S. 186-235).

101) Cf. B. Wöhrmüller, Beiträge zur Geschichte der Kastler Reform, *Studien und Mitteilungen aus dem Benedictiner- und Cistercienser-Orden* 42 (1924), S. 10-40; P. Maier, Ursprung und Ausbreitung der Kastler Reformbewegung, *Studien und Mitteilungen zur Geschichte des Benedictinerordens und seiner Zweige* 102 (1991), S. 97-106; id. (ed.), *Consuetudines Castellenses*, 2 vols., Siegburg 1995-1996.

102) Cf. *De lumine increato* 7 (*Sudbrack*, II: Texte und Untersuchungen, S. 102); *Clenodium Religiosorum* (ドイツ語訳: Johannes von Kastl, *Vom ungeschaffenen Licht*, übers. von J. Sudbrack, Zürich/Einsiedeln/Köln 1981, S. 151-153).

103) ドイツ語部分訳: Johannes von Kastl, *Vom ungeschaffenen Licht*, S. 96–140. Cf. E. Drinkwelder, Der Weg zu Gott in der Regelerklärung des Johannes von Kastl, *Benediktinische Monatsschrift* 5 (1923), S. 50–57, 73–82, 164–173.

104) G. Huijben, *Dell'Unione con Dio di Giovanni di Castel O. S. B.* (Scritti monastici 4), Praglia 1926; cf. *Sudbrack*, I, S. 215–218; Johannes von Kastl, *Wie man Gott anhangen soll*, übertr. von W. Oehl, Paderborn 1923. Cf. J. Huijben, Le De adhaerendo Deo, *La Vie Spirituelle, Suppl*. 1922, pp. 22–37; 1923, pp. 80–101; E. Raitz von Frentz, Die Schrift De adhaerendo Deo. Kritisches zur Textüberlieferung und zur Autorenfrage, *Scholastik* 2 (1927), S. 79–92.

105) Albertus Magnus, *Opera omnia*, ed. A. Borgnet, Paris 1890–1899, t. 37, 523–543; ドイツ語訳: Albertus Magnus, *Die Einung mit Gott*, übers. von K. F. Riedler, Olten 1944. 邦訳は，アルベルトゥス・マグヌス『神との一致について』戸塚文卿訳，ソフィア書院，1951年。新訳は『神との一致について』佐藤直子訳，上智大学中世思想研究所編訳・監修『中世思想原典集成』第16巻「ドイツ神秘思想」平凡社，2001年，所収。

106) Cl. Stroick, *Unpublished Theological Writings of Johannes Castellensis*, Ottawa 1964, pp. 148–194 (introduction: pp. 71–82); *Sudbrack,* II, S. 23–94.

107) Cl. Stroick, *op. cit*., pp. 25–68 (introduction: pp. 13–23); *Sudbrack,* II, S. 68–122; ドイツ語訳: Johannes von Kastl, *Vom ungeschaffenen Licht*, S. 23–94.

108) Cl. Stroick, *op. cit*., pp. 83–124 (introduction: pp. 71–82); *Sudbrack,* II, S. 11–67.

109) ドイツ語訳: Ein Kleinod für Gottsuchende, in: Johannes von Kastl, *Vom ungeschaffenen Licht*, S. 141–159.

110) *Sudbrack,* II, S. 123–130.

111) *Ibid*., S. 131–136.

112) *Ibid*., S. 137.

113) *Ibid*., S. 133; ドイツ語訳: Johannes von Kastl, *Vom ungeschaffenen Licht*, S. 94–96. Cf. R. Rudolf, *Ars moriendi. Von der Kunst heilsamen Lebens und Sterbens*, Köln 1957, S. 68–69, 114–116.

114) *Sudbrack,* II, S. 140.

115) Cf. Johannes von Kastl, *Wie man Gott anhangen soll*, S. 5–6.

116) R. Wagner, *Ein nücz und schone ler von der aygen erkantnuß. Des Pseudo-Johannes von Kastl 'Spiritualis philosophia' deutsch. Text und Untersuchungen*, Münster 1972.

117) Cf. *Sudbrack* I, S. 99–167; G. Huijben, *Dell'Unione con Dio di Giovanni di Castel* O. S. B., pp. 118–126.

118) Cf. *Sudbrack* I, S. 121–122; J. Sudbrack, *Johannes von Kastl*, 656.

119) Id., *Johannes von Kastl*, 656.

120) M. Grabmann, Bayerische Benediktinermystik am Ausgange des Mittelalters, *Benediktinische Monatsschrift* 2 (1920), S. 196–202; id., Der Benediktinermystiker

Johannes von Kastl, der Verfasser des Büchleins *De adhaerendo Deo, loc. cit*.

121) Id., Der Benediktinermystiker Johannes von Kastl, der Verfasser des Büchleins *De adhaerendo Deo*, S. 514.

122) *Ibid*., S. 517.

123) *Ibid*., S. 515.

124) Virtus multum confert ad scientiam, et e converso scientia parum confert ad virtutem. ... Virtus facit imitatores Christi, non scientia: *De fine religiosae perfectionis* (= *FRP*; = *De adhaerendo Deo*; ed. G. Huijben, Praglia 1926) 21, p. 97.

125) pictor caecus: *De lumine increato* (= *LI*; ed. *Sudbrack*, II) 12, p. 12.

126) dum nulla scientia melior sit illa qua homo cognoscit seipsum: *Spiritualis philosophia* (= *SP*; ed. Cl. Stroick, Ottawa 1964) 1, p. 148.

127) summa philosophia: *SP* 1, p. 149.

128) nihil recte aestimat nec sensit, qui se ignorat: *LI*, prologus, p. 71.

129) cum anima ab omnibus abstrahitur et in seipsam reflectitur, contemplationis oculus dilatatur: *FRP* 9, p. 36.

130) secum esse: *FRP* 5, p. 95.

131) Videtur primo et principaliter opus esse ..., ut homo ab aliis se abstrahat et se intra se recolligat: *LI* 7, p. 101.

132) Semper tacite ad interiora mentis arcana recurramus; et inibi ab omnibus aliis abstracti et intra nos totaliter recollecti, statuamus nos in cognitionem veritatis ante nos: *FRP* 14, p. 55.

133) Proinde investigare restat, dum necesse est, quibus exercitiis, viis et modis homo melius et expeditius in sui ipsius intimam pervenire possit notitiam et breviter videtur satis plane his mediis, videlicet: primo et principaliter ut abstrahat se summo modo ab omnibus aliis et recipiat se sedule intra se: *SP* 2, p. 150.

134) Si vero cor et spiritus noster ab hac infimorum infinita distractione, quae deorsum est, per desiderium et amorem se erexerit; et haec infima deserens, paulatim se intra se in unum immutabile sufficiens bonum colligens, secum esse didicerit, et ei inseparabiliter quodam affectu inhaeserit: tanto amplius in unum colligitur et fortificatur, quanto magis cogitatione et desiderio sursum elevatur: *FRP* 7, p. 27; cf. *LI* 5, p. 95.

135) Nempe initium omnium malorum est distensio mentis in diversa et exteriora extra se, ita ut non possit sibi ipsi soli totus, coram lumine et in lumine veritatis, intra se intendere: *FRP* 21, p. 93; cf. *FRP* 7, p. 27.

136) quoadusque sibi in habitum verterit, ut videlicet iam non solum facile sit se totum libere et expedite intra se prompte recipere seque ab omnibus aliis abstrahere et exuere, verum etiam sit delectabile sibi intra se ... speculare: *SP* 2, p. 151.

137) solitudo corporis, labor cordis et quies mentis: *FRP* 15, p. 61.

138) ut homo restringat se sub silentio et taciturnitate: *LI* 7, p. 103.

139) puritati munditiae et quieti cordis: *FRP* 5, 15.

140) tranquillitati et intimitati cordis: *LI* 11, p. 118.

141) Quippe in spiritualibus illa sunt superiora, quae intimiora, quoad experientias spirituales: *FRP* 7, p. 25.

142) mens elevet se supra se et omne creatum per abnegationem omnium: *FRP* 7, p. 25.

143) omnia abnegabit, omnia contemnet et excutiet nec de ullo ulterius curabit nec sollicitus erit nec aliquid amabit: *SP*, Secunda pars huius tractatus, p. 194.

144) anima quodammodo respiciat a longe hominem exteriorem suum tanquam non suum: *FRP* 10, p. 39.

145) Redeamus itaque intra nos ad cor ... nec cessemus magis magisque ipsum intimius intrare, nempe quanto profundius ipsum introrsus discusserimus, tanto peiora reperiemus: *SP* 2, p. 150.

146) Humilitas est qua homo verissima sui cognitione sibi ipsi vilescit: *SP* 3, p. 153. 註（41）参照。

147) Haec vera cognitio veritatis semper facit animam humilem, seipsam, non alium judicantem: *FRP* 6, p. 23.

148) Parvipende igitur te in omnibus et apud omnes homines et exaltaberis coram Deo tuo, vilipende teipsum et videbis gloriam Dei in teipso, nempe ubicumque humilitas nascitur, ibi gloria Dei oritur. Nosce igitur teipsum, et cognosceris a Deo tuo, immo te perfecte cognito cognosces et creatorem tuum: *SP* 3, p. 154.

149) Et postremum argumentum omnium cogitationum, locutionum, operum tuorum, an secundum Deum sint, sit tibi indicium hoc, videlicet si his magis humilis et intra te et in Deo plus recollectus et confortatus fueris: *FRP* 15, p. 65.

150) Proinde quanto qui vilitatis suae cognitor est, tanto plus et limpidius divinae majestatis est inspector: *FRP* 25, p. 59.

151) Sit ergo Jesus Christus, qui et lumen aeternum, essentiale et immensum, sedule nostra in mente; et eius comparatione et illustratione cognoscamus nostrae nihileitatis et caecitatis tenebras: Opposita iuxta se posita magis elucescunt: *LI*, prologus, p. 73.

152) ut seipsum plus quam in nihilum resolvat: *LI*, prologus, p. 72.

153) Abstrahere ergo et exurere habet se homo sedule ab omni sensibili, intelligibili et creato et intrare totus in seipsum et sic intra se tamquam ex habitu prompte et subito, quoties voluerit, se et nihilitatem ac vilitatem suam coram seipso et in ipso vero increato et essentiali lumine videre, quippe hoc ipsum ex inquisitione suae creationis et corruptionis habet ut se ex nihilo nihilitatibus circumdatus in nihilum tendens necessario ab altero, id est a creatore Deo, suum esse, conservare, guberna-

re, mendicare in naturalibus, fortuitis et gratuitis sicque simul ipso uno eodemque intuitu videat et cognoscat: *SP* 6, p. 159; cf. *FRP* 9, p. 33.

154) (homo) tantum fide et bona voluntate adhaerere debet Deo in intellectu nude: *FRP* 6, p. 21.

155) Quapropter si incipis nudare et purificare a phantasmatibus et imaginibus, et simplificare et tranquillare fiducialiter in Domino Deo cor tuum et mentem tuam, ut haureas et sentias fontem divini beneplaciti in omnibus interioribus tuis, et per bonam voluntatem sis Deo unitus in intellectu: *FRP* 5, p. 15.

156) nihil erit medium inter te et Deum: *FRP* 8, p. 31; cf. *ibid*., 4, p. 13.

157) ascendere ad Deum, hoc est, intrare in seipsum: *FRP* 7, p. 23.

158) Felix ergo, qui per abstersionem continuam phantasmatum et imaginum, et per introversionem et inibi per sursumductionem mentis in Deum, tandem aliquando obliviscitur phantasmatum quodammodo; ac per hoc, consequenter operatur interius nudo ac simplici ac puro intellectu et affectu, circa objectum simplicissimum, Deum. Omnia igitur phantasmata, species, imagines ac formas rerum omnium citra Deum a mente rejicias: ut in solo nudo intellectu et affectu ac voluntate, tuum pendeat exercitium circa Deum intra te: *FRP* 4, p. 9.

159) Unde, quando in Deum procedimus per viam remotionis, primo negamus ab eo omnia corporalia et sensibilia et imaginabilia; secundo etiam intelligibilia; ad ultimum hoc ipsum esse secundum quod in creaturis remanet. Sic, quantum ad statum viae pertinet, optime Deo conjungimur, secundum Dionysium. Et haec est caligo, quam Deus inhabitare dicitur; quam Moyses intravit: *FRP* 9, pp. 37-38.

160) intendere et quiescere in Domino Deo intra te: *FRP* 4, p. 9.

161) scalam erigit: *FRP* 9, p. 37.

162) sursum attollunt meditatio admirabilis essentiae Dei, castae veritatis inspectio, oratio munda et valida, iubilus laudis et desiderium ardens in Deum: *LI* 9, p. 111.

163) sicut amor Dei cor humanum a multis et variis in unum convertit et trahit, scilicet in summum obiectum et finem, qui est Dominus Deus, summum bonum, sic e contrario amor sui constituens civitatem Babylonis et confusionis, avertit mentem et animam hominis ab ipso uno et omnimodo bono et dispergit in infinita: *LI* 6, p. 100.

164) Animadvertenda est etiam in hoc differentia inter contemplationem Catholicorum fidelium et Philosophorum gentilium: quia contemplatio Philosophorum est propter perfectionem contemplantis, et ideo sistit in intellectu, et ita finis eorum in hoc est cognitio intellectus. Sed contemplatio Sanctorum, quae est Catholicorum est propter amorem ipsius, scilicet contemplati Dei: idcirco non sistit in fine ultimo in intellectu per cognitionem, sed transit ad affectum per amorem. Unde Sancti in contemplatione sua habent amorem Dei tamquam principaliter intentum: *FRP* 9, p.

35; cf. Thomas Aquinas, *In III Sent.* d. 33 q. 1 a. 2 ql. 1 c.; cf. *ibid.* ql. 3 c.

165) Nempe amor ipse, qui et caritas, est via Dei ad homines et via hominis ad Deum: ... nec quiescit, donec naturaliter totam amabilis penetraverit virtutem et profunditatem ac totalitatem; et unum se vult facere cum amato, et si fieri potest, ut hoc idem ipse sit quod amatum. Et ita nullum patitur medium inter se et objectum dilectum quod amat, quod est Deus, sed vehementer tendit in eum: *FRP* 12, p. 47.

166) in his tribus potentiis in anima expressa consistit, videlicet ratione, memoria et voluntate. Et quandiu illae, ex toto, Deo impressae non sunt, non est anima deiformis, juxta primariam animae creationem. Forma nempe animae Deus est, cui debet imprimi, sicut cera sigillo et signatum signo signatur: *FRP* 3, p. 7.

167) quia mens humana sollicitudinibus distracta non intrat ad se per memoriam, fantasmatibus obumbrata non redit ad se per intellectum, concupiscentiis illecta ad se ipsam nequaquam revertitur per desiderium suavitatis internae spiritualis laetitiae, ideo totaliter in his sensibilibus et praesentibus iacens, non potest ad se tamquam ad Dei imaginem intrare: *LI* 3, p. 83; cf. *FRP* 7, p. 25.

168) vere speculum immaculatum effectus imaginis Dei et ex ipsius lumine semper lumen accipiens: *LI*, prologus, p. 70.

169) Nempe omnia quae intelligimus et judicamus in sola luce primae veritatis radicem habere cognoscamus, inquantum videlicet ipsum lumen intellectus nostri sive naturale sive gratuitum nihil aliud est quam impressio veritatis primae. Omnia ergo anima cognoscit in rationibus aeternis sicut in cognitionis principio per quarum participationem omnia cognoscimus eo quod ipsum lumen intellectuale quod in nobis est nihil aliud sit quam quaedam participata similitudo luminis increati in quo continentur rationes aeternae, et est simile ac si in sole dicantur videri ea quae videntur per solem: *SP* 5, p. 158; cf. *LI* 9, pp. 110-111. Cf. Thomas Aquinas, *Summa theologiae* I q. 84 a. 5 c.

170) lumen creatum: *LI* 3, p. 83.

171) lumen increatum, quod Deus est: *LI* 2, p. 81.

172) Lucerna quippe lumen in testa est: lumen vero in testa, est divinitas in carne: Gregorius Magnus, *XL Homiliae in Evangelia* 34, PL 76, 1249A; cf. *LI* 3, p. 86.

173) per lucernam ad lumen, id est per hominem ad Deum: *SP* 7, p. 160.

174) Objectum principalissimum et ultimatum est ipsum lumen increatum, veritas prima, Dominus Deus, Trinitas sancta; medium autem et dispositio ad haec est humanitas Christi, lumen creatum sive naturae, gratiae vel gloriae; subiectum vero sive potentia videns est intellectus noster huiusmodi luminaribus vestitus et qualificatus: *LI* 9, p. 112.

175) unum et necessarium videlicet iugis aspectus et imitatio humanitatis Jesu Christi ad extra et contemplatio et fruitio seu gustus divinitatis eius ab intra: *LI* 11,

p. 119.

176) respiciamus ... ad lumen suae divinitatis in laterna suae vulneratae humanitatis: *LI*, prologus, p. 74; cf. *ibid*., 3, p. 84.

177) Cf. *LI* 7, p. 101; *ibid*., 11, p. 118.

178) se totum intra se recipiat, nec aliud unquam objectum inibi mente attendat quam solum Jesum Christum vulneratum; sicque, per eum in eum, id est, per hominem in Deum, per vulnera humanitatis ad intima divinitatis suae, sedulo et obnixe intendat: *FRP* 2, p. 5; cf. *SP* 7, p. 160.

179) intendere: *FRP* 21, p. 95; *LI*, prologus, p. 69; attendere: *FRP* 2, p. 5; tendere: *LI*, prologus, p. 69; *ibid*., p. 72.

180) homo totum recolligens intrat cor suum, et ita intrans intima cordis se et omnia alia relinquens, ac per hoc totum se in Dominum Deum suum Jesum Christum immergens et resolvens, ut iam nihil videat nec sentiat, nisi Deum: *LI* 11, p. 119.

181) Cf. *LI* 7, p. 76; *FRP* 21, p. 95.

182) intima divinitatis suae: *FRP* 2, p. 5.

183) nuda mente et sincere inhaereas ei ...; ut nihil quodammodo possibile sit medii inter animam tuam et ipsum, et pure fixeque fluere possis a vulneribus humanitatis in lumen suae divinitatis: *FRP* 4, p. 13.

184) Nempe finis omnium exercitiorum hic est, scilicet, intendere et quiescere in Domino Deo intra te, per purissimum intellectum et devotissimum affectum, sine phantasmatibus et implicationibus: *FRP* 4, p. 9.

185) quia ipse Dominus Deus noster intimior est intimo nostro, penetrans sua potentia, praesentia, essentia medullas radicum cogitationum et intentionum cordium et conscientiarum animarum nostrarum, qui nec essemus nisi essemus in eo, nec subsisteremus nisi ipse esset in nobis, juxta illud Actuum, 17: In ipso vivimus, et movemur et sumus; quippe creans nos ex nihilo, creavit nos in se, cum non sit locus nec aliud quidquam extra se; continens et implens totos nos toto se immutabiliter, tanquam in nunc aeternitatis et immutabilitatis: *FRP* 17, p. 73.

186) objectum simplicissimum: *FRP* 4, p. 9.

187) quod et totum est unum et unus: *LI*, prologus, p. 69.

188) tibi praesentissimum: *FRP* 10, p. 39.

189) quae una eademque est trium personarum: *LI*, prologus, p. 69.

190) unum amando unum permansit: *LI* 5, p. 93.

191) tandem omnino in illo intrinseco Jesu immutabilis sit: *LI* 5, p. 95.

192) Fide igitur et caritate intramus intra nos per Jesum intrinseca eius, i. e. in ipsum divinum et increatum lumen trinum et unum: *LI* 12, p. 122.

193) hoc ipsum divinum et increatum lumen, quod Deus est, omnia circumfundit, continet et implet: *LI* 2, p. 81.

194) qui sic in Christo est, in vera luce est, ... ita per ipsum in intima suae divinitatis super omne sensibile instantissime tenderit et ut vel sic immensitatem et perfectionem sui increati luminis permodice agnoverit: *LI*, prologus, p. 72.

195) adhaerere: *SP* 7, p. 160; *FRP* 10, p. 39; *ibid*., 12, p. 47; 21, p. 91; *LI* 7, p. 103; inhaerere: *FRP* 4, p. 22; *ibid*. 7, p. 27.

196) ut sis per bonam voluntatem unitus Deo in intellectu et conformis: *FRP* 8, p. 31.

197) Non est ergo aliud quod nos ab exterioribus sensibilibus intra nos, et exinde in Jesu Christi intima et divina trahit, quam amor Christi, quam desiderium dulcedinis Christi, ad sentiendum, percipiendum et degustandum praesentiam divinitatis Christi: *FRP* 12, p. 49.

198) Et hic modus ascendendi usque ad aenigmaticum contuitum sanctissimae Trinitatis in unitate, unitatis in Trinitate, in Jesu Christo, tanto est ardentior, quanto vis ascendens illi est intimior; et tanto fructuosior, quanto affectu proximior: *FRP* 7, p. 25.

199) Aliud est Deum per essentiam clare et beatifice videre, quod solum est patriae, ... et aliud est divinitatem videre tamquam sub humanitatis nube in Christo Jesu; et iterum est aliter Deum cognoscere intuitiva visione intellectuali et aliter affectuali experimentali, sicut aliter cognoscitur dulcedo mellis visu, aliter gustu: *LI* 10, p. 115.

200) duplex est cognitio, videlicet intellectus et affectus, unde Glossa quaedam super illo 1 Joh. 4 (7): 'Omnis qui diligit, cognoscit Deum', notitia scilicet affectiva, experimentali et familiari. 'Qui autem non diligit', Deum et proximum ex caritate, 'non novit Deum', notitia experimentali, etiam quantumcumque cognoscit eum notitia simplici et apprehensiva quae arida est et insipida et nonnumquam vana et curiosa: *SP* 3, p. 154.

201) Quippe solus amor est, quo convertimur ad Deum, transformamur in Deum, adhaeremus Deo, unimur Deo, ut simus unus spiritus cum eo: *FRP* 12, p. 47.

202) 1 Cor. 6: Qui adhaeret Deo, unus spiritus est, non substantiae identicae, sed voluntatis omnimoda conformitate ac ardentissimi et purissimi amoris liquefactione, quia hoc, quod Deus est per naturam, ipsa erit per gratiam: *LI* 6, p. 99; cf. *FRP* 5, p. 15.

203) transformari in Deum: *FRP* 12, p. 47; *ibid*., 6, p. 23; mutamus nos in Deum（我々は自らを神へと変える）: *ibid*., 15, p. 61.

204) 〔mens〕 toto cordis et amoris affectu, se in eum intimissimis medullis omnium virium suarum sincerissime ac plenissime diffundit, immergit, dilatat et inflammat, et resolvit: *FRP* 1, p. 3; cf. *LI* 11, p. 119.

205) Et sic transformatur quodammodo in Deum, quod nec cogitare, nec intelligere, nec amare, nec memorari potest nisi Deum pariter et de Deo: creaturas autem alias et seipsum, non videt nisi tantum in Deo, nec diligit nisi solum Deum, nec memoratur

de eis, vel de se, nisi in Deo: *FRP* 6, p. 23.

206) sicut dicitur in libro De Spiritu et Anima cap. 21, ascendere ad Deum, hoc est, intrare in seipsum. Qui enim interius intrans et intrinsecus penetrans, seipsum transcendit, ille veraciter ad Deum ascendit: *FRP* 7, p. 23.

第11章　神認識における否定と直視

1) Conscripsi dudum conceptum de quaerendo deum, profeci post hoc et iterum signavi coniecturas: *De venatione sapientiae* (= *Ven. sap.*), Prologus [*Opera omnia* XII, 3]. 以下 *Opera omnia* の巻数と頁のみを記す。

2) Cf. *Dialogus de ludo globi* I, 3-7 [IX, 5-8]. Cf. H. L. Bond, The Journey of the Soul to God in Nicholas of Cusa's *De ludo globi,* in: G. Christianson, Th. M. Izbicki (eds.), *Nicholas of Cusa In Search of God and Wisdom,* Leiden 1991, pp. 71-86.

3) Propositum est meas sapientiae venationes, quas usque ad hanc senectam mentis intuitu veriores putavi, summarie notatas posteris relinquere: *Ven. sap.,* Prologus [XII, 3].

4) reperies primum principium undique idem varie nobis apparuisse et nos ostensionem eius variam varie depinxisse: *Compendium* (= *Comp.*), Conclusio [XI 3, 33].

5) racionalis nostri spiritus: *Ad abbatem Tegernsensem et eius fratres* [BGPhMA XIV, 2-4, Münster 1915, 114].

6) Modus autem de quo loquitur cartusiensis non potest nec tradi nec sciri, neque ipse eum, ut scribit, expertus est ... : *ibid.* [BGPhMA XIV, 2-4, 115]. Cf. M. Schmidt, Nikolaus von Kues im Gespräch mit den Tegernseer Mönchen über Wesen und Sinn der Mystik, in: R. Haubst (Hg.), *Das Sehen Gottes nach Nikolaus von Kues,* Trier 1989, S. 25-49; Nikolaus von Kues, *Briefe und Dokumente zum Brixner Streit. Kontroverse um die Mystik und Anfänge in Brixen (1450-1455),* hgg. von W. Baum und R. Senoner, Wien 1998, S. 86ff.

7) penitus ignotum nec amatur: *Ad abbatem Tegernsensem et eius fratres* [BGPhMA XIV, 2-4, Münster 1915, 115].

8) Cf. *ibid.*

9) non modo quo vult cartusiensis, per affectum linquendo intellectum: *ibid.*

10) solum illud [intellectum satiare potest], quod non intelligendo intelligit: *De visione dei* (= *Vis. dei*) 70 [VI, 57].

11) ... que versatur circa ascensum racionalis nostri spiritus usque ad unionem Dei et visionem illam que est sine velamine: *Ad abbatem Tegernsensem et eius fratres,* [BGPhMA XIV, 2-4, 114]. Cf. W. Beierwaltes, *Der verborgene Gott. Cusanus und Dionysius* (Trierer Cusanus Lecture, Heft 4), Trier 1997.

12) Sciencia et ignorancia respiciunt intellectum, non voluntatem: *Ad abbatem Tegernsensem et eius fratres* [BGPhMA XIV, 2-4, Münster 1915, 115].

13) pseudo-apostolum: *Apologia doctae ignorantiae* (= *Apologia d. ign.*) [II, Hamburg 1932, 5].

14) fidei nostre dissona, piarum mencium offensiva, nec non ab obsequio divino vaniter abductiva: J. Wenck, *De ignota litteratura* [BGPhMA VIII, 6, Münster 1910, 19].

15) Fundamentum autem huius conclusionis annullaret scientiam divinorum: *ibid.* [27].

16) paucitas instruccionis logicae: *ibid.* [24].

17) Affert eciam de medio talismodi eius assercio semen omnis doctrine, videlicet illud: Idem esse et non esse impossibile, IV° *Metaphysicorum*: *ibid.* [21-22].

18) Nam cum non sit proportio creaturae ad creatorem, nihil eorum, quae creata sunt, speciem gerit, per quam creator attingi possit: *Apologia d. ign.* [18-19].

19) Tunc enim reperitur Deus, quando omnia linquuntur; et haec tenebra est lux in Domino. Et in illa tam docta ignorantia acceditur propius ad ipsum: *ibid.* [20].

20) ›A dialecticis libera nos, Domine.‹ Nam garrula logica sacratissimae theologiae potius obest quam conferat: *ibid.* [21].

21) Cf. *ibid.* [20-21].

22) talis est textus Dyonisij in greco, quod non habet opus glosis; ipse seipsum multipliciter explanat: *Ad abbatem Tegernsensem et eius fratres* [BGPhMA XIV, 2-4, 117].

23) uti est: *De filiatione dei* (= *Fil. dei*) 6 [IV, 62].

24) Dum enim humana mens, alta dei similitudo, fecunditatem creatricis naturae, ut potest, participat, ex se ipsa, ut imagine omnipotentis formae, in realium entium similitudine rationalia exserit: *De coniecturis* (= *Coni.*) I, 1 [III, 7].

25) Quoniam ... praecisionem veritatis inattingibilem intuitus es, consequens est omnem humanam veri positivam assertionem esse coniecturam. Non enim exhauribilis est adauctio apprehensionis veri: *ibid.*, Prologus [III, 4]. Cf. N. Herold, *Menschliche Perspektive und Wahrheit. Zur Deutung der Subjektivität in den philosophischen Schriften des Nikolaus von Kues,* Münster Westf. 1975, S. 42-62.

26) Coniecturas a mente nostra, uti realis mundus a divina infinita ratione, prodire oportet. ... Coniecturalis itaque mundi humana mens forma exstitit uti realis divina: *Coni.* I, 1 [III, 7].

27) rationalis mundi explicatio, a nostra complicante mente progrediens, propter ipsam est fabricatricem. Quanto enim ipsa se in explicato a se mundo subtilius contemplatur, tanto intra se ipsam uberius fecundatur, cum finis ipsius ratio sit infinita, in qua tantum se, uti est, intuebitur, quae sola est omnibus rationis mensura: *ibid.*, I, 1 [III, 8].

28) Cognoscitur igitur inattingibilis veritatis unitas alteritate coniecturali atque ipsa

alteritatis coniectura in simplicissima veritatis unitate: *ibid.,* I, Prologus [III, 4].

29) Quoniam autem creata intelligentia finitae actualitatis in alio non nisi aliter exsistit, ita ut omnium coniecturantium differentia remaneat, non poterit nisi certissimum manere diversorum diversas eiusdem inapprehensibilis veri graduales, improportionabiles tamen ad invicem esse coniecturas, ita quidem, ut unius sensum, quamvis unus forte alio propinquius, nullus umquam indefectibiliter concipiat: *ibid.,* I, Prologus [III, 4-5].

30) Sed loqueris in me, domine, et dicis alteritatis non esse positivum principium, et ita non est. ... Non est autem principium essendi alteritas. Alteritas enim dicitur a non esse. Quod enim unum non est aliud, hinc dicitur alterum. ... neque habet principium essendi, cum sit a non esse. Non est igitur alteritas aliquid: *Vis. dei* 14 [VI, 49-50]. Cf. M. Thomas, Zum Ursprung der Andersheit (alteritas). Ein Problem im cusanischen Denken, in: *Mitteilungen und Forschungsbeiträge der Cusanus-Gesellschaft* 22, Trier 1995, S. 55-67.

31) Cf. *Coni.* I, 1 [III, 9].

32) Non est autem differentia sine concordantia: *ibid.,* II, 10 [III, 117].

33) Non enim curat geometer de lineis aut figuris aeneis aut aureis aut ligneis, sed de ipsis ut in se sunt, licet extra materiam non reperiantur. Intuetur igitur sensibili oculo sensibiles figuras, ut mentali possit intueri mentales; neque minus vere mens mentales conspicit quam oculus sensibiles, sed tanto verius, quanto mens ipsa figuras in se intuetur a materiali alteritate absolutas: *De theologicis complementis* (= *Theol. complem.*) 2 [X 2a, 5-6].

34) Primo illa divina unitas, si numerus rerum fingitur exemplar, omnia praevenire complicareque videtur. Ipsa enim, omnem praeveniens multitudinem, omnem etiam antevenit diversitatem, alietatem, oppositionem, inaequalitatem, divisionem atque alia omnia, quae multitudinem concomitantur: *Coni.* I, 5 [III, 21-22].

35) de qua (scl. absoluta unitate) nec alterum oppositorum aut potius unum quodcumque quam aliud affirmantur. ... primum per infinitum omnem praeit oppositionem, cui nihil convenire potest non ipsum. Non est igitur coniectura de ipso verissima, quae admittit affirmationem, cui opponitur negatio, aut quae negationem quasi veriorem affirmationi praefert: *ibid.,* I, 5 [III, 26-27].

36) Cf. *De docta ignorantia* (= *Docta ign.*) II, 1 [I, Hamburg 1932, 64].

37) Quamvis verius videatur Deum nihil omnium, quae aut concipi aut dici possunt, exsistere quam aliquid eorum, non tamen praecisionem attingit negatio, cui obviat affirmatio: *Coni.* I, 5 [III, 27].

38) per sui ipsius ostensionem: *Trialogus de possest* (= *Trial. de possest*) 31 [XI 2, 36].

39) mens ipsa, quae figuras in se intuetur, cum eas a sensibili alteritate liberas conspiciat, invenit se ipsam liberam a sensibili alteritate: *Theol. complem.* 2 [X 2a,

6-7].

40) Quaecumque igitur mens intuetur, in se intuetur. Non sunt igitur illa, quae mens intuetur, in alteritate sensibili, sed in se. Id vero, quod est ab omni alteritate absolutum, non habet se aliter quam veritas est; nam non est aliud veritas quam carentia alteritatis: *Theol. complem.* 2 [X 2a, 7].

41) Et cum sic in silentio contemplationis quiesco, tu, domine, intra praecordia mea respondes dicens: Sis tu tuus et ego ero tuus: *Vis. dei* 7 [VI, 26-27]. Cf. Kl. Kremer, Gottes Vorsehung und die menschliche Freiheit ("Sis tu tuus, et Ego ero tuus"), in: R. Haubst (Hg.), *op. cit.,* S. 227-263.

42) Mens autem, quae intuetur in se inalterabile, cum sit alterabilis, non intuetur inalterabile in alterabilitate sua, ..., sed intuetur in sua inalterabilitate. Veritas autem est inalterabilitas. ... Veritas igitur, in qua mens omnia intuetur, est forma mentis. Unde in mente est lumen veritatis, per quod mens est et in quo intuetur se et omnia: *Theol. complem.* 2 [X 2a, 8-9]. Cf. W. Beierwaltes, *Identität und Differenz. Zum Prinzip cusanischen Denkens,* Opladen 1977, S. 7-28.

43) ex accidenti, ex diversitate operationum et figurarum: *De deo abscondito* (= *De deo abscond.*) 4 [IV, 4].

44) Motus enim in ratione discretiva nomina imponit: *ibid.*

45) a magnitudine speciei et decoris creatorum ad infinite et incomprehensibiliter pulchrum erigimur sicut ab artificiato ad magisterium, licet artificiatum nihil proportionale habeat ad magisterium: *Apologia d. ign.* [II, 19].

46) Quid igitur est mundus nisi invisibilis dei apparitio?: *Trial. de possest* 72 [XI 2, 84].

47) Tu, domine, qui omnia propter temet ipsum operaris, universum hunc mundum creasti propter intellectualem naturam, quasi pictor, qui diversos temperat colores, ut demum se ipsum depingere possit ad finem, ut habeat sui ipsius imaginem, in qua delicietur ac quiescat ars sua: *Vis. dei* 25 [VI, 88].

48) Si vos humaniter ad divina vehere contendo, similitudine quadam hoc fieri oportet: *ibid.,* Praefatio [VI, 5].

49) alicuius altae speculationis figuratio: *Dialogus de ludo globi* I, 1 [IX, 3].

50) Rationalis fabricae naturale quoddam pullulans principium numerus est; mente enim carentes, uti bruta, non numerant. Nec est aliud numerus quam ratio explicata: *Coni.* I, 2 [III, 11].

51) Cf. *ibid.,* I, 3-4 [III, 15-21].

52) Cf. *ibid.,* I, 5 [III, 21-28].

53) Numeri igitur essentia primum mentis exemplar est. In ipso etenim trinitas seu unitrinitas contracta in pluralitate prioriter reperitur impressa. Symbolice etenim de rationalibus numeris nostrae mentis ad reales ineffabiles divinae mentis

coniecturantes dicimus, in animo conditoris primum rerum exemplar ipsum numerum, uti similitudinarii mundi numerus a nostra ratione exsurgens: *ibid.*, I, 2 [III, 14]. Cf. W. Schulze, *Zahl, Proportion, Analogie. Eine Untersuchung zur Metaphysik und Wissenschaftshaltung des Nikolaus von Kues,* Münster 1978, S. 68-92; J.-M. Counet, *Mathématiques et dialectique chez Nicolas de Cuse,* Paris 2000, pp. 257-318.

54) Habuimus in radice dictorum in excessis et excedentibus ad maximum in esse et posse non deveniri: *Docta ign.* II, 1 [I, 61].

55) ex se manifestum est infiniti ad finitum proportionem non esse: *ibid.* I, 3 [I, 8].

56) Quoniam autem cultura Dei ... necessario se fundat in positivis Deum affirmantibus, hinc omnis religio in sua cultura necessario per theologiam affirmativam ascendit: *Docta ign.* I, 26 [I, 54]; cf. *Apologia d. ign.* [II, 19].

57) non est radix contradictionis deus, sed est ipsa simplicitas ante omnem radicem: *De deo abscond.* 10 [IV, 8].

58) Non est ineffabilis, sed supra omnia effabilis, cum sit omnium nominabilium causa: *ibid.*, 10 [IV, 7].

59) Cf. *ibid.*, 12 [IV, 9].

60) Hic censendus est sciens, qui scit se ignorantem. Et hic veneratur veritatem, qui scit sine illa se nihil apprehendere posse: *ibid.*, 6 [IV, 5].

61) Sed illud, quod videtur impossibile, est ipsa necessitas: *Vis. dei* 10 [VI, 38].

62) supra omnem oppositionem est: *Docta ign.* I, 4 [I, 10].

63) Est enim ante differentiam omnem: *Ven. sap.* 13 [XII, 35].

64) Tradidit autem Dyonisius in plerisque locis theologiam per disiunctionem, scilicet quod aut ad Deum accedimus affirmative, aut negative; sed in hoc libello ubi theologiam misticam et secretam vult manifestare possibili modo, saltat supra disiunctionem usque in copulacionem et coincidenciam, seu unionem simplicissimam que est non lateralis sed directe supra omnem ablacionem et posicionem, ubi ablacio coincidit cum posicione, et negacio cum affirmacione; et illa est secretissima theologia, ad quam nullus phylosophorum accessit, nec accedere potest stante principio communi tocius phylosophie, scilicet quod duo contradictoria non coincidant: *Ad abbatem Tegernsensem et eius fratres* [BGPhMA XIV, 2-4, 114-115].

65) profundissimus Aristoteles: *Docta ign.* I, 1 [I, 6].

66) Unde, cum nunc Aristotelica secta praevaleat, quae haeresim putat esse oppositorum coincidentiam, in cuius admissione est initium ascensus in mysticam theologicam: *Apologia d. ign.* [II, 6].

67) Oppositiones igitur hiis tantum, quae excedens admittunt et excessum, et hiis differenter conveniunt: *Docta ign.* I, 4 [I, 10].

68) Coincidentia autem illa est contradictio sine contradictione. ... Oppositio oppositorum est oppositio sine oppositione: *Vis. dei* 13 [VI, 46].

69) omnem nostrum intellectum transcendit, qui nequit contradictoria in suo principio combinare via rationis: *Docta ign.* I, 4 [I, 11].

70) altius transilire: *Apologia d. ign.* [II, 6].

71) supra seipsum: *Ad abbatem Tegernsensem et eius fratres* [BGPhMA XIV, 2-4, 114].

72) *Ibid.* [115].

73) intrare umbram et caliginem: *ibid.* [114].

74) Si enim mens non intelligit amplius, in umbra ignorancie constituitur; et quando sentit caliginem, signum est quia ibi est Deus quem querit. Sicut querens solem, si recte ad ipsum accedit, ob excellenciam solis oritur caligo in debili visu; hec caligo signum est querentem solem videre recte incedere; et si non appareretur caligo, non recte ad excellentissimum lumen pergere: *ibid.* [114].

75) cum oculus sit specularis: *Vis. dei* 8 [VI, 30].

76) Intro et exeo simul: *ibid.,* 11 [VI, 40]. Cf. B. Helander, *Die* visio intellectualis *als Erkenntnisweg und -ziel des Nicolaus Cusanus,* Uppsala 1988, S. 160-171.

77) in mari me ex Graecia redeunte, credo superno dono a patre luminum, ... ad hoc ductus sum, ut incomprehensibilia incomprehensibiliter amplecterer in docta ignorantia, per transcensum veritatum incorruptibilium humaniter scibilium: *Docta ign.* III, Epistola auctoris ad dominum Iulianum cardinalem [I, 163].

78) simplicitas omnia tam nominabilia quam non-nominabilia antecedat: *De deo abscond.* 13 [IV, 9].

79) te aliqualiter ducit aenigmatice ad omnipotentem: *Trial. de possest* 25 [XI 2, 31]. Cf. S. Dangelmayr, *Gotteserkenntnis und Gottesbegriff in den philosophischen Schriften des Nikolaus von Kues,* Meisenheim am Glan 1969, S. 263ff.

80) ante ens in potentia et actu ens videtur unum, sine quo neutrum esse potest. Hoc unum necessarium vocatur Deus: *Tu quis es* 〈*De principio*〉 8 [X 2b, 9].

81) idem absolutum, per quod omne quod est idem est sibi ipsi et alteri aliud: *Dialogus de Genesi* 1 [IV, 106].

82) Nulli igitur alteri est idem aut diversum ineffabile idem, in quo omnia idem: *ibid.,* 1 [VI, 106].

83) idem absolutum est in omnibus, quoniam quodlibet idem sibi ipsi: *ibid.,* 2 [IV, 112].

84) cum idem non sit ab illis absonum seu alienum: *ibid.,* 5 [IV, 127].

85) cum idem identificet: *ibid.* [IV, 127].

86) absolutum ab omni oppositione ... ea, quae nobis videntur opposita, in ipso sunt idem ... affirmationi in ipso non opponitur negatio: *Trial. de possest* 13 [XI 2, 17].

87) conceptum simplicem ... quasi significati huius compositi vocabuli: *ibid.,* 24 [XI 2, 30]. Cf. J. Stallmach, *Ineinsfall der Gegensätze und Weisheit des Nichtwissens.*

Grundzüge der Philosophie des Nikolaus von Kues, Münster 1989, S. 59-83; A. Brüntrup, *Können und Sein. Der Zusammenhang der Spätschriften des Nikolaus von Kues,* München/Salzburg 1973.

88) Possibilitas ergo absoluta ... non praecedit actualitatem neque etiam sequitur: *Trial. de possest* 6 [XI 2, 7].

89) ipsum esse, quod entitas potentiae et actus: *ibid.,* 12 [XI 2, 14].

90) deus omne id est actu, de quo posse esse potest verificari. Nihil enim esse potest, quod deus actu non sit: *ibid.,* 8 [XI 2, 9].

91) ipsum complicite esse omnia: *ibid.,* 8 [XI 2, 9].

92) omnia in possest sunt et videntur ut in sua causa et ratione: *ibid.,* 30 [XI 2, 35].

93) videbis infra posse ipsum ... longe aptius nominare illud, sine quo nihil quicquam potest nec esse nec vivere nec intelligere, quam possest aut aliud quodcumque vocabulum: *De apice theoriae* 5 (XII, 120).

94) Nihil potest esse prius ipso posse. ... sic nihil ipso posse potest esse melius, potentius, perfectius, simplicius: *ibid*., 19 (XII, 131).

95) Nam in omnibus, quae sunt aut esse possunt, non potest quicquam aliud videri quam posse ipsum: *ibid*., 15 (XII, 129).

96) Ideo posse ipsum, sine quo nihil quicquam potest, est quo nihil subsistentius esse potest: *ibid*., 4 (XII, 119).

97) Per posse ipsum deus trinus et unus, cuius nomen omnipotens seu posse omnis potentiae, apud quem omnia possibilia et nihil impossibile et qui fortitudo fortium et virtus virtutum, significatur: *ibid*., 28 (XII, 136). 佐藤直子「クザーヌスにおける〈可能自体〉の概念」『中世思想研究』第35号（1993年），160-167頁参照。

98) *Directio speculantis seu De non-aliud* (= *De non-aliud*) 1 [XIII, 4].

99) 'non-aliud' est non aliud quam non-aliud: *ibid.,* 1 [XIII, 4]. Cf. G. Schneider, *Gott－das Nichtandere. Untersuchungen zum metapysischen Grund bei Nikolaus von Kues,* Münster Westf. 1970, S. 120-170; K. Flasch, *Nikolaus von Kues. Geschichte einer Entwicklung,* Frankfurt am Main 1998, S. 541-575.

100) Intelligo te velle nihil omnium entium esse, quod non sit idem sibi ipsi et alteri aliud et hinc nullum tale esse idem absolutum, licet cum nullo sibi ipsi idem et alteri diversum idem absolutum sit diversum: *Dialogus de Genesi* 1 [IV, 107].

101) 'Non-aliud' neque est aliud, nec ab alio aliud, nec est in alio aliud non alia aliqua ratione, quam quia 'non-aliud' nullo modo esse aliud potest: *De non-aliud* 6 [XIII, 13].

102) recte theologi affirmarunt Deum in omnibus omnia, licet omnium nihil: *De non-aliud* 6 [XIII, 14]; cf. *1 Cor*. 15, 28.

103) non est mea opinio illos recte caliginem subintrare, qui solum circa negativam theologiam versantur. Nam, cum negativa auferat et nichil ponat, tunc per illam

revelate non videbitur Deus, non enim reperietur Deus esse, sed pocius non esse; et si affirmative queritur, non reperietur nisi per imitacionem et velate, et nequaquam revelate: *Ad abbatem Tegernsensem et eius fratres* [BGPhMA XIV, 2-4, 114].

104) quia nequaquam es aliquid tale, quod dici aut concipi potest, sed in infinitum super omnia talia absolute superexaltatus: *Vis. dei* 12 [VI, 43].

105) Non es igitur creator, sed plus quam creator in infinitum, licet sine te nihil fiat aut fieri possit: *ibid.,* 12 [VI, 43].

106) De faciali visione: *ibid.,* 6 [VI, 20]. Cf. W. Beierwaltes, *Visio absoluta. Reflexion als Grundzug des göttlichen Prinzips bei Nicolaus Cusanus,* Heidelberg 1978, S. 5-26; id., *Visio facialis – Sehen ins Angesicht. Zur Coincidenz des endlichen und unendlichen Blicks bei Cusanus,* München 1988; K. Flasch, *op. cit.,* S. 383-443; J. Hopkins, *Nicholas of Cusa's Dialectical Mysticism. Text, Translation and Interpretive Study of De Visione Dei,* Minneapolis 1985, ²1988.

107) Claudit enim murus potentiam omnis intellectus, licet oculus ultra in paradisum respiciat: *Vis. dei* 17 [VI, 61]. Cf. R. Haubst, *Die erkenntnistheoretische und mystische Bedeutung der "Mauer der Koinzidenz",* in: id. (Hg.), *op. cit.,* S. 167-195.

108) Cf. *Mt.* 5, 8; *Mt.* 11, 27; *Lc.* 10, 23-24; *Joh.* 17, 3; *1 Cor.* 13, 12; *1 Joh.* 3, 2.

109) amplexus ille, quo tua dulcedo dilectionis me adeo amorose amplectitur: *Vis. dei* 4 [VI, 16].

110) ipsa absoluta maximitas omnis desiderii rationalis, quae maior esse nequit: *ibid.* [VI, 16].

111) inaccessibilis: *ibid.,* 7 [VI, 26].

112) Nemo igitur te capiet, nisi tu te dones ei: *ibid.* [VI, 26].

113) Nemo te videre potest nisi inquantum tu das ut videaris: *ibid.,* 5 [IV, 17].

114) eiconae dei: *ibid.,* 1 [VI, 10]. Cf. A. Stock, Die Rolle der "icona Dei" in der Spekulation "De visione Dei", in: R. Haubst (Hg.), *op. cit.,* S. 50-68.

115) figuram cuncta videntis: *Vis. dei,* Praefatio [VI, 5].

116) Visus tuus, domine, est facies tua: *ibid.,* 6 [VI, 21].

117) theos ob hoc dicitur, quia omnia intuetur: *ibid.,* 1 [VI, 10]; theos = theōrōn: cf. *De deo abscond.* 14 [IV, 9].

118) Pasce me visu tuo, domine, et doce, quomodo visus tuus videt visum videntem et omne visibile et omnem actum visionis et omnem virtutem videntem et omnem virtutem visibilem et omne ex ipsis exsurgens videre, quia videre tuum est causare: *Vis. dei* 8 [VI, 29].

119) ideo ego sum, quia tu me respicis: *ibid.,* 4 [VI, 14].

120) capax veritatis: *ibid.* [VI, 15].

121) tui capax: *ibid.* [VI, 14].

122) Nec est aliud te videre, quam quod tu videas videntem te: *ibid.,* 5 [VI, 17].

123) Videndo me das te a me videri, qui es deus absconditus: *ibid.* [VI, 17].

124) Quid aliud, domine, est videre tuum ... quam a me videri?: *ibid.* [VI, 17].

125) Tunc autem se cognoscit, quando se in ipso deo uti est intuetur: *Fil. dei* 6 [IV, 62].

126) adaequatissima visuum omnium mensura et exemplar verissimum: *Vis. dei* 2 [VI, 11].

127) viva imago eius: *Idiota de sapientia* [V, Leipzig 1937, 17].

128) deus creatus: *De docta ign.* II, 2 [I, 68]. Cf. K. Bormann, *Nikolaus von Kues: "Der Mensch als zweiter Gott"* (Trierer Cusanus Lecture Heft 5), Trier 1999.

129) mentalibus et intellectualibus oculis: *Vis. dei* 6 [VI, 20].

130) Omnis igitur facies, quae in tuam potest intueri faciem, nihil videt aliud aut diversum a se, quia videt veritatem suam. Veritas autem exemplaris non potest esse alia aut diversa: *ibid.,* 6 [VI, 21].

131) homo te Deum receptibilem capiens transit in nexum, qui ob sui strictitudinem filiationis nomen sortiri potest: *ibid.,* 18 [VI, 65]; cf. *ibid.,* 4 [VI, 15-16].

132) in libertate: *ibid.,* 18 [VI, 64].

133) sine modo: *ibid.,* 12 [VI, 42].

134) ad incomprehensibilem veritatem incomprehensibiliter se convertit: *Apologia d. ign.* [II, 11].

135) Ipsa autem caligo revelat ibi esse faciem supra omnia velamenta: *Vis. dei* 6 [VI, 23].

136) Oportet igitur intellectum ignorantem fieri et in umbra constitui, si te videre velit: *ibid.,* 13 [VI, 45].

137) video te in horto paradisi et nescio, quid video, quia nihil visibilium video: *ibid.,* 12 [VI, 44].

138) Tu igitur, deus meus invisibilis, ab omnibus videris et in omni visu videris; per omnem videntem in omni visibili et omni actu visionis videris, qui es invisibilis et absolutus ab omni tali et superexaltatus in infinitum: *ibid.,* 12 [VI, 41].

139) velate: *Ad abbatem Tegernsensem et eius fratres* [BGPhMA XIV, 2-4, 114].

140) In omnibus faciebus videtur facies facierum velate et in aenigmate. Revelate autem non videtur, quamdiu super omnes facies non intratur in quoddam secretum et occultum silentium, ubi nihil est de scientia et conceptu faciei: *Vis. dei* 6 [VI, 22-23].

141) Conatus sum me subicere raptui confisus de infinita bonitate tua, ut viderem te invisibilem et visionem revelatam irrevelabilem. Quo autem perveni, tu scis, ego autem nescio, et sufficit mihi gratia tua, qua me certum reddis te incomprehensibilem esse, et erigis in spem firmam, quod ad fruitionem tui te duce perveniam: *ibid.,* 17 [VI, 63].

第12章　マルシリオ・フィチーノのプラトン主義と教父思想

1）ペトラルカの精神的発展におけるアウグスティヌスの役割に関しては以下を参照。P. O. Kristeller, Augustine and the Early Renaissance (*Review of Religion* 8 [1974], pp. 339-358), in: id., *Studies in Renaissance and Letters* (= *Studies*), Roma 1956, pp. 361-363.

2）Cf. *The Letters of Marsilio Ficino*, vol. I, London 1975, Introduction, p. 19.

3）その初期の版は以下のもの。H. J. Hak, *Marsilio Ficino*, Amsterdam 1934, pp. 178-181（以下 Corsi と記して，章番号を付した）. その後の版は，R. Marcel, *Marsile Ficin (1433-1499)*, Paris 1958, pp. 679-691. 後期の版の英訳は以下のもの。*The Letters of Marsilio Ficino*, vol. III, London 1981, pp. 135-153.

4）Cf. P. O. Kristeller, Un uomo di stato e umanista florentino Giovanni Corsi, in: id., *Studies*, pp. 175-190.

5）M. J. B. Allen, *Icastes: Marsilio Ficino's Interpretation of Plato's Sophist*, Berkeley/Los Angeles/Oxford 1989, p. 33.

6）Cf. P. O. Kristeller, Per la biografia di Marsilio Ficino, in; id., *Studies*, pp. 191-211.

7）Cf. *Vita secunda*, in: R. Marcel, *op. cit*., pp. 690-730; Piero Caponsacchi, Sommario della vita di Marsilio Ficino, in: R. Marcel, *op. cit*., pp. 731-734; P. O. Kristeller, Marsilio Ficino and his Work after five hundred years, Appendix IX, in: *Marsilio Ficino e il ritorno di Platone. Studi e documenti*, I, a cura di G. C. Garfagnini, Firenze 1986, pp. 181-182.

8）Cf. P. O. Kristeller, Marsilio Ficino and his work after five hundred years, Appendix VIII: Chronologica, pp. 171-180.

9）Cf. M. J. B. Allen, *The Platonism of Marsilio Ficino. A Study of his Phaedrus Commentary, Its Sources and Genesis*, Berkeley/Los Angeles/London 1984, p. 228.

10）この後の記述については以下を参照。P. O. Kristeller, *Renaissance Thought and the Arts. Collected Essays*, Princeton (1964), 1990, pp. 89-101; *The Letters of Marsilio Ficino*, vol. I, pp. 19-24.

11）adhuc puerum: 1537. 以下引用は，フィチーノの全集（Henricus Petrus, *Opera omnia Ficino*, Basilea, 1576）による。再版は以下のもの。Mario Sancipriano (ed.), *Opera Omnia*, Torino, 1962. 引用には頁番号を付す。同全集は二巻から成るが頁番号は通し番号となっている。同書への補遺は以下を参照。P. O. Kristeller (ed.), *Supplementum Ficinum I*, Firenze 1937, pp. 5-105; *ibid., II*, Firenze 1937, pp. 1-189. フィチーノ著作の翻訳に関しては以下を参照。*Marsilio Ficino e il ritorno di Platone*, II, Firenze 1986, pp. 163-170.

12）Ego a teneris annis divinum Platonem, quod nullus ignorat, sectatus sum: 618.

13）Cf. P. O. Kristeller, Per la biografia di Marsilio Ficino, pp. 202-205.

14）utpote rem Christianam plurimum adjuvantis, et a Platonica disciplina nihilum discrepantis: *Corsi*, XIII.

15) 歴史註釈を付したフィチーノの著作目録は以下を参照。P. O. Kristeller (ed.), *Supplementum Ficinum I,* pp. LXXVII-CLXVII. 著作の伝承も同書に詳しい（*ibid*., pp. CLXVIII-CLXXXI）。

16) フィチーノ宛の書簡については以下を参照。P. O. Kristeller (ed.), *Supplementum Ficinum II*, pp. 193-318.

17) R. Marcel, *op. cit*., p. 678.

18) Plato Philosophorum Pater; Plato noster; coelestis Plato: 78.

19) cum intelligeret quemadmodum se habet visus ad Solis lumen, ita se habere mentes omnes ad Deum, ideoque eas nihil unquam sine Dei lumine posse cognoscere: merito iustum piumque censuit, ut mens humana sicut a Deo habet omnia, sic ad Deum omnia referat: *ibid.*

20) animum esse purgandum, ut tandem factus serenior, divinum percipiat lumen Deumque colat: *ibid.*

21) causas esse quaerendas, ut ipsam denique causarum causam inveniamus, inventamque veneremur: *ibid.*

22) Neque solum ad id pietatis officium Plato noster caeteros adhortatur, verum etiam ipse maxime praestat: *ibid.*

23) 「フィチーノの哲学的学説の中心的関心は，観想的生，つまり，神を究極的に直観し所有することへと向けられた，われわれの知性と意志の内的な追求にある」: P. O. Kristeller, *Studies*, p. 27。

24) doctrina eius apud omnes Gentes Theologia nuncuparetur, cum nihil usquam sive morale, sive Dialecticum, aut Mathematicum, aut Physicum tractet, quin mox ad contemplationem cultumque Dei summa cum pietate reducat: *ibid.*

25) Quoniam vero animum esse tanquam speculum arbitratur, in quo facile divini vultus imago reluceat: idcirco dum per vestigia singula Deum ipsum diligenter indagat, in anima speciem ubique divertit: *ibid.*

26) intelligens oraculum istud (nosce te ipsum) id potissimum admonere, ut quicumque Deum optat agnoscere, seipsum ante cognoscat: *ibid.*

27) Quamobrem quisquis Platonica (quae iam diu omnia Latine feci) diligentissime legerit, consequenter quidem cuncta, sed duo haec ex omnibus potissima, et pium cogniti Dei cultum, et animorum divinitatem, in quibus universa consistit rerum perceptio, et omnis institutio vitae, totalisque felicitas: *ibid.*

28) Ego vero ... duo prae caeteris diligenter incubui, ideoque universum opus Platonicam Theologiam de immortalitate animorum inscribendum esse censui: *ibid.*

29) In quo quidem componendo id praecipue consilium fuit, ut in ipsa creatae mentis divinitate, ceu speculo rerum omnium medio, creatoris ipsius tum opera speculemur, tum mentem contemplemur atque colamus: *ibid.*

30) Hoc in primis omnipotens Deus iubet. Hoc omnino humana res postulat: *ibid.*

31) Hoc coelestis Plato quondam suis facile, Deo aspirante, peregit. Hoc tandem et ipsi nostris Platonem quidem imitati, sed divina duntaxat ope confisi, operoso hoc opere moliti sumus: *ibid.*

32) 「霊魂と神という二つの概念がフィチーノ形而上学の二つの焦点を成す〔……〕と考えるならば，われわれはこの事態を，両概念が実体的に考えられた観想の主観と客観以外のものではないと理解することができる」(P. O. Kristeller, *Die Philosophie des Marsilio Ficino*, Frankfurt am Main 1972, S. 334)。

33) R. Marcel, op. cit., p. 640; cf. A. B. Collins, *The Secular is sacred. Platonism and Thomism in Marsilio Ficino's Platonic Theology*, The Hague 1974, p. 3; G. Saitta, *Marsilio Ficino e la Filosofia dell'Umanesimo*, Bologna 1954, p. 18; J. Monfasani, Marsilio Ficino and the Plato-Aristotle Controversy, in: M. J. B. Allen, V. Rees with M. Davis (eds.), *Marsilio Ficino. His Theology, His Philosophy, His Legacy*, Leiden/Boston/Köln 2002, pp. 179-202.

34) Totus enim ferme terrarum orbis a Peripateticis occupatus in duas plurimum sectas divisus est. Alexandrinam et Averroicam: illi quidem intellectum nostrum esse mortalem existimant: hi vero unicum esse contendunt: Utrique religionem omnem funditus aeque tollunt: 1537.

35) Cf. P. O. Kristeller, Paduan Averroism and Alexandrism in the Light of Recent Studies, in: *Aristotelismo Padovano e Filosofia Aristotelica* (Atti del XIII Congresso Internazionale di Filosofia IX), Firenze 1960, pp. 147-155.

36) Cf. Denziger-Schönmetzer, *Enchiridion symbolorum definitionum et declarationum de rebus fidei et morum*, ed. 34, Barcinone etc. 1967, n. 1440-1441.

37) veritatem ipsam Platonicam Peripateticamque per plures dispersam interpretatus, ita colligamus in unum. Accipiamus ab Averroe capacem intellectum esse immortalem. Accipiamus ab Alessandro capaces intellectus esse vires quasdam animabus nostris naturaliter insitas, totidem numero quot sunt animae. Concludamus hominum animas immortales esse. Atque haec est conclusio Platonicorum, Christianorumque, et Arabum Theologorum priscis Peripateticis maxime concinna: 367.

38) Cf. P. O. Kristeller, *Die Philosophie des Marsilio Ficino*, p. 331.

39) conplatonicum nostrum: 1537; Comphilosopho suo: 930.

40) persuasisse nonnullis, ut epicurea impietate relicta, vel Averroica quadam opinione posthabita, piam de anima Deoque sequantur Platonis nostri sententiam: 930.

41) Quantum vero Platonica Christianis similia sint: 956.

42) Ut igitur agnoscamus Deum amemusque et totus undique mundus clamat, et interpres mundi Deique Philosophus verus demonstrat diligenter atque exhortatur: 853; cf. 763.

43) Ego vero ... Platonis ipsius simulachrum quoddam Christianae veritati simillimum exprimere statuissem: 78.

44) Platonica ratio, quae quidem si modo rite trahitur sub Christiana veritate non scinditur, sed permanet integra dum impletur: 930; cf. 78.

45) Divino enim Christianorum lumine usi sunt Platonici ad divinum Platonem interpretandum: 25.

46) Principio neque debemus ab illis (scl. veteres auctores) ad summum Christiana requirere, qui Christi adventum antecesserunt: 871.

47) Itaque non absque divina providentia volente omnes pro singulorum ingenio ad se mirabiliter revocare: *ibid.*

48) Nullum enim aliud veri philosophantis officium est, quam singulas tum partium, tum universi rationes et causas excogitare semper atque docere. Deinde in ipsis rerum rationibus et causis assignandis ad summa denique omnium rationem causamque ascendere, praeterea caeteros ad superna pro viribus secum ducere. Ac dum quanto sapientia regatur mundus ostendit, simul etiam quanta humani generis commoditate ducatur certis providentiae rationibus demonstrare: 853.

49) Philosophia itaque ... ascensus est animi ab inferioribus ad superna, a tenebrisque ad lucem, principium eius divinae mentis instinctus ... finis summi boni possessio, fructus denique recta hominum gubernatio: 763.

50) Philosophiae beneficio animus, quandoque Deus quidam evadere possit: 670.

51) Ibi anima, Philosophiae munere, non modo felix evadit, verum et cum fiat, ut ita dicam, Deus quodammodo fit ipsa felicitas. Ibi omnes mortalium res, artes, negotia cessant, sola ex omnium numero sancta restat Philosophia. Ibi nihil aliud vera beatitudo est, quam vera Philosophia: *ibid.*

52) Proinde Philosophus dum ad contemplationem Dei nos erigit sapiens, dum ad amorem divinae bonitatis inflammat pius religiosusque est appellandus: 854.

53) Marcilius sectator antiquitatis, non solum in uno illo religionis libro, quam petis, verum etiam in omnibus eius scriptis una cum philosophicis semper religiosa, pro ingenii facultate, coniungat: 854.

54) neque (debemus) confidere acuta et quodammodo Philosophica hominum ingenia unquam alia quadam esca praeter quam Philosophica ad perfectam religionem allici posse paulatim ac perduci: 871.

55) quasi mediam quandam viam, Christianam pietatem denique consequantur: 930.

56) Nullos legisti Philosophos quondam, nisi Platonicos Christianam suscepisse religionem: 930.

57) Secutus post eos veteres Dionysius Areopagita Platonicus, ac deinde Christianus, idem in libris suis latissime disputavit: 758.

58) Reor autem (nec vana fides) hoc providentia divina decretum ut et perversa

multorum ingenia, quae soli divinae legis authoritati haud facile cedunt, Platonicis saltem rationibus religioni admodum suffragantibus acquiescant et quicumque Philosophiae studium impie nimium a sancta religione seiungunt, agnoscant aliquando se non aliter aberrare, quam si quis vel amore sapientiae a sapientiae ipsius honore, vel in intelligentiam veram a recta voluntate disiunxerit: 78; cf. 855.

59) naturalis; communis: 474; cf. 2; 324.

60) scribit Aurelius Augustinus duplici ad veritatem via nos duci, authoritate videlicet atque ratione. Authoritatem quidem Christi se omnibus anteponere, rationes vero quae hic potissimum consonant, se solum apud Platonicos invenire, apud quos Prooemium etiam Evangelii Ioannis pene totum colligi posse: 855.

61) ecce iam beata Evangelii sancti commemoratio nos admonere videtur, ut Philosophicis dismissis ambagibus, breviori tramite beatitudinem ea quaereamus via, qua Christiani ducunt Theologi: 410.

62) それとほぼ同一のテクスト（Marsilius Ficinus, *Epistolae*, Venezia 1493）に英訳を付したものが以下に所収。M. J. B. Allen, *Synoptic Art. Marsilio Ficino on the History of Platonic Interpretation*, Firenze 1998, pp. 209-212.

63) adumbratione forte quadam Christum salutis authorem, quasi (ut ita loquar) praesignificavisse: 868.

64) putantes fortasse Socratem nunc quasi aemulum comparari quam defensorem: 868.

65) M. J. B. Allen, *The Platonism of Marsilio Ficino*, p. 257; cf. id., *Marsilio Ficino and the Phaedran Charioteer,* Introduction, Texts, Translations, Berkeley/Los Angeles/London 1981, p. 36.

66) Cf. *ibid.,* p. 90.

67) existendi, cognoscendi agendique principium: 758.

68) In his praeterea tribus appellationibus Dei, quae a veteribus Philosophis primum inductae fuerant, Christianam quoque trinitatem quodammodo contineri. Philosophiae insuper tres species a Platone adinventas atque distributas huic naturae trinitatis ex omnibus suis partibus respondere: *ibid*.

69) Ex quo iam satis perspicuum esse potest, philosophiam omni ex parte toti atque perfectae (ut ita dixerim) divinitati congruere, Patrisque et Filii, ac Spiritus potentiae, sapientiae et bonitatis plenam quandam et absolutam (quantum nobis conceditur) imaginem continere: *ibid*.

70) Ego certe reperi praecipua Numenii, Philonis, Plotini, Iamblici, Proculi mysteria, ab Ioanne, Paulo, Yerotheo, Dionysio Areopagita accepta fuisse. Quicquid enim de mente divina angelisque, et caeteris ad Theologiam spectantibus magnifica dixere, manifeste ab illis usurpaverunt: 25; cf. 956.

71) Plotinus Apostoli Ioannis, et Pauli mysteria saepe tangit, mysterium tamen

Trinitatis non tam assecutus videtur, quam perscrutatus, et pro viribus imitatus: 1770.

72) Cf. M. J. B. Allen, *Nuptial Arithmetic. Marsilio Ficino's Commentary of the Fatal Number in Book VIII of Plato's Republic*, Berkeley/Los Angeles/London 1994, p. 137.

73) Ego igitur extra controversiam assero, trinitatis Christianae secretum in ipsis Platonis libris nunquam esse. Sed nonnulla verbis quidem quamvis non sensu quoquomodo similia. Similiora vera in sectatoribus eius, qui floruere post Christum: 956. Cf. J. Lauster, *Die Erlösungslehre Marsilio Ficinos*, Berlin/New York 1998, S. 97; M. J. B. Allen, Marsilio Ficino on Plato, the Neoplatonists and the Christian Doctrine of the Trinity, in: id., *Plato's Third Eye. Studies in Marsilio Ficino's Metaphysics and its Sources*, Aldershot 1995, ch. IX.

74) Per quam sane quasi mediam quandam viam, Christianam pietatem denique consequantur: 930.

75) Pythagoras et Socrates, et Plato, atque similes alii Dei unius cultores, optimisque moribus instituti, eiusmodi sive Mosaica, sive naturali disciplina, inferos devitebant, superna vero sine superni Christi gratia mereri non poterant, quamobrem in mediam quandam regionem perferebantur, ubi in ipso lymbo de Messiae adventu ... certissimi reddebantur: 806.

76) Fides, ut vult Aristoteles, est scientiae fundamentum, fide sola, ut Platonici probant, ad Deum accedimus: 77.

77) Cf. R. Marcel, *op. cit.*, pp. 613-614.

78) Hic inter philosophos primus, a physicis, ac mathematicis ad divinorum contemplationem se contulit. ... Primus igitur theologiae appellatus est auctor: eum secutus Orpheus, secundas antiquae theologiae partes obtinuit. Orphei sacris initiatus est Agleophemo suscessit in theologiae Phythagoras, quem Philolaus sectatus est, divi Platonis nostri praeceptor. Itaque una priscae theologiae unique sibi consona secta, ex theologis sex miro quodam ordine conflata est, exordia sumens a Mercurio, a divo Platone penitus absoluta: 1836; cf. 386; 871; 1223; 1537.

79) Vetus autem Theologorum mos erat, divina mysteria tum mathematicis numeris et figuris, tum poeticis figmentis obtegere. Plotinus tandem his Theologiam velaminibus enudavit, primusque et solus, ut Porphyrius Proculusque testantur, arcana veterum divinitus penetravit: 871.

80) Plotini mentem non fuisse a Christiana lege penitus alienam ex eo conjicere possumus, quod cum Ammonii semper christiani discipulus fuerit, et Christianissimi Origenis semper amicus convenisse dicitur una cum Origene atque Hermenio, se nunquam ab institutis Ammonii discessurum: idque sicut promiserat servavisse: 1773.

81) Cf. J. Klutstein, *Marsilio Ficino et la Théologie ancienne. Oracles Chaldaiques, Hymnes Orphiques—Hymnes de Proclus*, Firenze 1987, pp. 1-2; M. J. B. Allen, *Synoptic Art*, pp. XIII-XIV. なおフィチーノのギリシア語の蔵書の著作家目録については, P. Laurens (ed., tr.), Marsile Ficin, *Commentaire sur Le Banquet de Platon, De l'Amour, Commentarium in Convivium Platonis, De Amore*, Paris 2002, pp. LXXI-LXXXIX を参照。

82) in suscitando Platone: 918; cf. 1537.

83) antiquam Academiam resurgentem: 909.

84) Cf. Marsilio Ficino, *Traktate zur Platonischen Philosophie*, übers. von E. Blum, P. R. Blum und Th. Leinkauf, Berlin 1993, S. 223; M. J. B. Allen, *The Platonism of Marsilio Ficino*, pp. 228-229.

85) フィチーノの著作で言及される著作家の全リストは以下を参照。P. O. Kristeller, *Il Pensiero Filosofico di Marsilio Ficino*, Firenze 1988, pp. 479-491.

86) Thomas noster; Christianae splendor Theologiae; dux in Theologia noster.

87) Cf. P. O. Kristeller, *Studies*, pp. 39-40; R. Marcel, *op. cit*., p. 646.

88) トマスの引用に関しては以下を参照。A. B. Collins, *The Secular is sacred*, pp. 114-215; なお，トマスから引用された形而上学的な主題に関する内容分析も同書を参照。*Ibid*., S. 1-113.

89) Cf. W. Dress, *Die Mystik des Marsilio Ficino*, Berlin/Leipzig 1929, S. 151-216.

90) Cf. R. Marcel, *op. cit*., pp. 676-677.「実際にフィチーノは通常考えられているよりはるかにトマスに近い」: *ibid*., p. 668.

91) infiniti ad finitum nulla est proportio.

92) Cf. T. Albertini, *Marsilio Ficino. Das Problem der Vermittlung von Denken und Welt in einer Metaphysik der Einfachheit*, München 1997, S. 251-256; G. Saitta, *op. cit*., p. 68; P. O. Kristeller, *Studies*, p. 36.

93) Augustinus noster: 176; cf. 731, 758, 822; divino vir ingenio: 258; divinissimo illo ... nostro duce: 724; dux et magister noster: 747; inter Latinos Theologos principes: 758.

94) Cf. R. Marcel, *op. cit*., p. 645; P. O. Kristeller, *Il pensiero filosofico di Marsilio Ficino*, pp. 479-491.

95) vir sapiens simul atque sanctus: 909; pium hominem ... cum Deo solo loquentem: 841; cf. 842; orantem Aurelium: 910; Platonicus bonus: 998.

96) quo Latinorum nullus Platonicam maiestatem tum sapientia tum eloquentia expressit exactius: 258.

97) Augustinus in libro contra academicos inquit: ... si autem rationibus agendum sit, apud Platonicos reperire se dicit, quod sacris Christianorum literis non repugnet. ... Hinc Augustinus in libro de vera religione, Platonici, inquit, paucis mutatis Christiani fierent. Atque in confessionibus narrat se prooemium Ioannis Evangelistae

ferme totum apud Platonicos reperisse. ... Unde inquit, se Platonicos ante alios elegisse, quia de rebus divinis atque humanis rectius admodum, quam caeteri Philosophi senserint: 769; cf. 855.

98) Quamobrem Aurelius Augustinus, quondam Platonicus, et iam de Christiana professione deliberans, cum in hos Platonicorum libros incidisset, agnovissetque Christiana per imitationem ab his probata, Deo gratias egit, redditusque iam est ad Christiana recipienda propensior: 256.

99) Affirmat (Aurelius Augustinus) denique Platonicos mutatis paucis Christianos absque controversia fore, seque illos ex omnium Philosophorum numero idcirco elegisse, quoniam quanto rectius de rebus divinis, quam caeteri Philosophi sentiunt, tanto magis aliis anteponendi non iniuria videantur: 855.

100) Ego igitur divi Augustini primum authoritate adductus, deinde multorum apud Christianos sanctorum hominum testimonio confirmatus, opere pretium fore censui quandoquidem mihi philosophandi esset, ut in academia praecipue philosopharer, verum ut doctrina Platonica, quae ad divinam legem, id est, Mosaycam Christianamque, tanquam luna quaedam se habet ad Solem latius refulgeat, libros Platonis omnes e Graeca lingua transtuli in Latinam. Praeclara ne cui novi luminis huius aspectu oculi caligerent, volumen composui quasi commentativum, in libros decem et octo distinctum: 855.

101) Ego vero cum iam pridem Aureliana authoritate fretus ... Platonis ipsius simulachrum quoddam Christianae veritati simillimum exprimere statuisssem: 78.

102) dum Plato quasi renascetur: 1537.

103) iactis a Platone superioribus fundamentis, argumentationes huiusmodi construit: 258.

104) praeceptore pariter et Patrono: 909.

105) Legebam modo hanc felicitatis definitionem in confessionibus Augustini nostri, cuius divina vestigia, quoad possum, frequentissime sequor: 730-731; cf. 282.

106) Quod autem anima hominis ab ipso suo formatore formis rerum insignita descendat atque his formis non sufficienter rerum substantias comprehendere valeat, hoc, inquam, et Plato ex mente propria saepe affirmasse videtur, et Augustinus summopere comprobasse. Ergo per Augustini vestigia gradientes, ad superioris sententiae confirmationem iterum contendamus: 275.

107) Dionysium Areopagitam, Origenem et Aurelium Augustinum Platonicos excellentissimos sequor libentius: 147.

108) Platonicus noster: 1293; cf. 898, 1684, 1690, 1968.

109) philosophus summus: 724.

110) P. O. Kristeller, *Studies*, p. 370.

111) Cf. *ibid*., pp. 368-371; E. Garin, S. Agostino e Marsilio Ficino, *Bolletino Storico*

Agostiniano 16 (1940), pp. 41-47; A. Tarabochia Canavero, S. Agostino nella Teologia Platonica di Marsilio Ficino, *Rivista di filosofia neo-scolastica* 70 (1978), pp. 626-646.

112) Deum et animam scire cupio: *Soliloquia* I, 2.

113) Cf. W. Beierwaltes, *Marsilio Ficinos Theorie des Schönen im Kontext des Platonismus*, Heidelberg 1980, S. 28-50; U. Oehlig, *Die philosophische Begründung der Kunst bei Ficino*, Stuttgart 1992, S. 51-83; 103ff.; A. Chastel, *Marsile Ficin et l'Art*, Genève 1975, pp. 57-117; W. R. Bowen, Ficino's Analysis of Musical *Harmonia*, in: K. Eisenbichler, O. Z. Pugliese (eds.), *Ficino and Renaissance Neoplatonism*, Ottawa 1986, pp. 17-27.

114) Cf. P. M. Watts, Pseudo-Dionysius the Areopagite and three Renaissance neoplatonists. Cusanus, Ficino and Pico on Mind and Cosmos, in: *Supplementum festivum. Studies in honor of P. O. Kristeller*, edd. Hankins, Monfasani, Purnell, Binghampton 1987, pp. 279-298; S. Toussaint, L'influence de Ficin à Paris et le pseudo-Denys des humanistes, *Bruniana et Campanelliana* 5 (1999), pp. 381-414; C. Vasoli, L'"Un-Bien" dans le commentaire de Ficin à la *Mystica Theologia* du Pseudo-Denys, in: P. Magnard (dir.), *Marsil Ficin. Les Platonismes à la Renaissance,* Paris 2001, pp. 181-193.

115) ipsum universi principium appellatione magis propria unum bonumque nominandum: 1024-1025.

116) Cf. J. Monfasani, Pseudo-Dionysius the Areopagite in Mid-Quattrocento Rome, in: *Supplementum festivum*, pp. 189-219.

117) crucem Christi una cum Apostolis subire: 70.

118) Prisca Gentilium Theologia, in quo Zoroaster, Mercurius, Orpheus, Aglaophemus, Pythagoras consenserunt, tota in Platonis nostri voluminibus continetur. Mysteria huiusmodi Plato in Epistolis vaticinatur, tandem post multa saecula hominibus manifesta fieri posse. Quod quidem ita contigit, nam Philonis, Numeniique temporibus primum coepit mens priscorum Theologorum in Platonicis chartis intelligi, videlicet statim post Apostolorum, Apostolorumque discipulorum conciones et scripta. ... Ego certe reperi praecipua Numenii, Philonis, Plotini, Iamblici, Proculi mysteria, ab Ioanne, Paulo, Yerotheo, Dionysio Areopagita accepta fuisse. Quicquid enim de mente divina angelisque et caeteris ad Theologiam spectantibus magnificum dixere, manifeste ab illis usurpaverunt: 25.

119) (suspicor) Anmonium atque Eunomium aut his, forte priores, legisse Donysii libros ... Atque illinc in Plotinum et Iamblichum Dionysii scintillas vere Platonicas fuisse transfusas. Unde tantus sit ignis accensus: 925; cf. 956.

120) Philosophos Platonicorum excellentissimos: 55; Platonici, quorum scripta omni sapientia plena sunt: 71; Philosophi summi: 478; Christianorum Theologorum

sapientissimi: 613; Platonicus, primo, ac deinde Christianus: 758; philosophi: 853; Platonicorum procul dubio summus: 920; Platonicorum culmen: 960; Platonicorum primus: 965; Platonicum Christianumque Theologum: 1013; Platonicae disciplinae culmen, et Christianae Theologiae columen: 1013; Dionysii nostri Platonicorum facile principis: 1024; sedulus Parmenidis observator: 1167; libri huius [scl. Parmenidis] summus adstipulator: 1189; Theologus: 1310.

121) Dionysii Areopagitae omnia sunt Platonica, Augustini multa: 899.

122) Etsi Dionysium Platonis tanquam pii Philosophi sectatorem alicubi declaramus, ipsum tamen non solum caeteris Platonicis propter doctrinae Platonicae culmen, verum etiam ipsi Platoni propter novum veritatis Christianae lumen, anteponendum esse censemus: 1024.

123) mihi certe nec ulla scientiae forma est gratiosior, quam Platonica, neque forma haec usquam magis, quam in Dionysio veneranda. Amo quidem Platonem in Iamblicho, admiror in Plotino, in Dionysio veneror: 925.

124) Cf. *Supplementum Ficinum I*, pp. CXV-CXVI.

125) non est consilium nunc ad verbum singula commentari. Sed ubi potissimum Areopagus Academiam redolet, paulo sagacius explorare, perque pulcherrimos hortos Dionysii Platonicorum facile principis, flores passim delibare Platonicos: 1024.

126) Dionysii Dei numen Theologi veteres, et Platonici separatarum mentium extasin, et excessum esse putant, quando partim amore nativo, partim instingante Deo, naturales intelligentiae limites supergressae, in amatum Deum mirabiliter transformantur. Ubi novo quodam nectaris haustu, et inextimabili gaudio velut inebrie, (ut ita dixerim) debacchantur. Hoc igitur Dionysiaco mero Dionysius noster ebrius exultat passim. Effundit aenigmata, concinit dithyrambos: 1013.

127) Dionysius Areopagita ... quaerens divinum lumen, non tamen intelligentiae perscrutatur, quam ardente voluntatis affectu, et oratione petit: 1013.

128) Quippe cum a Paulo mundi Solo didicerit, Platone etiam confirmante, ipsum universi principium esse intellectu quantumlibet excelso superius: 1013.

129) raptus ad tertium coelum: 437; cf. *II Cor*. 12, 3.

130) charitatem donis omnibus quantumlibet divinis extra controversiam anteponit: 1365.

131) Ipsum itaque unum, ut Plato vult, et Dionysius Areopagita confirmat, omnia supereminet: excellentissimum Dei nomen: unum ipsum ab utroque censetur: 1352.

132) expresse est divinae simplicitatis imago: 1532; cf. 1762.

133) divina unitas: 378.

134) Plotinus autem et Proclus ipsum unum bonumque super ens ... collocant. ... Atque hanc argumentationem a Dionysio Areopagita acceptisse videntur: 270.

135) invicem unit cuncta: 378.

136) infinita Dei bonitas non permisit eum sine germine in seipso manere: 1239.

137) Deus charitate sui, id est, amplificandae, sive communicandae suae bonitatis amore, ut Dionysius ait, omnia procreavit. Amor autem in voluntate consistit: 488.

138) patet primo Dionysii Areopagitae authoritate dicentis, omnia modo suo Dei similitudinem petere: 1239.

139) Amor circulus est bonus a bono in bonum perpetuo revolutus. Necessario enim bonus est amor cum a bono natus revertatur in bonum: 1324; cf. 469.

140) Ideas autem ita revera accipi debere, et ita a Platone acceptas fuisse, Theologi quoque Christiani Dionysius Areopagita ... demonstrabunt. Itaque frustra contra Platonis maiestatem Peripatetici laborant: 1223.

141) Sunt enim quemadmodum Dionysio Areopagitae placet, hierarchiae tres spirituum divinorum, quarum quaelibet tres continet ordines: 19; cf. 89; 485; 956.

142) 「新プラトン主義における悪霊の位階はキリスト教における天使のそれと同じものと考えられる」(D. P. Walker, *Spiritual and Demonic Magic. From Ficino to Campanella*, London 1958; reprint Nendeln 1976, p. 47)。

143) non esse aliud, quam defectum eius modi: Ita Proculus Dionysium (ut arbitror) sectus Areopagitam explicat: 1689.

144) Idem Dionysius Areopagita in mystica Theologia comprobat, concludens mentis in summo naturalis cognitionis gradu coniungi Deo velut ignoto, quasi oculum sub Solis lumine caligantem. In eiusmodi vero cognitione naturale desiderium non impletur: 411; cf. 437.

145) Neque vero nos latet quod et saepe cum et Dionysio dicimus, negationes circa Deum non defectum significare, sed excessum: 1168.

146) ipsam quidem dei naturam nequicquam significare: 1190; cf. 1799.

147) causali quadam, (ut ita dixerim) appellatione potius, quam formali: 1161.

148) Per ipsam beneficam infiniti boni activam nobis illatam: 1532.

149) qua ratione divinus amor, qui in voluntate accenditur, intellectum in unitatem summam transferat, qua praecipue Deo fruimur, in commentariis in Dionysium declaravimus: 1426.

150) 研究文献の目録は以下を参照。P. O. Kristeller, *Il pensiero filosofico di Marsilio Ficino*, pp. 441-476; *Marsilio Ficino e il ritorno di Platone*, I, pp. 50-81.

K・リーゼンフーバー（Klaus Riesenhuber）

1938年フランクフルト（ドイツ）に生まれる。ミュンヘン大学卒，Dr. phil.; 神学博士（上智大学）。1967年来日。1974-2004年上智大学中世思想研究所所長，現在上智大学教授。

〔主要著書〕“Existenzerfahrung und Religion”（Matthias-Grünewald-Verlag），“Die Transzendenz der Freiheit zum Guten”（Berchmanskolleg Verlag），『中世における自由と超越』，『中世哲学の源流』，『超越に貫かれた人間』（以上，創文社），『西洋古代・中世哲学史』（平凡社ライブラリー），『中世思想史』（平凡社ライブラリー），『内なる生命』（聖母の騎士社），『知解を求める信仰』（ドン・ボスコ社）。監修・編集（共著を含む）：『教育思想史』全６巻（東洋館出版社），『中世研究』（第１巻－第11巻：創文社，第12巻：知泉書館），『キリスト教史』全11巻（平凡社ライブラリー），バラクラフ編『図説キリスト教文化史』全３巻，バンガート著『イエズス会の歴史』（以上，原書房），『キリスト教神秘思想史』全３巻，『中世思想原典集成』全21巻（以上，平凡社）。共編集：『中世における知と超越』（創文社），『西田幾多郎全集』（岩波書店），その他。

〔中世における理性と霊性〕 ISBN978-4-86285-028-7

2008年２月25日　第１刷印刷
2008年２月29日　第１刷発行

著　者　K・リーゼンフーバー
発行者　小　山　光　夫
印刷者　藤　原　愛　子

発行所　〒113-0033 東京都文京区本郷1-13-2
電話03(3814)6161 振替00120-6-117170
http://www.chisen.co.jp
株式会社 知泉書館

印刷・製本／藤原印刷